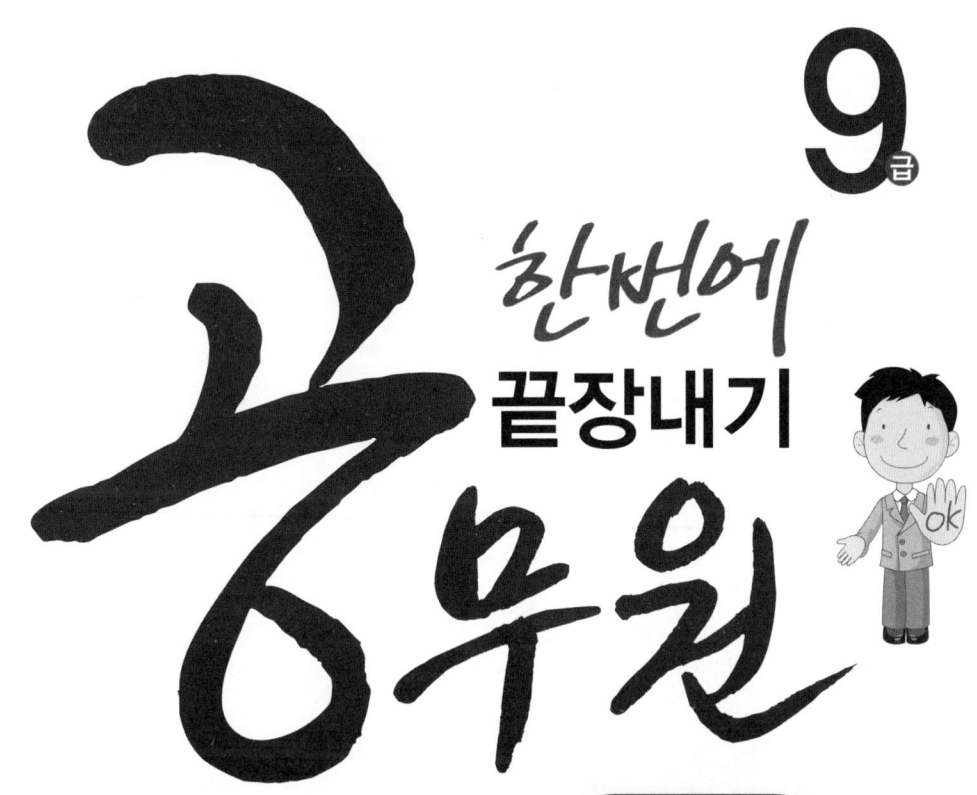

한번에
끝장내기

9급

사회

경제의 불황으로 인한 취업난과 안정적 직장에 대한 선호 그리고 공무원의 처우 향상 등으로 인하여 공무원에 대한 선호도가 갈수록 높아지고 있다. 따라서 공무원 시험에 응시하는 수험생들의 학력과 실력 또한 향상되어 가고 있다. 그러므로 무조 건적인 학습보다는 출제 경향을 파악하고 효과적인 학습방법이 무엇보다 중요하 다. 더구나 9급 공무원시험에 사회과목이 전 직렬에 포함된 것은 매우 바람직한 현 상이다.

최근 공무원시험은 단순한 암기위주의 시험에서 이해해서만이 답을 도출 할 수 있는 수능식의 시험으로 완전 경향이 바뀌고 있다. 시험 경향의 변화는 수험생에게 는 혼란과 당황을 주었던 것이 사실이었고 이에 대처할 수험서가 마땅치 않은 것도 사실이다. 따라서 완전 수능식과는 공무원사회는 구별되어야 함에도 불구하고 무 분별하게 수능교재와 동일한 내용으로 출간된 수험서가 많다. 저자는 이런 문제점 을 의식하고 수능과 공무원사회의 적절한 조화를 이루고자 하였다. 각종 수험서가 많이 출판되어 있는 상황에서 본서가 수험생들의 어깨위에 또 하나의 벽돌을 얹는 게 아닌지 하는 반성도 해본다. 그러나 이 책으로 철저히 수험 준비를 한다면 좋은 결과가 있으리라 확신한다. 마지막으로 바라는 것은 공무원이 되고자 하는 수험생 은 '내가 왜 공무원이 되려고 하는 것인가?', '공무원이 되어서 무엇을 할 것인가?' 하는 근본적인 물음에 대한 답을 스스로 준비해야 한다는 것이다.

끝으로 이 책을 출간할 수 있게 도와준 한올출판사 사장님과 직원들 관계자 모두 에게 깊은 감사를 드린다. 본서는 수험생들이 좀 더 효과적으로 학습하여 좋은 결 과를 얻을 수 있게 다음과 같은 점에 중점을 두었다.

첫째, 개편된 사회과 교육과정과 대입 수학능력시험의 유형을 반영하여 새로운 흐 름의 문제에 능동적으로 대처하도록 하였다.

둘째, 정치 · 법률 · 경제 · 사회문화의 각 파트별로 체계적인 구성을 통하여 수험생 으로 하여금 이해를 쉽게 할 수 있도록 하였다. 내용에 있어서는 중요 부분은 별도의 박스를 통하여 처리함으로써 수험생들에게 주의를 상기시키고자 하 였다.

PREFACE

셋째, 기존의 단답식 문제를 완전히 탈피하여 실제문제에 근접한 이해위주의 문제로 구성되어 있고, 상세한 해설로 문제집 역할을 할 수 있게 하였다.

넷째, 불필요한 군더더기를 제거하여, 정리하면서 공부할 수 있게 하였고, 또 심화시켜야할 내용은 '심화학습'란 자료해설을 통해서 이 책의 범위가 곧 시험의 범위가 될 수 있게 하였다.

저자 남상근

PART

I
법과 정치

Chapter 03 우리나라의 헌법

PART

II

경제

Chapter **01**   경제생활의 이해와 경제 문제 해결

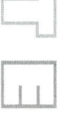
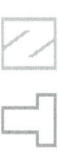

PART

III

사회 · 문화

Chapter *01* 사회 · 문화현상의 탐구

Chapter 02 개인과 사회 구조

Chapter 03 문화와 사회

Chapter **04**   **사회 계층과 불평등**

9급 공무원 **사회** 한 번에 끝장내기

PART
I

법과 정치

Chapter 01

민주정치와 법

01 정치의 의미와 기능

 1 정치의 의미

❶ 희소한 자원을 둘러싼 대립과 갈등을 권위적으로 조정하여 공동체의 목적을 실현 시키기 위한 인간의 활동
❷ 사회에 존재하는 지배와 피지배 현상으로 국가와 관련된 활동, 공공 의사 결정에 국민이 참여하는 활동을 포괄
❸ **인간은 정치적 동물**(아리스토텔레스) : 인간은 정치를 필요로 하지 않는 신도 아니고, 정치가 불가능한 하급 동물도 아닌 중간적 존재로 정치 공동체 생활을 통해 인간다운 생활을 누릴 수 있음

 2 정치 현상에 대한 관점

구 분	내 용
국가 현상설	• 정치는 국가 특유의 현상으로, 국가와 관련된 일을 결정하는 사람들의 활동임 • 국가만이 사회 질서 유지를 위해 물리적인 강제력을 사용할 수 있음
집단 현상설	• 정치는 국가를 포함한 모든 사회 집단의 활동에서 나타나는 현상임 • 국가도 다른 사회 집단과 유사한 존재이며, 집단이 존재하는 곳에서는 어디서나 정치 현상이 나타남

3 국가의 성립과 본질

(1) 국가의 성격

❶ **우리들이 소속해 있는 집단** : 우리가 소속해 있는 여러 집단 중의 하나

❷ **독점적 권력체** : 사회 질서 유지를 위해 국민을 강제할 수 있는 권력을 독점

❸ **강제력의 근원** : 국가 안전 보장, 기본권 보장, 사회 질서 유지, 공공복리 증진을 위한 국가의 활동에 협조해야 한다는 국민의 인식, 즉 국민의 동의

(2) 국가의 발생

❶ **사회적 관계의 특징** : 자원의 희소성과 인간의 보편성으로 인해 서로 경쟁하거나 대립과 갈등이 일어나기도 하고 서로 협력하기도 함

❷ **국가의 필요성** : 갈등을 해결하여 질서를 유지하고 공동의 목표를 달성하기 위한 협력을 위해 국가가 필요함

(3) 국가의 구성 요소

❶ **영토** : 국가의 주권이 미치는 영역(영륙, 영해, 영공)

❷ **국민** : 국가의 구성원, 선천적 혹은 후천적으로 국적을 얻은 사람

❸ **주권** : 대내적으로 최고이면서, 대외적으로 독립성을 가지는 권력

(4) 국가의 기능

❶ **국가의 1차적 기능** : 개인의 자유와 안전을 보장하는 기능

- 대외적 : 외침으로부터 국민을 보호하는 국가 안보 기능
- 대내적 : 법과 질서 속에서 평화와 안전을 보장해 주는 치안 유지 기능

❷ **국가의 2차적 기능** : 경제 · 사회 · 문화 분야에서의 공공복지를 증진시켜 주는 기능

(5) 국가와 사회 집단과의 차이점

구 분	국 가	사회 집단
포괄성	광범위한 기능 수행	한정된 영역의 기능만 수행
지속성	멸망하지 않는 한 영속성 유지	목적 달성 이후 해산 또는 소멸
가입과 탈퇴	자유롭지 않음	자유로움
강제력	구성원들에게 독점적으로 강제력 행사	강제력을 행사하는 데 한계가 있음

■ **국가 개념의 변천**
- 봉건 시대 : 토지에 중점을 둔 국가관으로 국가를 군주의 사유 재산으로 보았다.
- 17~18세기 : 자연법적 국가관 · 국가를 군주와 국민으로 구성된 공동 단체로 보았다.
- 근대적 국가 개념 : 영토, 국민, 주권의 세 요소를 필수로 하는 정부 조직

■ **국가 기원의 학설**
- 가족설 : 국가는 가족의 확대
- 재산설 : 토지 소유가 국가 발생의 요인
- 실력설 : 종족 간의 정복 과정에서 국가 발생
- 착취설 : 국가는 지배 계급이 피지배계급을 착취하는 수단
- 사회 계약설 : 사회 구성원들이 자연권 보호와 질서 유지를 위해 계약을 통해 국가 구성

02 민주주의의 원리와 유형

 1 민주주의의 이념

(1) 인간존중

❶ 인간은 인간이라는 사실 그 자체만으로 존중되어야 한다는 것으로 누구에게나 보편적으로 적용되는 절대적 가치 · 민주주의의 근본이념

❷ **입헌주의** : 인간 존중을 실현하기 위해 기본권을 헌법에 명시함

(2) 자유

❶ **의미** : 외부의 구속과 강제를 받지 않고 자신의 의지에 따라 선택할 수 있는 것

❷ **자유 개념의 확대**

소극적 자유	• 초기의 자유는 자연권 보장을 위해 국가 권력으로부터 간섭을 받지 않을 자유로 나타남 • 절대적 가치 : 자유는 어떠한 권력으로도 제한할 수 없고, 적극적으로 보장해야 할 절대적 가치를 지님

적극적 자유	• 자유 개념의 확대 : 외부로부터의 구속이 없는 상태인 '국가로부터의 자유'에만 머무르지 않고, 국정에 적극적으로 참여하는 '국가에의 자유'로 확대 · 발전됨 • 공동체나 국가의 운영에 참여 → 참정권의 형태로 보장

❸ **자유와 책임** : 자유에는 타인의 자유를 배려해야 한다는 책임이 수반됨

❹ **자유의 패러독스** : 개념적으로 사회적인 구속을 지양하면서 현실적으로는 타인과의 관계에서 자유를 보장받기 위해 사회적인 구속에 의존함
  예 재산권 행사의 자유와 한계

(3) 평등

❶ **기회의 균등** : 모든 사람이 똑같다는 것이 아니라 모든 사람을 동등하게 대우하고 기회를 균등하게 부여한다는 의미

❷ **형식적 평등과 실질적 평등**
  • 절대적 · 형식적 평등 : 개인의 성별, 체력, 재능 등과 같은 선천적 조건의 차이나 직업, 재산, 교육 수준 등과 같은 후천적 차이를 고려하지 않고 기회 또는 출발의 평등만을 강조하는 것

📂 상대적 · 실질적 평등

의미	• 인간의 선천적 · 후천적 차이를 인정하면서, 개인의 업적이나 능력의 차이를 고려하여 평등을 실현하려는 것
실현 방안	• 선천적 · 후천적 조건의 차이를 고려하지 않는 형식적 평등은 실질적 풀평등을 가져올 수 있음 • 사회적 약자들을 동등한 권리의 주체로 인정하고, 그들이 인간답게 살아갈 수 있도록 국가가 나서서 보장해 주어야 함 **예** 남녀 고용 평등법, 장애인 복지법 등의 시행

📁 생활양식으로서의 민주주의

다수결과 소수 의견 존중	• 다수가 소수를 절대적으로 지배하는 것이 아니라, 다수가 소수의 의견을 존중하면서 사회의 공공 의사를 만들어내는 원리 • 소수의 정당한 의견이 배척당하는 경우 수에만 의존하는 중우정치(衆愚政治)로 전락할 우려가 있음
비판	• 창조적인 것을 낳기 위한 인고의 과정으로 단순히 비판을 위한 비판은 민주 정치 발전의 저해요소로 작용할 수 있음
타협	• 구체적인 목적에 대한 각자의 처지를 서로 조정함으로써 대립 관계를 해소하는 기술 • 상대방의 처지를 이해하고 자기의 주장을 반성함으로써 서로 다른 의견을 가진 사람들 사이에서 공통의 기반을 마련하고자 하는 노력
관용	• 자기의 생각에 한계가 있음을 자각하여 타인의 생각에 대하여 마음의 문을 열어 놓는 것이며, 자기의 유한성을 자각함으로써 다른 사람의 존재를 인정하려는 정신 • 타인과의 공존을 인정할 뿐 아니라, 다른 사람의 의견도 수용하는 능동적이고 개방적인 자세

✏️ 자료해설 : 생활 양식으로서의 민주주의는 민주적인 의사 결정 방식을 정치 생활에 한정시키지 않고 모든 생활 영역으로 확대시키려는 노력에서 파생된 것이다. 즉, 국가, 사회 및 개인의 문제를 해결하기 위한 방안을 모색할 때 구성원의 합의에 의해 진행되어야 한다는 사회생활의 운영 원리이다.

🌀 민주주의의 의미

(1) 민주주의(Democracy)의 어원

demos(시민) + kratos(지배) → 다수에 의한 지배

(2) 민주주의의 다의성 이념, 정치 형태, 생활 양식

① 정치 형태로서의 민주주의

• 의미 : 국민이 통치 권력의 주체라는 근거하에 국민이 정치 과정에 참여하는 정치 형태
• 과거 : 군주가 통치 권력의 주체(군주 주권) → 백성을 군주에게 충성해야 하는 신민(臣民)으로 간주
• 오늘날 : 모든 권력은 국민으로부터 나옴(국민 주권) → 국민 자치의 원리에 입각하여 국민들이 정치에 주체적으로 참여

② 생활 양식으로서의 민주주의 : 비합리적 폐습이나 제도를 대신하고 보다 합리적인 생활 양식을 추구하는 것을 가리키기도 하고, 주어진 사회적 역할을 잘 수행하는 것을 가리키기도 함

2 ▎민주 정치의 원리

(1) 국민 주권

❶ **주권** : 대내적으로 최고의 권력이며, 대외적으로 독립성을 가진 국가 의사 결정권

❷ **국민 주권** : 국가의 의사를 최종적으로 결정할 수 있는 최고의 권력인 주권이 국민에게 있음

(2) 대의제

❶ **의미** : 국민의 대표를 선출하여 간접적으로 주권을 행사하는 제도, 간접 민주제 혹은 의회제라고도 함

❷ **필요성** : 인구가 많아지고 영토가 확대되면서 국민이 직접 정치에 참여하는 것이 불가능해짐

❸ **대의제의 위기** : 대표성의 문제, 전문성 부족으로 인한 입법 기능의 약화 → 행정 국가화 현상

€ 대의제의 위기
- 대표성의 문제 : 정당 정치의 발달로 국회 의원이 국민의 대표라기 보다는 정당의 의사를 대표하는 경우가 많아진다.
- 행정 국가화 : 전문화 · 복잡화되는 사회 구조 속에서 전문적인 지식과 능력을 가진 행정부의 입법 참여가 증가한다.

(3) 입헌주의

❶ **의미** : 국민의 기본권을 보장하며 민주적인 정부 운영의 원리를 명시한 헌법을 제정하여 이에 따라 국가를 운영하는 것

❷ **등장 배경** : 절대 군주들의 통치 권력을 제한하려던 근대 시민 혁명 과정에서 정립됨

❸ **목적** : 법치주의를 통해 국민의 자유와 권리 보장

(4) 권력 분립

❶ **의미** : 국가의 권력을 여러 국가 기관에 나누어 분배하고 이들 국가 기관이 서로 견제와 균형을 취하도록 하는 것

❷ **견제와 균형의 원리** : 입법부, 행정부, 사법부 간의 상호 견제와 균형 → 권력 남용 방지 → 기본권 보장

3권 분립

모든 국가에는 입법권, 만민법에 관한 사항의 집행권, 시민법에 관한 사항의 집행권이라는 세가지 권력이 존재한다. 첫째의 권력은 일시적 또는 항구적인 법률을 제정 · 개성 또는 폐지하는 권력이고, 둘째의 권력은 선전 · 강화를 하고 대사를 파견 · 접수하여 치안을 유지하고 침략을 방지하는 권력이다. 셋째의 권력은 범죄인을 처벌하거나 개인 간의 소송을 재판하는 권력이며, 이는 단순히 재판권이라고 부를 수 있다. 이들 3권은 각각 독립된 기관에 귀속되어 있지 않으면 않된다. …(중략)… 동일한 인간 또는 동일한 집행부에 입법권과 집행권이 결합되는 경우에는 자유는 존재하지 않는다. 왜냐하면 집행부가 폭정적인 법을 만들고 또한 폭정적으로 그것을 집행할 우려가 있기 때문이다. 재판권이 입법권 및 집행권에서 분리되어 있지 않는 경우에도 자유는 존재하지 않는다. 재판권이 입법권과 결합되는 경우에는 시민의 생명 및 자유에 대한 권력은 자의적으로 행사될 것이다. 왜야하면 재판관이 입법자로 될 것이기 때문이다. 재판권과 집행권이 결합되는 경우에는 재판관은 압제자의 권력을 가지게 될 것이다.

− 몽테스키외(Montesquieu, C.),「법의 정신」−

📗 **자료해설** : 몽테스키외는 국가 권력을 입버권, 집행권, 사법권으로 파악하고 이들 권력이 상호 통합될 때 나타나는 권력의 횡포를 여러 국가들의 경우를 통해 설명하면서, 이들 권력이 서로 다른 국가 기관에 분리 · 귀속되어 견제를 통해 균형을 이루어야만 국민의 정치적 자유가 보장될 수 있다는 3권 분립 이론을 완성시켰다.

(5) 지방 자치제

❶ **의미** : 지역 주민의 대표 기관인 지방 의회와 지방 자치 단체장을 선출하여 그 지역의 공공 문제를 스스로 처리하도록 하는 것
❷ **목적** : 중앙 집권으로 인한 권력 남용의 억제와 지역의 문제를 주민 스스로의 책임 하에 처리 → 풀뿌리 민주주의, 민주주의의 학교
❸ **유형**
  ● 단체 자치 : 국가로부터 어느 정도 독립된 지방 자치 단체를 설립하여 이에 자치권 부여
  ● 주민 자치 : 주민이 자치 단체의 운영에 참여하여 주민 스스로 지역의 문제를 해결함

3 민주주의 유형

(1) 국민 자치

❶ **의미** : 국민들이 스스로 국가의 정책을 결정, 집행하는 정치 원리
❷ **실현 조건** : 국민이 국정에 참여할 수 있는 구체적 제도의 구비

(2) 직접 민주 정치

❶ **의의** : 자치의 원리에 가장 충실한 이상적인 정치 형태

❷ **방식** : 국민 발안, 국민 투표, 국민 소환 등을 통해 시민이 직접 참여
- 국민 발안 : 국민이 직접 헌법 개정안이나 법률안을 의회에 제출 할 수 있는 제도로 국민 창안, 국민 제안이라고도 함.
- 국민 투표 : 헌법 개정이나 국가의 중요한 정책을 결정할 때 투표를 통해 국민의 의사를 묻는 제도
- 국민 소환 : 선거를 통해 선출된 공직자를 투표를 통해 물러나게 하는 제도

❸ **사례** : 고대 아테네의 민회, 스위스 일부 주의 주민 집회(landsgemeinde), 미국 뉴잉글랜드 지역 지방의 주민 회의(town meeting), 이스라엘의 농촌 공동체

❹ **한계** : 규가 커지고 복잡해진 현대 국가에서는 현실적으로 실시하기가 어려움

(3) 간접 민주 정치(대의제)

❶ **방식** : 국회의원이나 지방 의회 의원 등의 대표자를 선출하여, 그들로 하여금 대신 공공 의사를 결정하게 하는 정치 형태

❷ **등장 배경** : 대규모의 지역 국가 등장, 정치의 전문화

❸ **장점** : 대규모 국가에서도 국민 자치의 이념을 실현시킬 수 있음

❹ **한계** : 시민의 참여 제한으로 인한 국민 의사의 왜곡, 정치적 무관심

❺ **보완책** : 국민 투표, 국민 발안, 국민 소환 등의 직접 민주 정치 요소 채택, 지방 자치제도 실시

(4) 혼합 민주 정치

❶ **의미** : 원칙적으로 간접 민주 정치를 실시하되, 직접 민주 정치 제도를 도입하여 간접 민주 정치의 한계를 보완하는 방식

❷ **대부분의 현대 민주 국가가 채택**

(5) 원격 민주 정치(teledemocracy)

❶ **방식** : 정보화의 진전으로 시민이 직접 한 곳에 모이지 않고도 발달된 정보 통신 매체를 이용하여 자신의 의사를 표시

❷ **의의** : 시민의 직접 참여로 직접 민주 정치 요소를 강화

❸ **구체적 활동** : 인터넷을 통한 여론 수렴, 선거 캠페인 및 홍보, 온라인 투표 , 사이

버 국회, 전자 공청회, 정채 결정에 대한 참여 및 토론, 여론 조사 등

❹ **문제점** : 투표권의 남용 및 조작 가능성, 정보화에 앞선 사람만을 위한 정치가 될 수 있음, 여론이 여과되지 않은 채 정치 과정에 투입되어 중우 민주주의가 나타날 수 있음, 사이버 포퓰리즘 등

ⓒ 주민 소환에 관한 법률

제1조(목적) 이 법은 ...(중략)... 지방 자치에 관한 주민의 직접 참여를 확대하고 지방 행적의 민주성과 책임성을 제고함을 목적으로 한다.

제7조(주민 소환 투표의 청구)

1. 특별시장, 광역시장, 도지사 : 당해 지방 자치단체의 주민 소환 투표 청구권자 총수의 100분의 10 이상
2. 시장 군 수 자치구의 구청장 : 당해 지방 자치 단체의 주민 소환 투표 청구권자 총수의 100분의 150이상
3. 지역 선거구 시 도 의회 의원 및 지역 선거구 자치고 시 군 의회 의원 : 당해 지방 의회 의원의 선거구 안의 주민 소환 투표 청구권자 총수의 100분의 20 이상

제22조(주민 소환 투표 결고의 확정) 주민 소환은 제 3조의 규정에 의한 주민 소환 투표권자 총수의 3분의 10이상 투표와 유효 투표 총수 과반수의 찬성으로 확정된다.

제23조 (주민 소환 투표의 효력) 제 22조 제 1항의 규정에 의하여 주민 소환이 확정된 때에는 주민 소환 투표 대상자는 그 결과가 공표된 시점부터 그 직을 상실한다.

📖 **자료해설** : 주민소환은 지역주민의 선거로 선출된 지방 자치 단체장이나 지방 의회 의원을 주민의 투표로 물러나게 하는 제도이다. 이제도를 통해 지역주민의 참여를 활성화함으로써 정치적 관심을 높임과 동시에 대표의 책임성을 제고할 수 있다.

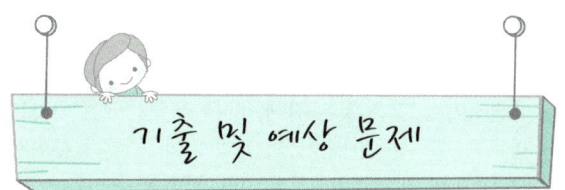

01 다음 글에서 추론할 수 있는 내용이 <u>아닌</u> 것은?

> 사회에는 개인이나 집단의 이해관계의 대립을 조정하면서 공동체의 목표를 실현할 수 있는 힘이 필요한데, 일반적으로 국가가 행사하는 이러한 힘을 정치권력이라고 하고, 이러한 권력을 획득·유지·행사하는 인간의 활동을 정치라 한다. 요컨대 정치란 권력관계를 비롯한 그 과정을 의미한다.

① 정치의 본질은 무엇인가?

② 국가의 존재 이유는 무엇인가?

③ 정치의 사회적 기능은 무엇인가?

④ 정치권력의 정당성의 근거는 무엇인가?

해 설 정치의 의미

사회에서 나타나는 개인이나 집단의 이해관계의 대립을 조정하면서 공동체의 목표를 실현할 수 있는 국가의 활동을 정치라 한다. 이는 곧 정치의 본질이고 기능이며, 국가의 존재 이유가 된다.

바로잡기 ④ 제시문은 정치권력의 정당성에 대해 언급하고 있지 않다.

정 답 ④

02 밑줄 친 ㉠에 비해 ㉡이 가지는 특징을 〈보기〉에서 모두 고른 것은?

> ㉠ 다수제 민주주의는 다수의 이익에 부응하는 정부가 소수의 이익에 부응하는 정부보다 '국민에 의한, 국민을 위한 정부'라는 민주주의 이상에 더 가깝다는 신념에 기초한다. 이에 비해 ㉡ 합의제 민주주의는 다수제 민주주의가 강조하는 다수를 민주주의의 최소 요건으로 수용하면서도, 다수의 의미를 비공식적인 정치 영역에까지 확대하여 가능한 많은 국민의 이익을 수렴하고자 한다.

보기	
ㄱ. 의회의 위상을 강화한다.	ㄴ. 시민 사회의 역할을 강조한다.
ㄷ. 정치권력의 집중을 촉진한다.	ㄹ. 집단 간 이익 충돌을 완화한다.

① ㄱ, ㄷ 　　② ㄱ, ㄹ 　　③ ㄴ, ㄹ 　　④ ㄱ, ㄴ, ㄷ

해 설 다수제 민주주의와 합의제 민주주의

다수제 민주주의는 단순히 다수의 이익에 봉사하는 정부가 최선이라는 인식을 바탕으로 한 민주주의이고, 합의제 민주주의는 다수제 민주주의를 확대하여 의사 결정 과정에서 소외된 국민의 이익까지도 고려하는 민주주의이다. 합의제 민주주의에서는 소수의 이익을 존중하고 구성원들의 참여를 중시하므로, 시민 사회의 역할을 강조하고 집단 간의 이익 충돌을 완화 할 수 있다.

바로잡기 ㄱ. 의회는 다수의 이익을 대표해야 하므로 다수제 민주주의와 관련 있다. ㄷ. 합의제 민주주의는 소수의 이익을 존중하고 구성원들의 참여를 중시하는 만큼 정치권력이 분산되기 쉽다.

정 답 ③

03 다음 ⊙~⑩에 대한 설명으로 옳지 <u>않은</u> 것은?

> ⊙ 평등의 원칙이란 '같은 것은 같게, 다른 것은 다르게'대하는 것이다. 따라서 ⓒ 같은 것을 다르게 대하는 것이 평등의 원칙에 어긋남은 물론이지만, ⓒ 다른 것을 같게 대하는 것도 평등의 원칙에 위배된다. 이와 같이 평등이란 ② 절대적 평등이 아닌 ⑩ 상대적 평등을 뜻함에도 불구하고, 우리 사회에서는 평등의 의미를 절대적인 것으로 잘못 이해한 결과 오히려 평등의 원칙을 위반하는 사례가 종종 발생한다.

① ⊙은 근대 민주주의의 기본 이념이다.

② ⓒ의 예로는 같은 능력에도 불구하고 기업에서 나타나는 성(性) 차별을 들 수 있다.

③ ⓒ의 예로는 소득의 차이를 불문하고 같은 세금을 부과하는 것을 들 수 있다.

④ ⑩은 보통선거를 들 수 있다.

해 설 평등의 원칙
근대 민주주의에서는 신분적 특권을 배제하고 모든 인간을 평등하게 취급하며, 권리에 있어서도 평등하다는 이념이 강조되었다. ②은 '형식적 평등'을, ⑩은 '기회의 평등'을 강조한다.

바로잡기 ④ 보통 선거는 정치적 판단 능력의 유무를 가리지 않고 선거권을 부여한다는 점에서 절대적 평등으로 볼 수 있다.

정 답 ④

04 자유와 평등에 대한 설명으로 옳은 것은?

① 법 앞에서의 평등은 모든 사람이 똑같다는 뜻이다.

② 절대적 권리로서의 자유는 국가의 권력으로 제한할 수 있다.

③ 자유에 관한 주장은 소극적 자유에서 적극적 자유로 발전되었다.

④ 실질적 평등은 개인에게 주어진 선천적 차이는 고려하나 후천적 차이는 고려하지 않는다.

해 설 절대적 권리로서의 자유는 국가의 권력으로도 제한 할 수 없으며, 법 앞에서의 평등은 모든 사람이 똑같다는 뜻이 아니라 모든 사람을 평등하게 대우하고, 모든 사람에게 균등하게 기회를 부여한다는 뜻이다. 개인의 업적이나 능력을 고려하는 것은 상대적 · 비례적 평등이며, 실질적 평등은 선천적 차이는 물론 후천적 차이도 고려한다.

정 답 ③

05 다수결에 의한 민주 정치가 중우 정치나 다수의 횡포로 전락하지 않기 위해서 갖추어야 할 요건을 〈보기〉에서 고르면?

| **보기** | ⊙ 자유의 실현 | ⓒ 관용의 정신 | ⓒ 토론과 설득 | ② 법 앞의 평등 |

① ⊙, ⓒ 　　　② ⊙, ⓒ 　　　③ ⊙, ② 　　　④ ⓒ, ⓒ

해 설 다수결의 원리는 다수가 소수를 절대적으로 지배하는 원리 아니라, 다수가 소수의 의견을 존중하면서 사회의 공공 의사를 만들어 내는 원리로 인정 되어야 한다. 민주사회에서는 소수의 의견도 존중되고, 소수자가 다수자의 의견을 자유롭게 비판할 권리가 인정되어야 하는데, 이를 위해서는 토론과 설득, 관용의 정신이 밑바탕에 깔려 있어야 한다.

정 답 ④

06 다음 글이 강조하고 있는 민주 정치 원리에 관한 설명 중 옳지 <u>않은</u> 것은?

> 동일한 인간 또는 동일한 집정관의 수중에 입법권과 집행권이 주어져 있을 때에는 자유란 존재하지 않는다. 왜냐하면, 동일한 군주 또는 동일한 원로원이 폭정의 법을 만들고 집행할 염려가 있기 때문이다. 또 재판권이 입법권 및 집행권으로부터 분리되어 있지 않을 때 역시 자유란 존재하지 않는다. 만약 재판권이 입법권과 결합하면 시민의 생명 및 자유에 대한 권력은 자의적으로 될 것이다. 만일 동일한 인간, 귀족 또는 동일한 한 집단이 이들 세 가지 권력 즉 법을 만드는 권력, 공공의 의결을 집행하는 권력, 범죄 또는 개인의 송사를 재판하는 권력을 행사하게 되면 모든 것은 상실되고 마는 것이다.

① 견제와 균형의 원리에 바탕을 두고 운영된다.

② 국민의 기본권을 보장함을 궁극적 목적으로 한다.

③ 로크에 의해 제기되고 몽테스키외에 의해 완성되었다.

④ 의원 내각제는 이 원리에 반(反)하는 정부 형태로 볼 수 있다.

해 설 몽테스키외가 「법의 정신」에서 주장한 권력 분립 원리에 관한 글이다. 그는 국가 권력의 남용을 방지하고 국민의 기본권을 보장하기 위해 국가 권력을 입법권, 행정권(집행권), 사법권으로 분리하여야 한다고 주장하였다. ④ 현대 국가에서의 지방 자치 원리도 중앙으로부터 지방으로의 분권을 실현하는 제도이다.

바로잡기 ④ 의원 내각제는 분립된 권력 간의 관계가 긴밀한 것이지 권력 분립에 반(反)하는 정부 형태가 아니다.

정 답 ④

07 다음 주장의 전제로 적합한 것을 〈보기〉에서 고르면?   (국가직 9급 기출)

> 지역이 방대하고 인구가 많은 그대 이후의 지역 국가에서는, 모든 시민이 직접 정치에 참여하는 직접 민주제를 실시하기가 어렵다. 따라서 시민은 대표자를 선출하고 선출된 대표자가 정피를 운영하는 간접 민주 정치를 취할 수밖에 없으므로 오늘날 대부분의 국가는 간접 민주주의 정치를 실시하고 있다.

보 기
> ㉠ 국민의 의사는 가른 사람에 의해 대표될 수 있다.
> ㉡ 간접 민주 정치는 국민 자치의 원리에 충실한 제도이다.
> ㉢ 대의 정치는 민주 정치를 효율적으로 실현하는 방법이다.
> ㉣ 견제난 비판을 받지 아니하는 절대 권력은 부패하기 쉽다.

① ㉠, ㉡   ② ㉠, ㉢   ③ ㉠, ㉣   ④ ㉡, ㉢

해 설 국민 자치의 원리에 보다 충실한 제도는 직접 민주 정치이나 인구가 많고 영토가 넓고 오늘날의 현실에 있어서 대의 정치가 민주 정치를 효율적으로 실현하는 방법이다. 국민이 대표를 뽑아 그들에게 국정을 맡기는 것은 국민들에게 주권이 있기 때문이며, "의사는 대표될 수 없다."라는 수로의 주장과는 달리 "의사는 대표될 수 있다."라는 전제 아래 행해지는 것이 간접 민주 정치이다.

정 답 ②

08 대의 민주 정치의 위기를 초래한 요인을 〈보기〉에서 고르면?

> **보기**
> ㉠ 입법부의 전문성 결여 ㉡ 빈번한 국민 투표의 실시
> ㉢ 의회와 행정부의 대립 격화 ㉣ 복잡하고 방대한 사회 문제의 등장

① ㉠, ㉡ ② ㉠, ㉢ ③ ㉠, ㉣ ④ ㉡, ㉢

해 설 대의 민주 정취의 위기란, 시민의 대표로서 공공의사 결정을 책임지고 전담해야 할 입법부가 전문성이 요구되는 복잡하고 장대한 사회 문제를 직접해결하지 못하는 대신, 전문적관료 집단인 행정부가 공공 의사결정을 실질적으로 좌우하게 되는 현상을 말한다.

정답 ③

09 근대민주정치를 설명한 것 중 옳은 것은?

① 치자(治者)의 피치자(被治者)의 동일성을 유지하는 가장 좋은 방법은 간접민주정치이다.

② 유럽에서는 민주정치를 요구하는 시민혁명이 일어난 뒤에 지역국가가 형성되었다.

③ J. Locke는 자연상태에서 모든 사람이 생명, 자유, 재산에 대한 실정법상의 권리를 가졌다고 주장하였다.

④ J.J. Rousseau는 '의사는 대표될 수 없다'는 전제 아래 간접민주정치를 비판하였다.

해 설 ① 치자와 피치자의 동일성이 유지되는 것은 직접민주 정치이다. ③ J. Locke는 자연법상의 권리를 인정하였고,④는 간접민주정치를 비판하였고, 직접민주정치 옹호론자이다.

정답 ④

10 〈보기〉의 주장으로부터 도출할 수 있는 결론으로 가장 타당한 것은?

> **보기**
> • 의사는 대표될 수 없다.
> • 인간은 투표할 때만 자유로울 뿐이고, 일단 투표를 하고 나면 이전과 같이 노예상태가 된다.

① 소수의 의견이라도 늘 존중되어야 한다.

② 주권자인 시민이 직접 정치 과정에 참여하여야 한다.

③ 정치 제도와 정치 문화는 상호 조화를 이루어야 한다.

④ 국가의 모든 정책 결정은 시민과의 논의를 거쳐야 한다.

해 설 그리스에서 시행되었던 직접 민주 정치의 이상에 사로잡혀 있던 루소는 〈보기〉의 주장과 같이 대의 민주 정치(간접 민주 정치)를 비판하였다.

정답 ②

11 다음 주장의 전제로 적합한 것을 〈보기〉에서 모두 고른 것은?

> 사회가 발전해 감에 따라 국민의 활동은 정치, 경제, 사회, 문화, 교육 등 많은 분야로 세분화되고 기능이 전문화되어 가고 있다. 다원주의는 이들 각 활동 분야가 각각 자율성을 유지해 가면서 다른 분야에 예속되지 않을 것을 보장하자는 원리이다. 따라서 민주 정치 이념을 제대로 실현하려는 사회는 제도적으로 다원주의를 보장하여야 한다.

보기
㉠ 민주주의는 올바른 상대주의에 입각하고 있다.　㉡ 경제적 부는 민주주의의 중요한 토대이다.
㉢ 다원주의의 인정은 권력의 집중화를 막는다.　㉣ 모든 개인은 사회적 기본권을 가진다.
㉤ 다양한 이익들의 사회적 조화는 가능하다.

① ㉠, ㉡, ㉢　　② ㉠, ㉢, ㉤　　③ ㉡, ㉢, ㉣　　④ ㉡, ㉣, ㉤

해설 다원주의는 각 분야의 자율성과 독립성을 보장함으로써 실현될 수 있다. 따라서 다원주의를 보장하기 위한 전제로는 나의 생각만이 절대적이라고 생각하지 않는 올바른 상대주의 원리, 권력 집중에 의한 절대 권력의 배제, 각 부문간 이익의 사회적 조화 등을 들 수 있다. 경제적 부(富)가 민주주의의 전제 조건이며, 모든 개인이 사회적 기본권을 갖는다는 말은 맞으나 다원주의와는 거리가 있다.

정답 ②

12 다음의 사례가 시사하는 바를 가장 적절히 진술한 것은?

> • 국회 재적 의원 2/3 이상의 찬성을 얻은 대통령 탄핵 소추안이 국민적 저항을 받고, 헌법 재판소에서 기각되었다.
> • 1972년 실시된 유신 헌법에 대한 국민 투표는 유권자 91% 이상의 투표에 투표자의 91% 이상의 찬성을 얻었으나, 이후에도 국민적 저항은 계속되었다.

① 다수결은 절대적 원리가 아니다.
② 시민들의 민주 의식이 제고되어야 한다.
③ 대표의 원리가 충실히 실현되어야 한다.
④ 정치권력 형성 과정의 정당성이 확보되어야 한다.

해설 다수결의 원리
국회의 대통령 탄핵 소추안 의결, 유신 헌법에 대한 국민 투표는 모두 다수결 원리에 바탕을 둔 의사 결정이다. 그러나 이와 같은 의사 결정은 정치권력에 행사에 정당성을 갖지 못하여 국민적 저항을 받았다. 이는 단순한 수(數)의 논리는 다수의 횡포로 전락할 수 있음을 보여 준다.

정답 ①

13 다음 중 민주주의 정치 형태의 판별 기준으로 적절하지 <u>않은</u> 것은?

① 다당제가 정착되어 있는가?
② 선거를 통한 정권 교체가 가능한가?
③ 정부의 정책을 자유롭게 비판할 수 있는가?
④ 국가 권력이 분립되어 서로를 견제할 수 있는가?

민주 정치란 국민의 자유와 권리가 보장되고, 자유로운 참여가 이루어지는 정치이다. 이를 위해 국가 권력은 견제될 수 있어야 하고, 선거를 통해 정치권력이 교체될 수 있어야 한다.

바로잡기 ① 자유로운 정치 활동을 위해 복수 정당제가 보장되어야 한다. 다당제는 그 한 유형이다.

정 답 ①

14 다음 글이 강조하고 있는 민주 정치 원리에 관한 설명 중 옳지 <u>않은</u> 것은?

> 동일한 인간 또는 동일한 집정관의 수중에 입법권과 집행권이 주어져 있을 때에는 자유란 존재하지 않는다. 왜냐하면, 동일한 군주 또는 동일한 원로원이 폭정의 법을 만들고 집행할 염려가 있기 때문이다. 또 재판권이 입법권 및 집행권으로부터 분리되어 있지 않을 때 역시 자유란 존재하지 않는다. 만약 재판권이 입법권과 결합하면 시민의 생명 및 자유에 대한 권력은 자의적으로 될 것이다. 만일 동일한 인간, 귀족 또는 동일한 한 집단이 이들 세 가지 권력 즉 법을 만드는 권력, 공공의 의결을 집행하는 권력, 범죄 또는 개인의 송사를 재판하는 권력을 행사하게 되면 모든 것은 상실되고 마는 것이다.

① 견제와 균형의 원리에 바탕을 두고 운영된다.

② 국민의 기본권을 보장함을 궁극적 목적으로 한다.

③ 로크에 의해 제기되고 몽테스키외에 의해 완성되었다.

④ 의원 내각제는 이 원리에 반(反)하는 정부 형태로 볼 수 있다.

해 설 몽테스키외가 「법의 정신」에서 주장한 권력 분립 원리에 관한 글이다. 그는 국가 권력의 남용을 방지하고 국민의 기본권을 보장하기 위해 국가 권력을 입법권, 행정권(집행권), 사법권으로 분리하여야 한다고 주장하였다. ④ 현대 국가에서의 지방 자치 원리도 중앙으로부터 지방으로의 분권을 실현하는 제도이다.

바로잡기 ④ 의원 내각제는 분립된 권력 간의 관계가 긴밀한 것이지 권력 분립에 반(反)하는 정부 형태가 아니다.

정 답 ④

15 밑줄 친 부분과 같은 오류를 범하지 않기 위해서 필요한 태도와 가장 거리가 <u>먼</u> 것은?

> 다수결이란 세 사람 이상의 모임에서 다수의 일치된 의사를 모든 구성원들을 구속하는 집단 의사로 인정하는 의사 결정 방법이다. 대개의 경우 소수의 판단보다 다수의 판단이 보다 합리적이라고 여겨지기 때문에 이 같은 원리를 바탕으로 의사를 결정하고 사회를 운영해 나간다. 그러나 이러한 '수(數)의 논리'는 때로 엄청난 오류를 범할 수도 있다. 다시 말하면 민주 정치가 다수결에만 집착할 때, 자칫 '중우 정치', 즉 '<u>다수의 횡포</u>'로 전락할 우려가 있다는 것이다.

① 주인 의식을 갖는다. ② 관용의 자세를 갖는다.

③ 소수의 의견을 존중한다. ④ 양보와 타협의 자세를 갖는다.

해 설 다수결의 원리
다수결 원리가 자칫 초래할 수 있는 다수의 횡포를 막기 위해서는, 타인의 의사를 존중할 수 있는 관용의 정신 및 양보와 타협의 자세, 대화와 토론, 소수 의견 존중의 정신 등이 요구된다.

정 답 ①

03 민주 정치의 발전과 과제

 1 고대 아테네의 민주 정치

(1) 정치적 특징

　직접 민주 정치의 발생 → 다스리는 자와 다스림을 받는 자가 일치하는 정치 형태로 나타남

(2) 아테네에서 직접 민주 정치가 성공할 수 있었던 조건

❶ **소규모의 도시 국가**

❷ **아테네의 시민** : 독립적인 자영농으로, 농토의 경작은 노예에게 맡기고 자신은 공적인 일에 종사할 수 있었음

　◉ **도시 국가**
　　도시 국가는 고대 그리스 등에서 자유 시민이 신전을 중심으로 주위에 성벽을 두르고 정치적으로 자유 · 독립을 보전하면서 작은 영역을 지배하고 있던 공동체를 말한다.
　◉ **시민** : 민주 사회의 구성원으로서 공공의 의사결정에 주체적으로 참여하는 사람
　　아테네 : 자유민 남자　　　**근대** : 부르주아　　　**현대** : 대중

(3) 아테네의 정치 기구

❶ **민회, 평의회, 행정관, 민선 재판소**

❷ **공직자 선출** : 추첨, 윤번제, 선거 → 치자(治者)와 피치자(被治者)의 동일성 구현

❸ **공직자의 임기** : 1년, 원칙적으로 연임은 인정되지 않았음

❹ **도편추방제**
　• **의미** : 시민들이 민회를 열어 국가에 해를 끼칠 위험한 인물을 도편(陶片)에 비밀 투표하여 국외로 추방하였던 제도
　• **문제점** : 충분한 토론을 거치지 않고 결정하는 현상이 나타나기도 하였으며, 정적을 제거하기 위한 수단으로 악용되기도 함

(4) 아테네 민주 정치의 의의와 한계

❶ **의의** : '민중에 의한 지배', 치자와 피치자가 동일한 정치 형태 → 시민들이 직접

공동체의 일을 결정하는 직접 민주정치 실시

❷ **한계**

- 성인 남성들에게만 시민으로서의 권리인 참정권이 주어짐 → 제한된 민주정치(여성과 노예, 외국인 등은 공동체의 정치적 의사 결정에서 제외됨)
- 노예제도를 인정함으로써 평등의 원리에 위배됨

 2 **시민 혁명과 근대 민주 정치**

(1) 시민 혁명의 사상적 배경

❶ **천부 인권**(자연권) **사상** : 인간은 태어나면서부터 불가침, 불가양의 초국가적인 자유와 평등의 권리를 가짐

❷ **사회 계약설** : 자연 상태에서는 자유와 평등의 보장이 어려우므로, 이를 보장하기 위해 계약을 통하여 정부를 구성

❸ **계몽사상** : 전근대적인 사상에서 벗어나지 못하고 있는 인간의 주체성을 일깨우고 국가와 국민의 관계에 대한 새로운 사고방식을 인식하게 함

(2) 영국의 시민 혁명

❶ **과정** : 제임스 1세, 찰스 1세의 전제 정치에 대한 의회의 반발 → 권리 청원(1628) → 찰스 1세의 의회 해산 → 청교도 혁명과 공화정 수립(1649) → 왕정 복고 → 찰스 2세, 제임스 2세의 전제 정치 → 명예혁명(1688) → 권리 장전(1689)

❷ **입헌주의** : 대헌장(1215) → 권리 청원 → 권리 장전 ("왕은 군림하나 통치하지 않는다")

 3 **사회 계약설**

홉스	• 인간의 본성은 이기적 • 국가 이전의 상태는 '만인의 만인에 대한 투쟁 상태' • 인간은 자기 보전을 위하여 자발적인 동의에 의해 자연 상태의 권리를 국가(군주)에 양도함 • 인민들 간의 계약에 의해 자연권을 완전히 양도함

로크	● 인간은 생명, 자유, 재산에 대한 자연권을 가짐 ● 인간은 본성이 선하여 극단적인 투쟁이 없음 ● 탐욕적인 사람에 의해 자연 상태의 권리가 침해당하는 것을 방지하기 위해 정부를 구성하고, 계약을 통해 통치의 권한을 정부에 위탁함 ● 정부가 시민의 의사를 무시하고 시민의 권리를 침해할 경우, 시민은 주권자로서 저항권을 행사할 수 있음
루소	● 자연 상태에서 인간은 아무런 제약이나 차별 없이 자유롭고 평등함 ● 시민이 자신의 잠재력을 최대한 발휘하기 위해 주권을 행사하고 일반 의사에 입각하여 정치 공동체를 구성함 ● 주권은 양도하거나 나눌 수 없음 ● 직접 민주 정치를 주장하고 대의제를 비판함

 심화 학습 　**아테네의 정치제도**

① **민회** – 아테네의 시민 즉, 20세 이상의 자유민 남자들로 구성되었는데, 1년에 40일 이상 회의를 개최하고 개최 정원은 6천 명으로 규정되었다. 법률의 제정, 조세의 결정, 도편 추방, 외교 업무 등의 모든 문제는 전체 시민의 자유로운 토론에 의해 결정되었다. 대부분의 결정은 만장일치에 의해 이루어졌지만, 의견의 일치가 이루어지지 않을 때에는 다수결의 방법을 이용하였다.

② **500인 평의회, 50인 위원회** – 민회는 의사 일정 준비, 입법 초안 작성 등 정치적인 장으로 항시 활용되기에는 너무나 큰 모임이었다. 그래서 민회에서 선출한 500인 평의회와 다시 여기서 선출된 50인 위원회가 구성되어 이들이 그 책임을 맡았다. 50인 위원회는 하루의 임기로 되어 있는 의장을 선출하여 대표의 일을 맡게 하였다.

③ **민선 재판소** – 민회에서 200명이 넘는 배심원들을 선출하여 그들의 평결로 재판이 진행되었다.

④ **행정관** – 일상적인 행정 업무를 맡았는데, 행정관은 500인 평의회에서 선출된 10인의 위원으로 구성되었으며, 그 기능을 각기 나누어 처리하였다.

⑤ **공직자 선출** – 투표, 추첨, 임무 교대 등의 방법으로 선출되며, 임기는 1년이고, 연임은 인정되지 않았다.

📖 **자료해설** : 아테네에서는 전체 시민이 참여한 민회에서 중요한 정치적 의사 결정을 하는 직접 민주 정치가 실시되었고, 이는 상향식 의사 형성을 바탕으로 치자와 피치자의 동일성을 실현하고자 하는 정치 형태였다. 또한 민회, 민선 행정관, 민선 재판소 등으로 통치 기구를 분산시킴으로써 권력의 집중을 막고, 공직자를 민주적으로 선출하고, 그 임기를 제한하며, 위험인물을 국외로 추방하는 도편 추방 제도를 실시하여 절대 권력의 출현을 막고자 하였다. 그러나 민회에는 20세 이상의 자유민 남성들만이 참여하였으므로 대중의 정치 참여가 이루어 졌다고는 할 수 없으며, 이런 점에서 모든 국민의 정치참열르 보장하는 오늘날의 민주정치와는 구별된다.

4 정치 발전의 의미

(1) 정치 발전의 의미 국가가 지향하는 목적을 달성할 수 있는 정치 체제의 능력이 신장되는 것

(2) 정치 발전의 요건

❶ **정치 체제의 능력 신장** : 국민의 요구를 전달 체계의 제도화 및 정책 결정에서 국민의 지지를 이끌어 내는 능력 강화

❷ **구조와 기능의 분화 전문화** : 국민의 요구를 파악한 후 이를 충족시킬 수 있는 정책, 법력 구비, 전문화를 통해 효율적인 국회 및 정부 조직 마련

❸ **국민 통합** : 계층, 지역, 집단 간 대립과 갈등의 해결을 통한 합의의 도출

❹ **시민 참여의 활성화** : 정부의 자의적 권력 행사 방지를 위한 시민 참여 통로 마련, 언론의 비판적 기능 보장

01 다음 두 사상가의 주장에 대한 옳은 설명을 〈보기〉에서 있는 대로 고른 것은?

> (가) 인간의 자연 상태는 '만인에 대한 만인의 투쟁'상태이며, 거기에는 오직 공포와 죽음의 위험이 있을 뿐이다. 인간은 이것을 면하기 위해서 계약을 맺고 국가를 형성하였는데, 이때 모든 권리를 주권자인 군주에게 양도하였으므로 지배자의 주권은 절대적인 것이다.
>
> (나) 자연 상태에서 인간은 생명, 자유 및 재산에 대한 자연권을 가지고 있지만, 그 권리의 보장이 확실하지 않으므로 사회를 조직하고 정부를 구성하였다. 그러나 정부가 자연권을 침범하게 되는 경우 인민은 정부에 저항하여 정부를 재구성할 정당한 권리를 가진다.

> **보기**
> ㄱ. (가)는 국가가 개인의 안전을 위해 필수적이라고 본다.
> ㄴ. (나)는 주권이 국민에 의해 직접 행사되어야 한다고 본다.
> ㄷ. (가)와 (나)는 시민 혁명의 사상적 배경이 되었다.
> ㄹ. (가)와 (나) 모두 국가 권력은 인민들의 계약에서 유래한다고 본다.

① ㄱ, ㄹ   ② ㄴ, ㄹ   ③ ㄷ, ㄹ   ④ ㄱ, ㄴ, ㄹ

해 설 ▶ 사회 계약설
(가)는 홉스, (나)는 로크의 주장이다. 사회 계약설은 자연 상태에서의 혼란 또는 불완전으로부터 자연권을 보전하기 위해서 인민들이 계약을 통해 국가를 구성하였다는 주장이다.

바로잡기 ▶ ㄴ. 루소의 주장이다. 로크는 대의제를 주장하였다. ㄷ. 로크의 주장은 시민 혁명의 사상적 배경이 되었다. 홉스는 군주 주권을 정당화하려 하였다.

정 답 ▶ ①

02 다음은 루소의 사회 계약론을 간략하게 요약한 글이다. 이 글에서 추론할 수 있는 루소의 생각으로 볼 수 없는 것은?

> 국가가 결성되기 이전의 자연상태에서는 개인이 아무런 제약이나 차별 없이 자유롭고 평등했으며, 이러한 자유와 평등을 제도적으로 보장하기 위하여 계약을 통해 국가를 구성했다.

① 인민은 국가에 자연권을 양도했다.

② 모든 국가 권력은 인민으로부터 나온다.

③ 인간은 태어나면서부터 가지고 있는 권리가 있다.

④ 개인의 자유와 평등을 보장하기 위해 주권자 스스로 국가를 구성했다.

해 설 지문에서 루소는 국가가 결성되기 이전의 자연 상태에서 인간은 자유와 평등을 누리고 있었으며, 이를 제도적으로 보장하기 위하여 국가를 구성하였다고 주장하고 있다. 따라서 다유를 중시하는 자연권 사상(천부인권설)과 인민주권론, 사회계약설 등을 주장하였음을 추론할 수 있다. 루소는 주권을 양도 할 수 없는 것으로 생각했다.

정 답 ①

03 다음은 아테네 정치에 대한 설명이다. ㉠~㉤ 에 대한 설명으로 옳지 <u>않은</u> 것은? (국가직 9급)

> 아테네 정치의 근간을 이루는 것은 민회와 ㉠ <u>민선 평의회</u> 및 민선 재판소였다. 아테네 시민들은 이들 기관에 참여하여, ㉡ <u>정책의 결정뿐만 아니라 집행까지고 스스로 담당하였다.</u> ㉢ <u>일정한 자격을 갖춘 시민</u>에게는 널리 평의회 의원과 민선 재판소의 재판관이 될 기회가 주어졌다. 따라서 일정한 자격 요건을 갖춘 아테네의 시민은 대개 ㉣ <u>평생에 한 번은 다스리는 자리에 오를 수 있엇다.</u> ㉤ <u>공직자의 임기는 1년으로 원칙적으로 연임은 인정되지 않았고,</u> 공직자의 선출은 투표, 추첨, 윤번제 등에 의해 이루어졌다.

① ㉠ – 간접 참여의 원리를 실현하려 하였다.
② ㉡ – 민주 정치의 이상에 충실한 정치 형태였다.
③ ㉢ – 여성, 노예, 외국인이 제외되었다.
④ ㉣ – 치자와 피치자의 동일성이 실현되었다.

해 설 민선 평의회는 민회 운영의 편의를 위한 기구로, 아테네 시민을 대표하는 대의 기구의 성격을 갖는 것이 아니었다.

정 답 ①

04 다음은 미국 독립 선언서의 일부이다. 이글이 지향하는 이념으로 볼 수 <u>없는</u> 것은?

> 모든 인간은 평등하게 창조되었고, 그들에게는 창조자에 의해 일정의 양도할 수 없는 천부의 권리가 부여되었으며, 그 권리 중에는 생명, 자유 , 그리고 행복의 추구가 포함되어 있다. 그리고 이들 권리를 확보하기 위하여 인민들 사이에 정부가 설립되었고, 정부의 정당한 권력의 근원은 피치자의 동의에 의거하고 있다. 어떠한 형태의 정부라도 이와 같은 목적에 대해 유해한 것이 되는 경우, 인민은 이를 변경 또는 폐지하고 인민의 안전과 행복을 가장 효과적으로 가져올 수 있는 새로운 정부를 조직하는 것은 인민의 권리이다.

① 인간은 수단이 아닌 목적적인 존재이다.
② 모든 인민의 직접 평가가 실현되어야 한다.
③ 인민의 합의에 의하여 국과권력이 형성된다.
④ 부당한정부에 대해 인민은 저항권을 행사할 수 있다.

해 설 미국 독립 선언서의 의의
미국 독립 선언서에는 천부의 권리로서의 인간의 존엄성, 자유, 평등, 행복 추구의 권리가 천명되어 있다. 정부의 성립은 이것의 보장을 목적으로 하며, 국민 주권, 저항권의 이념을 밝히고 있다.

바로잡기 ② 미국 독립 선언서가 직접 민주 정치의 실현을 주장하고 있지는 않다.

정 답 ②

05 밑줄 친 부분에 대한 적절한 추론만을 〈보기〉에서 있는 대로 고른 것은?

> 고대 아테네 민주 정치에서 시민은 누구나 민회에 참석하여 주요 국사를 심의하고 만장일치나 표결을 통해 결정하였다. 그리고 시민은 추첨을 통해 평의회 의원 및 행정관으로 선출 되었다. 또한 시민은 추첨에 의해 배심원으로 선출되어 법정의 재판에 참여하였다. 이러한 선출 방식은 <u>몇 가지 특징</u>을 지니고 있다.

> **보기**
> ㄱ. 해당 직무 수행에 가장 적합한 자를 선출할 것이다.
> ㄴ. 선출되는 자에 대해 시민의 동의가 필요한 경우에 적합할 것이다.
> ㄷ. 시민에게 국가 사무를 담당할 수 있는 기회를 공평하게 제공할 것이다.
> ㄹ. 선출되는 자의 사회적 지위나 재산의 정도가 선출에 미칠 수 있는 영향을 차단할 것이다.

① ㄱ, ㄴ   ② ㄱ, ㄷ   ③ ㄷ, ㄹ   ④ ㄱ, ㄴ, ㄹ

해설 아테네 민주 정치
고대 아테네에서는 추첨에 의해 공직자를 선출하였다. 추첨이나 윤번제를 통해서 아테네 시민들은 누구나 일생에 한번쯤은 공직을 맡을 수 있었고, 이를 통해 치자(治者)와 피치자(被治者)의 동일성을 실현하는 민주 정치를 실현하고자 하였다.

바로잡기 ㄱ. 추첨은 공직을 맡을 사람의 능력을 우선하는 제도가 아니었다. ㄴ. 선거에 의한 선출 방식이다.

정답 ③

06 고대 그리스 아테네의 민주정치에 대한 설명으로 옳은 것은?

① 고대 그리스 민주정치는 이미 주어진 것으로서의 공동체를 전제하는 것이 아니고, 사회를 새로이 구성하는 원리로서의 성격이 두드러진다.

② 고대 그리스에서는 선거에 의해 공직자를 결정하였으며, 우연에 의한 추첨제, 윤번제 등은 비민주적이라고 간주되어 널리 이용되지 못하였다.

③ 소크라테스를 죽게 한 민주정치의 실체를 경험한 플라톤은 절인정치를 주장하면서 민주치에 부정적이었다.

④ 고대 그리스에서는 많은 폴리스가 존재했고 민주정치판 여러 정치형태 중의 하나에 불과였지만, 민주주의의 이념인 자유와 평등은 보편적 원리로 그리스 전체를 지배했다.

해설 ① 고대 그리스 민주정치는 정치형태로서의 민주정치. 근대 민주정치는 사회구성 원리로서의 민주정치이고, 오늘날에는 생활원리로서의 민주정치를 의미한다. ③ 제한적 직접민정치이고, 추첨제 윤번제 등은 널이 이용되었다. ④ 근대민주주의 이념인 자유 · 평등은 근대 민주정치에서 보편적 원리로 지배한다.

정답 ②

07 다음은 영국의 권리장전(1689)의 핵심 내용이다. 이와 관련한 설명으로 옳은 것은?

> - 의회의 승인 없이 법을 제정하거나 법을 제정하거나 법의 효력을 정지 시킬 수 없다.
> - 의회의 승인 없이 과세할 수 없다.
> - 의회의 승인 없이 상비군을 유지할 수 없다.
> - 의회의 선거는 자유로워야한다.
> - 의회는 자주 소집되어야 한다.
> - 법은 공정하고 적절하게 운영되어야 한다.

① 공화정 수립의 계기가 되었다.

② 의회 정치의 기틀을 마련하게 되었다.

③ 삼권 분립의 원칙이 확립되게 되었다.

④ 대중의 정치 참여가 이루어지는 계기가 되었다.

해설 영국의 명예혁명과 권리 장전
명예혁명은 찰스 2세와 제임스 2세의 전제 정치에 항거하여 일어난 시민 혁명으로, 이후 권리 장전이 승인됨으로써 시민의 대표인 의회가 왕권을 제한하는 의회 정치의 기틀이 마련되게 되었다.

바로잡기 ① 입헌 군주정의 기틀이 마련되었다. ③ 삼권 분립 원칙은 프랑스의 몽테스키외에 의해 이론적 틀이 마련되었다. ④ 20세기 이후 보통 선거 실시로 대중의 참여가 이루어졌다.

정답 ②

08 다음의 역사적 사건을 거친 후 등장한 시민 사회의 모습에 대한 진술로 옳지 <u>않은</u> 것은?

> - 영국 명예혁명　　　- 미국 독립 혁명　　　- 프랑스 대혁명

① 신분 제도가 타파되었다.

② 개인주의와 자유주의가 확산되었다..

③ 노동자, 농민의 정치 참여가 가능하게 되었다.

④ 부르주아 계급이 사회의 주도권을 잡게 되었다.

해설 시민 혁명의 영향
시민 혁명으로 절대 왕정과 신분 제도가 타파되었고, 부르주아 계급이 새로운 사회의 주도권을 잡게 되었다. 또한 개인주의와 자유주의가 확산되었으며, 법치주의가 확립되고 국민 주권의 시대가 열리게 되었다.

바로잡기 ③ 부르주아에게만 정치 참여의 기회가 주어졌다.

정답 ③

09 민주주의와 관련하여 다음 글에서 얻을 수 있는 결론으로 올바른 것은?

> 독일의 바이마르 헌법은 최초의 현대적 복지 국가 헌법이라고 일컬어질 정도로 민주적인 헌법이었지만 히틀러는 정권을 장악한 후 헌법을 유명 무실하게 만들었다.

① 정치제도와 국민의 정치의식과는 상관관계가 없다.

② 정치제도가 비민주적일 때에는 민주주의를 하고 싶어도 할 수 없다.

③ 정치제도의 다양성에도 불구하고 민주주의 이념과 원리는 어느 사회나 같다.

④ 정치의식이 비민주적일 때에는 제도가 민주적이라 하더라도 이를 제대로 운영할 수 없다.

해설 아무리 훌륭한 민주 정치 제도를 갖추고 있다 할지라도, 제도를 실제로 운영하는 정치 지도자의 헌정 수호 의지와 성숙된 민주 시민 의식을 지닌 국민들의 적극적인 차여 없이는 민주주의를 실현 할 수 없다.

정답 ④

10 다음 (가)~(라)는 근대 민주 정치의 발전 과정에서 나타난 사건들이다. 이에 대한 설명으로 옳지 않은 것은?

(가) 영국의 인지법과 관세에 강화에 반발하여 식민지 주민들은 대륙 회의를 거쳐 독립을 선언하였다.

(나) 노동자들은 인민 헌장으로 발표하여 경제적, 사회적으로 쌓여온 불만과 함께 선거권 획득을 요구하였다.

(다) 삼부회 소집에 반발하여 구성한 국민 의회를 탄압하자 바스티유 감옥을 공격하고 인권 선언을 발표하였다.

(라) 찰스 2세와 제임스 2세의 전제 정치 강화에 반대하여 명예혁명을 일으키고, 의회가 제출한 권리 장전을 승인시켰다.

① (가)를 계기로 자유주의와 민주주의 원칙에 기초한 독립 국가가 탄생하였다.

② (나)를 통해 보통 선거 원칙이 확립되었다.

③ (다)는 국민 주권, 입헌주의, 언론의 자유 등을 선언하였다.

④ (라)를 계기로 입헌 군주정이 확립되고, 의회 정치의 기틀이 마련되었다.

해설 근대 민주 정치의 발전 과정(각국에서 일어난 시민혁명의 배경과 정치적 의미를 충분히 이해 해야 한다)
(가)는 미국 독립 혁명, (나)는 차티스트 운동, (다)는 프랑스 혁명, (라)는 영국 명예혁명으로 시대 순으로 나열하면 (라)-(가)-(다)-(나)이다.

바로잡기 ② 인민 헌장에서 노동자들을 남자의 보통 선거권 보장, 무기명 투표, 의원의 재산상 자격 제한 폐지, 하원 의원에 대한 세비 지급, 평등 선거구제, 의회의 매년 소집 등을 요구하였다. 완전한 보통 선거는 남녀노소, 계층을 막론하고 누구나 선거권을 갖는 선거이다.
*참정권의 확대와 보통 선거제의 확립
배경 : 시민 혁명 직후 능동적 시민만이 정치에 참여
경과 : 영국의 차티스트 운동(노동자의 선거권 요구), 프랑스 혁명 후 지속된 여성의 참정권 요구, 20세기 흑인 민권 운동
결과 : 보통 선거제의 확립을 통한 현대 대의 정치의 발달.

정답 ②

11 우리나라 민주 정치 발전을 제약한 요인에 해당하지 않는 것은?

① 민주 정치 경험이 부족하였다.

② 사회 경제적 조건이 성숙되지 못했다.

③ 국제적 냉전과 남북 대결이 지속되었다.

④ 민주주의 이념으로서 인간 존중의 전통을 갖지 못했다,

해설 우리나라의 건국이념인 홍익인간(弘益人間)의 정신이나 민본주의적 전통, 동학의 '인간은 하늘과 같이 존엄하고, 또 하늘 앞에 평등하다.'는 주장 등을 볼 때, 우리나라에도 인간존중의 전통이 있었다. 다만 서양의 민주 정치와 다른 점은 국민의 손으로 통치자를 뽑는 정치 제도를 갖지는 못했다는 것이다.

12 다음 내용을 뒷받침 할 수 있는 사실로 보기 <u>어려운</u> 것은?

> 고대 그리스 아테네의 민주 정치란 다수가 지배하기도 하고 지배받기도 하는 정치 형
> 태를 의미하였다

① 도편 추방제를 실시하였다.

② 민회에서 아테네의 중요 정책을 결정하였다.

③ 공직자를 추첨으로 선출하고 윤번제가 적용되었다.

④ 정치 참여의 권리가 사회 구성원 모드에게 주어졌다.

해 설 ▶ 아테네의 민주 정치

아테네의 시민들은 민회, 평의회, 50인 위원회, 민선 재판소 등을 통해 정치에 참여하는 민주 정치의 전통을 가지
고 있었다. 공직자를 추첨으로 선출하고 윤번제를 적용하여 누구나 일생에 한 번쯤은 공직을 맡을 수 있었다. 또한
임기를 제한하여 권력의 부패를 막으려 하였고, 도편 추방제를 통해 참주의 출현을 막고자 하였다.

바로잡기 ▶ ④ 아테네에서의 시민은 자유민 남자로 여자, 노예, 외국인 등은 제외되었다. 따라서 사회 구성원 모두에게 정치
참여의 권리가 주어진 것은 아니다.

정 답 ▶ ④

04 정치권력과 법치주의

 1 **정치권력의 정당성**

(1) 정치권력

❶ **의미** : 개인이나 집단 간의 이해관계를 조정하고 사회 질서를 유지하기 위해 국가가 행사하는 힘

❷ **특징**

- 한 국가 내의 모든 개인과 집단을 포괄적으로 지배할 수 있는 가장 강력한 힘
- 국가만이 독점적으로 행사할 수 있는 합법적인 권한을 가지고 있음
- 모든 국민은 정치권력에 복종해야 할 의무가 있음

(2) 정치권력과 폭력의 비교

구분	정치권력	폭력
공통점	강제력을 가지고 있음	
차이점	• 정당성이 있는 강제력 • 국민들이 권위를 인정함 • 국민들이 자발적으로 복종함	• 정당성 없는 힘 • 국민들이 권위를 인정하지 않음 • 국민들의 반발, 저항을 불러옴

(3) 정치권력의 정당성

❶ **국민 주권** : 정치권력은 국민으로부터 나옴

❷ **정치권력의 정당성**

- 민주 국가에서는 '모든 국민이 평등하다.'는 원칙 아래 다수 국민의 지지를 얻은 대표자와 집단이 정치권력을 획득
- 정치권력 형성 과정에서의 정당성 : 합법적인 선거를 통한 취득
- 정치권력 행사 과정에서의 정당성 : 국민이 정치권력을 규제할 수 있어야 함, 정치권력은 법과 제도에 따라 행사되어야 함

❸ **부당한 정치권력에 대한 대응**

● 저항권의 행사 : 시민의 기본권을 침해하는 불법적인 국가 권력의 행사에 대하여 그 복종을 거부하거나 실력 행사를 통해 저항할 수 있음

● **저항권 행사의 요건** : 정치권력이 불법적으로 행사되었다는 것이 객관적으로 명백한 사실이고, 이를 구제할 수 있는 방법이 없는 경우 최후의 수단으로 사용

[베버(weber, M.)의 지배 유형(정당성의 근거에 따라)]

전통적 지배	전통적 질서의 권위에 따라 정당성을 인정받는 가부장적 지배 형태
카리스마적 지배	● 특정 지도자나 예언자 등의 초인적이며 신성한 능력에 근거하는 지배 형태 ● 권위주의적 · 비합리주의적 지배 형태
합법적 지배	● 체계적인 법 규범에서 정당성의 근거를 찾는 지배 형태 ● 합리적 위임 형식을 취한 근대 민주 국가의 지배 형태

📖 자료해설 : 베버는 정치권력의 정당성의 근거에 따라 지배 유형을 구분하였다. 북한 정권이나 히틀러 치하의 나치정권은 카리스마적 지배 유형, 국민의 참여를 바탕으로 하는 오늘날의 민주 국가는 합법적 지배 유형으로 볼 수 있다.

2 법치주의

(1) 법치주의

● 의미 : 법의 지배-법으로 권력을 통제함으로써 인간의 자유 보호

● 발달 : 미국과 프랑스의 인권 선언, 제2차 세계 대전 후의 독일 헌법

● 목적 : 국민의 자유와 권리 보장

● 제도적 기초 : 권력 분립

● 내용 : 법률의 우위, 법률에 의한 행정, 법률에 의한 재판

(2) 형식적 법치주의와 실질적 법치주의

구분	형식적 법치주의	실질적 법치주의
의미	형식적으로 실정법 규정에 의한 지배가 이루어지는 곳	법의 목적과 내용이 정의에 합치하는 것이어야 한다는 원리
의의	통치의 합법성 중시	통치의 합법성과 함께 정당성 중시
내용	법을 통한 독재 출현 가능성이 있음(히틀러의 수권법)	인간의 존엄성, 실질적 평등과 같은 정의의 실천을 내용으로 함

◉ **법치주의** : 국가나 국민의 자유와 권리를 제한하거나 국민에게 새로운 의무를 부과할 때, 객관적 기준으로서 법에 의하거나 법에 근거가 있어야 한다는 원리, 여기서 법은 의회에서 제정한 법률을 말한다.

◉ **실질적 법치주의를 위한 제도** : 헌법 재판, 권력 분립, 행정 재판, 탄핵 제도, 선거 제도, 의회제도, 사법권의 독립, 복수 정당제, 언론 · 출판 · 집회 · 결사의 자유, 저항권

3 법의 이념

(1) 정의

❶ **의의** : 법이 추구하는 궁극적인 이념, 인간 생활의 궁극적 · 절대적 가치

❷ **내용** : 시대와 상황에 따라 다소 다르게 표현

- 아리스토텔레스 : 정의의 본질은 평등
  - 평균적 정의 : 모든 인간을 동등하게 취급 → 절대적 평등
  - 배분적 정의 : 능력과 공헌도에 따라 차등 대우 → 실질적 평등
- 울피아누스 : 각자에게 그의 몫을 돌려주는 항구적 의지
- 현대 국가 : 기본적 인권의 보장, 합리적 차별의 기준을 공정하게 설정

  ☾ 정의를 강조하는 법언
  - 세상이 망하더라도 정의는 세워라.
  - 정의만이 통치의 기초이다.

(2) 합목적성

❶ **의의** : 법이 추구하는 목적에 맞도록 방향을 설정하는 것

❷ **시대와 사회의 지배적인 가치관에 따라 다름**

근대 초기(자유 방임주의)	개인의 자유 보장에 보다 높은 가치를 부여
독일의 히틀러 시대	개인보다 국가와 민족을 더욱 강조
현대 복지 국가	개인의 이익과 사회의 공공복리를 동시에 증진

❸ **정의와 합목적성** : 정의는 추상적 이념, 합목적성은 구체적 기준

  ☾ 합목적성을 강조하는 법언
  - 국민이 원하는 것이 법이다.
  - 민중의 행복이 최고의 법률이다.

(3) 법적 안정성

❶ **의의** : 사회생활이 법에 의해 안정되게 보호 또는 보장되고 있는 상태

❷ **요건** : 무분별한 변동 금지, 내용의 명확성(성문법주의), 실현 가능성, 국민의 법의 식과의 합치

❸ **사례** : 시효제도, 사법상의 점유 보호

  ☾ 법적 안정성을 강조하는 법언
  - 악법도 법이다.
  - 정의롭지 못한 법도 무질서보다는 낫다.
  - 권리 위에 잠자는 자는 보호받지 못한다.
  - 정의의 극치는 부정의의 극치이다.
  - 정의는 망해도 세계는 살아야 한다.

(4) 법이념 간의 상호 관계

❶ 상호 모순되면서도 협력 · 보완하는 관계

❷ 조화로운 조정이 원칙이나, 궁극적으로 정의의 원칙인 인간의 자유로운 권리를 우선시함

01 (가), (나)의 주장에 대한 옳은 설명만을 〈보기〉에서 있는 대로 고른 것은?

> (가) 정부의 법률이나 정책이 정의롭지 못하다고 판단될 때, 시민은 이를 지키지 않는 운동을 비폭력적 방식으로 펼쳐야 한다.
> (나) 정부의 법률과 정책이 정의롭지 못하더라도 민주적인 절차에 의해 제정되고 결정된 것이기 때문에 시민은 이를 준수해야만 한다.

ㄱ. (가)는 현재의 법률과 정책의 잘못은 차기 선거를 통해 평가되고 시정되어야 한다고 본다.
ㄴ. (가)는 법률이 보장하는 방식으로 잘못된 법과 정책을 시정하는 것은 오랜 시간이 걸려 그 동안의 폐해를 막을 수 없다고 본다.
ㄷ. (나)는 잘못된 법률을 개정하기 위해서는 입법 절차를 거쳐야 한다고 본다.
ㄹ. (나)는 법률을 개인적 판단하에 준수하기도 하고 거부하기도 한다면 법체계의 정당한 강제력이 상실된다고 본다.

① ㄱ, ㄴ　　② ㄴ, ㄷ　　③ ㄷ, ㄹ　　④ ㄴ, ㄷ, ㄹ

해설 정치권력의 정당성
(가)는 정의 즉 자연법에 위배되는 법률이나 정책은 정당성을 가질 수 없다는 생각에 기초하고 있다. 또한 제도적인 절차를 통해 부당한 법률이나 정책을 시정하는 것이 어려우므로 그것에 대한 불복종 운동을 정당하다고 본다. (나)는 법률이나 정책이 적법한 절차에 의해 결정된 것이라면 정당성을 갖는다는 주장으로 법적 안정성을 강조하고 있다.

바로잡기 ㄱ. 법률과 정책의 잘못은 차기 선거를 통해 평가되고 시정되어야 한다는 것은 (나)의 입장이다.

정답 ④

02 다음과 같은 상황에서 나타날 국민의 정치적 행동을 가장 적적하게 추론한 것은?

> 민주 국가의 헌법은 '사람에 의한 지배'가 아닌 '법의 지배'를 규정함으로써 국가 권력의 절대화를 막아 국민의 기본적 인권을 보장하려 하고 있다. 그러나 만일 법이 국민의 자유와 권리를 지켜 주기보다는 침해하고 제한하는 것으로만 일관한다면, 그러한 법 집행은 불신의 대상이 되며 나아가 국민이 법으로부터 멀어지고 정치적 불만이 점점 커지게 되는 것이다.

① 공무원들의 도덕성을 비난한다.
② 사법부의 조직 개편을 요구한다.
③ 행정 체계의 효율성을 비판한다.
④ 정치권력의 정당성을 문제 삼는다.

해 설 ▶ 정치권력의 정당성

정치권력의 정당성은 국민의 동의와 지지에서 확보된다. 만약 법이 국민의 자유와 권리를 지켜 주기보다는 침해하고 제한하는 것으로만 일괄한다면, 그러한 법 집행은 불신의 대상이 되며 정치권력은 정당성을 잃게 될 것이다.

정답 ▶ ④

03

저항권 행사의 요건을 〈보기〉에서 모두 고른다면?

(지방직 9급 기출)

> **보기**
> ⊙ 저항권의 행사가 최후의 수단일 것
> ⓒ 공권력의 행사의 불법성이 객관적으로 명백할 것
> ⓒ 공권력 행사가 물리적 강제력이 수반되어야 할 것
> ⓔ 법원에 의해 공권력 행사가 헌법 질서를 위반한 것으로 판결이 나야 할 것
> ⑩ 공권력의 행사가 민주적 기본 질서를 전면적으로 부인하는 경우일 것

① ⊙, ⓒ, ⓔ   ② ⊙, ⓒ, ⑩   ③ ⊙, ⓒ, ⑩   ④ ⓒ, ⓒ, ⓔ

해 설 ▶ 저항권의 행사는 국가 권력의 행사가 불법이라는 것이 객관적으로 명백할 뿐 아니라, 그것을 구제할 수 있는 다른 방법이 없는 경우에 최후의 수단으로 인정된다. 그러나 물리적 강제력이 수반되는 공권력의 행사나 불법적인 공권력의 행사라는 법원의 판결이 저항권 행사의 조건은 아니다.

정답 ▶ ②

04

어떤 나라에 다음과 같은 정치 현상이 있었다고 하자. 이 나라에서 일어났을 현상을 적절하게 추론하면?

- 공정한 선거를 무시한 채 쿠데타를 통해 군부가 정권을 장악하였다.
- 대통령이 헌법 규정에도 없는 비상조치를 단행하여 국회를 해산하였다.
- 정부에 의해 국민의 자유와 권리가 침해되는 사례가 빈번하게 발행하였다.

① 정치 지도자의 도덕성을 비난한다.
② 국민을 위한 정책집행을 요구한다.
③ 정부에 의한 공정한 선거 관리를 문제삼는다.
④ 정부의 정당성에 대한 비판과 도전을 제기한다.

해 설 ▶ 민주 정치가 가능하기 위해서는 정치권력의 정당성이 확립되어야 한다. 정당성은 정부가 국민의 동의에 의해 구성될 뿐 아니라, 정치권력이 국민의 지지를 바탕으로 국민을 위해 행사될 때에 확립될 수 있다. 정당성의 기반이 없는 정치권력은 한낱 강제력에 지나지 않는 것이고, 국민의 자유와 권리를 제한하거나 침해하기 쉬워 정당성 없는 권력과 국민의 자유간의 갈등으로 인한 정치적 불안정을 가져오게 된다.

정답 ▶ ④

[5~6] 다음 자료를 읽고 물음에 답하시오.

> 국민의 모든 자유와 권리는 국가 안전 보장, 질서 유지 또는 공공복리를 위하여 ⊙ 필요한 경우에 한하여 법률로써 제한할 수 있으며, ⓒ 제한하는 경우에도 자유와 권리의 본질적인 내용은 침해할 수 없다(헌법 제37조 제2항).

05 밑줄 친 ㉠이 추구하는 법이념과 관계 깊은 것을 〈보기〉에서 고른 것은?

> **보기**
> ㄱ. 내용이 명확할 것
> ㄴ. 법이 함부로 변동하지 않을 것
> ㄷ. 같은 것은 같게, 다른 것은 다르게
> ㄹ. 시대와 사회의 지배적인 가치관에 따를 것

① ㄱ, ㄴ   ② ㄱ, ㄷ   ③ ㄴ, ㄷ   ④ ㄴ, ㄹ

해설 ㉠에 나타난 법의 이념은 법적 안정성이다. ㄱ, ㄴ 법적 안정성의 요건으로 이외에도 실현 가능성 국민의 법의식과의 합치 등이 있다. ㄷ정의, ㄹ합목적성과 관련이 있다.

정답 ①

06 밑줄 친 ㉡과 관계 깊은 법이념에 대한 설명으로 옳지 않은 것은?

① 능력에 따른 차별이 가능하다.

② 인간 생활의 궁극적 가치이다.

③ 법이 추구하는 궁극적 이념이다.

④ 시대와 상황에 따라 동일하게 표현된다.

해설 ㉡에 나타난 법의 이념은 정의이다. ① 능력에 따른 차별은 합리적 차별로 배분적 정의이다. ②,③모두 정의와 관련되어 있다. ④ 정의는 시대와 상황에 따라 다르게 표현한다.

정답 ④

07 다음 (가), (나)가 추구하는 공통적인 법이념에 대한 설명으로 옳지 않은 것은?

> (가) 새로운 법률은 그 법률이 효력을 가지기 이전에 발생한 사실에 소급하여 적용되지 않는다.
> (나) 공소가 제기된 범죄가 판결의 확정 없이 공소를 제기한 때로부터 일정 기간을 경과하면 그 효력이 완성된다.

① 법적 효과에 대한 예측 가능성을 강조한다.

② 법의 형식보다는 법의 내용에 중점을 둔다.

③ 법적 관계에 대한 신뢰 보호를 중요하게 여긴다.

④ '정의롭지 못한 법도 무질서보다 낫다.'는 법언과 연관이 있다.

해설 (가)는 법률 불소급의 원칙, (나)는 공소 시효 제도로서 법적 안정성과 연관이 있다. ② 실질적 법치주의이다.

정답 ②

08 밑줄 친 ㉠,㉡에 대한 설명으로 옳지 <u>않은</u> 것은?

> 법치주의는 국가가 국민의 자유와 권리를 제한하거나 국민에게 새로운 의무를 부과할 때, 객관적 기준으로서 법에 의하거나 법에 근거가 있어야 한다는 원리이다. 이러한 법치주의에는 ㉠ 형식적 법치주의와 ㉡ 실질적 법치주의가 있다.

① ㉠은 통치의 합법성을 중시한다.
② ㉠은 법을 통한 독재의 문제점이 나타날 수 있다.
③ ㉡은 자연법사상과 연관이 있다.
④ 저항권은 ㉡보다는 ㉠과 관련이 깊다.

해설 ①형식적 법치주의는 통치의 합법성을 중시한다. 이러한 부분에서② 법을 통한 독재의 문제점이 나타날 수 있다. ③ 실질적 법치주의는 자연법 사상과 연관이 있다. ④ 저항권은 자연법 사상과 연관이 있으므로 실질적 법치주의와 관련이 더 깊다.

정답 ④

09 다음 글의 '사회 질서 수호법'에 대한 설명으로 옳지 <u>않은</u> 것은?

> 보기
> 군사 쿠데타로 정권을 잡은 K장군은 스스로 대통령에 취임하여 3권을 장악한 후 '사회 질서 수호법'을 만들었다. 그 법의 내용은 다음과 같다.
> 제1조 이 법의 정신에 어긋나는 행위는 징역에 처한다.
> 제2조 이 법은 제정되기 이전의 행위에도 적용된다.

① 형식적 법치주의에 해당한다.
② 권력 분립의 원칙에 위배된다.
③ 제1조에는 신체형이 나타나 있다.
④ 제1조는 죄형 법정주의 원칙에 위배된다.

해설 ① 통치의 합법성만을 강조하는 형식적 법치주의에 해당한다. ② 대통령이 3권을 장악한 후 '사회 질서 수호법'을 만든 것은 권력 분립의 원칙에 위배된다. ④ 제1조의 '이 법의 정신에 어긋나는 행위'는 죄형법정주의 원칙 중 하나인 명확성의 원칙에 위배된다. 제2조의 '이 법은 제정되기 이전의 행위에도 적용'하는 것은 법률 불소급의 원칙에 위배된다.

정답 ③

10 밑줄 친 부분과 동일한 입장이라고 볼 수 있는 것을 〈보기〉에서 고른 것은?

> 생명과 자유, 그리고 행복 추구의 권리를 확보하기 위해 인류는 정부를 조직했고, 어떠한 형태의 정부이든 이러한 목적을 파괴할 경우에는 언제든지 정부를 변혁 내지 폐지하여 인민의 안전과 행복을 가장 효과적으로 가져올 수 있는 <u>새로운 정부를 조직</u>하는 것이 인민의 권리이다.

ㄱ. 악법은 법이 아니다.

ㄴ. 실정법으로 구체화 된다.

ㄷ. 정의에 위반하는 법도 일단은 지켜야 한다.

ㄹ. 구체적으로 존재하지 않은 법은 있을 수 없다.

① ㄱ, ㄴ   ② ㄱ, ㄷ   ③ ㄴ, ㄷ   ④ ㄴ, ㄹ

해설 밑줄 친 부분은 저항권에 관한 표현이다. 저항권은 자연권의 성격을 가진다. ㄱ. 자연법 사상에 의하면 정의에 어긋나는 악법은 법이 아니다. ㄴ. 자연법은 실정법으로 구체화된다. ㄷ.ㄹ 법실증주의자 들의 주장이다.

정답 ①

---

11 다음 법 조항이 나타내는 내용과 관련이 <u>없는</u> 것은?

- 모든 국민은 행위 시의 법률에 의하여 범죄를 구성하지 아니하는 행위로 소추되지 아니하며, 동일한 범죄에 대해 거듭 처벌받지 아니한다(헌법 제13조 제1항).
- 범죄의 성립과 처벌은 행위 시의 법률에 의한다(형법 제1조 제1항).

① 법적 안정성   ② 기득권의 존중

③ 신법 우선의 원칙   ④ 법률 불소급의 원칙

해설 제시문의 첫 번째는 죄형 법정주의의 파생 원칙인 법률 불소급의 원칙과 일사부재리의 원칙. 두 번째는 법률 불소급의 원칙이다. 법률 불소급의 원칙은 사후입법 금지의 원칙이라고도 하며, 법적 안정성, 기득권의 존중과 관련이 있다.

정답 ③

---

12 밑줄 친 '이 나라'가 추구하는 법치주의 원리에 대한 설명으로 옳지 <u>않은</u> 것은?

<u>이 나라</u>에서는 국가의 정책을 결정할 때 충분한 토론을 거쳐 서로 다른 의견을 좁힌 다음 다수결로 결정을 한다. 또한 정권이 바뀌어도 국민들은 사람에 따라 법의 적용이나 집행이 달라질 것으로 생각하지 않는다.

① 인간의 존엄성을 실현하고자 한다.

② 법의 목적과 내용이 정의에 합치된다.

③ 권력 분립이 중요한 제도적 장치이다.

④ 통치의 정당성보다는 합법성을 강조한다.

해설 제시문의 '이 나라'에서는 실질적 법치주의가 잘 구현되고 있다. 실질적 법치주의는 법의 목적과 내용이 지의에 합치될 것을 요구한다. 국민의 기본권을 보호하는 내용이나, 인간의 존엄성을 실현하고자 하는 것은 법의 목적과 내용이 저의에 합치되는 경우이다. ③ 권력분립은 실질적 법치주의를 확보하기 위한 중요한 제도적 장치이다.

정답 ④

13 다음 글과 맥락을 같이하는 진술만을 〈보기〉에서 있는 대로 고른 것은?

> 법치주의는 인치주의에 마주하는 개념이다. 왕이 아니라 법이 지배하는 제도를 말한다. 왕이 주인인 시대에서 국민이 주인인 시대로 바뀌면서 '많은 사람으로 구성된 주인'이라는 뜻을 나타내는 문서가 필요했고, 그것이 법이라는 이름으로 나타나게 된 것이다. 초창기 법치주의의 핵심은 어떻게 하면 왕을 법 밑으로 끌어내릴 것이냐의 문제였다. 왕도 법을 따라야 하고, 왕과 그 신하의 권력도 법으로부터 나온다는 사실을 인식시키고 이를 현실화하는 데는 많은 사람들의 투쟁과 세월이 필요했다.

보기
ㄱ. 행정은 법률에 의거해서 집행되어야 한다.
ㄴ. 법치주의는 자유 민주주의의 실현 도구이다.
ㄷ. 재판은 법률의 존재를 근거로 행해져야 한다.
ㄹ. 국민의 기본권은 그 어떤 경우에도 제한되어서는 안 된다.

① ㄱ, ㄴ   ② ㄴ, ㄷ   ③ ㄷ, ㄹ   ④ ㄱ, ㄴ, ㄷ

해설 법치주의
제시문에 나타난 것처럼 많은 투쟁과 경험을 통해서 형성된 오늘날의 법치주의 개념은 국가가 국민의 자유와 권리를 제한하거나 국민에게 새로운 의무를 부과하려고 할 때에는 반드시 의회가 제정한 법률에 의하거나 그에 근거가 있어야 하고, 행정은 법률에 따라서 집행되어야하며, 재판도 법률의 존재를 근거로 법률에 따라 행해져야 한다는 것이다. 즉 의회가 제정하지 않은 법을 근거로 행정을 하거나 재판을 해서는 안 된다는 의미이다. 또한 대통령의 명령이나 장관들이 제정한 규칙 등이 헌법이나 법률에 위반되는 경우에는 이를 무효화시키는 제도(헌법 소원)를 두고, 국민의 대표인 의회가 제정한 법률을 대통령의 명령보다 우위에 있도록 함으로써 국민의 자유를 침해하게 될지도 모르는 사례를 사전에 방지하고자 한다.

바로잡기 ㄹ.사회 질서 유지와 공공의 복리를 위해 개인의 기본권은 의회에서 제정한 법률을 통해 제한될 수 있다.

정답 ④

Chapter 02

민주정치과정과 참여

01 정부 형태와 정치제도

① 정부형태

(1) 정부 형태의 구분 기준 행정부의 구성 방식, 행정부와 입법부의 관계

(2) 대통령제와 의원 내각제

구분	대통령제	의원 내각제
성립 배경	몽테스키외의 삼권 분립론에 기초하여 미국 독립 과정에서 성립	영국에서 명예혁명을 통해 입헌 군주제를 바탕으로한 의회 중심의 정치 성립
행정부 구성	국민이 선출한 대통령이 행정부 구성	국회가 선출한 수상이 내각 구성
입법부와 행정부와의 관계	엄격한 권력 분립 내각 불신임권이나 의회 해산권 없음	권력 융합 의회는 내각 불신임권, 정부는 의회 해산권, 법률안 제안권을 가짐
의원, 각료	겸직 금지	겸직 가능
장점	정국 안정, 정책의 계속성 신속 강력한 행정 국회 다수파 견제(법률안 거부권)	정치적 책임에 민감 민주적 요청에 충실
단점	독재화 우려 정치적 책임에 민감하지 못함 의회와 정부 대립시 조정 곤란	군소 정당 난립 시 정국 불안 우려 다수당이 과반수 의석 확보 시 다수당 횡포 우려
대표 국가	미국, 한국 등	영국, 이탈리아, 독일, 일본 등

2 기타 정부 형태

(1) 이원 집정부제

- ❶ **의미** : 통치 권력이 대통령과 수상에게 이분화 되어 있는 정부 형태로, 대통령은 구가 원수로서 통치권을 행사하고 수상은 행정권을 행사함
- ❷ **프랑스의 정부 형태** : 대통령에게 강력한 권한을 부여하는 변형된 대통령제 채택
  ➡ 대통령 제와 의원 내각제를 절충한 이원 집정부제 채택

(2) 스위스의 정부 형태

- ❶ **의미** : 주의 권한이 강하며 주의 권한을 일부 위임하여 연방 전부를 구성함
- ❷ **연방 정부** : 국가 대표, 외교, 국방, 세관, 대규모 국영사업들을 담당
- ❸ **주 정부** : 사법 , 세무 ,국방 ,보건 등을 담당, 독자적인 주 헌법을 가지며 연방 전부와 다른 주에 대해 독자성을 지님. 연방 의회는 내각 불신임권을 가지지만 내각은 의회 해산권이 없음

3 우리나라의 정부 형태

(1) 우리나라 정부의 형태의 변천

시기	정부 형태	주요 내용
제1공화국	대통령제	간선제, 임기 4년, 1차 중임
제2공화국	의원 내각제	국민의 기본권 강화
제3공화국	대통령제	직선제
제4공화국	신대통령제	간선제, 중임 제한 철폐, 대통령 권한 강화
제5공화국	대통령제	간선제, 단임제
제6공화국	대통령제	직선제, 단임제, 대통령 권한 약화, 국회 권한 강화

(2) 대통령제를 기반으로 의원 내각제 요소를 가미

(3) 우리나라의 의원 내각제 요소 : 행정부 각료와 국회의원의 겸직 허용, 행정부의 법률 안 제출권, 대통령의 국회 출석 및 의사 표시권, 국무총리제, 국회의 국무총리, 국무 위원에 대한 해임 건의권 및 국회 출석 요구, 질문권

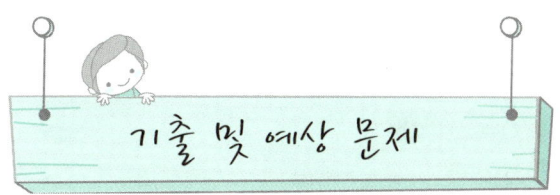

01 다음은 우리나라에서 일어난 정치 현상들이다. 의원 내각제 요소를 〈보기〉에서 있는 대로 고른 것은?

>
> ㄱ. 국회가 의결하여 정부에 이송한 법률안에 대해 대통령은 거부권을 행사하였다.
> ㄴ. 대통령은 새로운 보건 복지부 장관에 같은 당 소속 ○○○국회 의원을 임명하였다.
> ㄷ. 최근 정부는 시중 금리의 최고 이자를 규제하는 이자제한 법률안을 국회에 제출하였다.
> ㄹ. 국회의 ㅅㅅ당은 대정부 질문에서 답변을 문제삼아 국무총리의 해임을 요구하는 결의안을 제출하였다.

① ㄱ, ㄴ   ② ㄴ, ㄷ   ③ ㄷ, ㄹ   ④ ㄴ, ㄷ, ㄹ

해설 우리나라의 정부 형태
우리나라는 대통령제 정부 형태를 채택하면서도 의원 내각제 요소를 가미하고 있다. 의원 내각제 요소로는 정부의 법률안 제안권, 국무총리 제도, 국회의원의 각료 겸직, 국회의 국무총리·국무 위원에 대한 해임 건의권, 국무총리·국무 위원의 국회 출석 및 의견 표시권 등이 있다.
바로잡기 ㄱ. 대통령의 법률안 거부권은 대통령제 요소이다.
정답 ④

02 다음 〈보기〉에서 대통령제 정부 형태의 특징만을 고르면?

> ㉠ 정국이 안정될 수 있다.   ㉡ 정치적 책임에 민감하다.
> ㉢ 의회와 정부의 관계가 긴밀하다.   ㉣ 엄격한 권력 분립을 이루고 있다.
> ㉤ 의회 다수파의 횡포를 견제할 수 있다.

① ㉠, ㉡, ㉢   ② ㉠, ㉢, ㉣   ③ ㉠, ㉣, ㉤   ④ ㉡, ㉢, ㉤

해설 ㉡과 ㉢은 의원내각제의 특징이다. 대통령제는 안정성, 의원내각제는 책임성이라는 장점을 갖고 있다.
정답 ③

03 다음과 같은 정치적 여건을 가진 나라의 문제점으로 가장 타당한 것은? 〈국가직 9급〉

> ㉠ 의원내각제를 채택하고 있다.
> ㉡ 3개의 정당이 교섭단체를 구성하고 있다.
> ㉢ 제1당이 국회의원 수의 과반수를 차지하고 있다.

① 다수당의 횡포가 우려된다.   ② 정국이 혼란될 우려가 있다.
③ 의회와 내각의 대립이 심각해진다.   ④ 내각의 책임 정치가 곤란해진다.

해설 ① ㉢ 제1당의 과반수 확보로 다수당의 횡포가 우려된다. ② 정국 혼란은 군소정당의 난립 시인 경우에 한해서다.
③ 내각제는 의회와 대립시 협조용이 하다   ④ 내각제는 책임정치의 구현
정답 ①

04 어떤 나라가 정치불안을 해결하기 위해 권력구조를 A에서 B로 개편하였다면 이 나라의
정치불안의 가장 큰 요인은 무엇인가? 〈경기도 9급〉

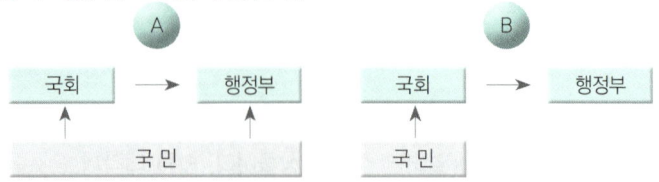

① 의회와 정부 간의 갈등이 아주 심했다.

② 의회 다수당의 횡포가 너무 극심하였다.

③ 압력단체의 로비(lobby)활동이 너무 심했다.

④ 내각이 의회에 끌려 다녀 국정운영이 지지부진하였다.

해설 A : 대통령제   B : 의원내각제. ① 대통령제의 문제점 ② 내각제의 문제점

정답 ④

05 형행 헌법상 우리나라의 정부형태에서 의원내각제적인 요소를 찾는다면?

① 정부의 법률안 제안권   ② 대통령의 국회 해산권

③ 소선거구제에 의한 국회 구성   ④ 대통령의 법률안 거부권

해설 현행 헌법상 의원내각제적 요소는 국무총리제도, 국무회의의 심의기관성, 국회의 국무총리 · 국무의원해임건의
권, 국무총리와 관계국무위원의 부서제도, 국무총리 · 국무위원의 국회출석 · 발언과 질의에 대한 답변, 정부의 법
률안 제안권을 들 수 있다.

정답 ①

06 다음 〈보기〉사례를 근거로 한 진술이나 추론할 수 있는 내용으로 타당한 것은? 〈국가직 9급〉

> **보기**   원자력 발전소의 증설에 따라 늘어나는 핵 폐기물 처리 문제에 골몰하던 정부는 가칭 '핵 폐기
> 물 처리에 관한 법률'의 입법을 추진하기로 하고, 관계부처 합동으로 연구반을 구성하여 1년여 만
> 에 법률안을 마련하여 국회에 제출하였다. 이 과정에서 관련 이익단체의 의견 및 언론매체를 통해
> 나타난 국민 여론을 감안하고, 전문가들의 협의와 몇 차례의 공청회, 그리고 당정 협의를 거치기도
> 하였다. 한편, 제1야당은 정부안에 대한 환경운동 단체들의 비판을 받아들여 소속의원 전원의 이름
> 으로 다른 안을 제출하였다.
>   소관 상임위원회는 각계 전문가들의 의견을 청취하는 동시에 두 안을 절충하는 작업을 시도하였으
> 나 의견 차이가 좁혀지지 않았다. 결국 표결과정을 거쳐 상임위원회를 통과한 정부안은 본회의에서도
> 몇 차례의 논란을 겪은 후에 제2야당과 무소속 의원들의 도움에 힘입어 통과될 수 있었다. 이로써 법
> 률안은 정부로 넘겨졌고, 대통령은 국무회의의 심의를 거쳐 법률안을 공포하였다.

① 입법 과정에서 행정부의 역할이 미미하였다.

② 우리나라의 대통령중심제 정부는 의원내각제 요소를 가미하고 있다.

③ 입법 절차는 「법률안 제안 → 국회 의결 → 대통령 공포」의 순서로 이루어져 있다.

④ 두 법률안의 성립 과정을 통하여 다양한 국민 의사의 통합과 결집이 이루어
지지 못했다.

07 정치 형태에 대한 설명으로 옳지 않은 것은?

① 국민 자치의 원리에 가장 충실한 제도는 직접민주정치이다.

② 대통령제는 견제와 균형의 원리에 입각하여 의회해산권이 대통령에게 주어져 있는 것이 일반적인 형태이다.

③ 정치적 책임과 국민적 요구에 민감한 정부형태는 의원내각제이다.

④ 우리나라에서 채택되고 있는 직접민주정치제도는 국민투표제이다.

해 설 정부형태중 대통령중심제와 의원내각제에 관한 설명이다. 대통령 중심제는 의회와 행정부가 상호 독립하여 견제와 균형의 원리에 충실한 제도인 반면에 의원내각제는 의회와 행정부는 상호 유기적 관계를 형성하고, 정치적 책임에 민감하고 의회는 행정부를 불신임 할 수 있고 행정부는 의회를 해산할 수 있다.

정답 ②

08 대통령제 정부 형태의 특징만을 〈보기〉에서 있는 대로 고른 것은?

> 보기
> ㄱ. 견제와 균형의 원리에 충실하다.　　　ㄴ. 정부는 법률안을 제안할 수 있다.
> ㄷ. 대통령은 국민에 대해 책임을 진다.　　ㄹ. 거대 야당의 횡포를 견제할 수 있다.
> ㅁ. 국무총리는 행정의 제2인자로 행정 각부를 통합한다.

① ㄱ, ㅁ　　　　② ㄱ, ㄷ, ㄹ　　　　③ ㄴ, ㄷ, ㄹ　　　　④ ㄴ, ㄹ, ㅁ

해 설 대통령제의 특징
대통령제는 엄격한 권력 분립을 원칙으로 견제와 균형의 원리에 충실한 제도이다. 대통령은 국민에 대해 정치적 책임을 지며, 국회에 대해 정치적 책임을 지지 않는다. 대통령은 법률안 거부권을 가짐으로써 거대 야당의 횡포를 견제할 수 있다.

바로잡기 ㄴ, ㅁ. 의원 내각제 요소이다.

정답 ②

09 다음은 의원 내각제를 채택하고 있는 입헌 군주 국가의 국회의원 선거 결과를 보여 주고 있다. 이 나라에서 나타날 수 있는 정치 상황을 바르게 예측한 것은?

정당	A당	B당	C당	D당	무소속	합계
의석 수	130	96	57	8	10	301

① 다수당의 횡포가 나타날 것이다.

② 의회가 내각에 끌려 다닐 것이다.

③ 왕의 정치적 영향력이 커질 것이다.

④ 잦은 내각 교체로 정국이 혼란해질 수 있다.

해 설 의원 내각제 국가의 정치 상황
과반수 의석을 차지한 정당이 없어 연립 정권이 나타날 수밖에 없고, 이때에는 C당의 발언권이 강화될 것이다. 단독 정권이 수립되지 못해 내각은 의회에 끌려 다니게 되고, 잦은 내각의 교체로 정국이 혼란해질 것이다.

바로잡기 ① 과반수 의석을 차지한 정당이 없다. ③ 왕은 형식적인 국가 원수일 뿐이다.

정답 ④

10 다음은 어느 두 국가의 선거 실시 이후의 정치 상황을 묘사한 것이다. 양국 정치 제도의 특성이나 예상되는 정치 상황을 옳게 서술한 것은?

> • A국에서 지난 주 실시된 선거를 통해 행정 수반으로 당선된 갑은 어제 내각 명단을 발표하고 정부 인수 작업에 착수하였다. 그러나 그가 소속된ㅇㅇ당은 동시에 치러진 의회 선거에서 과반수 의석 확보에 실패하였다.
>
> • B국에서 지난 주 실시된 총선거 결과, QQ당은 하원 의석의 55%를 획득하였다. 이에 따라 이 당의 지도자 을은 어제 하원에서 행정 수반으로 선출된 직후, 내각 명단을 발표함으로써 새 내각을 구성하였다.

① 갑과 을 모두 임기 동안 재직이 보장된다.

② 갑은 의회를 해산할 권한을 가지게 되나 을은 가지기 못한다.

③ A국과 B국의 내각은 모두 의회에 대해 정치적 책임을 진다.

④ ㅇㅇ당은 QQ당에 비해 중요 정책 결정 시 다른 당과의 타협 필요성이 크다.

해 설 대통령제와 의원 내각제의 특징

A국은 대통령제, B국은 의원 내각제를 채택하고 있다. 그런데 ④ A국의 경우 여소야대의 상황이므로 중요한 정책을 결정할 때 다른 당과의 타협이 필요하다.

바로잡기 ① 대통령제에서는 대통령의 임기가 보장되나, 의원 내각제에서는 내각 수반, 즉 총리의 임기가 보장되지 않는다. 의회가 내각을 불신임할 경우 내각은 총사퇴해야 한다. ② 의회 해산권은 의원 내각제하의 제도이다. ③ 내각이 의회에 책임을 지는 것은 의원 내각제하에서이다. A국의 각료는 의원직을 겸할 수 없고, B국의 각료는 의원직을 겸할 수 있다.

정답 ④

11 다음의 현상이 나타나는 이유를 알아보고자 한다. 탐구 자료로 가장 적절한 것은?

> 갑국은 (나)의 정부 형태를 취하고 있으나, 정부 정책이 법률에 의해 뒷받침되지 못해 어려움을 겪고 있다.

① 의원의 각료 겸직 허용 여부

② 의회의 여야 정당별 의석 분포

③ 행정 수반의 법률안 거부권 보유 여부

④ 의회 해산권과 내각 불신임권 보유 여부

해 설 대통령제의 특징

대통령제에서 여당이 국회의 과반수 의석을 확보하지 못하여 여소야대의 상황이 되면 정부 정책이 법률적 뒷받침을 받기 어려워진다. 이 경우 정책을 위한 정당 간 연합이 필요하게 된다.

바로잡기 ①, ③, ④ 대통령제와 의원 내각제를 구분하는 기준이 되는 내용이다.

정답 ②

12 그림은 두 가지의 정부 형태를 보여 준다. (가),(나) 제도에 대한 옳은 설명만을 〈보기〉에서 있는 대로 고른 것은?

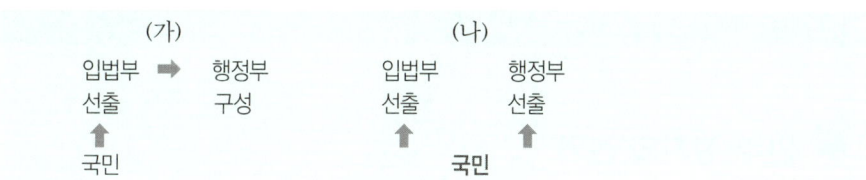

<table>
<tr><td>**보기**</td><td>ㄱ. (가)에서 행정부는 법률안을 제출할 수 있다.
ㄴ. (가)에서 행정 수반은 국가 원수의 지위를 동시에 가진다.
ㄷ. (나)는 견제와 균형의 원리에 충실한 제도이다.
ㄹ. (가)는 (나)에 비해 정치적 책임에 민감하다.</td></tr>
</table>

① ㄱ, ㄷ   ② ㄴ, ㄷ   ③ ㄷ, ㄹ   ④ ㄱ, ㄷ, ㄹ

해 설 정부 형태 비교

(가)는 의원 내각제, (나)는 대통령제 정부 형태이다. (가)는 의회의 다수당이 내각(행정부)을 구성하는 권력 융합형 정부 형태로 의회는 내각 불신임권을, 내각은 의회 해산권을 행사하여 정치적 책임을 물을 수 있다. 또한 내각은 법률안을 제안할 수 있고, 의원과 각료를 겸할 수 있다. (나)는 입법부와 행정부가 엄격히 분리되는 정부 형태로 대통령은 행정 수반과 국가 원수의 지위를 동시에 가진다. 의원과 각료를 겸할 수 없으며, 대통령은 법률안 거부권을 통해 국회 다수파를 견제할 수 있다.

바로잡기 ㄴ. 의원 내각제에서 행정 수반은 의회에서 선출된 수상이 맡고 국가 원수는 왕 또는 대통령이 맡는다.

정 답 ④

*의원 내각제와 대통령제
 의원내각제 장점 : 정치적 책임에 민감, 민주적 요청에 충실, 의회와 내각의 상호 협조 용이
 의원내각제 단점 : 군소 정당 난립 시 정국의 불안정, 다수당의 횡포 우려
 대통령제 장점 : 대통령의 임기 동안 안정적 국정 운영 가능, 국가 정책의 계속성 보장, 의회 다수당의 횡포 견제 가능
 대통령제 단점 : 대통령의 독재 우려, 의회와 행정부의 대립 시 조정 곤란

13 다음과 같은 방식에 따라 의회와 내각이 구성되는 정부 형태의 특징에 대한 설명으로 옳지 않은 것은?

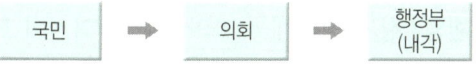

① 의회중심주의 정부형태이다.

② 의회의 신임에 의해서 정부가 구성된다.

③ 권력 분립의 원리에 충실한 정부형태이다.

④ 군소 정당 난립 시 정국 불안의 우려가 있다.

해 설 자료의 내용은 국민에 의해서 의회가 구성되고 의회의 신임에 의해서 내각이 구성되는 의원내각제 정부형태이다. 의원내각제 정부는 정치적 책임에 민감하여, 정국 안정 시 의회와 행정부의 협조 하에 능률적인 행정을 수행할 수 있다는 장점이 있는 반면, 의회 다수당의 횡포 가능성이 있고 군소 정당 난립 시 정국 불안의 우려가 있다.

정 답 ③

02 정치참여와 선거

1 민주 정치와 선거

(1) 선거의 의미

국민들이 그들을 대표하여 국정을 담당할 사람을 선출하는 일

(2) 선거의 의의

❶ 국민이 정치에 참여하는 기본적인 행위
❷ 국민이 주권을 행사하는 기본적인 수단 → 국민 주권 실현
❸ 대의 민주 정치에서의 선거는 정책의 수립과 집행을 담당할 대표를 선출하는 활동임

(3) 선거의 기능

❶ **대표자 선출** : 선거를 통해 국정의 담당자 선출
❷ **정치권력에 정당성 부여** : 국민의 지지를 기초로 정치권력을 행사할 수 있는 정당성을 부여함
❸ **정치권력에 대한 통제** : 선거를 통해 정치적 행위를 평가하며 정치적 책임을 물음
❹ **국민 여론의 반영** : 선거를 통해 국민의 여론과 의견이 표출됨
❺ **주권 의식 향상** : 선거 과정을 통해 국민은 스스로 주권자임을 확인하고, 그것이 얼마나 중요한 권한인지를 느끼게 됨

2 선거 제도와 선거 방식

(1) 민주 선거 원칙

❶ **보통 선거**(↔제한 선거) : 일정한 연령에 달하면 어떤 조건에 따른 제한 없이 모든 유권자에게 선거권을 주는 제도

❷ **평등 선거**(↔차등 선거) : 투표의 가치에 차등을 두지 않는 제도(1인 1표) → 표의 등가성(等價性)

❸ **직접 선거**(↔대리 선거) : 선거권자가 대리인을 거치지 않고 자신이 직접 투표 장소에 나가 투표하는 제도

❹ **비밀 선거**(↔공개 선거) : 투표자가 누구에게 투표했는지 알 수 없게 하는 제도

(2) 대표 선출 방식

❶ **다수 대표제**
- 최다 득표자 1인 당선
- 거대 정당에 유리, 정국 안정, 사표가 많아 소수 의견 반영 곤란

❷ **소수 대표제**
- 득표 순으로 일정 수 당선
- 사표가 적고 소수 의견 반영 유리, 군소 정당 난립 시 정국 불안

❸ **비례 대표제**
- 각 정당의 득표(의석) 수에 따라 당선자 결정
- 사표가 거의 없음 → 국민 의사를 충실히 반영, 선거 절차와 방법이 복잡함

❹ **직능 대표제** : 직업 단체별로 대표자 선출 → 직능적 이익 반영

ⓒ **정당명부식 비례 대표제**

정당명부식 비례 대표제의 도입으로 유권자의 정당 선택 습관화는 한국 정당이 정책 정당화를 촉진시키고, 유권자의 사표 방지 및 지역주의 완화에 기여할 것이라는 시각이 많다. 고려대 이ㅁㅁ교수는 "과거에는 진보 정당 지지자들의 경우 사표를 우려해 전략적 투표를 했다."라며 "정당투표제로 이러한 사표 방지 효과를 가져 올 수 있다."라고 말했다. 표의 등가성이 이전보다 확보된다는 설명이다. … (중략) … 외국어대 이◇◇교수는 "그간 정당의 차별성이 모호하고 보수 정당끼리 무슨 차이가 있느냐는 생각은 지역주의의 빌미가 됐다."고 진단했다. 정당 투표제는 이러한 '같은 사투리 쓰는 사람 찍어 주자'는 식의 투표를 막아 지역주의를 완화시킬 수 있다는 것이다. 가장 중요한 변화는 한국 정당들이 정책 정당으로 거듭날 수 있는 계기가 될 것이라는 점에 이론이 없다.…

−ㅇㅇ일보, 2004. 4. 14.−

✎ **자료해설** – 과거 국회 의원 선거(1인 1표제)에서의 비례 대표제는 후보자에 대한 지지표가 곧 후보자의 소속 정당에 대한 지지표로 간주되어 유권자로 하여금 직접지지 정당을 선택하지 못하게 하는 모순이 있었다. 이는 직접 선거 원칙에 위배된다. 또한 무소속 후보를 지지한 유권자는 지지정당을 선택할 기회를 박탈당해 평등 선거의 원칙에도 위배되는 면이 있다. 정당명부식 비례 대표제의 도입은 이러한 모순을 개선하고 직접 선거와 평등 선거의 원칙을 실현하려는 제도이다. 우리나라는 제 17대 국회 의원 선거부터 1인 2표제 방식의 정당명부식 비례 대표제를 도입하였다.

〈예제〉 다음은 어느 국가의 18대 국회 의원 선거 결과이다. 이와 관련한 옳은 설명만을 〈보기〉에서 있는 대로 고른 것은?

정당	A당	B당	C당	D당	E당	F당	G당	기타	무소속	계
지역구(석)	131	66	14	6	2	1	-	-	25	245
전국구(석)	22	15	4	8	3	2	-	-	-	54
비례 대표 정당 득표율(%)	37.45	25.17	6.84	13.18	5.68	3.80	2.94	4.90	-	100

(지역구 수는 245개이고, 집권당은 A당임. 17대 국회에서 지역구 의석 수는 243개, 전국구 의석수는 56개임)

> **보기**
> ㄱ. 당선자는 다수 대표제로 선출한다.
> ㄴ. 정당 명부식 비례 대표제를 채택하고 있다.
> ㄷ. 지역구의 조정은 중앙 선거 관리 위원회가 한다.
> ㄹ. 국회에서 정책과 관련한 정당 간 타협의 필요성이 높다.

① ㄱ, ㄴ　　　　　② ㄴ, ㄷ　　　　　③ ㄴ, ㄹ　　　　　④ ㄱ, ㄴ, ㄷ

해설 ▶ 선거 결과 분석
ㄱ. 245개 지역구에서 245명의 의원이 선출되었으므로 소선거구제, 다수 대표제를 선택하고 있다. ㄴ. 각 정당의 지역구 의석 비율과 전국구 의석 비율에 상당한 차이가 있어 전국구 의원을 선출하기 위한 정당 투표가 실시되었음을 알 수 있다.

바로잡기 ▶ ㄷ. 지역구의 조정은 국회에서 법률로 정한다. ㄹ. 집권당이 과반수 의석(153석)을 차지하여 안정적인 국회 운영이 가능하다.

정답 ▶ ①

(3) 선거구 제도

❶ **소선거구** : 1선거구에서 1인의 대표 선출

❷ **중선거구** : 1선거구에서 2~4인의 대표 선출

❸ **대선거구** : 1선거구에서 5인 이상을 대표로 선출

❹ 소선거구제와 중·대선거구제의 비교

구분	소선거구제	중·대선거구제
장점	• 선거 결과가 거대 정당에 유리 → 양당제 촉진, 정국 안정 • 선거 관리용이, 비용 절약 • 인물 파악용이	• 사표가 줄어듦 • 소수당에 유리 • 전국적 인물 당선용이 • 인문 선택 범위가 넓음
단점	• 사표가 많고, 소수당에 불리 • 관권 개입, 선거인 매수용이 • 지역적 인물에게 유리	• 군소 정당 난립, 정국 불안 • 비용이 많이 들고, 선거 관리가 어려움 • 후보자 난립, 무관심 우려

3 공정한 선거

(1) 선거 관리 위원회

구 분	내 용
지위	정치적으로 중립적인 헌법 기관
조직	중앙 선거 관리 위원회, 시·도 선거 관리 위원회, 구·시·군 선거 관리 위원회, 투표구 선거 관리 위원회
활동	• 선거 및 국민 투표 과정을 관리하고, 공명 선거 풍토의 정착을 위한 계도 및 홍보 활동을 전개함 • 정당과 정치 자금에 관한 사무를 처리함 • 선거 관리 체제의 합리화를 위해 선거와 정당 제도 등을 연구함

(2) 공정한 선거를 위한 제도

① 선거 공영제

- 후보자의 선거 운동 기회를 균등하게 보장
- 선거 비용의 일부를 국고에서 충당함으로써 재력이 부족한 사람에게 입후보의 기회를 보장
- 선거 관리 위원회의 공정한 선거 관리, 선거 운동 과정의 과열 방지

② 선거구 법정주의

- 의의 : 선거구 획정은 선거 결과에 큰 영향을 끼치므로, 이를 법률로 정하도록 하고 있음 → 게리맨더링(gerrymandering)방지
- 국회에 선거구 획정 위원회를 두어 선거구를 합리적으로 획정

4 선거 문화와 민주 정치

(1) 우리나라의 선거 문화

① 혈연과 학연 중심의 투표 행태, 지역주의 중심의 투표 성향
② 정견과 정책 대결보다 흑색선전과 인신공격이 난무하는 선거 풍토

❸ 정당과 정치인에 대한 국민들의 부정적 시각

❹ 부정 선거에 대한 관대한 처분 → 선거법 경시 풍조

(2) 공명 선거의 정착

❶ **요건** : 합리적인 선거 제도, 공정한 선거 관리, 후보자와 유권자의 올바른 참여

❷ **후보자** : 선거법을 준수하고, 공약 · 정책 등을 제시하면서 정당하게 다른 후보 자와 경쟁해야 함

❸ **유권자** : 적극적인 관심과 참여, 연고나 금품 · 향응으로부터 벗어나야 함, 선거 후에도 대표자의 국정 활동을 감시해야 함

01 다음은 어느 국가의 18대 국회 의원 선거 결과이다. 이와 관련한 옳은 설명만을 〈보기〉에서 있는 대로 고른 것은?

정당	A당	B당	C당	D당	E당	F당	G당	기타	무소속	계
지역구 (석)	131	66	14	6	2	1	–	–	25	245
전국구 (석)	22	15	4	8	3	2	–	–	–	54
비례 대표 정당 득표율(%)	37.45	25.17	6.84	13.18	5.68	3.80	2.94	4.90	–	100

(지역구 수는 245개이고, 집권당은 A당임. 17대 국회에서 지역구 의석 수는 243개, 전국구 의석수는 56개임)

보기
ㄱ. 당선자는 다수 대표제로 선출한다.
ㄴ. 정당 명부식 비례 대표제를 채택하고 있다.
ㄷ. 지역구의 조정은 중앙 선거 관리 위원회가 한다.
ㄹ. 국회에서 정책과 관련한 정당 간 타협의 필요성이 높다.

① ㄱ, ㄴ   ② ㄴ, ㄷ   ③ ㄴ, ㄹ   ④ ㄱ, ㄴ, ㄷ

해설 선거 결과 분석
ㄱ. 245개 지역구에서 245명의 의원이 선출되었으므로 소선거구제, 다수 대표제를 선택하고 있다. ㄴ. 각 정당의 지역구 의석 비율과 전국구 의석 비율에 상당한 차이가 있어 전국구 의원을 선출하기 위한 정당 투표가 실시되었음을 알 수 있다.
바로잡기 ㄷ. 지역구의 조정은 국회에서 법률로 정한다. ㄹ. 집권당이 과반수 의석(153석)을 차지하여 안정적인 국회 운영이 가능하다.
정답 ①

02 다음은 어느 해 치러진 국회의원선거의 선거구별 유권자 수이다. 이러한 상황에서 훼손될 수 있는 민주 선거의 원칙은?

선거구	인구수(명)	선거구	인구수(명)
인천 남동구	352,425	전남 장흥군	70,410
인천 북구 을	348,944	전북 옥구군	71,039
서울 송파 을	348,524	경북 울진군	72,280

① 보통 선거   ② 평등 선거   ③ 직접 선거   ④ 간접 선거

해설 평등 선거의 원칙
인천 남동구, 인천 북구 을, 서울 송파 을 선거구의 유권자 수는 전남 장흥군, 전북 옥구군, 경북 울진군 선거구의 유권자 수의 약 5배가 된다. 이 경우 표의 등가성(等價性)이 실현되지 않아 평등 선거 원칙이 훼손될 수 있다.
정답 ②

03 다음과 같은 현대 사회의 변화를 가장 잘 반영할 수 있는 선거 제도를 〈보기〉에서 고른 것은?

> • 노 · 사의 대립이 격화되었다.
> • 다양한 이익 집단이 등장하였다.
> • 직업이 매우 다양화 · 전문화 되고 있다.
> • 입법 과정에 전문적 지식을 요구하고 있다.

| 보기 | ㄱ. 비례 대표제 ㄴ. 직능 대표제 ㄷ. 지역 대표제 ㄹ. 선거 공영제 |

① ㄱ, ㄴ   ② ㄱ, ㄹ   ③ ㄴ, ㄷ   ④ ㄴ, ㄹ

해설 대표 선택 방법

현대 사회는 매우 다양화, 전문화되고 있으며, 이에 따라 입법 과정에도 고도의 전문성이 요구되고 있다. 따라서 직업 단체별로 전문가를 대표로 선출하는 직능 대표제가 논의되고 있으며, 비례 대표제를 도입하여 다양한 직능 대표를 선출할 수 있다.

바로잡기 ㄷ. 지역 대표제는 전국을 여러 개의 선거구로 나누어 대표를 선출하는 전통적인 방식이다. ㄹ. 선거 공영제는 선거의 공정성을 실현하기 위한 제도이다.

정답 ①

04 우리나라가 현재 채택하고 있는 선거 제도를 〈보기〉에서 모두 고르면?

| 보기 | ㉠ 소선거구제   ㉡ 대선거구제   ㉢ 다수 대표제 |
| ㉣ 소수 대표제   ㉤ 직능 대표제   ㉥ 비례 대표제 |

① ㉠, ㉢, ㉥   ② ㉠, ㉣, ㉤   ③ ㉠, ㉣, ㉥   ④ ㉡, ㉢, ㉥

해설 우리나라는 지역구에서 최고 득표자 한 명만을 당선자로 뽑고 있으므로 다수 대표와 소선거구제가 된다. 또한 전국구에서 정당의 득표율에 따라 일정 의석을 배분하는 비례대표제를 채택하고 있다.

정답 ①

05 다음 제도들의 궁극적인 목적은?

> • 민주 선거 4원칙에 의한 선거   • 선거구 법정주의   • 선거 공영제

① 국민 자치의 원리를 실현한다.

② 선거의 공정한 관리를 확보한다.

③ 선거 운동의 기회 균등을 보장한다.

④ 국민의 다양한 의사를 정치에 반영한다.

해설 궁극적인 목적을 묻고 있는데 유의하자. 제시된 세 가지는 모두 공정성과 기회 균등을 실현하기 위한 것인데, 궁극적인 목적은 대의 정치의 한계를 최소화하여 국민 자치의 원리를 실현하는 데 있다.

정답 ①

06 그 동안 우리나라가 경험한 선거에서, 다음과 같은 문제점이 나타나게 된 가장 큰 원인은?

- 선거는 자질이 부족한 정치인들에게 정치적 정당성을 부여하는 의미가 컸다.
- 선거 과정이 금권선거, 관권 선거, 흑색 선전에 의해 혼탁해졌다.

① 선거제도 자체가 불합리하였다.

② 정치인들이 선거를 중시하지 않았다.

③ 입후보자와 유권자들의 정치 의식수준이 낮았다.

④ 선거 관리 위원회의 정치적 중립성이 보장되지 않았다.

해설 제시된 문제점은 선거 제도의 불합리성이나 선거관리의 불공정에도 일부 원인이 있으나 더욱 근본적인 원인은 낮은 정치의식 수준이다.

정답 ③

07 어떤 나라에서 다음과 같은 정치적 현상이 있었다고 하자. 이 나라가 당면하고 있는 정치적 과제는?

- 정치인들이 선거 공약을 잘 지키지 않고 있다
- 선거 때마다 소속 정당이 바뀌는 입후보자가 많다.
- 연고주의가 투표행위에 크게 영향을 미치고 있다.

① 전문적인 지식을 지닌 사람을 선출하여야 한다.

② 시민들이 적극적으로 정치 활동에 참여하여야 한다.

③ 유권자와 후보자가 민주적인 정치의식을 지녀야 한다.

④ 그 나라의 전통에 맞도록 선거 및 정당 제도를 고쳐야 한다.

해설 정치인들이 선거 공약을 잘 지키지 않으면 다음 선거에서 이를 심판해야 하는 것이 유권자의 자세이다. 그러나 연고주의가 투표 행위에 큰 영향을 미칠 경우 이와 같은 선거의 기능이 제대로 이루어질 수 없다. 선거 때마다 소속 정당을 바꾸는 것은 일차적으로 후보자에게 책임이 있지만, 이와 같은 정치인을 도태시키지 않고 묵인한 유권자의 낮은 정치 의식으로 인한 문제이기도 하다.

정답 ③

08 다음 중 선거의 공정성을 실현하기 위한 제도로 볼 수 없는 것은?

① 선거구는 국회에서 법률로 정한다.

② 보통, 평등, 직접, 비밀 선거 원칙을 보장한다.

③ 후보자의 선거 운동 기회를 균등하게 보장한다.

④ 후보자의 공탁금을 상향하여 후보자의 난립을 막는다.

해설 공명선거를 위한 제도
공명선거를 정착시키기 위해서는 합리적인 선거 제도, 공정한 선거 관리, 후보자와 유권자의 올바른 참여가 실현되어야 한다. ①은 선거구 법정주의, ②는 민주 선거 원칙, ③는 선거 공영제에 대한 설명이다.

바로잡기 ④ 후보자의 공탁금을 상향하는 것은 재력이 약한 후보자의 기회를 박탈하는 것이 되므로 불합리하다.

정답 ④

09 다음과 같은 가설을 검증하기 위해 자료를 수집하려고 한다. 적절한 자료의 수집에 해당하는 것을 〈보기〉에서 모두 고르면?

> 질이 나쁜 선거 방송은 민주 정치의 수단이 아니라 중우 정치의 수단이 되고 만다.

> **보기**
> ㉠ 선거 방송이 자질이 우수한 입후보자들보다는 겉모습과 말재주가 빼어난 사람들에게 유리하게 작용했던 사례
> ㉡ 선거 방송이 방송사의 수입과 시청률의 확보에 실질적으로 도움이 되었는가를 판단할 수 있는 자료
> ㉢ 편파 보도로 인해 피해를 입은 입후보자들의 낙선 사례
> ㉣ 선거 방송을 통한 후보자들 간의 경쟁이 정당의 과다한 선거 비용 지출을 초래했는지를 판단할 수 있는 자료

① ㉠, ㉡   ② ㉠, ㉢   ③ ㉠, ㉣   ④ ㉢, ㉣

해설 질이 나쁜 선거 방송은 유권자가 후보자를 선택하는 데 도움을 주는 다양한 정보를 제공하지 못하며, 선거를 정책 대결보다는 후보자의 사생활과 관련된 흥미 있는 소재로 몰고 가곤 한다.

정답 ②

10 우리나라 의회 선거 제도에 대한 진술 중 옳지 않은 것은?

① 국회 지역구 선거는 다수 대표제로 의원을 선출한다.
② 광역 의회 지역구 선거는 소선거구제를 채택하고 있다.
③ 기초 의회 지역구 선거는 중선거구제를 채택하고 있다.
④ 국회와 광역 의회 선거에서는 정당 공천이 이루어지지만, 기초 의회 선거에서는 그렇지 않다.

해설 우리나라의 의회 선거 제도
국회 지역구 선거와 광역 의회 지역구 선거는 소선거구제를 채택하여 다수 대표제로 의원을 선출한다. 반면 기초 의회 지역구 선거는 중선거구제를 채택하여 소수 대표제로 의원을 선출한다. 모든 의회 선거에서 정당 명부식 비례 대표제를 채택하여 국민의 의사를 보다 정확하게 반영하려 한다.

바로잡기 ④기초 의회 선거에서도 정당 공천이 이루어지고 있다.

정답 ④

11 다음 표는 어떤 나라의 집권 정당과 행정부 수반의 교체를 보여주고 있다. 이 표를 통해 알 수 있는 것은?   (국가직 9급 기출)

선거 연도	집권 정당	행정 수반	선거 연도	집권 정당	행정 수반
1945	갑	A	1966	을	E
1950	갑	A	1970	갑	D
1951	을	B	1974	갑	F
1955	갑	C	1979	을	G
1959	갑	D	1983	을	G
1964	갑	D	1988	갑	H

① 양당 제도가 정착되어 있고, 정권 교체의 순환 현상이 나타나고 있다.

② 특정 인물이 번갈아 가면서 집권하고 있다.

③ 행정부 수반의 임기가 법으로 정해져 있음을 알 수 있다.

④ 선거 결과로 볼 때 이 나라는 정치적으로 매우 혼란하다.

해설 표를 보면 선거 연도가 주기적이 아님을 알 수 있다. 즉 행정부 수반의 임기가 법으로 정해져 있지 않음을 추론할 수 있다. 그리고 갑, 을 두 정당이 번갈아 집권하는 것을 볼 때 이 나라는 양당제가 정착되어 있고 정국도 어느 정도 안정되어 있다고 생각할 수 있다.

정답 ①

12 다음은 1996년 4월 11일 실시된 제 15대 국회 의원 선거의 결과를 나타낸 표이다. 의미를 바르게 분석한 것은?

구분 정당	지역 선거구(253개)			전국구(1개)
	득표율(%)	의석수(명)	의석비율(%)	의석수(명)
A	34.5	121	47.8	18
B	25.3	66	26.1	13
C	16.2	41	16.2	9
D	11.2	9	3.6	6
무소속	11.8	16	6.3	0
기타	1.0	0	0	0
합계	100.0	253	100.0	46

① D당은 독자적으로 원내 교섭 단체를 구성할 수 있다.

② 다수당의 횡포가 우려되고 정당 간 대립시 중재가 곤란할 수 있다.

③ 득표율과 의석 비율을 비교할 때, 지역구는 다수 내표제를 채택하고 있다.

④ 직능 대표제를 도입한 전국구 의원보다 지역구 의원의 자질이 보다 높을 것이다.

해설 정당에 의해 추천된 전국구 의원과 지역에서 선출된 전국구 의원을 비교하여 어느 한 쪽의 자질과 능력이 더 나을 것이라는 추정은 근거가 부족하다. 더욱이 우리나라는 직능 대표제의 도입을 입법화하지 않고 있다. ①'있다'→'없다' ②는 양당제의 단점이므로 15대 국회(다당제)의 설명으로 틀린 것이다. ③득표율과 의석 비율을 비교할 때, 다수당인 A당에게 매우 유리하고, 소수당인 D당에게는 매우 불리하게 작용하므로 소선거구제를 채택하고 있음을 알 수 있다.

정답 ③

13 18대 총선거시 전국구 의석 배분 방법이 〈보기〉의 ㉠에서 ㉡방식으로 변경된 이유로 볼 수 없는 것은?

> **보기**
>
> ㉠ 지역구 총선거에서 5석 이상의 의석을 차지한 각 정당에 대해 지역구 총선거에서 얻은 의석 비율에 따라 전국구 의석을 배분한다.
>
> ㉡ 지역구 총선거에서 5석 이상의 의석을 차지했거나 유효 투표 총수의 5% 이상을 득표한 각 정당에 대해 지역구 총선거에서 얻은 득표 비율에 따라 전국구 의석을 배분한다.

① 사표 발생의 최소화 ② 다양한 국민 의사의 반영

③ 정당의 지역 편중 완화 ④ 정확한 국민 의사의 반영

해설 득표 비율에 따라 전국구를 배분하는 것은 의석수에 따라 전국구를 배분하는 방식과는 달리, 사표 발생을 최소화함으로써 보다 정확하고 다양한 국민 의사를 반영할 수 있음은 물론, 소수인 진보 세력에게도 의회 진출의 교두보를 만들어줄 수 있는 장점이 있다. 의석수에 따라 전국구를 배분하는 방식은 엄밀한 의미에서 볼 때 비례대표제라고 할 수 있다. 정당의 지역 편중을 완화하기 위해서는, 광역 자치 단체(특별시, 광역시, 도)별로 비례 대표 선거구를 획정하여 각 정당이 획득한 득표율에 따라 전국구 의석을 배분하거나, 지역구마다 두세 사람 또는 그 이상의 대표자를 뽑는 중선거구제나 대선거구제를 채택해야 할 것이다.

정답 ③

03 정당, 이익집단과 시민단체

1 정당의 의의와 역할

(1) 정당 정치적 견해를 같이하는 사람들이 정권을 획득함으로써 자신들의 정강을 실현하는 것을 목적으로 하는 단체

(2) 정당의 요건

❶ **정권 추구 및 정부 구성 능력** : 이익 집단과 다름
❷ **공개적으로 정권 획득** : 비밀 결사와 다름
❸ **조직의 민주성 및 국민 전체의 이익 도모** : 당파와 다름

(3) 정당의 기능

❶ **정치적 충원** : 선거에 후보자 추천, 대표자 배출
❷ 여론을 형성, 조직화하며 이를 정부에 전달
❸ **정치 사회화** : 국민들에게 정치 교육 실시
❹ 정부, 의회, 국민을 연결하는 매개적 역할

2 정당제도

(1) 민주 국가 복수 정당제도 → 다양한 국민 의사 반영

(2) 양당제와 다당제

구 분	양당제	다당제
특징	선거 경쟁이 양대 정당을 중심으로 나타남. 국민들의 선택 여부에 따라 양당이 교대로 정권을 담당.	정권 담당을 위한 정당 간의 연합 발생. 정당들 간의 타협에 의해 정책이 조정되고 결정됨.
장점	정국 안정에 유리. 정치적 책임 소재가 명백함. 국민의 정당 선택이 용이.	다양한 국민의 의견이 반영됨. 국민의 정당 선택 범위가 넓음. 소수 의견이 보호됨. 정당 간 대립 시 중재가 용이.

	다양한 국민 의견이 반영되기 어려움. 소수의 이익 보장이 곤란함. 다수당의 횡포와 극한 대립 우려.	정국 불안정의 우려. 강력한 정책 수행이 곤란. 정치적 책임 소재가 불분명. 인물 본위의 정치가 되기 쉬움.
단점		

3 정당 정치의 문제점

(1) 조직과 운영의 비민주성 정당의 과두화, 관료제화로 의사 결정이 소수의 지도부에게 독점되어 당원이나 국민 여론 수렴이 미흡함 → 의회주의의 위기 초래

(2) 정당 기능 약화 다양한 이익을 반영하지 못함으로써 시민 단체나 이익 집단이 그 기능을 보완함

(3) 한국 정당 정치의 발전 과제 국민의 의사를 대변하기 위한 노력, 정당의 운영 및 조직의 민주화, 지역 인물 중심으로부터 이념 정책 중심의 정당으로 발전

 심화 학습 — 정당 관련 법 규정

[헌법]

제8조 ① 정당의 설립은 자유이며, 복수 정당제는 보장된다.

② 정당은 그 목적, 조직과 활동이 민주적이어야 하며, 국민의 정치적 의사 형성에 참여하는 데 필요한 조직을 가져야 한다.

③ 정당은 법률이 정하는 바에 의하여 국가의 보호를 받으며, 국가는 법률이 정하는 바에 의하여 정당 운영에 필요한 자금을 보조할 수 있다.

④ 정당의 목적이나 활동이 민주적 기본 질서에 위배될 때에는 정부는 헌법 재판소에 그 해산을 제소할 수 있고, 정당은 헌법 재판소의 심판에 의하여 해산된다.

[정당법]

제1조(목적) 이 법은 정당이 국민의 정치적 의사 형성에 참여하는 데 필요한 조직을 확보하고 정당의 민주적인 조직과 활동을 보장함으로써 민주 정치의 건전한 발전에 기여함을 목적으로 한다.

제2조(정의) 이 법에서 정당이라 함은 국민의 이익을 위하여 책임있는 정치적 주장이나 정책을 추진하고 공직 선거의 후보자를 추천 또는 지지함으로써 국민의 정치적 의사 형성에 참여함을 목적으로 하는 국민의 자발적 조직을 말한다.

📗 **자료해설** : 우리 헌법은 정당 설립의 자유, 복수 정당제, 정당의 민주적 운영, 정치 자금의 국가보조, 정당 해산 절차 등을 규정하고 있다. 하위 법률인 정당법에서는 정당의 목적, 설립 절차, 조직, 정치 자금의 조성 및 운영 등에 관한 상세한 내용을 규정하고 있다.

4 민주 정치와 이익 집단

(1) 이익 집단 이해관계를 공유하는 사람들이 공동의 이익을 실현하기 위하여 정부의 정책에 영향력을 행사하려는 집단

(2) 등장 배경

❶ **사회의 다원화, 전문화** : 다양한 욕구와 이해관계 형성
❷ **지역 대표의 한계** : 의회, 정당의 이익 실현 기능 약화
❸ **행정 국가화** : 정부에 대한 통제, 압력의 필요성

(3) 이익 집단의 기능

❶ 시민의 다양한 이익을 대변하고 정책에 반영되게 함
❷ 정부 정책에 대해 감시자 역할
❸ 정책 입안자에 대해 정보 제공, 시민의 정치 참여 유도

(4) 이익 집단의 문제점

❶ 특수 집단 이익 추구로 사회 전체의 공익과 충돌하기도 함
❷ 특수 이익과 정치 권력이 결탁 → 부정부패가 발생할 수 있음
❸ 입법이나 정책 결정 과정에 혼란을 초래하기도 함

5 민주 정치와 시민 단체

(1) 시민 단체 시민 사회가 발달하면서 기존의 정치 집단이 해결하지 못하는 문제를 시민들 스스로 해결하려는 자발적인 집단

(2) 시민 단체의 등장 배경

사회적 배경	고도 산업 사회로 진입 → 다양한 견해와 이익의 표출
정치적 배경	대의 민주 정치의 한계, 지방 자치의 실시 → 생활 정치 실현 요구 증가
국제적 배경	인류 공동의 문제 해결을 위한 국제적 연대 강화 → 국제적 시민 단체와의 활발한 교류, 협력

(3) 시민 단체의 기능

❶ 국가 권력의 남용이나 오용에 대한 감시, 견제
❷ 시민의 공동 요구의 결집 및 여론의 형성
❸ 경제 정의의 실현과 사회적 소외 계층에 대한 배려
❹ 공공선과 사회 개선의 추구

(4) 시민 단체의 과제

❶ 다수 시민 참여의 활성화
❷ 전문성 제고 및 전문적인 조직의 구축
❸ 조직 운영의 민주성 및 활동의 책임성
❹ 재정과 의사 결정 과정의 투명성과 도덕성

(5) 시민 운동의 예   경제 정의 실현, 환경 보호, 소비자 보호, 여성 인권 향상, 공명 선거, 부정부패 방지 등

심화 학습 ── **이익 집단의 순기능과 역기능**

2001년 세계 무역 기구(WTO)의 도하 선언 이후 진행되고 있는 도하 라운드 협상에서 농산물 시장에 대한 선직국들의 개방 압력이 높은 가운데, 농민의 이익을 대변해 줄 그 어떤 조직도 없을 때, 협상에 임하는 정부의 태도나 국민들의 관심, 또는 그 협상 결과는 어떠할까? 그러나 전국 농민 연합회와 같은 조직이 있음으로 해서 국회나 정부에 영향력을 행사하고, 집회나 시위를 통해 여론을 환기시키고, 마침내는 도하 라운드가 진행되고 있는 멕시코 칸쿤에 대표를 파견하기까지 함으로써 국민적인 관심을 불러일으키고 정부의 각성을 촉구하며, 협상 테이블에서의 정부의 입장을 강화해 주기도 한다.

반면 변호사들이 자신들의 이익을 보호하기 위해서 사법 고시 합격자의 수를 늘리는 것에 반대하거나 의사들이 의과 대학 입학 정원을 늘리는 것에 반대하기 위해 변호사회나 의사회를 통해 의회나 정부에 로비 활동을 하는 경우가 있다. 국민적 차원에서 생각하면, 번에 의한 인권의 보호나 편리하고 양질의 의료 서비스 제공을 위해 더 많은 변호사와 의사가 배출되어 그들 사이에도 정당한 경쟁이 이루어져야 한다. 그럼에도 이들 집단은 특수 집단 이익의 특권화를 수호하려 한다. 목적은 다르나 민영화를 반대하는 공기업 노조의 파업, 은행 매각을 반대한 모 은행 노조의 파업, 처우 개선을 주장하며 단체 행동을 하여 물류 대란을 초래한 화물 연대의 파업 등도 이러한 집단 이기주의의 발로로 볼 수 있다.

✏ **자료해설** : 이익집단은 시민의 다양한 이익을 반영하고 시민의 정치 참여를 유도하며 정부 정책에 대한 감시자 역할을 하기도 하지만, 그들이 추구하는 특수 집단 이익이 공익과 충돌하고, 그로 인해 입법이나 정책 결정 과정에 혼란을 초래하기도 한다.

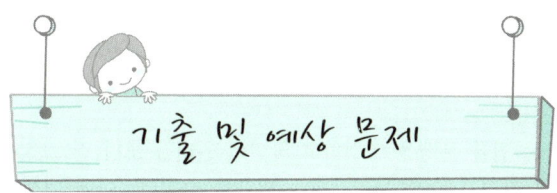

기출 및 예상 문제

01 다음의 ㄱ, ㄴ 집단에 대한 공통적인 설명으로 옳은 것만을 〈보기〉에서 있는 대로 고른 것은?

- 최근 스마트폰 서비스의 문제점과 관련하여 YMCA ㉠ <u>시민단체</u> 등이 연계해 집단 소송을 내는 방안을 검토중이다.
- ㉡ <u>프로야구 선수협회</u>는 온라인 게임 회사를 상대로 야구선수들의 성명권과 초상 권을 사용하는 것을 금지하는 가처분 신청을 법원에 제출하였다.

 보기
　　ㄱ. 정부와 의회를 매개하는 역할을 수행한다.
　　ㄴ. 활동 결과에 대해 정치적 책임을 지지 않는다.
　　ㄷ. 정책 결정 과정의 비공식적 참여자에 해당한다.
　　ㄹ. 대의제 민주 정치의 한계를 보완하는 역할을 한다.

① ㄱ, ㄴ　　　　　② ㄴ, ㄷ　　　　　③ ㄷ, ㄹ　　　　　④ ㄴ, ㄷ, ㄹ

해설 이익 집단과 시민 단체
이익 집단은 이해관계를 공유하는 사람들이 그들의 집단 이익을 실현하기 위하여 정부의 정책에 영향력을 행사하려는 집단이고, 시민 단체는 시민 사회가 발달하면서 기존의 정치 집단이 해결하지 못하는 문제를 시민들 스스로 해결하려는 자발적인 집단이다. 이들은 정책 결정 과정에서 비공식적 참여자로 대의제의 한계를 보완하는 역할을 한다. 하지만 국회, 정부, 정당 등과는 달리 정치적 책임을 지지 않는다. 바로잡기 ㄱ.정당의 기능이다.
정답 ④

02 북한과 같은 일당 지배 체제의 사회가 개혁의 일환으로 복수 정당제를 도입하는 경우, 예상되는 정치적 효과를 〈보기〉에서 고르면?

보기
　　㉠ 집권 세력의 독주와 권력 남용이 만연할 것이다.
　　㉡ 새로운 정치적 견해를 가진 인물이 등장할 것이다.
　　㉢ 지방 분권주의에 입각한 정치적 개편이 이루어질 것이다.
　　㉣ 사회의 다양한 요구가 국가 정책에 더 잘 반영될 것이다.

① ㉠, ㉡　　　　② ㉠, ㉢　　　　③ ㉡, ㉢　　　　④ ㉡, ㉣

해설 복수 정당제는 일당 독재를 부정하는 민주적 정당제도로서, 복수 정당제를 채택하면 국민의 다양한 요구가 정책에 더 잘 반영될 수 있다. 복수 정당제는 정권 교체를 가능하게 하는 제도적인 장치이다.
정답 ④

03 다음은 어떤 정치 집단을 설명하고 있다. 이와 같은 집단이 다양하게 나타난 배경을 〈보기〉에서 있는 대로 고른 것은?

> 증가하는 법률 분쟁을 조정하고 국민의 권리를 보다 잘 보장하기 위하여, 정부는 사법 시험 합격자 수를 늘리겠다는 발표를 하였다. 이에 대해 변호사회는, 정부의 조치가 변호사들의 질적 저하를 가져올 것이며, 나아가서 국가의 법질서의 혼란을 가져올 수도 있다는 이유로 반박 성명을 발표하고 정부에 대해 로비 활동을 펴는 한편, 언론을 동원하여 반대 여론을 조성함으로써 정부의 조치를 철회시켰다.

> 〈보기〉
> ㄱ. 사회의 구조적 분화에 따라 다원주의 사회가 도래하였다.
> ㄴ. 비례 대표제의 발달로 소수의 의사가 국정에 반영되는 수단이 확대되었다.
> ㄷ. 국가의 역할 확대에 따라 정부 통제를 위한 조직적 대응의 필요성이 커졌다.
> ㄹ. 정당 조직이 과두화되어 정당이 대중 조직체로서 역할을 수행하지 못하고 있다.

① ㄱ, ㄷ   ② ㄱ, ㄹ   ③ ㄴ, ㄷ   ④ ㄱ, ㄷ, ㄹ

해설 이익 집단의 등장 배경
사회의 다원화 · 전문화에 따라 다양한 욕구와 이해관계 형성되었으나 지역 대표제를 기반으로 하는 의회나 정당이 다양한 이익을 실현하는 데 한계가 나타나게 되었다. 또한 행정 국가화 추세에 따라 확대된 정부에 대한 통제와 압력의 필요성도 증가하게 되어 다양한 이익 집단이 등장하게 되었다.

바로잡기 ㄴ.비례 대표제는 선거구와 관계없이 각 정당이 획득한 득표수나 의석수에 따라 대표자를 선출하는 방식이다. 따라서 이익 집단의 등장 배경과는 관련이 없다.

정답 ④

04 밑줄 친 부분과 같은 공천 방식의 변화가 가져올 효과만을 〈보기〉에서 있는 대로 고른 것은?

> ○○당은 오는 6월 지방 선거에 출마할 도내(道內) 시장, 군수 후보를 공천할 때 이발 국민 50%와 당원 50%의 비율로 선거인단을 구성해 직접 투표를 하는 국민 참여 경선 방식을 채택하기로 했다. 또 도의원과 시 · 군의원은 당원 경선 방식으로 진행하되 세부적인 내용은 지역 위원회의 의견을 수렴해 추후 결정하기로 했다.

> 〈보기〉
> ㄱ. 직접 민주주의의 실현   ㄴ. 시민의 정치적 관심 제고
> ㄷ. 지방 정부의 정당성 확립   ㄹ. 정당 내 의사 결정 과정의 민주화

① ㄱ, ㄴ   ② ㄱ, ㄷ   ③ ㄴ, ㄹ   ④ ㄱ, ㄷ, ㄹ

해설 국민 참여 경선
과거의 정당 공천 방식은 소수의 정당 간부들에 의해 이루어지는 하향식 방법이 일반적이었으나, 점차 당원이나 국민이 참여하는 상향식 방법으로 변화, 발전하고 있다. 이러한 방식은 시민의 정치적 관심을 제고하고 정당 민주화를 실현하는 데 기여한다.

바로잡기 ㄱ.선거에서의 후보자를 선출한다는 점에서 대의제를 전제로 하고 있다. ㄷ.지방 정부의 정당성이 아니라 후보자의 정당성을 확보할 수 있다.

정답 ③

05 우리나라의 정당은 〈보기〉에 열거한 것들을 보장해야 헌법상 보호를 받는다. 이를 통해 알 수 있는 정당의 요건은?

> • 정당에의 가입과 그로부터의 탈퇴의 자유
> • 상향식 절차와 다수결 원리에 의한 의사 결정

① 다수 의견의 존중   ② 법정 지구당의 확보

③ 조직과 활동의 민주성   ④ 정부 구성 능력의 보유

해 설 '정당에의 가입과 그로부터의 탈퇴의 자유'에서 정당 조직의 민주성을, '상향식 절차와 다수결에 의한 의사 결정'에서 정당 활동의 민주성을 추정할 수 있다.

정 답 ③

06 다음 글을 참고로 하여 양당제의 특징을 〈보기〉에서 바르게 고른 것은?

> 양당제는 두 개의 정당이 선거를 통해 정권을 교체하여 담당하는 제도인데 반해, 다당제는 셋 이상의 정당이 의회에 진출하여 정치 권력에 영향을 미치는 제도이다.

보기
> ㉠ 책임 정치 구현   ㉡ 다양한 국민 의사 반영
> ㉢ 강력한 정책 수행   ㉣ 정당 간 대립시 중재 용이
> ㉤ 다수당의 횡포 견제 곤란

① ㉠, ㉡, ㉢   ② ㉠, ㉡, ㉣   ③ ㉠, ㉢, ㉤   ④ ㉡, ㉣, ㉤

해 설 ㉠,㉢,㉤은 양당제의 특징이고, ㉡,㉣은 다당제의 특징이다.

정 답 ③

07 다음 주장이 의도하는 바를 바르게 진술한 것은?

> 투표하기 전에는 자유로우나 투표가 끝나면 노예가 된다.

① 정부는 신중하게 정책을 집행해야 한다.

② 국민의 기본권을 함부로 제한해서는 안 된다.

③ 시민들이 직접 정치에 참여하는 것이 바람직하다.

④ 모든 국민이 적극적으로 투표에 참여하는 것이 바람직하다.

해 설 ③ 대의 정치는 국민이 직접 정치에 참여하지 않으므로 선거를 통해 대표자를 뽑는 과정을 반드시 거치게 된다. 그 결과 입후보자들은 선거에 임해서 여러 가지 공약과 행동으로 유권자의 환심을 사려고 하고, 1표라도 더 얻기 위해 노력한다. 그러나 일단 당선되면 대통령이나 국회의원은 정해진 임기 동안 신분이 보장되고, 주권자인 국민이 다시 이들을 심판하기 위해서는 긴 시간을 기다려야 한다. 즉, 투표할 당시에는 국민들이 유권자로서 우월한 위치를 갖지만, 일단 투표가 끝나고 나면 국민들은 무력한 존재가 되어 자신이 뽑은 '봉사자들'에게 끌려 다니게 된다.

정 답 ③

08 이익 집단의 활성화와 민주 정치의 발전은 밀접한 관계가 있다. 이익 집단의 바람직한 기능은?

① 정부 각 부처의 활동을 조정한다.

② 정당 활동의 부족한 점을 보충한다.

③ 행정 관료의 행정적 지배를 강화한다.

④ 정부와 의회 간의 매개적 역할을 한다.

> **해 설** 이익 집단은 정치권력과 특수 이익이 부정한 방법으로 결합 되는 폐해를 낳고, 입법이나 정책 결정 과정에 혼란을 초래하기도 한다. 그러나 다원화된 사회에서 정당의 부족한 점을 보완하는 순기능도 갖는다. 특히, 이익 집단은 선거로 뽑힌 지역대표가 수행하기 곤란한 직업적 이익을 실현할 수 있다.
>
> **정 답** ②

09 〈보기〉에서 정당과 이익집단의 공통점을 옳게 골라 놓은 것은?

> **보기** ㉠ 국민 여론을 유도, 형성한다.   ㉡ 정책 결정에 영향을 준다.
> ㉢ 정책의 실패에 책임을 진다.   ㉣ 정권 획득을 목표로 한다.

① ㉠, ㉡   ② ㉠, ㉢   ③ ㉠, ㉣   ④ ㉡, ㉢

> **해 설** 정당과 이익집단은 국민 여론을 유도, 형성 하고, 정책 결정에 영향력을 행사한다는 공통점을 갖고 있다. ㉢, ㉣은 정당만이 갖는 특징이다.
>
> **정 답** ①

10 이익집단의 활동이 활발해짐에 따라 나타날 수 있는 폐단을 바르게 지적하면?

① 사회의 다원적 발전에 기여한다.

② 지역적인 특수 이익만을 추구한다.

③ 입법이나 정책 결정에 혼란을 초래한다.

④ 국민들의 다양한 정치적 요구를 무시한다.

> **해 설** 이익집단의 활동이 소수의 이익만을 달성하려는 의도를 지닐 때는 공익과의 관계에서 충돌을 가져올 뿐만 아니라, 입법이나 정책 결정에 혼란을 초래한다.
>
> **정 답** ③

11 정당은 사회 구성원들에게 영향을 끼치는 모든 쟁점과 문제 영역에 광범위하게 관심을 갖고 활동하는 경우가 많다. 근본적인 이유를 바르게 지적하면?

① 정치 자금을 확보하는 데 유리하기 때문이다.

② 정부의 정책에 영향력을 행사하려 하기 때문이다.

③ 국민의 다양한 여론을 정치에 반영하기 위해서이다.

④ 선거에 승리하여 정권을 획득하려고 노력하기 때문이다.

> **해 설** 정당의 모든 활동은 가장 근본적인 목표인 정권 획득과 관련하여 이루어진다. 사회 구성원들이 가지고 있는 문제 영역에 관심을 기울이고, 그 여론을 수집하는 것도 더 많은 지지를 확보하여 정권을 획득하기 위함이다.
>
> **정 답** ④

12 정치 자금에 관한 법률은 다음과 같은 원칙을 밝히고 있다. 제시된 원칙에 따르는 것을 〈보기〉에서 모두 고르면?

1. 누구든지 이 법에 의하지 아니하고는 정치 자금을 기부하거나 받을 수 없다.
2. 정치 자금은 국민의 의혹을 사는 일이 없도록 공명정대하게 운영되어야하고, 그 회계는 공개되어야 한다.
3. 정치자금은 정치 활동을 위하여 소요되는 경비로만 지출되어야 하며, 사적 경비로 지출되거나 부정한 용도로 지출되어서는 안 된다.

　　㉠ 각 정당이 정치 자금의 수입과 지출을 전당 대회에서 보고한다.
　　㉡ 필요한 경우, 중앙 선거 관리 위원회가 정치 자금에 대해 감사를 한다.
　　㉢ 정당이 인건비, 사무소 유지비, 교육 훈련 등에 정치 자금을 지출한다.
　　㉣ 자기 당의 후보를 유권자에게 알리는 선물의 구입에 정치 자금을 지출한다.

① ㉠, ㉡　　　　　　② ㉠, ㉢　　　　　　③ ㉠, ㉡, ㉢　　　　　　④ ㉠, ㉡, ㉣

해설 ▶ 정치 자금의 공개와 관련한 원칙2로 미루어 볼 때 ㉠, ㉡은 타당하다. 원칙3에서 보듯이 정치 자금은 정치 활동에 대한 경비로 지출되어야 하며 부정한 용도로 사용되어서는 안된다고 했는데, ㉢은 정치 활동의 일부이므로 원칙을 위반한다고 볼 수 없다. 그러나 ㉣은 부정한 용도로 사용한 것이므로 원칙에 위배된다.

정답 ▶ ③

13 다음 그림은 민주 정치 과정을 도식화한 것이다. 이와 같은 정치 과정에 대한 진술로 옳은 것은?

| 국민 | ⇒ | 이익 집단 | ⇒ | 국회의원 | ⇒ | 입법 과정 |

① 직접 민주 정치 과정을 보여주고 있다.
② 다양한 국민 이익이 정책에 반영될 수 있다.
③ 이익 집단은 정당을 대체하여 정치 과정에 참여한다.
④ 국민은 입법 과정에 전혀 영향을 미치지 못하고 있다.

해설 ▶ 이익 집단
　　대의제에서 국민이 다양한 이익 집단을 통해 정치 과정에 영향력을 행사하고 있는 그림이다.
바로잡기 ▶ ① 대의제에서의 정치 과정이다. ③ 이익 집단은 정당 활동의 부족한 부분을 보완할 수 있다. ④ 국민은 이익 집단을 통해 정치 과정에 영향력을 행사할 수 있다. 이익 집단은 그들의 특수 이익을 추구한다.

정답 ▶ ②

14 사회 성원들이 자유 민주주의에 대해 합의를 이루고 있는 지 여론 조사를 하려고 한다. 설문지를 작성함에 있어 반드시 고려되어야 할 내용으로 보기 어려운 것은?

① 다수결의 원칙　　　　　　　　② 기회 균등의 원칙
③ 정치적 의사 표현의 보장　　　　④ 정치적 관심과 참여도

해설 ▶ 자유 민주주의는 다수결의 원칙, 약자와 소수자의 보호, 기회 균등의 원칙, 기본권의 보장, 법 앞에서의 평등, 언론의 자유, 집회 및 결사의 자유 등이 보장되는 정치 원리이다. 그러므로 이와 같은 내용은 설문지의 작성에 꼭 필요한 사항이다. 정치적 관심과 참여도는 국민들의 정치의식이나 정치 발전의 정도를 조사하는 데 필요한 사항이다.

정답 ▶ ④

15 다음은 어느 해 신문 기사의 일부이다. 밑줄 친 단체의 활동에 대한 적절한 설명만을 〈보기〉에서 있는 대로 고른 것은?

> ### 2000 총선연대 낙점!
>
> <u>총선 시민 연대</u>는 공천 반대 인사 67명을 발표했다. ㅇㅇ당 30명, ㅁㅁ당 16명, ◇◇당 16명, 무소속 5명이었다. 명단은 다음과 같다. 굵은 글씨는 현역 국회의원이다. (이하 명단 생략)
>
> ─ㅇㅇ신문, 2000. 1. 24.─

 ㄱ. 정책 결정에 영향을 끼치려 한다.

ㄴ. 선거에서의 승리를 목표로 한다.

ㄷ. 권력에 대한 통제의 기능을 수행한다.

ㄹ. 대표 배출을 통해 정치권력을 감시하려 한다.

① ㄱ, ㄷ   ② ㄴ, ㄷ   ③ ㄴ, ㄹ   ④ ㄱ, ㄷ, ㄹ

해설 시민 단체의 특징
시민운동은 가장 적극적이고 지속적 사회 참여 방식으로, 특정 문제에 대한 대중의 각성을 촉구함으로써 사회를 개선하고 공공선을 실현함을 목적으로 한다. 이것을 달성하기 위해 정책 결정에 영향력을 행사하려 하고, 이를 통해 정치권력을 통제하기도 한다.

바로잡기 ㄴ.ㄹ.정권 획득을 추구하고 이를 위해 대표를 배출하는 것은 정당이다.

정답 ①

16 다음 내용에 나오는 이익 단체의 등장 배경으로 부적절한 것은?

> 근대 국가에서는 의회를 중심으로 정책 결정이 이루어졌으나, 현대 국가에 와서는 국민의 광범위한 참여가 제도적으로 보장되고 있다. 그 중에서도 이익 단체의 기능과 역할이 커졌다.

① 정당의 과두화로 인한 대표 기능과 신뢰성 약화

② 민주 정치의 발달에 따른 집회 · 결사의 자유 보장

③ 산업화로 인한 직업의 다양화, 사회적 이익의 다원화

④ 대중 매체의 발달에 따른 빠르고 다양한 정보의 제공

해설 산업화로 인한 다원주의 현상에 따라 많은 이익 단체가 등장하였다. 이익 단체는 특수 집단의 이익만을 추구하는 제한된 성격을 갖지만, 각계각층의 다양한 국민적 이익을 표출한다는 데 그 의의를 둘 수 있다. 특히 현대 행정 국가에서 국가 기능 및 권한의 확대에 따른 의회의 기능 약화를 보완해 주는 면도 있다.

정답 ③

04 여론과 정치문화

 여론과 민주 정치

(1) 여론의 의미

① 공적 문제나 사회적 쟁점에 대해 다수의 사회 구성원들이 가지는 공통된 의견
② 사회적 쟁점에 대한 국민 태도의 표현

(2) 여론의 기능

① 법률의 제정과 폐기, 사회 기구나 제도의 유지 등에 영향을 미침
② 정책 결정권자의 행위를 통제하는 기능을 수행함

(3) 여론의 중요성

① **정치권력과 정책의 정당성** : 여론을 정책 속에 구체화하고 국정에 반영한 정부나 정책이 국민의 폭넓은 지지를 받을 수 있음
② 정치 과정에서 국민의 정치적 요구가 수렴되지 못하면 국민의 정치적 불만과 무관심, 정치적 냉소주의를 낳게 되어 정치 체제가 제대로 유지되기 어려움

(4) 여론의 형성

① **의견 집단** : 정당, 정치 집단, 이익 집단, 시민 단체, 전문가 집단 등이 여론 형성을 주도
② **언론 매체** : 신문, 라디오, 텔레비전 등은 국민들에게 정보를 제공하고 사회적 쟁점을 규정함
③ **올바른 여론 형성 요건** : 누구든지 자신의 의견을 자유롭게 표현할 수 있을 때 올바른 여론이 형성될 수 있으므로 언론·출판·집회·결사의 자유가 보장되어야 함

(5) 여론 정치

① 오늘날의 간접 민주 정치는 국민의 뜻을 직접 표현하기 어려움

❷ **참다운 민주 정치** : 국민 여론을 정책 속에 구체화시킬 수 있는 정치

❸ **시민** : 사회적 쟁점에 대해 바르게 인식하고 합리적인 판단을 할 수 있어야 함

❹ **언론 매체, 정당, 이익 집단, 시민 단체** : 여론 형성을 올바르게 선도하는 역할을 해야 함

❺ **정부** : 개방적 자세로 정보를 제공하고 국민을 설득하는 노력을 통해 여론을 이끌어 갈 뿐만 아니라, 여론에 귀를 기울여야 함

2 여론과 언론의 자유

(1) 여론의 역할

❶ 사회적 사실을 신속, 정확하게 전달하여 사회적 쟁점을 규정

❷ 쟁점에 관한 해설과 비판을 제공하여 여론 형성에 지배적인 역할을 담당

❸ 국민을 대변하고 여론을 정부에 전달하며, 정부 정책을 비판

❹ 정부 정책을 지원하고, 정책을 제시

(2) 언론의 자유

❶ **의의** : 정치권력이나 압력 단체 및 자본으로부터의 자유

❷ 언론이 특정 세력의 간섭과 영향을 받게 될 경우, 올바른 여론의 형성과 전달이 어려워져 여론조작이 나타나며 이 경우 참다운 민주 정치의 실현이 어려움

(3) 언론의 책임

❶ 공정하고, 사실에 근거한 보도

❷ 특정한 사익보다는 공익을 위해 기능해야 함

❸ **정치적 중립** : 정치권력, 특정 세력의 간섭, 영향력으로부터 벗어나야 함

❹ 상업주의로부터 자유로워야 함

(4) 언론에 대한 시민의 역할

책임을 다하지 못하는 언론에 대한 비판과 감시는 결국 시민의 손에 달려 있으며, 따라서 언론에 대한 시민의 비판적 태도가 요구됨

심화 학습 ── 국민의 알 권리

국민 개개인이 정치적·사회적 현실에 대한 정보를 자유롭게 알 수 있는 권리, 또는 이러한 정보에 대해 접근할 수 있는 권리를 통칭하는 개념이다. 이 말이 처음 등장한 것은 1945년 미국 AP통신사의 쿠퍼(Kent Cooper)가 '알 권리'를 제창하는 강연을 하면서부터이다. 그는 1956년 저서 '알 권리'를 출간해 개인의 자기표현을 가능하게 하는 인간의 존엄성을 역설해 알 권리를 세계로 확산시킨 주인공이다. 개인을 둘러싼 사회 환경의 영향력이 확대되고, 정보 기술이 급속하게 발달하면서 개인들 역시 자신을 둘러싸고 있는 현실에 대한 정보를 얻고자 하는 욕구가 강해짐에 따라 알 권리 문제는 자연스럽게 새로운 인권의 문제로 자리 잡기 시작하였다. 그러나 세계 어느 나라에서도 이 알 권리를 헌법 조항이나 실정법으로 다루고 있지는 않으며, 또 지극히 추상적인 개념이라는 점에서 국민 개개인이 정부나 거대 자본을 상대로 얼마나 유용한 정보를 얻어낼 수 있는지에 대한 의문이 계속 제기되고 있다.

 자료해설 : 우리나라에서는 알 권리에 대해 표현할 수 있는 권리, 일반적 정보에 대해 필요한 정보를 취사선택할 수 있는 자유 등 소극적인 측면과, 정보 공개까지도 청구할 수 있는 권리 등 적극적인 측면이 혼용되고 있다. 그럼에도 현대 사회가 민주화·정보화 사회라는 점에서 알 권리는 갈수록 정당성을 확보해 가고 있으며, 언론·표현의 자유가 실현되기 위해서는 반드시 보장되어야 한다는 견해가 지배적이다. 1998년 1월부터 시행된 공공 기관의 정보 공개 제도 역시 이러한 국민의 알 권리 충족에 부응해 제정된 것이며, 그밖에 자유권적 정보 수집권, 청구권적 정보 수집권, 정보 수령권 등도 넓은 의미에서 알 권리로 인정받고 있다.

3 여론과 대중 매체

(1) 대중 매체의 특징

❶ **순기능** : 사실과 정보의 제공, 적절한 해설과 비판을 통한 여론 형성, 정부나 기업 및 정치권력에 대한 감시와 통제

❷ **역기능** : 사실의 왜곡이나 여론의 조작, 정치권력이나 특정 집단과의 결탁, 지나친 상업주의나 선정성

❸ **대중 매체의 자유**

- 의미 : 정치권력이나 압력 단체 등 특정 세력의 간섭과 영향력에서 벗어나는 것
- 여론 조작의 가능성을 배제하고 참다운 민주 정치를 실현하기 위한 조건

❹ **대중 매체의 책임** : 공정·정확한 보도, 올바른 여론 형성, 권력에 대한 감시·비판

(2) 대중 매체에 대한 시민의 자세

❶ **대중 매체의 수용 자세** : 대중 매체가 제공하는 정보를 비판적으로 수용하려는 자세 필요

❷ **대중 매체에 대한 감시 및 비판** : 대중 매체의 활동 및 보도에 대한 감시 및 비판 노력

(3) 정치 사회화

❶ **의미** : 개인이 정치 세계에 대한 관념을 배우고 내면화시켜 나가는 과정, 즉 정치적 태도, 신념, 가치관, 규범, 행동 양식 등을 습득해 나가는 과정

❷ **담당 기관** : 가정, 학교, 동료 집단, 직장, 대중 매체, 정당 등

❸ **대중 매체의 정치 사회화 기능**
- 현대 사회에서 가장 중요한 정치 사회화 기능 수행
- 대중 매체는 시민들의 판단과 인식에 영향을 줌으로써 여론 형성에 큰 영향을 미침

4 정치 참여와 정치적 무관심

(1) 정치 참여의 의의

❶ **정치 참여의 의미** : 시민들이 정치적 의사 결정 과정에 영향을 끼치거나 지지와 반대를 표명하기 위해 취하는 모든 행동

❷ **정치 참여의 의의**
- 민주 정치는 '시민 스스로가 다스리는 동시에 다스림을 받는다.'라는 자치의 원리를 지향하므로, 시민의 참여는 민주 정치 그 자체라고 할 수 있음
- 민주 정치는 궁극적으로 시민의 다양한 의사를 정책에 반영해 가는 과정을 통해 발전함
- 시민 자신의 권리를 보호하고, 공공의 이익을 증진시키며, 정치 발전에 기여
- 다수의 시민이 지혜를 모을 때 권위주의적이고 독선적인 정부의 출현을 막을 수 있음
- 책임 있고 질 높은 행정을 기대할 수 있으며, 부정부패를 예방할 수 있음

(2) 대의 민주 정치에서의 시민 참여의 한계

대표를 선출하거나 일부 공공 문제 결정에 관한 투표에 한정되며, 이 경우에도 자유로운 표현 방식이 아닌 찬·반의 의사 표시에 불과함 → 민주 정치의 위기 초래

(3) 정치적 무관심과 비참여의 문제점

❶ 소수 권력자들이 자의적인 정책 결정을 하게 됨 → 공공의 의사 결정이 시민 전체의 의사와는 다른 방향으로 이루어질 가능성이 큼

❷ 시민이 권력의 주체가 아닌 객체로 전락하는 민객 정치(民客政治)가 나타날 우려가 있음

❸ 정부가 시민에 대하여 무책임하게 되거나 정치적 부패를 조장하기 쉬움

 심화 학습　　**20대의 탈정치화**

이제 20대는 진정 정치적 '식물 세대'인가, 최근의 전국 선거였던 지난 해 대선 때 20대 투표율은 56.5%에 불과했다. 그나마 대선이니까 형편이 괜찮은 편이지, 지방 선거나 총선에서의 20대 투표율은 통상 더 떨어진다. 이 때문에 모 정당 대변인이 "20대는 버리고 가겠다."라는 발언까지 할 정도다. 과거를 돌이켜보면 20대는 한국 현대사의 "변화의 축"이었다. 일제 강점기, 광주 학생 운동, 4·19 혁명, 1980년 서울의 봄, 그리고 1987년 6월 민주 항쟁까지 20대는 민족 해방과 민주화를 위해 다른 세대보다 앞장선 열정을 보여줬다. 그러나 오늘날의 20대는 더 이상 정치적인 목표가 없거나, 있어도 공허해 보인다. 사회적 대의에는 무관심한 층으로 전락했다는 비판을 받는다. 20대가 이처럼 '탈정치화'된 이유는 최근의 사회 경제적 변화, 즉 신자유주의의 흐름 속에서 높아지는 실업률, 높아만 가는 취업 문턱, 그리고 학생 운동의 급격한 퇴조가 그 원인이라고 생각된다. 그러나 정치권의 책임도 큰 것 같다. 정치적 무관심층으로 치부하기 이전에 20대의 청년들을 정치적 장으로 끌어내기 위한 '새로운 정치'를 시도해 본 적은 있는지 묻고 싶다. 각 정당은 20대에 적극적으로 활용하기는 커녕 '왕따'시키고 있는 분위기다. 이런 상황에서 □□딩 ○○○의원이 제시한 재미있는 정치, 엔터폴리(entertainment+politics)는 의미심장하다. 그는 "정치인은 때로는 연예인처럼 국민들에게 웃음과 감동을 줄 수 있어야 한다."라고 주장했다. 팬클럽을 만들듯이 정치 학교에 젊은 사람들을 끌어들여 소모적인 당쟁의 정치가 아니라 '생활 정치'를 해보자는 것이다. 정치권은 20대의 탈정치화를 방관만 할 것이 아니라 적극적은 관심을 유도해야 한다. ○○○의원의 주장처럼 정치도 재미있어진다면 그들의 새로운 관심을 촉발시킬 수 있을 것이다.　　　　　　　　　　　　- ○○일보, 2003. 7. 30. -

✎ **자료해설** : 라스웰(Lasswell. H. D.)은 탈정치화를 이루게 되는 정치적 무관심의 형태로서 예술·과학 등 비정치적 영역에 열중해서 나타나는 무(無)정치적 무관심, 무정부주의자나 종교적 신비론자 같이 자기의 신조가 정치와 충돌할 경우 나타나는 반(反)정치적 무관심, 정치적 요구나 기대의 좌절 때문에 나타나는 탈(脫)정치적 무관심의 3가지를 들었다. 그러나 거대화·복잡화한 현대의 정치 사회에서는, 사람들이 정치에 대해서 명확한 요구와 기대를 가지고 정치와 자신을 결부하기가 어려워진다. 그리고 풍요한 사회의 환상 속에서 만족을 느끼면, 정치보다는 사생활에서의 즐거움이 가장 큰 관심거리가 된다. 구체적으로는 기권(棄權), DK그룹(Don't Konw group)의 증가, 정치를 쇼로서 소비하는 태도 등으로 나타난다. 오늘날 이 경향은 특히 젊은 층에서 뚜렷하게 볼 수 있다.

5 정치 참여의 방법과 바람직한 자세

(1) 정치 참여의 방법

❶ 개별적 참여

- 선거에의 참여 : 시민들이 정치에 참여하는 가장 기본적인 방법
- 기타 : 정치 토론 참여, 선거 운동 참여, 정당 활동, 공직자와의 접촉, 언론 매체나 집회 등을 통한 여론 형성, 정부 당국에의 직접 청원 등

❷ 집단적 참여 : 정당이나 이익 집단 활동에 참여, 시민 단체 활동에 참여, 집회 또는 시위에 참여 등이 있음

❸ 인터넷을 통한 참여 : 오늘날 인터넷을 통한 정보 수집이 활발해지고 의사 표출이 용이해짐에 따라, 인터넷을 통한 시민 참여가 활성화되고 있음

(2) 정치 참여를 위한 제도

언론 · 출판 · 집회 · 결사의 자유, 국민 투표 및 주민 투표, 공청회 · 설명회, 청원, 주민 감사 청구, 행정 심판 · 행정 소송, 옴부즈맨 제도

(3) 정치 참여의 자세

❶ 공공복리 증진과 사회 정의를 고려하는 시민 의식

❷ 정부의 정책 결정 및 집행 과정에 대한 관심 및 건전한 비판

❸ 적법한 참여 : 정당한 절차를 거쳐 확정된 법률이나 정책을 적극적으로 준수하는 테두리 안에서 이루어져야 함

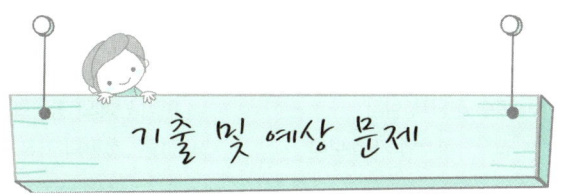

01 다음 글의 내용과 가장 가까운 주장은?

> 공적 인물의 활동과 같이 국민이 알아야 할 공공성을 갖춘 정보는 민주제의 토대인 여론 형성에 기여하므로 공개되어야 한다. 이를 위해 언론의 자유는 보장되어야 한다. 특히, 신속한 보도를 생명으로 하는 신문의 경우, 허위 보도라 할지라도 사소한 내용일 경우에는 형사 제재를 해서는 안 된다. 이런 보도는 의견의 자유로운 표현을 보장하는 데 따르는 불가피한 결과이다.

① 신속한 보도는 모든 것에 우선해야 한다.

② 언론 자유는 사법적 판단의 대상이 아니다.

③ 공인(公人)의 활동은 공개되어서는 안 된다.

④ 공공성을 갖춘 정보는 더욱 개방되어야 한다.

 언론의 자유
제시문은 공직자에 대한 언론의 잘못된 보도가 의도적이지 않는 한 언론에 그 책임을 물을 수 없다는 점을 강조함으로써, 언론이 민주정치의 수호자 역할을 수행하여야 함을 역설하고 있다.

바로잡기 ① 보도의 신속성은 중요하나, 그 이전에 보도 내용의 진실성, 공정성이 먼저 고려되어야 한다. ② 언론의 보도가 개인의 사생활을 심각하게 침해한 경우에 있어서는 사법적 판단의 대상이 될 수 있다. ③ 공인의 활동 내용이 국민이 알아야 할 공공성을 갖춘 정보라면 공개될 수 있다.

정답 ④

02 다음 글은 대중 매체의 역기능을 설명하고 있다. 이 글을 토대로 할 때, 정부나 국민이 가져야 할 바람직한 태도로 볼 수 없는 것은?

> 대중 사회에서 대중 매체는 가공되고 획일적인 정보만을 주기 때문에, 대중과 사회 조직의 획일화를 초래할 수 있다. 또한 질보다는 양에 치우친 정보를 제공하기 때문에 사회의 제반 문제점들을 피상적으로 인식시키며, 대중 매체를 통한 광고는 대중을 잘못된 욕구의 노예로 만들기 쉽다.

① 정보를 선별하여 수용한다.

② 정보를 비판적으로 분석한다.

③ 대중 매체의 상업주의 경향을 경계한다.

④ 대중 매체에 나타나는 보편적인 사고방식을 가진다.

 대중 매체의 역기능
대중 매체는 정보의 일방적인 전달로 인해, 대중으로 하여금 사회의 제반 문제점들을 피상적으로 인식하게 하여 대중과 사회 조직의 획일화를 초래할 수 있다. 이를 극복하기 위해서 국민은 정보를 선별하여 수용하고 이를 비판적으로 분석할 뿐 아니라 대중 매체의 지나친 상업주의 경향을 경계해야 한다. 또한 정부는 대중 매체의 윤리성을 높이는 정책을 마련할 필요가 있다.

바로잡기 ④ 보편적인 사고방식은 자칫 획일화를 초래할 수 있다.

정답 ④

03 올바른 여론이 형성되기 위한 적절한 조건만을 〈보기〉에서 있는 대로 고른 것은?

> **보기**
> ㄱ. 복수 정당제 실시 ㄴ. 이익 단체의 활성화
> ㄷ. 집회 · 결사의 자유 보장 ㄹ. 언론 · 출판의 자유 보장

① ㄱ, ㄷ ② ㄱ, ㄴ, ㄷ ③ ㄱ, ㄴ, ㄹ ④ ㄱ, ㄴ, ㄷ, ㄹ

해설 **올바른 여론 형성의 조건**
올바른 여론이 형성되기 위해서는 표현의 자유가 보장되고 자유로운 정치 참여가 이루어질 수 있어야 한다. 언론 · 출판의 자유, 집회 · 결사의 자유, 복수 정당제, 이익 단체, 시민 단체의 활동 등은 이와 관련 하여 매우 중요한 의미를 갖는다.
정답 ④

04 올바른 여론 형성을 위한 조건으로 볼 수 없는 것은?

① 모든 정보가 신속, 정확하게 전달되어야 한다.
② 언론, 출판, 집회, 결사의 자유가 보장되어야 한다.
③ 정부는 언론에 대한 간섭이나 통제를 하지 않아야 한다.
④ 정부는 여론을 지도하거나 그 방향을 제시해서는 안 된다.

해설 올바른 여론 형성을 위해서는 무엇보다도 언론이 본연의 역할을 다해야 한다.(①,②,③). 정부는 정책 결정을 추진함에 있어 국민을 설득하고 적극적인 참여를 유도하는 것이 필요하다. 정부가 여론을 정부에 유리하게 인위적으로 조작해서는 안 되지만, 텔레비전 등에 등장하는 공익 광고에서 보듯, 국민 여론을 바람직한 방향으로 계도하는 것은 필요하다.
정답 ④

05 사회 성원들이 자유 민주주의에 대해 합의를 이루고 있는지 여론 조사를 하려고 한다. 설문지를 작성함에 있어 반드시 고려되어야 할 내용으로 보기 어려운 것은?

① 다수결의 원칙 ② 기회 균등의 원칙
③ 정치적 의사 표현의 보장 ④ 정치적 관심과 참여도

해설 자유 민주주의는 다수결의 원칙, 약자와 소수자의 보호, 기회 균등의 원칙, 기본권의 보장, 법 앞에서의 평등, 언론의 자유, 집회 및 결사의 자유 등이 보장되는 정치 원리이다. 그러므로 이와 같은 내용은 설문지의 작성에 꼭 필요한 사항이다. 정치적 관심과 참여도는 국민들의 정치의식이나 정치 발전의 정도를 조사하는 데 필요한 사항이다.
정답 ④

06 현대 사회에서 언론이 여론 형성에 커다란 영향력을 행사할 수밖에 없는 까닭을 〈보기〉에서 고르면?

> **보기**
> ㉠ 정치 과정에서 언론의 비중이 가장 크다.
> ㉡ 정치 권력이나 압력 단체로부터 자유롭다.
> ㉢ 사회적 쟁점에 대하여 해설과 비판을 제공한다.
> ㉣ 중요한 사회적 사실을 신속, 정확하게 전달한다.

① ㉠, ㉡ ② ㉠, ㉢ ③ ㉡, ㉢ ④ ㉢, ㉣

해설 언론은 사회 성원들이 정보를 입수할 수 있는 일차적인 통로이며, 특정한 사회적 쟁점에 대한 해설과 비판을 제공하기 때문에 여론 형성에 큰 영향을 미친다.
정답 ④

07 현대 민주주의 국가에서 〈보기〉와 같은 정치적 요소들이 공통적으로 수행하는 주된 기능은?

- 언론이 정부의 간섭을 받지 않고 자유롭게 보도한다.
- 여러 사회 집단이 그들의 이익을 활발하게 옹호한다.
- 복수 정당이 서로 정책 대결을 통해 선의의 경쟁을 한다.

① 시민의 여론을 형성하고 조직화한다.
② 시민의 뜻을 대변할 대표자를 배출한다.
③ 모든 정보를 신속하고 정확하게 전달한다.
④ 정부 각 부처의 활동을 상호 조정해 준다.

해설 ②, ④는 정당. ③은 언론. ①은 정당, 언론, 이익 집단의 공통적 기능이다.
정답 ①

08 현대 민주 국가의 정책 결정 과정에서 다음 기관들이 하는 주된 기능은?

- 언론기관　　　　　　• 정당　　　　　　• 압력단체

① 정권 획득을 위해 노력한다.　　② 국민 여론을 정치에 반영한다.
③ 정책을 결정하고 집행해 나간다.　　④ 집단의 특수한 이익을 실현한다.

해설 현대 정치과정에서 그 영향력이 확대되고 있는 언론 기관, 정당, 압력 단체의 공통점은 국민 여론을 반영한다는 데 있다. ①은 정당의 기능. ③은 정부의 기능. ④는 이익 집단의 기능이다.
정답 ②

09 오늘날의 정책 결정 과정이 국가 기관에 의해서만 이루어질 수 없는 이유를 바르게 지적하면?

① 행정 관료가 담당하는 해정의 역할이 커지고 있다.
② 국가 기관의 정책 수행 능력이 점점 저하되고 있다.
③ 사회 조직이 섬섬 다양회되고 전문화되어 가고 있다.
④ 국가 기관의 정책 결정에 대한 불산감이 증폭되고 있다.

해설 사회 조직이 다양화, 전문화되어 가는 추세에서 국가 기관의 일방적인 정책 결정은 국민의 지지를 받는 데 한계가 있다. 최종적인 정책 결정은 국가 기관이 한다 하더라도 그 과정에 국민의 다양한 여론을 반영해야 효율적인 정책 집행이 가능하고 국민의 지지를 확보 할 수 있다.
정답 ③

10 밑줄 친 '뉴욕 타임스 원칙'이 시사하는 바를 가장 적절히 진술한 것은?

미국 연방 대법원은 '뉴욕 타임스와 설리반' 사건에서 공직자의 공적 행위에 관한 보도에 대해 명예 훼손으로 인한 손해 배상 책임을 지우기 위해서는 … (중략) … 그 보도가 현실적 악의에 의해, 즉 보도 내용이 허위임을 알았거나 또는 이를 무분별하게 무시하고서 이뤄졌다는 명백한 증거에 의해 입증해야 한다는 원칙을 판결하여 뉴욕 타임스의 책임을 부정한 바 있다. 이 판례의 원칙은 이른바 뉴욕 타임스 원칙이 되어 정치에 영향력이 있는 공직자뿐 아니라 하위 공무원과 사회적으로 정책 형성 과정에 영향력이 있는 유명 인물들에 대해서도 확대되고 있다.

① 언론의 자유는 어떤 경우에도 침해되어서는 안 된다.

② 언론의 자유가 보장되어야 민주 정치가 실현될 수 있다.

③ 언론은 왜곡 보도나 사실과 다른 비판을 해서는 안 된다.

④ 개인의 사생활은 다른 것보다도 우선적으로 존중받아야 한다.

해설 '뉴욕 타임스 원칙'은 언론의 자유의 중요성을 강조하고 있다.

정답 ②

11 우리나라 국민의 정치 행태를 연구하는 과정에서 다음과 같은 가설을 설정하였다. 이 가설을 검증하기 위한 자료로 적절하지 않은 것은?

〈가설〉 우리나라 국민은 정치에 무관심하다.

① 각 선거에서의 투표율을 조사한다.

② 정부 정책에 대한 인지도를 조사한다.

③ 시민 단체 활동에의 참여 빈도를 조사한다.

④ 국민들의 각 정당에 대한 선호도를 조사한다.

해설 여론 조사

가설 검증을 위한 자료의 적절성 여부를 판단하는 문제로, 국민의 정치적 관심도를 확인하기 위해서는 선거에서의 투표율, 선거 운동이나 시민 단체에의 참여 정도, 정당 활동의 여부, 정부 정책에 대한인지도, 정치 토론 방송의 청취 빈도 등을 조사해 보아야 한다.

바로잡기 ④각 정당에 대한 선호도는 개인의 정치적 성향을 판단할 수 있는 자료로, 정치적 관심 정도와는 관련이 없다.

정답 ④

12 다음 글에서 찾을 수 있는 언론의 자세가 아닌 것은?

5월 13일자 '국민의 혈세가 새고 있다'는 기사와 관련, 자료를 제공한 ○○당 A 의원은 "B도(道) 내 50개 기관의 자료 중 C 시(市)의 9개 기관의 통계는 기관 전체가 아닌 일부 부서 통계이므로 이를 근거로 기관의 예산 사용 분포 상황을 판단하기 힘들다는 것을 보도 이후 확인했다."고 본지에 알려 왔습니다. A 의원에게 통계를 제출한 B 도(道) 역시 이런 점을 지적했습니다. 기사에 인용한 일부 사례는 취재 과정에서 해당 기관에 확인하기가 사실상 불가능 했습니다. 앞으로 이런 일이 재발하지 않도록 만전을 기하겠습니다.

— ○○신문, 5월 15일 —

① 국민의 알 권리를 위해 노력해야 한다.

② 언론 보도에 대한 비판을 수용해야 한다.

③ 개인의 사생활을 침해하지 않도록 해야 한다.

④ 국가 기관의 활동에 대한 감시 기능을 담당해야 한다.

해설 언론의 책임

사례는 사실을 제대로 확인하지 않고 기사를 내보낸 것에 대한 사과 보도이다. 이러한 보도가 시사하는 바는 언론 보도의 정확성을 통해 국민의 알 권리를 충족시키고, 언론이 잘못된 보도에 대한 비판을 수용해야 한다는 점이다.

바로잡기 ③제시된 사례에서 개인 사생활 침해의 문제는 논의되지 않고 있다.

정답 ③

13 〈보기Ⅰ〉의 주장에 따라 여론을 수렴할 때, 〈보기Ⅱ〉의 여론 수렴 방법 중에서 대표성이 높은 순서대로 나열하면?

> **보기 1** 민주정치는 여론정치이다. 국민 여론을 정확히 수렴하여 이를 정치 과정에 반영시켜야 한다. 여론의 수렴방법이 개방적이고 집합적일 때 그 대표성이 높아진다.

> **보기 2** ㉠ 설문 조사, 신문 투고, 전화 접촉, 민원 접수 　㉡ 반상회, 간담회, 시민 집회, 이익 집단
> ㉢ 견문 보고, 민정 시찰, 여론 모니터 　㉣ 주민 대표자 회의, 위원회 구성 및 활동

① ㉠-㉡-㉢-㉣　　　　　　　　　② ㉡-㉠-㉣-㉢

③ ㉡-㉢-㉠-㉣　　　　　　　　　④ ㉢-㉠-㉣-㉡

해설 올바른 정책 결정은 국민 주권주의 원리에 입각하여 국민 여론에 따라야 한다. 여론이 국민 전체 의사를 대표하는 정도가 높으려면 개인적 의견보다는 집합적 의견과 보다 개방된 형태의 의견을 수렴해야 한다. 〈보기Ⅱ〉에서 보면, 의사 표출 형태로 볼 때 ㉡,㉣은 집합적이고, ㉠,㉢은 개별적이며, ㉠,㉡은 개방적이고 ㉢,㉣은 제한적이다.

정답 ②

05 현대 정치과정과 참여

1 정치 과정의 이해

(1) 정치 과정

사회의 여러 가지 요소가 정책의 형성과 집행을 둘러싸고 서로 작용해 가는 과정, 곧 정치적 결정의 형성 · 수행 과정

(2) 전통적인 정치 과정

❶ 지배자의 통치 행위라는 측면에서 정치 과정을 이해함

❷ 정치를 위로부터의 지시와 통제로 간주함

❸ 공식적인 국가 기관, 특히 의회가 정책 결정에 커다란 영향을 미침

(3) 오늘날의 정치 과정

❶ **정부와 국민 간의 역동적인 상호 작용** : 국민은 자신이 원하는 바를 정부에 제시하고, 정부는 국민의 요구에 기초하여 정부 활동을 전개함

❷ **다양한 사회 집단의 참여** : 공식적인 국가 기관뿐만 아니라 다양한 세력과 집단이 참여하여 경쟁과 타협을 통해 정책을 결정함

2 공공 정책의 결정

(1) 공공 정책

바람직한 사회 상태를 이루기 위해 정부 기관이 공식적으로 결정한 정책 목표와 그에 필요한 정책 수단

(2) 공공 정책 결정 과정

❶ **정책 의제 설정** : 어떤 문제가 쟁점으로 떠올라 정부가 이것을 문제로 인식하고

정책의 필요성을 인식하는 과정

❷ **정책 결정** : 정부에 의해 정책 목표를 실현할 수 있는 정책을 마련하는 과정

❸ **정책 집행** : 행정부에 의해 정책이 실현되는 과정

❹ **정책 평가** : 정책이 집행되어 문제가 있었던 현안을 해결했는가를 확인하는 과정

❺ **환류**(feedback) : 정책 집행의 결과 나타난 새로운 문제점이나 개선점을 다시 정책 결정 과정에 투입하는 과정

(3) 공공 정책 결정 과정의 참여자

❶ **공식적 참여자** : 국회, 행정부, 법원, 지방 자치 단체 등의 국가 기관

❷ **비공식적 참여자** : 정당, 언론 기관, 이익 단체, 시민 단체, 일반 시민, 국제기구 등

❸ **오늘날의 정책 결정 과정** : 주로 전문적인 지식과 기능을 갖춘 행정 관료들을 중심으로 이루어짐

(4) 공공 정책 결정의 정당성

❶ **정부** : 시민이 사회의 주인이라는 인식을 가지고, 일부 집단이 아닌 대다수 시민의 이익에 부합하도록 정책 결정을 해야 함

❷ **시민** : 정치 과정에 적극적으로 참여하여, 자신들이 원하는 바를 정부에 전달해야 함.

심화 학습 ─ 이스턴(Easton, D)의 정치 과정

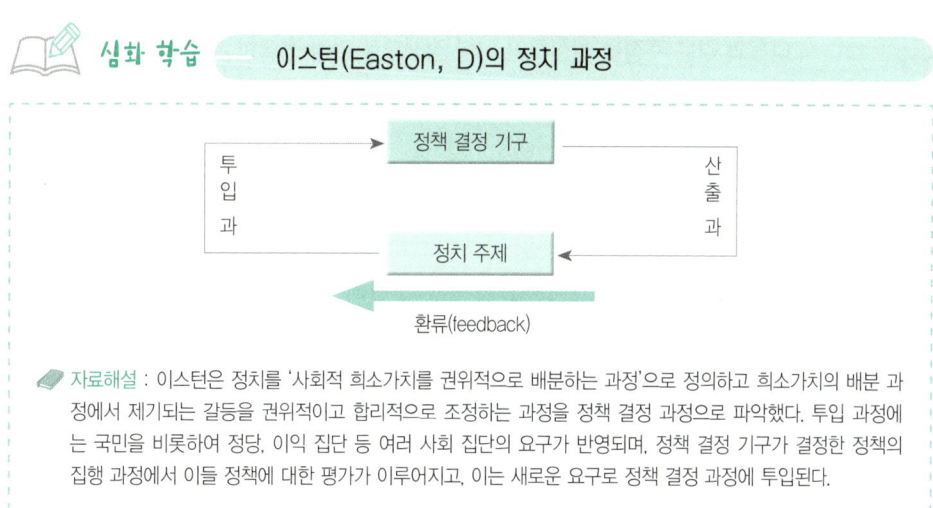

자료해설 : 이스턴은 정치를 '사회적 희소가치를 권위적으로 배분하는 과정'으로 정의하고 희소가치의 배분 과정에서 제기되는 갈등을 권위적이고 합리적으로 조정하는 과정을 정책 결정 과정으로 파악했다. 투입 과정에는 국민을 비롯하여 정당, 이익 집단 등 여러 사회 집단의 요구가 반영되며, 정책 결정 기구가 결정한 정책의 집행 과정에서 이들 정책에 대한 평가가 이루어지고, 이는 새로운 요구로 정책 결정 과정에 투입된다.

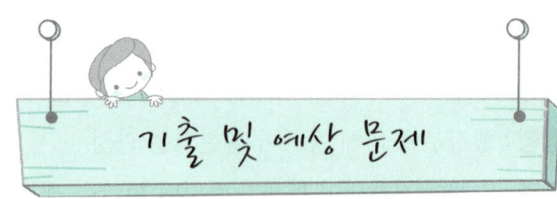

기출 및 예상 문제

01 다음은 일반적인 정치 과정을 구조화한 것이다. 이를 '부동산 문제'와 관련하여 단계별로 설명할 때, (가)~(마) 중 적절하지 않은 것은?

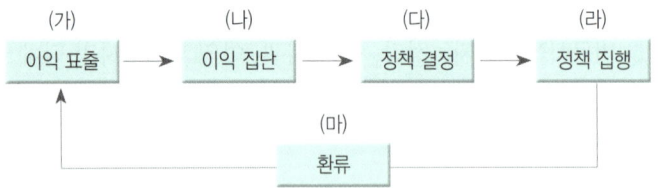

① (가) – 부동산 투기를 규제하라는 요구가 높아지고 있다.

② (나) – △△정당은 공청회를 거쳐 부동산 관련 법률안을 마련했다.

③ (다) – 국회는 여야의 논의를 거쳐 종합 부동산세법을 의결했다.

④ (라) – 종합 부동산세가 이중 과세임을 주장하는 위헌 소송이 제기되었다.

해 설 정책 결정 과정
　　①은 이익 표출, ②는 이익 집약, ③은 정책 결정, ⑤는 환류 과정이다.

바로잡기 ④ 정책에 대한 평가 단계로 환류에 해당한다.

정 답 ④

02 다음과 같은 주장을 실현하기 위한 정책으로 가장 적절한 것은?

> 민주 정치의 핵심은 시민의 다양한 의사가 반영되는 가운데 조화를 찾아내는 데 있으므로, 시민들의 정치 과정에의 참여는 매우 중요한 일이다. 민주 정치는, 정책이 형성되고 수행하는 과정에서 시민 모두가 관심을 가지고 참여할 때 비로소 발전할 수 있다.

① 정당의 조직과 운영을 민주화한다.

② 행정 관료의 정책 결정 기능을 강화한다.

③ 선거 비용의 상한선을 낮추어 금권 선거를 방지한다.

④ 시민 단체나 이익 집단의 정치 참여 활동을 활성화한다.

해 설 정치 참여의 방법
　　제시문 에서는 다양한 시민 의사의 조화와 시민의 적극적인 참여를 바탕으로 민주 정치가 발전할 수 있음을 강조하고 있다. ④ 시민 단체나 이익 집단 활동은 정치 참여의 중요한 방법이다.

바로잡기 ① 정당 민주화, ③ 공명선거, ② 행정 국가화 현상으로 오히려 시민의 정치 참여를 위축시킬 수 있다.

정 답 ④

03 다음은 어느 나라에서 치러진 선거에서의 투표율 추이이다. 이러한 추세를 우려하는 사람들의 논리만을 〈보기〉에서 있는 대로 고른 것은?

대통령 선거 (단위:%)

1987	1992	1997	2002	2007
89.2	81.9	80.7	70.8	63.0

국회 의원 선거 (단위:%)

1988	1992	1996	2000	2004	2008
75.8	71.9	63.9	57.2	60.6	46.0

보기
ㄱ. 참여가 이루어져야 정치가 발전한다.
ㄴ. 대표성(代表性)의 근거가 약화될 수 있다.
ㄷ. 일반 시민들은 정치적 판단 능력이 떨어진다.
ㄹ. 권력자들의 오만과 권력 남용이 나타날 수 있다.

① ㄱ, ㄷ　　② ㄱ, ㄹ　　③ ㄴ, ㄷ　　④ ㄱ, ㄴ, ㄹ　　⑤ ㄴ, ㄷ, ㄹ

해설 **정치적 무관심**
제시된 자료에서는 대통령 선거와 국회의원 선거의 투표율이 점점 떨어지고 있음을 보여 주고 있다. 시민의 정치 참여를 강조하는 사람들은 민주 정치의 주체는 시민이며, 시민들이 정치에 무관심하게 될 경우 저부와 정치권력은 무책임하고 거만하게 날뛰는 사람들에 의하여 지배되고, 결국 시민의 의사와 요구는 무시되어 정책 결정들이 자의적으로 정책을 결정하도록 만든다고 주장한다.

바로잡기 ㄷ. 시민의 정치 참여에 비판적인 견해이다.

정답 ④

04 다음과 같은 측면을 고려할 때 정치 과정에서 나타나는 특징을 바르게 진술한 것은?

> 전통적으로 정치 과정은 지배자의 통치 행위라는 측면에서 이해되어 왔다. 이는, 정치를 위로부터의 지시와 통제로 간주했기 때문이다.

① 다양한 사회 집단 간의 상호 작용이 발생한다.
② 피치자는 정부의 정책 결정에 대체로 만족하였다.
③ 정치 과정에서 공식적인 국가 기관의 비중이 커진다.
④ 정치권력에 대한 국민의 자발적인 지지와 동의 가 있었다.

해설 현대 민주 국가의 정치 과정은 국민의 다양한 요구를 수렴하여 이를 정책 결정에 반영해야 하므로 ①,④를 특징으로 한다. 그러나 권위주의적인 정치체제하에서는 국가기관에 의한 일방적인 정책 결정이 이루어지고 국민 대다수의 의사는 경시된다.

정답 ③

05 현대의 정치 과정에 대한 설명으로 옳은 것은?

① 입법부나 행정부 같은 공식적인 국가 기관의 비중이 더욱 커지고 있다.
② 오늘날의 정치 과정에서 정책 결정에 주로 영향을 끼치는 것은 이익 단체이다.
③ 여론이 공정하게 반영되는 선거나 국민의 의사를 적극적으로 표방하는 정당의 역할이 중요하다.
④ 개발도상국가의 정치 과정에서는 행정부가 주도적 역할을 담당하므로 국민의 정치 참여 및 사회 집단의 활성화에 적극적이다.

해설 현대 정치과정은 입법부나 행정부와 같은 공식적인 국가 기관뿐만 아니라, 정당, 언론단체, 이익 집단, 시민 단체 등과 같은 다양한 집단들의 상호 작용 관계를 중시한다. 그리고 여론을 반영하는 제도적인 장치로서 선거와 언론 의 중요성이 커지고 있다.

정답 ③

06 다음에서 설명하는 집단이 정책 결정에 참여해야 할 이유로 타당한 것을 〈보기〉에서 고르면?

> 특정 문제에 관하여 직접, 간접적인 이해 및 관심을 공유하고 있는 사람들의 자발적 인 집단이다.

보기
ⓐ 정책 결정자에게 정확하게 실정을 파악할 수 있게 한다.
ⓑ 공익에 일치되는 정책 수립으로 바람직한 사회 상태를 이루게 한다.
ⓒ 여러 가지 이질적인 의견과 이해 관계를 조정하여 통합을 용이하게 한다.
ⓓ 실현 가능성 높은 정책 수립으로 국민의 정치적 지지를 얻을 수 있게 한다.

① ㉠, ㉡   ② ㉠, ㉢   ③ ㉠, ㉣   ④ ㉡, ㉢

해설 지문은 이익 단체를 말한다. 이익 단체가 정책 결정 과정에 참여하여야 할 주요한 이유는 관계자의 이해관계 및 관심 있는 사항에 관한 의견을 제시함으로써 정책 결정자의 입장에서는 보다 정확하게 실정을 파악할 수 있으며, 따 라서 보다 적용 가능성이 있는 합리적인 정책을 수립하여 국민의 정치적 지지를 얻을 수 있으며, 책임 있는 정부가 될 수 있다. 국민의 입장에서는 그들의 의견이 반영됨으로써 정부에 대해 보다 강한 일체감을 가질 수 있다. 그러나 이익 단체는 그들의 특수 이익을 지나치게 주장함으로써 공익을 해칠 수 있으며, 국민 통합을 저해하기도 한다.

정답 ③

07 국민들이 공공 정책 과정에 직접 참여해야 할 이유에 해당하는 것을 〈보기〉에서 고르면?

보기
ⓐ 많은 이익 단체의 활동으로 정책 결정에 혼란이 초래되기 때문이다.
ⓑ 결정된 정책이나 정책이 집행이 국민들에게 많은 영향을 주기 때문이다.
ⓒ 현대 사회의 복잡성으로 인해 정책 결정에 전문성이 요구되기 때문이다.
ⓓ 국가의 정책이 여론에 기반을 두고 동의와 지지를 얻어야 하기 때문이다.
ⓔ 대의 민주주의 아래에서는 의회가 국민들의 이익을 제대로 대변하지 못하는 경우가 발 생하고 있기 때문이다.

① ㉠, ㉡, ㉣   ② ㉠, ㉣, ㉤   ③ ㉡, ㉢, ㉤   ④ ㉡, ㉣, ㉤

해설 오늘날 자유 민주주의 국가에서는, 국민 주권주의의 원리 아래 정부의 정책 결정과 집행 과정에 국민의 광범위한 참여가 제도적으로 보장되어 가는 추세이다. 이는 정책이 국민 생활에 미치는 영향이 매우 크고 국민이 대표인 의 회가 국민들이 이익을 제대로 대변하지 못하는 정치적 상황에서는 더욱 절실하다. 다양한 국민의 공공 정책 과정 의 참여는 정책 결정에 혼란을 더욱 부채질할 수 있다는 점에서 ㉠은 틀렸으며, 현대 사회의 복잡성으로 인해 정 책 결정에 전문성이 요구되면서 행정부가 주도적으로 정책 결정에 관여하게 되었다는 점에서 ㉢도 틀렸다.

정답 ④

08 다음 글의 ㉠과 ㉡에 들어갈 말을 순서대로 바르게 짝지은 것은?

> 오늘날 민주 국가의 정책 결정 과정에서는 (㉠)에 의한 여론의 조직화, 각종 사회 집단의 로비 활동 및 각종 언론 기관의 역할도 중요하지만 특히 많은 인적, 물적자원을 확보하고 있는 (㉡)의 기능이 더욱 강화되고 있는 것이 일반적인 추세이다.

① 정당, 정부   ② 정부, 국회

③ 정부, 정당   ④ 정부, 압력 단체

해설 ① 여론을 조직화하여 이를 정치에 반영하는 것은 정당의 주요 기능이다. 현대 정치 과정에서 언론단체, 시민단체, 이익집단의 기능이 상대적으로 강화되고 있으나, 많은 물적, 인적 자원과 정보를 확보하고 있는 정부의 역할은, 복지 국가를 추구하는 과정에서 강화되고 있다.

정답 ①

09 다음 주장과 맥을 같이 하고 있는 교통 정책 수단을 〈보기〉에서 고르면?

> 도심 교통난은 도로 공간에 대한 수요가 증가 일로에 있어 공급이 수요를 못 따르고 있음에 기인하고 있다. 도심 교통난을 완화하려면 수요의 증가를 억제하여 수급 균형을 도모해야 한다.

> **보기**
> ㉠ 도로를 확장한다.   ㉡ 주행세를 신설한다.
> ㉢ 교통 방송을 개선한다.   ㉣ 공영 주차료를 인상한다.
> ㉤ 버스 전용 차선제를 확대한다.

① ㉠, ㉢, ㉣   ② ㉠, ㉣, ㉤   ③ ㉡, ㉢, ㉤   ④ ㉡, ㉣, ㉤

해설 지문에서는 도로 공간에 대한 수요 억제를 통하여 도심 교통난을 완화하여야 한다고 주장하고 있다. 이에 반해 도로를 확장하는 것은 도로 공급의 증가를 통해 교통 문제를 해결하려는 것이며, 교통 방송을 개선하는 것은 도로의 활용도를 높이자는 것으로 도로 공간에 대한 수요 억제와 관련이 없다.

정답 ④

10 다음 내용들이 해당되는 공공 정책 과정의 단계는?

> • 정부의 새로운 부동산 대책에 대해 찬·반의 여론이 대립하고 있다.
> • 주 5일 근무제와 관련한 노동법 개정안에 대해 노동조합들이 거세게 반발하고 있다.

① 이익 표출   ② 이익 집약

③ 정책 결정   ④ 환류(feedback)

해설 공공 정책 결정 과정
공공 정책 결정 과정은 '이익표출→이익 집약→정책 결정→환류'의 단계를 거친다. 제시된 내용은 환류 단계에 해당한다.

정답 ④

11 밑줄 친 부분의 이유로 적절하지 않은 것은?

> 복지 국가를 지향하는 현대 민주 국가에서는 정부의 개입이 점차 확대되어 왔으며 이에 따라 <u>시민의 참여가 더욱 필요하게 되었다.</u>

① 다양한 의견이 제시되어 보다 나은 해결책을 찾을 수 있다.

② 정부가 국민의 자유와 권리를 침해하는 것을 견제할 수 있다.

③ 국정을 감시 · 비판하여 국가 권력의 횡포를 통제할 수 있다.

④ 사회에서 발생하는 갈등이 줄어들며, 신속하고 효율적인 정책 결정을 할 수 있다.

해설 정치 참여의 의의
　시민들의 적극적인 참여로 다양한 정책 제안이 이루어질 수 있으며, 특정 이익 단체에 의해 국가 정책이 좌우되는 것을 막을 수 있다. 또한 국정을 감시, 비판함으로써 국가 권력의 횡포를 통제하고, 국민의 자유와 권리를 침해하는 것을 견제할 수 있다.

바로잡기 ④ 시민들의 적극적인 참여는 신속하고 효율적인 정책 결정을 저해할 수 있다.

정답 ④

12 다음에서 설명하는 집단이 정책 결정에 참여해야 할 이유로 타당한 것을 〈보기〉에서 고르면?

> 특정 문제에 관하여 직접, 간접적인 이해 및 관심을 공유하고 있는 사람들의 자발적인 집단이다.

보기
　㉠ 정책 결정자에게 정확하게 실정을 파악할 수 있게 한다.
　㉡ 공익에 일치되는 정책 수립으로 바람직한 사회 상태를 이루게 한다.
　㉢ 여러 가지 이질적인 의견과 이해 관계를 조정하여 통합을 용이하게 한다.
　㉣ 실현 가능성 높은 정책 수립으로 국민의 정치적 지지를 얻을 수 있게 한다.

① ㉠, ㉡　　　② ㉠, ㉢　　　③ ㉠, ㉣　　　④ ㉡, ㉢

해설 지문은 이익 단체를 말한다. 이익 단체가 정책 결정 과정에 참여하여야 할 주요한 이유는 관계자의 이해관계 및 관심 있는 사항에 관한 의견을 제시함으로써 정책 결정자의 입장에서는 보다 정확하게 실정을 파악할 수 있으며, 따라서 보다 적용 가능성이 있는 합리적인 정책을 수립하여 국민의 정치적 지지를 얻을 수 있으며, 책임 있는 정부가 될 수 있다. 국민의 입장에서는 그들의 의견이 반영됨으로써 정부에 대해 보다 강한 일체감을 가질 수 있다. 그러나 이익 단체는 그들의 특수 이익을 지나치게 주장함으로써 공익을 해칠 수 있으며, 국민 통합을 저해하기도 한다.

정답 ③

13 다음 글의 ㉠, ㉡에 알맞은 말을 순서대로 나열한 것은?

> 오늘날 민주 국가의 정책 결정 과정에서는 (㉠)에 의한 여론의 조직화 각종 사회 집단의 로비 활동 및 각종 언론기관의 역할도 중요하지만 특히 많은 인적 · 물적 자원을 확보하고 있는 (㉡)의 기능이 더욱 강화되고 있는 것이 일반적인 추세이다.

① 정당, 정부　　② 국회, 정당　　③ 정부, 국회　　④ 정부, 정당

해설 국민의 다양한 여론을 조직화하는 대표적인 정책결정의 참여자는 정당이며, 오늘날 정책 결정 과정에서 역할이 강화되고 있는 것은 행정부이다.

정답 ①

14 국민들이 공공 정책 과정에 직접 참여해야 할 이유에 해당하는 것을 〈보기〉에서 고르면?

㉠ 많은 이익 단체의 활동으로 정책 결정에 혼란이 초래되기 때문이다.

㉡ 결정된 정책이나 정책이 집행이 국민들에게 많은 영향을 주기 때문이다.

㉢ 현대 사회의 복잡성으로 인해 정책 결정에 전문성이 요구되기 때문이다.

㉣ 국가의 정책이 여론에 기반을 두고 동의와 지지를 얻어야 하기 때문이다.

㉤ 대의 민주주의 아래에서는 의회가 국민들의 이익을 제대로 대변하지 못하는 경우가 발생하고 있기 때문이다.

① ㉠, ㉢, ㉣　　　② ㉠, ㉣, ㉤　　　③ ㉡, ㉢, ㉤　　　④ ㉡, ㉣, ㉤

 오늘날 자유 민주주의 국가에서는, 국민 주권주의의 원리 아래 정부의 정책 결정과 집행 과정에 국민의 광범위한 참여가 제도적으로 보장되어 가는 추세이다. 이는 정책이 국민 생활에 미치는 영향이 매우 크고 국민이 대표인 의회가 국민들이 이익을 제대로 대변하지 못하는 정치적 상황에서는 더욱 절실하다. 다양한 국민의 공공 정책 과정의 참여는 정책 결정에 혼란을 더욱 부채질할 수 있다는 점에서 ㉠은 틀렸으며, 현대 사회의 복잡성으로 인해 정책 결정에 전문성이 요구되면서 행정부가 주도적으로 정책 결정에 관여하게 되었다는 점에서 ㉢도 틀렸다.

정답 ④

Chapter 03

우리나라의 헌법

01 우리나라 헌법의 기초이해

1 헌법에 나타난 우리나라의 건국이념

(1) 대한민국의 건국과정

❶ **헌법** : 한 나라의 국가 형태를 밝히고, 국민의 기본권과 국가 권력의 조직 및 작용을 규정하고 있는 최고의 법

❷ **우리나라의 헌법 제정 과정** : 광복과 분단(1945) → 남한만의 총선거 및 건국 헌법 제정(1948) → 건국 헌법에 따라 남한만의 단독 정부 수립(1948)

(2) 건국 헌법에 나타난 건국 이념

건국이념	의미	헌법 내용
민족주의	민족국가를 건설하고 민족의 번영과 발전 추구	3·1운동의 정신을 계승, 조국의 민주개혁과 평화통일 지향, 민족의 단결을 공고히 함
민주주의	국민을 위한 정치를 실현하고 국민의 자유와 평등 보장	국민 주권의 천명, 자유민주적 기본 질서 존중
국제 평화주의	침략 전쟁을 부인하고 국제평화 유지에 노력	세계 평화와 인류 공영에 이바지, 침략 전쟁의 부인, 국제법의 준수

 민족주의
민족에 기반을 둔 국가를 형성하고, 국가의 성립 후에는 그 독립성·통일성을 유지하고 발전시킬 것을 추구하는 사상

2 ## 헌법이념으로서의 인간 존중 사상

(1) 인간 존중 사상

❶ **의미** : 인간은 단지 인간이라는 이유만으로 존중받아야 하며 그 자체가 수단이
아닌 목적으로 대우받아야 함 → 민주국가의 헌법이 지향해야 할 궁극적 가치

❷ **인간 존중 사상의 구현 과정**

문서	내용	의의
대헌장(1215)	국왕의 과세권, 체포권 제한	전제 군주의 권한 견제
프랑스 인권 선언(1789)	자유권, 재산권, 저항권의 자연권 규정	시민 혁명의 정신 규정
바이마르 헌법 (1919)	인간의 생존권 규정	세계 최초의 복지 국가 헌법
세계 인권 선언(1966)	국제사회의 인권 보호와 향상을 촉구	인권 보장의 국제적 기준 제시

ⓒ 바이마르 헌법
- 1919년 제1차 세계 대전 후 제정된 독일 헌법
- 19세기적인 자유 민주주의를 기본으로 하면서 20세기적 사회 국가의 이념을 취하여 근대헌법상 처음으로 소유권의 의무성(사회성)과 재산권 행사의 공공 복리 적합성을 규정하였다.
- 인간다운 생활(생존권)을 보장하는 경제 조항을 신설함으로써 현대 헌법의 전형이 되었다.

(2) 우리 헌법의 인간 존중 정신

❶ **헌법의 근본이념** : 자유와 평등을 통한 인간의 존엄과 가치의 실현

❷ **헌법 제10조**
- '모든 국민은 인간으로서의 존엄과 가치를 지니며, 행복을 추구할 권리를 가진다. 국가는 개인 가지는 불가침의 기본적 인권을 확인하고 이를 보장할 의무를 진다.'
- 내용 : 인간 존중의 이념 규정, 행복추구권 및 기본적 인권 보장
- 의의 : 우리 헌법이 추구하는 최고의 가치를 선언, 천부 인권 사상의 수용, 모든 법령의 제정과 해석의 기준→국가 권력 행사의 한계로 작용

 심화 학습 **인간의 존엄성과 행복 추구권**

행복을 추구할 권리가 근대인권선언에 등장한 것은 1776년 미국 독립선언에서 인간의 천부인권으로서 생명·자유 및 행복을 추구할 권리가 있다고 하는데서 비롯된다. 그런데 이 자연권, 천부 인권으로서 행복 추구라고 하는 내용은 존 로크가 '시민 정부론'에서 자연권으로서 생명과 자유 및 재산의 권리라고 한 데서 연유한다. 미국 독립선언에

서는 재산권을 '행복을 추구할 권리'로 정의했다. 이러한 유래 때문에 시민 헌법에서 행복을 추구할 권리와 재산의 소유와 그에 따른 활동 등 시민 사회에서의 경제적 자유를 지칭하는 뜻으로 해석되었다. 그런데 현대 복지 국가에서는 시민적 재산권 중심의 경제적 자유 이외에 사회권의 보장도 행복 추구권의 내용이 되고 있다. 그리고 여기서 행복 추구권이라고 하는 것은 각 개인이 행복을 추구할 수 있는 법적 조건을 보장한다는 것이지, 정부가 행복을 선사한다는 것은 아니다. 끝으로 국가의 인권 보장 책무를 정하고 있는 이유는 말할 것도 없이 국가 권력이 그 자체가 목적이 아니라 국민의 행복추구권을 보장하기 위한 수단임을 명백히 강조하는 것이다.

✎ **자료해설** : 행복추구권은 국민이 인간으로서의 행복을 추구할 수 있는 권리를 말하며 일반적으로 행동자유권과 인격의 자유 발현권 및 생존권 등을 뜻한다. 따라서 먹고 싶을 때 먹고, 놀고 싶을 때 놀며, 자기 멋에 살고 멋대로 옷을 입어 몸을 단장하는 등의 자유가 포함되며, 자기 설계에 따라 인생을 살아가고, 자기가 추구하는 행복의 개념에 따라 생활함을 말한다. 대한민국의 현행 헌법은 모든 국민은 인간으로서의 존엄과 가치를 가지며 행복을 추구할 권리가 있다(제10조)라고 하여, 개인의 가치를 무시하고 국가의 도구로 취급하는 전체주의를 배격하고 있다. 이 규정은 인간의 존엄과 가치ㆍ행복추구권을 천부 인권, 즉 전(前)국가적 자연권을 선언한 국가의 기본 질서이며 법해석의 최고 기준인 근본 규범이다. 그러므로 이 규정은 헌법 개정의 방법으로써 전면 개폐할 수 없으며, 단순한 프로그램적 규정이 아니라 국가가 이를 보장할 의무를 지고 있다. 따라서 모든 국가기관은 물론, 어떠한 개인도 타인의 행복추구권을 침해하지 못한다. 다만 국가 안전 보장ㆍ질서 유지 및 공공복리를 위하여 필요 불가결한 경우에는 본질적인 내용을 침해하지 않는 한도 내에서 제한할 수 있다(37조 제2항).

3 우리 헌법의 기본 원리

(1) **국민 주권주의**   국가 의사를 결정하는 최고 권력인 주권이 국민에게 있다는 원리

❶ 헌법 규정

- 대한민국은 민주 공화국이다(제1조 제1항)
- 대한민국의 주권은 국민에게 있고, 모든 권력은 국민으로부터 나온다(제1조 제2항)
- 실현 방안 : 참정권 보장, 언론ㆍ출판ㆍ집회ㆍ결사의 자유 보장, 복수 정당제도 채택, 민주적 선거 제도에 바탕을 둔 대의제 채택 등

🕒 **주권 개념의 역사성**
근대적 주권 개념은 유럽에서 절대주의의 성립과 더불어 생성되었다. 프랑스에서는 군주가 봉건 영주의 세력을 억압하고, 밖으로는 교황과 신성 로마 제국 황제의 지배로부터 벗어나면서 최고의 권력을 획득하게 되었다. 이때부터 절대군주가 보유한 절대적이고 항구적인 권력을 주권으로 표현하게 되었다.

🕒 **공화제** : 국민이 주권을 가지고 선거에 의하여 뽑힌 대표자가 통치하는 국가형태

(2) **자유 민주주의**   개인의 가치와 자유를 중시하는 자유주의와 국가 권력의 창출과 권력의 정당성이 국민적 합의에 의해 이루어진다는 민주주의가 결합된 원리

❶ 헌법 규정

- 자유 민주적 기본 질서를 더욱 확고히 하여… (전문)

- 정당의 목적이나 활동이 민주적 기본 질서에 위배될 때에는 … 헌법 재판소의 심판에 의하여 해산된다(제8조 제4항)
  ❷ **실현 방안** : 기본권 보장, 상향식 의사 형성 과정의 보장, 권력 분립제 채택, 법치 행정과 책임 정치 추구, 법치주의 등

(3) 복지 국가의 원리   모든 국민의 인간다운 생활의 보장은 국가의 책임인 동시에 국민의 권리라는 원리

❶ 헌법 규정
- 법률이 정하는 바에 의하여 최저임금제를 시행하여야 한다(제32조 제1항)
- 국가는 균형있는 국민경제의 성장 및 안정과 적정한 소득 분배를 유지하고, … 경제에 관한 규제와 조정을 할 수 있다(제119조 제2항)

❷ **실현 방안** : 사회권 보장, 사회 보장 제도 실시, 최저 임금제 채택 등

◉ **최저 임금제**
일정 금액 이상의 임금을 근로자에게 지불하도록 법적으로 강제하는 제도이다. 국가가 강제력을 가지고 임금의 최저한도를 정해 이를 밑도는 수준으로는 사용자가 근로자를 고용하지 못하도록 함으로써 상대적으로 불리한 위치에 있는 근로자를 보호하고자 한다.

(4) 국제 평화주의   세계평화와 인류의 공동번영을 위해 노력한다는 원리

❶ 헌법 규정
- 밖으로는 세계평화와 인류공영에 이바지함으로써… (전문)
- … 국제 평화의 유지에 노력하고 침략적 전쟁을 부인한다(제5조 제1항)

❷ **실현 방안** : 침략적 전쟁 부인, 국제법 존중, 상호주의에 입각한 외국인의 신분과 지위 보장

(5) 평화 통일의 원리   자유 민주적 기본 질서에 입각한 평화적 통일을 추구한다는 의미

❶ 헌법 규정
- 조국의 … 평화적 통일과 사명에 입각하여 … (전문)
- 대통령은 조국의 평화적 통일을 위한 성실한 의무를 진다(제66조 제3항)

❷ **실현 방안** : 남북한 경제 교류 및 협력의 강화

4 헌법 규범과 현실의 괴리

(1) 헌법 규범과 현실의 불일치
위정자에 의한 권력 획득과 연장을 위한 잦은 개헌, 국가 권력의 국민의 자유와 권리 침해

(2) 헌법 수호 노력

❶ **헌법 재판소의 설치** : 헌법에 위배되는 법률의 심사와 공권력에 의해 침해된 기본권 구제를 위한 헌법 소원 심판 등의 담당

❷ **시민운동의 활성화** : 헌법에 위배되는 제도와 관행의 개선 노력

 심화 학습 ── 복지 국가 원리의 규범적 의미

복지 국가 원리의 구체적 규범 내용으로는 다음을 들 수 있다. 첫째, 복지국가의 원리는 산업사회에서 발생하는 계급적 갈등을 사회 개량 정책을 통해 해결하려는 국가적 원리를 말한다. 사회 개량 정책이라 함은 산업 사회에서 발생하는 계층간의 대립과 갈등을 극복하기 위하여 사회적 계급이나 집단들을 융합하는 조치를 통해 사회적 통합을 이룩하려는 정책을 말한다. 둘째, 복지국가의 원리는 사회 정의의 이념에 입각하여 사회 개량을 실현하려는 국가적 원리이다. 사회 정의라 함은 사회 구성원 전체의 이익이 조정되고 모든 국민의 복지가 균등하게 추구되며, 갖가지 공적 부담이 균등하게 부과되고 개개인에게 적정 수준의 경제적·문화적 생활을 보장하는 공평 분배의 원리를 말한다. 셋째, 복지국가의 원리는 소극 국가 내지 야경 국가의 차원에 머무는 것이 아니라, 기존의 경제 질서와 법체계의 테두리 안에서 새로운 질서를 형성하기 위하여 국가가 적극적으로 정책을 개발하고 개인적 생활 영역에 개입하는 국가적 원리인 것이다. 넷째, 복지 국가의 원리는 개인적 생활에 대한 국가적 책임은 물론이고 개인의 사회에 대한 책임까지도 강조하는 국가적 원리이다. 그 결과 복지 국가에서의 인간상은 사회와 관련성을 가지고 사회적 구속을 받는 사회적 인간이다. 이와 같은 복지국가의 원리를 구현하기 위해서는 첫째, 인간다운 생활권(생존권)을 비롯한 일련의 사회적 기본권이 보장되고, 재산권의 사회적 기능이 강조되어야 하며, 기회 균등의 보장과 소득의 적정한 분배 등 경제 민주화가 실현되어야 한다. 그리고 사회 보장제·사회복지 정책이 추진되어야 하며, 경제 질서에 대한 규제와 조정이 이루어져야 한다.

📝 **자료해설** : 20세기에 접어들면서 생산의 분배를 둘러싼 노사 간의 갈등과 대립이 심화되고 근로 대중의 생존을 위협하는 사회적 빈곤이 일반화되자, 빈곤의 구제와 부의 공정한 배분을 위하여 자본주의적 경제 질서의 수정과 더불어 사회개혁이 불가피하게 되었다. 이 때문에 종래의 경제적 자유방임주의에서 벗어나 국민의 생존을 배려하기 위한 부의 재분배 정책과 국가에 의한 삶의 질 향상에 대한 적극적인 투자를 주장하는 이론이 등장하게 되었다. 이러한 상황에서 복지국가의 이념이 등장하게 되었다. 복지 국가란, 모든 국민의 생활의 기본 수요를 충족시켜 건강하고 문화적인 생활을 영위하도록 하는 것이 국가의 책임이면서 동시의 국민의 권리로 인정되는 국가를 말한다. 따라서 복지국가의 원리는 사회정의를 구현하기 위하여 법치 국가적 방법으로 모든 국민의 복지를 실현하려는 정치 원리라고 볼 수 있다.

기출 및 예상 문제

01 다음은 우리나라의 헌법 제10조이다. 이 헌법 조항에 대한 설명으로 옳지 않은 것은?

모든 국민은 인간으로서의 존엄과 가치를 가지며, 행복을 추구할 권리를 가진다. 국가는 개인이 가지는 불가침의 기본적 인권을 확인하고 이를 보장할 의무를 진다.

① 우리 헌법이 추구하는 최고의 가치를 밝힌 조항이다.

② 초국가적 자연법 원리를 실정법인 헌법에 수용하고 있다.

③ 천부 인권은 실정법 내에서 보장되는 권리임을 밝히고 있다.

④ 인간의 존엄과 가치는 국가 권력 행사의 한계로서 작용하게 된다.

해 설 인간의 존엄성과 행복 추구권
헌법 제10조는 우리 헌법의 근본 규범으로서, 모든 기본권 규정을 해석하는 근본 원리에 해당한다. ①헌법 제10조는 우리 헌법이 추구하는 최고의 가치인 인간의 존엄성을 규정하고 있다. ②헌법 제10조는 인간의 존엄성이라고 하는 천부 인권 사상의 자연법 원리를 구체화한 것이다. ④'개인이 가지는 불가침의 기본적 인권을 확인하고 이를 보장할 의무를 지닌다.'라는 표현에서 추론할 수 있으며 실제로 헌법에 규정되어 있다.

바로잡기 ③제시된 헌법 조항들은 천부 인권이 실정법에 의해 구체적인 권리로 확인되고 보장되는 것을 선언한 것에 해당한다. 천부 인권은 자연법상의 권리이며 실정법이 이를 부정한다고 해서 인정되지 않는 것이 아니다.

정답 ③

02 다음 헌법 조항을 통해 도출할 수 있는 우리 헌법의 기본원리를 실현시키기 위한 방안만을 〈보기〉에서 있는 대로 고른 것은?

자유주의는 개인의 가치를 무엇보다 중시하는 개인주의를 바탕으로 개인의 자유를 옹호하고 존중할 것을 근본으로 삼는 정치 원리이고, 민주주의는 국가 권력의 창출과 통치권력의 정당성이 국민적 합의에 의한다는 정치 원리이다.

보기
ㄱ. 복수 정당제의 도입
ㄴ. 적법 절차의 원리 강조
ㄷ. 사회 보장 제도의 실시
ㄹ. 상향식 의사 결정 과정의 보장

① ㄱ, ㄴ   ② ㄴ, ㄷ   ③ ㄷ, ㄹ   ④ ㄱ, ㄴ, ㄹ

해 설 자유 민주주의의 원리
자유주의와 민주주의가 결합된 헌법 원리는 자유 민주주의의 원리에 해당한다. 자유 민주주의의 원리를 실현하기 위한 방안으로는 기본권 보장, 상향식 의사 결정 과정의 보장, 권력의 분립, 법치 행정과 책임 정치 추구, 법치주의 등이 있다.

바로잡기 ㄷ.사회 보장 제도는 복지 국가의 원리를 실현하기 위한 방안에 해당한다.

정답 ④

03 다음 주장에 담긴 헌법의 기본 원리를 나타내고 있는 헌법 조항으로 가장 적절한 것은?

> 우리나라는 외환위기 이후 많은 사회적 변화를 경험하게 되었는데, 중요한 것 중 하나가 고용 형태의 변화이다. 이로 인해 실업은 아니지만 안심하고 일할 수 없는 비정규직의 확대가 사회 문제로 대두되고 있다. 특히 이들에 대한 대우가 열악하다는 점에서 사회와 정부의 관심이 필요하다.

① 제1조 제2항 대한민국의 주권은 국민에게 있고, 모든 권력은 국민으로부터 나온다.

② 제6조 제2항 외국인은 국제법과 조약이 정하는 바에 의하여 그 지위가 보장된다.

③ 제15조 모든 국민은 직업 선택의 자유를 가진다.

④ 제34조 제1항 모든 국민은 인간다운 생활을 할 권리를 가진다.

해 설 우리 헌법의 복지 국가 원리 이해

제시문에서는 비정규직의 확대가 심각한 사회 문제로 대두되고 있으므로 이들에 대한 사회와 정부의 관심이 필요하다고 주장하고 있다. 즉, 모든 국민의 인간다운 삶을 보장하기 위한 복지 국가의 원리가 제대로 실현되어야 함을 강조하고 있다. ⑤모든 국민의 인간다운 생활을 할 권리는 복지 국가 원리의 핵심적인 내용이다.

바로잡기 ①은 국민 주권의 원리, ②는 국제 평화주의 원리, ③는 자유 민주주의 원리를 나타내고 있는 헌법 규정이다.

정 답 ④

04 다음 헌법 조항으로부터 추론할 수 있는 내용으로 적절하지 않은 것은?

> 제119조 제2항 국가는 균형 있는 국민 경제의 성장 및 안정과 적정한 소득의 분배를 유지하고, 시장의 지배와 경제력의 남용을 방지하며, 경제 주체의 조화를 통한 경제의 민주화를 위하여 경제에 관한 규제와 조정을 할 수 있다.

① 국민들의 실질적 평등을 지향하고 있다.

② 경제에 대한 정부의 개입 근거를 제시하고 있다.

③ 국민의 삶의 질 향상을 국가의 의무로 규정하고 있다.

④ 복지 향상 수단으로 시장 기구의 자동 조절 기능을 신뢰하고 있다.

해 설 복지 국가의 원리

헌법 제119조 제2항은, 복지 국가의 실현을 위해 국가는 경제에 관한 규제와 조정을 할 수 있다는 것을 규정하고 있다. 이를 통해 우리나라는 수정 자본주의를 지향하고 있음을 알 수 있다. ④ 시장 기구의 자동 조절 기능을 신뢰하는 것은 국가의 경제에 대한 규제와 조정과 상충되는 표현이다.

바로잡기 ①'적정한 소득의 분배'에서 확인할 수 있다. ②'경제에 관한 규제와 조정을 할 수 있다.'에 나타나 있다. ③'균형 있는 국민 경제의 성장 및 안정과 적정한 소득의 분배를 유지하고'에 나타나 있다.

정 답 ④

05 밑줄 친 '이 제도'의 시행을 통해 실현하고자 하는 우리나라 헌법상의 기본원리에 해당하는 것은?

> 이 제도는 노동자에 대하여 임금의 최저 수준을 보장하여 노동자의 생활안정과 노동력의 질적 향상을 기함으로써 국민 경제의 건전한 발전에 이바지하고, 아울러 임금 노동자들을 부당한 저임금으로부터 보호하며, 빈곤을 극복하고 모든 노동자와 그 가족의 요구를 충족시킬 것을 목적으로 한다.

① 국민 주권의 원리　　　② 복지 국가의 원리
③ 문화 국가의 원리　　　④ 자유 민주주의 원리

해 설 복지 국가의 원리
제시문의 '이 제도'는 최저 임금제이다. 최저 임금제는 국민들의 인간다운 생활을 보장하기 위해 임금의 최저 수준을 법으로 강제한 것이다. 우리나라 헌법은 국민의 인간다운 생활을 국민의 권리이자 국가의 책임으로 규정하고 있는데, 이를 복지 국가의 원리라 한다. 이 복지 국가의 원리에 의해 국가는 모든 국민들의 기본적 욕구와 수요를 충족시키기 위해 적극적이고 강력한 사회 보장 정책 등을 수립하고 추진할 의무를 지닌다.

정답 ②

06 다음과 같은 정치 체제와 관련된 설명으로 적절하지 않은 것은?

> 개인적인 자유를 허용하지 않고, 개인의 모든 활동은 국가나 민족 전체의 존립과 발전을 위하여 바쳐져야 한다는 정치 체제이다.

① 극단적인 경제적 평등을 지향한다.
② 개인은 목적이 아닌 수단으로 간주된다.
③ 개인주의를 부정하고 집단주의를 지향한다.
④ 독일의 나치즘, 일본의 군국주의가 대표적이다.

해 설 전체주의
제시문은 전체주의에 대한 설명이다. 전체주의는 국가라는 전체를 위해 인간의 존엄이나 개인의 가치가 무시되며, 개인의 모든 활동은 국가나 민족 전체의 존립과 발전을 위하여 바쳐져야 한다는 사상 및 체제로서, 개인을 국가를 위한 하나의 도구에 불과한 존재로 취급한다. 전체주의의 사례로는 독일의 나치즘, 이탈리아의 파시즘, 일본의 군국주의 등이 있다.

 ① 극단적인 경제적 평등을 지향하는 정치 체제는 공산주의 체제이다.

정답 ①

07 우리 헌법이 국제관계에 대해 규정하고 있는 내용이 아닌 것은?

① 국제법 존중　　　② 외국인의 지위 보장
③ 침략적 전쟁 부인　　　④ 국군의 해외파견 금지

해 설 국군의 해외파견은 국회의 사전 동의 필요
정답 ④

08 다음 우리나라 헌법규정과 관련된 옳은 설명만을 〈보기〉에서 있는 대로 고른 것은?

> 제5조 제1항 국제 평화의 유지에 노력하고 침략적 전쟁을 부인한다.

보기
ㄱ.무력을 사용하는 일체의 전쟁을 부인하고 있다.
ㄴ.우리나라는 세계평화를 지향하고 있음을 천명하고 있다.
ㄷ.다른 나라가 우리나라를 침략한 경우에는 적용되지 않는다.
ㄹ.힘에 의해 우리의 이익을 확대하려는 전쟁을 인정하지 않고 있다.

① ㄱ, ㄴ   ② ㄴ, ㄷ   ③ ㄷ, ㄹ   ④ ㄴ, ㄷ, ㄹ

해 설 국제 평화주의
ㄴ.헌법 제5조에서 우리나라는 국제 평화주의를 지향하고 있음을 밝히고 있다. ㄷ.헌법 제5조는 침략 전쟁을 부인할 뿐 침략에 대한 대응 전쟁을 포기하는 것은 아니다. ㄹ.침략 전쟁의 정의로써, 우리나라는 침략 전쟁을 부인하고 있다.

바로잡기 ㄱ.다른 나라가 우리나라를 침략한 경우 무력을 사용한 대응 전쟁을 할 수도 있다.

정답 ④

09 밑줄 친 ㉠~㉣에 대한 옳은 분석만을 〈보기〉에서 있는 대로 고른 것은?

> 민주 정치는 ㉠ 그리스의 아테네가 해체되면서 역사의 무대에서 사라졌으나, 근대에 이르러 르네상스와 ㉡ 시민 혁명 이후 다시 등장하게 되었다. ㉢ 근대 민주주의는 ㉣ 인간의 존엄성을 바탕으로 자유와 평등을 중시하였으며, 유럽 각국에서는 인권과 관련된 조항을 헌법에 성문화된 형식으로 삽입하기 시작했다.

보기
ㄱ. ㉠ 최초로 입헌주의에 입각한 정치 체제를 구현하였다.
ㄴ. ㉡ 계몽사상가들의 천부 인권론을 사상적 배경으로 하였다.
ㄷ. ㉢ 국가에 의한 자유를 헌법에 반영하고자 하였다.
ㄹ. ㉣ 우리 헌법의 최고 가치 지표에 해당한다.

① ㄱ, ㄴ   ② ㄴ, ㄷ   ③ ㄴ, ㄹ   ④ ㄱ, ㄴ, ㄹ

해 설 헌법의 변천 과정
ㄴ. 시민 혁명은 루소, 로크, 볼테르와 같은 계몽사상가들의 자연법 사상을 바탕으로 하였다. ㄹ. 인간의 존엄성은 우리나라 헌법에 규정되어 있는 최고의 가치 규범이다.

바로잡기 ㄱ.그리스의 아테네는 시민의 의한 통치가 이루어졌고, 최초의 직접 민주 정치를 구현했다는 의의를 가진다. 하지만 헌법에 의한 통치를 의미하는 입헌주의의 전통은 영국의 대헌장 이후에 점진적으로 확립되었다. ㄷ.국가에 의한 자유는 사회권을 의미하며 사회권은 20세기 이후에 등장하였다. 근대 민주주의는 '국가로부터의 자유' 인 자유권을 강조하였다.

정답 ③

※ 입헌주의 : 입헌주의는 국민의 자유와 권리 보장에 관련된 사항이나 국가 기관의 조직과 권한을 헌법에 규정하고, 이 헌법에 따라 통치가 이루어져야 한다는 원리이다. 이 원리는 개인의 자유와 권리를 보장하기 위하여 군주의 통치 권력을 제한하려던 근대 시민 혁명의 과정에서 확립된 민주 정치의 원리에 해당한다.

10 다음은 기탁금제에 대한 헌법재판소의 결정문 중 일부이다. 헌법재판소가 공직 선거법 제 56조를 침해하고 있다고 판단하는 헌법의 기본 원리를 규정하고 있는 헌법 조항만을 〈보기〉에서 있는 대로 고른 것은?

> 헌법상 국민의 손에 쥐어준 주인으로서의 유일한 효과적 무기는 대통령과 국회의원을 선출하고 누구나 입후보자가 되어 국정에 참여할 수 있는 참정권과 헌법 제72조와 제130조에 의한 국민 투표권 뿐이다. 그런데 공직 선거법 제56조는 가장 중요한 실질적 주권 행사인 선거와 입후보의 자유마저 무력화시킬 수 있고, 대다수의 국민이 쉽게 조달할 수 없는 과다한 기탁금액을 기준으로 입후보의 기회를 제한함으로써 국회에 진출할 수 있는 길을 봉쇄하고, 보통 선거제 하에서는 있을 수 없는 불평등한 선거법 조항을 만들어 국민의 참정권을 지나치게 제한하고 있다면 이는 우리 헌법의 기본 원리에 반하는 것이다.

> **보기**
> ㄱ. 모든 국민은 인간다운 생활을 할 권리를 가진다.
> ㄴ. 정당의 설립은 자유이며, 복수 정당제는 보장된다.
> ㄷ. 모든 국민은 법률이 정하는 바에 의하여 공무 담임권을 가진다.
> ㄹ. 국회는 국민의 보통·평등·직접·비밀 선거에 의하여 선출된 국회의원으로 구성한다.

① ㄱ, ㄴ   ② ㄴ, ㄷ   ③ ㄷ, ㄹ   ④ ㄴ, ㄷ, ㄹ

해설 국민 주권주의의 이해
헌법 재판소는 공직 선거법 제56조의 고액 기탁금 제도가 국민들의 참정권을 제한하는 제도이기 때문에 헌법에 위반된다고 보고 있다. 참정권은 '국아의 의사를 결정하는 최고 권력인 주권이 국민에게 있다.'라는 국민 주권의 원리를 실현하기 위한 제도이다. 국민 주권주의를 실현하기 위한 방안으로는 참정권 보장, 얼론·출판·집회·결사의 자유 보장, 복수 정당 제도 채택, 민주적 선거 제도에 바탕을 둔 대의제 채택 등이 있다.

바로잡기 ㄱ. 복지 국가의 원리를 실현하기 위한 헌법 조항에 해당한다.
정답 ④

11 다음 주장에 대한 근거로서 부적합한 것은?

> 현대 국가는 국민 모두의 인간다운 생활을 보장하기 위한 국가의 행정 능력의 확충이 일반적인 경향이다. 이에 따라 지방 자치 제도의 실효성에 문제점이 따르고 있다.

① 국가 행정 기능 및 권한의 확대
② 복지 지향적 국가 운영에 따른 행정의 광역화
③ 교통과 통신의 발달에 따른 지역 공동체 의식의 약화
④ 지방 재정 자립도가 높아져 중앙 정부에 대한 의존도 약화

해설 근본적으로 지방 자치는 중앙 권력의 지방 분산의 의미를 가지고 있는데, 현대 국가의 복지 지향적 성격으로 인하여 중앙 정부의 기능 확대 및 권한 강화현상이 나타나 상대적으로 지방 정부가 위촉되는 결과를 초래하고 있다.
정답 ④

02 국민의 기본권 보장과 제한

1 기본권의 본질

(1) 기본권의 성격

천부 인권으로서의 권리	• 인간은 태어나면서부터 남에게 양도하거나 빼앗길 수 없는 일정한 권리를 가진다는 사상 • 인간은 누구나 국가의 성립과 관계없는 초국가적 권리인 자연권 보유→생명권, 자유권, 재산권 • 국가는 천부 인권을 확인하고 보장하기 위해 기본권 보장을 규정한 헌법 제정
실정법으로서의 기본권	• 헌법에 규정됨으로써 인정되는 실정법상 권리 • 질서, 공공복리를 위해 제한될 수 있는 권리

(2) 우리 헌법의 기본권 사상-자연권적 성격과 실정권적 성격의 조화를 추구함

자연권적 성격	• 인간의 존엄과 가치, 국가의 불가침 인권확인과 보장의무(제10조) • 국민의 자유와 권리는 헌법에 열거되지 아니한 이유로 경시되지 아니한다(제37조 제1항) • 국민의 모든 자유와 권리는…제한하는 경우에도 자유와 권리의 본질적인 내용을 침해할 수 없다(제37조 제2항 단서)
실정법으로서의 기본권	국민의 모든 자유와 권리는 국가안전보장·질서유지 또는 공공복리를 위하여 필요한 경우에 한하여 법률로써 제한할 수 있으며…(제37조 제2항 본문)

● **자연법과 실정법**
  • 자연법 : 인간과 사물의 본성에 근거하여 시대와 민족, 국가와 사회를 초월하여 보편타당하게 적용될 수 있는 객관적 질서
  • 실정법 : 경험적, 역사적 사실에 의하여 성립되고 현실적인 제도로 시행되고 있는 법

● **헌법 제37조 제2항**
  국민의 모든 자유와 권리는 국가안전보장, 질서유지 또는 공공복리를 위하여 필요한 경우에 한하여 법률로써 제한할 수 있으며, 제한하는 경우에도 자유와 권리의 본질적인 내용을 침해할 수 없다.

(3) 기본권의 기능

❶ **사회통합기능** : 인간 존중의 이념을 공유하여 구성원 간의 통합 실현

❷ **국가권력 통제기능** : 국가 권력은 기본권을 존중하는 방향으로 행사

　　→ 국가 권력 행사의 한계

❸ **국가권력 창출기능** : 참정권의 행사를 통해 국민의 지지를 받는 권력 창출

(4) 기본권의 변화 과정

❶ **자유권의 강조** : 근대 시민혁명 이후 국가 권력의 억압과 간섭에서 벗어나기 위해 자유권, 특히 신체의 자유 강조

❷ **참정권의 확대** : 선거권 확대운동을 통해 시민혁명 이후 소수에게만 부여되었던 보통 선거권이 모든 사람에게 부여

❸ **사회권의 등장** : 근대사회의 자유방임에 따른 빈부 격차로 실질적 평등이 훼손되어 자유와 평등의 원리가 형식적인 것으로 전락→바이마르 공화국 이후 현대 대부분의 국가는 인간다운 생활을 할 권리를 헌법에 규정

(5) 기본권의 제한

❶ **기본권의 제한** : 국가 안전 보장, 질서 유지, 공공복리를 위해 법률로써 제한 가능

❷ **기본권 제한의 한계** : 자유와 권리의 본질적 내용은 침해할 수 없음

❸ **기본권 제한의 예외** : 법률이 아님 명령, 처분으로도 기본권을 제한할 수 있는 것
→ 비상계엄하의 영장 제도, 긴급 명령권, 긴급 재정·경제 처분 및 명령권

 심화 학습 ── 헌법의 기본권 제한 규정

제23조 제2항 재산권의 행사는 공공복리에 적합하도록 하여야 한다.

제37조 제2항 국민의 모든 자유와 권리는 국가안전보장·질서유지 또는 공공복리를 위하여 필요한 경우에 한하여 법률로써 제한할 수 있으며, 제한하는 경우에도 자유와 권리의 본질적인 내용을 침해할 수 없다.

제76조 제1항 대통령은 내우·외환·천재·지변 또는 중대한 재정·경제상의 위기에 있어서 국가의 안전보장 또는 공공의 안녕질서를 유지하기 위하여 긴급한 조치가 필요하고 국회의 집회를 기다릴 여유가 없을 때에 한하여 최소한으로 필요한 재정·경제상의 처분을 하거나 이에 관하여 법률의 효력을 가지는 명령을 발할 수 있다.

제77조 제1항 대통령은 전시·사변 또는 이에 준하는 국가 비상사태에 있어서 병력으로써 군사상의 필요에 응하거나 공공의 안녕질서를 유지할 필요가 있을 때에는 법률이 정하는 바에 의하여 계엄을 선포할 수 있다.

✏ **자료해설** : 국민의 기본권이 서로 충돌하거나 공익과 모순되는 경우 국민의 기본권을 불가피하게 제한해야 할 필요가 생긴다. 이런 경우 국가는 헌법과 법률에 의해 보장되는 국민의 기본권 행사를 제한할 수 있다. 하지만 기본권의 제한은 불가피할 경우에 한해서만 허용되고 일정한 기준과 절차를 지켜야만 한다. 우리 헌법은 국가안전보장, 질서유지, 공공복리를 위하여 필요한 경우에 한하여 국민의 대표기관인 국회서 제정한 법률에 의해서만 기본권을 제한할 수 있도록 하고 있다(제37조제2항). 또한 기본권은 비상계엄 때나 국가 긴급시에 제한될 수 있고, 대통령은 일정한 요건하에 국민의 자유·권리를 잠정적으로 제한하는 '긴급 명령권'을 지니고 있다(제76조제1항). 하지만 이 경우에도 자유와 권리의 본질적인 내용은 침해할 수 없도록 기본권 제한에 한계를 두고 있다(제37조). 헌법에 기본권에 대한 제한을 둔 것은 다른 기본권이 침해되는 것을 방지하기 위한 불가피한 조치일 뿐, 국민의 기본권을 제도적으로 제한하기 위한 것은 결코 아니다.

(6) 기본권 침해에 대한 구제

❶ 의의

공권력의 행사 또는 불행사로 인하여 기본권이 침해된 자가 국가 기관이나 법원·헌법 재판소에 당해 공권력의 취소·무효 확인을 청구하고, 이에 대하여 이들 기관이 심리를 통해 판정을 내리는 제도

❷ 방법

㉠ 청원 제도 : 국민이 국가 기관에 대해서 의견을 표명하거나 희망을 요구하는 것 → 국가 기관은 청원을 수리·심사할 의무만 지고, 재결을 해 줄 필요까지는 없음

㉡ 재판 및 위헌 법률 심판 제도

㉢ 행정심판 제도

㉣ 헌법소원 제도 : 권리 구제형 헌법 소원, 위헌 법률 심사형 헌법 소원

㉤ 법률구조 제도 : 법률 지식이 부족하거나 경제력의 결핍으로 법의 보호를 충분히 받지 못하는 사람들을 돕기 위한 제도

❸ 헌법재판소

국가의 공권력에 의해 침해된 기본권을 구제하는 기본권 보장의 최후 기관 → 위헌 법률 심판권, 탄핵 심판권, 정당 해산 심판권, 권한 쟁의 심판권, 헌법 소원 심판권

2️⃣ 기본권의 내용

(1) 인간의 존엄과 가치 및 행복 추구권

❶ 의미 : 모든 기본권에 공통적으로 적용되는 이념, 우리 헌법의 최고 가치

❷ 행복 추구권 : 정신적·물질적 행복을 충족시킬 권리→ 포괄적 권리

(2) 평등권

❶ 의미 : 성별·종교·신분에 의해 불합리한 차별을 받지 않을 권리

❷ 법 앞의 평등권 : 상대적·비례적·실질적 평등을 의미→ 선천적·후천적 차이 인정

(3) 자유권

❶ **의미** : 국가 권력으로부터 개인의 자유를 억압받지 않을 권리, 본질적 기본권

❷ **성격** : 국가권력의 억압과 간섭에서 벗어나는 것이 목적인 소극적 권리→국가로부터의 자유, 포괄적 권리

❸ **종류** : 신체의 자유, 거주·이전의 자유, 직업 선택의 자유, 언론·출판·집회·결사의 자유, 재산권의 보장 등

❹ **종류** : 신체적 자유의 보장

죄형 법정주의	범죄의 종류와 범죄 행위에 대한 형벌의 정도를 미리 법률로 정해 놓아야 한다는 원칙
적법 절차의 원리	자유와 권리의 제한은 정당한 법의 내용과 절차에 따라 이루어져야 한다는 원칙
형법 효력 불 소급의 원칙	법률 시행 이전의 행위에 대해 처벌할 수 없다는 원칙
일사부재리의 원칙	동일한 범죄로 거듭 처벌할 수 없다는 원칙
체포·구속 적부 심사제	체포 또는 구속을 당한 때에 그 적부의 심사를 법원에 청구할 수 있는 제도
기타	자백의 증거 능력 제한, 연좌제, 고문 금지, 묵비권, 영장 제도, 변호인의 조력을 받을 권리 등

(4) 참정권

❶ **의미** : 주권자로서 국가의 정치 과정에 능동적으로 참여할 수 있는 권리

❷ **성격** : 국가에의 자유, 적극적 권리, 실정법상 권리

❸ **종류** : 선거권, 공무 담임권, 국민 투표권 등

(5) 사회권

❶ **의미** : 국가에 대해 인간다운 생활의 보장을 요구할 수 있는 적극적 권리

❷ **성격** : 20세기 이후 현대복지국가에서 강조되는 기본권, 헌법에 열거된 내용만을 보장하는 개별적 권리

❸ **종류** : 인간다운 생활을 할 권리, 교육을 받을 권리, 근로의 권리, 근로자의 단결권·단체 교섭권·단체 행동권, 환경권, 혼인·가족·모성호·보건에 관한 권리 등

(6) 청구권

❶ **의미** : 침해당한 기본권의 구제를 국가에 청구할 수 있는 수단적 권리

❷ **성격** : 기본권 자체가 목적이 아니라 다른 기본권 보장을 위한 기본권

❸ **종류** : 청원권, 재판 청구권, 형사 보상 청구권, 국가 배상 청구권, 범죄 피해자 구조 청구권 등

   ☪ **국가 배상 제도** : 공무원이 그 직무를 집행함에 있어 고의 또는 과실로 국민에게 손해를 가했을 경우에 국가 또는 지방자치단체가 그 손해를 배상해 주는 제도

   ☪ **국가 보상제도** : 국가의 적법한 행정행위로 인하여 발생한 국민의 특별한 손실에 대하여 공평 부담의 견지에서 그 손실을 국가가 보상해 주는 제도

3   국민의 의무

(1) 국민의 의무 규정 이유

❶ **국가의 존속과 유지** : 국민들의 자발적 참여를 통해 민주국가는 발전 가능

❷ **국민의 기본권 보호** : 헌법에 규정된 의무외의 다른 의무를 부과하지 못하게 함

(2) 고전적 의무   근대 입헌주의 국가 성립 이전부터 존재하던 의무

❶ **납세의 의무** : 국가 운영의 재원 충당, 조세 법률주의

❷ **국방의 의무** : 외국의 침략으로부터 국가의 독립과 영토를 유지

   ☪ **조세 법률주의** : 우리 헌법은 제59조에서 '조세의 종목과 세율은 법률로 정한다.'라고 하여 조세 법률주의를 채택하고 있다. 이는 '동의에 의한 과세' 또는 '대표 없이는 과세 없다.'라는 원칙을 기초로 한 것이다

(3) 현대적 의무　권리 행사에 수반되는 의무

❶ **교육의 의무** : 국가에 의한 무상 의무 교육의 실시

❷ **근로의 의무** : 일반적으로 법적으로 강제되지 않는 도덕적 의무

❸ **재산권 행사의 의무** : 공공복리에 적합하도록 해야 할 의무 → 재산권 제한의 근거

❹ **환경보전의 의무** : 환경을 오염시키지 않고 공해방지 시설을 설치할 의무

 심화 학습 ── 시각 장애인 안마사 독점권 합헌

　헌법 재판소가 시각 장애인만이 안마사가 되도록 한 의료법 조항에 대해 다시 합헌 결정했다. 해당 조항에 대한 헌재의 판단은 이번이 세 번째인데, 헌재는 2006년 5월 7대 1 의견으로 위헌 결정을 했다가, 2008년 10월 6대 3 의견으로 합헌 결정을 하였다. 헌재는 29일 한국수기마사지사협회 등 12개 단체가 시각 장애인의 안마사 독점권을 허용한 의료법 제 82조 제1항ㅇ과 무자격 안마사를 처벌하도록 한 의료법 제 88조에 대해 직업 선택의 자유와 평등권을 침해한다면 낸 헌법 소원 사건에서 재판관 6(기각)대 3(위헌) 의견으로 기각 결정했다. 헌재는 결정문에서 "안마업은 시각장애인이 선택할 수 있는 거의 유일한 직업인만큼 이들의 생존권 보장을 위하여 불가피한 제도인 점이 인정된다." 라며 "해당 조항은 시각 장애인에게 가해진 사회적 차별을 보상하고 실질적인 평등을 이룰 수 있는 수단"이라고 판단했다. 헌재는 또 "시각 장애인을 실질적으로 보호하기 위해 비안마사의 안마 행위를 실효적으로 규제하는 것이 필요하다."라며 "안마사 자격 없이 안마를 하는 자를 형사 처벌하도록 한 입법자의 결단은 수긍할 만하나 합리적 이유가 있다."라고 밝혔다. 이에 대해 위헌 의견을 낸 3명의 재판관은 "시각 장애가 안마 업무에 필요한 조건이 아닌데도 시각 장애를 안마사의 자격 조건으로 규정한 것은 합리적이라고 볼 수 없고, 시각 장애인의 생계를 보장한다지만 실제 안마사로 등록한 이는 소수인 점 등에 비춰 불합리하다."라며 반대 의견을 냈다.

ㅇㅇ일보, 2010. 7. 30. ─

🖊 **자료해설** : 기사에서 헌법 재판소는 시각 장애인만이 안마사업을 할 수 있도록 한 의료법 조항은 합헌임을 밝히고 있다. 즉, 일반인은 안마사업을 할 수 없고 시각장애인만이 할 수 있도록 한 현행법은 헌법이 보장하고 있는 평등권을 침해한 것이 아니라, 장애인의 선천적, 후천적 열세를 고려한 합리적 이유가 있기 때문에 평등권을 침해하지 않은 것이라고 본 것이다. 이처럼 법 앞에서의 평등은 모든 사람이 절대적으로 똑같다는 것이 아니고, 모든 사람을 평등하게 대우하고 기회를 균등하게 부여한다는 의미이다. 따라서 오늘날 평등이라 함은 상대적, 비례적, 실질적 평등을 의미한다.

✏️ 심화 학습 — 기본권의 대(對) 사인적 효력

직접 적용되는 기본권 규정

특정의 기본권 규정이 사법 관계에도 적용한다는 명문의 규정이 있거나 명문의 규정은 없을지라도 성질상 직접 적용될 수 있는 기본권은 사인 간의 법률관계에도 직접 적용되는 것으로 보고 있다. 예를 들면 헌법 제33조는 근로 3권이 사용자와 근로자의 근로관계에 직접 적용된다고 규정 하고 있지는 않지만, 근로자의 단결권 · 단체교섭권 · 단체행동권은 본질적으로 근로관계(노사관계)를 전제로 하는 것이기 때문에 근로 3권 조항은 사용자에게도 당연히 직접 적용된다고 보는 것이다.

간접 적용되는 기본권 규정

그 밖의 경우에는 간접 적용설(공서 양속설)의 입장에서 성질상 사법 관계에 적용될 수 있는 기본권(평등권, 사생활의 자유, 통신의 자유, 표현의 자유 등)은 사법상의 일반 원칙을 규정한 조항들(반사회 질서의 법률 행위, 신의성실, 불법 행위의 내용, 재산 이외의 손해의 배상)을 통해 간접적으로 적용되는 것으로 보고 있다.   -권영성, 「헌법학원론」 -

✒️ **자료해설** : 기본권이 사인의 법률 행위나 사인 상호 간의 법률관계에도 적용되는가 하는 기본권의 효력에 관한 문제이다. 우리나라에서는 헌법에 명문의 규정이 없는 경우 간접 적용설(공서 양속설)에 따라 기본권 규정이 사법상의 일반 원칙을 통해 사법 관계에 적용된다고 보는 것이 다수설의 입장이다.

기출 및 예상 문제

01 다음 사례의 판결이 강조하고 있는 바를 가장 적절하게 지적한 것은?

> 시위 현장을 지나가던 갑은 사복 경찰에게 신분증 제시를 요구받았으나 이를 거부하여, 경찰은 갑을 공무 집행 방해죄로 연행하였고 며칠 후에 풀어 주었다. 이에 갑은 국가를 상대로 손해 배상 청구 소송을 제기하였다. 법원은 "정당한 검문 이유를 밝히지 않은 채 신분증 제시 요구에 불응하였다는 이유만으로 연행한 뒤 경찰서에 불법 유치한 사실이 인정되는 만큼 국가는 갑이 입은 정신적 손해를 배상할 의무가 있다."라고 판결하였다.

① 개인의 권리는 국가의 권력에 우선한다.

② 권력과 시민의 권리는 조화가 불가능하다.

③ 신체적 자유는 어떠한 이유로도 제한될 수 없다.

④ 국가 권력의 행사는 법에 정한 절차를 따라야 한다.

해 설 적법 절차의 원리
제시문의 사례에서 경찰로 대표되는 국가 권력은 법과 제도에 근거한 정당한 이유와 절차 없이 시민의 신체적 자유를 제한하였다. 법원은 "국가가 개인의 자유와 권리를 제한할 때에는 법에 정한 절차와 요건을 준수해야 한다."라는 적법 절차의 원리를 위반하여 갑의 자유권을 침해하였다고 판결하였다.

바로잡기 ① 국가의 권리는 불가피한 경우에만 개인의 권리에 우선해야 한다. ③ 현대 사회에서는 공공의 이익을 위해 개인의 신체적 자유를 제한할 수 있다고 보고 있다.

정답 ④

02 다음 사례의 공통점에 대한 진술로 가장 타당한 것은?

> - 교도소 내에서 잘못을 범한 수용자를 징벌방에 수용하는 금치 처분은 가능하지만, 서신 교환, 일기 등의 집필 활동을 금지한 것은 위헌이라고 헌법 재판소는 결정했다.
> - 개정된 '집회 및 시위에 관한 법률'은 실질적인 허가제의 성격을 띠고 있으므로 위헌이라고 시민 단체들은 주장하며 이 법률의 재개정을 요구하고 있다.

① 기본권은 신성불가침의 권리이다.

② 기본권의 본질적인 내용은 침해할 수 없다.

③ 국가 권력과 시민의 권리는 양립하기 힘들다.

④ 신체의 자유를 제한할 경우에는 적법 절차에 의해야 한다.

해 설 기본권 제한의 한계
처음 사례는 교도소 수용자에 대한 집필 활동 금지는 과도한 기본권의 제한 조치임을 밝히고 있으며, 두 번째 사례는 집회 및 시위는 허가의 대상이 아님을 밝히고 있다. 두 사례 모두 공공의 이익과 사회 질서 유지를 위해 기본권을 제한하더라도 기본권의 본질적인 내용은 침해할 수 없음을 말하고 있음을 알 수 있다.

정답 ②

03 밑줄 친 ㉠ ~ ㉢에 대한 설명으로 적절하지 않은 것은?

> 근대 ㉠ 시민 국가의 성립은 시민의 생활에 있어 획기적인 변화를 가져왔다. 어제까지 왕이나 일부 귀족들에게 예속되어 최소한의 인간다운 대접도 받지 못했던 많은 사람들이게 인간으로서의 권리를 확보할 수 있는 기회가 주어지고, 시민들은 ㉡ 국가의 권위나 억압으로부터 자신의 생명과 재산을 안전하게 지킬 수 있게 된 것이다. 한편 현대에 들어와서는 단순히 국가로부터 자유러워진다는 것만으로는 인간다운 생활을 보장할 수 없다는 생각이 널리 퍼졌다. 따라서 시민들은 국가에 대하여 뭔가를 요구하여 이를 실현해야 한다고 생각했고, 이는 곧 ㉢ 적극적 권리의 주장으로 이어지게 되었다.

① ㉠-국가의 소극적 역할을 주장하였다.
② ㉠-사회 계약설을 사상적 배경으로 성립하였다.
③ ㉡-사회권의 확보로 구체화되었다.
④ ㉢-근로권, 교육권이 그 내용이다.

해 설 **기본권의 변천**
시민 혁명에 의해 등장한 근대 국가는 국가로부터의 자유, 즉 소극적 자유의 실현을 국가의 목표로 하였으며, 이는 자유권의 중시로 나타났다. 그러나 현대 국가에 들어와서는 국가에 대해서 인간다운 삶의 질을 보장할 것을 요구하는 자유로 발전했으며, 이를 실현하기 위해 사회권이 등장하였다.

바로잡기 ③ ㉡은 자유권에 해당하는 것으로, 근대 사회에서 특히 강조되었다.

정 답 ③

04 다음 헌법 조항을 강조하고 있는 기본권의 성격은?

> 제37조 제2항 국민의 모든 자유와 권리는 국가안전보장, 질서유지 또는 공공복리를 위하여 필요한 경우에 한하여 법률로써 제한할 수 있으며, 제한하는 경우에도 자유와 권리의 본질적인 내용을 침해할 수 없다.

① 기본권은 침해될 수 없다.
② 기본권은 초국가적 권리이다.
③ 기본권은 자연권에 해당한다.
④ 기본권은 실정법상의 권리이다.

해 설 **기본권의 제한**
우리 헌법은 기본권을 천부적인 자연권으로 규정하고 있지만, 제37조 제2항에서 제시하고 있듯이 국가의 질서 유지나 공공복리를 위해서는 제한될 수 있는 실정법상의 권리이기도 함을 함께 규정하고 있다.

정 답 ④

05 다음 (가) ~ (다) 기본권에 대한 설명으로 옳은 것은?

> (가) 교육권, 근로권, 환경권을 내용으로 하는 기본권
> (나) 공동체나 국가의 운영에 적극적으로 참여하려는 기본권
> (다) 신체의 자유와 양심상의 자유, 재산권의 보장을 핵심으로 하는 기본권

① (가)는 소극적 자유의 범주에 포함된다.
② (가)는 20세기 이후에 중시되기 시작하였다.

③ (나)는 시민 혁명 직후에 차별 없이 누구에게나 부여되었다.

④ (다)는 헌법에 규정된 것만 보장된다는 성격을 지닌다.

해설 ▶ 기본권의 종류

(가)는 사회권, (나)는 참정권, (다)는 자유권에 해당한다. 기본권의 발달 순서는 자유권–참정권–사회권의 순서이다. 시민 혁명 이후에 근대 국가에서는 국가로부터의 자유를 의미하는 자유권을 중시하였다. 그런데 당시 선거권은 재산을 소유한 계층에게만 부여되었으며, 이는 18세기부터 20세기 초까지의 투쟁을 통해 보통 선거 제도가 확립됨으로써 비로소 온전한 참정권이 확보되었다. 그리고 20세기에 들어와서 산업 혁명이 초래한 빈부 격차, 삶의 질 악화 등을 막고, 인간다운 삶을 보장하기 위한 사회권이 등장하였다.

바로잡기 ▶ ① 사회권은 적극적 권리에 해당한다. ③ 시민 혁명 직후 참정권은 재산을 가진 소수의 사람에게만 부여되었다. ④ 자유권은 헌법에 규정되지 않아도 보장되는 포괄적 권리이다.

정답 ② ②

---

06 다음 글을 통해 도출할 수 있는 기본권의 성격을 가장 적절하게 나타낸 것은?

> 국가 권력은 국민의 기본권 보장을 위한 제도적 장치이다. 즉, 국가 권력은 개인의 기본적 권리를 보장하는 정치적 수단이지, 그 자체가 목적이 될 수 없다. 만약 국가 권력의 행사로 인해 국민의 자유와 권리가 침해된다면 그 국가 권력의 정당성은 의심 받을 수 있다.

① 사회 통합의 실현   ② 국가 권력의 창출

③ 복지 국가의 실현   ④ 국가 권력의 한계 규정

해설 ▶ 기본권의 기능

제시문은 국가 권력의 한계를 규정하고 있다 즉 국가 권력은 기본권의 보장하기 위한 수단으로서의 역할을 해야 하며, 기본권을 침해하는 행위는 제한되어야 한다. 헌법에 규정된 기본권은 국가 권력을 구속하는 효력을 지니며, 나아가 헌법에 규정되지 않은 기본권도 국가에 의하여 보장되어 국가 권력을 구속하게 되는 것이다.

정답 ④ ④

---

07 다음 두 헌법 조항의 공통적인 성격을 옳게 진술한 것은?

> - 재산권의 행사는 공공복리에 적합하도록 하여야 한다(제23조 제2항)
> - 모든 국민은 근로의 의무를 진다. 국가는 근로의 의무의 내용과 조건을 민주주의 원칙에 따라 법률로 정한다(제32조 제2항)

① 가장 본질적인 의무이다.

② 고전적 의무에 해당한다.

③ 근대 이전부터 중시된 의무이다.

④ 의무와 권리의 성격을 동시에 지닌다.

해설 ▶ 권리와 의무

제23조 제2항은 공공복리에 적합한 재산권 행사의 의무이고, 제32조 제2항은 근로의 의무에 관한 조항이다. 이 두 가지 의무는 현대 국가가 복지 국가를 지향하면서 국가의 역할이 늘어남에 따라 발생한 현대적 의무에 해당한다. 이 의무는 사회적 권리에 대응하는 사회적 의무로 볼 수 있으며 교육의 의무, 근로의 의무, 공공복리에 적합한 재산권 행사의 의무, 환경 보전의 의무가 이에 해당한다.

바로잡기 ▶ ①, ② 납세의 의무, 병역의 의무가 이에 해당한다. ③ 사회적 의무는 20세기 들어와서 새로이 규정되었다.

정답 ④ ④

08 다음 헌법 조항과 관련된 기본권에 대한 옳은 설명만을 〈보기〉에서 있는 대로 고른 것은?

- 모든 국민은 능력에 따라 균등하게 교육을 받을 권리를 가진다(우리나라 헌법 제 31조 제1항)
- 국가는, 모든 생활 국면에 대해서, 사회 복지, 사회 보장 및 공중 위생의 향상 및 증진에 노력하지 않으면 안된다(일본 헌법 제25조 제2항)

> **보기**
> ㄱ. 열거적 권리에 해당한다.
> ㄴ. 국가의 재정 부담을 필요로 한다.
> ㄷ. 국에의 자유를 실현하기 위한 권리이다.
> ㄹ. 바이마르 헌법 제정이 그 효시에 해당한다.

① ㄱ, ㄴ   ② ㄴ, ㄷ   ③ ㄷ, ㄹ   ④ ㄱ, ㄴ, ㄹ

해설 사회권
두 나라의 헌법 조항 모두 국가에 대해 최소한의 인간다운 생활을 할 권리를 요구할 수 있는 권리인 사회권을 내용으로 하고 있다. 사회권은 20세기 바이마르 공화국 헌법 제정 이후 현대 복지 국가에서 강조된 기본권이다. 사회권은 국가의 의무를 담고 있기 때문에 국가의 재정 부담을 초래할 수 있어 헌법에 규정된 것만 보장되는 열거적 권리에 해당한다.
바로잡기 ㄷ.국가에의 자유는 참정권에 해당한다.
정답 ④

09 헌법상 기본권 조항에 관한 사항으로 옳은 것은?   〈경기도 9급〉

① 언론·출판에 대한 허가나 거열은 있을 수 있다.
② 누구든지 체포 또는 구속을 당한 때에는 적부심사를 법원에 청구할 권리를 가진다.
③ 형사피해자는 법률이 정하는 바에 의하여 당해 사건의 재판절차에서 진술할 수 없다.
④ 타인의 불법 행위로 인하여 피해를 받은 국민은 국가로부터 구조를 받을 수 없다.

해설 ① 검열불가 ③ 진술가능 ④ 청구가능
정답 ②

10 기본권 제한의 기준을 헌법상 명문으로 규정한 것은?   〈서울시 9급〉

① 헌법에 의해서만 기본권 제한
② 명령에 의해서만 기본권 제한
③ 필요한 경우에 한하여 법률로써 제한
④ 자유와 권리의 본질적인 내용도 침해할 수 있다.

해설 기본권 제한은 법률로 명시한다. 단, 국가긴급권에 의한 제한도 인정
정답 ③

11 우리 헌법상의 국민의 기본권 제한 규정에 관한 설명으로 옳은 것은? 〈국회〉

① 대통령의 긴급명령으로는 기본권을 제한할 수 없다.

② 비상계엄시에는 영장제도에 제한을 가할 수 있다.

③ 국민의 기본권은 어떠한 경우에도 제한할 수 없다.

④ 국가안보를 위해서는 국민의 자유와 권리의 본질적인 내용도 제한될 수 있다.

해 설 계엄시 제한 내용 – • 사후영장 가능   • 언론 · 출판 · 집회, 결사의 자유제한
                        • 정부, 법원의 기능 축소   • 군사재판의 단심제

정 답 ②

12 기본권 보장을 위한 기본권에 속하는 것은?

① 언론 · 출판 · 집회 · 결사의 자유   ② 공무담임권

③ 환경권   ④ 재판청구권

해 설 청구권적 기본권은 수익적 권리로서 기본권 보장을 위한 기본권에 해당됨. 정답④

13 다음과 같은 권리는 국민의 기본권 중 어느 권리에 속하는가?

> 피고인의 자백(自白)이 그에게 불리한 유일한 증거일 때는 이를 유죄의 증거로 삼거
> 나 이를 이유로 처벌할 수 없다.

① 자유권–사생활의 비밀과 자유의 불가침

② 사회적 기본권–인간다운 생활을 할 권리

③ 자유권–신체의 자유

④ 사회적 기본권–양심의 자유

해 설 자백의 증거능력 제한은 신체의 자유에 해당

정 답 ③

14 우리 헌법의 기본권 제한에 관한 내용으로 적합지 못한 것은?

① 국가긴급권의 발동시 법률이 아닌 명령, 처분으로 제한할 수 있다.

② 국가비상시는 기본권의 제한에 한계를 두지 않고 있다.

③ 국가안전보장, 질서유지, 공공복리는 위해 필요시에 한한다.

④ 원칙적으로 법률에 의한다.

해 설 기본권의 제한은 원칙적으로 법률에 의해서만 하여야 한다. 그러나 예외적으로 긴급명령, 긴급재정 · 경제처분 및
명령, 비상계엄의 선포에 의하는 경우 법률아닌 명령에 의해서도 기본권을 제한할 수 있다. 법률 또는 명령에 의한
기본권의 제한은 과잉금지의 원칙, 본질적 내용 침해금지 원칙 등의 한계가 있다.

정 답 ②

03 국가 기관의 구성과 기능 (I)

 국민의 대표기관인 국회

(1) 국회의 지위 : 국민의 대표 기관, 입법 기관, 국정 통제 기관, 예산 기관

(2) 국회의 구성 방식 : 우리나라는 단원제 채택

구 분	단원제	양원제
장점	신속한 의안 처리 및 비용 절감, 의회의 책임 소재 명확, 의회의 지위 강화	신중한 의안 처리, 의회와 행정부의 충돌 완화, 다수당의 횡포 방지
단점	경솔한 국사 처리, 다수당의 횡포 우려	두 합의체의 의견이 다를 때는 국론 분열의 우려

(3) 국회의원 : 지역구 의원과 정당 명부식 비례 대표 의원으로 구성

(4) 국회의 기관

❶ **의장단** : 의장 1인, 부의장 2인

❷ **상임 위원회** : 본회의에 부의하기에 앞서 소관 사무에 속하는 의안이나 청원 등을 심사하여 전문적인 안건 심의와 능률적인 의사 진행 도모

❸ **교섭 단체** : 국회의 의사 진행에 관한 중요한 안건을 협의하기 위해 일정 수 이상의 의원들로 구성된 단체 → 20인 이상의 소속 의원을 가진 정당이 하나의 교섭 단체 구성

> ⓒ **국회 의원의 특권**
> • 목적 : 정부나 다른 국가 기관으로부터 자유로운 활동과 자주성 확보
> • 면책 특권 : 국회 안에서 행한 직무상의 발언과 표결에 대해 국회 밖에서 책임을지지 않는다.
> • 특권 : 현행범이 아니면 회기 중에 국회의 동의 없이 체포 또는 구금되지 않는다.

(5) 국회의 회의

❶ **정기회**(매년 1회, 회기 100일 이내)와 **임시회**(회기 30일 이내)

❷ **국회의 회의 원칙**

• 의사 공개의 원칙 : 민주성과 공정성을 위해 심의 과정을 일반인에게 공개

- 회기 계속의 원칙 : 회기 중에 의결되지 못한 의안도 폐기하지 않고 다음 회기에서 계속 심의
- 일사부재의의 원칙 : 국회에서 부결된 안건은 같은 회기 중에는 다시 발의 또는 제출하지 못한다는 원칙
❸ **의결 방식** : 제적 과반수 출석과 출석 과반수의 찬성, 가부동수는 부결로 봄

2 국회의 권한

❶ **입법에 관한 권한** : 헌법 개정에 관한 권한, 법률 제정 및 개정권, 조약 체결에 대한 권한

❷ **재정에 관한 권한** : 예산안 심의, 확정권, 국채 모집과 국가 부담이 될 계약 체결 동의권, 예비비 설치 동의 및 지출 승인권 등

❸ **국정 감시 통제 기능** : 국정 감사 및 조사권, 선전 포고, 국군의 해외 파병, 외국군의 국내 주둔, 일반 사면 등에 대한 동의권, 긴급 재정 경제 처분 및 명령, 긴급 명령에 대한 승인권, 계엄 해제 요구권, 국무총리 및 국무 의원 해임 건의권, 탄핵 소추 의결권

❹ **국가 기관 구성에 관한 권한** : 국무총리, 감사원장, 대법원장, 대법관, 헌법 재판소장의 임명에 대한 동의권, 헌법 재판소 재판관(3인), 중앙 선거 관리 위원회 위원 (3인) 선출권

> ⓒ **국정 감사와 국정 조사**
> - 국정 감사 : 매년 정기 국회 기간 중 국정 전반에 걸쳐 감사를 하는 것
> - 국정 조사 : 필요한 경우에 특정한 국정 사안에 대해 실시하는 것

3 의회주의의 위기

❶ **의미** : 의회가 입법 기능과 정책 결정의 역할을 제대로 수행하지 못하고 대신 행정 관료에 의해 주도되는 현상

❷ **원인** : 복지 국가를 지향하는 과정에서 행정 국가화 현상 등장

❸ **발전 방안** : 입법 활동을 통한 국회의 전문성 제고, 정당 내부의 민주화, 입법 과정과 정책 결정 과정에 국민들의 적극적인 참여

> ⓒ **행정 국가화 현상**
> 20세기 들어 국민들의 삶의 질 향상 욕구를 충족시키기 위해 행정부의 역할과 기능이 의회에 비해 증대되는 현상

 **심화 학습** — 국회의 입법과정

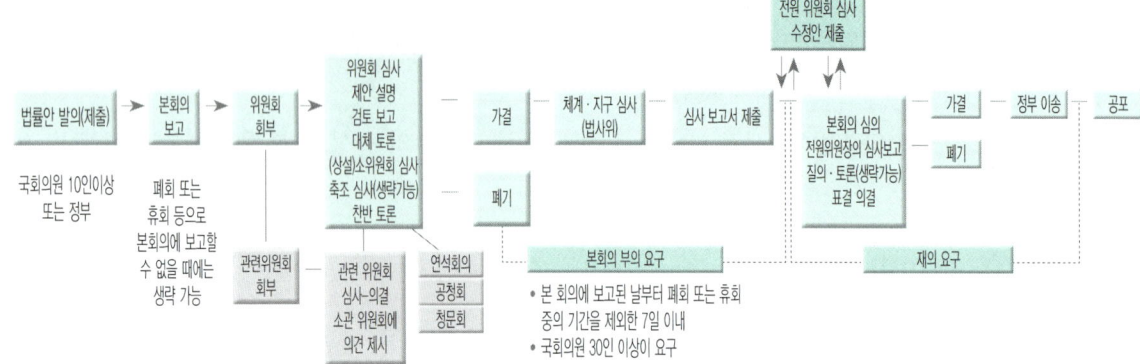

🔖 **자료해설** : 우리나라는 정부와 국회의원 10인 이상의 발의로 법률안을 제출할 수 있으며 제출된 법률안은 해당 소관 상임 위원회와 본회의에서 질의와 토론을 거쳐 의결된다. 모든 의안은 원칙적으로 상임 위원회를 거쳐야 하지만, 국회 의장 직권에 의해 본회의에 회부될 수 있다. 의결된 법률안은 대통령이 15일 이내 공포하며 공포 후 20일 경과 후 효력이 발생하는데, 이때 만약 대통령이 법률의 공포를 거부하여 국회로 되돌려 보내는 것을 환부라 하며, 이와 같은 대통령의 권한을 거부권이라 한다. 대통령 법률안 거부권은 행정부가 입법부를 견제할 수 있는 수단에 해당한다. 일반 법률은 재적 의원 과반수의 출석과 출석 의원 과반수의 찬성으로 결된다. 단, 헌법의 개정은 국회 재적 의원 2/3이상의 찬성에 의해 의결된다.

04 행정부와 대통령

 ### 1 행정부

(1) 행정과 법치행정

❶ **의미** : 법률을 집행하고 국가 목적이나 공익을 적극적으로 실현해 나가는 국가작용

❷ **법치 행정** : 행정권도 법의 구속을 받고 법을 준수해야 함을 의미 → 규칙에 의한 행정, 행정적 지배의 위험성

　　◉ 행정적 지배
　　　• 행정의 효율성을 강조하여 행정 관료들이 국가 정책 결정의 권한을 행사하는 경향이 있다.
　　　• 관료제의 상명하복의 특성에 따라 국민주권의 원리가 침해될 가능성이 높다.

(2) 행정부의 구성

❶ **국무총리** : 국회의 동의를 얻어 대통령이 임명 → 행정 각부 통할권, 대통령 궐위 시 권한 대행, 총리령 발포

❷ **국무 회의** : 행정부의 주요 정책을 심의하는 최고 심의 기관 → 대통령, 국무총리, 국무위원으로 구성

❸ **행정 각부의 장** : 국무 위원 중에서 국무총리의 제청을 받아 대통령이 임명, 소관 사무 집행, 부령 발포

❹ **감사원** : 대통령에 소속된 행정부 최고 감사 기관이며 독립적인 헌법 기관

  ❸ 행정부를 구성하는 방식
    • 의원 내각제: 국회 내 다수당이 내각을 구성하여 국회에서 선출된 수상이 정치적 실권을 행사하여 정부를 구성
    • 대통령제 정부 형태: 국민에 의해 선출된 대통령이 정치권력의 정당성을 부여받아 실권을 쥐고 행정부를 구성

2 대통령

(1) 대통령의 지위

❶ 행정부 수반으로서의 지위: 행정에 대한 최종적인 권한과 책임

❷ 국가 원수로서의 지위: 대외적으로 국가를 대표

(2) 대통령의 권한

❶ **행정부 수반으로서의 권한** : 행정부 지휘 · 감독권, 법령 집행권, 국군 통수권, 공무원 임면권, 대통령령 발포권 등

❷ **국가 원수로서의 권한**

  ● 대외적 국가 대표권: 조약 체결 및 비준권, 외교 사절 신임 · 접수 · 파견권, 선전 포고와 강화권, 외국 승인권 등

  ● 국가와 헌법 수호권: 긴급 명령권, 긴급 재정 · 경제 처분 및 명령권, 계엄 선포권, 위헌 정당 해산 제소권 등

  ● 국정 조정 권한: 임시회 소집 요구권, 법률안 공포 · 거부권, 사면 · 감형 · 복권 명령권, 헌법 개정안 제안권, 국민 투표 부의권

  ● 헌법 기관 구성권: 대법원장, 국무총리, 감사원장, 헌법 재판소장, 대법관, 헌법 재판소 재판관(3인), 중앙 선거 관리 위원회 위원(3인) 등의 임명권

  ❸ 사면의 종류   • 일반 사면: 범죄의 종류를 지정하여 해당 범죄인의 형을 사면→국회의 동의 필요
                 • 특별 사면: 특정인을 지정하여 형을 사면→국회의 동의 불필요

❸ **대통령의 의무** : 국가의 독립과 영토의 보전, 국가의 계속성과 헌법 수호의 책무, 조국의 평화적 통일을 위한 성실한 노력 의무

❹ **대통령의 권한 행사 방식** : 국무 회의의 심의, 국법상 행위는 관계 국무위원이 부서하여 문서로 행사 → 권한의 신중한 행사, 책임 소재의 명확, 국민적 정당성

확보, 독재 방지

 부서 : 국무 회의의 심의를 거친 주요 정책 사안에 대한 대통령의 서명에 부가하여 각부 장관들이 서명하는 것

3 행정에 대한 견제

(1) 견제의 필요성 : 행정권의 비대화에 따른 행정 지배 현상의 발생 방지→행정 관료들은 국민에 대해 책임을 지지 않기 때문

(2) 행정에 대한 민주적 통제 방법

❶ **행정 조직 자체의 통제** : 감사원 등에 의한 통제
❷ **국회와 법원에 의한 통제** : 국회의 국정 통제 기능, 법원의 행정 재판과 명령 · 규칙 · 처분 심사
❸ 시민의 행정 감시활동과 각종 참여에 의한 통제

 심화 학습 ── 행정의견제와 통제방법

국가권력을 축소하여 작은 정부를 추구했던 근대 자유방임적 야경국가에서 국가 권력을 확대하여 큰 정부를 지향하는 복지국가로서의 전환은 행정부의 권한을 대폭 강화하였다. 그 결과 현대 민주주의 국가의 대부분은 '관료적 행정권 우월 현상'을 경험하게 되었다. 이처럼 현대 국가는 국민 복지가 강조되면서 행정권이 강화되고 비대해지는 행정 국가화 현상을 보이게 되었는데, 행정 관료들은 국민에 대해 정치적 책임을 지지 않기 때문에 민주주의를 위협하는 요인이 될 여지가 있으며, 권력 분립의 원칙에도 위배된다. 따라서 이를 방지하기 위해서는 다음과 같은 행정적 통제가 이루어져야 한다. 먼저 국민 주권과 대의제의 원리에 비추어 볼 때, 근본적으로 행정에 대한 통제가 이루어져야 한다. 먼저 국민 주권과 대의제의 원리에 비추어 볼 때, 근본적으로 행정에 대한 통지는 국민의 대표기관(국회)에 의해 이루어져야 한다. 행정의 최종 책임을 맡은 대통령의 역할과 이를 비판하고 견제하는 국회의 역할이 되풀이하여 강조되는 이유도 바로 이 때문이다. 따라서, 국민의 입장에서 볼 때 무엇보다도 중요한 일은 유능하고 책임감 있는 국회의원을 선출해 이들로 하여금 국민을 대신하여 건전하고 비판적인 행정 통제를 할 수 있도록 하는 것이다.

✒ **자료해설** :

필요성	행정권 비대에 따른 국민 주권과 대의제의 위험을 막기 위해	
민주적 통제방법	행정 조직 내부의 자체 통제	조직의 유지와 행정의 효율성 확보를 위해 필요
	국회에 의한 통제	대통령과 행정부의 권력행사를 견제 · 비판
		동의 · 승인권, 탄핵 소추, 국무 위원 해임 건의
	국민에 의한 통제	공정한 선거를 통한 참정권의 효과적 행사
		공개 행정의 요구와 행정 과정에의 참여
		언론 매체 등을 이용한 의견과 비판적 견해 피력
		재판 청구권과 헌법 소원의 행사

기출 및 예상 문제

01 그림은 우리나라의 입법과정을 단순화한 것이다. 이에 대한 옳은 설명만을 〈보기〉에서 있는 대로 고른 것은?

(가) 법률안 제안	➡	(나) 법률안 의결	➡	(다) 법률안 공포

〈보기〉
ㄱ. (가) – 정부 또는 국회의원 10인 이상의 발의로 이루어진다.
ㄴ. (나) – 상임 위원회를 거치지 않고 국회 의장이 직권 상정할 수 있다.
ㄷ. (나) – 거부권이 행사된 법률안의 재의결에는 재적의원 2/3 이상의 찬성이 필요하다.
ㄹ. (다) – 대통령은 의결된 법률안에 대해 15일 이내에 환부 거부나 공포를 해야 한다.

① ㄱ, ㄹ   ② ㄴ, ㄷ   ③ ㄷ, ㄹ   ④ ㄱ, ㄴ, ㄹ

해설 우리나라의 입법 과정
ㄱ. 우리나라는 국회뿐만 아니라 정부도 법률안을 제안할 수 있는데, 이는 우리나라가 취하고 있는 의원 내각제 요소에 해당한다. 국회의원이 법률안을 제안하기 위해서는 10명 이상이 필요하다. ㄴ.법률안이 상임 위원회를 통과하지 못할 경우 국회 의장은 직권으로 법률안을 국회에 상정할 수 있다. ㄹ.대통령은 의결된 법률안을 15일 이내에 공포하든지 아니면 법률안 거부권을 행사하여 국회로 환부해야 한다.

바로잡기 ㄷ. 환부된 법률안이 재의결되기 위해서는 재적 의원 과반수의 출석과 출석 의원 2/3이상의 찬성이 필요하다.

정답 ④

02 다음과 같은 국회 구성이 가지는 장점으로 가장 타당한 것은?

- 국회의 주요 일정 및 절차 등은 20명 이상의 의원을 가진 정당으로 구성된 교섭 단체의 대표들이 모여 논의한다.
- 국회의 상임 위원회는 본회의에 부의(附議)하기에 앞서 그 소관에 속하는 의안·청원 등을 심사하기 위해 설치되어 있다.

① 국회의 자주성을 보장할 수 있다.
② 국회의 의사 결정을 신중하게 할 수 있다.
③ 국회의 의사 진행을 능률적으로 할 수 있다.
④ 국회의원이 성실하게 임무 수행을 할 수 있다.

해설 교섭 단체와 상임 위원회
제시문의 첫 번째는 국회의 교섭 단체를 말하고 있고, 두 번째는 상임 위원회를 말하고 있다. 교섭 단체를 두는 이유는 다수 정당들에 의해 국회운영을 효율적으로 진행하기 위해서이고, 상임 위원회는 본회의에서 모든 사람에 의해 법률안 등을 논의하면 비효율적이기 때문에 각 분야의 전문가들로 소그룹을 나누어 미리 심의하기 위한 목적으로 존재한다.

바로잡기 ① 국회의 자주성을 보장하기 위한 제도로는 면책 특권, 불체포 특권이 있다.

정답 ③

03 **밑줄 친 '이것'에 대한 대책으로 적절하지 않은 것은?**

> 이것은 행정의 효율성을 강조하여 국가 정책의 결정 및 집행을 행정 관료들이 거의 독점적으로 행사하는 경향을 말한다. 법치 행정의 의미를 규칙에 의한 행정 혹은 행정적 지배로 전환시킨 것으로 국민 주권의 원리를 위반하거나 하향적인 정책 수립 결정을 초래한다.

① 행정 예고제 등을 실시한다.
② 재판 청구권과 헌법소원권을 이용한다.
③ 행정 절차를 명확하게 만들어 국민들의 참여를 활성화 시킨다.
④ 행정 내부의 통제는 무의미함으로 국회의 통제를 강화시킨다.

해 설 행정에 대한 통제
복지 국가를 지향하는 현대 국가는 행정부의 기능이 점점 확대되고 있으며, 이러한 과정에서 나오는 부작용이 제시문과 같은 행정적 지배 현상이다. 국가의 중요한 정책 결정 및 집행이 전문적인 행정 관료 집단에 맡겨지고 있는데 이는 민주주의에 위협이 될 수 있다. 왜냐하면 근본적으로 행정 관료는 국민에 대해 직접적으로 책임을 지지 않기 때문이다. 따라서 현대 국가는 이에 대한 민주적 통제가 절실하다.

바로잡기 ④ 행정 권력에 대한 통제는 기본적으로 행정 조직의 내부에서 이루어져야 한다. 예를 들어 행정의 최고 책임자인 대통령의 역할 강조 혹은 감사원의 기능 강화 등이 여기에 해당한다.

정답 ④

04 **다음 글에 나타난 의회구성 원리에 대한 옳은 설명을 〈보기〉에서 고른 것은?**

> • 의회가 두 개의 합의체로 구성되어 있다.
> • 우리나라의 경우 제2공화국 때 채택한 의회 구성 형태였다.

보기
ㄱ. 국회의 책임 소재가 명확하다.
ㄴ. 정부에 대한 의회의 지위가 강화된다.
ㄷ. 의회와 정부 간의 충돌을 완화할 수 있다.
ㄹ. 의안 심의에 있어서 신중함을 기할 수 있다.

① ㄱ, ㄴ   ② ㄱ, ㄷ   ③ ㄴ, ㄷ   ④ ㄷ, ㄹ

해 설 국회 구성 원리
제시문은 국회의 형태 중 양원제에 관한 설명이다. 양원제 국회는 의회의 합의체가 두 개인 경우를 의미하며 신중한 이법 심의가 가능하고 의회와 행정부의 충돌을 완화할 수 있다는 장점을 가지고 있다. 그렇지만 양원의 의견이 같을 경우에는 국회를 분리하는 의의가 사라지고, 다를 경우에는 국론의 분열이 우려된다. 이에 비해 단원제는 신속하고 능률적인 의안 처리가 가능하고, 국회의 책임 소재가 명확하며 정부에 대한 의회 지위가 강화된다는 장점이 있는 반면, 신중하지 못한 심의와 다수당의 횡포가 우려된다. 우리나라는 제2공화국 때의 국회를 제외하고는 단원제의 국회 형태를 취하고 있다.

바로잡기 ㄱ.ㄴ.단원제의 장점에 해당한다.

정답 ④

05 밑줄 친 ⊙~㉣을 실현하기 위한 구체적 제도에 해당하는 것만을 〈보기〉에서 있는 대로 고른 것은?

> 행정부가 비대해지고 전문관료의 역할이 증대되면서 행정적 지배 현상을 막고 행정에 대한 민주적인 통제에 대한 요구가 높아지고 있다. 행정에 대한 통제 방법에는 크게 ⊙ 행정부 내부 통제, ⓛ 국회에 의한 통제, ⓔ 국민에 의한 통제, ㉣ 사법부에 의한 통제 등이 있다.

> **보기**
> ㄱ. ⊙ 감사원의 직무 감찰 제도.   ⓛ 입법 예고제도
> ㄷ. ⓔ 헌법 소원 제도.   ㉣ 행정 재판 제도

① ㄱ, ㄴ   ② ㄱ, ㄷ   ③ ㄴ, ㄹ   ④ ㄱ, ㄷ, ㄹ

해설 행정부 통제 수단
ㄴ. 입법 예고제는 국민의 일상생활과 직접 관련 있는 법령안의 내용을 입법에 앞서 국민에게 예고하는 제도를 말하며, 국민의 입법 기회를 확대해 입법의 민주화를 기하고 법령의 실효성을 높여 국가 정책 수행의 효율화를 도모하는 데 목적이 있다. 이는 국민의 입법부에 대한 통제로 볼 수 있다.

정답 ④

06 다음 글의 필자가 지지할 것으로 예상되는 방안에 해당하는 것은?

> 현대사회에서 가치관이나 이해관계를 둘러싼 갈등은 그 양상이 심각한 경우가 일반적이기 때문에 국회는 신속하게 정책을 결정하거나 입법을 통한 뒷받침을 해야 한다. 사회적 갈등의 최종적 해결자로서의 국회가 그 위상에 맞게 행동하기 위해서는 이와 같은 현대 사회의 갈등 양상에 신속하게 대처하기 위한 효율적인 국회 운영을 담보해야 한다. 갈등이 증폭된 후의 국회 대처는 무의미하기 때문이다.

① 국정 감시 활동을 강화한다.
② 국정 감사의 대상을 확대한다.
③ 국회 상시 운영제도를 도입한다.
④ 각종 청문회 대상 범위를 확대한다.

해설 국회 운영의 효율성 제고 방안
제심누의 필자가 강조하고 있는 것은 효율적인 국회 운영이다. 글의 내용을 통해 효율적인 국회 운영은 집단 간 이해관계를 신속하게 조정하고 주요 정책 현안들을 빠르게 처리해야 한다는 것을 의미한다. ③국회의 상시 운영 제도는 법안 처리의 효율성을 높일 것이다.

바로잡기 ①, ② 국회 운영의 신속성과는 관련 없다.

정답 ③

07 다음 사례에 나타난 국회의 권한에 대한 옳은 설명만을 〈보기〉에서 있는 대로 고른 것은?

> (가) A당은 비정규직 확산에 대비하지 못한 책임을 물어 노동부 장관에 대한 해임 결의안을 추진하기로 했다.
> (나) ○○○ 국회의원은 경기 활성화를 위해 법인세 소득세의 세율 축소를 주요 내용으로 하는 법률안을 발의 하였다.

> **보기**
> ㄱ. (가)는 해당 장관이 법을 위반한 경우에만 행사될 수 있다.
> ㄴ. (가)는 행정부를 견제하는 수단이지만 법적 구속력은 없다.
> ㄷ. (나)는 국회의 가장 고유한 권한에 해당한다.
> ㄹ. (가), (나) 모두 순수 대통령제에서는 나타나지 않는다.

① ㄱ, ㄴ   ② ㄴ, ㄷ   ③ ㄷ, ㄹ   ④ ㄱ, ㄴ, ㄷ

해설 국회의 권한
(가)는 국회의 국무 위원에 대한 해임 건의권, (나)는 국회의 입법권에 해당한다.
ㄴ. 국회의 국무 위원에 대한 해임 건의권은 행정부에 대한 견제 수단에 해당하지만, 대통령이 반드시 이에 구속되지는 않는다. ㄷ. 국회의 입법권은 국회의 가장 고유한 권한이다.

바로잡기 ㄱ.해임 건의안은 정치적 책임을 묻는 경우에도 발동되기 때문에 틀린 진술이다. ㄹ.(가)는 의원 내각제 요소에 해당하지만, (나)는 그렇지 않다.

정답 ②

08 〈보기〉의 내용을 종합하여 내릴 수 있는 결론으로 가장 타당한 것은?

> **보기**
> • 행정의 실권을 잡고 있는 행정 관료들이 행정 업무의 확대 및 전문적 지식과 기술의 필요성 등으로 인하여 정책 집행의 단계를 넘어 정책 결정에도 관여하고 있다.
> • 대통령은 임시 국회 소집을 요구할 수 있고, 사면, 감형 및 복권을 명할 수 있다.

① 의회의 입법 기능이 강화되고 있다.
② 의회의 능률성, 효과성이 강조되고 있다.
③ 대통령의 초헌법적 권한 행사가 요구되고 있다.
④ 견제와 균형을 위한 삼권 분립 원칙이 약화되고 있다.

해설 지문의 내용은 행정적 지배와 대통령의 국정 조정권에 관한 것이다. 행정적 지배는 현대 국가의 복지 국가적 성격으로 인해서 행정권의 권한과 기능이 확대되었을 뿐만 아니라 행정 관료들의 정책 결정 기능인 행정 입법 기능이 증대되고 있는 현상을 말하며, 대통령의 국정 조정권은 대통령이 국가 원수의 지위에서 삼권을 조정하는 것을 말하는데, 이것들은 삼권 분립의 균형이 무너지고 행정권이 우위에 서게 되는 결과를 초래했다.

정답 ④

09 다음 중 국회의 입법에 관한 권한을 〈보기〉에서 모두 고르면?

> **보기**
> ㉠ 법률안 의결권   ㉡ 탄핵 소추 의결권
> ㉢ 계엄 해제 요구권   ㉣ 헌법 개정안 제안권
> ㉤ 조약의 체결 · 비준에 대한 동의권

① ㉠   ② ㉠, ㉣   ③ ㉠, ㉡, ㉣   ④ ㉠, ㉣, ㉤

해설 헌법과 법률은 국내법이며, 조약은 국제법이다. 이에 반하여 ㉡과 ㉢은 국정을 통제하는 국회의 권한이다.
정답 ④

10 다음 〈보기〉에서 국회의 승인을 필요로 하는 정부나 대통령의 권한을 고르면?

> **보기**
> ㉠ 긴급 명령권   ㉡ 계엄 선포권
> ㉢ 일반 사면권   ㉣ 국무총리 임명권
> ㉤ 국민 투표 부의권   ㉥ 긴급 재정 · 경제 처분권

① ㉠, ㉡   ② ㉠, ㉥   ③ ㉡, ㉣   ④ ㉢, ㉤

해설 국회가 계엄을 해제하라고 요구할 수 있으며, 일반사면과 국무총리 임명에는 국회의 동의가 필요하고, 국민 투표 부의권에는 국회가 견제할 권한이 없다.
정답 ②

11 국회와 정부에 관한 다음 설명 중 밑줄 친 말이 옳게 쓰인 것은?

① 국회는 대통령에게 계엄의 해제를 <u>요구</u>할 수 있다.
② 국회는 대통령의 <u>건의</u>가 있으면 임시회를 소집하여야 한다.
③ 대통령이 국무총리를 임명할 때는 국회의 <u>승인</u>을 받아야 한다.
④ 국회에서 대통령에 대해 <u>탄핵</u>이 의결하면 대통령은 파면 당한다.

해설 선지 ②의 건의는 요구로, 선지 ③의 승인은 동의로, 선지 ④의 탄핵은 탄핵 소추로 고쳐야 한다. 물론 선지 ④에 있어서 국회가 대통령의 탄핵 소추를 의결하더라도 파면당하는 것은 아니며 헌법재판소가 탄핵을 결정할 때 파면 당한다.
정답 ①

12 현행 헌법상 국회의원의 신분에 관한 설명 중 옳은 것은?

① 의원직 외에 다른 직업을 가지는 것은 예외 없이 금지된다.
② 국회의원 윤리 강령을 위반한 경우, 국회는 해당 의원을 징계할 수 있다.
③ 현행 범인인 경우에도 회기 중에는 국회의 동의가 있어야 체포할 수 있다.
④ 국회에서 직무상 행한 발언에 대하여는 국회 내에서 책임을 지지 아니한다.

해설 의원직 외에 다른 직업을 기본적으로 가질 수 있고, 현행 범인인 경우에는 국회의 동의가 없어도 체포할 수 있으며, 국회에서 직무상 행한 발언에 대하여는 국회 밖에서 책임을 지지 않는다.
정답 ②

13 우리나라 국회의 회의진행에 관한 설명으로 맞는 것은?

① 국회의 회의는 비공개가 원칙

② 회의 중 심의하지 못한 안건은 자동적으로 폐지

③ 한 번 부결된 안건은 같은 회기내에 다시 제안할 수 없다.

④ 안건 의결시 가부동수에는 의장이 선택할 수 있다.

해 설 ▸ 회기계속의 원칙에 의거 차기회 상정가능

정 답 ▸ ③

14 대통령의 권한 가운데 국가원수로서 국정을 조정할 수 있는 권한으로 묶여진 것은?

① 헌법개정 제안권, 국민투표부의권, 임시국회소집요구권, 사면권

② 긴급명령권, 계엄선포권, 위헌정당해산제소권

③ 조약체결 · 비준권, 외교사절 신임 · 접수 · 파견권, 선전포고 및 강화권

④ 대법원장 · 국무총리 · 감사원장 · 대법관 · 헌법재판소의 장 임명권

⑤ 계엄선포권, 영전수여권, 명령제정권

해 설 ▸ ② 헌법수호권, ③ 국가대표권, ④ 헌법기관구성권

정 답 ▸ ①

13 대통령의 긴급명령으로 지방자치법이 폐지되었으나 국회의 승인을 얻지 못하는 경우 지방자치법은 어떻게 되는가?

① 계속 폐지된다.

② 폐지되었던 순간부터 효력을 회복한다.

③ 승인을 얻지 못한 순간부터 효력을 회복한다.

④ 폐지되었던 순간부터 효력을 상실한다.

해 설 ▸ 긴급명령은 사후 국회승인 필요

정 답 ▸ ③

05 국가 기관의 구성과 기능 (2)

1 법원과 사법권의 독립

(1) 사법

- ❶ **의미** : 헌법 질서의 수호와 기본권 보장을 목적으로 법을 해석하고 적용하여 분쟁을 해결하는 국가 작용, 사회 질서를 유지하고 권리를 보호하는 국가 활동
- ❷ **사법부** : 권리 분립의 원리에 따라 사법권을 담당하는 헌법 기관

(2) 사법권의 독립

- ❶ **의미** : 법관이 외부의 간섭이나 영향을 받지 않고, 오로지 헌법과 법률에 의거하여 양심에 따라 심판할 수 있어야 한다는 원칙
- ❷ **목적** : 행정권의 영향력 배제, 공정한 재판의 실현 → 기본적 인권의 보장
- ❸ **법원의 독립** : '사법권은 법관으로 구성된 법원에 속한다(헌법 제110조 제1항).'
  - 입법부로부터의 독립 : 국회 의원과 법관의 겸직 금지, 대법원의 규칙 제정권
  - 행정으로부터의 독립 : 법원의 조직과 법관의 자격을 법률로 규정, 법원의 명령 · 규직 · 처분 심사권
- ❹ **법관의 독립**
  - 직무상 독립 : 법관은 헌법과 법률에 의하여 그 양심에 따라 독립하여 심판함 (헌법 제103조)
  - 신분상 독립 : '법관은 탄핵 또는 금고 이상의 형의 선고에 의하지 아니하고는 파면되지 않으며, 징계 처분에 의하지 아니하고는 정직 · 감봉 · 기타 불리한 처분을 받지 않는다(제106조 제1항)'.

2 제판 제도

- ❶ **재판의 종류** : 민사 재판, 형사 재판, 행정 재판, 선거 재판
- ❷ **공정한 재판을 위한 원칙** : 공개 재판주의, 증거 재판주의

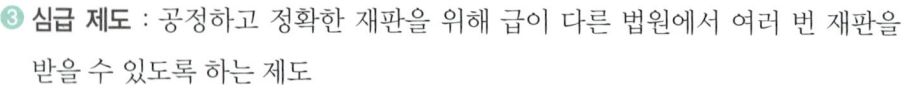
❸ **심급 제도** : 공정하고 정확한 재판을 위해 급이 다른 법원에서 여러 번 재판을 받을 수 있도록 하는 제도

🍃 **공개 재판주의**
　재판의 심리와 판결을 원칙적으로 국민 앞에 공개하는 것을 말한다. 단, 국민 전체의 행복, 국가 안전 보장 등을 해할 염려가 있을 때에는 심리에 한하여 법원의 결정으로 공개　하지 않을 수 있다.
🍃 **증거 재판주의** : 재판의 객관성과 공정성을 확보하기 위해 재판의 사실 인정은 증거에 의한다는 원칙
🍃 **심급 제도**
　원칙적으로 3심제, 예외적으로 2심제(특허 재판, 지방 의회 의원과 자치구 · 시 · 군의 장의 선거 소송), 단심제(대통령, 국회 의원, 시 · 도지사 선거 소송)

 3　법원의 조직

(1) 대법원

❶ 대법원장과 대법관으로 구성된 최고 법원, 현재 대법원장 포함 13인으로 구성
❷ 고등 법원 · 지방 법원 합의부 · 특허 법원의 상고 사건 및 재항고 사건, 선거 소송(대통령, 국회의원, 시 · 도지사) 담당, 명령 · 규칙 · 처분 심사

(2) 고등 법원 : 지방 법원과 가정 법원 합의부 · 행정 법원의 항소 사건과 항고 사건, 선거 소송(지방 의회 의원, 자치구 · 시 · 군의 장) 담당

(3) 지방 법원 : 지방 법원 단독 판사 · 지방 법원 지원은 1심 사건, 이에 대한 항소는 지방 법원 합의부가 담당, 무거운 사건의 경우에는 지방 법원 합의부가 1심 재판

(4) 기타 법원

❶ **가정 법원** : 지방 법원과 동급, 가사 · 소년 사건의 1심 담당
❷ **행정 법원** : 지방 법원과 동급, 행정 재판 담당, 사전에 행정 심판을 거칠 수 있음
❸ **특허 법원** : 고등 법원과 동급, 특허청 내 특허 심판원에서 1차 심판함, 1심은 특허 법원, 최종심은 대법원

(5) 군사 법원(특별 법원) 군인, 군무원의 범죄나 일반 국민의 특별한 군사 범죄를 재판함

🍃 **상소 제도**
　• 항소 : 1심 판결에 불복하여 2심 재판을 청구하는 것
　• 상고 : 2심 판결에 불복하여 3심 재판을 청구하는 것
　• 항고, 재항고 : 판결 이외의 법원의 결정이나 명령에 불복하여 상급 법원에 상소하는 것

사법권 독립은 곧(심판) 독립의 원칙 내지 판결의 자유를 목표로 하는 것이다. 이와 같은 재판 독립의 원칙 내지 판결의 자유는 입법부나 행정부로부터의 법원의 독립과 그 자율성, 그리고 재판에 있어서 어떠한 내외적 간섭도 받지 않는 법관의 직무상 독립과 신분상의 독립에 의하여 실현된다. 재판 독립의 원칙을 내용으로 하는 사법권의 독립은 원래 전제 군주에 의한 자의적인 재판이나 행정부 내의 기관에 의한 행정 사건의 재판을 배제함으로써, 시민의 자유와 권리를 보장하여 줄 수 있는 민주 사법을 지향하는 것이어야 한다. 그러므로 사법권의 독립은 행정부의 지배력이 미치는 특별 법원이나 행정 기관이 종심(終審)을 담당하는 재판을 배격하고, 그 대신 입법권과 행정권으로부터 독립한 법원이 법과 양심에 따라서 하는 공정하고 정당한 재판을 확보하려는 데 그 제도적 의의가 있다. 바꾸어 말하면 사법권의 독립은 권력 분립의 원리를 실현하기 위한 것일 뿐 아니라, 민주적 법치 국가에 있어서 법질서의 안정적 유지와 국민의 자유 및 권리의 보장을 완벽한 것이 되게 하기 위하여 공정한 재판을 확보하기 위한 제도이다. 공정한 재판의 확보는 사법권의 독립이 보장되지 아니하고는 달성될 수 없다. 이러한 의미에서 사법권의 독립은 그 자체가 목적이 아니라 공평한 재판에 의한 인권의 보장, 특히 소수자 보호와 헌법 보장이라는 임무를 완수하기 위한 불가결의 헌법 원리의 하나이다. 물론 사법권의 독립이라 할지라도 그 구체적인 성격이나 내용은 헌법에 따라 반드시 동일하지는 않다. 한국 헌법에 있어서 사법권의 독립은 법원의 자치를 위한 법원의 독립과 또한 재판의 독립을 위한 법관의 독립을 그 내용으로 한다. 현행 헌법은 제 101조 제1항에서 '사법권은 법관으로 구성된 법원에 속 한다'(권력의 분립)고 하여, 입법부와 행정부로부터 법원을 독립시키고 있다. 그뿐 아니라 제 102조 제3항에서는 '대법원과 각급 법원의 조직은 법률로 정한다'(법률에 의한 법원 조직)고 하고, 또 제 108조에서는 '대법원은 법률에 저촉되지 아니하는 범위 안에서 소송에 관한 절차, 법원의 내부 규율과 사무 처리에 관한 규칙을 제정할 수 있다.'(법원의 자율권)고 하여 법원의 독립을 뒷받침하고 있다. 그리고 제 102조에서는 '법관은 헌법과 법률에 의하여 그 양심에 따라 독립하여 심판 한다'고 하여, 구체적 사건을 재판함에 있어서 법관의 직무상의 독립을 규정하였다. 제 105조에서는 법관의 임기제·정년제를, 제 101조 제 3항에서는 법률에 의한 법관 자격을, 제106조 제1항에서는 법관의 신분보장을 각각 규정하여 법관의 직무상의 독립을 뒷받침하기 위한 신분상의 독립을 보장하고 있다.

🖋 **자료해설** : 재판의 독립 원칙을 핵심 내용으로 하는 사법권의 독립은 원래 전제 군주에 의한 자의적인 재판이나 행정 기관에 의한 행정 재판을 배제함으로써 '민주 사법'을 실현하려는 것이었다. 그러므로 사법권의 독립은 입법권과 행정권으로부터 독립한 법원이 법과 양심에 따라 판단하는 공정하고 적당한 재판 제도를 확보하려는 데에 그 제도적 의의가 있다. 즉, 사법권의 독립은 권력 분립의 원리를 실천하고 민주적 법치 국가에서 법질서를 안정적으로 유지하며, 국민의 자유와 권리를 완벽하게 보장하기 위해 공정하고 정당한 제판을 확보하는 것이 목적인 것이다. 이렇게 볼 때, 사법권의 독립은 그 자체가 목적이 아니라, 공정하고 정당한 재판을 통한 인권 보장 및 법질서 유지와 헌법 수호라는 목적을 달성하려는 수단적 헌법 원리라 할 수 있다.

4 헌법 재판소

(1) 지위와 구성

❶ **지위** : 기본권 보장 기관, 헌법 수호 기관, 헌법 해석과 관련된 분쟁을 사법적 절차에 따라 해결하는 헌법 기관

❷ **구성** : 대통령, 국회, 대법원장이 각각 3명씩 지명한 9인의 재판관으로 구성

◉ **헌법 재판소의 의결 정족수**
- 9인 중 6인 이상의 찬성 필요 : 탄핵 심판, 위헌 법률 심판, 정당 해산 심판, 헌법 소원 심판
- 7인 이상의 참석, 참석자 과반수 찬성 필요 : 기관 쟁의 심판

(2) 권한

권한	심판 청구자	내용
위헌 법률 심판권	법원의 제청	법률의 위헌 여부 심판→위헌으로 결정되면 해당 법률은 즉시 효력 상실
탄핵 심판권	국회의 소추	헌법과 법률이 정한 공무원 탄핵 심판→해당 공무원을 공직에서 파면
정당 해산 심판권	정부의 제소	정당의 목적·활동이 민주적 기본 질서에 위배되는지 심판
기관 쟁의 심판권	해당 기관의 제소	국가 기관이나 지방 자치 단체 간의 권한 분쟁을 심판
헌법 소원 심판권	국민	공권력의 행사, 불행사로 인해 기본권을 침해당한 경우 권리 구제를 청구

◉ **위헌 법률 심판과 헌법 소원**
법원에 계속 중인 사건의 소송 당사자가 법률의 위헌 여부를 헌법 재판소에 제청하여 줄 것을 법원에 신청하였으나 법원이 이를 받아들이지 않을 경우, 그 소송 당사자는 헌법 재판소법에 따라 헌법 재판소에 직접 법률의 위헌 여부를 심판하여 줄 것을 청구할 수 있다. 이렇게 하면 '헌법 소원'이 된다.

◉ **권리 구제형 헌법 소원**
- 공권력의 행사 또는 불행사가 존재할 것
- 공권력의 행사 또는 불행사로 말미암아 헌법상 보장된 자신의 기본권이 직접적이고 현실적으로 침해되었을 것
- 다른 법률에 구제 절차가 있는 경우에는 그 절차를 모두 마친 후일 것
- 권리 보호의 필요성이 있을 것
- 기본권 침해의 사유가 발생하였음을 안 날로부터 90일 이내, 사유가 발생한 날로부터 1년 이내일 것

◉ **위헌 법률 심사형 헌법 소원**
- 문제된 법률의 위헌 여부가 재판의 전제가 되었을 것
- 법원이 청구인의 위헌 법률 심판 제청 신청을 기각했을 것

🔖 **자료해설** : 헌법 소원의 두 종류 중 권리 구제형 헌법 소원이 본래의 헌법 소원이다. 위헌 법률 심사형 헌법 소원은 어디까지나 위헌 법률 심판이 이루어지지 않게 된 경우에 예외적으로 청구할 수 있을 뿐이다. 특히 법률이 별도의 집행 행위를 기다리지 않고 직접적으로, 그리고 지금 현재 헌법상 보장된 기본권을 침해하는 경우에는 법률에 대한 헌법 소원(권리 구제형)도 가능하다.

5 지방 자치

(1) 의미와 형태

❶ **의미** : 일정한 지역의 주민이 스스로 지방 정부를 구성하여 그 지역의 사무를 자율적으로 처리하는 제도 → 주민자치, 권력 분립의 원리 실현, 풀뿌리 민주주의

❷ **형태**

형 태	내 용	의 의
주민 자치	지역 사회의 정치와 행정을 그 지역 주민 스스로 처리	정치적 의미의 지방 자치, 자기 통치의 원리
단체 자치	국가로부터 상대적으로 독립된 지방 정부가 중앙 정부의 간섭을 받지 않고 자치를 실현	법률적 의미의 지방 자치, 지방 분권의 원리

❸ **지방 자치 단체의 권한**

- 자치 행정권 : 주민의 복리에 관한 사무를 처리하는 권한
- 자치 입법권 : 지방 의회의 조례 제정권과 지방 자치 단체장의 규칙 제정권
- 자치 재정권 : 지방 자치 단체의 재산을 형성하고 유지할 수 있는 권한
- 주민 투표 실시권 : 주민에게 과도한 부담을 주거나 중대한 영향을 미치는 사항에 대해 주민의 의견을 듣고자 주민 투표를 실시할 수 있는 권한

  ⓒ **지방 자치 단체에 대한 국가의 감독 방법**
  - 입법부에 의한 감독 : 법률 제정, 국정 감사 등
  - 행정부에 의한 감독 : 상급 행정 기관에 감독권 부여, 행정 입법, 행정 심판 등
  - 사법부에 의한 감독 : 행정 재판

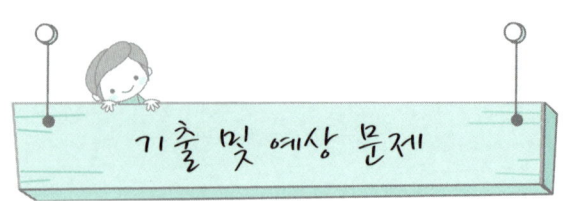

01 다음 헌법 조항이 궁극적으로 지향하는 바를 가장 옳게 지적한 것은?

- 법관의 자격은 법률로 정한다(제101조 제 3항).
- 법관은 헌법과 법률에 의하여 그 양심에 따라 독립하여 심판한다(제103조).
- 법관은 탄핵 또는 금고 이상의 형의 선고에 의하지 아니하고는 파면되지 않으며, 징계 처분에 의하지 아니하고는 정직·감봉·기타 불리한 처분을 받지 않는다(제106조 제1항).

① 법관의 신분 보장
② 권력 분립 정신의 실현
③ 재판 진행의 효율성 향상
④ 공정하고 정당한 재판 보장

해설 재판의 독립
제시된 헌법 조항들은 법관의 독립을 통해 재판의 독립을 보장하고, 나아가 사법부의 독립을 보장하기 위한 것이다. 사법부의 독립은 외부의 간섭으로부터 벗어나 법관의 양심에 따라 공정하고 정당한 재판을 하기 위해서이다.

바로잡기 ① 법관의 신분 보장 자체가 목적이 아니라 이를 통해 외부의 간섭에서 벗어나 공정하고 정당한 재판을 하기 위해서이다.

정답 ④

02 다음에 나타난 국가 작용에 대한 설명으로 옳지 않은 것은?

○○법원은 23일 ○○시가 "가로등 침수 감전사로 사망한 이모 씨의 유족한테 물어줄 손해 배상의 진짜 책임은 한국 전력 공사 쪽에 있으니 돈을 내놓으라."며 한전을 상대로 낸 구상금 청구 소송에서 원심을 깨고 원고 패소 판결했다. 재판부는 판결문에서 "이 사건 가로등에 전기를 공급할 당시 시행 중이던 전기 설비 기술 기준에는 가로등에 누전 차단기 설치를 강제하는 규정이 없었으므로 피고인 한전이 전기 공급 점검을 소홀히 한 과실이 있다고 할 수 없다."며 감전사의 책임을 지방 자치 단체에만 있다고 판결했다.

① 법을 적용하는 국가 작용이다.
② 국민의 기본권을 보호하는 역할을 수행한다.
③ 법이 무엇인가를 판단하고 선언하는 작용이다.
④ 공익을 실현하기 위한 능동적인 국가 작용이다.

해설 사법 작용
제시문의 사례에서 ○○시는 법원에 소송을 제기하였다. 따라서 사례를 통해 확인할 수 있는 국가 작용은 사법작용임을 알 수 있다. 법을 집행하는 국가 작용인 행정이 공익을 실현하기 위해 법의 내용을 적극적으로 실현하는 것이라면, 사법은 법을 적용하는 국가 작용으로서, 당사자의 신청을 전제로 법적 분쟁의 해결을 위해 법의 내용을 소극적으로 확인하는 것이라고 할 수 있다. 그리고 사법은 현존의 법 질서를 유지하고 사회 질서를 확립하는 고유의 기능을 통하여, 궁극적으로 헌법 적서를 수호하며 국민의 기본권을 보호하는 역할을 수행한다.

바로잡기 ④ 사법은 당사자의 신청이 있어야 발휘되는 소극적 혹은 수동적 국가 작용에 해당한다.

정답 ④

03 다음 사례에 대한 옳은 분석만을 〈보기〉에서 있는 대로 고른 것은?

> 헌법 재판소는 지방 자치 단체가 300가구 이상 공동 주택 입주자에게 학교 용지 부담금을 부과토록 한 '학교 용지 확보에 관한 특례법' 관련 조항에 대해 위헌 결정을 내렸다.

보기
ㄱ. 재판은 정부의 제소에 의해 이루어졌다.
ㄴ. 위 결정에 의해 해당 법률 조항은 효력을 상실한다.
ㄷ. 국회 혹은 정부는 이번 결정에 대해 불복 절차를 밟을 수 있다.

① ㄱ ② ㄴ ③ ㄷ ④ ㄱ, ㄴ

해설 헌법 재판소의 위헌 법률 심판권
ㄴ. 헌법 재판소에 의해 위헌으로 판결된 법률안은 그 효력을 상실하게 된다.

바로잡기 ㄱ. 헌법 재판소의 위헌 법률 심판권은 법원의 제청 혹은 국민의 심판 청구에 의해 행사된다. ㄷ. 헌법 재판소에 의한 위헌 법률 심판은 최종적인 것이기 때문에 국회나 정부 모두 이에 순응해야 한다.

정답 ②

04 다음에 나타난 문제점을 해결하기 위한 타당한 방안만을 〈보기〉에서 있는 대로 고른 것은?

> 지방 자치제 실시 이후 각종 비리에 연루돼 사법 처리된 자치 단체장과 지방 의회 의원의 비율이 계속 증가해 온 것으로 밝혀졌다. 특히 제3기자치 단체장의 경우 뇌물 수수, 선거법 위반 등에 의한 기소율이 무려 31.5%롤 단체장 세 명 가운데 한 명 꼴로 사법 처리된 것으로 드러났다. 행정 안전부가 국회에 제출한 '지방 자치 단체장과 지방 의회 의원 사법 처리 현황'에 따르면 지방 자치 단체장의 경우 1기 245명 가운데 23명(9.3%), 2기 248명 가운데 60명(24.2%)이 기소되는 등 지속적인 증가 추세를 보인 것으로 확인됐다. 특히 3기 지방 자치 단체장의 경우 전체 248명 가운데 78명(31.5%)이 기소됐으며 이 가운데 29명이 뇌물 수수와 횡령 등 이른바 파렴치범인 것으로 드러났다.

보기
ㄱ. 현행 주민 소환제 청구 요건을 완화한다.
ㄴ. 지방 행정 과정을 주민들에게 공개하여 투명성을 높인다.
ㄷ. 지방 자치 단체장의 선출 과정에서 국회가 동의권을 행사한다.
ㄹ. 시민 단체, 언론 등 비공식적 정치 참여자의 감시 활동을 보장한다.

① ㄱ, ㄴ ② ㄴ, ㄷ ③ ㄷ, ㄹ ④ ㄱ, ㄷ, ㄹ

해설 지방 자치제가 나아가야 할 길
지방 자치제는 주민 스스로 공동체의 운영에 참여한다는 풀뿌리 민주주의를 실현하는 제도적 장치이지만, 제시문에서처럼 주민 투표로 뽑힌 지방 자치 단체의 장과 지방 의회 의원이 부정부패를 일삼으면, 지방 자치제의 실시 의의를 무의미하게 할 수 있다. 이를 막기 위해서는 ㄱ, ㄴ, ㄹ과 같은 방안들이 마련되어야 한다.

바로잡기 ㄷ. 지방 자치제는 지방의 일을 주민 스스로 처리하는 것을 의미하기 때문에 주민 투표에 의해 선출된 지방 자치 단체의 장을 국회가 동의권을 행사하는 것은 중앙 정부가 지방 정부를 통제하는 것이 되고, 이는 지방 자치제를 부정하는 것이기 때문에 바람직하지 않다.

정답 ④

05 다음 기사의 A에 대한 설명으로 가장 적절한 것은?

> A는 국민건강보험공단의 조직-인사-보수 규정을 보건 복지부 장관 승인 후 결정토록 한 국민건강보험법이 헌법에 규정된 단체 교섭권과 평등권을 침해한다며 박모 씨 등 36명이 낸 위헌 법률 심판 제청 신청을 기각하였다. 재판부는 결정문에서 노사 단체 협약 후 제3자인 복지부 장관의 개입으로 근로자들의 단체 교섭권이 어느 정도 제약 되는 것이 사실이지만 공공 업무를 수행해야 하는 공단의 성격상 신청인들에 대한 차별에는 정당한 목적과 합리적 근거가 있으므로 부당한 차별이라고 볼 수 없다고 그 이유를 밝혔다.

① 총 9인의 재판관으로 구성된다.
② 최고의 헌법 수호 기관에 해당한다.
③ 국회의 탄핵 소추가 있을 경우 이를 최종 심판한다.
④ 구성원은 정당에 가입하거나 정치에 관여할 수 없다.

해 설 법원의 성격
제시글에서 '위헌 법률 심판 제청 신청을 기각'이라는 표현을 통해 A는 법원에 해당함을 알 수 있다. 위헌 법률 심판권은 헌법 재판소의 권한에 해당함을 알 수 있다. 위헌 법률 심판권은 헌법 재판소의 권한에 해당하지만 심판 제청은 법원의 권한에 해당한다. 사법부의 구성원은 정치적 중립을 지키기 위해 정당에 가입하거나 정치에 관여할 수 없다.

바로잡기 ①, ②, ③ 헌법 재판소에 대한 설명이다.
정 답 ④

06 다음 내용 중 헌법재판소의 권한을 바르게 묶은 것은?

> ㉠ 법원의 위헌법률심사제청이 있을 때 법률이 헌법에 위반되는지의 여부를 심판한다.
> ㉡ 국회로부터 탄핵소추를 받은 자가 있을 경우 이를 심판한다.
> ㉢ 명령, 규칙, 처분이 헌법이나 법률에 위반되는지의 여부를 최종적으로 심판한다.

① ㉠, ㉢   ② ㉠, ㉡, ㉢   ③ ㉠, ㉡   ④ ㉠

해 설 헌법재판소는 다음 사항을 관장한다.
① 법원의 제청에 의한 법률의 위헌여부 심판
② 탄핵의 심판
③ 정당의 해산 심판
④ 국가기관 상호간, 국가기관과 지방자치단체 간 및 지방자치단체 상호간의 권한쟁의에 관한 심판
⑤ 법률이 정하는 헌법소원에 관한 재판
정 답 ③

07 다음 기사의 △△△의 임명 동의안이 국회에서 통과될 경우 이후의 행동 모습으로 볼 수 있는 것을 〈보기〉에서 고른 것은?

> 법원은 내달 17일 퇴임하는 ○○○의 후임으로 △△△대전 고법 부장 판사를 대통령에게 임명 제청했다고 23일 밝혔다. 대통령이 대법원장의 임명 제청을 수용할 경우 금명간 국회에 후보자의 임명 동의를 요구하고, 국회는 인사 청문회를 거친 뒤 표결로 동의안을 처리하게 된다.

① ㄱ, ㄴ　　　　② ㄱ, ㄷ　　　　③ ㄴ, ㄷ　　　　④ ㄴ, ㄹ

해 설 대법원의 기능

대법원장이 제청하고 국회의 동의를 구하고 있는 것으로 보아 △△△은 대법관 후보자임을 알 수 있다. 왜냐하면 헌법에서 대법원의 대법관은 대법원장이 제청하고 국회의 동의로 선출할 것을 규정하고 있기 때문이다. 일반 판사라면 국회의 동의가 필요 없다. 따라서 만약 임명 동의안이 국회를 통과하고 △△△이 신임 대법관이 되면 △△△은 대법원이 가지는 역할을 수행할 것임을 알 수 있다. ㄱ. 2심 재판에서 대법원에 3심을 청구하는 것을 상고라 한다. ㄷ. 대법원은 명령이나 규칙의 법률 위반 여부를 판단하다.

바로잡기 ㄴ. 정당 해산 심판권은 헌법 재판소의 권한에 해당한다. ㄹ. 국가 기관이나 지방 자치 단체의 권한과 관련된 분쟁을 심판하는 기관 쟁의 심판권은 헌법 재판소의 권한에 해당한다.

정 답 ②

08 그림은 어느 재판의 절차를 보여 주고 있다. 이 재판에 대한 타당한 설명만을 〈보기〉에서 있는 대로 고른 것은?

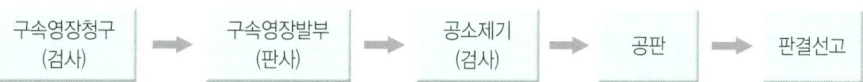

구속영장청구 (검사) → 구속영장발부 (판사) → 공소제기 (검사) → 공판 → 판결선고

① ㄱ, ㄴ　　　　② ㄴ, ㄷ　　　　③ ㄷ, ㄹ　　　　④ ㄱ, ㄷ, ㄹ

해 설 형사 재판

검사, 구속 영장 등을 통해 제시된 재판 설차는 형사 재판 절차임을 알 수 있다. 형사 재판은 범지 행위를 심판 내용으로 하는 재판으로, 재판을 청구한 사람인 원고는 검찰이며 피고인은 죄의 혐의가 있는 자이다. 반면, 민사 재판의 원고는 소송을 제기한 일반인이며 피고는 소송을 당한 사람이다.

바로잡기 ㄷ. 개인의 권리와 의무에 관한 다툼은 민사 재판에서 취급한다.

정 답 ④

09 법원에 관한 설명 중 옳지 않은 것은?

① 정치적 사건을 사법적 절차에 따라 해결하는 곳은 대법원이다.

② 명령, 규칙, 처분의 최종적인 심사는 대법원이 한다.

③ 군사법원의 상고심은 대법원이 담당한다.

④ 민주적 사법제도 2대원칙은 증거재판주의와 공개재판주의이다.

해 설 정치적 사건을 담당. 헌법상의 독립된 기관, 정치적 중립기관으로서 지위를 지니는 기관은 헌법재판소이다.

정 답 ①

10 〈보기〉에서 대법원이 담당하는 것을 모두 고르면?

> **보기**
>
> ㉠ 항소 사건   ㉡ 상고 사건
>
> ㉢ 선거 재판   ㉣ 항고 사건
>
> ㉤ 위헌 법률 심사   ㉥ 명령 · 규칙 · 처분 심사

① ㉠, ㉢, ㉣   ② ㉠, ㉢, ㉤   ③ ㉡, ㉢, ㉥   ④ ㉡, ㉣, ㉥

해설 대법원은 최고 법원으로서 모든 사건의 최종심을 담당한다. 즉, 상고사건, 재항고사건, 단심제인 선거재판을 담당하며, 명령 · 규칙 · 처분의 헌법 위반 혹은 법률 위반 여부를 최종적으로 심사할 권한을 가진다.

정답 ③

11 다음 보기의 사건을 최종적으로 판단할 수 있는 기관은?

> **보기**
>
> ㉠ 경기도 조례의 일부조항이 헌법에 위반되는지의 여부가 재판의 전제가 되었다.
>
> ㉡ 경기도지사의 부동산 소유권 귀속에 관한 명령에 불복해 법적 소송으로 진행되었다.

① 헌법재판소   ② 지방법원 합의부

③ 고등법원   ④ 대법원

해설 ㉠㉡ 위법명령규칙 처분심사권

정답 ④

12 헌법재판소가 담당하는 헌법재판 중 지방자치단체장 선출을 정부임명제에서 주민선거제로 바꿈으로써 크게 증가할 것으로 예상되는 권한은?

① 위헌법률 심판권   ② 탄핵 심판권

③ 기관쟁의 심판권   ④ 정당 해산 심판권

해설 중앙정부와 지방정부 간의 마찰 증대가 예상 된다

정답 ③

13 다음 사례에 대한 옳은 분석만을 〈보기〉에서 있는 대로 고른 것은?

> 헌법 재판소는 지방 자치 단체가 300가구 이상 공동 주택 입주자에게 학교 용지 부담금을 부과토록 한 '학교 용지 확보에 관한 특례법' 관련 조항에 대해 위헌 결정을 내렸다.

> **보기**
>
> ㄱ. 재판은 정부의 제소에 의해 이루어졌다.
>
> ㄴ. 위 결정에 의해 해당 법률 조항은 효력을 상실한다.
>
> ㄷ. 국회 혹은 정부는 이번 결정에 대해 불복 절차를 밟을 수 있다.

① ㄱ   ② ㄴ   ③ ㄷ   ④ ㄱ, ㄴ

해설 헌법 재판소의 위헌 법률 심판권

ㄴ. 헌법 재판소에 의해 위헌으로 판결된 법률안은 그 효력을 상실하게 된다.

바로잡기 ㄱ. 헌법 재판소의 위헌 법률 심판권은 법원의 제청 혹은 국민의 심판 청구에 의해 행사된다. ㄷ. 헌법 재판소에 의한 위헌 법률 심판은 최종적인 것이기 때문에 국회나 정부 모두 이에 순응해야 한다.

정답 ②

Chapter 04

법의 이념과 권리, 의무

 01 법의 의의와 구조

1 사회 규범과 사회생활

(1) 사회 규범

사회 구성원들의 합의에 의해 만들어진 당위의 법칙으로서 시간과 공간에 따라 다양성, 상대성, 가변성을 가짐.

(2) 사회 규범의 종류

관습	일정한 행위가 오랫동안 반복됨에 따라 사회적 행위의 기준이 된 것
종교	종교상의 계율이 사회 구성원의 행위 규범으로 인정 된 것
도덕	선(善)의 구현 및 사회의 존속과 평화를 위해 필요한 가치의 기준
법	그 내용과 집행 및 제재의 방법을 명확하게 제도화 해놓은 규범

(3) 사회 규범의 변천

❶ 내용의 단순화에서 복잡화로

❷ 사적인 제재에서 공적인 제재로

❸ 관습, 도덕, 종교 중심에서 법 중심으로

📁 **법과 도덕의 비교**

법	도덕
정의의 실현	선의 실현
외면적 결과	내면적 양심과 동기
타율성	자율성
강제성	비강제성
양면성(권리, 의무)	일면성(의무)

2 법의 이념

(1) 정의

❶ **의의** : 법이 추구하는 궁극적인 이념, 인간 생활의 궁극적 · 절대적 가치

❷ **내용** : 시대와 상황에 따라 다소 다르게 표현

- 아리스토텔레스 : 정의의 본질은 평등
  - 평균적 정의 : 모든 인간을 동등하게 취급→절대적 평등
  - 배분적 정의 : 능력과 공헌도에 따라 차등 대우→실질적 평등
- 울피아누스 : 각자에게 그의 몫을 돌려주는 항구적 의지
- 현대 국가 : 기본적 인권의 보장, 합리적 차별의 기준을 공정하게 설정

  ⓒ 정의를 강조하는 법언
  - 세상이 망하더라도 정의는 세워라.
  - 정의만이 통치의 기초이다.

(2) 합목적성

❶ **의의** : 법이 추구하는 목적에 맞도록 방향을 설정하는 것

근대 초기(자유 방임주의)	개인의 자유 보장에 보다 높은 가치를 부여
독일의 히틀러 시대	개인보다 국가와 민족을 더욱 강조
현대 복지 국가	개인의 이익과 사회의 공공복리를 동시에 증진

❷ 시대와 사회의 지배적인 가치관에 따라 다름

❸ **정의와 합목적성** : 정의는 추상적 이념, 합목적성은 구체적 기준

  ⓒ 합목적성을 강조하는 법언
  - 국민이 원하는 것이 법이다.
  - 민중의 행복이 최고의 법률이다.

(3) 법적 안정성

❶ 의의 : 사회생활이 법에 의해 안정되게 보호 또는 보장되고 있는 상태

❷ 요건 : 무분별한 변동 금지, 내용의 명확성(성문법주의), 실현 가능성, 국민의 법의
식과의 합치

❸ 사례 : 시효제도, 사법상의 점유 보호

> 🍀 법적 안정성을 강조하는 법언
> * 악법도 법이다.
> * 정의의 극치는 부정의의 극치이다.
> * 정의롭지 못한 법도 무질서보다는 낫다.
> * 정의는 망해도 세계는 살아야 한다.
> * 권리 위에 잠자는 자는 보호받지 못한다.

(4) 법이념 간의 상호 관계

❶ 상호 모순되면서도 협력 · 보완하는 관계

❷ 조화로운 조정이 원칙이나, 궁극적으로 정의의 원칙인 인간의 자유로운 권리를
우선시함

 심화 학습 ── 법적안정성

(가) 모든 법률에 공통된 원칙이지만, 주로 형법에서 문제되며, 죄형 법정주의의 파생
원칙의 하나로서 형법 불소급의 원칙 또는 소급 입법 금지의 원칙이라고도 하고,
영미법에서는 사후 입법의 금지라고도 한다.

(나) 일정한 사실 상태가 법률이 정한 기간 동안 계속된 경우, 그 사실상의 상태가 진실
된 법률관계와 일치하는지에 관계없이 그대로 존중하고 그에 적합한 법률 효과를
발생시키는 제도이다. 이 제도의 존재 이유는 사회 질서의 안정, 입증 곤란의 구제,
권리 행사의 태만에 대한 제재 등 이다.

📖 **자료해설** : (가)는 법률 불소급의 원칙이다. 사람들은 기존의 법률에 따라 생활 관계를 형성하고, 또 미래에 대
한 설계와 준비까지 하고 있는데, 새로운 법률로써 그것을 불법화하거나 무효로 선언하게 되면, 이는 법 생활
의 안녕과 평화에 대한 중대한 침해가 된다. (나)는 시효제도로 민사상으로는 취득 시효와 소멸 시효로, 형사상
으로는 공소 시효로 나타난다. 이러한 시효 제도는 장기간의 경과로 원래의 법률관계를 확인할 증거들이 멸실
되어 버렸다는 현실적 곤란, 또는 기존의 상태 위에 형성된 여러 법률관계들을 존중할 필요, 그리고 상당 기간
내에 적절한 법적 조치를 하지 않은 권리자나 국가 또한 일정한 책임을 져야 한다는 입장 등이 고려된 것이다.
공소 시효에서 주의할 점은 공소 시효 자체는 법적 안정성과 연관되지만, 공소 시효의 연장이나 폐지는 정의를
강조한다는 것이다. (가), (나) 모두 법의 이념 중 법적 안정성을 강조하는 것과 관련이 있다.

3 법의 분류

(1) 자연법과 실정법 : 상호 보완 관계

	자연법	실정법
의미	시간과 공간을 초월하여 보편 타당하게 적용되는 객관적 질서	특정한 시간과 공간에서 효력을 가지는 법
형태	자연의 질서, 인간의 이성	성문법, 불문법
기본권에 대한 입장	법에 의한 기본권 제한 및 침해 불가	법에 의한 기본권 제한 가능

◑ 자연법과 실정법의 관계
- 실정법의 제정 · 개정 기준 → 자연법
- 자연법의 구체화 → 실정법

(2) 불문법과 성문법 : 법의 존재 형식에 따른 분류

성문법	불문법
• 입법 절차에 따라 조문화된 법 • 헌법, 법률, 명령, 조례, 규칙, 조약	• 성문화되어 있지 않은 법 • 관습법, 조리, 판례법

◑ 불문법의 보충성
우리나라는 성문법 우선의 원칙이 적용 되며, 불문법은 성문법에 대해 보충적 효력을 가진다.
◑ 조리
사람의 건전한 상식으로 판단할 수 있는 사물의 본질적 원리

(3) 공법, 사법 및 사회법 : 법이 규율하는 생활 관계에 따른 분류

공법	• 국가 또는 공공 단체와 관련된 공권력 관계를 다루는 법 • 헌법, 행정법, 형법, 형사 소송법, 민사 소송법
사법	• 사인(私人) 등의 대등한 법률관계를 다루는 법 • 민법, 상법
사회법	• 사적 생활 영역에서 공법적 제재 가미→사법의 공법화 • 노동법, 사회 보장법, 경제법

(4) 실체법과 절차법 : 법이 규정하는 내용에 따른 분류

실체법	• 법률관계 자체의 발생, 변경, 소멸 등을 규정한 법 • 형법, 민법, 상법
절차법	• 권리와 의무를 실현하기 위한 수단과 방법을 규율하는 법 • 형사 소송법, 민사 소송법, 행정 소송법, 채무자 회생 및 파산에 관한 법률

(5) 일반법과 특별법 : 법의 효력 범위에 따른 분류

일반법	• 사람, 장소, 사물에 대하여 보편적으로 적용되는 법 • 민법, 형법
특별법	• 특수한 사람, 장소, 사물에 대해 제한적으로 적용되는 법 • 상법, 군형법, 교육 공무원법, 선원법

ⓒ **일반법과 특별법 구별의 상대성**

상법은 민법에 대해서는 특별법이지만, 은행법이나 보험업법 등에 대해서는 일반법이다.

(6) 국내법과 국제법 : 제정 주체와 효력이 미치는 지역적 범위에 따른 분류

국내법	• 한 나라의 주권이 미치는 범위 내에서 적용되는 법 • 국가와 국민 사이 또는 국민 상호 간의 권리, 의무 규율
국제법	• 다수 국가들 사이에 적용되는 법 • 국제 상호 간의 관계 또는 국제 조직 등에 대하여 규율 • 조약, 국제 관습법, 법의 일반 원칙

ⓒ **국제법의 효력**

헌법에 의하여 체결·공포된 조약과 일반적으로 승인된 국제 법규는 국내법과 같은 효력을 가진다(헌법 제6조 제1항).

 심화 학습 ▶ **사회법**

(가) 이 법은 대한민국 헌법의 평등 이념에 따라 고용에서 남녀의 평등한 기회와 대우를 보장하고 모성 보호와 여성 고용을 촉진하여 남녀 고용 평등을 실현함과 아울러 근로자의 일과 가정의 양립을 지원함으로써 모든 국민의 삶의 질 향상에 이바지하는 것을 목적으로 한다.

(나) 이 법은 소비자의 권익을 증진하기 위하여 소비자의 권리와 책무, 국가·지방 자치 단체 및 사업자의 책무, 소비자 단체의 역할 및 자유 시장 경제에서 소비자와 사업자 사이의 관계를 규정함과 아울러 소비자 정책의 종합적 추진을 위한 기본적인 사항을 규정함으로써 소비생활의 향상과 국민 경제의 발전에 이바지함을 목적으로 한다.

(다) 이 법은 헌법에 의한 근로자의 단결권·단체 교섭권 및 단체 행동권을 보장하여 근로 조건의 유지·개선과 근로자의 경제적·사회적 지위 향상을 도모하고, 노동관계를 공정하게 조정하여 노동 쟁의를 예방·해결함으로써 산업 평화의 유지와 국민 경제의 발전에 이바지함을 목적으로 한다.

🖊 **자료해설** : (가)는 남녀 고용 평등과 일·가정 양립 지원에 관한 법률, (나)는 소비자 기본법, (다)는 노동조합 및 노동관계 조정법으로 모두가 사회법이다. 우리나라에서는 사회법이 공법과 사법의 중간인 제3의 법역(法域)을 나타내는 의미로 이해되고 있다. 자본주의가 발달하면서 초래된 경제적 약자와 강자의 대립과 사회적 불균형에 대한 반성, 개인의 생존 보장(生存保藏)에 대한 필요성이 대두됨에 따라 공법과 사법의 중간 영역에 해당되는 사회법의 발달을 보게 되었다. 이는 바이마르 헌법을 비롯하여 20세기 각국의 헌법에서 재산권에 대한 제한과 사회적 기본권의 보장으로 나타났다. 사회법은 사법의 재산권 절대의 원칙과 계약 자유의 원칙에 대하여 공법상의 제한을 가함으로써 공법과 사법의 융화, 공법의 사법에의 침투, 사법의 공법화 현상 등으로 일컬어진다. 경제법, 노동법, 사회 보장법이 사회법의 범주에 속하며, 공공복리(公共福利)의 이념을 달성하기 위한 국가의 노력이 확대됨에 따라 점차 사회법의 영역은 광범위해지며 대상은 다양해지고 있다.

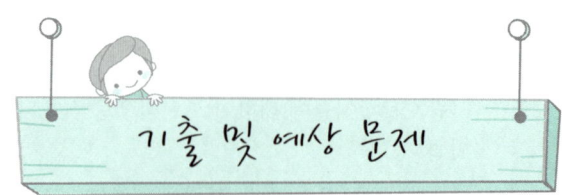

01 다음 법 조항이 강조하는 법의 이념과 관계 깊은 법언이라고 볼 수 없는 것은?

> 형사 소송법 제 249조(공소 시효의 기간)
> ①공소 시효는 다음기간의 경과로 완성한다.
>   1. 사형에 해당하는 범죄는 25년
>   2. 무기징역 또는 금고에 해당하는 범죄에는 15년

① 민중의 행복이 최고의 법률이다.
② 정의의 극치는 부정의의 극치이다.
③ 정의는 망해도 세계는 살아야 한다.
④ 정의롭지 못한 법도 무질서보다 낫다.

해설 제시된 법 조항은 공소 시효에 관한 내용이다. 공소 시효는 법적 안정성을 강조하는 제도이다. ②,③,④. 법적 안정성과 관련된 법언이다. ① 합목적성을 강조하는 법언이다.

정답 ①

02 다음과 같은 제정 목적을 가진 법의 특징으로 옳은 것은?

> 이 법은 사업자의 시장 지배적 지위의 남용과 과도한 경제력의 집중을 방지하고, 부당한 공동행위 및 불공정 거래 행위를 규제하여 공정하고 자유로운 경쟁을 촉진함으로써 창의적인 기업 활동을 조장하고 소비자를 보호함과 아울러 국민 경제의 균형 있는 발전을 도모함을 목적으로 한다.

① 빈부 격차가 심화될 수 있다.
② 자본주의적 요소를 강화한다.
③ 가격 기구의 기능을 신뢰한다.
④ 계약의 자유에 대한 제한적인 요소이다.

해설 제시문은 사회법인 독점 규제 및 공정 거래에 관한 법률의 내용이다. ④계약의 자유라는 사법적 요소에 공법적 제한을 가한 것이다.

정답 ④

[3~4] 다음 자료를 읽고 물음에 답하시오.

> 국민의 모든 자유와 권리는 국가 안전 보장, 질서 유지 또는 공공복리를 위하여 ㉠ 필요한 경우에 한하여 법률로써 제한할 수 있으며, ㉡ 제한하는 경우에도 자유와 권리의 본질적인 내용은 침해할 수 없다(헌법 제37조 제2항).

03 밑줄 친 ⊙이 추구하는 법이념과 관계 깊은 것을 〈보기〉에서 고른 것은?

> **보기**
> ㄱ. 내용이 명확할 것   ㄴ. 법이 함부로 변동하지 않을 것
> ㄷ. 같은 것은 같게, 다른 것은 다르게   ㄹ. 시대와 사회의 지배적인 가치관에 따를 것

① ㄱ, ㄴ   ② ㄱ, ㄷ   ③ ㄴ, ㄷ   ④ ㄴ, ㄹ

해설 ⊙에 나타난 법의 이념은 법적 안정성이다. ㄱ, ㄴ 법적 안정성의 요건으로 이외에도 실현 가능성 국민의 법의식과의 합치 등이 있다. ㄷ정의, ㄹ합목적성과 관련이 있다.

정답 ①

04 밑줄 친 ⊙과 관계 깊은 법이념에 대한 설명으로 옳지 않은 것은?

① 능력에 따른 차별이 가능하다.
② 인간 생활의 궁극적 가치이다.
③ 법이 추구하는 궁극적 이념이다.
④ 시대와 상황에 따라 동일하게 표현된다.

해설 ⊙에 나타난 법의 이념은 정의이다. ① 능력에 따른 차별은 합리적 차별로 배분적 정의이다. ②,③모두 정의와 관련되어 있다. ④ 정의는 시대와 상황에 따라 다르게 표현한다.

정답 ④

05 다음 (가), (나)가 추구하는 공통적인 법이념에 대한 설명으로 옳지 않은 것은?

> (가) 새로운 법률은 그 법률이 효력을 가지기 이전에 발생한 사실에 소급하여 적용되지 않는다.
> (나) 공소가 제기된 범죄가 판결의 확정 없이 공소를 제기한 때로부터 일정 기간을 경과하면 그 효력이 완성된다.

① 법적 효과에 대한 예측 가능성을 강조한다.
② 법의 형식보다는 법의 내용에 중점을 둔다.
③ 법적 관계에 대한 신뢰 보호를 중요하게 여긴다.
④ '정의롭지 못한 법도 무질서보다 낫다.'는 법언과 연관이 있다.

해설 (가)는 법률 불소급의 원칙. (나)는 공소 시효 제도로서 법적 안정성과 연관이 있다. ② 실질적 법치주의이다.

정답 ②

06 밑줄 친 '착한 사마리아 인의 법'을 인정하는 견해와 맥락이 같은 진술은?

> 착한 사마리아 인의 법은 위험에 처한 사람을 구조하는 과정에서 자신이 위험에 빠지지 않았음에도 구조 불이행을 저지른 사람을 처벌하는 법이다. 구조 거부죄 또는 불구조죄라고도 한다.

① 법과 도덕은 엄격하게 구분된다.

② 도덕적 의무의 법적 강제는 가능하다.

③ 법의 강제력은 도덕에 의해 주어진 것이다.

④ 법적 의무는 당연히 도덕상의 의무가 된다.

해설 착한 사마리아 인의 법은 도덕적 의무의 법적 강제이다. 이러한 측면을 강조하는사람은 이 법 제정에 찬성한다.

정답 ②

07 밑줄 친 부분과 동일한 입장이라고 볼 수 있는 것을 〈보기〉에서 고른 것은?

> 생명과 자유, 그리고 행복 추구의 권리를 확보하기 위해 인류는 정부를 조직했고, 어떠한 형태의 정부이든 이러한 목적을 파괴할 경우에는 언제든지 정부를 변혁 내지 폐지하여 인민의 안전과 행복을 가장 효과적으로 가져올 수 있는 <u>새로운 정부를 조직하는 것이 인민의 권리이다.</u>

> 보기
> ㄱ. 악법은 법이 아니다.
> ㄴ. 실정법으로 구체화 된다.
> ㄷ. 정의에 위반하는 법도 일단은 지켜야 한다.
> ㄹ. 구체적으로 존재하지 않은 법은 있을 수 없다.

① ㄱ, ㄴ ② ㄱ, ㄷ ③ ㄴ, ㄷ ④ ㄴ, ㄹ

해설 밑줄 친 부분은 저항권에 관한 표현이다. 저항권은 자연권의 성격을 가진다. ㄱ. 자연법 사상에 의하면 정의에 어긋나는 악법은 법이 아니다. ㄴ. 자연법은 실정법으로 구체화된다. ㄷ. ㄹ법실증주의자들의 주장이다.

정답 ①

08 밑줄 친 '법'에 대한 설명으로 옳지 않은 것은?

> 자연의 질서이건, 신의 섭리 혹은 인간의 이성이건 보편적이고 항구적인 <u>법</u>이 존재한다.

① 실정법의 개정 기준이 된다.

② 관습법은 이러한 법의 한 유형이다.

③ 시간과 공간을 초월하여 보편타당한 질서이다.

④ 국가가 제정하는 법이 따라야 할 기준이다.

해설 밑줄 친 법은 자연법이다. ①,④ 자연법은 국가가 제정하는 실정법의 기준이면서 실정법의 개정 기준이 된다. ② 관습법은 불문법으로 실정법의 일종이다.

정답 ②

[9~10] 다음 글을 읽고 물음에 답하시오.

> 법이 존재하는 형식을 법원(法源)이라 한다. 성문법과 불문법이 이러한 법원에 의한 분류이다. 또한 성문법은 법이 규정하는 내용을 기준으로 실체법과 ㉠ 절차법, 법이 규율하는 생활 관계에 따라 공법과 사법, 그리고 사회법으로 분류된다. 법이 효력이 미치는 범위를 기준으로 ㉡ 일반법과 특별법으로 세분되기도 한다.

09 밑줄 친 ㉠에 대한 설명으로 옳지 않은 것은?

① 모든 절차법은 공법이다.

② 절차법인 민사 소송법은 공법이다.

③ 법률 관계의 발생, 변경, 소멸을 규정한 법이다.

④ 채무자 회생 및 파산에 관한 법률은 절차법의 예이다.

> 해설 절차법은 권리와 의무를 실현하기 위한 수단과 방법을 규율하는 법으로 각종 소송법이 여기에 해당된다. 채무자 회생 및 파산에 관한 법률도 절차법의 일종이다. 그리고 모든 절차법은 공법이다. ③ 실체법에 해당 한다.

> 정답 ③

10 밑줄 친 ㉡에 대한 설명으로 옳지 않은 것은?

① 상법은 민법의 특별법이다.

② 특별법은 제한적으로 적용되는 법이다.

③ 일반법과 특별법의 구분은 상대적이다.

④ 특별법은 일반법에 대해 보충적으로 적용되는 법이다.

> 해설 사람, 장소, 사물에 보편적으로 적용되는 법이 일반법이고, 제한적으로 적용되는 법이 특별법이다. ①상법은 민법의 특별법이다. ③상법은 민법에 대하여는 특별법이지만, 은행법이나 보험업법 등에 대해서는 일반법이다. 따라서 일반법과 특별법의 구분은 상대적이다. ④ 일반법은 특별법에 규정이 없는 경우에 적용되는 법이다.

> 정답 ④

11 다음 자료에서 (가)에 해당하는 사례를 〈보기〉에서 고른 것은? (2009 수능)

> 평등 원칙은 '같은 것은 같게, 다른 것은 다르게'취급함으로써 사회 정의를 실현하기 위한 것이라고 볼 수 있다. 그러므로 모든 차별이 평등 원칙에 위배되는 것은 아니다. 즉, (가)는 평등 원칙에 위배되지만 합리적 차별은 평등 원칙에 위배되지 않는다.

> **보기**
> ㄱ. 여성에게 생리 휴가를 주는 것
> ㄴ. 남성에게 육아 휴직을 허용하지 않는 것
> ㄷ. 이혼한 여성의 재혼을 일정 기간 금지하는 것
> ㄹ. 19세 미만 미성년자의 유흥 주점 출입을 금지하는 것

① ㄱ, ㄴ   ② ㄱ, ㄷ   ③ ㄴ, ㄷ   ④ ㄴ, ㄹ

> 해설 ㄴ. 육아는 여성만의 고유한 일이 아니기 때문에 남성도 여성과 마찬가지로 육아 휴직을 신청할 수 있어야 한다. ㄷ.이혼한 남성과 달리 이혼한 여성에게만 재혼을 일정 기간 금지하는 것을 불합리한 차별이다. 현행 민법은 이혼 여서의 재혼 금지 기간을 폐지하였다. 따라서 ㄴ과 ㄷ은 평등원칙에 위배된다.

> 정답 ③

02 법의 일반 원칙과 법의 적용

법치주의

(1) 법치주의

❶ **의미** : 법의 지배-법으로 권력을 통제함으로써 인간의 자유 보호

❷ **발달** : 미국과 프랑스의 인권 선언, 제2차 세계 대전 후의 독일 헌법

❸ **목적** : 국민의 자유와 권리 보장

❹ **제도적 기초** : 권력 분립

❺ **내용** : 법률의 우위, 법률에 의한 행정, 법률에 의한 재판

(2) 형식적 법치주의와 실질적 법치주의

구분	형식적 법치주의	실질적 법치주의
의미	형식적으로 실정법 규정에 의한 지배가 이루어지는 곳	법의 목적과 내용이 정의에 합치하는 것이어야 한다는 원리
의의	통치의 합법성 중시	통치의 합법성과 함께 정당성 중시
내용	법을 통한 독재 출현 가능성이 있음 (히틀러의 수권법)	인간의 존엄성, 실질적 평등과 같은 정의의 실천을 내용으로 함

ⓒ **법치주의** : 국가나 국민의 자유와 권리를 제한하거나 국민에게 새로운 의무를 부과할 때, 객관적 기준으로서 법에 의하거나 법에 근거가 있어야 한다는 원리, 여기서 법은 의회에서 제정한 법률을 말한다.

ⓒ **실질적 법치주의를 위한 제도** : 헌법 재판, 권력 분립, 행정 재판, 탄핵 제도, 선거 제도, 의회 제도, 사법권의 독립, 복수 정당제, 언론 · 출판 · 집회 · 결사의 자유, 저항권

2 신의 성실의 원칙과 권리 남용 금지

(1) 신의 성실의 원칙

❶ **의미** : 권리 행사와 의무 이행은 신의에 좇아 성실하게 해야 함

❷ **범위** : 모든 법의 원리를 지배하는 대원칙, 채권법의 영역에서 중시

❸ **효력**

● 신의 성실에 반하는 권리 행사 : 권리 남용-무효, 손해 배상

● 신의 성실에 반하는 의무 이행 : 의무 불이행 책임-형벌, 강제 집행, 손해배상

(2) 권리 남용 금지의 원칙

❶ 의미 : 외형적으로는 권리 행사처럼 보이지만, 실질적으로 권리의 사회성 및 공공성에 반하는 행위를 금지한다는 원칙

❷ 적용 : 무효, 손해배상책임, 주로 물권법에 적용

❸ 변천

- 로마 시대 : 자기의 권리를 행사하는 사람은 어느 누구도 해하지 않는다.
- 19세기 : 가해 의사를 요건으로 권리 남용 인정(독일 민법)
- 20세기 : 가해 의사가 없어도 외형상 권리의 사회성 공공성에 반하면 권리 남용 인정(스위스 민법)

❹ 사례

- 권리의 행사가 사회생활상 도저히 인용될 수 없는 경우
- 권리 행사의 형식만 가질 뿐 실제로는 부당한 이익을 얻으려는 방편에 지나지 않는 경우
- 자기에게는 실익이 없으면서 상대방에게는 고통을 주는 경우

  ❂ 신의 성실과 권리 남용 금지
  - 권리의 행사와 의무의 이행은 신의에 좇아 성실히 하여야 한다.〈민법 제2조제1항〉
  - 권리는 남용하지 못한다. 〈민법 제2조 제2항〉

 심화 학습   **법의 일반 원칙 - 비례의 원칙**

법 일반 원칙으로는 법치주의, 적법 절차 원칙, 죄형 법정주의, 신의 성실의 원칙, 권리 남용 금지의 원칙, 비례의 원칙 등이 있다. 이 중에서 비례의 원칙은 두 이해관계가 충돌할 경우에 어느 한 쪽에 치우치지 않고 균형 있게 양자를 보기 위한 원칙이다. 특히 헌법 재판소에서 법률의 위헌성을 판단함에 있어, 당해 법률이 국민의 기본권을 제한하는 정도를 결정하는 기준으로써 사용된다. 헌법 재판소는 비례의 원칙을 다음과 같이 정하고 있다.

먼저 국가의 정책 등의 달성을 위해 국민의 기본권을 법률로 제한하는 경우에는 목적이 정당해야 하고, 그 방법이 적절해야 하며, 국민의 피해를 최소화하는 수단을 사용해야 한다. 또 이러한 요건이 모두 충족된다고 하더라도, 국민의 권리 침해로 인한 마이너스 효과와 정책 달성으로 인한 플러스 효과를 최종적으로 저울질해 보아 국민의 권리 침해 비중이 더 크다면 비례 원칙에 위배되는 것이다.

✎ **자료해설** :과잉 금지의 원칙이란 헌법 제 37조 제 2항에 '국민의 모든 자유와 권리는 국가 안전 보장, 질서 유지 또는 공공복리를 위하여 필요한 경우에 한하여 법률로써 제한할 수 있으며, 제한하는 경우에도 자유와 권리의 본질적인 내용을 침해할 수 없다.'라고 명시된 원칙이다. 이에 비해 비례의 원칙은 주로 판례를 통해 형성된 원칙으로 헌법에는 명시되어 있지 않다. 하지만 국민의 기본권 제한이 법적 정당성을 가질 수 있는 요건들을 제시한다는 점에서 두 원칙은 거의 같은 의미로 쓰이고 있다.

3 법의 해석과 적용

(1) 법의 해석

❶ 의미 : 법을 구체적 사실에 적용하고자 법의 의미와 내용을 밝히고 확정하는 것

❷ 목적 : 법의 이념과 정신을 객관화함

❸ 방법

유권 해석	입법 해석	국회의 해석, 법 규정의 형태로 정함
	행정 해석	행정 기관에 의한 해석
	사법 해석	법원의 판결에 의한 해석
학리 해석 (무권 해석)	문리 해석	법규의 문자나 문장의 의미내용을 파악하여 해석
	논리 해석	법규의 문자나 문장에 구애받지 않고 입법의 목적이나 사회적 요구 등을 고려한 논리적 추리에 의한 해석

> **법의해석** : 법을 구체적 사실에 적용하고자 법의 의미와 내용을 밝히고 확정하는 것으로 법의 이념과 정신을 객관화하는데 목적이 있다.
> **입법해석의 사례** : 본 법에서 물건이라 함은 유체물 및 전기, 기타 관리할 수 있는 자연력을 말한다(민법 제98조).
> **학리해석** : 법학자의 해석으로 구속력은 없다. 일반 여론에 대한 설득력이 잇다. 재판과 입법의 기초가 된다.

(2) 법의 적용

❶ 의의 : 구체적 사건에 추상적인 실정법의 어느 규정을 적용할 것인지를 판단하는 과정

❷ 형식(3단 논법) : 대전제(법규) – 소전제(사실) – 결론(판결)

❸ 절차 : 사실의 확정(소전제) – 관련 법규의 발견 및 해석(대전제) – 판결(결론)

(3) 사실의 확정 : 법적 가치가 있는 사실만 확정하는 법적 인식 작용

입증	• 자료나 증거에 의해 사실의 내용을 확정 • 사실이 밝혀지지 않으면 불이익을 당하는 쪽에서 원칙적으로 입증 책임이 있음
추정	• 확실하지 않은 사실을 그 반대 증거가 제시될 때까지 진실한 것으로 인정 • 반대 증거가 제시되면 추정의 효과는 부정 예 부부의 누구에게 속한 것인지 분명하지 아니한 재산은 부부의 공유로 추정한다.(민법 제830조 제2항)
의제 (간주)	• 사실 여하를 불문하고 법에 의해 사실 관계를 확정 • 반대 증거 이외에 일정한 법적 절차를 통해서 간주의 효과 부정 예 실종 선고를 받은 자는 실종 기간이 만료한 때에 사망한 것으로 본다.(민법 제28조)

(4) 법 적용의 원칙

상위법 우선	● 상위의 법규를 하위의 법규보다 우선 적용한다는 원칙 ● 헌법 - 법률 - 명령 - 조례 - 규칙
특별법 우선	● 특별법을 일반법보다 우선 적용한다는 원칙 ● 일반법과 특별법의 구분은 상대적
신법 우선	● 신법이 구법보다 우선 적용된다는 원칙 ● 동등한 법 사이에서만 적용
법률 불소급	● 새로운 법을 이전의 사건에 대해 소급하여 적용할 수 없음 ● 기득권 존중 또는 법적 안정성을 반영, 형법에서 강조

 심화 학습 — 논리해석의 방법

축소 해석	법에 규정된 의미를 좁게 해석 예 절도죄의 '재물'에서 부동산은 제외
확장 해석	법에 규정된 의미를 넓게 해석 예 '살해'의 의미를 작위에 의한 것뿐만 아니라 부작위에 의한 것까지 포함
유추 해석	● 법규가 없는 경우에 유사한 규정을 적용하는 해석 　예 "소, 돼지, 말, 양을 위생 처리 시서이 아닌 장소에서 도착한 자는 …"에서 흑염소를 도축한 경우도 포함 ● 형법에서는 엄격하게 제한
반대 해석	법에 규정된 요건과 반대로 해석 예 "저당권은 부동산에 설정한다."에서 동산에는 저당권을 설정할 수 없는 것으로 해석
물론 해석 (당연 해석)	법규에 일정한 사항이 규정되어 있는 경우 사물의 성질상 당연히 이에 포함되는 것으로 해석 예 다리 위에 '자동차 운행 금지'라는 푯말이 있으면 당연히 중장비 차량의 통행이 금지되는 것으로 해석
보정 해석 (변경 해석)	법규의 용어에 착오가 있거나 그 표현이 부적합한 것이라고 인정되는 경우 합당하게 변경하여 해석 예 "법정대리인은 미성년자가 아직 법률 행위를 하기 전에는 동의와 승낙을 취소할 수 있다"에서 취소는 철회라고 해석

✏ 자료해설 : 논리 해석은 법규의 문자나 문장에 구애받지 않고 법 조문과 법 전체와의 관련성, 입법의 목적이나 사회적 요구 등을 고려하여 이루어지는 논리적 추리에 의한 해석이다. 법 규정의 의미를 바로 파악하기 위하여 그 법규가 제정된 역사적 배경과 문헌을 통하여 입법의 취지 및 정신을 파악하여 법조문을 해석하는 연혁 해석과 법령의 문구와 그 의미와 내용이 합치되도록 법규의 문구를 한 글자씩 따져서 그 의미를 명확히 파악하여 해석하는 축소 해석도 논리 해석의 예다.

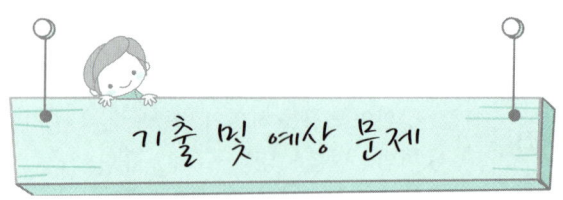

기출 및 예상 문제

01 밑줄 친 ㉠, ㉡에 대한 설명으로 옳지 않은 것은?

> 법치주의는 국가가 국민의 자유와 권리를 제한하거나 국민에게 새로운 의무를 부과할 때, 객관적 기준으로서 법에 의하거나 법에 근거가 있어야 한다는 원리이다. 이러한 법치주의에는 ㉠ 형식적 법치주의와 ㉡ 실질적 법치주의가 있다.

① ㉠은 통치의 합법성을 중시한다.
② ㉠은 법을 통한 독재의 문제점이 나타날 수 있다.
③ ㉡은 자연법사상과 연관이 있다.
④ 저항권은 ㉡보다는 ㉠과 관련이 깊다.

해 설 ① 형식적 법치주의는 통치의 합법성을 중시한다. 이러한 부분에서② 법을 통한 독재의 문제점이 나타날 수 있다. ③ 실질적 법치주의는 자연법 사상과 연관이 있다. ④ 저항권은 자연법 사상과 연관이 있으므로 실질적 법치주의와 관련이 더 깊다.

정 답 ④

02 밑줄 친 '이 해석'에 대한 설명으로 옳지 않은 것은?

> 이 해석은 법규의 문자나 문장의 의미와 내용을 파악하여 해석하는 방법과 법규의 문자나 문장에 구애받지 않고 입법의 목적이나 사회적 요구 등을 고려하는 논리적 추리에 의한 해석의 두 가지 방법이 있다.

① 강한 구속력을 가진다.
② 주로 법학자들의 해석을 말한다.
③ 일반 여론에 대한 설득력이 있다.
④ 문리 해석이나 논리 해석은 이 해석의 사례이다.

해 설 제시 문에서의 해석은 무권해석(학리 해석)이다. 무권해석에는 법규의 문자나 문장의 의미와 내용을 파악하여 해석하는 문리 해석과 논리적 추리에 의한 논리 해석이 있다. 무권해석은 주로 법학자들의 해석으로 일반 여론에 대한 설득력이 높고, 재판과 입법의 기초가 된다. ① 강한 구속력을 가지는 것은 유권해석 이다.

정 답 ①

03 다음 사례에 대한 법원의 결정과 관련 있는 법 조항으로 옳은 것은?

> 갑은 을에게 자기 소유의 토지를 2억 원에 팔기로 매매 계약을 체결하였다. 을은 계약금 2천만 원과 중도금 8천만 원을 약속한 날짜에 지급하였으나, 잔금 지급 기일에 형편이 갑자기 어려워져 잔금 1억 원의 1%인 백만 원이 부족한 9천 9백만 원을 지급하고 가까운 시일 내에 미지급금 백만 원을 지급하겠다고 하였다. 갑은 이러한 미지급을 이유로 계약 해제를 주장하는 소송을 제기하였으나 법원은 갑의 청구를 기각하였다.

① 모든 국민은 법 앞에 평등하다.
② 모든 국민의 재산권은 보장된다.
③ 재산권의 행사는 공공복리에 적합하여야 한다.
④ 권리의 행사와 의무의 이행은 신의에 좇아 성실히 하여야 한다.

해설 매매 대금 전체 기준으로 아주 적은 미지급을 이유로 계약 해제를 주장하는 소송에서 법원은 원고인 갑의 청구를 기각하였다. 이것은 신의 성실의 원칙을 위반한 것이라고 본 것이다.

정답 ④

04 밑줄 친 '이 나라'가 추구하는 법치주의 원리에 대한 설명으로 옳지 않은 것은?

> 이 나라에서는 국가의 정책을 결정할 때 충분한 토론을 거쳐 서로 다른 의견을 좁힌 다음 다수결로 결정을 한다. 또한 정권이 바뀌어도 국민들은 사람에 따라 법의 적용이나 집행이 달라질 것으로 생각하지 않는다.

① 인간의 존엄성을 실현하고자 한다.
② 법의 목적과 내용이 정의에 합치된다.
③ 권력 분립이 중요한 제도적 장치이다.
④ 통치의 정당성보다는 합법성을 강조한다.

해설 제시문의 '이 나라'에서는 실질적 법치주의가 잘 구현되고 있다. 실질적 법치주의는 법의 목적과 내용이 지의에 합치될 것을 요구한다. 국민의 기본권을 보호하는 내용이나, 인간의 존엄성을 실현하고자 하는 것은 법의 목적과 내용이 정의에 합치되는 경우이다. ③ 권력분립은 실질적 법치주의를 확보하기 위한 중요한 제도적 장치이다.

정답 ④

05 다음 사례에서 법원이 적용한 법 원칙으로 가장 적절한 것은?

> 갑은 집주인 을과 임대차 계약을 맺었다. 그런데 을은 이 집에 저당권을 설정하고 은행에서 돈을 빌리면서 갑에게 임대차 계약을 맺었다는 사실을 부인하는 확인서를 은행에 작성해 줄 것을 부탁하였고, 갑은 은행에 임대차 계약 사실을 부인하는 확인서를 제출하였다. 을이 파산하자 갑은 은행을 상대로 임대차 보증금 반환을 청구하는 소송을 제기하였는데 법원은 갑의 청구를 기각하였다.

① 명확성의 원칙   ② 적정성의 원칙
③ 계약 자유의 원칙   ④ 신의 성실의 원칙

해설 갑은 은행과의 간계에서 신의를 위반한 경우이다. 이러한 신의를 저버린 경우까지 법이 보호해 줄 필요가 없다는 취지에서 갑의 청구를 법원이 기각한 것ㄷ으로 신의 성실의 원칙과 관련이 있다.

정답 ④

06 다음 글의 '사회 질서 수호법'에 대한 설명으로 옳지 않은 것은?

> 군사 쿠데타로 정권을 잡은 K장군은 스스로 대통령에 취임하여 3권을 장악한 후 '사회 질서 수호법'을 만들었다. 그 법의 내용은 다음과 같다.
> 제1조 이 법의 정신에 어긋나는 행위는 징역에 처한다.
> 제2조 이 법은 제정되기 이전의 행위에도 적용된다.

① 형식적 법치주의에 해당한다.

② 권력 분립의 원칙에 위배된다.

③ 제1조에는 신체형이 나타나 있다.

④ 제1조는 죄형 법정주의 원칙에 위배된다.

해설 ① 통치의 합법성만을 강조하는 형식적 법치주의에 해당한다. ② 대통령이 3권을 장악한 후 '사회 질서 수호법'을 만든 것은 권력 분립의 원칙에 위배된다. ④제 1조의 '이 법의 정신에 어긋나는 행위'는 죄형법정주의 원칙 중 하나인 명확성의 원칙에 위배된다. 제2조의 '이 법은 제정되기 이전의 행위에도 적용'하는 것은 법률 불소급의 원칙에 위배된다.

정답 ③

07 다음 법 해석 사례에 대한 옳은 설명을 〈보기〉에서 고른 것은?

> (가) 이 법에서 제조물이라 함은 다른 동산이나 부동산의 일부를 구성하는 경우를 포함한 제조 또는 가공된 동산을 말한다. (제조물 책임법 제2조)
> (나) 자동차를 이용하여 다른 자동차를 충격한 사안에서 제반 사정에 비추어 위 자동차가 폭력 행위 등 처벌에 관한 법률 제3조 제1항에 정한 '위험한 물건'에 해당하지 않는다. (대법원 판결)

> **보기**
> ㄱ. (가)는 행정 기관이 한 해석이다.
> ㄴ. (가)의 규정은 더 이상 해석의 대상이 될 수 없다.
> ㄷ. (나)의 해석은 당해 사건에서는 최종적인 해석이다.
> ㄹ. (가)와 (나)는 모두 유권 해석이다.

① ㄱ, ㄴ   ② ㄱ, ㄷ   ③ ㄴ, ㄷ   ④ ㄷ, ㄹ

해설 ㄷ. 사법 해석은 당해 사건에서는 최종적인 해석이다. ㄹ. (가)는 입법해석.(나)는 사법 해석으로 모두 유권해석이다.

정답 ④

08 다음 법 해석에 대한 설명으로 옳은 것은?

> "법정 대리인은 미성년자가 아직 법률 행위를 하기 전에는 동의와 승낙을 취소할 수 있다."에서 취소는 철회라고 해석한다.

① 법규의 용어에 착오가 있거나 그 표현이 부적절한 것이라고 인정되는 경우 합당하게 변경하여 해석

② 법규가 없는 경우에 유사한 규정을 적용하는 해석

③ 법규의 의미를 둘러싼 혼란을 막기 위해 제한적으로 해석

④ 법규에 일정한 사항이 규정되어 있는 경우 사물의 성질상 당연히 이에 포함되는 것으로 해석

해설 법규의 용어에 착오가 있거나 그 표현인 부적합한 것이라고 인정되는 경우 합당하게 변경하여 해석하는 것을 보정 해석 또는 변경 해석이라고 한다. 제시 문에서 취소를 철회라고 해석하는 것이 그 예이다.

정답 ①

09 다음 사례에 나타나 있는 사실의 확정 방법에 대한 옳은 설명만을 〈보기〉에서 있는 대로 고른 것은?

(가) 채권의 존재 유무를 둘러싼 민사 사건에서 차용 증서를 제출한 원고의 주장을 받아들여 법관은 피고가 원고로부터 돈을 빌렸다고 확정하였다.

(나) 양자와 양부모 및 그 혈족, 인척 사이의 친계와 촌수는 입양한 때로부터 혼인 중의 출생자와 동일한 것으로 본다.

> 보기
> ㄱ. (가)는 의제라고도 한다.
> ㄴ. (가)는 증거 재판주의와 관련이 있다.
> ㄷ. (나)는 반대 증거가 제시되면 법적 효과가 상실된다.

① ㄱ   ② ㄴ   ③ ㄱ, ㄴ   ④ ㄱ, ㄴ

해설 (가)는 입증. (나)는 간주 또는 의제라고 한다. ㄴ. (가)의 입증은 증거 재판주의와 관련이 있다.

정답 ②

10 (가) ~ (다)에 해당하는 갑의 활동을 〈보기〉에서 순서대로 고른 것은?

• A는 고속버스 정류장에서 하차하려는 순간, 운전석 뒷자리에 승객이 흘리고 간 지갑이 놓여 있는 것을 발견했다. A는 지갑 속에 돈이 있으면 자신이 가질 생각으로 몰래 자신의 가방에 지갑을 넣고 내린 후 주인에게 돌려주지 않았다.

• 판사 갑은 이 사건을 다음과 같은 논법에 따라 판단하려고 한다.

(가) 대전제   →   (나) 소전제   →   (다) 결론

> 보기
> ㄱ. A에게 점유이탈물 횡령죄로 유죄를 선고한다.
> ㄴ. A가 과연 지갑 속의 돈을 가질 생각으로 지갑을 가방에 넣고 내렸는지를 조사한다.
> ㄷ. 대법원의 판결들을 참고하여 점유 이탈물 횡령죄의 구체적인 성립 요건이 무엇인지 알아본다.
> ㄹ. A가 지갑을 경찰서에 가져다 줄 생각이 아니었음을 확인하고, 점유이탈물 횡령죄로 벌금 200만원을 선고한다.

(가) (나) (다)		(가) (나) (다)	
① ㄱ ㄷ ㄹ		② ㄴ ㄷ ㄱ	
③ ㄷ ㄱ ㄴ		④ ㄷ ㄴ ㄱ	

해설 ㄷ. 법규의 발견과 해석에 해당하는 대전제의 내용이다. ㄴ. 사실의 확정에 해당한다는 소전제이다. ㄱ과 ㄹ은 판결이므로 결론에 해당한다.

정답 ④

11 다음 (가), (나)에 대해 옳게 설명한 학생을 〈보기〉에서 고른 것은?(2008 수능)

> (가) 1988년 서울 올림픽 기간 동안 ㉠ '올림픽의 평화를 지키기 위한 법률' 제4조 제2항의 '평화 구역 안에서의 모든 집회와 시위는 ㉡ 집회 및 시위에 관한 법률의 규정에 불구하고 이를 금지한다.' 라는 규정에 따라 집회와 시위 활동이 제한되었다.
>
> (나) 형법 제 329조의 절도죄와 제355조의 횡령죄는 모두 '재물'을 대상으로 하지만, 움직일 수 없는 부동산은 절도죄의 객체가 될 수 없으므로 횡령죄와 달리 절도죄에서의 '재물'에는 동산만이 포함되는 것으로 봐야 한다.

> **보기**
>
> 갑 : (가)는 법 적용의 삼단 논법 중 대전제, (나)는 소전제에 관한 것이다.
> 을 : ㉡은 ㉠보다 그 적용 범위가 좁아 더 전문적인 법이라고 할 수 있다.
> 병 : (가)는 특별법 우선의 원칙, (나)는 축소 해석의 원칙에 관한 것이다.
> 정 : 자동차를 운전하다가 사고를 낸 후 도주하여 피해자를 사망에 이르게 한 경우에 '특정 범죄 가중 처벌 등에 관한 법률'의 적용을 받는 것은 (가)에서 표현된 원칙과 관계가 있다.

① 갑, 을   ② 갑, 병   ③ 을, 병   ④ 병, 정

해설 (가)에서 '올림픽의 평화를 지키기 위한 법률'은 올림픽 기간이라고 하는 특정한 시기에만 적용되는 법률로, 이 법이 '집회 및 시위에 관한 법률'보다 우선 적용되는 것은 특별법 우선의 원칙에 해당하고, (나)의 사례에서 절도죄와 횡령죄가 모두 '재물'을 대상으로 하지만, 절도죄에서는 움직일 수 없는 부동산은 절도의 객체가 될 수 없어 동산만 포함한다고 해석하는 것은 법령의 용어를 보통 경우보다 좁게 해석하는 축소 해거에 해당한다. 자동차를 운전하다가 사고를 낸 후 도주하여 피해자를 사망에 이르게 한 경우에 형법이 아닌 '특정 범죄 가중 처벌 등에 관한 법률'의 적용을 받는 것은 특별법 우선의 원칙과 간계가 있다.

정답 ④

12 (가), (나)의 법 원칙에서 도출 할 수 있는 옳은 법적 판단만을 〈보기〉에서 있는 대로 고른 것은?

> (가) 권리의 행사가 주관적으로 오직 상대방에게 고통을 주고 손해를 입히려는 데 있을 뿐, 이를 행사하는 사람에게는 아무런 이익이 없고 객관적으로 사회 질서에 위반된다고 볼 수 있으면, 그 권리의 행사는 허용되지 않는다.
>
> (나) 법률 관계에 참여한 모든 자는 상대방의 정당한 이익을 배려하여 형평에 어긋나거나 신뢰를 저버리는 내용 또는 방법으로 권리를 행사하거나 의무를 이행하면 안된다.

> **보기**
>
> ㄱ. (가)에 반하는 권리의 행사는 그 권리를 박탈하는 것이 원칙이다.
> ㄴ. (나)는 "자기의 권리를 행사하는 사람은 어느 누구도 해하지 않는다."라는 법언과 같은 맥락이다.
> ㄷ. (가)를 위반하면 (나)도 위반하는 것이다.
> ㄹ. (가)와 (나)를 위반하여 타인에게 손해를 가하면 손해 배상 책임을 진다.

① ㄱ, ㄴ   ② ㄱ, ㄷ   ③ ㄷ, ㄹ   ④ ㄱ, ㄴ, ㄹ

해설 (가)는 권리 남용 금지의 원칙, (나)는 신의 성실의 원칙이다.

정답 ③

03 권리와 의무

1 법률관계와 권리, 의무

(1) 법률관계 : 법의 규율 대상이 되는 생활 관계, 구성원 상호 간의 권리와 의무 관계로 구성

(2) 권리

❶ **의의** : 특정인에게 부여된 법률상의 힘→권한, 권능, 반사적 이익과는 구별됨

❷ **종류** : 공권(국가적 공권, 국가적 공권), 사권(재산권, 비재산권)

(3) 의무 : 본인의 의사에 관계없이 일정한 행위를 요구하거나 금지하는 법률상의 구속

공법상 의무	국가의 의무	국가의 기본권 보장 의무	
	개인의 의무 (헌법)	고전적	납세·국방의 의무
		현대적	근로 ·교육·환경 보전·재산권 행사의 공공복리 적합 의무
사법상 의무	• 당사자 간의 자유로운 의사 표시에 의하여 발생 • 법률의 규정에 의하여 발생		

(4) 권리와 의무의 관계

❶ 권리와 의무는 함께 발생하지만, 권리만 있거나 의무만 있는 경우도 있음

  • 권리만 있는 경우: 취소권, 해제권

  • 의무만 있는 경우: 납세의 의무, 국방의 의무, 법인의 등기 의무, 책임 무능력자에 대한 감독 의무

❷ 공법상의 의무는 권리를 수반하지 않는 경우가 많음

(5) 권리의 주체 : 권리를 취득하거나 의무를 부담할 수 있는 자

자연인	민법상 생존해 있는 사람, 예외적으로 태아를 권리의 주체로 인정
법인	• 사람 또는 재산의 결합으로 법 인격이 인정되는 단체, 관청의 허가와 설립 등기 후 법 인격 취득 시 주체가 됨 • 사단 법인(사람의 결합), 재단 법인(재산의 결합)

(6) 권리의 객체 : 권리 행사와 의무 이행의 대상

재산권	물권	• 의미 : 일정한 물건을 직접 지배함으로써 얻을 수 있는 권리 • 대상 : 물건(동산, 부동산)
	채권	• 의미 : 특정인이 다른 특정인에게 일정한 행위를 청구할 수 있는 권리 • 대상 : 채무자의 일정한 행위(급부)
	지적재산권	• 의미 : 무형의 재산적 이익을 배타적으로 지배할 수 있는 권리 • 대상 : 정신적 산물
신분권	상속권	일정한 친족 관계에 있는 사람
	친족권	일정한 친족 관계에 있는 사람

2 법치 사회와 민주 시민

(1) 사회와 법

❶ 법에 대한 무지는 생활의 불편뿐만 아니라 권리의 침해 초래
❷ 법의 무지는 용서되지 않는다.

(2) 현대 사회의 시민의 자세

❶ **법적 관심 필요** : 법의 기초 원리와 정신에 대한 성찰
❷ 올바른 권리 행사, 성실한 의무수행, 법치주의 실현 과정에 능동적으로 참여

> ✪ **법률관계의 변화**
> • 중세까지 : 권리보다 의무 강조
> • 근대 이후 : 권리 의식 강조(신분에서 계약으로)
> • 현대 국가 : 권리와 의무가 함께 중시
>
> ✪ **공권**
> • 국가적 공권 : 입법권, 행정권, 사법권, 경찰권, 형벌권
> • 개인적 공권 : 자유권, 평등권, 참정권, 청구권, 사회권
>
> ✪ **사권**
> • 재산권 : 물권, 채권, 지적재산권
> • 비재산권 : 인격권, 가족권
>
> ✪ **권리와 구별되는 용어**
> • 권한 : 다른 사람을 위하여 일정한 행위를 할 수 있는 지위나 자격
> • 권능 : 권리에서 파생되는 개개의 기능인 권리의 내용
> • 반사적 이익 : 일정한 법의 규정으로 말미암아 반사적으로 누리게 되는 이익
>
> ✪ **법인의 종류**
> • 사단 법인 : 일정한 목적을 위해 결성한 사람들의 단체 예) 대한 축구협회
> • 재단 법인 : 일정한 목적을 위해 재산으로 이루어진 단체 예) 사립학교 법인

권리는 법의 중심개념이며 개인의 존엄과 가치의 표현이기도 하다. 권리의 본질에 대하여는 일정한 이익을 누릴 수 있도록 법이 인정하는 힘이라고 보는 법력설(法力設)이 지배적 견해이다. 권리에는 공법상의 권리인 공권과 사법상의 권리인 사권이 있다. 공권은 국가적 공권과 개인적 공권으로 구분된다.

권리와 구분이 필요한 개념으로 반사적 이익이 있다. 반사적 이익은 법이 공익의 보호 증진을 위하여 일정한 규율을 행하고 또 법에 기하여 행정의 집행이 행하여지는 것의 반사적 효과로서 특정 또는 불특정의 사인에게 생기는 일정한 이익을 말한다.

🌿 **자료해설** : 반사적 이익은 법적으로 주장될 수 없으며, 재판상의 보호를 받을 수 없는 것으로 일반적으로 해석되고 있다. 그러나 구체적으로는 무엇이 법적으로 주장될 수 없는 반사적 이익이고, 무엇이 자신의 이익을 위해 법률적으로 일정한 이익을 주장할 수 있는 개인적 공권 (個人的 公權) 에 해당되는지를 구별하기가 쉽지 않다. 영업 허가에 의하여 영업자가 받는 이익, 도로ㆍ공원등의 자유 사용 등이 반사적 이익의 예이다. 권리와 구분이 필요한 개념으로 권한과 권능이 있다. 권한은 다른 사람을 위하여 일정한 행위를 할 수 있는 지위나 자격이다. 권능은 권리에서 파생되는 개개의 기능인 권리의 내용을 말한다. 예를 들어, 소유권에서 파생되는 사용권, 수익권, 처분권이 있다고 할 때 소유권은 권리이고, 사용권, 수익권, 처분권은 권능이다.

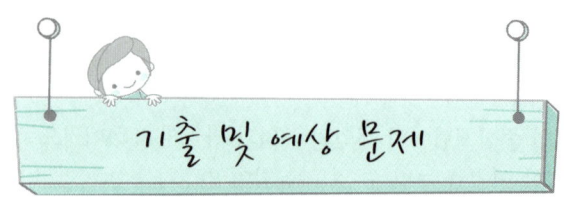

01 밑줄 친 ㉠, ㉡에 모두 해당하는 경우는?

> 법의 규율 대상이 되는 생활 관계를 법률관계라고 한다. 법률관계는 사회 구성원 상호간의 ㉠ 권리와 ㉡ 의무로 이루어지며, 양자는 표리관계에 있다.

① 재산세를 납부하는 경우　　　　② 취소권을 행사하는 경우

③ 입영 통지서를 받은 경우　　　　④ 자동차를 사기로 계약한 경우

해 설　법률관계는 사회 구성원 상호 간의 권리와 의무로 이루어지며, 양자는 표리 관계에 있다. 그러나 권리만 있는 경우와 의무만 있는 경우도 존재한다. ④자동차를 사기로 계약한 경우는 권리와 의무가 모두 나타나는 경우이다.

정답　④

02 밑줄 친 ㉠, ㉡에 대한 옳은 설명을 〈보기〉에서 고른 것은?

> 부동산 임대차란 ㉠ 임대인이 ㉡ 임차인에게 건물이나 토지등을 빌려주고 임차인이 그 대가를 지급하기로 하는 계약을 말한다.

> | 보기 | |
> | --- | --- |
> | | ㄱ. ㉠은 일정한 행위를 해야 하는 채무가 있다. |
> | | ㄴ. ㉡이 가지고 있는 권리는 재산권에 속한다. |
> | | ㄷ. ㉡이 가지고 있는 권리의 객체는 부동산이다. |
> | | ㄹ. 법인은 ㉠은 될 수 있어도, ㉡은 될 수 없다. |

① ㄱ, ㄴ　　　　② ㄱ, ㄷ　　　　③ ㄴ, ㄷ　　　　④ ㄴ, ㄹ

해 설　ㄱ. 임대인은 일정한 행위를 해야 하는 채무와 도시에 채권을 가지고 있다. ㄴ. 임차인이 가지고 있는 권리는 채권으로 재산권에 속한다.

정답　①

03 다음은 일정한 기준에 따라 권리를 분류한 것이다. 이와 관련된 설명으로 옳은 것은?

> (가) 물권, 채권, 지적 재산권　　　　(나) 입법권, 형벌권, 경찰권
> (다) 자유권, 참정권, 청구권

① (가)는 비재산권에 해당하는 사권이다.

② (가)는 당사자의 자유로은 의사표시에 의해 형성된다.

③ (나)는 국가적 공권이다.

④ (다)는 자본주의의 문제점을 해결하기 위해 등장한 권리이다.

해 설　(가)는 사권, (나)는 공권 중 국가적 공권,(다)는 공권 중 개인적 공권이다.

정답　③

04 다음 사례에 대한 옳은 설명을 〈보기〉에서 고른 것은?

갑은 밤에 공원을 산책하다가 술에 만취한 을과 시비가 붙어 을이 휘두른 흉기에 전치 12주의 부상을 당하였다. 이에 갑은 을을 고소하고 이와 별도로 민사상 손해배상도 청구하였다.

> **보기**
> ㄱ. 갑의 고소권은 개인적 공권이다.
> ㄴ. 갑이 손해 배상을 청구한 것은 개인적 공권은 행사한 것이다.
> ㄷ. 갑의 고소에 따른 경찰의 수사는 국가적 공권을 행사하는 것이다.
> ㄹ. 을은 만취 상태였으므로 처벌이 면제된다.

① ㄱ, ㄴ   ② ㄱ, ㄷ   ③ ㄴ, ㄷ   ④ ㄴ, ㄹ

해설 갑의 고소권은 재판 청구권의 전제가 되는 개인적 공권이며, 갑의 고소에 따른 경찰의 수사는 공권 중에서 국가적 공권이다.

정답 ②

---

05 다음 (가)~(다) 시기의 법률관계에 대한 옳은 설명만을 〈보기〉에서 있는 대로 고른 것은?

(가) 봉건제를 기본으로 사회 질서가 유지되었다.
(나) 시민 혁명을 바탕으로 형성되었다.
(다) 정부의 경제 활동에 대한 개입으로 국가의 성격이 소극 국가에서 적극 국가로 바뀌었다.

> **보기**
> ㄱ. (가) 시기에 계약 자유의 원칙이 확립되었다.
> ㄴ. (나) 시기에 권리 행사의 공공성이 강조되었다.
> ㄷ. (다) 시기에 복지 국가의 원리가 대두되었다.
> ㄹ. '신분에서 계약으로'라는 법언은 (나)에서 (다)시기로 넘어가면서 강조되는 것이다

① ㄱ   ② ㄴ   ③ ㄷ   ④ ㄴ, ㄷ

해설 (가)는 중세 사회, (나)는 근대 사회, (다)는 현대 사회로 복지 국가의 권리가 대두되었다.

정답 ③

---

06 다음은 재산권 분류를 위한 순서도이다. (가)~(다)에 대한 옳은 설명을 〈보기〉에서 고른 것은?

무형적 정신적 창조물에 대하여 재산적 가치를 부여한 권리인가요?
　　　예　　　　　아니오 → (가)
　　　↓
특정한 기술적 창작물을 대상으로 하는 권리인가요?
　　　예　　　　　아니오 → (나)
　　　↓
　　(다)

ㄱ. (가)에는 물권이 포함된다.

ㄴ. (나)에는 인간의 사상 또는 감정을 표현한 영화나 연극과 같은 창작물에 대한 권리가 포함된다.

ㄷ. (다)에는 저작권, 실용신안권, 디자인권, 상표권 등이 있다.

ㄹ. (나)의 객체는 정신적 산물이며, (다)의 객체는 일정한 기술로 생산된 물건이다.

① ㄱ, ㄴ   ② ㄱ, ㄷ   ③ ㄴ, ㄷ   ④ ㄴ, ㄹ   ⑤ ㄷ, ㄹ

해설 (가)는 물권 또는 채권, (나)는 저작권으로 인간의 사상 또는 감정을 표현한 영화와 연극과 같은 창작물에 대한 권리가 포함된다. (다)는 산업재산권이다.

정답 ①

07 그림 (가)~(다)로 상징되는 시기의 법률관계에 관한 옳은 설명을 〈보기〉에서 고른 것은?

(가) 봉건사회 →   (나) 프랑스 인권선언문 →   (다) 복지 실현

보기 ㄱ. (가) 시기에는 개인의 권리가 의무보다 강조되었다.

ㄴ. (나) 시기에는 소유권 절대의 원칙이 확립되었다.

ㄷ. (다) 시기에는 권리 행사의 사회성과 공공성이 강조되고 있다.

ㄹ. (나) 시기에서 (다) 시기로 바뀌면서 '신분에서 계약으로'라는 법언이 강조되었다.

① ㄱ, ㄴ   ② ㄱ, ㄷ   ③ ㄴ, ㄷ   ④ ㄴ, ㄹ

해설 (가)는 중세, (나)는 근대, (다)는 현대 사회이다. ㄴ. 근대 민법의 3대 원칙중 하나인 소유권 절대의 원칙은 근대에 확립된 것으로, 권리 행사에서 국가나 다른 개인의 간섭을 배제하는 것을 의미한다. ㄷ. 현대 사회에서는 권리 행사의 사회성과 공공성을 강조하는소유권 공공의 원칙이 근대 민법의 수정 원리로 등장하였다.

정답 ③

Chapter 05
개인생활과 법

01 민법의 기초이해

1 민법의 기본 원리

(1) 근대 민법의 기본원리

사유 재산권 존중의 원칙 (소유권 절대의 원칙)	개인의 사유 재산에 대한 절대적 지배를 인정하여 타인은 물론 국가의 방해나 간섭을 받지 않고 자유로이 사용, 수익, 처분할 수 있는 권리를 인정하는 원칙
사적 자치의 원칙 (계약 자유의 원칙)	개인 간의 권리와 의무를 규정하는 계약은 타인 및 국가의 간섭을 받지 않고 자유로운 의사를 통하여 체결되어야 한다는 원칙
과실 책임의 원칙 (자기 책임의 원칙)	개인이 타인에게 끼친 손해에 대해서는 고의 또는 과실이 있을 때에만 책임을 지며, 고의나 과실이 없는 행위에 대해서는 책임을 지지 않는다는 원칙

ⓒ 근대 민법 기본 원리에 적용되는 기본 원칙
 • 강행 법규의 위반 금지, 선량한 풍속과 사회 질서 위반 금지, 신의 성실의 원칙과 권리 남용 금지의 원칙

(2) 근대 민법의 기본 원리의 수정

❶ **등장 배경** : 자본주의의 발전으로 빈부 격차, 사회적 불평등, 대기업의 횡포 등이 나타나 근대 민법의 기본 원리가 경제적 강자를 위한 것으로 변질되는 경향이 나타남.

❷ **수정 이념** : 개인주의, 자유주의 사상이 공공복리를 위해 제한될 수 있게 되고, 신의 성실의 원칙과 권리 남용 금지의 원칙이 새로이 대두됨.

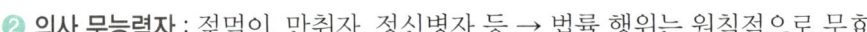

❷ **의사 무능력자** : 젖먹이, 만취자, 정신병자 등 → 법률 행위는 원칙적으로 무효

ⓒ **무효와 취소**
무효는 원천적으로 법적 효력이 없는 반면, 취소는 취소권이라는 권리를 행사하면 법률 행위 시에 소급하여 법률 효과가 상실된다.

(2) 행위 제한능력자 제도

❶ **행위 능력** : 단독으로 유효한 법률 행위를 할 수 있는 능력

❷ **행위 제한능력자 제도** : 행위 제한능력자가 단독으로 한 법률 행위는 본인이나 대리인이 취소할 수 있게 해 주는 제도

❸ **행위 무능력자**(제한 능력자)

미성년자	만 19세 미만인 자(단, 혼인할 경우 성년으로 의제됨)
한정 후견제도	질병, 장애, 노령 등의 원인으로 사무처리 능력이 부족 → 법원심판
성년후견제	질병, 장애, 노령 등의 원인으로 사무처리 능력이 지속적으로 결여된 자 → 심판

❹ **행위 제한능력자의 법률 행위**

미성년자와 한정 후견제	피후견인이 원칙적으로 행위능력을 보유한다는 전제하에 예외적으로 중요한 법률행위만 후견인의 동의를 받도록 함(개정민법에 의하면)
성년후견제	원칙적으로 피성년 후견인은 단독으로 법률행위를 할 수 없고, 후견인의 대리에 의해 법률행위를 할 수 있다. 후견인이 단독으로 법률행위를 취소할 수 있다

❺ **행위 무능력자의 상대방 보호**

최고권	행위 무능력자가 한 계약을 취소할 것인지 여부에 대한 확답 요구권
철회권	무능력자쪽에서 계약을 인정(추인)하기 전에 상대방이 먼저 철회 가능

4 미성년자의 권리 보호

(1) 미성년자의 민사상 보호

❶ 권리 능력은 있으므로 권리를 취득하거나 의무를 부담할 수 있음

❷ 행위 능력이 없으므로 법률 행위를 하려면 법정 대리인의 동의가 필요함

❸ **법정 대리인** : 1차적으로 친권자, 2차적으로 후견인 → 미성년자에 대한 감독권,

동의권 , 대리권 및 취소권을 가짐

❹ 미성년자가 단독으로 한 법률 행위는 대리인이나 미성년자가 직접 취소할 수 있게 함으로써 미성년자 보호

> **미성년자가 법정 대리인의 동의 없이 단독으로 할 수 있는 법률 행위**
>
> 1. 의무는 부여받지 않고 권리만 부여받는 법률 행위 예)부담 없는 증여의 수락 등
> 2. 처분을 허락받은 재산은 사용 목적에 상관없이 단독 처분 가능
> 3. 임금 청구 : 임금 청구는 항상 본인이 직접 해야 함(대리 불가)
> 4. 유언 : 만 17세 이상인 미성년자는 단독으로 유언 가능

(2) 미성년자의 형사상 보호

❶ **형사 미성년자** : "14세가 되지 아니한 자의 행위는 벌하지 아니한다."

❷ **소년범에 대한 특별 대책**

- 소년법의 제정, 형사법상 특별 취급(가정법원 소년부, 소년 교도소, 소년원, 소년 분류심사원등)

- 소년범에게 형벌을 부과하는 경우도 있지만, 형벌이 아닌 보호 처분을 통하여 평생 범죄인으로 낙인찍히는 것을 방지→ 단, 중죄를 지은 소년은 보통의 형사 재판을 받으며, 만 18세 미만의 경우 사형이나 무기형을 선고할 수 없음
  - 10세 미만 : 보호 처분 및 형벌의 대상이 되지 않음
  - 10~14세 미만 : 촉법 소년, 보호 처분의 대상이 될 뿐, 형벌의 대상은 되지 않음
  - 4~19세 미만 : 범죄 소년, 보호 처분 및 형벌의 대상이 되지만, 형벌을 부과할 때는 성인과 달리 특례가 있음 → 사정 법원의 소년부에서 재판, 소년 교도소, 소년원에 수감

  ☾ **형사 미성년자를 시켜 범죄 행위를 한 경우**
  → 형사 미성년자는 처벌받지 않지만 범죄를 시킨 사람(교사자)은 중한 처벌

  ☾ **보호처분**
  보호자 또는 보호자를 대신하여 소년을 보호할 수 있는 자에게 감호를 위탁하는 것 보호 관찰관의 보호 관찰을 받게 하는 것 아동 복지 시설이나 소년 보호 시설에 감호를 위탁하는 것 등이 있다.

(3) 미성년자의 근로 기준법상 보호

❶ 15세 미만의 미성년자 고용 금지(최저 고용 가능 연령 규정)

❷ **근로 계약** : 법정 대리인의 동의 하에 미성년자가 직접 근로 계약 체결 → 법정 대리인의 대리로 근로 계약 체결 금지

❸ **임금 청구** : 임금 청구는 반드시 미성년자가 직접 해야 함
❹ **만 18세 미만자의 근로 시간** : 1일 7시간, 1주 40시간을 초과할 수 없으며, 합의 연장 근로도 1일 1시간, 1주 6시간을 초과할 수 없음

(4) 유해 환경으로부터의 보호

❶ **청소년 보호법의 제정** : 청소년(만 19세 미만자)의 건강 보호, 청소년 선도 및 육성
❷ **금지 행위** : 술 · 담배 판매 금지, 선량한 풍속을 해칠 염려가 있는 장소 출입 규제, 성 도덕 등 풍기를 문란하게 하는 행위 규제, 음란한 도서 소지 · 제작 · 판매 · 대여 · 관람 금지

심화 학습 **근로 기준법상 미성년자 보호**

국회 환경 노동 위원회 소속 J의원이 노동부로부터 받은 '연소 근로자 고용 사업장 지도 · 점검 현황'에 따르면 15세 이상 18세 미만 청소년 근로자에 대한 근로 기준법 위반 적발 건수는 4,494건으로 지난 해 2,567건에 비해 2배 가까이 늘었다. 지난 해 미국 발 금융 위기 이후 국내에서도 경제 위기가 계속되면서 고용시장 내 취약 계층인 청소년 아르바이트생에 대한 노동 착취가 심화된 결과로 고용주들의 인식 수준이 악화되고 있음을 보여 준다. 사례별로는 고용 관련 지식이 없는 청소년들에게 이를 알려 주지 않고 채용하는 '묻지마 고용' 사례가 특히 많았다.

이 중 최저 임금에 대한 정보를 고지하지 않은 사례가 828건으로 가장 많아 지난 해 225건에 비해 4배 가까이 증가했다. 근로 계약서를 피고용주에게 교부하지 않은 사례도 267건으로 지난해 138건에 비해 2배 가까이 증가했다. 계약서를 작성했지만 근로 조건을 명시하지 않은 사례는 지난 해 663건에서 824건으로 늘었다. 본인 동의나 노동부 장관의 인가 없이 야근 · 휴일 근로를 시킨 사례도 192건 적발돼 지난 해 41건에 비해 5배가량 늘었다.

✎ **자료해설** : 만 15세 미만자는 원칙적으로 고용이 금지되나 노동부 장관의 허가가 있는 경우는 가능하다. 이는 연소자의 건강과 의무 교육에 지장이 없도록 하기 위함이다. 한편 미성년자가 근로 계약을 체결할 경우에는 법정 대리인의 동의하에 미성년자 본인이 직접 근로 계약을 체결해야 하며, 임금의 경우도 단독 청구하고 임금 수준에서 최저 임금을 지켜야 한다. 연소자의 근로 조건과 관련하여 근로 시간은 1일 7시간, 1주 40시간을 초과할 수 없지만, 본인의 동의하에 합의 연장이 가능한데 1일 1시간, 1주 6시간만 초과할 수 있다. 이때 이러한 근로 조건에 관한 근로 계약서를 작성하여 교부해야 한다.

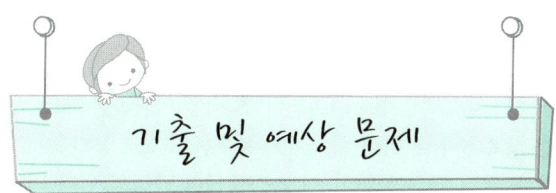

01 다음과 같은 상황에서 가장 적합한 법적 조치는?

> 유래 없는 큰 태풍이 휩쓸고 가면서 산간 지역 계곡물이 불어났고 이에 집들이 전파되고 잠자던 사람들이 물에 떠내려가 시신조차 찾지 못하는 경우도 생겨났다. 관계 기관과 주민들이 물길을 따라 며칠을 수색했으나 실종자의 시신을 찾을 수 없었다.

① 사망한 것으로 간주 되므로 사망 신고를 한다.
② 직계 비속 또는 배우자가 법원에 인정 사망 신청을 한다.
③ 인정 사망으로 추정하여 관할 시·읍·면장이 사망 절차를 취한다.
④ 실종 선고의 대상이 되므로 법원에 즉시 실종 선고를 한다.

해설 인정 사망은 관할 시·읍·면장이 사망절차를 밟으면 된다. 인정 사망의 경우 추정에 불과하므로 살아서 돌아오면 특별한 법적 절차 없이 기존의 효력을 바꿀 수 있다.

정답 ③

02 다음 사례와 관련한 옳은 법적 판단만을 〈보기〉에서 있는 대로 고른 것은?

> 고등학생인 갑(만16세)은 편의점에서 아르바이트를 하고 있었다. 형편이 어려운 갑의 부모는 아르바이트에 동의해 주었고, 갑은 편의점 사장인 을과 근로 계약을 체결하여 근면 성실하게 일하고 있었다. 그런데 을은 갑이 근무 시간에 열심히 일하고 있었음에도 불구하고 월급을 제때에 주지 않았고, 갑의 동의도 없이 야간이나 휴일에도 근무를 시키곤 하였다.

보기
ㄱ. 갑의 노동 3권이 침해당한 사례이다.
ㄴ. 갑은 을에게 단독으로 임금을 청구할 수 있다.
ㄷ. 을이 갑과 체결한 근로 계약은 근로 기준법의 최저 연령 기준에 위반되지 않는다.
ㄹ. 을이 갑의 동의 없이 야간 근로를 시켰다 하더라도 1일 7시간 이내의 근로라면 법적 책임이 없다.

① ㄱ, ㄴ   ② ㄱ, ㄹ   ③ ㄴ, ㄷ   ④ ㄱ, ㄷ, ㄹ

해설 ㄴ. 미성년자의 근로 계약은 법정 대리인의 동의하에 본인이 직접 체결하고 임금 청구를 반드시 미성년자가 직접 청구해야 한다. ㄷ. 근로 기준법상 고용할 수 있는 노동자의 최저 연령은 만 15세이며 15세미만의 경우에는 고용 노동부 장관이 발급하는 취직 인허증이 있어야 한다. 따라서 사례의 갑은 만 16세이므로 근로 기준법상 최저 연령 기준에 위반되지 않는다.

정답 ③

03 다음 법 규정과 관련된 법 해석으로 타당한 것은?

- 사람은 생존한 동안 권리와 의무의 주체가 된다(민법 제 3조)
- 태아는 상속 순위에 관하여는 이미 출생한 것으로 본다.(민법 제 1000조 제 3항).
- 법인은 법률의 규정에 좇아 정관으로 정한 목적의 범위 내에서 권리와 의무의 주체가 된다(민법 제 34조)

① 법인은 신고만으로 권리 능력을 가진다.
② 자연인은 사망과 동시에 권리 능력을 상실한다.
③ 뇌 기능이 정지되어 회복 불가능하면 사망한 것으로 본다.
④ 죽은 사람도 권리와 의무의 주체가 될 수 있는 경우가 있다.

해설 ② 자연인은 생존하는 동안 권리, 의무의 주체가 되므로 사망과 동시에 권리 능력을 상실하게 되는 것이다.
정답 ②

04 밑줄 친 '이 원칙'에 해당하는 것은?

갑은 을이 사회적 식별 능력이 부족하고 자식이 교통사고로 입원하여 급히 병원비가 필요한 것을 알고 을이 실제 시가보다 현저하게 싼 가격에 토지를 매도하도록 유도하여 매매를 성사시켰다. 이 경우 해당 매매 행위는 민법의 이 원칙에 비추어 무효라 할 것이다.

① 사적 자치의 원칙   ② 과실 책임의 원칙
③ 계약 공정의 원칙   ④ 무과실 책임의 원칙

해설 당사자가 경제적으로 어려운 상태에 있는 점을 악용하여 현저하게 불공정한 계약을 체결한 것을 인정하여 계약 자체를 무효화한 것은 계약 공정의 원칙을 적용하였다고 볼 수 있다.
정답 ③

05 다음 법률 조항과 관련된 설명으로 옳지 않은 것은?

(가) 실종 선고를 받은 자는 전조의 기간이 만료한 때에 사망한 것으로 ㉠ 본다(민법 제28조)
(나) 2인 이상이 동일한 위난으로 사망한 경우에는 동시에 사망한 것으로 ㉡ 추정한다 (민법 제30조)

① 법 적용 과정에서 사실을 확정하기 위한 것이다.
② ㉠은 반증만으로 기존의 효과를 뒤집을 수 있다
③ ㉡은 인정 사망에도 적용된다.
④ (가)의 실종 선고가 내려질 경우 배우자는 재혼할 수 있다.

해설 (가)는 실종 선고로 간주 규정이기 때문에 본인의 생존이나 기타의 반증만으로 선고의 효과를 다툴 수 없으며, 가정 법원에서 실종 선고를 취소해야만 기존 효과를 뒤집을 수 있다. 실종 선고가 효력을 발하면 재산 상속이 이루어지고, 배우자는ㄴ 재혼할 수 있다. (나)는 동시 사망의 추정으로 반대의 증거가 제시되면 기존의 효과가 부정된다. ③ 인정 사망도 사망을 추정하는 것이지 사망으로 간주되는 것은 아니다.
정답 ②

06 다음 사례에 대한 옳은 법적 판단에 해당하는 것은?

> 평소에 원칙주의자였던 갑은 어느 날 술에 만취하여 정신을 차릴 수 없는 상태에서 자기 소유의 땅을 을에게 헐값에 매각하는 계약을 덜컥 체결하였다

① 계약 체결 당시 갑은 권리 능력을 갖지 못하였다

② 갑은 법정 대리인의 동의를 얻어 계약을 취소할 수 있다

③ 갑이 의사 능력이 없었음을 입증하면 계약은 원천적으로 무효가 된다.

④ 갑은 금치산자에 해당하므로 법정 대리인이 언제나 취소 할 수 있다.

해설 의사 무능력자의 법률 행위는 원칙적으로 무효이다. 의사 무능력 여부는 사안에 따라서 개별적으로 판단하게 된다.

정답 ③

07 다음 사례에서 갑과 관련된 근로 기준법상의 권리만을 〈보기〉에서 있는 대로 고른 것은?

> 올해 만 17세인 갑은 고등학교를 중퇴하고 낮에는 일하고 밤에는 검정고시 공부를 하고 있다.

> 보기
> ㄱ. 단독으로 임금을 청구 할 수 있다.
> ㄴ. 1일 최대 7시간까지만 근로가 가능하다.
> ㄷ. 근로 계약은 부모의 동의를 얻어 본인이 체결한다.
> ㄹ. 특정 사업장에서는 근로를 할 수 없는 경우도 있다.

① ㄱ, ㄴ   ② ㄴ, ㄷ   ③ ㄷ, ㄹ   ④ ㄱ, ㄷ, ㄹ

해설 여자와 18세 미만의 자는 도덕상 또는 보건상 유해하거나 위험한 사업에 사용하지 못하도록 규정하고 있다. 근로 계약은 부모의 동의를 얻어 본인이 직접 체결해야 하고 부모나 법정 대리인이 대신 체결할 수 없으며, 임금은 단독 청구가 원칙이다.

정답 ④

08 다음 미성년자의 형사상 보호에 관한 ㉠~㉤ 내용 중 옳은 것은?

> 미성년자는 형사상 특별한 보호를 받는데, ㉠ 만 10세 미만의 자는 보호 처분의 대상 만 되며, ㉡ 촉법 소년의 경우 보호 처분과 형벌의 대상이 된다. ㉢ 소년범의 경우 형 벌의 대상이 되지만, 전과 기록은 남지 않고 법원이 ㉣ 보호 처분을 할 때에는 수강 명령을 함께 내릴 수 없다. ㉤ 18세 미만의 경우 사형이나 무기 징역은 선고할 수 없다.

① ㉠   ② ㉡   ③ ㉢   ④ ㉤

해설 형사 미성년자에 대한 법원이 보호 처분을 할 때에는 수강 명령을 함께 내릴 수 있다.

정답 ④

09 다음과 같은 조치의 공통된 목적으로 가장 적절한 것은?

- 행위 무능력자가 한 법률 행위의 취소 여부를 물어 일정 기간 내에 대답이 없으면 추인한 것으로 본다.
- 사술로서 자신을 성인으로 믿게 한 미성년자의 법률 행위는 법정 대리인의 취소권을 인정하지 않는다.

① 사회적 약자의 보호
② 거래 상대방의 권리 보호
③ 법정 대리인의 권리 보장
④ 행위 무능력자의 민사상 보호

> **해설** 첫 번째 내용은 최고권이도, 두 번째 내용은 미성년자가 고의로 다른 사람을 속이려 한 경우에 취소권을 인정하지 않는 것으로 두 가지 규정은 모두 행위 무능력자와 거래를 하는 상대방을 보호하기 위한 조치이다.
>
> **정답** ②

10 다음 자료의 (가), (나)와 관련한 법적 판단으로 옳은 것은?

정신병을 앓고 있는 갑은 자신의 토지를 을에게 헐값에 매각하였는데, 갑의 후견인 병이 이를 되찾으려고 한다.

병의 입증		법적 효과
갑의 행위 무능력을 증명한 경우	→	(가)
갑의 의사 무능력을 증명한 경우	→	(나)

① A가 혼인을 하면 퇴사한다는 조건으로 B와 체결한 고용 계약은 (가)의 예이다.
② 상인 A가 돈을 갚지 못하면 B에게 신체의 일부를 포기하기로 한 계약은 (가)의 예이다.
③ 18세의 대학생 A가 부모 몰래 B로부터 오토바이를 할부로 구입한 계약은 (나)의 예이다.
④ 주부 A가 임신을 할 수 없으므로 체외 수정을 통해 B가 대신 임신하여 출산해 주기로 한 계약은 (나)의 예이다.

> **해설** 행위 무능력자의 법률 행위는 취소할 수 있으며, 의사 무능력자의 법률 행위는 무효이다. 따라서 (가)는 취소, (나)는 무효를 의미한다. ④ 대리모 계약은 사회 질서에 반하는 것으로 법률상 무효이다.
>
> **정답** ④

11 다음 가족사와 관련된 진술로 적절한 것은?

- 2006. 7. 갑과 을은 결혼식은 올렸으나 혼인 신고는 하지 않음
- 2006. 11. 갑의 아내 을이 아들 병을 임신함
- 2007. 8. 갑이 운전하고 가던 중 중앙선을 넘은 정의 차와 충돌하여 갑은 즉사함
- 2007. 9. 병, 교통사고 후유증으로 기형아로 출생함

① 정은 을과 달리 병에게만 손해 배상을 청구할 수 있다.

② 을은 정을 상대로 정신적 충격에 대한 손해 배상은 청구할 수 있다.

③ 병은 정을 상대로 계약 불이행으로 인한 손해 배상 책임을 물을 수 있다.

④ 병은 갑의 사망 시 출생하지 않았으므로 갑의 재산을 상속받을 수는 없다.

해설 ② 불법행위로 인한 손해배상 청구에서 정신적 충격으로 인한 손해에 대해서도 배상 청구가 가능하다. **바로잡기**
① 정은 을과 병에게 모두 손해 배상 책임이 있다. ③ 제시문의 사례는 불법 행위로 인한 손해 배상의 문제가 발생
한다. 계약 불이행으로 인한 손해 배상의 문제는 발생하지 않는다. ④ 병은 갑의 사망 시 출생하지 않았다 할지라
도 태아의 권리 능력 인정 조항에 의해 갑의 재산을 상속받을 수는 있다.

정답 ②

12 다음 사례에 대한 옳은 법적 판단만을 〈보기〉에서 있는 대로 고른 것은?

갑은 2004년 6월 25일에 남편 을과 여행 도중 을이 파도에 휩쓸려 실종되었으나, 시
신을 찾지 못하였다. 갑은 혼자서 어렵게 두 아이를 키우던 중 2005년 5월 말에 한
남자를 만나 결혼을 고민하고 있다. 그때까지 갑은 을과 법률관계를 정리하지 않고
있었는데, 우선 법원에 실종 선고를 신청하여 2006년 5월 5일에 실종 선고가 이루어
졌다.

보기
ㄱ. 을은 2006년 5월 5일에 사망한 것이 된다.
ㄴ. 을이 살아 돌아오더라도 실종 선고가 당연 무효가 되는 것은 아니다.
ㄷ. 실종 선고가 내려지면 을의 재산은 갑과 두 아이가 함께 상속받게 된다.
ㄹ. 재혼 후 을이 생존하여 돌아오면 실종 선고 전 부부 관계는 당연히 회복된다.

① ㄱ, ㄷ   ② ㄴ, ㄷ   ③ ㄷ, ㄹ   ④ ㄱ, ㄴ, ㄹ

해설 ㄴ. 을이 생존하여 돌아올 경우 실종 선고는 당연 무효가 되는 것이 아니라 실종 선고 취소가 있어야 한다.
바로잡기 ㄱ. 위난에 의한 실종이므로 실종 기간은 1년이다. 따라서 법원의 실종 선고가 있을 경우 사망 시점은 사고가 있
었던 날로부터 1년이 경과 된 때이므로 2005년 6월 25일에 사망한 것이 된다. ㄹ. 재혼 후 을이 생존하여 돌아
와도 선의에 의한 새로운 부부관계는 여전히 효력을 갖는다.

정답 ②

13 다음 사례에 대한 법적 분석으로 옳지 않은 것은?

> 갑(만 15세)은 방과 후에 피자 가게에서 아르바이트를 하기로 하였다. 가정 형편이 어려워 부모님의 동의도 얻어 시작하였는데, 가게 주인이 야간에도 배달을 해달라는 요청이 있어 눈이 좋지 않아 어렵다고 하였다. 그런데 워낙 주문이 많아서 배달을 계속 부탁하여 일을 하다 을이 운전하던 자동차와 추돌하는 사고를 내고 말았다.

① 임금은 부모가 대신 청구할 수 없다.

② 야간 근로에는 더 높은 수당을 지급해야 한다.

③ 야간 근로를 위해서는 부모의 동의는 필요하지 않다.

④ 가게 주인은 근로 기준법상의 연령 기준위반으로 처벌받을 수 있다.

> 해설 만 15세의 미성년자는 근로 기준법상 법정 대리인의 동의를 얻어 근로 계약을 체결할 수 있으며, 야간 근로나 휴일 근로는 본인의 동의와 고용 노동부 장관의 인가가 있어야 가능하고, 통상 임금보다 더 높은 임금을 받게 된다. 사례에서 가게 주인은 갑의 사용자로서 배상 책임을 질 수 있다.

> 정답 ④

14 다음 내용에 해당하지 않는 것은?

> 자본주의 발전 과정에서 빈부 격차가 심화되고 사회적 약자의 보호 필요성이 대두되면서 근대 민법의 원리가 수정되거나 보완되는 현상이 나타나게 되었다.

① 최저 임금법에 따른 임금 제한 규정

② 재산권 행사의 공공복리 적합 의무 규정

③ 환경 관련법에서의 무과실 책임주의 채택

④ 손해 배상 소송에서 피해자의 과실 입증 책임 규정

> 해설 자본주의의 발달로 사회적 약자의 보호 필요성이 대두되면서 근대 민법의 기본 원리들이 수정되게 되었다. 계약 자유의 원칙은 계약 공정의 원칙으로, 소유권 절대의 원칙은 공공복리 적합 의무가 추가된 소유권 공공의 원칙으로, 그리고 과실 책임주의는 무과실 책임주의가 추가되는 형태로 변화가 나타났다. 이로 인해 최저 임금제의 도입이나 환경 관계법에서의 무과실 책임주의 등이 나타나게 된 것이다.
> 바로잡기 ④ 과실 책임주의 원칙은 근대 민법의 기본 원리이다.

> 정답 ④

02 계약과 불법행위

 계약과 물권

(1) 계약

❶ **의미** : 거래를 하고 관계를 맺기 위한 사란과 사람사이에 일정한 합의 약속
❷ **특징**
- 계약자유의 원칙 : 기본적으로 계약당사자들이 원하는 대로 법적인 관계 형성
- 당사자들의 합의만으로 법적효력 인정
- 계약서를 반드시 서야만 효력이 잇는 것은 아님

(2) 계약의 성립조건

❶ **성립조건** : 자유로운 의사의 합치, 일정한 형식, 사회질서에 반하지 않을 것
❷ **계약의 무효**
- 선량한 풍속에 어긋나거나 반사회적인 경우
- 일정한 형식을 갖추지 못한 경우
- 필요한 내용을 다 담지 못한 경우
❸ **계약서의 내용** : 계약자, 계약내용, 날짜 등을 면확히 기록하고, 계약서에 적힌 내용을 확인 했다는 의미로 서명이나 도장을 찍음
❹ **공증** : 계약의 내용을 국가가 지정한 사람이 확인하려는 제도

(3) 물권

❶ **종류**
- 소유권 : 물건을 직접적, 배타적으로 자유롭게 사용, 수익, 처분하거나 그 밖의 방법으로 지배할 수 있는 권리, 물권 중 가장 내용이 광범위함
- 점유권 : 물건을 사실상 지배하고 있는 경우 그 점유 상태를 보호해 주는 권리
- 제한 물권 : 물건에 대한 권리 중 어느 한정된 면만을 지배할 수 있는 권리

용익 물권	타인의 물건을 특정 목적을 위하여 사용·수익할 수 있는 권리 (지상권, 지역권, 전세권)
담보 물권	자기 채권을 담보하기 위하여 다른 사람 소유인 물건에 제한을 가하는 권리(유치권, 질권, 저당권)

❷ **물권의 변동**(발생·변동·소멸) : 공시(公示) 원칙이 적용됨

- 목적 : 거래 안전을 위해 당사자는 물론, 제3자도 그 변동 관계를 명확히 알 수 있도록 함

- 공시방법

구분	물권 공시 방법	물권 변동 공시 방법
부동산	등기	등기 이전
동산	점유	인도(점유 이전)

ⓒ **등기부의 구성**
표제부에 부동산의 지번, 면적, 용도, 구조 등이, 갑구에 소유권에 관한 사항이, 을구에 소유권 이외의 권리(저당권 등)가 기재된다.

(4) 채권 채무 관계

❶ **채권과 채무의 의미**
- 채권 : 채권자가 채무자에게 일정한 행위를 청구할 수 있는 권리
- 채무 : 채권에 대한 의무, 채무자가 일정한 행위를 해야 할 의무

❷ **채권의 목적** : 채무자의 일정한 행위(급부) → 실현가능성, 법과 사회 질서에 위배되지 않아야 함

❸ **채권의 발생** : 계약

❹ **채권의 소멸** : 채무의 이행, 채무 불이행 시 법원의 판결로 강제 이행, 계약 해제, 손해 배상 청구

📁 **물권과 채권의 차이**

	물권	채권
권리내용	물건을 직접 지배	특정인에게 일정한 행위 청구
주장대상	배타성(대세효)	당사자 간(대인효)
공시여부	물권 변동은 공시가 필요	제3자에게 공시할 필요 없음
종류와 내용	물권 법정주의	계약 자유의 원칙

2 불법 행위와 손해 배상

(1) 불법 행위

❶ **의미** : 고의 또는 과실로 위법하게 타인에게 손해를 가한 행위

❷ **성립 요건** : 가해행위, 위법성, 가해자의 고의·과실, 손해(정신적, 물질적) 발생, 가해 행위와 손해 사이의 인과 관계, 가해자의 책임 능력

(2) 손해 배상

❶ **의미** : 일정한 행위나 사실에 의하여 타인에게 입힌 손해를 전보(塡補)하는 것

❷ **방법** : 정신적·물질적 손해 모두 금전 배상이 원칙

❸ **후발 손해 배상 문제** : 손해 배상액 합의 후 합의 당시에는 예측할 수 없었던 후유 증이 나중에 발생하면 추가 배상해야 함

(3) 특수한 불법 행위

책임의 성립 요건이 경감되거나 타인의 가해행위에 대해서도 책임을 지는 불법 행위

❶ **책임 무능력자의 감독자 책임**
  - 책임 무능력자의 불법 행위 시 감녹할 의무가 있는 자가 배상할 책임이 있음
  - 감독 의무를 소홀히 하지 않았음을 입증하면 배상 책임을 면할 수 있음

❷ **사용자 배상 책임** : 피용자가 그 사무 집행으로 인해 타인에게 끼친 손해에 대해 사용자가 배상할 책임을 짐

❸ **공작물의 점유자·소유자 책임** : 공작물 설치 및 보존의 하자로 인해 타인에게 손 해를 가했을 때는 공작물 점유자가 배상할 책임이 있음 → 점유자가 주의 의무 를 다항 경우 소유자 책임

❹ **동물 점유자 책임** : 동물이 타인에게 손해를 가한 경우 점유자가 손해 배상 책임을 짐

❺ **공동 불법 행위자 책임** : 여러 사람의 공동 불법 해우이로 인하여 타인에게 손해 를 발생하게 했으면 연대하여 배상할 책임이 있음

03 개인간의 분쟁 해결

1 민사분쟁의 간편한 해결 방법

❶ 내용증명 우편

- 발송인이 언제, 누구에게, 어떤 내용의 문서를 발송했는지 우체국에서 증명 해주는 우편제도
- 분쟁의 상대방에게 공식적인 해결 절차에 들어 갔음을 알려 반응을 이끌어 내는 효과를 기대 할 수 있음

❷ 민사조정제도

- 소송이전에 법관이나 조정위원회에서 타협안을 제시하여 당사자들이 받아 들이는 제도
- 당사자들이 서로 감정을 상하지 않고 빠르게 분쟁을 해결할 수 잇도록 도움

❸ 소액사건 심판

- 소액민사 사건을 간이한 절차에 다라 신속히 처리하기 위해 마련
- 소송가액이 2천만원 이하인 1심 재판으로 결정 함

2 민사소송의 절차

❶ 민사소송

- 개인간의 문제에 대하여 법원이 분쟁 당사자 사이에 개입하여 분쟁을 해결 해 주는 정식 절차
- 개인이 사적인 힘으로 분쟁을 해결하는 것(자력구제)은 원칙적적으로 금지하고 있음

❷ 절차

첫째, 재산확보 : 채무자의 재산을 미리 확인하고 확보해 두는 조치를 하는 것
　　　　→ 필요시 가압류 신청

둘째, 재판 및 판결

- 돈을 받을 권리가 있음을 법원으로부터 확인 받는 절차

- 객관적으로 증명할 수 있는 자료 제시 및 체계적 주장
- 변호사의 도움을 받을 수 있음

셋째, 강제집행
- 국가의 힘을 빌려 권리를 실현하는 절차
- 가압류된 재산을 매각하거나 채무자가 다른 사람에 대해 가지고 잇는 채권을 대신 행사
- 미리 공증을 받았다면 재판절차 없이 곧바로 집행절차 가능

3 민사분쟁을 해결하는 다른 방법 들

❶ 슬기로운 해결 방법은 대화와 합의를 통한 자율적 해결 방법
❷ 대안적 분쟁 해결방식
- 협상 : 자율적으로 해결책을 모색하는 방식
- 조정 : 분쟁과 관련이 없는 다른 사람이 개입하여 당사간의 대화를 주선하는 방식
- 중재 : 제3자에게 결정을 맡기는 해결 방식 → 법적 구속력이 있음
❸ 기타 법률구조공단, 한국 가정법률 상담소, 대한 변호사 협회 등으로부터 상담을 통해 해결하는 방식

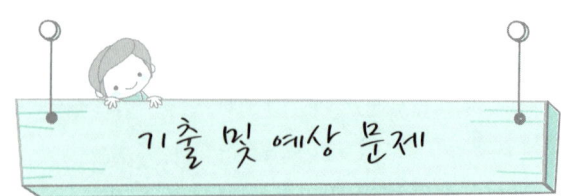

01 밑줄 친 내용에 대해 옳게 설명한 것은?

> 물권과 채권은 권리의 성격이 상호 다르다. 따라서 그 특성을 정확하게 이해해야 권리를 정확하게 행사할 수 있게 된다.

① 물권 변동은 공시하지 않아도 효력을 갖는다.
② 물권의 주체는 자연인, 채권의 주체는 법인이다.
③ 채권의 목적은 물건이고, 물권의 목적은 급부이다.
④ 채권은 당사자들만이 알고 외부에 알리지 않아도 된다.

해 설 ④ 채권은 계약 자유의 원칙에 의해 당사자 간에 체결하여 당사자만 알아도 되지만, 물권은 물권 법정주의에 따라 공시해야만 효력을 갖는다.

바로잡기 ② 자연인과 법인 모두 물권과 채권의 주체가 될 수 있다. ③ 채권의 목적은 급부이고, 물권의 목적은 물건이다.

정 답 ④

02 밑줄 친 내용에 대한 옳은 설명만을 〈보기〉에서 있는 대로 고른 것은?

> 갑 : 일반 불법 행위 책임은 가해 행위가 있으면 무조건 손해 배상을 해야 하나요?
> 을 : 그렇지 않아요. 여러 가지 요건이 있는데, 이를 모두 충족시키는 경우에만 책임을 지게 되는 거에요.

보기
ㄱ. 고의 또는 과실이 있어야 한다.
ㄴ. 가해 행위에 위법성이 있어야 한다.
ㄷ. 가해자에게 행위 능력이 있어야 한다.
ㄹ. 가해 행위와 손해 간에 인과 관계가 있어야 한다.

① ㄱ, ㄴ   ② ㄱ, ㄷ   ③ ㄴ, ㄷ   ④ ㄱ, ㄴ, ㄹ

해 설 불법 행위가 성립하려면 가해 행위에 의해 손해가 발생해야 하고, 또 가해 행위와 그 손해와의 사이에는 인과 관계가 존재해야 한다. 손해의 종류는 재산적 손해에 한하지 않고 정신적 손해도 포함된다. 그 가해 행위와 손해의 인과 관계의 범위는 상당 인과 관계에 있는 범위 내의 것이어야 한다.

바로잡기 ㄷ. 불법 행위가 성립되려면 가해자에게 행위 능력이 아니라 책임 능력이 있어야 한다. 자기 행위의 책임을 인식할 지능이 없는 미성년자가 타인에게 손해를 가한 경우에는 배상 책임이 없다(민법 제752조). 단 20세 미만의 미성년자라고 하여 무조건 책임 능력이 없는 것이 아니고, 책임 능력의 유무는 구체적인 경우에 따라 그 미성년자의 연령, 환경, 기타의 사정에 비추어 판단해야 한다. 또 심신 상실(心神喪失) 중에 타인에게 손해를 가하여도 불법 행위 책임을 지지 않는다(민법 제754조).

정 답 ④

02 다음 ㄱ ~ ㄷ에 해당하는 개념이 바르게 연결된 것은?

> 방문 판매자로부터 물건을 구매할 때 판매자가 물건의 품목과 가격을 적은 견적서를
> 주고 구입 여부를 묻는 　ㄱ　에 대해 구매자가 이를 수용하는 　ㄴ　을(를) 하면 채
> 권 채무 관계가 발생한다. 채무자가 채무를 이행하는 것을 　ㄷ　(이)라 한다.

	ㄱ	ㄴ	ㄷ
①	청약	변제	승낙
②	승낙	청약	변제
③	청약	승낙	변제
④	변제	승낙	청약

해설 계약은 그 내용이 되는 구체적인 사항을 제시하면서 계약 체결을 신청하는 청약과 그 청약에 대해 동의를 표시하
는 승낙으로 성립된다. 이후 채무자가 채무를 이행하는 것을 변제라 한다.

정답 ③

04 밑줄 친 ㄱ에서 제기될 수 있는 법적 쟁점으로 옳지 않은 것은?

> ○○중학교 교사인 갑은 점심시간에 2학년 X반 학생들을 운동장으로 인솔해 씨름 경
> 기를 하게 했다. 그런데 학생 을이 경기 중 넘어져 무릎 관절의 십자인대가 손상되었
> 다. 사고당시 학생들은 전 시간에 체육 수업을 했기 때문에 체육복을 입고 있었고,
> 갑은 안전사고 예방 교육과 별도의 준비 운동을 실시했다. 을의 부모는 갑과 ○○중학
> 교를 상대로 ㄱ 손해 배상 청구의 소를 제기할지를 고민하고 있다.

① 갑의 행위가 사무 집행에 관한 행위인가?

② 갑이 교사로서 보호 감독 의무를 다했는가?

③ 을에게 과실이 있었는가?

④ 을에게 책임 능력이 있었는가?

해설 불법 행위의 성립 요건과 손해 배상 책임에 대한 이해
① 불법 행위가 성립하기 위해서는 피해자에게 손해를 야기한 행위가 가해자의 행위인가가 문제인데, 사례에서 갑의
경우 교사로서 직접 손해를 가하지는 않았지만, 교사가 학생 활동과 관련된 일로 손해 배상 책임을 지기 위해서는 그
손해가 발생한 상황이 교사의 사무 집행과 관련되는지가 문제가 된다. ② 갑이 교사로서의 보호 감독 의무를 다 하였
다면 배상 책임이 면제될 수 있다. ③ 불법 행위에 대한 손해 배상에서는 원칙적으로 과 실 책임 주의가 적용 된다.

바로잡기 ④ 불법 행위와 관련하여 책임 능력 여부는 가해자에게 해당하는 것이지 피해자의 책임 능력 여부는 문제가 되
지 않는다.

정답 ④

05 밑줄 친 내용에 대해 잘못 설명한 것은?

> 물권은 개인의 생활 관계와 함께 끊임없이 발생, 변경, 소멸하기 때문에 이를 나타내
> 기 위한 방법이 필요하게 되었다.

① 부동산은 등기부에 기록한다.

② 동산 물권의 변동은 인도를 통해 한다.

③ 동산은 점유를 통해 물권을 공시한다.

④ 부동산의 등기 권리증은 분실 시 권리가 상실된다.

해설 물권 변동은 제3자의 보호를 포함한 권리 보호를 위해 공시하도록 하고 있다. 부동산은 등기부에 등기가 되면 변동이 공시되고, 동산은 점유 상태로 물권 변동을 확인한다.

바로잡기 ④ 부동산 등기 권리증은 분실 시 재발행은 어렵지만, 분실한다고 권리 자체가 소멸되는 것은 아니다.

정답 ④

06 (가) ~ (라) 권리에 대한 설명으로 옳지 않은 것은?

① 위 권리들은 민법에 규정되어 있다.

② (가)는 동산이나 부동산의 지배를 통해 이익을 얻는 권리이다.

③ (나)는 물건의 사실상 지배를 보호하는 권리이다.

④ (라)는 부동산에 관련된 권리이다.

해설 (가)에 해당하는 권리는 물권으로 동산이나 부동산의 지배를 통해 이익을 얻는 권리들로 민법에 규정되어 있다. (나)는 점유권으로 사실상의 지배 상태 자체를 보호하려는 권리이며, (다)는 전세권으로 등기를 통해 보호가 가능하다. 바로잡기 (라)는 질권으로 동산과 관련된 담보 물권이다.

정답 ④

07 다음 사례에 해당하는 것으로 볼 수 없는 것은?

불법 행위로 인한 책임을 물을 때, 타인의 행위에 대해서도 책임을 인정하거나, 고의 · 과실의 입증 책임의 전환이나 무과실 책임을 인정하는 경우가 있다.

① 사용자 배상 책임 ② 공동 불법 행위 책임

③ 공작물의 소유자 책임 ④ 행위 무능력자의 감독자 책임

해설 특수 불법 행위 책임으로는 타인을 사용하여 일정한 사무에 종사하게 한 자가 피용자의 사무 집행과 관련된 손해에 대해 배상하는 사용자 배상 책임과 여러 사람이 공동으로 불법 행위를 한 경우에 연대 배상하는 공동 불법 행위 책임이 있다. 공작물의 설치 또는 보존의 하자로 타인에게 손해를 가한 경우 점유자가 손해를 배상하고, 점유자에게 과실이 없을 경우 소유자에게 주어지는 배상 책임도 특수 불법 행위 책임에 속한다.

바로잡기 ④ 책임 무능력자의 감독자 책임은 특수 불법 행위 책임에 해당하며, 행위 무능력자의 감독자의 경우 책임 무능력자가 아닐 경우 일반 불법 행위 책임을 지게 된다.

정답 ④

08 밑 줄 친 '이 권리'의 특성에 대해 옳게 설명한 것은?

> 평소 명품 시계를 차고 다니던 갑은 부모님 몰래 오토바이를 사기 위해 차고 다니던 시계를 전당포에 맡기고 돈을 빌려 오토바이를 사서 타고 다녔다. 그런데, 약속한 기한 내에 돈을 갚지 않자, 전당포 주인은 이 권리를 행사하고자 한다.

① 등기부의 을구에 나타난다.

② 가장 포괄적인 성격을 가지는 물권이다.

③ 사용 수익은 가능하나 처분은 불가능하다.

④ 담보가치를 장악하여 채권을 우선 변제받는 것이 목적이다.

해설 ▶ 동산을 담보로 돈을 빌리는 경우에 발생하는 담보 물권으로 질권에 해당한다. 질권은 담보 가치를 장악하여 채권을 우선 변제 받는 것이 목적이다.

바로잡기 ▶ ① 동산에 대한 권리이므로 등기부에 나타나지 않는다. ② 가장 포괄적인 성격을 가지는 물권은 소유권이다. ③ 담보 물권은 사용 수익은 불가능하나 처분은 가능하다.

정답 ▶ ④

09 그림은 물권의 종류를 구분한 것이다. 이에 대해 잘못 설명한 것은?

물권 ┬ ㉠ 점유권
　　　├ ㉡ 소유권
　　　└ 제한 물권 ⋯ ㉢
　　　　　　　　⋯ ㉣ 맹지(진출입 도로 소유권이 없는 토지)
　　　　　　　　소유자가 주로 주장할 권리가 포함됨

① ㉠은 법적 안정성의 측면에서 그 존재 가치가 있다.

② ㉡은 물건의 사용뿐 아니라 수익과 처분의 권한이 포함된다.

③ ㉠보다는 ㉡의 권리가 더 포괄적이다.

④ ㉢과 달리 ㉣은 물건을 이용하여 수익을 낼 수 있다.

해설 ▶ 물권의 종류에 대한 이해
① ㉠의 점유권은 기존의 점유 상태를 법적으로 인정하는 것이므로 법적 안정성의 측면에서 그 존재 가치가 있다. ②, ③ 소유권은 강장 포괄적인 성격의 물권으로 사용뿐 아니라, 수익과 처분의 권한이 포함된다. ④ 전당포에 물건을 맡기고 돈을 빌릴 때 발생하는 권리인 질권은 담보물권에 포함된다.

정답 ▶ ④

10 다음 판결에 나타난 민법의 기본 원칙과 관련된 옳은 설명을 〈보기〉에서 고른 것은?

> 외국에 이민을 가 있어 주택에 입주하지 않아도 될 딸이 고령과 지병으로 고통을 겪으며 또한 달리 마땅한 거처도 없는 아버지와 그를 부양하면서 동거하고 있는 남동생을 상대로 자기 소유 주택의 명도 및 퇴거를 청구하는 행위는 인륜에 반하는 행위이다.

> **보기**
> ㄱ. 권리의 행사는 신의 성실의 원칙에 충실해야 한다.
> ㄴ. 민사상 계약은 당사자 간의 자유로운 의사를 우선 고려해야 한다.
> ㄷ. 사회적 약자를 보호하는 것이 민법의 계약 자유의 원칙에 부합한다.
> ㄹ. 타인에게 해를 끼칠 목적으로 권리를 사용하는 것은 권리의 남용이다.

① ㄱ, ㄴ   ② ㄱ, ㄹ   ③ ㄴ, ㄷ   ④ ㄴ, ㄹ

해설 신의 성실 원칙과 권리 남용 금지 원칙에 대한 이해
근대 민법은 사적 자치의 원칙, 즉 계약은 당사자 간의 자유로운 의사에 의해 이루어지도록 하고 있고, 자신의 권리를 행사하는 것은 정당한 것으로 인정되었다. 하지만, 자신의 권리 행사보다 타인을 해할 목적을 가지고 권리를 행사하거나, 사회 질서에 반하는 행위를 할 경우에는 신의칙에 반하는 권리의 남용으로 보아 권리 행사를 인정하지 않게 되었다.
정답 ②

11 다음 (가), (나)의 사례에 대한 옳은 설명을 〈보기〉에서 고른 것은?

> (가) 전자 기기 수리 가게를 하는 갑은 을의 선풍기를 수리하였다. 그런데 을은 선풍기를 새로 구입하는 것이 더 낫겠다면서 수리비를 지급하지 않고 있다.
> (나) 병은 새로 공장을 구입하였다. 그런데 그 공장으로 화물차가 출입하는 길이 정의 소유로 되어 있어 정의 허락이 없으면 공장을 운영할 수 없는 입장인데, 정이 매매나 임차도 허락하지 않아도 병은 기존처럼 이 도로의 사용에 관한 권리를 얻고자 한다.

> **보기**
> ㄱ. 갑이 주장할 권리는 담보 물권에 속한다.
> ㄴ. 병이 행사하는 권리는 수익은 못하고 조건부 처분만 가능하다.
> ㄷ. 병이 권리를 행사한다 할지라도 정에게 정당한 보상을 해야 한다.
> ㄹ. (가), (나) 모두 등기를 해야 권리가 보장된다.

① ㄱ, ㄴ   ② ㄱ, ㄷ   ③ ㄴ, ㄷ   ④ ㄴ, ㄹ

해설 (가)는 담보 물권 중 유치권, (나)는 용익 물권 중 지역권과 관련된 내용이다. 이들 물권은 모두 소유권과 달리 제한적인 권리만 행사할 수 있는 제한 물권인데, 유치권은 주로 동산과 관련이 있는 담보 물권으로 대상물을 통해 수익을 얻지는 못하나 조건부 처분 등은 가능하다. 반면, 지역권과 같은 용익 물권은 사용·수익은 가능하나 처분은 불가능하다.
정답 ②

04 생활속의 법

1 부부간의 법률관계

(1) 혼인

❶ **의미** : 부부가 된다는 남녀 간의 의사의 합치에 의한 일종의 계약

❷ **요건**

실질적 요건	자유로운 의사 합치, 혼인 적령기(만 18세), 근친 간 혼인 금지, 중혼(重婚) 금지
형식적 요건	혼인 신고(사실혼에서는 상속 등에서 보호를 받지 못함)

❸ **효과** : 친족 관계 발생, 정조 · 동거 · 협조 · 부양(경제적 원조)의 의무, 성년 의제, 부부간의 계약 취소권(혼인 중 언제든), 부부의 일상 가사 대리권 등 발생

◉ **혼인 신고와 법률혼 제도**
우리나라는 법률혼주의를 채택하고 있어 법적인 부부가 되려면 구청이나 읍 · 면 · 동 주민 센터에 비치된 혼인 신고서를 작성, 양 당사자가 날인하여 제출해야 한다.

(2) 이혼

❶ **의미** : 당사자의 합의나 법원의 판결에 의해 인위적으로 부부 관계를 해소시키는 방법

❷ **방법**

협의상 이혼	부부의 이혼 의사 합치(실질적 요건), 가정 법원의 확인 → 이혼 신고서 제출(형식적 요건)
재판상 이혼	합의를 통한 이혼이 불가능할 경우 법원의 판결로 이루어지는 이혼

❸ **효과**

- 부부 사이의 모든 권리와 의무 소멸(미성년자의 성년 의제는 변동 없음)
- 자녀를 양육하지 않는 부(父) 또는 모(母)의 면접 교섭권, 공동 재산의 분할 청구권
- 과실이 있는 상대방에 대한 정신상 · 재산상의 손해 배상 청구권 발생(재판상 이혼의 경우)
- 자녀에 대한 양육 책임 및 친권 행사(당사자 간 합의 → 합의가 불가능할 때 가정 법원이 결정)

◎ 재판상 이혼 사유
- 배우자의 부정행위
- 배우자의 악의에 의한 유기
- 배우자 또는 배우자의 직계 존속이 정신적 · 육체적으로 심히 부당한 대우를 할 때
- 자기 직계 존속에 대한 배우자의 심히 부당한 대우
- 배우자의 생사가 3년 이상 분명하지 않은 경우
- 기타 혼인을 계속하기 어려운 중대한 사유가 있을 때

◎ 이혼 숙려제(민법 제 836조의2 제2항)
가정 법원에 이혼 의사의 확인을 신청한 당사자는 … 다음 각 호의 기간이 지난 후에 이혼 의사의 확인을 받을 수 있다.
1. 양육하여야 할 자가 있는 경우 3개월
2. 제 1호에 해당하지 아니하는 경우에는 1개월

2 부모와 자식 간의 법률관계

(1) 친자 관계 부모와 자녀의 법률적인 관계

❶ **친생자** : 자연의 혈연관계에 의한 친자 관계
❷ **양자** : 생리적인 혈연관계가 없이 입양 신고를 통해 법률상 친자가 되는 자
❸ **친양자** : 15세 미만의 양자를 입양할 경우 입양 전의 친족 관계를 종료시키고 양친의 혼인 중의 출생자로 보며, 양친의 성과 본을 따를 수 있는 제도

◎ 친생자
- 혼인 중의 출생자 : 법률혼 부부 사이에서 잉태하여 태어났다고 법률이 인정하는 자
- 혼인 외의 출생자 : 법률혼 부부가 아닌 사실혼이나 외도 관계에서 출생한 자

(2) 친권

❶ **의미** : 부모가 미성년의 자녀에게 가지는 법적인 권리와 의무
❷ **유래와 본질** : 대가족제도의 가장권에서 유래, 자녀에 대한 지배 · 통제권에서 자녀의 보호 · 양육을 위한 부모의 의무로 그 성격이 변화
❸ **내용** : 자녀에 대한 보호와 교양의 권리 및 의무, 거소 지정권, 징계권, 자녀 명의의 재산 관리권, 자녀의 대리 및 동의권 → 미성년 자녀는 부모의 친권에 복종해야 함
❹ **친권의 행사**
- 부모가 혼인 중인 때는 공동 행사가 원칙
- 예외
  – 부모의 한쪽이 친권을 행사할 수 없을 때에는 다른 한쪽이 행사함
  – 부모의 의견이 일치하지 않을 때에는 당사자의 청구에 의해 가정 법원이 결정

❺ 친권의 상실

- 원인 : 친권의 남용, 현저한 비행, 기타 친권을 행사할 수 없는 중대한 사유가 발생할 때
- 선고 : 자녀의 친족이나 검ㅁ사의 청구에 의해 법원이 선고 한다.

  ⓒ 친권 상실의 원인
  - 친권의 남용 : 필요 이상의 징계권 행사나 정당한 행사를 게을리 한 경우
  - 현저한 비행 : 보호 · 양육 상의 유해한 행위

 심화 학습 ──── **사실혼**

서울 행정 법원 행정 14부(○○○ 부장 판사)는 11일 김 모 씨(57 · 여)가 국방부 장관을 상대로 낸 유족 연금 부지급 처분 취소 청구 소소에서 "국방부는 김 씨에게 유족 연금을 지급하지 않는 것이 적법하다."고 판결했다. 김 씨는 유부남이던 정 모 씨(2008년 사망)를 만나 교제하여 1979년부터 사실상 부부처럼 살며 80년과 82년에는 두 아들도 낳았다. 군인으로 복무하던 정 씨가 81년 전역한 후에는 본가 식구들의 양해 아래 두 아들과 함께 태권도장을 운영하며 살았다. 그러나 정 씨는 62년 원래 부인이 임 모씨와 결혼한 이래 96년 임 씨가 세상을 떠날 때까지 법률적으로 혼인 관계를 유지했고, 2년 뒤인 98년에서야 김 씨와 정식으로 혼인 신고를 해 법적으로 부부가 됐다.

김 씨는 남편이 사망한 뒤 유족 연금 지급을 신청한 건에 대해 재판부는 "남편 정씨가 군인으로 재직할 당시 법률적인 아내는 따로 있었기 때문에 김 씨는 유족으로 보호받을 수 없다."고 밝혔다. 이어 "군인 연금법상 사실혼 관계라도 연금을 지급하고 있지만, 김 씨의 경우 법률상의 아내가 따로 있었기 때문에 김 씨는 중혼 관계의 사실혼으로밖에는 인정되지 않는다."고 밝혔다.

✎ 자료해설 : 사실혼이란 사회적으로 정당하다고 인정되는 부부이나 아직 혼인 신고를 하지 않았기 때문에 법률상으로 전단한 부부로 인정받지 못하는 남녀 관계를 말한다. 사실혼이 인정되면 동거, 부양, 협조, 정조의 의무가 발생하지만 친족 관계는 발생하지 않고, 배우자의 재산 상속이 불가능하며, 미성년자의 성년 의제노 인정되지 않는다. 위 사례에서 사실혼 관계를 인정하지 않는 것은 중혼으로서 혼인의 기본적 요건을 갖추지 못하였기 때문이다.

3 친족 관계와 법률

(1) 부양 관계

❶ 부양의 종류

친자 부양	미성년자의 부양 의무는 친부모, 양부모 모두 가짐, 성년인 자녀와 생활 능력이 없는 노부모간 부양 의무 존재
부부 부양	상대방에게 동등한 생활수준을 누릴 수 있는 정도의 생활비 청구 가능
친족 부양	친족 사이의 부양 → 생계를 같이 하고 부양 의무자의 부양 능력 고려

❷ 부양 청구권 : 부양받을 자가 부양 의무가 있는 자에게 행사

(2) 친족 관계

❶ **친족의 범위** : 8촌 이내의 혈족, 4촌 이내의 인척, 배우자
❷ **친족 관계의 효과** : 부양 및 상속 문제 발생, 친족 간의 혼인 금지, 인적 처벌 조각 사유(친족 간에 발생한 범인 은닉죄, 절도죄), 가중 처벌(존속(부모, 조부모 등)살해 · 상해 · 폭행 · 학대 · 유기)

 혈족(혈연으로 맺어진 친족)

직계 혈족	직계 존속(자기의 부모, 조부모 등), 직계 비속(자기의 자녀, 손자녀 등)
방계 혈족	형제자매, 직계 존속의 형제자매(삼촌, 고모, 이모 등), 직계 존속의 형제자매의 직계 비속(삼촌, 고모, 이모 등의 자녀)

● 인척
  • 배우자의 혈족 : 처남, 시동생 시부모, 장인, 장모 등
  • 혈족의 배우자 : 매형, 형부, 며느리, 사위 등
  • 배우자의 혈족의 배우자 : 동서 등
  ※ 혈족의 배우자의 혈족(사돈) : 인척이 아니므로 혼인 가능

4 상속과 법률관계

(1) 상속

❶ **의미** : 사망으로 피상속인의 재산상의 권리, 의무가 상속인에게 포괄적으로 승계되는 것
❷ **상속 대상** : 적극적 재산(동산, 부동산, 채권 등)뿐 아니라 소극적 재산(채무)도 포함
❸ **상속의 개시** : 피상속인이 사망할 때
❹ **상속 능력자** : 자연인과 태아만 가능, 법인이나 사실혼 배우자는 상속인이 될 수 없음
❺ **상속 포기 및 한정 승인** : 적극적 재산보다 소극적 재산이 많을 때 상속을 포기하거나 부채의 범위 안에서 한정 승인 가능 → 상속 갯가 있는 것을 안 날로부터 3개월 이내에 신청

● 상속 관계
  피상속인 : 사망자, 상속을 해 주는 자
  상속인 : 상속 받는 자

● 대습상속
  상속인이 상속 개시 전에 사망하거나 결격 사유로 상속받지 못할 경우 직계 비속이나 배우자가 상속인이 되는 것

● 한정 승인
  피상속인의 채무 범위 안에서 상속을 승인하는 것

(2) 법정 상속

❶ 법정 상속 순위 : 유언이 없을 때 법이 정한 상속의 순위

1순위	직계 비속과 배우자	배우자는 직계 비속이 없을 경우 단독 상속
2순위	직계 존속과 배우자	
3순위	피상속인의 형제자매	
4순위	피상속인의 4촌 이내의 방계 혈족	

❷ 상속 원칙

균등 분할 상속의 원칙	성별, 기혼·미혼, 지연 혈족·법정 혈족, 동복·이복의 차별 없음
배우자의 상속분	직계 비속이나 직계 존속의 상속분에 5할을 가산함

❸ 상속권의 박탈(민법 제1004조) : 피상속인에게 부도덕한 행위나 유언에 대해 부정행위를 했을 때

❹ 유류분
- 의미 : 상속인을 위해 남겨 두어야 하는 법률상 상속 재산의 일정한 몫
- 비율 : 직계 비속과 배우자는 법정 상속분의 1/2, 직계 존속과 형제자매는 법정 상속분의 1/3

(3) 유언

❶ 의미 : 유언자의 사망과 동시에 일정한 법률 효과(상속 등)를 발생시킬 목적으로 일정한 방식으로 행하는 단독적 법률 행위

❷ 유언 능력 : 유언 당시 의사 능력을 가져야 함(만 17세 이상 단독 유언 가능)

❸ 철회 : 유언자는 유언의 전부 또는 일부 철회 가능

❹ 방식 : 요식주의(민법이 정한 방식에 의해야만 효력 발생) → 자필 증서·녹음·공정 증서·비밀 증서·구수 증서에 의한 유언만 유효

 심화 학습　　태아의 상속권 인정 여부에 따른 상속 순위 문제

Q : K씨는 임신 6개월째인 상태에서 결혼 1년 만에 남편이 교통사고로 사망하였는데, 금융기관에 알아보니 남편이 생전에 수익자를 '상속인'으로 하는 2억 원짜리 생명 보험을 들어 둔 것이 확인되었습니다. 장례식 며칠 후 시부모님이 아이를 지우고 새 가정을 찾아가라며 상속을 포기하라고 하였고 K씨는 혼자서 아이를 키우는 것이 힘들 것 같아서 고민하고 있습니다. 만약 낙태를 한다면 상속에는 어떤 영향을 줄 되는지 알고 싶습니다.

A : 사람은 생존하는 동안에만 권리와 의무의 주체가 될 수 있는 것이 민법의 기본 원칙인데, 태아의 경우 불법 행위에 의한 손해 배상 청구권과 상속권에서는 예외가 인정됩

니다. 물론 태아는 출생해야 사람으로 권리, 의무의 주체가 될 수 있으므로 태아가 살아서 출생하는 경우 상속권은 인정됩니다. 이 경우에는 K씨도 상속권이 인정되지만, 만약 태아를 낙태할 경우에는 K씨도 보험금을 받을 수 없는 경우가 발생하게 됩니다.

📑 **자료해설** : 우리 민법은 제1000조 제3항 '태아는 상속 순위에 관하여는 이미 출생한 것으로 본다.'고 규정하여 태아의 상속권을 인정한다. 그런데 K씨의 경우처럼 만약 태아만 자녀로 있는 경우 태아가 태어나면 직계 비속과 배우자가 상속 1순위이므로 태아와 배우자는 공동 상속인이 된다. 물론 배우자가 태아의 상속 금액의 1/2을 더 상속받을 수 있다. 그런데 만약 아이를 낙태할 경우에는 상속 2순위인 직계 존속과 배우자가 상속을 받으면 되지만, 이때 또 다른 문제가 발생할 수 있다. 우리 판례는 태아를 낙태하는 것은 민법 제1004조의 상속 결격 사유에 해당한다고 보기 때문이다. 판례는 낙태 행위를 '고의로 상속의 선순위나 동순위에 있는 자를 살해한 경우'에 해당된다고 보기 때문에 K씨도 여기에 해당될 가능성이 크다.

5 부동산 임대차

❶ 부동산 임대차 계약

- 임대인이 임차인에게 건물이나 토지 등을 빌려주고 임차인이 그 대가를 지급하기로 하는 계약
- 원칙 : 당사자의 계약, 주택 임대차 보호법의 특례(최소 2년)
- 임대차 기간은 갱신 가능
- 임대차 기간 만료 후 임대인이 상당한 기간 내에 이의를 제기하지 않으면 이전의 조건대로 다시 계약한 것으로 봄

❷ 부동산 임대차 보호법: 임자인의 주거와 보증금의 회수 보장, 과도한 집세 인상 등에서 세입자를 보호하기 위해 제정한 민법의 특별법 → 입주와 전입 신고를 마치고, 임대차 계약서에 확정 일자를 받으면 물권적 효력을 인정

> **확정 일자**
>
> 전세권 설정이나 임차권 등기를 하지 않은 세입자는 동 주민센터나 부동산 등기소, 공증 사무소에서 임대차 계약서에 확정일자(確定日字)를 받아야 한다. 이 조치는 나중에 전셋집이 경매될 경우 보증금을 순위에 따라 돌려받을 수 있게 해 주지만, 확정 일자를 받았을지라도 확정 일자 이전에 성립한 저당권이 있을 때에는 보증금을 반환받기 어렵다.

📂 [확정 일자 날인한 전세와 전세권 설정 등기의 차이점]

구분	확정 일자 날인	전세권 설정
절차	세입자 단독으로 동 주민센터나 등기소에서 임대차 계약서에 날인 받음	주인의 동의와 서류 발급 하에 관할 등기소에서 설정 등기함
비용	보증금에 관계없이 600원	전세금에 비례, 등록세, 교육세 납부
요건	점유와 주민 등록 이전 필요	점유와 주민 등록 불필요
효력	• 보증금 전액 순위에 따라 보장 • 제3자에 효력 승계 불가	• 보증금 전액 순위에 따라 보장 • 제3자에 효력 승계 가능(전대 가능)

📁 [최우선 변제를 받을 수 있는 소액 보증금의 범위]

지역	최우선 변제 금액	임대 보증금
수도권(과밀 억제 권역)	2,200만 원 이하	6,500만 원 이하
광역시(군 지역 및 과밀 억제 권역 제외)	1,900만 원 이하	5,500만 원 이하
기타지역	1,400만 원 이하	4,000만 원 이하

🔖 **자료해설** : 본래 임대차는 채권의 성격을 갖기 때문에 전세권이나 저당권과 같은 물권보다 후순위의 권리를 갖는다. 따라서 종종 전세권자들이 전세금을 돌려받지 못하는 사태가 나타나게 되자 서민인 전세입자의 피해를 막을 필요성이 대두되었다. 그래서 주택 임대차 보호법이라는 특별법을 통해 확정 일자 제도를 도입하여 임대차 계약서에 주민등록을 이전하고 확정 일자를 받으면 물권인 전세권과 대등한 효력을 갖도록 하였다. 이 세 가지 조건을 마지막으로 갖추는 시점부터 우선 변제권이 보장되며, 물론 이전에 저당권이 설정된 경우에는 그렇지 않다. 만약 이런 조치를 취하지 않을 경우 주택 임대차 보호법상의 소액 보증금 최우선 변제의 보호만 받을 수 있다. 확정 일자 제도를 활용하지 않을 경우 전세권을 설정하면 되지만, 비용이 많이 들고, 집 주인이 사전 동의를 해야만 가능하다는 한계가 있다.

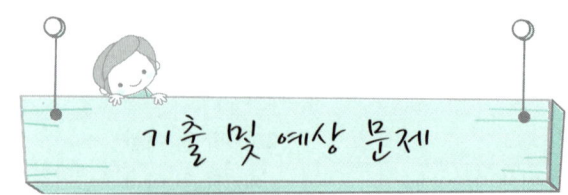

01 다음 원칙이 적용되는 법률생활과 거리가 먼 것은?

> 법률 행위를 함에 있어서 서면, 공증, 신고 등 일정한 방식에 의하여만 법률행위가 성립하거나 그 효력이 인정된다. 이는 분쟁 시 증거 확보를 위함이며, 거래의 안정성을 확보하는 데에도 기여한다.

① 유언 행위

② 친양자 입양

③ 법률혼 제도

④ 법인 설립 행위

해설 ① 유언은 법에서 정한 일정한 방식에 따를 것을 규정하고 있다. 따라서 민법이 정한 방식에 따르지 않는 유언은 무효가 된다. ② 친양자 입양도 법률이 정한 방식에 의해 법원의 결정으로 이루어진다. ③ 법률혼 제도 역시 법으로 정한 절차에 의해 혼인 신고를 해야만 부부로 인정된다.

바로잡기 ④ 채권 채무 관계는 계약 자유의 원칙이 가장 철저하게 적용되므로 특정한 요식을 갖추지 않아도 효력을 가질 수 있다.

정답 ④

02 다음은 민법 개정 내용이다. 이를 토대로 변화된 가족 관계에 대한 설명으로 옳지 않은 것은?

> • 2008년 1월 1일부터 호주제 폐지 후 가족 관계 등록부를 신설하여 기본 증명서에는 본인의 신상만 기록하며 가족 관계 증명서, 혼인 관계 증명서, 입양 관계 증명서, 친양자 관계 증명서로 구성한다.
> • 자녀의 성과 본은 아버지의 성과 본을 따르는 것을 원칙으로 하되, 부모의 협의에 따라 어머니의 성과 본도 따를 수 있다.
> • 만 15세 미만의 양자에게 친자와 똑같은 권리를 부여하되 친부모의 동의를 원칙으로 하는 친양자 제도를 도입한다.

① 가족 내 성 평등 구조가 정착될 것이다.

② 가족과 관련된 개인 정보의 보호는 약화될 것이다.

③ 부성(父性)주의 원칙은 기본적으로는 유지될 것이다.

④ 친양자는 기존의 양자와는 달리 양부모의 성을 따르게 된다.

해설 ① 자녀의 성과 본을 아버지의 성뿐 아니라 어머니 성도 따를 수 있게 한 것은 가족 내 성 평등 구조가 정착되는 데 기여할 것이다. ④ 친양자는 양부모의 성을 따르도록 하고 있다.

바로잡기 ② 새로운 가족 관계 등록부에는 기본 증명서와 다른 가족 관계 증명서를 구분 하고, 그 용도에 따라 증명서를 달리 발급받을 수 있어 오히려 개인 정보 보호가 강화될 수 있다.

정답 ②

03 다음은 어느 부부의 대화 내용이다. 이와 관련된 옳은 설명을 〈보기〉에서 고른 것은?

> 갑(여) : 여보. 우리도 이제 혼인 신고합시다.
> 을(남) : 애도 있고 하니 그래야지. 다음 주에 하자구.

보기

> ㄱ. 갑과 을은 법률상 친족 관계에 있다.
> ㄴ. 갑은 생활용품을 살 때 을의 돈을 사용할 수 있다.
> ㄷ. 을이 간통을 할 경우, 갑은 을을 간통죄로 고소할 수 있다.
> ㄹ. 갑과 을은 상호 부양 의무가 있다.

① ㄱ, ㄴ   ② ㄱ, ㄷ   ③ ㄴ, ㄷ   ④ ㄴ, ㄹ

해설 갑과 을은 사실상 부부로 살고 있으면서 혼인 신고를 하지는 않은 상태이므로 사실혼 관계이다. 사실혼 관계에서도 부부간 일상 가사 대리권이나 부양 의무는 발생한다.

바로잡기 사실혼 관계에서는 법률상 친족 관계는 성립되지 않으며, 간통의 경우 간통죄는 성립되지 않으나, 불법 행위에 따른 손해 배상 청구 소송은 가능하다.

정답 ④

04 밑줄 친 내용에 부합하지 않는 것은?

> 우리 민법은 유언에 관하여 여러 가지 규정을 두고 있다. 이러한 민법의 규정들은 유언과 관련된 법률 행위에서 발생할 분쟁을 미연에 방지하고, 법률생활의 안정을 기함을 기본적인 목적으로 한다.

① 정해진 구비 요건을 갖추어야 효력을 갖는다.
② 철회가 가능하며 유언자의 최종 의사가 중요하다.
③ 유언은 상대방에 대해 의사 표시를 할 필요가 없다.
④ 유언자의 의사에 의해 법정 상속인이 변경될 수 있다.

해설 ① 유언은 요식 행위이다. 따라서 정해진 구비 조건을 갖추어야 효력을 갖는다. ② 유언은 유언자가 철회할 수 있는 행위로 유언자의 최종 의사가 중요하다. ③ 유언은 상대방 없는 단독 행위이므로 상대방에 대해 의사 표시를 할 필요가 없다.

바로잡기 ④ 상속은 유언자의 의사가 우선적으로 적용되지만, 유언자의 뜻대로 법정 상속인이 변경될 수는 없다. 법정 상속인은 민법에 정해진 자에 한한다.

정답 ④

05 다음 사례에 대한 법적 판단으로 옳은 것은?

> 갑(만 19세, 남)은 동갑내기 을(여)과 양가 부모의 동의를 얻어 1년 전에 결혼한 후, 딸 한 명을 두고 있다. 갑은 결혼 이후 생활비도 주지 않은 채 외박을 일삼으며 돈을 낭비하였다. 을이 갑의 이러한 생활 태도를 질책하자, 갑은 을을 구타하였다. 이에 을은 이혼을 고려하고 있다.

① 딸에 대한 친권은 갑이 단독으로 행사한다.

② 을은 갑에게 부양 청구권을 행사할 수 있다.

③ 갑과 을의 혼인은 무효이므로, 딸은 혼인 외의 출생자이다.

④ 갑과 을이 이혼할 경우, 각자는 부모의 친권에 복종하여야 한다.

> **해 설** ② 혼인한 부부간에는 부양의 의무가 있으므로 을은 갑과 동일한 수준의 생활을 할 수 있는 생활비를 달라고 부양 청구권을 행사 할 수 있다.

> **바로잡기** ① 자녀에 대한 친권은 원칙적으로 부부가 공동으로 행사한다. ③ 갑과 을의 혼인은 무효가 아니므로 딸은 혼인 외 출생자가 아니다. ④ 갑과 을이 이혼하더라도 성년 의제는 유지되므로 부모의 친권에 복종하지 않는다.

> **정 답** ②

---

06 다음 사례에서 상속에 대해 옳게 설명한 것은?

> 갑은 만 20세로 2년 전 교통사고로 부모님을 잃고 할아버지, 할머니 을과 함께 살고 있었다. 할아버지가 갑자기 사망하면서 갑에게 모든 재산을 상속한다는 유언장을 남기자, 고모 병과 큰 아버지 정, 미혼의 삼촌 무 간에 유산을 두고 다툼이 생겼다.

① 갑은 모든 재산을 상속받을 수 있다.

② 유언이 없었다면 갑은 법정 상속을 받을 수 없다.

③ 유류분을 청구할 경우 을의 청구분이 가장 많다.

④ 무는 미혼이므로 정보다 유류분이 적다.

> **해 설** 할아버지의 사망으로 갑의 아버지, 을, 병, 정, 무는 모두 공동 상속인이 되고, 갑은 아버지가 사망으로 상속받을 수 없기 때문에 아버지를 대신하여 갑이 할아버지의 재산을 상속 받게 된다. 따라서 유언에 따라 갑에게 전 재산을 준다 하더라도 나머지 을, 병, 정, 무는 유류분을 청구할 수 있는데, 이때 병, 정, 무보다 배우자인 을의 청구분이 가장 많다.

> **바로잡기** ① 갑은 유류분 청구가 있으면 그 만큼은 상속받을 수 없다. ④ 혼인 여부는 상속액에 영향을 주지 않는다.

> **정 답** ③

---

07 다음 두 이혼 사례에 대한 설명으로 옳지 않은 것은?

> (가) A는 가정 법원에서 이혼 확인서를 받아 행정 관청에 이혼 신고서와 함께 제출하였다.
> (나) B는 남편을 상대로 이혼 소송을 제기하여 판결을 받아 이혼을 하였다.

① (가)의 경우 이유나 동기는 관계없다.

② (나)에서 불법 행위에 의한 손해 배상 문제가 발생한다.

③ 배우자가 3년간 생사가 불분명할 때에는 (나)의 사유가 된다.

④ (나)의 귀책사유가 있는 자도 자녀에 대한 면접 교섭권은 가질 수 있다.

> **해 설** (가)는 협의상 이혼, (나)는 재판상 이혼에 해당한다. 재판상 이혼 사유로는 배우자의 부정한 행위, 배우자가 악의로 다른 일방을 유기할 때, 배우자 또는 직계 비속으로부터 심히 부당한 대우를 받을 때, 자기의 직계 존속이 배우자로부터 심히 부당한 대우를 받을 때, 배우자의 생사가 3년간 불분명할 때 등이다. 바로잡기 ④ 협의상 이혼의 경우에만 이혼 숙려 기간을 거친다.

> **정 답** ④

08 다음 글의 밑줄 친 상황에서 친권 행사 방안으로 적절한 것은?

> 원칙적으로 친권은 부모가 공동으로 행사하도록 규정되어 있지만, 부모가 친권을 남용하는 경우나, 부모가 이혼을 한 경우에는 친권에 관한 예외적 규정을 두고 있다.

① 법원이 단독으로 친권의 상실을 선고한다.
② 관할 구청장이 친권 행사자를 정할 수 있다.
③ 당사자의 청구에 의해 가정 법원이 결정한다.
④ 검사의 청구에 의해 법원이 친권 상실을 선고한다.

해설 친권의 남용, 현저한 비행, 기타 친권을 행사할 수 없는 중대한 사유가 발생할 경우 자녀의 친족이나 검사의 청구에 의해 법원이 친권 상실을 선고한다.

정답 ④

09 다음은 부양과 관련된 수행 평가 답안지이다. 학생이 획득한 점수는? (단, 각 문항의 점수는 2점씩이다.)

다음 각 항목 중 맞는 것에는 ○표, 틀린 것에는 ×표 하시오.	
미성년자의 자녀에 대해서는 양부모나 친부모 모두 부양 의무가 있다.	×
부부 부양에서 소득이 없는 배우자는 생활비를 적게 책정할 수 있다.	○
부양 의무자의 부양 능력에 따라 부양 여부가 결정될 수 있다.	○
부양받을 자는 적극적으로 부양 청구권을 행사할 수 있다.	○

① 0점　　　② 2점　　　③ 4점　　　④ 6점

해설 부양 의무자가 부양 능력이 없는 경우에는 부양 의무가 발생하지 않을 수 있으며, 부양받을 자는 적극적으로 부양 청구권을 행사하여 강제로 부양을 받을 수도 있다.

바로잡기 미성년자의 경우 양부모, 친부모 모두 부양 의무가 있으며, 부부사이에는 동등한 수준의 생활을 할 수 있는 부양 청구가 가능하다.

정답 ③

10 다음 대화에서 밑줄 친 부분에 해당하지 않는 것은?

> 아　들 : 복잡하게 친족 관계를 왜 따져요?
> 아버지 : 법률상 친족 관계가 문제가 되는 경우가 있단다.

① 근친혼 금지 범위　　　　② 후견인 선임 신청 자격 문제
③ 재판에서 친족 간 증언 거부 문제　　④ 유언에 의한 상속 대상자의 범위 문제

해설 ④ 유언에 의한 상속은 상대방이 친족이어야 할 필요가 없으므로 친족 관계와는 관련 없이 누구에게나 할 수 있다.

바로잡기 ① 8촌 이내의 혈족(친양자의 입양 전의 혈족을 포함) 사이에서는 혼인하지 못한다. 6촌 이내의 혈족의 배우자, 배우자의 6촌 이내의 혈족, 배우자의 4촌 이내의 혈족의 배우자인 인척이거나 이러한 인척이었던 자 사이에서는 혼인하지 못한다. 6촌 이내의 양부모계의 혈족이었던 자와 4촌 이내의 양부모계의 인척이었던 자 사이에서는 혼인하지 못한다(민법 제 809조). ② 지정 후견인이나 법정 후견인이 없을 경우 친족이나 이해관계인이 후견인 신청을 할 수 있다. ③ 재판에서 일정 범위의 친족 간에는 증언을 거부할 수 있다.

정답 ④

10 밑줄 친 ㉠, ㉡에 모두 해당하는 경우는?

> 법의 규율 대상이 되는 생활 관계를 법률관계라고 한다. 법률관계는 사회 구성원 상호간의 ㉠ 권리와 ㉡ 의무로 이루어지며, 양자는 표리관계에 있다.

① 재산세를 납부하는 경우
② 취소권을 행사하는 경우
③ 입영 통지서를 받은 경우
④ 자동차를 사기로 계약한 경우

해설 ▶ 법률관계는 사회 구성원 상호 간의 권리와 의무로 이루어지며, 양자는 표리 관계에 있다. 그러나 권리만 있는 경우와 의무만 있는 경우도 존재한다. ④ 자동차를 사기로 계약한 경우는 권리와 의무가 모두 나타나는 경우이다.

정답 ▶ ④

11 밑줄 친 ㉠, ㉡에 대한 옳은 설명을 〈보기〉에서 고른 것은?

> 부동산 임대차란 ㉠ 임대인이 ㉡ 임차인에게 건물이나 토지등을 빌려주고 임차인이 그 대가를 지급하기로 하는 계약을 말한다.

보기
ㄱ. ㉠은 일정한 행위를 해야 하는 채무가 있다.
ㄴ. ㉡이 가지고 있는 권리는 재산권에 속한다.
ㄷ. ㉡이 가지고 있는 권리의 객체는 부동산이다.
ㄹ. 법인은 ㉠은 될 수 있어도, ㉡은 될 수 없다.

① ㄱ, ㄴ   ② ㄱ, ㄷ   ③ ㄴ, ㄷ   ④ ㄴ, ㄹ

해설 ▶ ㄱ. 임대인은 일정한 행위를 해야 하는 채무와 도시에 채권을 가지고 있다. ㄴ. 임차인이 가지고 있는 권리는 채권으로 재산권에 속한다.

정답 ▶ ①

[11~12] 다음 표를 보고 물음에 답하시오.

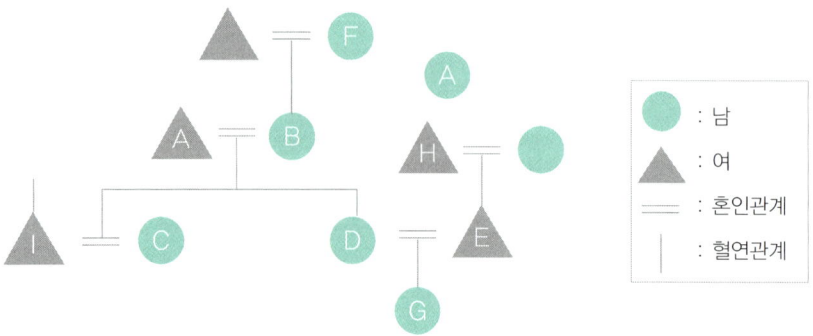

12 위 그림에 나타난 가족과 친족의 범위에 대한 옳은 설명을 〈보기〉에서 고른 것은?

> **보기**
> ㄱ. A, B와 F가 함께 사는 경우 세 사람은 민법상 가족이 된다.
> ㄴ. D가 시댁 식구와 동거할 경우 A와는 가족 관계에 있지 않다.
> ㄷ. D는 I와는 인척 관계로 민법상 친족에 해당한다.
> ㄹ. A와 H는 인척 관계에 있다.

① ㄱ, ㄴ   ② ㄱ, ㄷ   ③ ㄴ, ㄷ   ④ ㄴ, ㄹ

해설 ㄱ. A에게 F는 배우자의 직계 혈족으로 인척 관계 이므로 생계를 같이 하는 경우에 한하여 가족이 된다. 따라서 A, B, F는 함께 사는 경우 가족으로 인정된다. ㄷ. D에게 I는 혈족의 배우자로 4촌 이내의 인척에 해당하므로 민법상 친족에 속한다.

바로잡기 ㄴ. D는 A의 친딸이므로 직계 혈족에 해당하여 시댁 식구와 동거한다 할지라도 A와 D는 가족관계에 있다. ㄹ. A 와 H는 사돈(혈족 배우자의 혈족) 관계로 인척은 아니다.

정답 ②

13 위 관계에서 다음과 같은 상황이 발생하였을 경우의 상속 관계에 대한 설명으로 옳은 것은?

> A와 D가 비행기를 타고 가다 비행기 추락으로 사망하였는데, 목격자의 증언에 의하면 D가 먼저 사망하였다고 한다. A는 자필로 쓴 유언장에 14억 원의 유산 중 7억 원은 B에게 준다고 쓰고, 나머지 부분에 대해서는 언급이 없었다.

① B는 7억 원 이상의 상속을 받을 수는 없다.

② C는 유류분을 주장한다 할지라도 최대 2억 원을 상속받게 된다.

③ E는 동거하지 않으므로 상속을 받을 수 없다.

④ G는 최소 2억 원의 상속을 받을 수 있다.

해설 ① B는 유증분 7억 원에 다가 나머지 7억 원 중 배우자의 몫인 3억 원을 더 상속받을 수 있다. ② C는 본래 상속분은 4억 원으로 유류분을 주장할 경우 2억 원을 받을 수 있다. 따라서, 7억 원 중 2억 원을 상속받게 되므로 더 이상의 유류분을 주장할 수 없어 최종 상속액은 2억 원이 된다. ③ E는 동거하지 않아도 D의 상속분에 대한 대습 상속인이 된다. ④ G는 아버지 D의 법정 상속액 2억 원 중 8천만 원을 상속받고 어머니인 E가 1억 2천만 원을 상속 받게 된다. ⑤ D가 먼저 사망한 경우에 A의 상속에 대해 대습상속이 인정되므로 B, C, E, G로 총 4명이다.

정답 ②

Chapter 06

사회생활과 법

01 범죄와 형벌

1 형법과 범죄 예방

(1) 형법의 의의

❶ **형법** : 범죄와 형벌 및 보안 처분에 관한 법률
❷ **목적** : 범죄 예방, 범죄자 처벌 → 사회의 안정과 질서 유지

(2) 형법의 발달

복수(復讐)시대 → 속죄(贖罪)시대 → 위하(威嚇)시대 → 박애(博愛)시대 → 과학(科學)시대

ⓒ **형법의 발달**
- 복수 시대 : 침해당한 자의 복수 방법으로 형벌을 이용
- 속죄 시대 : 복수를 금지하고 경제적 배상 등으로 속죄
- 위하 시대 : 위협을 느끼게 하는 형벌로 범죄를 예방
- 박애 시대 : 사회 방위를 위한 최소한의 수단으로서의 형벌
- 과학시대 : 형벌을 범죄 방지 대책으로 활용하도록 점검, 적용

(3) 죄형 법정주의

❶ **의의** : 어떤 행위가 범죄가 되고, 그 범죄에 대하여 어떤 처벌을 할 것인가는 성문(成文)의 법률에 미리 규정되어 있어야 한다는 원칙 → "법률 없으면, 범죄도 없고 형벌도 없다."

❷ **현대적 의미** : 그 내용이 실질적 정의에 합치하는 "적장한 법률 없으면, 범죄도 없고 형도 없다."는 원칙을 의미함

❸ **목적** : 국가 형벌권의 확장과 자의적인 행사 억제 → 국민의 자유와 인권 보장

❹ **죄형 법정주의의 원칙**

관습 형법 금지의 원칙	법관이 적용할 형벌에 관한 법은 오직 성문의 법률이어야 하고 전통적인 관습이나 불문법은 적용할 수 없다는 원칙
명확성의 원칙	형법에 의하여 금지되는 행위나 형벌의 내용이 명확하여 누구나 알 수 있어야 한다는 원칙
유추 해석 금지의 원칙	법률에 규정이 없는 사항에 대해 그것과 유사한 성질을 가지는 사항에 관한 법률을 적용할 수 없다는 원칙
형법 효력 불소급의 원칙	형벌 법규는 그 시행 이후에 이루어진 행위에 대해서만 적용되고, 시행 이전의 행위에까지 소급하여 적용할 수 없다는 원칙
적정성의 원칙	법률 자체가 불합리하거나 부정한 것을 배제하여 적정해야 한다는 것으로 범죄와 형벌 간에 적정한 균형이 이루어져야 한다는 원칙

⚙ **죄형 법정주의의 규정**
- 모든 국민은 신체의 자유를 가진다. 누구든지 법류에 의하지 아니하고는 체포, 구속, 압수, 수색 또는 심문을 받지 아니하며, 법률과 적법한 절차에 의하지 아니하고는 처벌, 보안 처분 또는 강제 노역을 받지 아니한다(헌법 제12조 제1항).
- 범죄의 성립과 처벌은 행위 시의 법률에 의한다(형법 제1조 제1항).

(4) 범죄

❶ **의의** : 법에 의하여 보호되는 이익을 침해하고, 사회의 안전과 질서를 문란하게 하는 반규범적 · 반사회적 행위

- 형식적 의미 : 형벌 법규에 의하여 형벌을 받도록 규정되어 있는 행위 → 구성요건에 해당하고 위법하고 책임 있는 행위
- 실질적 의미 : 형벌에 의한 대응이 필요하다고 여겨지는 사회적 유해 행위

❷ 범죄 성립의 3요소

- 구성 요건 해당성 : 범죄가 성립하려면 먼저 어떤 행위가 형법의 각 조문에 규정한 범죄 구성 요건을 갖추어야 함 예) "사람의 신체에 대하여 폭행을 가한 자는 2년 이하의 징역에 처한다."에서 '사람의 신체에 폭행을 가한 자'가 구성 요건임

- 위법성 : 전체 법질서로부터 부정적인 행위라는 판단이 가능해야 함

- 책임성
  - 형벌의 대상이 되는 행위를 감행한 자가 마땅히 비난받을 책임이 있어야 함 → 비난 가능성
  - 형법상 책임 조각 · 감경 사유 : 구성 요건에 해당하고 위법하지만 형벌을 부과할 수 없거나 형이 감경되는 경우
    책임 조각 사유 : 형사 미성년자(만 14세 미만인 자), 심신 상실자, 강요된 행위
    책임 감경 사유 : 심신미약자, 농아자

📁 **위법성 조각 사유**

정당 행위	법령에 의한 행위 또는 업무로 인한 행위, 기타 사회 상규에 위배되지 않는 행위 예) 현행범인 체포 행위, 고무원의 직무 집행 행위, 의사의 치료 행위, 변호사의 변론
정당방위	자기 또는 타인의 법익에 대한 현재의 부당한 침해를 방지하기 위한 상당한 이유가 있는 경우 예) 강도로부터 자신을 방위하기 위한 과정에서 강도를 상해한 경우
긴급 피난	자기 또는 타인의 법익에 대한 현재의 위난(危難)을 피하기 위한 행위로서 상당한 이유가 있는 경우 예) 화재 진압 도중 주변 가옥을 파손한 경우
자구 행위	법정 절차에 의하여 청구권을 보전하기 불능한 경우에 그 청구권의 실행 불능 또는 현저한 실행 곤란을 피하기 위한 상당한 이유가 있는 행위 예) 국외로 도망가려는 채무자의 물건을 빼앗은 행위
피해자의 승낙	처분할 수 있는 자의 승낙에 의하여 그 법익을 훼손한 행위는 법률에 특별한 규정이 없는 한 벌하지 아니함 예) 친구가 한 대 맞고 싶다고 하여 친구의 뺨을 한 차례 때린 경우, 단 법류에 특별한 규정이 있는 경우(예)살인)에는 처벌함

ⓒ **보충설명** : 정당방위와 긴급 피난은 다 같이 현재의 위난에 대한 긴급 행위라는 점에서 같다. 그러나 정당방위는 위법한 침해에 대한 방어에 한하지만 긴급 피난은 위난의 원인이 위법일 것을 요하지 않는다. 정당방위와 자구 행위는 다 같이 위법한 침해에 대한 자력 보호 행위라는 점에서 성질을 같이한다. 그러나 정당방위가 사전적 긴급 행위임에 반하여 자구 행위는 사후적 긴급 행위임에서 서로 구별된다. 또한 정당방위나 긴급 피난은 모든 법익의 보호를 위해 행사할 수 있으므로 타인의 법익을 보호하기 위해서도 행사할 수 있다. 그러나 자구 행위는 단지 자기의 청구권 실현에 국한된다.

2 형벌

(1) 의의

❶ 범죄인으로 확정된 자에 대하여 국가가 일정한 절차에 따라 부과하는 제재

❷ 범죄자에 대한 응징인 동시에 범죄자를 교육하며 건전한 사회인으로 복귀시키려는 교화 목적도 포함

(2) 종류

❶ **생명형** : 사형→범죄자의 생명을 박탈하는 형벌로서, 형벌 중에서 최고의 극형

❷ **자유형**

- 징역 : 30일 이상 범죄자를 교도소 내에 가두어 노역(勞役)을 하게 하는 형벌
- 금고 : 30일 이상 범죄자를 교도소 내에 가두지만 노역을 시키지 않는다는 점에서 징역과 구별
- 구류 : 1일 이상 30일 미만의 기간 동안 교도소 등 수용 시설에 구금하는 형벌

❸ **명예형**

- 자격 상실 : 법원으로부터 사형, 무기 징역, 무기 금고의 형의 선고가 있을 때에는 그 효력으로서 당연히 일정한 자격을 상실시키는 형벌
- 자격 정지 : 일정 자격을 일정 기간 정지시키는 형벌

❹ **재산형**

- 벌금 : 금전으로 과해진 형벌(5만 원 이상)
- 과료 : 일정한 액수를 기준으로 벌금보다 상대적으로 가벼운 재산형(2천 원 이상 5만원 미만)
- 몰수 : 유죄 판결을 선고할 때, 범죄 행위에 제공하였거나 제공하려고 한 물건, 또는 범죄로 말미암아 생겼거나 범죄로 인해 취득한 물건, 그 밖에 이러한 물건의 대가로 취득한 물건을 범죄자의 수중으로부터 국가에 귀속시키는 형벌

(3) 보안 처분 : 재범의 위험성이 있는 사람으로부터 사회를 방위하고, 재범의 위험성이 있는 사람을 교육·개선·치료하기 위한 처분

❶ **치료 감호** : 피치료 감호자를 치료 감호 시설에 수용하여 행하는 치료를 위한 조치, 일정한 정신 장애나 약물 등의 중독자로서 재범의 위험성이 있다고 인정될 때 부과

❷ **보호 관찰** : 피보호 관찰자에게 자유로운 사회생활을 허용하면서 일정한 준수

사항을 부과하는 처분

❸ **사회봉사 명령** : 일정 시간 동안 무보수로 사회에 유익한 근로를 하도록 명령하는 것 예) 복지 시설이나 공동 시설에서의 봉사

❹ **수강 명령** : 일정 시간 동안 범죄성 개선을 위한 교육을 받도록 명령하는 것 예) 마약사범, 기장 폭력 사범, 성폭력 사범 등에게 강의나 체험 학습 명령

 ☙ **보안 처분의 성격**
  • 과거 회귀적인 형벌과는 달리 미래 지향적인 성격→행위 시의 법이 아니라 재판 시의 법을 기준으로 적용

 ☙ **보호 관찰이 자유형과 다른 점**
  • 교도소에 구금되지 않고 자유로운 사회생활이 허용된다.
  • 처벌보다는 범죄 · 비행성을 개선하기 위한 교육을 목적으로 한다.

(4) 형의 적용

❶ **법정형** : 형법의 각 조항에 규정되어 있는 형
❷ **처단형** : 법정형을 구체적 범죄 사실에 적용하여 가중 · 감경하여 확정된 형
❸ **선고형** : 처단형의 범위 내에서 법원이 구체적으로 선고한 형

> **형적용의 세 가지 구분의 예**

갑이 을을 살해하고 자수하였다고 하자. 갑의 행위는 형법 제250조 제1항의 살인죄에 해 당하므로, 갑을 사형, 무기 또는 5년 이상의 징역을 법정형이라 하고, 이때 법원이 유기 징역형을 선택한 후 자수 등을 감안하여 형을 2분의 1로 감경하면 원래 5년 이상 30년 이하 의 유기 징역형이 2년 6월 이상 15년 이하로 되는데 이를 처단형이라 하고, 그 처단형의 범위 내에서 4년으로 형을 정하면 이 4년이 선고형이다.

(5) 정보화 시대와 사이버 범죄

❶ **법규 부재 현상** : 현대 사회의 급격한 변동으로 법규가 미처 마련되지 아니한 현상
❸ **매체의 대중성과 익명성** : 통신 매체를 활용한 타인의 정보 유출 및 범죄에의 이용, 음란물 유포, 명예 훼손 등 불건전한 정보의 유통이나 전자 상거래를 이용한 사기 범죄, 탈법적인 통신 판매 등
❸ **지적 재산권 문제** : 인터넷 도메인 분쟁, 홈페이지 콘텐츠 도용 문제
❹ **사이버 범죄에 대한 대책** : 개인 윤리, 기업 윤리, 사회 윤리 의식 제고, 적절한 법규 마련

재판의 종류와 형사재판의 원칙과 절차

1 사법권의 독립

(1) **사법권** : 무엇이 법인가를 해석, 판단하고 선언하는 작용

(2) **사법권의 독립**: 법관이 어떠한 외부의 간섭도 받지 않고 헌법과 법률에 의하여 그 양심에 따라 독립하여 심판하는 법관의 재판상 독립을 의미

   ❶ **필요성** : 공정한 재판 → 국민의 기본권 수호

   ❷ **내용** : 입법부와 행정부로부터의 독립, 사법부 내부 및 사회적 압력으로부터의 독립, 법   관의 신분 보장과 인사의 독립

   ※ 사법의 기능 : 법질서 유지, 사회 질서 확립에 기여→ 국가와 국민의 이익 보호

(3) 법관의 임기와 신분보장

   ❶ **법관의 임명 절차와 임기**

대법원장	국회의 동의→대통령이 임명	6년, 중임 불가
대법관	대법원장의 제청→국회의 동의→대통령이 임명	6년, 연임가능
법관(판사)	대법관 회의의 동의→대법원장이 임명	10년, 연임가능

   ❷ **신분 보장** : 법관은 탄핵 또는 금고 이상의 형의 선고에 의하지 아니하고는 파면되지 아니하며, 법관 징계 위원회의 징계 처분의 의하지 아니하고는 정직, 감봉되거나 불리한 처분을 받지 아니함

   ❸ 법관은 정당에 가입하는 등의 정치 활동을 할 수 없음

(4) 재판의 원칙

   ❶ **재판의 기능** : 법의 공정한 적용을 통한 정의 실현, 기본권 보장, 사회 질서 유지

   ❷ **재판의 원칙** : 공개 재판주의, 증거 재판주의

증거 재판 주의

민사 재판에서도 기본 원칙이지만, 특히 형사 재판에서 중요한 의미가 있다. 우리나라 형사 소송법을 보면 "사실의 인정은 증거에 의하여야 한다." 라고 하여 증거 재판주의를 선언하고 있다.

2 재판의 종류와 절차

(1) 재판의 종류

❶ 민사 재판 : 개인 간의 법률관계에서 생긴 분쟁에 대한 재판

❷ 형사 재판 : 반사회적 범죄 행위를 대상으로 하는 재판

❸ 행정 재판 : 행정 법규의 적용이나 공법상의 법률관계에 관한 재판

❹ 선거 재판 : 선거의 효력이나 당선의 유 · 무효를 다투는 재판

❺ 군사 재판 : 군인이나 군무원의 범죄를 다루는 재판

(2) 심급 제도 : 공정, 정확한 재판 → 국민의 기본권 보호

❶ 항소 : 제1심 판결에 불복하여 제2심을 청구하는 일→ 항소 제기 기간은 형사 소송은 7일 이내, 민사 소송은 14일 이내이며, 모두 제 1심 법원에 항소장을 제출함

❷ 상고 : 제2심 판결에 불복하여 제3심을 청구하는 일 → 상고 제기 기간은 형사 소송은 7일 이내, 민사 소송은 제14일 이내이며, 모두 제2심 법원에 상고장을 제출함

❸ 항소 : 법원의 결정이나 명령에 불복하여 이의를 제기하는 일 → 가압류 신청, 가처분 신청, 검사의 보석 결석 취소 청구, 재판부 기피 신청 등

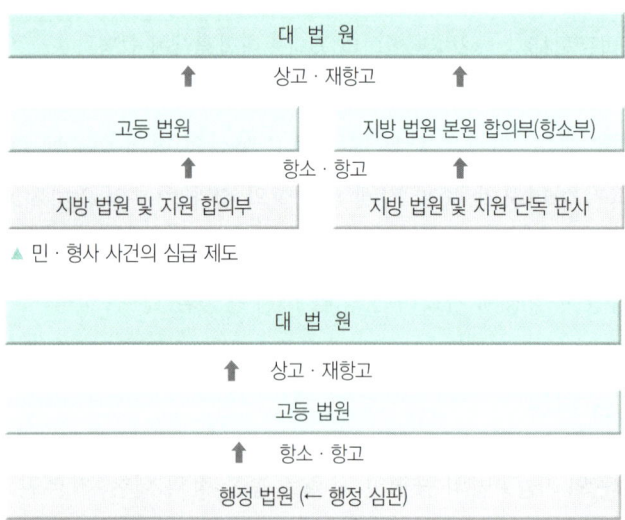

▲ 민 · 형사 사건의 심급 제도

▲ 행정 사건의 심급 제도

- 2심제 : 지방 의회 의원 · 기초 자치 단체장의 선거 재판, 특허 재판
- 단심제 : 대통령 · 국회의원 · 시 · 도 지사 선거 재판, 비상계엄하의 군사재판(사형 선고의 경우는 제외)

(3) 배심 제도(국민 참여 재판)

❶ **의미** : 일정 형량 이상의 중요 형사 사건을 다루는 형사 재판에 일반 시민이 배심원으로 참여하는 제도
❷ **의의** : 사법의 민주적 정당성과 신뢰 제고
❸ **배심원 합의 방식** : 만장일치 원칙→의견이 통일되지 않는 경우 다수결로 결정
❹ 배심원의 평결은 판사가 판결하는 데 참고토록 하는 '권고적 효력'만 가짐

(4) 형사 사건 범죄에 대하여 국가에서 강제로 해결하는 사건

❶ 개인적 법익에 대한 범죄: 살인죄, 폭행죄, 강도죄, 절도죄 등
❷ 사회적 법익에 대한 범죄: 방화죄, 문서 및 화폐 위조죄, 도박죄 등
❸ 국가적 법익에 대한 범죄: 내란죄, 뇌물죄, 공무 집행 방해죄 등

(5) 형사 소송 형사 사건에 대하여 범죄를 인정하고, 형벌을 과하는 절차

❶ **일반적 절차** : 범죄의 발생 → 피의자에 대해 수사(필요시 구속) → 구속된 피의자의 구속 적부심 신청 → 검사의 피의자 기소 → 심리 개시 → 보석 신청 → 증거 조사, 증인 신문 → 피고인 신문 → 검사의 구형 → 변호인과 피고인의 최후 진술 → 판결 → 불복시 항소, 상고
❷ 구속 적부 심사 제도(拘束適否審查制度): 구속된 피의자의 구속 여부가 적합한가에 대해 판사에게 심사 받는 제도, 검사가 피의자에게 소(訴)를 제기하기 전에 청구

   보석 제도 : 구속 기소된 피고인이 법원에 보증금을 납부하는 조건으로 구속 집행을 정지하고 석방하는 제도를 말한다.

(6) 유죄, 무죄

❶ **유죄** : 심리 결과 피고인의 죄가 인정될 때 내리는 판결
   ● 실형 선고 : 검사의 지휘에 따라 교도소에서 집행→형 집행 기간중 가석방될 수 있음

- 집행 유예 : 실형을 선고하면서 일정 기간 그 형의 집행을 유예하였다가, 그 기간에 다른 범행 없이 지나면 형의 선고를 실효시켜 실형을 집행하지 않는 것
- 선고 유예 : 형의 선고 자체를 미루어 두었다가 일정 기간 무사히 경과하면 면소된 것으로 간주하는 것

❷ **무죄** : 심리 결과 유죄로 인정할 만한 증거가 없거나 범인이 아니라는 확증이 있을 때 내리는 판결

　　◌ 가석방 징역 또는 금고형을 받고 형 집행 중에 있는 사람이 복역 성적이 양호하고 자신의 죄를 충분히 뉘우치고 있어 나머지 형벌의 집행이 불필요하다고 인정되는 경우, 일정한 조건하에 임시로 석방하는 제도를 말한다.

(7) 민사 소송

❶ **민사 사건** : 개인 사이의 채권 · 채무 관계나 부동산 관계 등의 사건 → 자력 구제 금지

❷ **민사 소송** : 민사 사건에 대하여 국가 기관인 법원이 분쟁 당사자 사이에 개입하여 분쟁을 조정, 해결하는 절차

❸ **민사 소송의 일반적 절차** : 소(訴)의 제기 → 변론 및 증거 조사(주장과 답변 및 항변, 사실 입증) → 판결 → 상소 → 판결의 확정

　　◌ 주장과 답변 및 항변
　　　• 주장 : 원고는 "돈 1억 원을 빌려 주었다"고 주장
　　　• 답변 : 피고는 "빌린 사실이 없다"고 답변
　　　• 항변 : 피고가 "빌린 사실은 있으나 갚았다"고 새로운 사실을 들어 항변

> ### 집행 유예와 선고 유예
>
> 형을 선고하면서 일정한 기간 동안 형의 집행을 유예하고 그 기간이 경과하면 형의 선고의 효력을 잃게 하는 제도이다. 집행 유예 3년 이하의 징역 또는 금고의 형을 선고할 경우에 한하여 법관이 참작할 만한 사유를 검토하여 1년에서 5년까지의 기간을 정하여 형의 선고와 동시에 부과된다. 만일 징역 10월에 집행 유예 2년을 선고받은 경우 2년이 지나면 처음부터 형의 선고의 효력이 없어진다. 그러나 선고 유예와는 달리 형 선고 사실 자체는 남아 있기 때문에 전과 자체를 기준으로 하는 불이익은 피할 수 없다[집행 유예].
>
> 1년 이하의 징역이나 금고, 자격 정지 또는 벌금의 형에 해당하는 경미한 범죄자에 대하여 형을 선고하는 경우에 참작할 만한 사정이 있는 경우 형의 선고를 유예하고 특별한 사고 없이 2년의 기간이 경과하면 면소된 것으로 간주하는 제도이다. 만일 징역 6월의 선고 유예를 받았다면 2년이 경과하면 법원이 처음부터 형을 선고하지 않았던 것이 된다. 따라서 형 선고 자체가 없어지기 때문에 전과도 남지 않게 된다[선고 유예].

기출 및 예상 문제

01 밑줄 친 내용에 해당하는 경우를 〈보기〉에서 고른 것은?

> 범죄가 성립하기 위해서는 구성 요건 해당성, 위법성, 책임성이라는 세 가지 조건을 갖추어야 한다. 구성요건에 해당하는 행위는 원칙적으로 위법하지만, 위법성 조각 사유가 있을 때에는 범죄가 성립되지 않는다. 또 위법한 행위라 하더라도 행위자에게 책임이 없으면 범죄가 되지 않는다.

> **보기**
> ㄱ. 13세인 중학생이 동네 서점에서 참고서를 절취하는 행위
> ㄴ. 행인이 갑자기 달려든 미친개에게 돌을 던져 개를 죽인 행위
> ㄷ. 칼로 자신을 죽이려는 사람을 곁에 있던 몽둥이로 때려 다치게 한 행위
> ㄹ. 은행 직원이 권총 강도의 위협 때문에 은행 금고의 현금을 강도에게 넘겨준 행위

① ㄱ, ㄴ   ② ㄱ, ㄷ   ③ ㄴ, ㄷ   ④ ㄴ, ㄹ

해설 ▶ 위법성 조각 사유
제시문에서 밑줄 친 부분은 범죄의 성립 요건이 구성 요건에는 해당하지만, 위법성이 조각되는 사유를 말한다. 위법성이란 전체 법질서로부터 부정적인 행위라는 판단이 가능해야 한다는 것인데, 위법성이 조각된다는 것은 부정적인 행위로 볼 수 없다는 것이다. 위법성조각 사유로는 정당 행위, 정당방위, 긴급 피난, 자구 행위, 피해자의 승낙 등이 있다. ㄴ. 현재의 위난을 피하기 위한 상당한 이유가 있는 행위로서 긴급 피난에 해당한다. ㄷ. 현재의 부당한 침해를 방지하기 위한 상당한 이유 있는 행위로서 정당방위에 해당한다.

바로잡기 ▶ ㄱ. 13세는 형사 미성년자로서 책임성이 조각된다. 즉, 비난 가능성이 없는 것이다. ㄹ. 저항할 수 없는 폭력에 의해 강요된 행위는 벌하지 않는 것으로 책임성 조각 사유에 해당한다.

정답 ▶ ③

02 다음에서 추론할 수 있는 내용을 〈보기〉에서 고른 것은?

> 보편 의지로서의 법질서는 긍정이고, 특별 의지로시의 범죄는 부정이며 형벌은 이 부정에 대한 부정이다. 이것은 범죄가 형벌에 의해 상쇄되고 부정되고 속죄되는 것을 의미하며, 형벌은 침해된 법을 다시 회복시키기 때문에 절대적으로 필요하다.

> **보기**
> ㄱ. 형벌의 본질은 범죄자에 대한 응징이다.
> ㄴ. '눈에는 눈, 이에는 이'라는 법언과 관련이 있다.
> ㄷ. 형벌의 보완 수단으로 보호 처분 제도가 필요하다.
> ㄹ. 인간의 존엄성을 침해하는 사형은 폐지되어야 한다.

① ㄱ, ㄴ   ② ㄱ, ㄷ   ③ ㄱ, ㄹ   ④ ㄴ, ㄷ

해설 ▶ 형벌의 목적
제시문은 응보형주의(절대론)이다. ㄴ. 탈리오 법칙으로 응보형주의와 관계가 깊다.

바로잡기 ▶ ㄷ, ㄹ. 특별 예방주의 입장이다.

정답 ▶ ①

03 다음에 해당하는 죄형 법정주의의 원칙은?

> 형법을 해석할 때에 법 조문의 문장과 표현대로 엄격히 해석해야 하고, 해석자가 자의적으로 해석을 해서는 안된다는 원칙이다. '귀에 걸면 귀걸이, 코에 걸면 코걸이[耳懸鈴鼻懸鈴]'라는 속담은 이러한 해석과 적용을 경계하는 말이다.

① 적정성의 원칙   ② 명확성의 원칙

③ 관습 형법 금지의 원칙   ④ 유추 해석 금지의 원칙

해 설 ▶ 죄형 법정주의 원칙
법률에 규정이 없는 사항에 대하여 그것과 유사한 성질을 가지는 사항에 관한 법률을 적용하는 것을 유추 해석이라 한다. 유추 해석의 적용은 자의적인 법 적용을 초래하여 형벌권의 남용에 따른 인권 침해의 우려가 높으므로 형법에서는 엄격히 금지된다.

바로잡기 ▶ ①, ②, ③ 모두 죄형 법정주의의 원칙이나 제시문에 해당하는 것은 아니다.

정 답 ▶ ④

04 다음 죄형 법정주의의 원칙에 부합하는 규정은?

> 어떤 행위가 형법에 의하여 금지되는 행위인지의 여부, 또한 행위의 효과로서 부과되는 형벌의 종류와 형기가 명확하여 누구나 알 수 있어야 한다.

① 행실이 불량한 행위는 과료에 처한다.

② 타인의 재물을 절취한 자는 징역에 처한다.

③ 건전한 국민감정을 해치는 행위는 2년 이하의 징역에 처한다.

④ 배우자 있는 자가 간통한 때에는 2년 이하의 징역에 처한다.

해 설 ▶ 명확성의 원칙
제시문은 죄형 법정주의 원칙 중 명확성의 원칙에 해당한다. 바로잡기 ① 구성 요건과 형벌이 명확하게 규정되지 않았고, ③ 구성요건에 불명확한 개념을 사용하고 있으며 ② 형기가 명확하지 않으므로 명확성의 원칙에 위배된다.

정 답 ▶ ④

05 다음 대화에서 학생의 답변으로 옳은 것은?

> 교사 : 세무 공무원인 A는 폭력배들에게 납치되어 생명의 위협을 받게 되자, 할 수 없이 그들의 요구대로 특정인의 세금 장부를 변조하여 세금 체납 사실을 없애 주었는데, 이 행위는 범죄가 되지 않는다고 합니다. 그 이유는 무엇일까요?
>
> 학생 : _____

① 자력에 의한 구제 행위에 해당하기 때문입니다.

② 자신의 법익 침해를 방위하기 위한 것이기 때문입니다.

③ 법령에 의하거나 업무로 인한 행위에 해당하기 때문입니다.

④ 행위자가 사회적으로 비난받을 만한 책임이 없기 때문입니다.

해 설 ▶ 범죄의 성립 요건
범죄가 성립하기 위해서는 구성 요건 해당성, 위법성, 책임성의 요건이 갖추어져야 한다. 제시된 사례는 강요된 행위로 책임성이 조각된다. 책임성이란 형벌의 대상이 되는 행위를 감행한 자가 마땅히 비난받을 책임이 있어야 한다는 것이다.

바로잡기 ▶ ① 지구 행위, ② 정당행위, ③ 정당 행위로 모두 위법성 조각사유에 해당한다.

정 답 ▶ ④

06 다음에서 갑의 행위가 범죄가 되지 않는 이유는?

> 갑은 자신의 빚을 갚지 않고 해외로 도망치려는 채무자를 공항에서 붙잡아 결국 비행기를 못 타게 하였다.

① 갑의 업무상 행위이기 때문이다.

② 처분할 수 있는 자의 승낙에 의한 행위이기 때문이다.

③ 자기의 법익에 대해 현재의 위난을 피하기 위한 행위이기 때문이다.

④ 자신의 청구권의 실행 불능 또는 현저한 실행 곤란을 피하기 위한 행위이기 때문이다.

해설 위법성 조각 사유
사례는 자구 행위에 해당한다. 자구 행위란 법정 절차에 의하여 청구권을 보전하기 불능한 경우에 그 청구권의 실행 불능 또는 현저한 실행곤란을 피하기 위한 행위로서 위법성이 조각되는 행위에 해당한다.

바로잡기 ① 업무상 행위로 위법성이 조각되는 것은 정당 행위이다. ③ 긴급피난, ④ 정당방위로 모두 위법성 조각 사유에 해당한다.

정답 ④

07 다음 형벌의 종류 중 성질이 같은 것을 함께 묶은 것은?

① 징역, 과료, 몰수   ② 징역, 금고, 벌금

③ 사형, 무기 징역, 구류   ④ 무기 징역, 유기 금고, 구류

해설 형벌의 종류
사형은 생명형이고 징역, 금고 그리고 구류는 자유형이다. 자격 정지와 자격상실은 명예형이며 벌금, 과료 그리고 몰수는 재산형이다.

정답 ④

08 다음 중 위법성이 조각되어 범죄가 되지 않는 경우는?

① 만 10세인 을은 문구점에서 필기도구를 훔쳤다.

② 심신 미약자인 갑은 등산을 갔다가 산에 불을 질렀다.

③ 농아자인 정은 주차되어 있던 타인의 승용차 타이어에 구멍을 냈다.

④ 무는 단체 협약이 결렬되자 파업에 적극 참여하여 회사에 영업상 손실을 입혔다.

정답 위법성 조각 사유
④ 무의 파업 행위는 법령상 행위로서 위법성 조각 사유 중 정당 행위에 해당한다.

바로잡기 ① 책임 조각 사유, ②, ③ 책임 감경 사유이다.

정답 ④

09 다음은 '범죄와 형벌'이라는 주제로 진행된 수업의 한 장면이다. 교사의 물음에 옳게 답한 학생을 〈보기〉에서 고른 것은?

> 교사 : A국의 형법이 다음 4개의 조항만으로 이루어져 있다고 가정합시다. 지금까지 배운 법 개념이나 원리를 이용하여 이 나라의 형법에 대해 설명해 볼까요?
> 제1조 (살인죄) 사람을 살해한 자는 5년 이상의 유기 징역에 처한다.
> 제2조 (절도죄) 타인의 재물을 절취한 자는 7년 이하의 징역에 처한다.
> 제3조 (과실치사죄) 과실로 인하여 사람을 사망에 이르게 한 자는 2년 이하의 징역에 처한다.
> 제4조 (손괴죄) 타인의 재물, 문서 등을 손괴 또는 은닉 기타의 방법으로 그 효용을 해한 자는 3년 이하의 징역에 처한다.

> **보기**
> 갑 : 강도 행위에 대해 제2조를 적용하는 것은 허용되지 않습니다.
> 을 : 고의에 의한 범죄가 과실에 의한 범죄보다 엄하게 처벌됩니다.
> 병 : 살인죄의 형벌이 절도죄보다 가벼우므로 적정성의 원칙에 어긋납니다.
> 정 : 다른 사람이 키우던 애완견을 죽인 경우의 법정형은 3년 이하의 징역입니다.

① 갑, 을 ② 갑, 병 ③ 을, 병 ④ 을, 정

해 설 형법의 원리
을 : 살인죄는 고의로 사람을 살해하는 것이고, 과실 치사죄는 과실로 사람을 사망에 이르게 하는 것이다. 살인죄는 5년 이상의 징역에 처할 수 있고, 과실 치사죄는 2년 이하의 징역에 처할 수 있기 때문에 고의에 의한 범죄가 과실에 의한 범죄보다 엄하게 처벌된다고 할 수 있다. 정 : 애완견은 재물에 해당하므로, 애완견을 죽인 경우에는 법정형이 3년 이하의 징역인 제4조의 손괴죄가 적용된다.

바로잡기 갑 : 폭행 또는 협박으로 타인의 재물을 강취하거나 기타 재산상의 이익을 취득하는 것이 강도이기 때문에 타인의 재물을 절취한 죄인 절도죄에 관한 조항을 적용하는 것이 허용된다. 병 : 살인죄의 형벌은 징역5년 이상이고, 절도죄의 형벌이 7년 이하로 살인죄의 형벌이 더 무겁기 때문에 적정성의 원칙에 어긋난다고 볼 수 없다.

정답 ④

10 다음 ㉠, ㉡에 들어갈 말을 바르게 나열한 것은?

> 갑이 을을 살해하고 자수했다면, 갑의 행위는 형법 제250조 제1항에 의해 사형, 무기 또는 5년 이상의 징역에 처해질 수 있다. 이를 - ㉠ - 이라 하고, 이때 법원이 유기 징역형을 선택한 후 자수 등을 감안하여 형을 감경하면 징역 2년 6월 이상 15년 이하로 되는데 이를 - ㉡ - 이라고 한다.

	㉠	㉡		㉠	㉡
①	법정형	선고형	②	법정형	처단형
③	처단형	법정형	④	처단형	선고형

해 설 형의 적용
형법의 각 조항에 규정된 형을 법정형이라 하고, 형종의 선택과 가중. 감경 사유를 반영하여 구체적으로 집행할 형의 범위를 정한 것을 처단형이라 하며 법관에 의해 최종적으로 선고된 형을 선고형이라 한다. 제시문에서 ㉠은 법정형. ㉡은 처단형에 해당한다.

정답 ②

11 다음 사례에서 밑줄 친 부분에 대한 옳은 설명을 〈보기〉에서 고른 것은?

> ⊙ △△지방 법원은 아버지를 상해하려다 미수에 그친 혐의로 기소된 갑에 대해 무죄를 선고 했다. 재판부는 판결문에서 "사건 당시 피고인이 흉기를 소지했다는 사실조차 인식하지 못한 점을 고려할 때 살인의 고의성은 인정되지 않는다."고 밝혔다. ⓒ 국민 참여 재판을 통해 이뤄진 이번 재판에서는 ⓒ 배심원단 9명도 전원 일치로 갑에 대해 무죄를 평결했다.

> **보기**
> ㄱ. ⊙은 이 사건의 제1심 법원이다.
> ㄴ. ⓒ은 민사 재판에도 실시되고 있다.
> ㄷ. ⓒ은 평결 및 양형 절차에 참여할 수 있다.
> ㄹ. 검사는 국민 참여 재판을 통한 판결에는 상소할 수 없다.

① ㄱ, ㄴ   ② ㄱ, ㄷ   ③ ㄱ, ㄹ   ④ ㄴ, ㄷ

해설 국민 참여 재판
본 사건은 살인 미수 사건이므로 지방 법원 합의부 관할이다. 우리나라 배심원은 평결 및 양형 절차에 모두 참여한다. 바로잡기 ㄴ. 국민 참여 재판은 형사재판 중 중범죄 사건에 대해서만 실시된다. ㄹ. 검사는 국민 참여 재판의 판결에 대해서도 불복할 수 있다.

정답 ②

---

12 다음 사례에 대한 옳은 법적 판단을 〈보기〉에서 고른 것은?

> 갑은 외국의 유명 상표를 도용하여 수억 원 어치의 가방을 만들어 판매한 혐의로 구속 기소되어 법원에 의해 징역 10월에 집행 유예 2년, 사회봉사 150시간을 선고받았다. 갑은 선고형이 무겁다는 이유로 항소하였다.

> **보기**
> ㄱ. 갑은 1심 판결 후 즉시 석방된다.
> ㄴ. 검사는 선고형이 가볍다는 이유로 항소할 수 있다.
> ㄷ. 갑은 10월을 복역하고 2년 동안 죄를 저지르지 않아야 한다.
> ㄹ. 항소심에서 무죄를 선고하면서 갑에게 사회봉사 150시간만을 선고할 수 있다.

① ㄱ, ㄴ   ② ㄱ, ㄷ   ③ ㄱ, ㄹ   ④ ㄴ, ㄷ

해설 유죄 판결
집행 유예를 선고받으면 즉시 석방된다. 이에 검사는 항소할 수 있다.
바로잡기 ㄷ. 집행 유예는 실형을 살지 않아도 된다는 것이다.
ㄹ. 무죄를 선고하면서 사회봉사를 명할 수는 없다. 형벌이나 보안 처분의 부과는 유죄를 전제로 하는 것이다.

정답 ①

03 법치행정과 행정 구제

 1 행정법의 기본 원리

(1) 행정의 의미 국가목적 또는 공익을 실현할 목적으로 행하는 능동적이고 적극적인 국가작용

(2) 권력 분립 국가 권력을 입법·행정·사법으로 분리하고, 분리된 국가 권력 상호 간에 견제와 균형을 통해 국민의 자유와 권리를 보장하려는 원리 → 로크(2권 분립), 몽테스키외(3권분립)

(3) 행정법

❶ **의미** : 행정 작용에 관한 공법으로 행정권의 조직과 작용 및 그 작용에 대한 권리구제에 관한 법
❷ **특징** : 통일적인 법전이 없고 여러 개의 단행법으로 되어 있음
❸ **종류** : 행정 조직법, 행정 작용법, 행정 구제법 등

(4) 행정법의 기본 원리

민주 행정의 원리	국민 주권의 원리에 따라 행정은 국민 모두의 이익과 국민의 의사가 반영되는 방향으로 진행되어야 함
법치 행정의 원리	행정 작용이 법에 위배되어서는 안 될 뿐만 아니라, 미리 정해진 법률에 의거하여 행정권이 발동되어야 함, 행정 규제적 기능→행정유도적 기능
복지 행정의 원리	적극적으로 국민의 인간다운 생활을 보장해야 함
사법 국가주의	행정 국가주의를 지양하고, 행정에 대한 개괄적 사법 심사를 인정하는것
지방 분권주의	지방의 행정은 지역 주민 자치에 의해 이루어져야 함

(5) 행정 기관 국가 및 지방 자치 단체의 행정 사무를 담당하는 모든 기관

행정 관청	국가나 지방 자치 단체의 의사를 결정·표시하는 권한을 가진 기관 (협의의 행정기관)
보조 기관	행정 관청을 보좌하는 기관
자문 기관	행정 관청이 의사를 경정할 때 그 지문에 응하거나 의견을 진술하는 기관
집행 기관	행정 관청의 명령을 받아 실력으로 집행하는 의무를 가진 기관
감사 기관	행정 기관이 행하는 행정을 감시하여 옳고 그름을 판단하는 것을 임무로 하는 기관

2 행정구제 제도

(1) 행정 구제 제도 행정작용으로 인하여 국민의 권리나 이익이 침해되었을 때, 행정기관이나 법원에 원상회복, 손해전보, 행정작용의 최소·변경 등을 청구하는 제도

(2) 우리나라의 행정구제 제도

❶ **사전적 구제 수단** : 청문(聽聞), 민원 처리 → 최근에 중시됨

❷ **사후적 구제 수단** : 행정쟁송(행정심판. 행정소송), 행정상 손해 전보(행정상 손해 배상. 행정상 손실 보상)

(3) 행정 심판 행정기관에 제기하는 행정 쟁송 절차

❶ **의의** : 행정기관에 제기하는 행정 쟁송 절차

❷ **장점** : 사법 절차보다 간편하고 행정 기관의 전문 지식을 활용할 수 있음

❸ **재결** : 행정 심판의 청구에 대한 심리 결과를 선언하는 행위

각하 재결	심판청구가 요건을 갖추었는지 검토한 후, 부적격하다고 인정될 때에 내리는 재결
기각 재결	심판청구가 요건을 갖추었지만, 청구의 내용이 이유 없다고 인정하여 청구를 배척하는 재결
인용 재결	청구의 내용이 이유 있다고 인정하여 청구 취지를 받아드리는 재결
사정 재결	심판청구의 내용이 이유 있다고 인정하지만, 그 처분을 취소·변경하는 것은 공공복리에 어긋난다고 인정될 때 그 심판 청구를 기각하는 재결로 이때 행정청은 청구인에게 손해배상 등 일정한 구제 방법을 강구해야 함

(4) 행정소송

❶ **의의** : 행정청의 위법한 처분이나 부작위로 인한 국민의 권리나 이익의 침해를 구제하고, 공법상의 권리관계 또는 법 적용에 관한 다툼을 정식 재판 절차에 의해 해결하려는 제도

❷ **행정 소송의 종류**

항고소송	행정청의 위법한 처분이나 부작위에 대하여 제기하는 소송	
	취소 소송	행정청의 위법한 처분 등의 취소 또는 변경을 구하는 소송
	무효 등 확인 소송	행정청의 처분의 효력유무 또는 존재 여부를 확인 하는 소송
	부작위 위법 확인 소송	행정청의 위법한 부작위, 즉 어떠한 행위도 하지 않은 것에 대해 위법의 확인을 구하는 소송
당사자 소송	행정청의 처분 등을 원인으로 하는 법률관계에 관한 소송이나 그 밖의 공법상의 법률관계에 관한 소송으로, 법률관계의 한쪽 당사자를 피고로 하는 소송	
민중 소송	국가나 지방 자치 단체의 기관이 법률에 위반된 행위를 했을때, 직접 자기의 법률상의 이익과 관계없이 시정을 구하려고 제기하는 소송	
기관 소송	국가나 공공단체의 기관 상호간에 권한의 존재 여부 또는 관한의 행사에 관한 다툼이 있을때에 제기하는 소송으로, 현행법상 기관 소송은 동일 지방 자치 단체의 기관 간에서 문제가 됨	

❸ **행정소송의 절차** : 소송제기 → 심리 → 판결

(5) 행정상 손해 배상

❶ **의의** : 공무원의 직무상 불법 행위, 공공시설의 설치·관리의 잘못으로 인하여 피해를 받은 국민에 대하여 국가나 지방자치 단체가 손해를 배상해 주는 제도

❷ **변천** : 근대에는 국가 무책임 원칙 → 현대에는 국가 책임의 원칙

❸ **공무원의 불법행위의 요건** : 공무원의 행위, 직무행위의 위법성, 손해 발생

- 공무원 : 국가 공무원, 지방공무원 및 널리 공무를 위임받아 그에 종사하는 모든 자
- 직무 행위 : 직무 행위 자체는 물론, 객관적으로 직무 범위 내에서 속하는 행위라고 인정되거나 직무와 밀접하게 관련된 행위
- 위법성 : 법률·명령 위반뿐만 아니라 객관적으로 보아 부당한 행위
- 손해발생 : 직무상의 위법행위와 인과 관계가 있는 물질적·정신적 손해

❹ **공공시설 등의 하자의 요건**

- 공공 영조물 : 도로, 다리등과 같이 국가나 지방자치단체의 공공목적에 사용되는 물건
- 설치 · 관리 하자 : 고의든 과실이든 관계없이 일반적으로 갖추어야 할 안전성에 흠이 있는 상태하자로 인한 손해발생 : 하자와 손해 사이에 상당한 인과관계 존재

(6) 행정상 손실 보상

❶ **의의** : 공공의 필요에 의한 적법한 공권력 행사로 인해 개인의 재산에 가해진 특별한 희생에 대해 행정기관이 보상하는 것

❷ **요건**

- 공공의 필요에 의한 재산권 수용,사용,제한: 공익사업, 공공의목적을 위해 필요한 경우
- 사유재산권의 특별한 희생: 일반적인 사회적 계약을 넘어선 개인의 특별한 재산상손실

❸ **보상절차** : 당사자 간의 합의, 행정청의 재결, 행정소송 → 보상에 대한 불복 시 행정심판이나 행정소송제기 가능

❹ **보상방법** : 단순히 침해된 재산의 등가교환가치를 넘어 재산권 침해 이전의 생활상태를 보상해야 함, 현금 보상 원칙

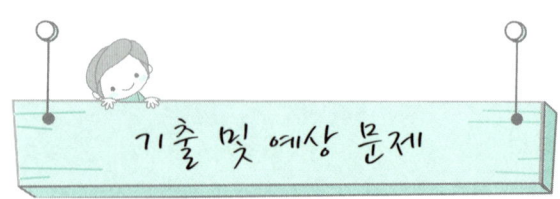

기출 및 예상 문제

01 다음 사례에 대한 옳은 설명을 〈보기〉에서 고른 것은?

> 서울에 사는 갑은 음주 운전으로 면허 취소 처분에 처한다는 통지서를 받았다. 음주 운전은 하였으나 면허 취소 처분이 부당하다고 생각한 갑은 이 처분에 불복하여 행정 심판을 청구하기로 마음먹었다.

 보기
> ㄱ. 갑이 제기하는 행정심판은 취소 심판이다.
> ㄴ. 갑은 행정 심판 청구서를 서울 지방 경찰청에 제출하면 된다.
> ㄷ. 갑이 일정기간 안에 청구서를 제출하지 않으면 기각 재결을 받는다.
> ㄹ. 갑이 행정심판에서 기각 재결을 받으면 행정소송을 다시 제기할 수 없다.

① ㄱ ㄴ   ② ㄱ ㄷ   ③ ㄱ ㄹ   ④ ㄴ ㄷ

해 설 ─ 행정 심판 절차
갑이 제기하는 행정 심판은 면허 취소 처분의 취소를 구하는 취소 심판이다. 행정 심판은 처분청이나 행정 심판 위원회에 청구한다. 만일 행정 심판의 결과가 좋지 않다면 법원에 행정 소송을 제기할 수 있다.
바로잡기 ─ ㄷ. 행정 심판은 처분 사실을 안 날로부터 90일 이내, 처분이 있은 날로부터 180일 이내에 청구하여야 한다. 만일 기간이 경과하면 각하 재결을 받게 된다.
정 답 ─ ①

02 다음 사례의 갑이 취할 수 있는 구제 방법에 대한 옳은 설명을 〈보기〉에서 고른것은?

> 갑은 자신이 살고 있는 지역에 고속도로를 신설한다는 정부의 발표가 있은 지 얼마 후, 자신의 가게와 토지가 고속도로 부지로 수용된다는 사실을 알았다.

 보기
> ㄱ. 갑의 손실은 적법한 행정행위에 따른 '특별한 희생'에 해당되어야 한다.
> ㄴ. 손실 보상은 현물 보상이 원칙이나 현금이나 채권으로 보상할 수도 있다.
> ㄷ. 갑은 국가를 상대로 토지에 대한 손해뿐만 아니라 이사비용, 영업상 손실도 보상을 청구할 수 있다.
> ㄹ. 손실보상을 받기 위하여 배상 심의회에 배상신청을 할 수도 있고 바로 법원에 소송을 제기할 수도 있다.

① ㄱ ㄴ   ② ㄱ ㄷ   ③ ㄱ ㄹ   ④ ㄴ ㄷ

해 설 ─ 행정상 손실 보상
갑이 구제받을 수 있는 방법은 행정상 손실 보상이다. 손실 보상은 정당한 보상이어야 하며 단순히 침해된 재산의 등가 교환가치를 넘어 재산권 침해 이전의 생활 상태를 보상해야 한다.
바로잡기 ─ ㄴ. 손실 보상은 현금 보상이 원칙이다. ㄹ. 행정상 손해 배상에 대한 내용이다.
정 답 ─ ②

03 다음 글을 통해 추론할 수 있는 행정의 의미와 거리가 먼 것은?

> 행정이란 법아래서 법의 규제를 받으면서 현실적·구체적으로 국가목적의 적극적 실현을 위하여 행하여지는, 전체로서 통일성을 가진 계속적인 형성적 국가 활동이다.

① 법 집행 활동   ② 공익 실현 활동

③ 미래 지향적 활동   ④ 법해석·판단 작용

해 설 ▶ 행정의 의미
행정은 근대 국가 성립 이전에는 군주의 통치 작용의 하나로 이해되었으나 근대 입헌 국가 성립 이후에는 권력 분립을 기반으로 공익의 적극적 실현을 목적으로 하는 미래 지향적인 법 집행 작용으로 이해되고 있다.

바로잡기 ▶ ④ 법 해석 판단 작용은 행정이 아니라 사법에 속한다.

정 답 ▶ ④

---

04 다음과 관계 깊은 행정법의 기본원리로 가장 가까운 것은?

- 입법 예고제
- 정보 공개 청구권의 보장
- 청문회, 공청회 개최

① 사법국가주의   ② 지방 분권주의

③ 민주행정의 원리   ④ 법치 행정의 원리

해 설 ▶ 행정법의 기본 원리
제시문은 모두 행정 절차에 있어서 국민의 알 권리와 참여를 보장하는 내용이다. 따라서 국민의 의사를 존중하고 반영하는 행정을 해야 한다는 민주 행정의 원리와 관계가 깊다.

바로잡기 ▶ ①, ②, ④ 행정법의 기본 원리에 해당하나 제시문의 내용과는 관련이 없다.

정 답 ▶ ③

---

05 밑줄 친 '이것'에 대한 옳은 설명을 〈보기〉에서고른 것은?

> 이것은 행정기관이 행하는 행정쟁송절차로서 위법 부당한 행정 처분을 행정 기관이 바로잡도록 한 제도이다.

보기
ㄱ. 법원의 부담을 가중시킨다.   ㄴ. 그 자체가 행정작용의 하나이다.
ㄷ. 분쟁을 해결하는 사법절차에 속한다.   ㄹ. 행정의자기통제기능이라는성격을 갖는다.

① ㄱ ㄴ   ② ㄱ ㄷ   ③ ㄱ ㄹ   ④ ㄴ ㄹ

해 설 ▶ 행정 심판
제시문의 이것은 행정 심판이다. 행정 심판은 잘못된 행정행위나 행정처분의 시정을 요구하는 행정 절차로 행정 기관이 자기반성에 의하여 자율적으로 잘못을 시정하는 기회를 부여하는 것이다. ㄴ. 행정 심판의 재결은 또한 그 자체가 행정 작용의 하나로서 행정 행위의 성질을 갖는다.

바로잡기 ▶ ㄱ. 행정 심판의 활용은 법원의 부담을 완화시킨다. ㄷ. 행정 심판은 분쟁 해결의 성질을 갖는 광의의 재판의 일종이기는 하나 그럼에도 그것은 행정 절차이며 사법 절차는 아니다.

정 답 ▶ ④

06 (가), (나) 제도에 대한 옳은 설명만을 〈보기〉에서 있는데로 고른 것은?

> (가) 공무원의 직무상 불법 행위나 국가 또는 공공 단체가 관리하는 공공시설 등의 흠으로 인한 손해를 배상하는 것이다.
> (나) 적법한 공권력의 행사로 국민에게 가해진 경제상의 특별한 희생에 대하여 국가 또는 공공단체가 보상하는 것이다.

> **보기**
> ㄱ. (가)에서 공무원의 불법행위에 대한 입증책임은 국가에 있다.
> ㄴ. (나)에서 보상은 법률에 근거하되, 재산권 침해 이전의 생활 상태를 고려한 정당한 수준이어야 한다.
> ㄷ. (가), (나) 모두 행정 구제 제도 중 사후적 구제 수단이다.
> ㄹ. (가)는 가해 행위와 인과 관계가 있는 모든 손해를, (나)는 공권력 행사에 의한 특별한 희생을 대상으로 한다.

① ㄱ, ㄴ   ② ㄱ, ㄷ   ③ ㄷ, ㄹ   ④ ㄴ, ㄷ, ㄹ

해설 행정상 손해 전보 제도
(가)는 행정상 손해 배상제도 (나)는 행정상 손실 보상제도이다. ㄴ. 행정상 손실 보상에서 정당한 보상은 단순히 침해된 재산의 등가 교환가치를 넘어 재산권 침해 이전의 생활 상태를 보상해야 한다. ㄷ. 행정상 손해 전보 제도는 행정 작용에 의한 손해를 사후에 국가가 전보해 주는 제도이다. ㄹ. 행정상 손해 배상은 가해 행위와 인과관계가 있는 재산상 정신상 손해를 행정상 손실 보상은 적법한 공권력의 행사에 의해 침해된 사유 재산상의 특별한 희생을 대상으로 한다.
바로잡기 ㄱ. 행정상 손해 배상에서 공무원의 불법 행위에 대한 입증 챔임은 피해자에게 있다.
정답 ④

07 다음 ㉠~㉢에 해당하는 사례를 순서대로 바르게 나열한 것은?(07 평가원)

> 행정 기관에서는 ㉠ 법상 주어진 권한의 범위 내에서 행정 주체의 행정에 관한 의사를 결정하고 이를 외부에 대하여 표시하는 권한을 가진 행정기관과 ㉡ 행정청의 의사결정을 보조하거나 행정청의 명을 받아 사무에 종사하는 기관 그리고 ㉢ 행정청의 명을 받아 행정청이 발한 의사를 집행하여 행정상 필요한 상태를 실현하는 기관 등이 있다.

	㉠	㉡	㉢
①	장관	차관	국장
②	장관	국장	세무공무원
③	장관	시장	군수
④	시장	군수	경찰공무원
⑤	시장	지방 의회	경찰공무원

해설 행정 기관
㉠은 행정 관청 ㉡은 보조 기관 ㉢은 집행 기관을 각각 나타낸다. 각부 장관이나 시장 군수 등은 행정 관청의 예이고 각부 차관 국장 과장 등은 보조 기관의 예이며 경찰 공무원 세무 공무원 등은 집행 기관의 예에 해당한다.
정답 ②

08 다음은 행정상 손해전보제도를 나타낸 것이다. 잘못된 내용은?

	구분	손해배상	손실보상
①	본질	위법한 행정작용에 대한 구제	적법한 행정작용에 대한 구제
②	발생원인	공무원의 직무상 불법행위	공권력행사에 의한 사유재산의 특별한 희생
③	전보내용	상당한 인과관계가 있는 모든 손해	정당한 보상, 생활보상
④	전보기준	재산상, 정신상 손해	재산상 손실

해설 ▶ 행정상 손해 전보 제도
행정상 손해 전보 제도에는 행정상 손해 배상과 행정상 손실 보상이 있다. 행정상 손해 배상이 행정청의 위법한 처분이나 부작위로 인해 국민의 권리나 이익을 침해하는 경우에 그 손해를 배상하는 것이라면 행정상 손실 보상은 공공의 필요에 의한 적법한 공권력 행사로 인한 개인의 특별한 희생을 보상하는 것을 말한다.

바로잡기 ▶ ④손해 배상이나 손실 보상 모두 금전으로 배상해야 한다. 손실 보상의 경우 법령에 특별한 규정이 있는 경우 현물 보상이 예외적으로 가능할 뿐이다.

정답 ▶ ④

09 다음에서 갑과 을이 제기할 수 있는 행정 소송의 유형으로 가장 적절한 것은?

- 갑은 ○○지방 경찰청장으로부터 운전면허 취소 처분을 바다 그 처분이 위법하다고 생각하였다.
- 을은 출판업 등록 신청을 했으나 행정관청이 상당기간이 지나도록 아무런 조치를 취하지 않고 있다.

	갑	을
①	항고 소송	당사자 소송
②	최소 소송	무효 등의 확인소송
③	최소 소송	부작위 위법확인소송
④	무효 등 확인 소송	당사자 소송

해설 ▶ 행정 소송
행정청의 위법한 처분이나 부작위에 대하여 제기하는 소송을 항고 소송이라고 한다. 갑은 행정청의 위법한 처분에 대한 취소를 구하는 취소소송을 을은 행정청의 위법한 부작위 즉 어떠한 행위도 하지 않은 것에 대해 위법의 확인을 구하는 부작위 위법 확인 소송을 제기 하는 것이 적절하다.

정답 ▶ ③

10 다음 사례에서 법률상 갑이 취할 수 있는 구제 방법에 대한 설명으로 적절하지 않은 것은?

갑은 한밤중에 고장 난 신호등이 오랫동안 방치된 국도 위를 승용차를 몰고 가다 때마침 좌회전하던 차량과 충돌하여 차가 파손됨은 물론 자신도 전치 12주의 중상을 입었다.

① 공무원의 고의 · 과실이 있어야 한다.

② 신호등의 설치 · 관리에 하자가 있어야 한다.

③ 물질적 · 정신적 손해 모두를 청구할 수 있다.

④ 소송을 제기하지 않고 배상 심의회에 배상을 청구할 수 있다.

해 설 행정상 손해 배상

행정상 손해 배상이 성립하기 위해서는 공공시설 실치 및 관리의 하자가 있어야 한다. ③ 손해는 물질적 정신적 손해를 모두 포함한다.

바로잡기 ① 사례는 공공시설의 설치 및 관리의 하자로 인한 행정상 손해 배상이기 때문에 공무원의 직무상 불법 행위를 입증해야 할 필요가 없다. 공무원의 고의 과실이 있어야 하는 것은 공무원의 직무상 불법 행위에 따른 행정상 손해 배상의 경우이다.

정 답 ①

04 청소년의 권리와 학교생활

 1 학교생활과 법

(1) 교육법 : 교육과 관련된 여러 가지 법

(2) 교육권과 학습권

❶ **국민의 교육을 받을 권리** : 모든 국민은 능력에 따라 균등하게 교육을 받을 권리를 가진다(헌법 제31조). → 학생과 학부모가 동시에 가지는 권리

❷ **학부모의 교육권** : 자녀들을 학교에 보내어 공부하게 할 수 있는 권리

❸ **학생의 교육권**(학습권) : 학생이 능력에 따라 자유롭게 교육을 받을 권리

❹ **교원의 교육권** : 부모의 신탁과 동시에 의무 교육 제도 등에 근거 → 교육 과정 편성권, 교재 채택권, 교육 방법 결정권, 평가의 권한, 징계권 등

ⓒ 교육과 관련된 법 : 헌법상의 교육 관련 조항, 교육 기본법, 초 · 중등 교육법, 고등 교육법, 교육 공무원법, 사립 학교법

ⓒ 교육권 : 어떠한 교육이 어떻게 이루어져야 할 것인가를 결정하는 데 대하여 헌법이 각 주체(학생, 학부모, 교사, 국가)에게 보장한 발언권 또는 참여권

 2 교원의 권리와 의무

(1) 교권(敎權) : 전문직으로서 교원의 권위와 법률상의 권리

(2) 교원의 권리와 의무

❶ **신분 보장**

- 형의 선고, 징계 처분 또는 법에서 정하는 사유에 의하지 않고서는 의사에 반하여 휴직, 강임, 면직당하지 않으며, 권고에 의하여 사직당하지 않음
- 쟁송 제기권 : 부당한 징계 처분에 대하여 재심을 청구할 수 있음
- 불체포 특권 : 현행범이 아닌 한 학교장의 동의 없이 학원 안에서 체포되지 않음

❷ **근로 조건의 개선 및 복지 후생에 대한 권리** : 교원의 사회 · 경제적 지위의 향상, 교권의 옹호확대, 교직의 전문성 확립, 교육 발전 등을 위해 교직 단체 활동권을 보장받음

❸ **교원의 의무** : 성실 의무, 법령의 준수, 소속 상관의 직무상 명령 복종 등

3 학생의 권리와 의무

(1) 학생의 권리와 의무

❶ **학생의 인권** : 학생을 포함한 학습자의 기본적 인권은 학교 교육 또는 사회 교육의 과정에서 존중되고 보호된다(교육 기본법).

❷ **교육 활동과 관련한 학생의 주요 기본법**(학습권)

- 수학권(修學權) : 교사의 수업을 수강할 수 있는 권리(수업권, 受業權), 학교 시설 이용권
- 교육 과정에 대한 선택권, 학생 자치 활동권, 교육의 기회 균등권

❸ **학생의 의무** : 교칙 준수, 교원의 교육 활동 방해 금지, 학내 질서 유지

(2) 학생의 징계와 체벌

❶ **징계의 사유** : 품행이 불량하여 개전의 가망이 없다고 인정된 자, 정당한 이유 없이 결석이 잦은 자, 학칙을 위반한 자 등 교육상 징계가 필요하다고 인정될 때

❷ **징계의 종류** : 교내 봉사, 사회봉사, 특별 교육 이수, 퇴학 처분(의무 교육 대상자 제외)

❸ **징계의 절차와 방법**

- 학교장은 학생의 인격이 존중되는 교육적인 방법으로 징계 결정
- 의견 진술권 : 해당 학생 또는 학부모에게 의견 진술의 기회 부여

❹ **체벌** : 교육 담당자가 교육 목적상 필요하여 대상 학생을 매로 때리는 등 신체적 고통을 가하는 이례의 행위 → 학생의 인권 침해 소지, 교육상 불가피한 경우가 아니면 훈육이나 훈계 등의 방법으로 해야 함

💡 교권 보장의 목적
- 교육의 자주성 · 전문성 · 정치적 중립성 보장 : 공권력에 의한 부당한 간섭 배제
- 교원의 특별한 신분 보장과 경제적 · 사회적 지위 향상

💡 **교원 단체**

교육의 발전과 교원의 경제적 · 사회적 지위의 향상을 도모하기 위하여 조직한 교원들의 모임 예) 한국 교원 단체 총 연합회, 전국 교직원 노동조합.

ⓒ **출석 정지**

'학교 폭력 예방 및 대책에 관한 법률'이 시행됨에 따라 학교장은 학교 폭력을 적극적으로 예방하기 위해 예전의 유기 · 무기정학과 비슷한 '출석 정지'처분을 내릴 수 있다. 정학은 1997년 학생 생활 지도가 선도 위주로 바뀌면서 폐지되었으나, '출석 정지' 제도의 신설로 사실상 부활되었다.

📂 **학생 징계 관련 법령 비교**

구분	학교 폭력 예방 및 대책에 관한 법률 및 동법 시행령	초 · 중등 교육법 및 동법 시행령
관련조항	법률 제15조/시행령 제12조	법률 제8조/시행령 제9조, 제31조
심의 내용	학교 폭력 유형에 해당되는 사항(폭행, 협박, 공갈, 상해, 감금, 약취, 유인, 추행, 재물 손괴, 모욕, 명예 훼손, 집단 따돌림)	• 학교 폭력 대책 자치 위원회에서 조치 요구 통보된 사항 • 학교 폭력 유형에 해당되지 않는 기타 사항 예) 절도, 학생 선동 등
심의 기구 명칭	학교 폭력 대책 자치 위원회	학칙에 의한 학생 선도 위원회 또는 학생 징계 위원회
구성	• 위원 수 : 5~10인 • 위원장 : 학교장(당연직) • 위원 자격 : 학교장이 임명->10년 이상 교사, 학교 운영 위원회의 학부모 대표, 판사 · 검사 · 변호사, 경찰 공무원, 청소년 전문가	학칙에 의거하여 단위 학교에서 자율적으로 구성
징계 사항	• 피해 학생에 대한 서면 사과, 접촉 및 협박 금지 • 학급 교체, 전학, 학교에서의 봉사, 사회봉사 • 학내외 전문가에 의한 특별 교육 이수, 심리치료 • 출석 정지, 퇴학 처분	• 학교 내의 봉사 • 사회봉사 • 특별 교육 이수 • 퇴학 처분
피해 학생 보호를 위하여 학교장에게 요청할 수 있는 사항	심리 상담 및 조언, 일시 보호 , 치료 요양, 학급교체, 전학 권고, 그 밖의 피해 학생의 보호를 위하여 필요한 조치	

4 여성과 법

(1) 헌법상의 지위

성차별을 금지하는 평등권을 선언, 근로관계에서의 성차별 금지, 혼인과 가족생활에서의 양성평등

💡 헌법상의 지위
- 모든 국민은 법 앞에 평등하다. 누구든지 성별·종교 또는 사회적 신분, ... 차별을 받지 아니한다(헌법 제11조 제1항).
- 여자의 근로는 특별한 보호를 받으며 고용, 임금 및 근로 조건에서 부당한 차별을 받지 아니한다(헌법 제32조 제4항).
- 혼인과 가족 생활은 개인의 존엄과 양성의 평등을 기초로 성립되고 유지되어야 하며 국가는 이를 보장한다(헌법 제36조 제1항).

(2) 민법상의 지위

❶ **현행 민법에 대한 평가** : 헌법이 명시한 남녀평등의 원칙에 보다 근접하고 있으나 아직도 가부장제적 남성 지배 이데올로기를 많이 반영하고 있음

❷ **민법상 남녀평등의 내용**

내용	구(舊) 민법	현행 민법
친족의 범위	• 8촌 이내의 부계 혈족 • 4촌 이내의 모계 혈족 • 부(夫)의 8촌 이내의 부계 혈족 • 부(夫)의 4촌 이내의 모계 혈족 • 처의 부모	부계와 모계가 동일하게 • 8촌 이내 혈족 • 4촌 이내 인척
친권의 행사	• 부모의 의견이 일치하지 않으면 부(父)가 행사 • 이혼 시 부(父)가 행사	• 부모가 공동으로 행사 • 이혼 시 부모의 협의로 정함
재산 분할 청구권	(없음)	이혼 시 부부가 협력하여 축적한 재산의 분할을 청구할 수 있음
소속이불분명한재산	호주의 소유로 추정	부부의 공유로 추정
부부 공동생활에 필요한 비용	당사자 간의 특별한 약정이 없을 때 부(夫)가 부담	당사자 간의 특별한 약정이 없을 때 부부 공동 부담

호주제 관련 조항	호주 승계, 입적, 복적, 분가	(삭제)
성(姓)과 본(本)	부(父)를 따름	부(父) 또는 모(母)를 따를 수 있음
재혼 금지 기간	여자는 혼인 관계의 종료 후 6월 이내에 재혼할 수 없음	(삭제)
동성동본 금혼	동성동본은 혼인할 수 없음 (1997년 헌법 불합치 결정)	(삭제) → 근친혼 금지로 전환

ⓒ 우리 민법의 개정 방향

1958년 제정된 우리 민법은 가부장적 요소들의 잔존으로 많은 비판을 받아오다가, 1990년 개정에 이어 2005년 호주제 폐지를 골자로 하는 대폭적인 가족법의 개정으로 남녀평등의 이상에 좀 더 접근하게 되었다.

(3) 사회법상의 지위

❶ 근로 조건의 평등
- 근로 조건은 근로자와 사용자가 동등한 지위에서 자유의사에 의하여 결정
- 사용자는 근로자에 대하여 성별에 따른 차별적 대우를 하지 못함

❷ 근로에서 여성의 특별한 보호
- 임산부는 도덕상 또는 보건상 유해하거나 위험한 사업에서 근로 금지
- 여성의 갱내 근로 금지, 야간 및 휴일 근로 제한

❸ 직장 내 성희롱
- 남녀 고용 평등 및 일 · 가정 양립 지원에 관한 법률 위반
- 형법상 성범죄는 아니나 직장 내 징계 사유, 민법상 손해 배상 책임 발생

(4) 성차별과 성범죄

❶ 여성의 법적 지위 향상 대책

기존의 법적 · 제도적 성차별의 철폐, 사람들의 성차별적 인식의 변화, 여성의 능력 발전과 직업 능력의 향상 조치, 직장과 가정의 이중 부담 경감 조치

❷ 성범죄

건전한 성 풍속 또는 개인의 성적 자기 결정권을 침해하는 행위를 내용으로 하는 범죄

ⓒ 여성 보호의 필요성
- 법에서 여성을 특별히 보호하는 것이 여성의 특권을 인정하는 것은 아니다.
- 사실상의 차이가 있는 데도 법의 세계에서 동등하게 취급한다면 불평등을 강제하는 결과이다.
- 실질적 평등의 달성을 위하여 양성평등의 구체화, 모성에 대한 특별한 보호가 필요하다.

직장 내 성희롱에 대처하는 방법

- 거부 의사 표시와 중지 요청 : 피해자는 성희롱 행위에 대한 거부 의사를 분명히 밝히고, 적극적인 태도로 행위 중지를 요구해야 한다.
- 회사 내 노사 협의회 등 고충을 처리할 수 있는 기관에 신고 : 개인적인 대응으로 해결되지 않는 경우 회사 내 노사 협의회 등 고충을 처리할 수 있는 기관에 신고한다. 사업주는 성희롱 사실이 확인되면 성희롱 행위자에 대하여 경고, 견책, 전직, 대기 발령, 정직, 해고 등 징계, 그 밖에 이에 준하는 조치를 취해야 하며, 이를 위반할 경우 과태료 부과 처분을 받는다.
- 노동부에 진정 또는 고소·고발 : 사업주가 예방 교육, 행위자에 대한 조치, 피해 근로자에 대한 고용상의 불이익 금지 조항을 지키지 않았을 경우에 사업장 소재 지방 노동 관서에 진정이나 고소·고발을 할 수 있다. 지방 노동관서의 장은 법령 위반 여부를 조사한 후 즉시 시정 지시를 하고 과태료 부과나 입건 수사를 할 수 있다.
- 민사 소송 제기 : 사업주와 성희롱 행위자를 상대로 정신적·물질적 고통을 입은 데 대한 손해배상을 구하는 민사 소송을 법원에 제기할 수 있다.
- 국가 인권 위원회에 진정

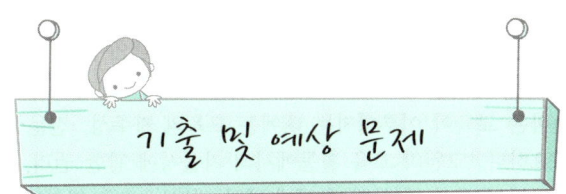

기출 및 예상 문제

01 다음 헌법 조항에 근거한 추론으로 적절하지 않은 것은?

> 제31조 ① 모든 국민은 능력에 따라 균등하게 교육을 받을 권리를 가진다.
> ② 모든 국민은 그 보호하는 자녀에게 적어도 초등 교육과 법률이 정하는 교육을 받게 할 의무를 진다.
> ③ 의무 교육은 무상으로 한다.

① 교육의 기회는 평등의 원리를 토대로 한다.

② 교육을 받을 권리는 적극적 성격의 기본권이다.

③ 부모는 자녀 교육에 대한 권리와 의무를 동시에 가진다.

④ 교육을 받을 권리는 학생과 교사가 동시에 가지는 권리이다.

해설 교육권
제시문의 헌법 제31조는 국민의 교육을 받을 권리에 대한 규정이다. 교육권은 어떠한 교육이 어떻게 이루어져야 할 것인가를 결정하는 데 대하여 헌법이 각 주체(학생, 학부모, 교사, 국가)에게 보장한 발언권 또는 참여권으로 학생과 학부모가 동시에 가지는 권리이다.

바로잡기 ④ 교육을 받을 권리는 학생과 학부모가 동시에 가지는 권리이다. 교사의 교육권은 수업권을 내용으로 한다.

정답 ④

02 다음의 법 규정에 대한 적절한 설명만을 〈보기〉에서 있는대로 고른 것은?

> • 모든 국민은 능력에 따라 균등하게 교육을 받을 권리를 가진다(헌법 제31조 제1항).
> • 모든 국민은 평생에 걸쳐 학습하고, 능력과 적성에 따라 교육받을 권리를 가진다(교육기본법 제3조).

보기
ㄱ. 평생 교육을 국가에 요구할 근거가 된다.
ㄴ. 학생의 학습권을 기본권으로 보장하고 있다.
ㄷ. 교육권이 경제적 능력에 비례하여 보장됨을 밝히고 있다.
ㄹ. 교육권 보장을 위해 국가의 적극적인 노력을 요구할 수 있는 근거가 된다.

① ㄱ, ㄴ   ② ㄴ, ㄹ   ③ ㄷ, ㄹ   ④ ㄱ, ㄴ, ㄷ

해설 교육을 받을 권리
ㄱ. 교육 기본법 제3조에서 모든 국민이 평생에 걸쳐 학습할 권리를 가진다고 규정하고 있는 것을 통해 확인할 수 있다. ㄴ. 헌법 제31조 제1항에서 모든 국민이 교육받을 권리를 가진다고 규정하고 있는 것을 통해 학생의 교육권인 학습권이 기본권으로 보장됨을 알 수 있다. ㄹ. 교육을 받을 권리는 사회권적 기본권으로 국가에 그 보장을 적극적으로 요구할 수 있는 권리이다.

바로잡기 ㄷ. 학생이나 학부모의 경제적 능력이 아니라 학생의 정신적, 신체적 능력에 따라 교육을 받을 권리를 갖는다. 즉, 국가에서는 정신적, 신체적 능력에 장애가 있는 학생들의 교육받을 권리를 보장하기 위해서도 노력할 의무가 있다는 것이다.

정답 ④

① A사는 관리직의 일정 비율을 여성에게 할당하였다.

② B사는 미혼 여성을 자격 조건으로 하여 판매 사원을 모집하였다.

③ C사는 여직원의 육아 휴지 기간을 근속 기간에 포함시키지 않았다.

④ D사는 취업 규칙에 여직원이 임신할 경우 운성 정리 해고 대상자가 된다는 조항을 두었다.

해 설 남녀 고용 평등 및 일·가정 양립 지원에 관한 법률
관리직의 일정 비율을 여성에게 할당하는 것은 현재의 남녀 불평등 상황을 개선하기 위한 적극적인 조치이므로 남녀 고용 평등 및 일·가정 양립 지원에 관한 법률의 제정 목적에 부합한다.

바로잡기 ② 직무와 관련하여 특별한 필요가 없음에도 여성에게만 특별한 조건을 제시하는 것은 부당한 차별에 해당한다.
③, ④ 임신 또는 출산 등의 사유로 합리적인 이유 없이 채용 또는 근로의 조건을 다르게 하거나 그 밖의 불리한 조치를 하는 경우는 부당한 차별에 해당한다.

정 답 ①

08 밑줄 친 '이것'에 대한 설명으로 옳은 것은?

이것은 사업주·상급자 또는 근로자가 직장 내의 지위를 이용하거나 업무와 관련하여 다른 근로자에게 성적 언동 등으로 성적 굴욕감 또는 혐오감을 느끼게 하거나 성적 언동 또는 그 밖의 요구 등에 따르지 아니하였다는 이유로 고용에서 불이익을 주는 것을 말한다.

① 성추행에 해당된다.

② 고소가 있어야 처벌이 가능하다.

③ 남성 근로자는 피해자가 될 수 없다.

④ 가해자는 민·형사상 책임은 없으나 직장 내에서 징계를 받을 수 있다.

해 설 직장 내 성희롱
직장 내 성희롱은 성범죄는 아니나 위법성은 있으므로 민사상 손해 배상 책임과 징계의 대상이 되는 행위이다. ④ 사업주가 직장 내 성희롱 피해를 입은 근로자에게 해고나 그 밖에 불이익한 조치를 하는 경우 3년 이하의 징역 또는 2천만 원 이하의 벌금에 처하도록 '남녀고용 평등과 일·가정 양립 지원에 관한 법률'에 규정되어 있다.

바로잡기 ② 성희롱의 경우에는 형사 처벌의 대상이 아니며, 민사상 손해 배상은 청구할 수 있다.

정 답 ④

09 다음 사례에 대한 옳은 법적 판단을 〈보기〉에서 있는 대로 고른 것은?

중학교 3학년 갑(만 15세)은 친구 7명과 'OO회'를 만들어 교내에서 수차례 패싸움을 벌였고 동급생 을을 집단 폭행하여 전치 6주의 상해를 입혔다. 갑 등을 징계하기 위해 학교 폭력 대책 자치 위원회가 열렸고, 자치 위원회는 8명 전원에 대하여 5일간의 출석 정지라는 징계를 학교장에게 요청하였다.

보기
ㄱ. 의무 교육 과정의 학생이므로 출석 정지 징계는 불가능하다.

ㄴ. 갑 등이 징계를 받게 되더라도 형사 처벌은 면제되지 아니한다.

ㄷ. 자치 위원회는 가해 학생과 그 부모에게 의견 진술 기회를 주어야 한다.

ㄹ. 가해 학생들은 전학시킬 수 있으나 피해 학생은 본인 의사에 반하여 전학시킬 수 없다.

① ㄱ, ㄴ　　　　② ㄴ, ㄷ　　　　③ ㄷ, ㄹ　　　　④ ㄱ, ㄴ, ㄷ

<해설> 학생의 징계와 방법
갑 등의 행위는 형법상 상해죄에 해당한다. 학교의 징계와 형사 처벌은 별개 이므로 피해자의 고소가 있으면 형사 처벌을 받을 수도 있다. 학교 폭력에 대한 징계는 전학 처분도 가능 하다. 다만 피해 학생은 징계의 대상이 아니므로 피해 학생을 보호하기 위한 경우 전학을 권고할 수 있을 뿐이다.
<바로잡기> ㄱ. 의무 교육 과정에 있는 학생에게는 퇴학 처분을 내릴 수 없으나 출석 정지는 가능하다.
<정답> ④

10 다음 사례에 대한 옳은 법적 판단을 〈보기〉에서 고른 것은?

> 갑은 같은 부서에서 근무하고 있는 을이 근무 시간에 사무실에서 수시로 성적인 농담을 하여 심한 성적 모욕감을 느끼고 있다고 부서장인 A에게 하소연하였다. 이에 A는 사업주인 병에게 어떻게 보고해야 할지 고민하고 있다.

> **보기**
> ㄱ. 갑은 을에게 민·형사상 책임을 동시에 물을 수 있다.
> ㄴ. 을은 직위를 이용할 수 있는 갑의 상급자이어야 한다.
> ㄷ. 병은 직장 내 성희롱 예방 교육을 실시할 의무가 있다.
> ㄹ. 병이 갑의 정당한 구제 요구를 부당하게 거부하면 법적 제재를 받는다.

① ㄱ, ㄴ　　　　② ㄱ, ㄷ　　　　③ ㄴ, ㄷ　　　　④ ㄴ, ㄹ

<해설> 직장 내 성희롱의 사례
「남녀 고용 평등과 일·가정 양립 지원에 관한 법률」에서 직장 내 성희롱은 사업주, 상급자 또는 근로자가 성적 굴욕감 또는 혐오감을 느끼게 하는 성적 언동을 의미한다. ㄷ. 사업주는 직장 내 성희롱을 예방하고 근로자가 안전한 근로 환경에서 일할 수 있는 여건을 조성하기 위하여 직장 내 성희롱의 예방을 위한 교육을 실시하여야 한다. ㄹ. 사업주가 직장 내 성희롱 발생이 확인되었는데도 지체 없이 행위자에게 징계나 그 밖에 이에 준하는 조치를 하지 아니한 경우에는 사업주에게 500만 원 이하의 과태료를 부과할 수 있다.
<바로잡기> ㄱ. 직장 내 성희롱은 형사상 범죄에 해당하는 것은 아니기 때문에 민사상의 손해 배상 책임을 물을 수는 있지만 형사 책임을 물을 수는 없다. ㄴ. 가해자는 꼭 상급자일 필요는 없으며, 업무와 관련된 상급자 아닌 근로자도 해당 된다.
<정답> ④

05 소비자의 권리보호와 근로자의 권리와 법

1 소비자의 권리와 책임

(1) 소비자

❶ **의미** : 물품 및 용역을 소비 생활을 위해 사용하거나 이용하는자

❷ **소비자 보호** : 상거래에서 상대적 약자인 소비자들의 권리 보장

(2) 소비자의 기본적 권리 : 소비자 기본법이 8대 권리 규정 안전할 권리, 알 권리, 선택할 권리, 의견을 반영할 권리, 피해보상을 받을 권리, 소비자 교육을 받을 권리, 단체 조직 및 활동권리, 쾌적한 환경에서 소비할 권리

(3)소비자의 책임 : 용도에 맞는 사용, 상품의 문제점 지적, 정직성, 절약성

(4) 국가 및 지방 자치 단체 등의 의무

❶ **국가 및 지방 자치 단체**

ⅰ) 관계법령 및 조례의 재정과 개정 및 폐지

ⅱ) 필요한 행정 조직의 정비 및 운영, 시책의 수립 및 실시

ⅲ) 소비자의 건전하고 자주적인 조직 활동의 지원 및 육성

❷ **사업자**

ⅰ) 소비자 보호 시책에 적극적으로 협력, 각종 위해의 방지 노력

ⅱ) 소바자가 제기하는 의견이나 불만을 반영

ⅲ) 소비자 패해 보상 기구의 설치 및 운영

❸ **한국 소비자원**

ⅰ) 성격 : 소비자 보호 시책의 효과적 추진, 정부가 출연한 특수 법인

ⅱ) 업무 : ● 소비자 불만 처리 및 피해 구제

● 물품과 용역의 규격, 품질, 안정성 시험 및 검사

● 소비자 보호 시책의 연구 및 건의

- 소비 생활의 합리화와 안전을 위한 정보 수집 및 제공
- 소비자 보호 관련 교육 및 홍보
- 국민 생활 향상을 위한 종합적인 조사와 연구

2 소비자 보호와 법

(1) 소비자 보호를 위한 법

❶ 소비자 보호의 필요성
ⅰ) 기술발달에 따른 상품의 다양화 → 상품에 대한 지식 부족
ⅱ) 과대광고, 허위 광고, 독과점 기업의 부당한 횡포, 부정 불량 상품의 증가

❷ 독점 규제 및 공정거래에 관한 법률
ⅰ) 사업자의 시장 지배적 지위의 남용과 경제력의 과도한 집중 방지
ⅱ) 부당한 공동 행위 및 불공정 거래 행위의 규제
ⅲ) 공정하고 자유로운 경쟁 촉진
ⅳ) 창의적 기업 활동 조장, 소비자 보호 및 국민경제의 균형 있는 발전 도모

❸ 소비자 기본법 : 소비자의 권리와 책무, 국가 지방 자치 단체 및 사업자의 책무, 소비자 단체의 역할 및 소비자와 사업자 사이의 관계를 규정

❹ 제조물 책임법 : 물품을 제공하거나 가공한 자에게 그 물품의 결함으로 인해 발생한 생명 신체의 손상 또는 재산상의 손해에 대하여 무과실 책임의 손해 배상 의무를 규정

(2) 소비자 분쟁 해결 기준

❶ 의의 : 품목별로 유사한 피해 유형별 해결 기준을 정한 공정 거래 위원회 고시

❷ 보상 : 물품이나 용역의 품질, 가격, 거래 조건 또는 표시상의 불일치 등으로 정당한 불만을 제기할 때 제조업자, 판매업자, 수입업자 등은 원칙적으로 이 기준에 따라 보상해야 함

❸ 규정 : 보상이 만족스럽지 못할 때 손해 배상 청구 가능

> ### 일반적 소비자 분쟁해결 기준
>
> 사업자는 물품 또는 용역의 하자 채무 불이행 등으로 인한 소비자의 피해에 대하여 다음 각 목의 기준에 따라 수리 교환 환급 또는 배상을 하거나, 계약의 해제 해지 및 이행 등을 하여야 한다.
>
> 가. 품질 보증 기간 동안의 수리 교환 환급에 소요되는 비용은 사업자가 부담한다. 다만, 소비자의 취급 잘못이나 천재지변으로 인하여 고장 또는 손상이 발생한 경우와 제조자 및 제조자가 지정한 수리점이 아닌 자가 수리하여 제품이 변경 또는 손상된 경우에는 그러하지 아니하다.
>
> 나. 수리는 지체 없이 하되 불가피하게 지체사유가 있을 때는 이를 소비자에게 통보하여야 한다. 소비자가 수리를 의뢰한 날부터 1월이 경과한 후에도 사업자가 수리된 물품을 소비자에게 인도하지 못할 경우 품질 보증 기간 이내일 때는 동종 물품으로 교환하되 동종 물품으로 교환이 불가능한 때에는 환급하고, 품질 보증 기간이 경과한 때에는 구입가를 기준으로 정액 감가 상각한금액에 100분의10을 가산하여 환급한다.

3 근로자의 권리와 의무

(1) 근로자 : 사업 또는 사업장에서 임금을 목적으로 근로를 제공하는 자

(2) 근로의 권리

❶ 노동기본권

ⅰ) 의미 헌법이 규정하고 있는 근로권과 근로(노동) 3권

ⅱ) 효시 독일의 바이마르 헌법(1919, 최초의 복지 헌법)

❷ 근로권

ⅰ) 의미 근로 능력과 의사를 가진 자가 사회적으로 근로할 수 있는 기회의 보장을 요구할 수 있는 권리

ⅱ) 법적 성격, 노동정책의 방향 제시를 위한 권리

ⅲ) 공공복리에 의해 제약을 받는 권리

(3) 근로 3권(노동 3권) : 근로 조건의 향상을 위해 근로자가 가지는 권리

❶ 단결권 : 근로자들이 자주적으로 노동조합을 설립할 수 있는 권리

❷ 단체 교섭권

ⅰ) 근로자가 근로 조건을 유지 개선하기 위하여 조합원이 단결하여 사용자와

교섭할 수 있는 권리

ⅱ) 노동조합이 합리적인 시간, 장소, 인원, 태도로 교섭을 요청할 때, 사용자는 정당한 이유 없이 이를 거부 또는 회피할 수 없음

❸ **단체 행동권**

ⅰ) 근로자가 사용자에 대해서 근로 조건에 관한 자기 측의 주장을 관철하기 위하여 단결권을 배경으로 각종 쟁의 행위를 할 수 있는 권리

ⅱ) 정당한 쟁의 행위에 대해서는 형사상 민사상 책임이 면제

(4) 근로의 의무 : 윤리적 의무설과 법적 의무설

4  근로 관계법

(1) 근로 기준법

❶ **의미 :** 최저 근로 조건을 정하고 감독 관청으로 하여금 근로 감독을 실시하게 함으로써 근로자를 보호하려는 법

❷ **목적 :** 근로자의 근로 생활 조건을 일정 수준으로 유지, 기본적 생활 보장

❸ **범위 :** 원칙적으로 모든 사업장에 적용

❹ **원칙 최저기준**

ⅰ) 당사자가 근로 조건을 저하시키지 못함

ⅱ) 자유로운 합의 . 근로자가 사용자가 동등한 지위에서 자유 의사에 의해 결정

ⅲ) 근로자와 사용자의 의무 . 단체 협약, 취업 규칙, 근로 계약의 준수 및 성실 이행 의무

ⅳ) 차별 대우 금지 . 남녀, 국적, 신앙, 사회적 신분에 의한 근로 조건의 차별 금지

ⅴ) 강요, 폭행 금지 . 자유 의사에 반하는 근로 강요 불가, 폭행 및 구타 행위 금지

(2) 노동조합 및 노동관계 조정법

❶ **목적 :** 근로 3권의 보장, 근로 조건의 개선, 노동관계를 공정하게 조정하여 노동 쟁의를 예방 하고 해결

❷ **노동쟁의 :** 임금, 근로 시간 등 근로 조건에 관한 의견 불일치로 인하여 분쟁 상태

쟁의 행위 : 파업, 태업, 감시행위, 불매운동, 생산관리, 직장 폐쇄(사용자)

❸ 노동쟁의 조정

ⅰ) 조정 : 관계 당사자 일방의 신청에 의해 조정 위원회가 조정안을 작성하고 수락을 권고, 수락된 조정서는 단체 협약과 동일한 효력

ⅱ) 중재 : 관계 당사자 쌍방 또는 일방의 단체 협약에 의한 중재의 신청, 중재 위원회가 중재 재정을 서면으로 작성

ⅲ) 긴급조정 : 고용노동부 장관의 결정으로 중앙 노동 위원회가 조정, 쟁의가 공익사업에 관한 것, 규모가 크거나 성질이 특별한 것으로서 현저히 국민 경제를 해하거나 국민의 일상생활을 위태롭게 할 위험이 현존하는 때

> **노동조합 및 노동관계 조정법**
>
> 제53조(조정의 개시) ① 노동위원회는 관계 당사자의 일방이 노동 쟁의의 조정을 신청한 때에는 지체 없이 조정을 개시하여야 하며 관계 당사자 쌍방은 이에 성실히 임하여야 한다.
>
> 제62조(중재의 개시) 노동 위원회는 다음 각 호의 어느 하나에 해당하는 때에는 중재를 행한다.
>
> 1. 관계 당사자의 쌍방이 함께 중재를 신청한 때
> 2. 관계 당사자의 일방이 단체 협약에 의하여 중재를 신청한 때
>
> 제72조(특별 조정 위원회의 구성) ① 공익사업의 노동 쟁의의 조정을 위하여 노동 위원회에 특별 조정 위원회를 둔다.
>
> 제76조(긴급 조정의 결정) ① 고용노동부 장관은 쟁의 행위가 공익사업에 관한 것이거나 그 규모가 크거나 그 성질이 특별한 것으로서 현저히 국민 경제를 해하거나 국민의 일상생활을 위태롭게 할 위험이 현존하는 때에는 긴급 조정의 결정을 할 수 있다.

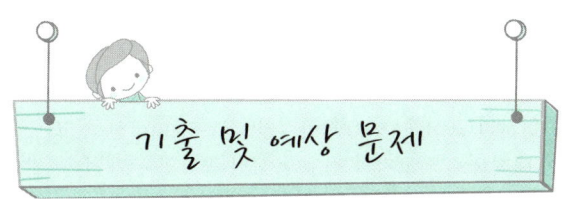

[1~2] 다음 글을 읽고 물음에 답하시오

청약은 상대방 있는 의사 표시이므로 상대방에게 도달한 때로부터 효력이 발생한다. 청약이 효력을 발생한 때에는 청약자가 임의로 철회하지 못한다(민법 제 527조).
그러나 소비자 보호를 위한 관련법에서는 소비자를 보호하기 위해 일정 기간 내에 계약 체결 의사를 철회할 수 있도록 청약 철회를 인정하고 있다. 이러한 소비자 관련법으로는 방문 판매 등에 관한 법률, 할부 거래에 관한 법률, 전자 상거래 등에서의 소비자 보호에 관한 법률 등이 있다.

01 위 내용에 나타난 소비자의 권리와 관련된 옳은 설명을 〈보기〉에서 고른 것은?

> 보기
> ㄱ. 반드시 서면으로 의사 표시를 하여야 한다.
> ㄴ. 소비자 보호를 위해 모든 거래에서 인정된다.
> ㄷ. 소비자가 청약 철회를 한 경우 위약금이나 손해 배상 책임을 지지 않는다.
> ㄹ. 소비자가 물품을 구입한 이후 단순히 마음이 변하거나 물건이 마음에 들지 않는다는 이유로도 청약 철회가 가능하다.

① ㄱ, ㄴ   ② ㄱ, ㄷ   ③ ㄴ, ㄷ   ④ ㄴ, ㄹ

해 설 ▸ 철회권
제시 문에서 설명하고 있는 소비자의 권리는 청약 철회권이다. ㄷ. 소비자 보호를 위해 소비자가 청약 철회를 한 경우 위약금이나 손해 배상 책임을 지지 않는다. 또한 ㄹ. 소비자가 물품을 구입한 이후 단순히 마음이 변하거나 물건이 마음에 들지 않는다는 이유로도 청약 철회가 가능하다.

바로잡기 ▸ ㄱ. 반드시 서면으로 의사 표시를 하여야 하는 것은 할부 거래의 경우이다. ㄴ. 청약 철회권은 모든 거래에서 인정되는 것은 아니다. 방문 판매, 다단계 판매, 할부 거래, 전자 상거래 등 법이 인정한 거래에서만 인정된다.

정 답 ▸ ④

02 밑줄 친 '일정 기간'이 동일하지 않은 것은?

① 할부 거래   ② 다단계 판매
③ 사업 권유 거래   ④ 전화 권유 판매

해 설 ▸ 철회 기간
전화 권유 판매, 다단계 판매, 사업 권유 거래는 14일 이내에 청약 철회를 할 수 있다. ⑤ 방문 판매는 14일, 할부 거래는 7일 이내에 청약 철회를 할 수 있는데, 방문 판매와 할부 거래가 결합된 거래는 방문 판매 등에 관한 법률이 우선 적용되어 14일 이내에 청약 철회를 할 수 있다.

바로잡기 ▸ ① 할부 거래는 7일이다.
정 답 ▸ ①

03   다음 제도와 관계 깊은 소비자의 권리로 적절한 것은?

> 음식점 원산지 표시제는 2008년 7월8일부터 미국산 쇠고기 수입 위생 조건 개정 관련 보완 대책으로 쇠고기의 경우 음식점 규모와 관계없이, 쌀의 경우 100m² 이상 중대형 음식점을 대상으로 실시하였으며, 2008년 12월 22일부터는 돼지고기, 닭고기, 배추김치 (100m² 이상)를 추가하여 확대 시행하고 있다.

① 소비자의 권익 향상을 위한 단체 조직 및 활동권
② 신속 · 공정한 절차에 따라 적절한 피해 보상을 받은 권리
③ 거래 상대방, 구입 장소, 가격 등을 자유로이 선택할 권리
④ 합리적인 소비 생활을 영위하기 위하여 필요한 교육을 받을 권리

해설 소비자의 권리
음식점 원산지 표시 제도는 소비자 기본법의 8대 권리 중에서 알 권리, 즉 지식 및 정보를 제공받을 권리와 거래 상대방, 구입 장소, 가격 등을 자유로이 선택할 권리에 해당한다.

정답 ③

04   다음 법 규정에 의해 설치된 기구아 관련된 설명으로 옳지 않은 것은?

> 소비자와 사업자 사이에 발생한 분쟁을 조정하기 위하여 한국 소비자원에 소비자 분쟁 조정 위원회를 둔다(소비자 기본법 제 60조 제1항).

① 분쟁 조정을 거치지 않고는 민사 소송을 제기할 수 없다.
② 한국 소비자원, 소비자 단체가 분쟁 조정을 신청할 수 있다.
③ 당사자가 수락한 조정안은 재판상 화해와 동일한 효과가 나타난다.
④ 분쟁 조정의 결정은 사실 조사, 전문가 자문, 시험 검사, 당사자 진술 등을 검토한 후 이루어진다.

해설 소비자 피해 구조 절차
② 한국 소비자원, 소비자 단체가 분쟁 조정을 신청할 수도 있다. ③ 소비자 분쟁 조정 위원회의 조정안을 당사자가 수학한 경우에는 재판상 화해와 동일한 효과가 나타난다. ④ 소비자 분쟁 조정 위원회는 분쟁 조정 결정을 하기 전에 사실 조사, 전문가 자문, 시험 검사, 당사자 진술 등을 검토한다.

바로잡기 ① 분쟁 조정을 거치지 않고도 민사 소송을 바로 제기할 수 있다.

정답 ①

[5~6] 다음 글을 읽고 물음에 답하시오.

> 사용자는 근로자가 노동조합에 가입 또는 가입하려고 하였거나 노동조합을 조직하려고 하였거나 기타 노동조합의 업무를 위한 정당한 행위를 한 것을 이유로 그 근로자를 해고하거나 그 근로자에게 불이익을 주는 행위를 할 수 없다.

05 밑줄 친 '행위'와 동일하게 평가할 수 있는 행위 유형으로 적절하지 않은 것은?

① 노동조합의 운영비를 원조하는 행위

② 단체 교섭을 정당한 이유 없이 거부하는 행위

③ 최소한의 규모의 노동조합 사무소를 제공하는 행위

④ 정당한 단체 행위에 참가한 것을 이유로 근로자에게 불이익을 주는 행위

> **해 설** ▶ 부당 노동 행위
> 제시문의 밑줄 친 '행위'는 부당 노동 행위에 해당한다. 근로자가 특정 노동조합에 가입하지 아니할 것을 고용 조건으로 하는 행위, 단체 교섭을 정당한 이유 없이 거부하는 행위, 노동조합의 운영비를 원조하는 행위, 정당한 단체 행위에 참가한 것을 이유로 근로자에게 불이익을 주는 행위는 사용자의 부당 노동 행위로서 무효이다. 부당 노동 행위를 한 사용자는 형사 처벌을 받을 수도 있다.
>
> **바로잡기** ▶ ③ 최소한의 규모의 노동조합 사무소의 제공 행위는 부당 노동 행위가 아니다.
>
> **정 답** ▶ ③

06 밑줄 친 '행위'와 관련된 설명으로 옳지 않은 것은?

① 이러한 행위에 대하여 형벌이 부과될 수도 있다.

② 이러한 행위의 유형은 노동조합 및 노동관계 조정법이 규정하고 있다.

③ 구제의 신청은 이러한 행위가 있은 날부터 3월 이내에 이를 행하여야 한다.

④ 이러한 행위로 인하여 그 권리를 침해당한 근로자는 노동 위원회에 그 구제를 신청할 수 있다.

> **해 설** ▶ 부당 노동 해위로 인한 피해 구제
> ① 부당 노동 행위를 한 사용자는 2년 이하의 징역 또는 2천만 원 이하의 벌금에 해당하는 형사 처벌을 받을 수도 있다. ② 부당 노동 해위의 유형, 구제 방법, 제제 방법 등은 노동조합 및 노동관계 조정법이 규정하고 있다.
>
> **바로잡기** ▶ ④ 근로자가 근로 시간 중에 사용자와 협의 또는 교섭하는 것을 사용자가 허용하는 것은 부당 노동 행위가 아니다.
>
> **정 답** ▶ ④

07 다음 규정을 담고 있는 법에 의할 때 옳지 않은 것은?

> 이 법은 헌법에 의한 근로자의 단결권·단체 교섭권 및 단체 행동권을 보장하여 근로 조건의 유지·개선과 근로자의 경제적·사회적 지위의 향상을 도모하고, 노동관계를 공정하게 조정하여 노동 쟁의를 예방·해결함으로써 산업 평화의 유지와 국민 경제의 발전에 이바지함을 목적으로 한다.

① 사용자는 쟁의 행위를 할 수 없다.

② 근로자들은 자주적으로 노동조합을 설립할 수 있다.

③ 정당한 쟁의 행위에 대해서는 민사상·형사상 책임이 면제된다.

④ 노동조합은 근로 조건의 개선을 위하여 사용자와 교섭할 수 있다.

> **해 설** ▶ 노동조합 및 노동관계조정법
> 제시문은 노동조합 및 노동관계 조정법이다. 근로자들은 자주적으로 노동조합을 설립할 수 있는 단결권, 근로 조건의 개선을 위하여 사용자와 교섭할 수 있는 단체 교섭권, 쟁의 행위를 할 수 있는 단체 행동권을 가진다. 노동조합이 합리적인 시간, 장소, 인원, 태도로 교섭을 요청할 때 사용자는 정당한 이유 없이 이를 거부할 수 없고, 정당한 쟁의 행위에 대해서는 민사상, 형사상 책임이 면제된다.
>
> **바로잡기** ▶ ① 사용자는 노동조합이 쟁의 행위를 개시한 이후에 직장 폐쇄라는 쟁의 행위를 할 수 있다. 사용자가 직장 폐쇄를 할 경우 미리 행정 관청 및 노동 위원회에 신고하여야 한다.
>
> **정 답** ▶ ①

08 다음 헌법 조항에서 밑줄 친 '단체 행동권'의 구체적 사례로 적절하지 않은 것은?

> ● 모든 국민은 근로의 권리를 가진다(제32조 제1항)
> ● 근로자는 근로 조건의 향상을 위하여 자주적인 단결권, 단체 교섭권 및 단체 행동권을 가진다(제33조 제1항)

① 근로 조건의 향상을 위하여 집단적이고 조직적으로 노무의 제공을 거부한다.

② 노동자들이 자신들의 주장을 관철하기 위하여 공장이나 작업장을 폐쇄한다.

③ 노동자들이 사용자 또는 그와 거래 관계에 있는 제3자의 상품 구입을 거절한다.

④ 노동 쟁의 장소에 감시 요원을 배치하여 근로를 희망하는 노동자의 사업장 출입을 저지한다.

해 설 단체 행동권

단체 행동권의 유형으로는 근로 조건의 향상을 위하여 집단적이고 조직적으로 노무의 제공을 거부하는 파업, 노동자들이 사용자 또는 그와 거래 관계에 있는 제3자의 상품 구입을 거절하는 보이콧, 노동 쟁의 장소에 감시 요원을 배치하여 근로를 희망하는 노동자의 사업장 출입을 저지하는 피켓팅, 안전과 위생에 관한 법규, 취업 규칙 및 단체 협약상의 규정을 철저히 준수하여 작업 능률의 저하를 가져 오는 태업이 있다.

바로잡기 ② 자기의 주장을 관철시키기 위하여 공장이나 작업장을 폐쇄하는 직장 폐쇄는 사용자의 쟁의 행위이다.

정 답 ②

09 다음 사례와 관련한 법적 판단으로 옳지 않은 것은?

> 멜라민은 유기 화학 물질로 열에 강한 플라스틱 원료의 생산에 사용된다. 멜라민은 식품 제조 · 가공에 사용할 수 없는 물질이며 여러 국가 및 국제 규격 식품 위원회(CODEX)등도 국제적으로 식품에 사용을 금지하고 있다. 최근 ○○국에서는 멜라민이 함유된 분유를 먹은 유아에게서 신장 결석이 발생하거나 사망하는 사건이 있었다. 우리나라에서도 ○○국에서 수입한 유제품에서 멜라민이 검출되었고, 그로 인한 피해자들이 모임을 만들어 민원을 제기하고 있다.

① 피해자들은 단체를 조직하여 활동할 수 있다.

② 피해자들은 절차에 따라 배상을 요구할 수 있다.

③ 피해자들은 한국 소비자원에 구제요청을 할 수 있다.

④ 피해자들은 불공정 거래 행위의 규제를 요구할 것이다.

해 설 소비자의 권리

① 소비자들은 권익 향상을 위해 단체를 조직하고 활동할 권리가 있고, ② 신속하고 공정한 절차에 따라 적절한 피해 배상을 받을 권리도 있다. ③ 소비자들이 피해를 입은 경우 한국 소비자원과 지방 자치 단체에 구제 요청을 할 수 있다. 지방 자치 단체는 이러한 소비자 구제 신청의 처리를 한국 소비자원에 의뢰할 수 있다.

바로잡기 ④ 제시문의 사례는 불공정 거래 행위는 아니므로 불공정 거래 행위의 규제를 요구할 수는 없다.

정 답 ④

10 다음은 노동 쟁의를 해결하는 과정의 일부이다. (가)에 들어갈 절차에 대한 옳은 설명만을 〈보기〉에서 있는 대로 고른 것은?

> 쌍방 신청 또는 단체 협약에 의한 일방 신청 → (가) → 분쟁해결

보기
ㄱ. 노동 위원회의 주된 역할 중의 하나이다.
ㄴ. 주로 필수 공익사업의 경우에 인정되는 절차이다.
ㄷ. (가)의 성립은 당사자의 수락을 전제로 한다.
ㄹ. (가)의 내용은 재판상 화해와 동일한 효력을 가진다.

① ㄱ   ② ㄴ   ③ ㄷ   ④ ㄱ, ㄹ

해설 노동 쟁의 조정
쌍방 신청 또는 단체 협약에 의한 일방 신청에 의해 이루어지는 노동 쟁의 조정 방법은 중재이다. 중재는 노동 위원회에 속한 3인으로 구성된 중재 위원회의 주된 역할 중의 하나이다.

바로잡기 ㄴ. 필수 공익사업의 경우에 인정되는 절차는 특별 조정이다. ㄷ. 당사자의 수락을 전제로 하는 것은 조정이다.
ㄹ. (가)의 내용은 단체 협약과 동일한 효력을 가진다.

정답 ①

Chapter
07
국제사회와 정치

01 국제 사회의 발달

1 국제 사회의 형성과 발달 과정

(1) 국제 사회의 형성

❶ **그리스** : 도시 국가들의 연대감을 바탕으로 한 동맹 체제

❷ **중세 유럽** : 교황을 중심으로 하는 봉건 체제→종교적 권위를 바탕으로 한 국제 질서

❶ **주권 국가 출현**

- 베스트팔렌 체제의 형성으로 주권을 가진 민족 국가가 국제 질서의 중요한 정치 단위로 등장함
- 항해술의 발달에 힘입어 탐험, 정복 과정을 통해 유럽의 세력이 넓어짐 → 유럽 중심의 국제 사회 형성

 베스트팔렌 조약
종교 개혁을 둘러싼 신교도와 구교도의 30년 전쟁을 종결하고자 1648년 베스트팔렌 회의에서 맺어진 조약이다. 종교에 대한 국가의 우위가 확립되어 교황의 권위는 약화되었고, 유럽은 독자적인 주권 국가들로 구성되는 국제 질서가 형성되었다.

(2) 국제 사회의 전개 과정

❶ 제국주의 시대(19~20세기 초)

- 산업 사회의 대량 생산과 대량 소비를 감당하기 위한 원료 공급지와 시장 확보를 위해 각국이 식민지 쟁탈전에 나서면서 아시아, 아프리카 국가들을 식민지화함
- 유럽 중심의 근대 국제 사회가 확산되어 전 지구적 국제 사회가 형섬됨

❷ 국제 연맹의 창절(1920)

- 제국주의 국가들 간의 식민지 쟁탈 및 세력 확장 경쟁 속에서 제1차 세계 대전 발발
- 제1차 세계 대전 이후 침략 전쟁의 방지와 국제 분쟁의 평화적 해결을 목표로 설립
- 성과 : 국제 평화와 안전을 위하여 효과적으로 운영되었으며, 국제 협력 분야에서 상당한 성과를 올림
- 한계 : 미국 등 강대국 불참, 각국에 대한 규제 정도가 미약하여 불완전함

> **제국주의**
> 군사적 · 경제적으로 다른 나라를 정복하여 자기 나라의 영토와 권력을 넓히려는 이념이나 정책을 말하며 대개 침략에 의해여 영토를 확장한다는 점에서 팽창주의 또는 식민주의와 거의 동일한 의미로 사용된다.

❸ 국제 연합의 창설(1945)

- 경제 공황 및 전체주의의 등장과 이에 따른 갈등으로 자유주의 국가와 전체주의 국가 간에 제 2차 세계 대전 발발
- 제 2차 세계 대전 이후 국제 연맹을 계승하여 범세계적인 협력 증진을 도모함 → 많은 신생 독립 국가들이 국제 사회의 구성원으로 등장함
- 의의 : 강대국들과 신생 독립국의 대거 참여로 전 세계적 국제 사회의 틀 완성

(3) 현대 국제 사회의 형성

❶ 민족 국가 중심의 국제 사회 : 국제 사회의 기본 단위는 민족 국가

❷ 국가 간 상호 의존성 증대 : 과학 시술의 발달, 교통 · 통신 수단의 발달, 국가 간 교역의 증대

❸ 지구촌 사회 : 개별적 국가의 역할과 더불어 국제 사회의 일원으로서 국가의 역할도 강조 → 국가 간의 조율이 국제 사회의 중요한 문제로 등장

국제 관계의 본질에 관한 관점

- **이상주의** : 국경을 초월한 초인류적 유대감과 그에 따른 평화 추구가 가능하다는 관점에 기초한 것으로 현실주의적 세력 균형은 전쟁을 억제하기보다는 전쟁을 유발시키며, 동맹 전략은 그것으로 인해 더 많은 나라들이 전쟁에 휘말리게 된다는 점을 지적한다. 따라서 국제 평화는 집단 안보 체제에 의해 해결할 수 있으며 국제 문제는 구제 사회 공동체를 통한 국제법이나 국제적인 제도로 해결할 수 있다는 입장이다.
- **현실주의** : 현실주의는 국제 사회를 냉엄한 힘의 논리에 의해 지배되는 사회로 보아 도덕적 원칙은 국제 사회의 원칙에 적용할 수 없으며, 이익을 추구하는 국가들 사이의 세력 균형에 의해 평화가 유지된다고 본다. 현실주의는 크게 세 가지 가정을 전제로 한다. 첫째, 국제 정치에서 가장 중요한 행위자는 국가라는 점, 둘째, 모든 국가는 힘을 추구한다는 점, 셋째, 모든 국가는 합리적으로 행동한다는 점이다. 이 세 가지를 종합해 보면 국가는 자국의 이익을 추구하기 위해 최선을 다할 것이며 따라서 자국의 힘만이 국익을 보장받는 길이라는 것이다.
- **자유주의** : 이상주의에 기초하면서도 다원주의에 입각하여 국제 행위의 주체를 국가에 한정하지 않는다. 즉 국가 간 권력 투쟁에 초점을 맞추기보다 다양한 비국가 행위자들 경쟁에 초점을 맞추어 국제 관계를 파악해야 한다.
- **급진주의** : 국제 관계는 국가 간의 관계가 아니라 지배와 피지배 계급의 불평등한 관계이다. 불평등한 구조의 자본주의 세계 체제는 개혁을 통해서 또는 혁명을 통해서 평등한 체제로 바꾸어야 한다. 종속 관계의 단절이야말로 주변부 국가들의 발전을 위하여 필수적인 일이다.

2 국세 사회의 성격과 특징

(1) 독립적인 주권 국가로 구성 : 국제 사회는 국가와 국가 간의 관계이므로 개인과 개인 간의 관계와 구별

(2) 무정부성 : 분쟁 발생 시 강제력을 가진 중앙 정부가 없으므로 구속력 있는 법도 없으며 그 법을 집행할 제도적 장치도 미흡, 주권 평등의 원칙을 강제할 세계 정부가 없음

(3) 힘의 논리가 지배 : 당사자 간의 협상을 통하거나 강대국들의 이해관계에 따라 해결, 개인 간의 관계처럼 남을 위한 희생이 이루어지기 어렵고 자기 나라에 이익이 되지 않으면 다른 나라를 도우려 하지 않음 → 자국의 이익 우선시

(4) 공동의 이익을 위한 협력

❶ **공동체적 연대감 공유** : 국가 간 상호 의존이 심화됨에 따라 대부분 국가들은 국제적 연대와 협조 체제의 필요성에 동의

❷ **국제 사회의 규범과 제도의 작동을 위한 협력 확대** : 인류 공동의 평화와 안전, 국제 사회의 번영과 발전을 위하여 조약과 관습 등 공동의 규범 마련

각 국가를 구성 요소로 하는 통일된 세계의 정부라는 의미로서 각 국가의 주권보다 우월한 권한을 가지고 개별 국가를 강제할 힘을 가져야 한다. 국제 연합(UN)도 주권 국가 간의 연합체의 성격이 강하고 세계 정부라고 볼 수 없다.

3 국제 사회의 행위 주체

(1) 국제 행위

❶ **의미** : 국제 행위 주체들 간에 이루어지는 행위

❷ **종류** : 상호 이익을 추구하는 협조 행위와 자기 이익만을 추구하는 갈등 행위로 구분

✆ 국제 행위의 실체
- 협조 행위: 상호 방위 조약, 범죄인 인도 조약
- 갈등 행위: 영토 분쟁, 통상 마찰, 폐기물 투기

(2) 국제 행위 주체

❶ **국가**
- 국제 사회의 가장 기본적이며 중요한 행위 주체
- 일정한 영토와 국민을 바탕으로 주권을 가진 독립적인 행위 주체
- 주권 국가들은 자주성과 독립성을 가지고 국제 사회의 일원으로 활동함

❷ **초국가적 행위체**
- 의미 : 국가를 구성원으로 하거나, 국가를 넘어 국제적으로 영향을 끼치는 행위 주체
- 종류 : 국제기구, 다국적 기업, 국제적인 시민 운동 단체 등

국제기구	국제 연합(UN), 유럽연합(EU) 등
다국적 기업	세계 각지에 자회사나 지점·공장 등을 설립하고 생산과 판매 등의 활동을 국제적으로 수행하는 기업
국제적인 시만 단체(INGO)	그린피스, 국제 사면 위원회, 국경 없는 의사회 등

❸ **국가 내부적 행위체**
- 의미 : 한 국가 내부의 일부분이지만 독자적인 입장을 가지고 타국의 정부 또는 민간 조직과 상호작용을 하는 단위체
- 종류 : 지방 정부, 소수 인종, 소수 민족, 각종 사회 세력 등

❹ **개인** : 강대국의 국가 원수, 국제 연합 사무총장 등 국제적 영향력이 강한 개인

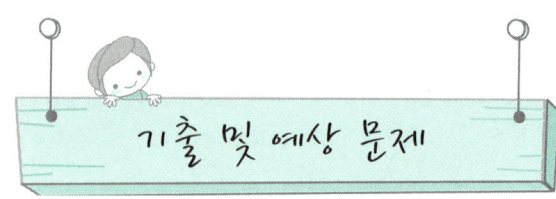

기출 및 예상 문제

01 밑줄 친 부분에 들어갈 내용으로 옳은 것만을 〈보기〉에서 있는 대로 고른 것은?

> 베스트팔렌 조약은 가톨릭교와 신교의 대립으로 일어난 독일의 30년 전쟁을 종결시킨 조약이다. 유럽 역사상 처음으로 열린 대규모 국제회의로, 이로 인해 독일의 크고 작은 여러 연방 국가들이 거의 완전하게 독립하여 신성 로마제국은 유명무실한 존재가 되었다.
> 이 조약을 계기로 ＿＿＿＿＿＿＿＿＿＿＿＿＿＿＿＿＿＿＿

> 보기
> ㄱ. 제국주의 출현을 초래하였다.
> ㄴ. 교권으로부터 독립된 주권 국가가 등장하게 되었다.
> ㄷ. 주권 국가가 중심이 된 국제 사회 형성의 출발이 되었다.
> ㄹ. 이전의 기독교를 중심으로 한 국제 질서가 변화하게 되었다.

① ㄱ, ㄴ   ② ㄴ, ㄷ   ③ ㄷ, ㄹ   ④ ㄴ, ㄷ, ㄹ

해설 국제 사회의 형성
베스트팔렌(Peace of Westfalen, 1648.10) 조약은 종교 개혁을 둘러싼 신교도와 구교도의 30년 전쟁을 종결하는 베스트팔렌 회의에서 맺어진 조약으로, 종교에 대한 국가의 우위가 확립되어 교황은 권위가 약화되었고 각국은 자신의 이익을 최대화하려고 노력하였다. 이 조약을 계기로 평등한 주권 국가 사이에 새로운 국제 질서가 형성되었다.

바로잡기 ㄱ. 제국주의는 군사적, 경제적으로 다른 나라를 정복하여 자기 나라의 영토와 권력을 넓히려는 이념으로 19세기 후반에 등장했다.

정답 ④

02 밑줄 친 '평화 유지 활동'과 거리가 먼 것은?

> 국제적인 분쟁을 평화적으로 해결하기 위한 국제 연합의 특별 활동을 평화 유지 활동(PKO)라고 한다. 평화 유지의 원래 뜻은 무력 충돌했던 당사국을 물리적으로 격리시키기 위해 국제 연합이 군대를 사용하는 것이었다.

① 대한민국도 이 활동에 참가한 바 있다.
② UN의 상비군으로 지역 분쟁을 해결한다.
③ 중립적 위치에서 분쟁 당사국 간의 분쟁 해결을 위해 활동한다.
④ 평화 유지군은 선제공격은 할 수 없고 자위적인 전투만 가능하다.

평화 유지 활동은 국제적인 분쟁을 평화적으로 해결하기 위한 국제 연합의 특별 활동을 말한다. 국제 연합은 국지적인 분쟁의 해결이나 인도적 구호를 위해 평화 유지군을 파견하여 분쟁국의 평화를 유지하기 위한 활동을 하고 있다. ① 한국은 1993년 소말리아와 2000년 동티모르 사태 때 평화 유지군을 파견하였다. ④ 평화 유지군은 내전, 내란 지역에 파견되어 분쟁 당사자 간의 완충 역할, 휴전 가미, 합법 정부 구성을 N이한 선거 관리 등 순수한 평화 유지 활동만을 하게 된다. 따라서 자위의 경우를 제외하고는 어떠한 형태로든 무력을 사용한 선제공격도 금지하고 있다.

바로잡기 ② UN의 상비군은 아직 존재하지 않는다. PKO, 즉 국제 연합의 평화 유지 활동을 위한 병력은 회원국의 자발적, 임시적 다국적군에 의존하고 있다.

정 답 ②

03

(가)와 (나)는 각각 국제 사회를 바라보는 입장이다. 이에 대한 설명으로 옳지 않은 것은?

> (가) 국제 사회도 이성적인 인간들의 모임인 만큼 협조하고 노력하면 갈등을 해결할 수 있어.
> (나) 난 아니라고 생각해! 지구 전체의 환경을 지키기 위해 모인 환경 회의도 결국 자기 나라의 이익을 앞세우는 국가들 간의 갈등으로 성과를 거두지 못했잖아!

① (가)는 전쟁이나 갈등을 제도의 문제로 파악하려고 한다.

② (가)는 국가 간 관계를 규율하는 공동의 규범을 중시한다.

③ (가)는 자국의 안보는 자국이 책임져야 할 문제로 인식한다.

④ (나)는 국제 사회를 무정부 상태로 인식한다.

해 설 국제 질서를 바라보는 관점
제시문의 (가)는 이상주의, (나)는 현실주의 시각에 해당한다. ①,② (가)의 이상주의는 국제적인 전쟁이나 갈등이 인간의 본성이 악하다거나 국제 질서 자체가 투쟁 상태인 무정부 상태에 기인한다고 파악하지 않는다. (가)는 국가 간 관계를 규율하는 공동의 규범을 중시하고 국제 사회를 기본적으로 조화와 균형이 가능한 체제로 본다. 다만 전쟁은 법과 제도 등의 문제 에서 기인한 비정상적 상태로 인식한다. ④ (나)의 현실주의는 국제 사회를 원칙적으로 무정부 상태로 인식하고 전쟁은 불가피한 것이며 오직 힘의 균형 상태에서만 평화 상태가 나나타난다고 한다.

바로잡기 ③ 자국의 안보를 자국이 책임져야 할 문제로 인식하는 것은 현실주의 관점에 해당한다. 이상주의는 집단 안보 체제를 통해 개별 국가의 안전이 가능하다고 한다.

정 답 ③

04

다음 ⊙에 해당하는 국제기구에 대한 설명으로 옳지 않은 것은?

> ⊙은(는) 국제 문제에 대한 법적 분쟁을 관할하는 기구로서 국제 사법 재판소(ICJ)를 설치하였다. 국제 사법 재판소는 ⊙의 산화 기관이므로 ⊙의 가입국은 자동적으로 회원국이 되는 것은 물론 비가입국도 재판소 규정의 당사국이 될 수 있다.

① 남북한 모두 이 기구에 가입하고 있다.

② 제2차 세계 대전 종전 후에 창설되었다.

③ 범세계적, 포괄적 국제기구에 해당한다.

④ 세계 정부로서의 기능을 수행하는 국제기구이다.

해 설 국제 연합
제시문의 ⊙은 국제 연합이다. ① 1991년 9월 18일 열린 제 46차 유엔 총회에서 남북한이 각기 별개의 의석을 가진 회원국으로 유엔에 가입하였다. ② 국제 연합은 1945년 10월 24일 전쟁 방지와 평화 유지를 위해 설립되었다. ③ 국제 연합은 특정 지역이 아니라 적 세계 국가를 회원국의 대상으로 하는 범세계적 국제기구이며 세계적 국제 평화와 안전의 유진, 경제적, 사회적, 문화적 또는 인도적 문제의 해결을 목적으로 하는 포괄적 기구에 해당한다.

바로잡기 ④ 세계 정부란 개별 국가를 구성 요소로 하고 개별 국가의 주권보다 상위의 정치권력을 갖고 있는 정치 조직체를 말하는데 국제 연합에게 이러한 권한은 없다. 다만 국가 간 연합체인 것이다.

정 답 ④

05 다음 글에 나타난 국제 연합의 문제점으로 가장 적절한 것은?

> 국제 연합은 모든 주권 국가든 평등하다는 전제하에 만들어졌다. 그러나 국제연합의 긍정적 역할에도 불구하고 국제 연합의 개혁을 요구하는 국제 여론이 날로 커지고 있다. 특히 안전 보장 이사회 상임 이사국의 빈번한 거부권 행사로 일부 기능이 마비되고, 중요한 안건에 대한 의결이 지연되는 등의 폐단을 시정해야 한다는 데에는 대부분의 국가가 한 목소리를 내고 있다.

① 다수결의 부작용이 나타나고 있다.
② 주권 평등의 원칙이 이념에 그치고 있다.
③ 안전 보장 이사회 상임 이사국의 수가 너무 많다.
④ 거부권이 다수의 국가에게 부여되어 비효율적이다.

해 설 국제 연합의 문제점
제시문에서는 유엔 안전 보장 이사회 상임 이사국의 빈번한 거부권 행사로 일부 기능이 마비되고, 주요 안건에 대한 의결이 지연되는 등의 폐단이 있음을 지적하고 있다. 이는 국제 정치 변화를 충실히 반영하지 못함으로써 안보리에 들지 못하는 국가들의 불ㄹ만이 표출된 것으로 볼 수 있으며, 주권 평등의 원칙이 이념에 그치고 있음을 보여주는 것이다.

바로잡기 ①, ③, ④ 제시문의 문제점이라 할 수 없다.
정답 ②

06 다음과 같은 초국가적 행위체의 일반적인 특성에 대한 설명으로 가장 적절한 것은?

> ● 국제 연합(UN) ● 국제 원자력 기구(IAEA) ● 세계 무역기구(WTO)

① 현대 사회에 들어 다양화 · 전문화 되고 있다.
② 주권 평등의 원칙이 철저하게 적용되고 있다.
③ 국경을 초월하여 자본과 노등의 이동을 촉진한다.
④ 세계화가 진행되면서 그 역할이 점점 약화되고 있다.

해 설 초국가적 행위체
주어진 자료는 모두 정부 간 국제기구(IGO)이며 초국가적 행위체이다. 이들 초국가적 행위체들은 현대 사회에서 다양하고 전문화된 형태로 그 영향력이 점차 증가되고 있다.

바로잡기 ③ 다국적 기업에 대한 설명이다. ④ 냉전 종식 이후 세계화가 진행되면서 국가 간의 상호 의존도가 심화되고 그 결과 초국가적 행위체의 역할이 강화되고 있다.
정답 ①

07 다음의 사례를 통해 추론할 수 있는 오늘날 국제 사회의 특징은?

> ● 브라질의 리우데자네이루에서 지구 환경 문제를 논의하기 위해 '국제 연합 환경 회의'가 열렸다.
> 세계화로 인한 선진국과 개발 도상국 간의 빈부 격차의 부정적 효과는 개발 도상국만의 문제가 아니라는 인식 아래 리스본에서' 리스본 그룹'을 발족시켰다.

① 강대국의 이해관계가 중시되고 있다.

② 국제 연합의 영향력이 확대되고 있다.

③ 국가 간 상호 의존성을 인식하고 있다.

④ 자국 이익이 우선적으로 추구되고 있다.

해설 ▶ 국제 사회의 특징

제시문의 국제 연합 환경 회의는 1992년 6월 3~14까지 브라질 리우데자네이루에서 각국 대표들과 민간단체들이 지구 환경 보전을 위해 실시한 회의이다. 이는 지속 가능한 개별과 환경 보전에 있어서 국제적인 협력 관계를 이상으로 하고 있다. 또한 1992년 '리스본 그룹 보고서'는 경쟁 일변도의 세계화는 선진국에게도 경쟁의 부메랑 효과가 발생하여 선진국 내부의 균열과 갈등을 유발시킨다는 점을 지적한 것으로 제시문의 두 사례를 종합해 보면, 오늘날 국제 사회의 상호 의존성을 인식하고 있음을 알 수 있다.

바로잡기 ▶ ①, ②, ④ 제시문의 사례와 관련이 없다.

정답 ▶ ③

08 다음 글을 통해 추론할 수 있는 내용으로 옳지 <u>않은</u> 것은?

> 우리는 다국적 기업과 반민주적 정책에 의한 금융 지배, 문화 파괴, 지식과 대중 매체 커뮤니케이션의 독점, 자연 파괴, 삶의 질 파괴 등에 맞서 싸우고 있다. IMF, 세계 은행 및 많은 지역 은행, WTO, NATO 및 다른 군사 동맹들은 신자유주의 세계화의 대리자이다. 우리는 국민 국가 정책에 대해 이들이 간섭을 중단할 것을 요구한다. 나아가 신자유주의 세계화를 주도하고 있는 전미 자유 무역 협정, 아시아 개발 은행 회의, WTO 각료 회의에 대한 반대를 결집하고 맞서 싸울 것이다.
>
> − 제1차 세계 사회 포럼의 선언문 −

① 세계화에 대한 부정적 시간이 존재하고 있다.

② 다양한 국제 행위 주체의 활동이 확대되고 있다.

③ 세계 시민의 연대를 통해 사회 문제를 해결하려고 한다.

④ 개별 국가의 자국 내 정책 결정의 영향력이 점차 증가하고 있다.

해설 ▶ 반세계화 운동

세계 사회 포럼은 매년 스위스의 다보스에서 개최되는 '세계 경제 포럼'에 맞서 반세계화를 기치로 내걸고 출범한 전 세계 사회 운동가들의 회의이다. 세계 경제 포럼으로 불리는 다보스 포럼이 세계화를 지향하는 선진국 중심의 국제 회의로서 개발 도상국과 제3세계 국가들을 철저히 외면하고 있다는 비판에서 출발하였다. ① 포럼의 주요 골자는 부의 집중, 빈곤의 세계화, 지구의 파괴를 앞당기는 다보스 포럼을 중단시키는 것을 목적으로 반세계화 주장에 해당한다. ② 제시문에서 언급된 다국적 기업, IMF, 세계은행, WTO, NATO 등을 통해 다양한 국제 행위 주체의 활동이 확대되고 있음을 알 수 있다. ③ 세계 사회 포럼은 세계 시민의 연대를 통해 국제적 문제를 해결하려는 시도이다.

바로잡기 ▶ ④ 제시문의 '우리는 국민 국가 정책에 대해 이들이 간섭을 중단할 것을 요구한다'라는 대목에서 신자유주의의 기치 아래 전개되고 있는 세계화 시대의 초국가적 행위체들이 개별 국가의 자국 내 정책 결정의 영향력을 약화시키고 있음을 알 수 있다.

정답 ▶ ④

09 표의 (가), (나)는 국제 정치를 바라보는 대표적인 두 관점을 나타낸 것이다. 이에 대한 설명으로 옳지 **않은** 것은?

구분	(가)	(나)
전제	이성적 인간	투쟁적 인간
행위자 간의 관계	협력적	경쟁적
국제 문제 해결	법률적, 도덕적 수단	국력의 극대화

① (가)는 인간 본성에 관한 성선설을 기초로 한다.

② (가)는 국가 간의 이상적인 세력 균형이 국가 안보를 위해 유용하다고 본다.

③ (나)는 국제 사회에서 국가의 가장 중요한 임무는 자국 이익의 추구라고 본다.

④ (나)는 국제 연합(UN) 같은 국제기구를 통한 국제 문제 해결을 그다지 신뢰하지 않는다.

해 설 국제 정치를 보는 관점
표의 (가)는 이상주의 관점, (나)는 현실주의 관점이다. (가)는 인간의 이성적 통찰과 합리성 및 자유를 중시하여, 국제 사회의 문제는 국가 간의 조화와 협력, 국제법, 국제기구, 국제 여론 등을 통해 해결 될 수 있다는 입장이다. (나)는 인간의 이기심과 경쟁 및 갈등 관계를 주의하여, 국제 사회의 문제는 군사력, 경제력, 자원, 인구 등에 있어 강자인 국가의 의사를 기초로 인위적으로 해결된다는 입장이다.

바로잡기 ② 국가 간의 세력 균형을 통해 국가 안보를 도모하는 것은 (나)이다.

정 답 ②

10 밑줄 친 '이것'에 대한 설명으로 옳지 **않은** 것은?

과거에는 원칙적으로 국제 정치를 다수의 주권 국가들 간의 수평적 권력 관계로 보는 시각이 지배적이었다. 그러나 1960년대 이후부터 주권 국가 이외에 초국가적인 행위 주체가 출현함에 따라 이러한 주장이 재검토되고 있다. 특히 은 오늘 날 국제 관계에 커다란 영향력을 미치고 있다. 생산액과 종업원 수에 있어서 그 규모가 엄청난 은 민족 국가의 울타리를 뛰어넘어 국제적인 교류와 상호 의존성을 증대시킴으로써 국제 질서의 안정에 기여한다. 그러나 개발도상국의 입장에서 볼 때 이것의 활동이 반드시 긍정적인 것만은 아니다.

① 신자유주의의 흐름으로 활동을 더욱 강화할 것이다.

② 국제 행위의 주체로서 국제법의 적용을 받는 대상이다.

③ 개별 국가의 경제적 이익과 상충되는 활동을 하기도 한다.

④ 국민 경제에 대한 정부의 영향력을 상대적으로 증대시키고 있다.

해 설 다국적 기업
제시문의 밑줄 친 '이것'은 다국적 기업이다. 다국적 기업은 세계 각지에 자회사, 공장 등을 확보하고 생산, 판매 활동을 국제적 규모로 수행하는 기업으로 오늘날 초국가적 행위체로서 국제 사회에서 영향력이 확대되고 있다. ① 신자유주의는 자본과 노동의 국가 간 자유로운 이동을 주장하므로 다국적 기업의 활동이 강화되게 된다. ② 다국적 기업도 초국가적 행위체로서 국제 행위의 주체이기 때문에 당연히 국제법의 적용을 받는 대상이다. ③ 다국적 기업은 그 기업 활동을 수용한 국가에게 고용 창출 및 기술 이전 등의 긍정적 역할도 수행하지만 노동 착취, 자본의 유출 등 부작용도 나타난다.

바로잡기 ④ 다국적 기업의 등장은 국가의 관리 통제력의 범위를 벗어나고 있으므로 개별 국가의 영향력을 약화시키는 요인이 되고 있다.

정 답 ④

1 국제 정치 체제

(1) 의미

❶ 전쟁 방지나 평화 유지, 환경 보호 등의 일정한 목표를 가지고 상당히 규칙적인 유형에 따라 상호 작용하는 국제 정치 행위자들의 집합체

❷ 1차로 국가를 단위로 하여 구성, 국제기구의 역할 증대

(2) 특성과 한계

❶ 국제 정치 체제가 자국의 이해관계와 일치할 때 국가들은 상호 협력하지만, 이해관계가 일치하지 않을 때에는 협력을 거부하고 전쟁, 테러 등 적대적 수단을 이용한 갈등이 나타남

❷ 새로운 사건의 발생과 국제 정치 체제 구성 요소의 상호 작용으로 국제 정치는 지속적으로 변동함

2 국제 관계의 규율

(1) 국제법의 의미와 필요성

❶ **의미** : 국제 사회 구성원들의 행위와 관계를 규율하는 규범

❷ **필요성**

- 국제 문제 발생의 당사자들에 대한 구속력 발휘
- 국제 분쟁을 둘러싼 행위 주체 간의 대립과 갈등을 제도적으로 해소
- 국제 사회를 창출하고 유지하기 위한 행위 주체 간 협력의 틀과 절차 제공

(2) 국제법의 종류

조약	둘 이상의 국가 사이에 명시적 합의를 함으로써 성립된 규약 예 핵확산 금지 조약, 한미 상호 방위 조약, 국제 연합 헌장 등
국제 관습법	● 국제적 관행에 법적 효력을 부여함으로써 성립된 국제 법규 ● 국가 간의 묵시적 합의에 따라 성립된 규약 ● 국제 사회의 모든 구성원을 구속 　예 외교관의 면책 특권, 포로에 대한 인도적 대우, 내정 불간섭 등
법의 일반 원칙	여러 문명국에서 공통적으로 인정되는 법의 일반 원칙이나 규칙 예 신의 성실의 원칙, 권리 남용 금지의 원칙 등
학설과 판례	국제법 학자들의 학설이나 국제 사법 재판소의 판례

(3) 국제법의 한계

❶ 효율적인 법 제정의 권위체와 제정된 법을 강제할 집행 기구가 없음
❷ 개별 국가의 의사를 무시하고 강제될 수 없음
❸ 강대국의 이해관계에 따른 자의적 적용이 빈번함

(4) 국내법과 국제법의 차이점

국내법	국제법
● 국민의 대표 기관인 입법 기관에서 제정 ● 행정부에 의하여 법이 효율적으로 집행 ● 사법부에 의하여 강제적인 법의 적용	● 국가 간의 협상이나 합의로 형성 ● 합의된 내용을 이행할 중앙 정부가 없음 ● 국제 사법 재판소 등의 국제기구가 있으나 ● 국내 사법 기관과 같은 강제력이 없음

📂 국제 정치 체제의 변동

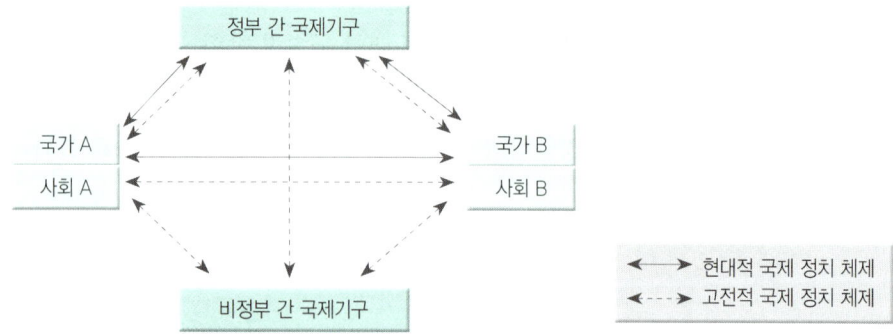

: 고전적 국제 정치 체제에서 국제 관계 형성의 주인공들은 국민, 국가들이었다. 국제 관계는 기본적으로 국가들 간의 공식적 상호 작용, 다시 말해 외교 혹은 외교 정책을 통해서 이루어졌고, 국가는 이러한 국제 관계를 독점해 오고 있었다. 그러나 국가들 간의 상호 의존이 심화되면서 국가 간의 다양한 접촉 채널이 생겨나기 시작하였다. 외국과 거래하거나 외국에서 활동하는 기업들이 생겨났으며, 국경을 초월해서 공통의 목적을 위해 결성되는 국제 단체들이 하나 둘 활동하기 시작하였다. 냉전의 종식과 같은 국제 질서의 변화는 비안보적 이슈들이 국제적 이슈로 부상하는 계기가 되었고 이러한 이슈들은 일국의 노력으로만 해결하기 어려운 성격을 가지고 있기 때문에 비정부 기구들의 역할이 필요하게 되었다. 그 결과 국제 정치 체제에 있어서 주권 국가의 영향력은 과거에 비해 상대적으로 약화 되고 있다.

3 국제기구

(1) 국제기구의 형성과 발전

❶ **초기의 국제기구** : 여러 나라의 협력이나 조정이 필요한 문제들을 해결하기 위한 기능적 목적에서 처음 생겨났음 → 만국 우편 연합, 국제 전신 연합 등

❷ **20세기 이후** : 제국주의의 시대와 제 1, 2차 세계 대전을 거치면서 점차 전쟁 방지와 평화 유지를 목적으로 국제 연맹과 국제 연합 등의 국제기구가 구성됨

❸ 국제적 상호 의존 관계가 심화되면서 국제기구의 수가 크게 증가하고, 특히 비정부 간 국제기구의 숫자가 크게 증가하여 점차 그 영향력이 확대되고 있음

(2) 국제기구의 분류

기준	분류	내용
회원 자격	정부 간 기구	각국 정부를 회원으로 함 예 국제 연합(UN), 세계 무역 기구(WTO)
	비정부 간 기구	• 개인과 민간 단체를 회원으로 함 • 최근 시민 사회의 성숙과 네트워크의 발달로 그 역할이 상대적으로 강화되고 있음 예 그린피스(Greenpeace), 국제 적십자사(ICRC), 국제 엠네스티(AI) 등
지리적 범위	범세계적 기구	전 세계를 참여 범위로 함 예 국제 연합, 국제 올림픽 위원회(IOC) 등
	지역적 기구	특정 지역 내의 국제 행위 주체들로 구성됨 예 유럽 연합(EU), 동남 아시아 국가 연합(ASEAN) 등

기능적 범위	포괄적 기구 (일반 기구)	회원국들의 정치·경제·사회 문제에 대해 포괄적 관심을 둠 예 국제 연합, 아프리카 단결 기구(OAU) 등
	제한적 기구 (특별 기구)	제한적이고 전문적인 기능을 가짐 예 북대서양 조약 기구(NATO), 석유 수출국 기구(OPEC), 국제 원자력 기구(IAEA), 세계 보건 기구(WHO)

(3) 국제 연합

❶ **목적** : 국제 평화와 안전 유지, 국제적 협력 증진

❷ **기구** : 총회, 안전 보장 이사회, 경제 사회 이사회, 인권 이사회, 신탁 통치 이사회, 국제 사법 재판소, 사무국 등 기관과 그 산하에 많은 보조 기구와 전문 기구를 두고 있음

- 총회 : 모든 회원국으로 구성되며, 기구 예산의 심의·의결, 이사국 선출, 권고안 제출 등의 권한을 가지고, 1국 1표 주의에 의하여 표결
- 안전 보장 이사회 : 국제 평화와 안전을 위한 UN의 실질적 중심 기관으로 국제 평화와 안전유지를 위한 전권을 가지고 있으며, 5개의 상임 이사국과 10개 비상임 이사국으로 구성됨, 주요 사항에 대한 의결은 5개의 상임 이사국을 포함한 9개국 이상의 찬성이 있어야 함

❸ **국제 연합의 성과**

- 제2차 세계 대전 후 식민지 국가들의 독립에 결정적 기여
- 평화 유지 활동(PKO)을 통한 국제적 분쟁 해결
- 국제 사회의 인권 신장에 기여(세계 인권 선언 발표 등)
- 개별 국가들 간의 협력과 접촉 기회 부여

❹ **국제 연합의 과제**

- 국제 정치 변화의 반영 : 안보리 상임 이사국에 들지 못하는 강대국들의 불만 누적
- 지속적인 평화 유지 활동 : 탈냉전 이후 각종 민족, 인종, 종교 분쟁과 테러 증가
- 다양한 분야에서의 국제 협력 증진 : 환경 보전, 군비 축소, 핵무기 확산 방지, 테러에 대한 공동 대응, 선진국과 후진국 간의 경제적 격차 해소
- 만성적 재정 적자 해결 : 회원국들의 분담금 미납

국제 연합 안전 보장 이사회

국제 평화와 안전의 유지에 대한 제1차적 책임을 지는 국제 연합의 주요 기구로서 국제 연합 헌장 제24조에 의거, 국제 평화와 안전 유지에 제1차적 책임을 지는 국제 연합 주요 기관이다. 5개의 상임 이사국(미국·영국·프랑스·러시아·중국)과 10개의 비상임 이사국으로 구성된다. 상임이사국 중에서 중국을 대표하는 것은 원래 중화민국(타이완)이었으나, 1971년 10월의 제26차 총회에서 중화 인민 공화국(중국)을 대표로 인정한다는 결의가 성립됨으로써 중국이 상임 이사국이 되었다.

비상임 이사국은 총회에서 선출되며, 국제 평화와 안전 유지 및 국제 연합의 기타 목적에 대한 공헌도와 형평성, 지리적 안배(아시아·아프리카 5석, 동유럽 1석, 중남미 2석, 서유럽 및 기타 2석) 등이 고려된다. 임기는 2년이고, 임기 만료 직후에는 재선될 수 없으며, 매년 1/2을 개선한다.

안건의 표결에 있어서 각 이사국은 1개의 투표권을 갖는다. 그러나 상임 이사국 전원일치제를 원칙으로 하는 거부권 제도가 있으므로, 절차 사항에 관한 결정은 9개 이사국의 찬성으로 결의가 성립되나 그 밖의 본질적 사항에 있어서는 5개 상임 이사국 모두를 포함하는 9개국 이상의 동의가 있어야 한다.

상임 이사국과 상임 이사국의 거부권은 국제 연합 헌장에 규정되어 있으므로 헌장을 개정하지 않는 한 그것을 제한할 수는 없는데, 헌장 개정에 있어서도 상임 이사국의 거부권이 적용된다. 상임 이사국에게 인정된 거부권은 상임 이사국들의 의견이 일치하지 않는 한 어떠한 문제의 해결도 불가능하다는 점에서 국제 연합의 활동에 역기능적 작용을 할 가능성이 지적된다.

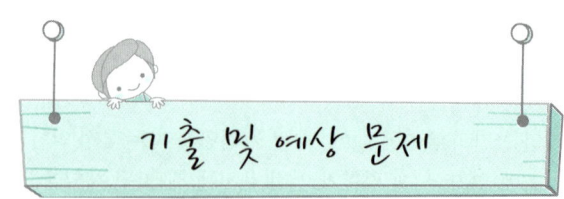

01 다음과 같은 조직을 갖는 국제기구에 대한 설명으로 옳은 것은?

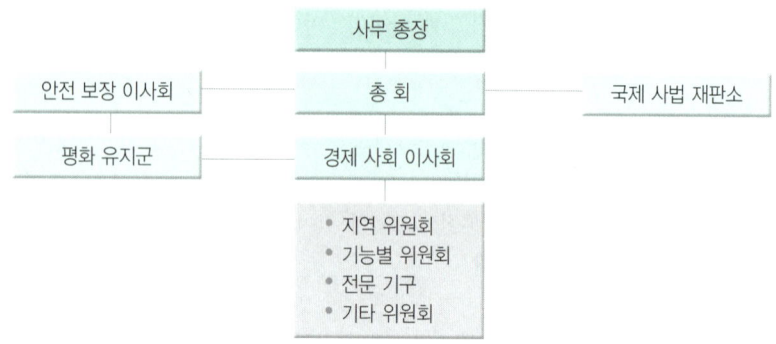

① 제1차 세계 대전 이후 결성되었다.

② 시민 단체도 총회의 구성원이 된다.

③ 분쟁 해결을 위한 수단으로 무력은 사용할 수 없다.

④ 느슨한 국가 연합체로 강한 통제력은 갖고 있지 않다.

해설 국제 연합의 특징

제시된 그림의 국제기구는 국제 연합이다. 국제 연합은 총회를 비롯하여 사무국, 안전 보장 이사회, 경제 사회 이사회, 신탁 통치 이사회, 국제 사법 재판소의 6개 주요 기구와 그 산하에 많은 보조 기구와 16개 전문 기구가 있다. 국제 평화와 안전을 유지하고 군비 축소, 경제적 사회적 문화적 교류와 협력, 국제법 개방 등을 위한 활동을 벌이고 있다. 그러나 ④ 국제 연합이 통일된 정부로서의 성격을 갖고 있지는 않기 때문에 개별 국가의 의사를 무시하고 강한 통제력을 행사할 수는 없다.

바로잡기 ① 제1차 세계 대전 이후 결성된 것은 국제 연맹이다. ② 국제 연합은 회원 가맹국 대표자로 구성된다. ③ 분쟁 해결 수단으로 무력을 사용하기도 한다.

정답 ④

02 다음과 같이 국제기구를 분류할 때 ⑺, ⑷유형에 해당하는 기구를 바르게 연결한 것은?

구분		기능적 범위	
		다목적	제한적 목적
전 세계적	정부 간 국제기구		
	비정부 간 국제기구		(가)
지역적	정부 간 국제기구	(나)	
	비정부 간 국제기구		

	(가)	(나)
①	그린피스	국제 연합
②	유럽 연합	세계 무역 기구
③	석유 수출국 기구	국제 사면 위원회
④	국제 사면 위원회	유럽 연합

해설 국제기구의 이해
국제기구는 회원 자격에 따라 정부 간 국제기구(GO)와 비정부 간 국제기구(NGO)로 나누고, 지리적 범위에 따라 범세계적 국제기구와 지역적 국제 기구로, 기능적 범위에 따라 일반적이고 다목적인 기구와 제한적 목적을 가진 기구로 나눌 수 있다. 제시된 표의 (가)는 비정부 간 국제기구이면서 범세계적이며 제한적 목적을 수행하는 기구인데 국제 사면 위원회가 이에 해당한다. (나)는 정부 간 기구이면서 다목적 기능을 수행하는 지역적 기구인데 유럽 연합(EU) 이 이에 해당한다.

바로잡기 ① 국제 연합은 범세계적 기구이며, ② 세계 무역 기구도 범세계적인 기구이다. ③ 국제 사면 위원회는 비정부 간 기구

정답 ④

03 다음 글을 읽고 현대 국제 정치 질서에 대해 옳게 추론한 것은?

> 비정부 간 국제기구(NGO)는 전 지구적인 네트워크를 통해 지구 시민 사회를 형성하고 강대국의 힘의 정치나 국가 이기주의를 견제하여 평화를 추구하며 약소국의 이익을 옹호하는 역할을 하기도 한다. 그리고 국제적 연대를 통해 초국가적 기업에 의한 제3세계의 착취, 환경 파괴를 비판하고, 이를 통제하기 위한 여론 조성 및 국제 조약, 협약 제정에 앞장서기도 한다.

① 국제 정치 행위자가 다양화되고 있다.
② 국제 사회에서 각국의 주권은 평등하게 존중받고 있다.
③ 국제 시민 단체가 세계 정부로서의 역할을 수행하게 되었다.
④ 국제 질서 형성에 있어서 국가의 영향력이 점차 증가하고 있다.

해설 국제 정치 행위자에 대한 이해
비정부 간 국제기구(NGO)는 정부의 개입 없이 시민 개개인 또는 민간 단체들에 의해 조직되는 단체를 의미한다. 비정부 간 국제기구는 정치, 경제, 교통, 환경, 의료 사업 등 모든 분야에 걸쳐 활동하고 있다. 이는 국제 정치 행위자가 다양해지고 있음을 보여 주는 것이다.

바로잡기 ③,④ 국제 사회에서 비정부 간 국제기구의 영향력이 확대되고 있으나 세계 정부로서의 역할을 수행한다고 보기 어렵고, 상대적으로 국제 정치에 있어서 국가의 영향력은 점차 감소한다고 볼 수 있다.

정답 ①

04 다음 글을 통해 국제법의 특징을 옳게 추론한 것은?

> 국제법상 외국 군대는 주둔하는 나라의 법률 질서를 따라야 하고 효율적인 업무 수행을 위해 국가 간 합의로 일정한 편의와 배려를 제공받게 된다. 우리나라는 미국과 주둔군 지위 협정을 체결하고 있는데, 이것이 한미 행정 협정(SOFA)이다. 그러나 현행 SOFA가 지나치게 불평등하다는 지적이 일면서 평등하게 개정되어야 한다는 여론이 비등하다.

① 국가 간의 권력관계가 반영되어 성립한다.

② 국내법과 비교할 때 우월한 효력을 가진다.

③ 일단 성립된 조약의 내용은 개정할 수 없다.

④ 해당 국가들의 주권 평등의 원칙이 적용된다.

해 설 · 국제법의 성격

국제법은 국가 간에 명시되거나 묵시적인 합의를 기초로 하여 형성된 법이다. 제시문의 한미 행정 협정(SOFA)은 국제법 중의 하나인 조약이다. 제시문에서는 지나치게 불평등한 내용의 한미 행정 협정(SOFA)의 개정이 필요함을 주장하고 있는데 이는 국제법에도 강대국의 힘의 논리가 작용하고 있음을 보여 주는 것이다.

바로잡기 · ② 헌법에 의해 체결된 조약은 국내법과 동일한 효력을 가진다. ③ 조약은 명시적 합의에 의해 명시적 합의에 의해 성립되므로 당사국의 합의만 있으면 개정할 수 있다.

정 답 · ①

03 국제 관계의 변화

1 국제 질서의 변화

(1) 냉전 체제의 형성과 변화

❶ 냉전 체제의 성립 → 양극 체제
- 제 2차 세계 대전 이후 소련의 팽창 정책과 미국의 봉쇄 정책으로 성립→ 이념의 대립
- 소련은 동구권을 위성 국가화하고 중국과 쿠바의 공산화를 지원함
- 미국은 트루먼 독트린에 이어 마셜 플랜 북대서양 조약 기구를 출범
- 한국전과 베트남전을 통해 양 진영은 극단적으로 대립함→ 군비 경쟁 등을 통해 냉전 체제는 상당 기간 지속됨

❷ 냉전 체제의 변화 → 다극 체제
- 스탈린 사후 소련의 수정주의 채택과 미국의 닉슨 독트린으로 변화의 조짐을 보임
- 공산 진영의 다원화: 중국과 소련 간의 국경 및 이념 분쟁으로 공산권 내부 분열
- 중국 정치 대국화, 일본 및 독일의 경제적 성장
- 제3세계 국가의 등장 : 비동맹 국가들의 정치 · 경제적 발언권 강화

(2) 냉전 체제의 붕괴 과정

❶ 1980년대 중반부터 신데탕트 분위기 : 미소 군축 협상
❷ 1985년 고르바초프의 등장으로 소련의 정치 및 외교 정책의 근본적 개혁 시도
❸ 1989년 11월 베를린 장벽 붕괴와 폴란드 등 동유럽 사회주의권의 몰락
❹ 1989년 12월 몰타 회담에서 미국과 소련은 더 이상 적대국이 아니라는 냉전 종식 선언
❺ 1990년 10월 동독과 서독 통일
❻ 1991년 소련은 공산당 해체 선언, 구 소련 해체로 냉전 체제의 완전 붕괴

(3) 탈냉전 시대 국제 관계의 특징과 변화

❶ **단극 체제와 다극 체제의 공존**(단·다극 체제) : 군사적으로 미국의 패권적 지위 강화, 경제적으로 유럽 연합·일본·중국의 경제적 영향력 증대

❷ 군사, 경제, 환경적 측면에서의 상호 의존성 증대

❸ **국제 사회의 다원화** : 지역 단위 국가 연합체, 국제기구, 다국적 기업 등 국가 단위가 아닌 새로운 행위자들의 역할 증대

❹ 종교적·인종적·민족적 분쟁의 확산

❺ 정치적 이념보다 경제적 실리 추구 우선

❻ 세계화 현상과 지역 블록화 현상의 동시적 진행

❼ 냉전 시대에 비하여 국제 관계가 유동적이고 불명확함

❽ 사회주의, 공산주의는 퇴조하고 자유 민주주의,시장 경제 체제가 인류의 보편적 가치로 확산

(4) 탈냉전 이후 시대에 대한 또 다른 분석(사무엘 헌팅턴의 문명 충돌론)

❶ 이념이나 경제 문제가 아닌 문명 간의 갈등과 충돌 증가 예상

❷ 서구, 유교, 일본, 이슬림, 힌두, 슬라빅·정교, 라틴, 아프리카 문명의 경계에서 분쟁 발생 예상

❸ 유교 문명과 이슬람 문명이 연합해 서구 문명에 대항할 것이라고 예측

❹ 탈냉전기의 미국의 군사적 패권 확보 강조

> **트루먼 독트린**
> 1947년 미국 대통령 트루먼이 선언한 대소 외교 정책으로 소련의 팽창을 봉쇄하고 자유주의 국가들에 대한 공산주의의 위협에 대해 투쟁할 것을 명시, 제안하였다.

> **마셜 플랜**
> 제2차 세계대전 후 전쟁으로 피폐해진 유럽에 대한 미국의 경제 원조 계획으로 유럽의 경제적 불안을 틈타 공산주의가 확산되는 것을 막고, 미국의 과잉 생산 능력을 해소하기 위해 당시 미국의 국무 장관인 마셜이 제안하였다.

> **닉슨 독트린**
> 1969년 미국 대통령 닉슨이 괌에서 밝힌 대아시아 정책으로 베트남전을 계기로 아시아에 대한 군사적 개입을 포기하고 핵공격의 위협이 있을 때만 적절한 방위 조치를 취할 것을 선언하였다.

1940년대	1950년대	1960년대	1970년대	1980년대	1990년대 이후
• 트루먼 독트린 • 마셜플랜 • 코메콘 결성 • 소련의 베를린 봉쇄 • 북대서양 조약 기구 설립	• 6 · 25 전쟁 • 바르샤바 조약 기구 설립	• 쿠바 미사일 위기 • 부분 핵실험금지조약	• 닉슨 독트린 발표 • 미 · 중 정상 회담 • 소련의 아프가니스탄 침공	• 몰타 회담 • 베를린 장벽 붕괴 • 독일 통일	• 소련의 해체 • 세계 무역 기구 출범 • 중국의 유엔 가입

🔖 **자료해설** : 1945년 제2차 세계 대전 이후 미 · 소를 중심으로 한 냉전 체제는 양극 체제로 나타난다. 1990년대 초반까지 국제 정치의 특징을 가장 잘 나타내는 개념이 냉전이다. 냉전은 몇 시기로 나누어 볼 수 있다. 첫 번째는 1945~1955년의 기간으로 냉전의 분위기가 형성되고 북대서양 조약 기구와 바르샤바 조약 기구가 설립된다. 두 번째는 1956~1970년의 기간으로 냉전이 심화되고 냉전 체재가 중 · 소 분쟁, 프랑스의 자주 외교, 비동맹 세력의 부상으로 다극화 되는 시기이다. 세 번째는 1971~1979년의 기간으로 닉슨 독트린의 발표와 미 · 중 간의 핑퐁 외교 및 화해 등으로 냉전의 해빙기로 나타난다. 1980년대 국제 관계는 소련의 아프가니스탄 침공, 미국의 SDI 계획 발표 등으로 새롭게 냉전적 질서가 강화되는 이른바 신 냉전기를 거쳐 1980년대 중반 이후 몰타 회담, 독일 통일 등으로 냉전체제는 종식되게 되었다.

2 지구촌 문제와 그 해결

(1) 지구촌 문제의 의미

❶ 인류가 전 지구적 차원에서 공동으로 안고 있는 문제
❷ 개별 국가를 뛰어넘어 전 세계적인 문제이며, 장래 세대에게도 영향

(2) 지구촌 문제의 주요 유형

❶ **평화와 안전 문제**
- 국지적 분쟁의 증가 : 대량 살상 무기의 위협, 민족 · 인종 · 종교 간의 갈등을 통한 국지적 분쟁의 증가
- 테러의 위협 증가 : 9 · 11 테러 사건 등으로 테러의 위협이 전 세계적으로 상존함
- 사례 : 중동 분쟁, 체첸 독립 전쟁, 북한과 이란의 핵 개발, 르완다 종족 분쟁, 이라크 전쟁 등
- 해결 방안 : 분쟁 당사자 간 상호 존중과 이해, 분쟁 당사자 간 협상, 국제기구의 중재 등

- 관련 국제단체 : 국제 연합 평화 유지군, 북대서양 조약 기구, 국제 적십자사, 국경 없는 의사회 등

❷ **빈곤 문제**

- 사례 : 아시아·아프리카 최빈국의 부채, 기아와 난민 발생 증가 등
- 해결 방안 : 부국과 빈국 간의 갈등 해소, 인도적 차원의 해결책 모색
- 관련 국제단체 : 국제 연합 무역 개발 회의, 주빌리 2000등

❸ **인권 문제**

- 인권의 침해 : 개인의 자유 탄압, 언론과 출판의 자유 제한, 불법적인 처형과 구금, 여성에 대한 성적학대 등
- 사례 : 이슬람 국가들의 명예살인, 빈곤국에서의 어린이 노동 착취, 북한의 탈북자 문제 등
- 관련 국제단체 : 국제 연합 인권 위원회, 국제 사면 위원회 등

❹ **환경 문제**

- 환경 문제의 심화 : 지속적인 개발과 경제적 이익의 추구
- 사례 : 지구 온난화 현상, 엘니뇨와 라니냐 현상, 이상 기후, 열대 우림의 파괴 등
- 해결 방안 : 전 세계적 차원의 해결과 국가 간 협력
- 관련 국제단체 : 국제 연합 환경 계획, 그린피스 등

❺ **부패 문제**

- 뇌물 거래 방지 논의 : OECD 등 국제기구를 중심으로 국제적 상거래 과정에서 제공되는 뇌물 공여 행위가 공정한 경쟁을 제한하고 궁극적으로는 국제 무역과 투자 증진을 제한한다는 인식 확산
- 관련 국제단체 : WTO하의 반부패 라운드, OECD 이사회의 '국제 상거래에 있어 뇌물 방지에 관한 권고' 채택(1997년 5월) 및 뇌물 방지 협약 체결(1997년12월)

(3) 지구촌 문제의 해결

❶ 국제 연합을 비롯한 다양한 국제기구의 활동
❷ 지구촌 문제에 관심을 가지고 문제해결을 위한 활동에 적극적 참여와 협조가 필요함

> 🍃 **남북문제**
> 1970년대 이후 선진국과 저개발국 간 빈부격차가 심화되면서 남반구의 저개발 국가와 북반구의 선진국간의 경제적 격차로 인해 나타난 여러 문제

● **주빌리 2000 운동**
　성서의 안식년으로 노예 해방, 부채 탕감을 행하던 주빌리의 의미를 새로운 천년을 맞아 다시 되새겨 보고 빈곤국의 채무를 탕감해 주자는 캠페인

교토 의정서

교토 프로토콜이라고도 한다. 지구 온난화 규제 및 방지의 국제 협약인 기후 변화 협약의 구체적 이행 방안으로, 선진국의 온실가스 감축 목표치를 규정하였다. 1997년 12월 일본 교토에서 개최된 기후 변화 협약 제 3차 당사국 총회에서 채택되었다.

　온실가스의 감축 목표와 감축 일정, 개발도상국의 참여 문제로 선진국 간 선진국·개발 도상국 간의 의견차이로 심한 대립을 겪기도 했지만 2005년 2월16일 공식 발효되었다. 의무 이행 대상국은 오스트레일리아, 캐나다, 미국, 일본, 유럽 연합 회원국 등 총 38개국이며 각국은 2008~2012년 사이에 온실가스 총배출량을 1990년 수준보다 평균 5.2% 감축하여야 한다. 한국은 제3차 당사국 총회에서 기후변화 협약 상 개발도상국으로 분류되어 의무 대상국에서 제외되었으나, 몇몇 선진국들은 감축 목표 합의를 명분으로 한국·멕시코 등이 선진국과 같이 2008년부터 자발적인 의무 부담을 할 것을 요구하였고 제 4차 당사국 총회기간에 아르헨티나, 카자흐스탄 등의 일부 개발도상국은 자발적으로 의무를 부담 할 것을 선언하였다. 미국은 전 세계 이산화탄소 배출량의 28%를 차지하고 있지만, 자국의 산업 보호를 위해 2001년 3월 탈퇴하였다.

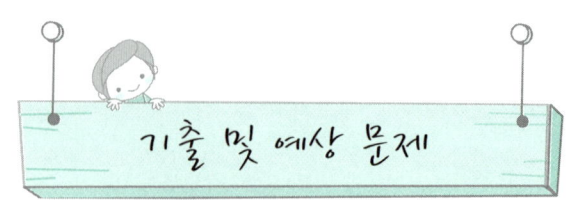

01

(가), (나) 두 국제기구가 활동하는 국제 질서의 배경을 〈보기〉에서 골라 묶은 것은?

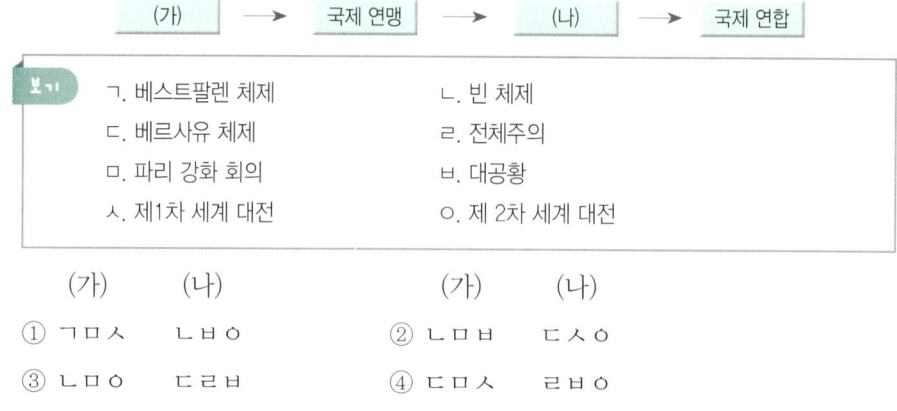

	(가)	(나)		(가)	(나)
①	ㄱㅁㅅ	ㄴㅂㅇ	②	ㄴㅁㅂ	ㄷㅅㅇ
③	ㄴㅁㅇ	ㄷㄹㅂ	④	ㄷㅁㅅ	ㄹㅂㅇ

해설 국제 사회의 발달
제1차 세계 대전을 종결짓는 파리 강화 회의에서 국제 연맹의 창설을 결의하고 베르사유 체제가 유지되다가 1930년대 대공황과 전체주의의 등장으로 제2차 세계 대전이 발발하였고, 종전 이후 미·소의 양극체제와 국제 연합의 시대가 되었다.

바로잡기 ㄱ. 베스트팔렌 체제는 17세기 종교 전쟁이었던 30년 전쟁의 종결 이후, ㄴ. 빈 체제는 19세기 나폴레옹 전쟁의 종결 이후의 국제 정치 질서이다.

정답 ④

02

다음 자료와 가장 관계 깊은 지구촌 문제는?

> 2000년 현재, 세계 극빈자 수 현황을 파악한 세계은행의 '빈자의 목소리' 보고서에 따르면, 세계 인구 약 60억 명 중 41억 명의 하루 생활비가 2달러 미만이다. 이러한 극빈자의 대부분이 개발도상국에 거주하고 있음은 더 말할 나위가 없다.

① 환경문제
② 인구 문제
③ 남북 문제
④ 민족 문제

해설 지구촌의 남북문제
제시문에서 설명하고 있는 내용은 남북문제와 관련된 것이다. 남북문제는 1970년대 이후 선진국과 저개발국 간 빈부 격차가 심화되면서 남반구의 저개발 국가와 북반구의 선진국 간의 경제적 격차로 인해 나타난 여러 문제를 말한다. 국제 연합 무역 개발 회의(UNCTAD)는 저개발국에 대한 개발 지원을 통해 남북문제를 완화시키는 역할을 한다.

바로잡기 ① 환경 문제가 남북문제와 연계되어 개발도상국과 선진국의 입장이 대립되고 있지만 제시문은 남북문제를 의미한다.

정답 ③

03 밑줄 친 '냉전'과 관련된 국제 관계에 대한 설명으로 옳은 것은?

> 냉전이란 말은 제 2차 세계 대전 후 미국을 중심으로 한 진영과 소련을 중심으로 한 진영과의 격렬한 대립 상태를 말한다. 즉, 실제적 전투행위는 없지만 정치·외교·군사·경제·이데올로기와 그 밖의 면에서 대립의 격렬함을 표현하는 말이다.

① '트루먼 독트린' 에 의해 완화되기 시작하였다.

② 1980년대 후반 몰타 회담을 통해 공식적으로 종식되었다.

③ 닉슨 독트린 등으로 더욱더 치열한 양상을 보이기 시작하였다.

④ 중·소 이념 분쟁 등으로 더욱더 양극화된 형태를 띠게 된다.

해설 국제 정치 환경의 변화

냉전은 제2차 세계 대전 이후 양극 체제하에서의 사회주의 진영과 자본주의 진영 간의 정치·외교·이념상의 갈등이나 군사적 위협의 잠재적인 권력 투쟁을 말한다. ② 이러한 냉전 체제는 1989년 '몰타 회담'에서 미국과 소련이 냉전 종식 선언을 한 뒤, 1990년 동독과 서독의 통일, 1991년 구소련 해체로 종식되었다.

바로잡기 ① 트루먼 독트린은 냉전의 심화를 가져왔다. ③ 닉슨 독트린은 냉전 체제의 완화와 관련된 것이며, ④ 1960년 대 중·소 이념 분쟁은 공산권 내부의 분열을 가져와 국제 질서의 다극화를 초래한 사건이다.

정답 ②

04 밑줄 친 '부시 독트린' 에 나타난 미국의 외교 정책에 대한 설명으로 가장 적절한 것은?

> 테러와의 전쟁을 수행 중인 미국은 부시 독트린을 선언하였다. 이 선언의 핵심 내용은 테러리스트를 보호하는 국가는 그들을 넘겨주거나 아니면 그들과 운명을 같이해야 한다는 것이다. 부시는 의회 연설에서도 국제 사회에 대해 '테러리스트 편에 서든지 아니면 우리 편에 서라' 라며 양자택일의 선택을 요구한 바 있다.

① 국가 간의 이념 분쟁을 초래할 것이다.

② 고립주의 외교 정책의 일환으로 나타난 것이다.

③ 이상주의적 관점으로 국제 사회를 바라보고 있다.

④ 각국의 주권을 침해하여 국제적 갈등을 불러일으킬 수 있다.

해설 부시 독트린

제시문의 '부시 독트린'은 미국의 부시 대통령 정권이 2002년부터 내세운 대외 정책을 말한다. 이 같은 독트린을 채용한 배경으로 국제 테러 조직과 불량 국가 등과 같은 새로운 위협에 대해서는 기존의 억지개념이 통용되지 않고, 대량 파괴 무기 등이 사용되었을 때 피해가 매우 크다는 것을 지적하였다. 따라서 자위권을 확장하여 공격받기 전에 하는 선제공격을 정당화할 수 있다는 생각이 제시되었다. 부시 독트린은 새로운 전략의 주축으로서 자리 잡았고, 이라크 전쟁에서도 적용되었다. 그러나 이것은 전통적 자위 개념과 합치하지 않으며, 기존의 국제법을 넘어선 움직임이고, 무력행사의 확산을 조장할 가능성이 있다는 비판과 함께 미국의 일방적인 패권적 외교로 인해 다른 주권 국가와의 국제적 갈등이 초래될 수 있다.

바로잡기 ① 이념 분쟁이라기보다는 미국의 일방적인 패권주의 외교에 대한 국제적인 비판이 일어날 가능성이 많다. ② 고립주의는 영국의 식민지로부터 독립한 미국의 대륙의 문제로부터 자신을 고립시키는 미국의 전통적인 외교정책 중의 하나인데 제시문의 부시 독트린은 고립주의가 아닌 개입주의에 해당한다고 할 수 있다. ③ 부시 독트린의 내용은 현실주의적 관점에서 국제 사회를 바라보는 것이다.

정답 ④

05 그림은 2차 세계 대전 이후 국제 관계의 변화를 나타낸 것이다. (가)~(라) 시기에 대한 설명으로 가장 적절한 것은?

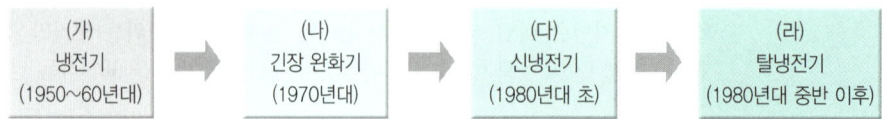

① (가)는 (라)에 비해 동·서 진영의 대립으로 양극 체제가 이완된 시기이다.

② (나)는 (가)에 비해 국제 연합(UN)에서 제3세계 국가들의 영향력이 감소한 시기이다.

③ (다)는 (나)에 비해 지역 블록의 형성으로 단극 체제가 강화된 시기이다.

④ (라)는 (가)에 비해 정치·경제적 협력과 상호의존이 전 세계적으로 확산된 시기이다.

해 설 _국제 관계의 변화_
(가)는 냉전기, (나)는 긴장 완화기, 즉 데탕트, (다)는 소련이 아프가니스탄 침공으로 데탕트 질서로 회귀하는 시기로 이른바 신냉전에 해당한다. (라)는 탈냉전 이후의 세계화 시대를 의미한다. 이 시기는 탈냉전, 탈이념의 시기로 국제 관계에 있어서도 이념보다는 실리를 추구하던 시기였다. 뿐만 아니라 WTO 체제의 등장으로 세계화가 가속화 되면서도 이를 극복하기 위한 국가 간 경제 블록화 현상이 동시에 진행된 시기이다.

바로잡기 ① (가)시기는 동·서 진영의 대립으로 양극 체제가 구축된 시기에 해당한다. ② 1970년대는 제3세계 국가들이 국제 연합(UN)애 대거 진출한 시기로 양극화 체제가 완화되고 유럽의 경제 부흥, 중국, 일본의 부상 등으로 양극 체제가 다극 체제로 전환되는 시기이다. ③ (다)는 (나)에 비해 지역 블록화가 본격화되었으며 ⑤ 국제 행위 주체로서 국가의 역할이 강조되고 국가 안보와 이익이 최우선시 되는 시기는 냉전기에 해당한다. 반면에 탈냉전, 평화 무드, 국제적 교류의 증대가 활발한 시기에는 상대적으로 국제 비정부 기구(NGO)의 역할이 증가되며 국제 비정부 기구는 정부 간 국제기구가 의해 해결하지 못하는 국제 문제를 해결하기도 한다.

정 답 ④

06 밑줄 친 ㄱ~ㅁ에 대한 설명으로 옳지 않은 것은?

오늘날의 국제 사회는 17세기 이후 유럽에서 ㄱ. 근대 국가가 등장하면서 형성되기 시작하였으며, 이후 유럽을 중심으로 형성되기 시작한 국제 사회는 항해술의 발달로 인해 그 범위가 점차 확대되어 19세기 제국주의적인 영토 확장으로 전 지구적인 국제 사회로 확대되었다. 또, 유럽의 국제 관계의 큰 흐름은 시민 혁명과 나폴레옹의 집권을 청산하는 빈 체제와 ㄴ. 제1차 세계 대전을 마무리 하는 베르사유 체제로 이어져 왔다. 제 2차 세계 대전 이후에는 ㄷ. 양극 체제로 인한 냉전이 지속되다 1970년대 데탕트의 분위기 속에서 ㄹ. 다극체제로 전환되었으며, 1990년대 탈냉전과 사회주의의 몰락으로 ㅁ. 신 국제질서가 형성되기에 이르렀다.

① ㄱ의 성립에 기여한 정치사상으로 왕권신수설을 들 수 있다.

② ㄴ이후에 성립한 국제 연맹은 집단 안보 체제의 대표적인 사례이다.

③ 트루먼 독트린과 마셜 플랜은 ㄷ체제의 형성과정과 밀접한 관련이 있다.

④ ㅁ이후 종교·인종 등의 갈등으로 인한 국제 분쟁은 과거에 비해 현저히 감소하였다.

① 국제 관계가 성립되기 위해서는 국가가 먼저 성립되어야 한다. 정치 세력이 대외적으로는 종교 세력으로부터의 간섭을 떨치고 대내적으로 중앙 집권적인 통치권을 확립하는 과정에서 근대 민족 국가인 절대 왕정이 성립한 것에 기여한 정치사상이 바로 왕권신수설이다. ② 국제 연맹은 오늘날 국제 연합과 같이 대표적인 집단 안보 체제의 사례로 이상주의 시각의 산물이라고 할 수 있다. ③ 트루먼 독트린과 마셜 플랜은 미국의 대 소련 봉쇄 정책으로 냉전의 형성 및 구축의 상징적인 사건에 해당한다.

바로잡기 ④ 탈냉전 이후 신국제 질서는 이념 대립보다 자국의 이익과 국제 평화 중시, 전 세계의 상호 의존 관계의 심화, 전면전 대신 국지전의 가능성 증가, 종교적·민족적·인종적 분쟁의 확산, 초국가적 행위체의 역할 증대, 인류의 보편적 문제에 대한 관심 증가, 자본주의의 세계화 등으로 집약할 수 있다.

정답 ④

07 다음 글에 대한 타당한 분석만을 〈보기〉에서 있는 대로 고른 것은?

환경 문제는 국제적인 관심사이긴 하지만 개발도상국과 선진국의 입장이 첨예하게 대립되고 있는 국제적인 쟁점이다. 환경 문제의 원인을 둘러싸고 책임 공방이 벌어지고 있는 것이다. 따라서 원인 규명을 어떻게 하느냐에 따라 그 처방에 대해서도 상반된 견해를 보이게 된다. 그러나 현실적으로는 개발도상국이 불리한 위치에 있다. 그것은 개발도상국들이 국제적인 환경 협약에 가입하면 그것에 따라야 하고 그럴 경우 국내 산업의 성장률이 둔화되고, 반면 가입을 거부하면 선진국으로부터 기술이전이나 지원을 받지 못하게 될 뿐만 아니라 무역상의 불이익을 받을 것이기 때문이다.

보기
ㄱ. 환경 문제 해결에 있어서도 힘의 우위가 작용함을 알 수 있다.
ㄴ. 선진국에 비해 개발도상국은 환경 보전보다 경제 개발을 중시한다.
ㄷ. 선진국과 개발도상국은 환경 문제의 원인에 대해서는 의견을 같이하고 있다.
ㄹ. 개발도상국은 무역과 환경을 적극적으로 연계하여 환경 문제를 해결하려고 할 것이다.

① ㄱ, ㄴ   ② ㄱ, ㄹ   ③ ㄴ, ㄷ   ④ ㄱ, ㄴ, ㄹ

해설 환경 문제
ㄱ. 환경 문제가 국제 협력을 통해 해결할 문제라는 것에는 공감하지만 이 문제 역시 국제 관계 속에서 다루어지고 있기 때문에 그 해결에 있어서도 국가 간 힘의 우위가 작용함을 알 수 있다. ㄴ. 이미 산업화를 통해 부를 축적한 선진국은 환경 보전에 치중하고 개발도상국은 경제 성장에 더 역점을 둘 것이다.

바로잡기 ㄷ. 선진국은 개발도상국이 경제 성장을 위해 무분별하게 자연자원을 남용하는 것이 오늘날 지구적 환경 문제의 원인이라고 지적하는 반면 개발도상국은 환경 문제는 최근 개발도상국의 산업화에 의해 발생한 현상이라기보다는 수백 년에 걸친 선진 자본주의 국가의 산업화 과정에서 누적된 결과임을 지적하면서 환경 문제의 원인에 대해서는 의견을 달리하고 있다. ㄹ. 예컨대 일정한 환경 기준을 마련하고 그 기준에 미달한 제품의 국제 교역에 대해 환경 보전이라는 이름으로 제재를 가하는 방법 등을 통해 환경 문제를 주도하려는 것은 선진국의 입장에 해당한다.

정답 ①

04 우리나라의 국제 관계

1 헌법에서 추구하고 있는 국제 관계

(1) 국제 평화주의

❶ **의미** : 국제 사회의 평화 유지를 위해 노력하고, 침략 전쟁을 부인하며, 국제법 질서를 존중하자는 원리

❷ **우리의 헌법상 국제 평화주의**

- 국제 평화 원칙 천명(전문) : '밖으로는 항구적인 세계 평화와 인류 공영에 이바지함으로써'

- 평화 통일 지향(제4조) : '대한민국은 통일을 지향하며, 자유 민주적 기본 질서에 입각한 평화적 통일 정책을 수집하고 이를 추진한다.'

- 국제 평화 유지 의무 및 침략 전쟁 부인(제5조 제1항) : '대한민국은 국제 평화의 유지에 노력하고 침략적 전쟁을 부인한다.'

- 국제 법규의 존중(제6조 제1항) : '헌법에 의하여 체결·공포된 조약과 일반적으로 승인된 국제 법규는 국내법과 같은 효력을 가진다.'

- 외국인의 법적 지위 보장(제6조 제2항) : '외국인은 국제법과 조약이 정하는 바에 의하여 그 지위가 보장된다.'

❸ **국제 평화주의의 구체적 실현** : 유엔 평화 유지 활동(PKO), 개발 도상국 지원, 민간 단체나 개인 차원의 지원 등

국제 평화 유지 의무 및 침략 전쟁부인(헌법 제5조 제1항)

헌법 전문에서 '밖으로는 항구적인 세계 평화와 인류 공영에 이바지'한다고 선언한 국제 평화주의를 국제법 존중주의(헌법 제6조 제1항), 외국인의 지위 보장(헌법 제6조 제2항) 등을 통해 구체화한다. 이는 일체의 전쟁을 금지하는 것이 아니라 침략적 전쟁만을 부인하고 방위 전쟁 내지 자위 전쟁은 허용하고 있다. UN 헌장도 제2조 제4항에서 자국에 대한 무력 공격에 대하여 개별적 또는 집단적 자위권을 행사하기 위한 전쟁은 인정하고 있다.

일반적으로 승인된 국제 법규

국제 사회의 보편적 규범으로서 세계 대다수 국가가 승인하고 있는 법규를 말하는데 일반적으로 승인된 성문의 국제 법규에는 국제 인권 선언, UN 헌장, 집단 학살 금지 협정, 포로에 관한 제네바 협정, 부전 조약 등이 있고 국제 관습법에서 대사·공사의 국제법상 특별한 지위에 관한 원칙, 국내 문제 불간섭의 원칙, 조약 준수의 원칙 등이 있다.

일반적으로 승인된 국제 법규는 조약과 달리 국회의 동의 절차 없이 직접 국내법으로 편입된다.

(2) 국제 사회 구성원으로서의 우리의 자세

❶ **국제 평화를 추구하는 자세** : 국제적 분쟁의 평화적 해결 노력, 전 지구적 문제에 관심

❷ **외국인에 대한 개방적 자세** : 불법 체류 외국인에게도 인간으로서의 기본적 권리 존중

❸ **국제법을 준수하려는 자세** : 국제법도 국내법과 마찬가지로 준수하려는 노력

❹ **상호 이해와 협력을 추구하는 자세** : 유엔 평화 유지 활동(PKO), 개발 도상국 지원, 민간 단체나 개인 차원의 지원 등

(3) 한반도 평화 유지의 어려움과 과제

❶ **한반도의 평화 위협 실상** : 남북의 분단과 군사적 대치, 강대국 간 이해 관계의 첨예한 대립

❷ **원인** : 대륙 세력과 해양 세력의 접점에 있는 한반도의 지정학적 위치

❸ **과제** : 평화 유지 노력, 강대국과의 교류를 통한 한반도의 평화 제제 구축

2 외교의 중요성과 과제

(1) 외교의 의의

❶ **의미** : 한 국가가 자신의 정책 목표를 국제 사회에서 평화적으로 실현하기 위한 모든 행위

❷ **주체**

- 공식적 행위자 : 국가 원수, 외교관 등

- 비공식적 행위자 : 민간 외교 주체로서 시민
❸ **외교의 방법** : 상대국에 자기의 요구를 제시하여 설득하고 보다 나은 조건을 위하여 타협하기도 하며, 군사적 · 정치적 위협을 가하기도 함

📂 **일본과 독일 헌법에 나타난 국제 평화주의**

일본 헌법	제9조 ① 일본 국민은 정의와 질서를 기조로 하는 국제 평화를 성실하게 희구하고, 국권의 발동 내지는 전쟁과 무력에 의한 위협 또는 무력의 행사는, 국제 분쟁을 해결하는 수단으로서는, 영구하게 이를 포기한다. ② 전항의 목적을 달성하기 위해 육, 해, 공군 기타의 전력은 보유하지 않는다. 국가의 교전권은 인정되지 않는다.
독일 헌법	제26조 ① 각 국가 간의 평화로운 공동 생활을 방해할 우려가 있고 또 그럴 목적으로 행해지는 행위, 특히 침략 전쟁의 수행을 준비하는 행위는 위헌이다. 그러한 행위는 처벌된다. ② 정부의 허가 없이 전쟁 무기를 제조, 운반 또는 판매할 수 없다. 자세한 내용은 연방 법률로 정한다.

✏️ **자료해설** : 제2차 세계 대전 이후 일본과 독일의 헌법에는 국제 평화주의와 관련된 내용이 구체적으로 실리게 되었다. 특히 일본 헌법은 국가의 군대 보유 및 교전권에 대한 부정을 표명하는 등 평화 유지를 위한 노력을 명시하고 있어 '평화 헌법'으로 불리기도 하였다. 그러나 자위대는 공식적으로는 군대임을 부정하면서도 그 질과 양을 점점 확충하고 있고, 최근에는 평화 헌법 개정을 위한 노력을 기울이고 있다.

(2) 외교의 중요성

❶ 국가의 독립과 안전 유지, 경제력 신장을 위한 통상 증대, 자원과 시장 확보 등 자국의 정치적 · 경제적 이익 실현
❷ **주권 국가의 외교 정책** : 정치적, 경제적, 군사적, 사회 · 문화적 이익 추구
❸ 외교 활동에 소홀한 경우 국제적 고립이나 국가적 손실을 입을 수 있음
❹ 외교는 국가 이익의 추구와 다른 나라와의 협력을 통한 공동 목표 달성을 위해 중요함

(3) 외교 정책의 변화

❶ **전통적 외교**
- 외교의 주체가 정치와 군사적 문제에 국한
- 외교 활동의 주체는 정부로, 외교관이 국가 간 우호 증진과 협력 촉진, 정보 수집 등의 역할 수행

❷ 현대 사회의 외교(총력외교의 시대)

- 외교 주체의 다양화 : 정치적·군사적 분야에서 경제·사회·문화 등 거의 모든 분야로 확장, 특히 냉전 이후 정치적 이념의 문제에서 자국의 경제적 실리 추구로 외교적 관심사 변화
- 외교 활동 주체의 다원화 : 정상 외교에서부터 일반 시민의 민간 외교 활동까지 다양한 교류와 활동 증가

> **총력 외교**
> 전권을 가진 대사를 통해서 외국과 절충하는 고전적 방식의 외교와는 달리 학생 ·교육자·과학자·언론인·국회의원 등 국민 각계각층이 외국과의 접촉을 통하여 국가 간의 관계에 현저한 영향을 주는 폭넓은 외교를 의미한다.

(4) 국제 정세 변천에 따른 우리나라 외교 정책의 변천

국제정세		우리나라 외교 정책의 방향
냉전 체제 돌입기 (이승만 정부)	1950년대 동맹국 외교	미국 중심의 외교 활동, 이데올로기가 핵심 정책으로 자유 진영 외교에 집중
제3세계 부상 (박정희 정부)	1960년대 대 중립국 외교	비동맹국들의 발언권 강화 → 제3세계를 향한 외교 강화
데탕트 시대 (박정희 정부)	1970년대 대 공산권 외교	6·23 평화 통일 외교 정책 선언(1973) → 비적성 공산권에 문호 개방
사회주의 국가의 변화 (노태우 정부)	1980년대 후반 북방외교	• 북방 외교 추진 → 평화 통일 기반 조성, 경제적 실리 추구 • 헝가리(1989), 러시아(1990), 중국(1992)과 외교 관계 수립
탈이념, 실리 추구 세계화, 지역 블록화 (김대중 정부, 노무현 정부)	2000년대 다원화 외교	• 남북 동시 유엔 가입(1991) • 남북 긴장 완화(남북 정상 회담- 2000년 6월)

> **북방 외교**
> 북방 정책은 할슈타인 원칙(Hallstein Doctrine)을 포기한 1973년 6·23 선언으로부터 시작되었는데, 북방 정책이 본격적으로 정부의 대외 정책의 기조로 설정된 것은 1980년대 후반 이후에 해당한다. 1989년 2월 헝가리와의 수교, 1990년 9월 러시아와의 수교, 1991년 9월 남북한이 국제 연합에 동시 가입, 1992년 8월 중국과의 수교가 그 사례에 해당한다. 안보와 통일을 위한 국제적 환경 조성, 경제적 실리 추구를 위한 활로 개척 등을 목적으로 한 외교 정책을 말한다.

(5) 우리나라의 외교적 과제

❶ 국가 안전 보장 및 평화 통일 추구 : 국가 안전 보장을 위한 국제적 여건 조성과 평화 통일 기반의 조성

❷ **경제·통상 외교 역량의 강화** : 부족한 자원과 자본 및 기술의 확보, 해외 시장 확대를 위한 노력 절실

❸ **문화 외교** : 증대된 국제적 역할 수행을 뒷받침하기 위해 정부와 민간 차원의 다양한 문화외교 필요

❹ **주체적·자주적 외교의 추구** : 국제 사회에서 독자적 위상 확보를 위한 노력 절실

❺ **국제 협력 추구** : 환경문제, 인권문제, 지역 분쟁과 갈등 등 지구 공동체 문제의 해결에 기여 → 국가의 위상과 이미지 제고를 위해 요구됨

01 다음은 1980년대 후반 우리나라 외교 정책 내용이다. 이에 대한 설명으로 옳지 않은 것은?

- 1989~1990년 헝가리, 폴란드, 체코, 루마니아, 불가리아, 몽골 등과 수교
- 1990년 9월 소련과 수교
- 1991년 9월 남북한 국제 연합(UN) 동시 가입
- 1992년 8월 중국과 수교

① 할슈타인 원칙에 충실하였다.

② 북한의 개방을 유도하려는 목적을 가지고 있었다.

③ 사회주의 국가와의 경제 협력을 통한 경제적 이익을 추구하려고 하였다.

④ 사회주의 국가와의 외교 정상화와 남북한 통일의 실현을 목적으로 하였다.

해 설 북방 외교
한국의 북방 정책은 할슈타인 원칙(Hallstein Doctrine)을 포기한 1973년 6·23 선언으로부터 시작되었는데, 북방 정책이 본격적으로 정부의 대외 정책의 기조로 설정된 것은 1988년 2월 25일 노태우 대통령의 취임사에서였다. 그 후 한국 정부는 1989년 2월 헝가리, 1990년 9월 소련과 수교하였으며, 1991년 9월 남북한이 국제 연합에 동시 가입하였고, 1992년 8월 중국과 수교하는 등 북방 정책을 통하여 안보와 통일을 위한 분위기를 조성하였다. 한국 경제의 활로를 개척하는 한편, 한국의 국제적 위상을 제고시키는 등의 많은 성과를 거두었다.

바로잡기 ① 할슈타인 원칙은 1955년 9월 당시 서독의 외무 장관 W. 할슈타인이 작성한 것으로 서독만이 자유선거에 의한 정부를 가진 유일한 독일의 합법 국가이므로 서독은 동독을 승인하는 나라와는 외교 관계를 단절하겠다는 것이다. 우리나라는 1973년 6·23선언으로 폐기한 정책이다.

정 답 ①

02 다음 우리나라 헌법 조항과 관련하여 옳은 설명을 〈보기〉에서 고른 것은?

국제 평화의 유지에 노력하고 침략적 전쟁을 부인한다.

보기
ㄱ. PKO 활동은 이 조항을 위배하는 것이다.
ㄴ. 무력을 사용하는 일체의 전쟁을 부인한다.
ㄷ. 우리나라가 세계 평화를 지향하고 있음을 보여 준다.
ㄹ. 다른 나라가 우리나라를 침략하는 경우의 교전권을 인정한다.

① ㄱ, ㄷ   ② ㄱ, ㄹ   ③ ㄴ, ㄷ   ④ ㄷ, ㄹ

해 설 국제 평화주의의 원칙
우리나라 헌법상 국제 평화주의는 우리나라가 세계 평화를 지향하고 있음을 천명하는 것이지만, 타국의 침략에 대한 자위권은 평화를 지키기 위한 최소한의 수단으로서 인정하고 있다.

바로잡기 ㄱ. 국제 연합의 PKO 활동은 평화 유지 활동으로 국제 평화주의에 위배되는 활동이라고 할 수 없다.

정 답 ④

03 다음 국제 사회의 변화에 대한 우리나라의 대응책으로 적절하지 <u>않은</u> 것은?

> - NGO 등 각종 국제기구들이 활발하게 활동하고 있다.
> - 경제의 세계화 및 지역주의화 현상이 동시에 일어나고 있다.
> - 환경 문제, 남북문제 등 국제적인 문제가 많이 발생하고 있다.
> - 다국적 기업 등의 압력에 의해 국민 국가의 역할이 축소되고 있다.
> - 오늘날 세계는 교통·통신의 발달로 국가들 간의 상호의존 관계가 심화되고 있다.

① 주변국들과의 경제 협력을 강화한다.

② 각종 국제기구에 가입하여 적극적으로 활동한다.

③ 국제적 문제 해결을 위한 국제 협력 체제를 강화한다.

④ 국가의 역할을 강화하고 문화적 정체성 확보를 최우선 과제로 삼는다.

해설 세계화, 개방화 시대 우리나라의 대응책

제시문은 현대 국제 사회의 질서에 해당하는 특징을 보여주고 있다. 국가 간의 경쟁 속에서도 상호 의존도의 심화, 개별 국가의 노력으로는 해결할 수 없는 국제적인 문제의 증가 등은 ① 주변국들과의 경제 협력, ③ 국제적 문제 해결을 위한 국제 협력 체제의 강화

바로잡기 ① 세계화로 인한 지구촌 시대에 국가의 역할을 강화하고 문화적 정체성을 내세우면 국수주의적 또는 폐쇄적 민족주의 방향으로 흐를 우려가 있다. 국제 질서에서의 행위체의 다양성과 문화의 다양성을 인정하는 가운데 문화 정체성 확립이 필요하다.

정답 ①

04 밑줄 친 '이 용어'에 해당하는 것은?

> 1950년 미국의 국무 장관 D.G.애치슨이 미국 외교의 기본 방침을 천명한 연설에서 사용한 후부터 일반화된 말이다. 그 후 이 용어는 권력자가 전권을 부여한 대사(大使)를 통해서 외국과 절충하는 고전적 방식의 외교와는 달리 외교의 폭이 비약적으로 넓어진 상태를 가리키는 말이 되었다. 그것은 학생·교육자·과학자·언론인·국회의원 등 국민 각계각층이 외국과의 접촉을 통하여 국가 간의 관계에 현저한 영향을 주는 폭넓은 외교를 의미한다.

① 총력외교　　　　　　② 재외 국민 보호

③ 이상주의적 외교　　　④ 정상 외교의 정례화

해설 총력외교

제시문의 밑줄 친 '이 용어'는 총력외교이다. 1950년 미국의 국무 장관 애치슨이 미국 외교의 기본 방침을 밝힌 연설에서 사용한 후 일반화된 용어로, 국민 각계각층이 외국과의 접촉을 통해 국가 간의 관계에 영향을 주는 폭넓은 외교를 말한다. 전체 외교라고도 한다.

바로잡기 ④ 정상 외교의 정례화는 국가 원수 간의 외교 강화로 정통적인 외교 방식에 해당한다.

정답 ④

05 다음 대화에서 적절하지 않은 내용을 말하고 있는 학생은?

> **교사** : 우리나라 헌법의 기본 원리 중, 국제 평화주의는 무엇을 뜻하나요?
> **갑** : 세계 평화와 국제 협조를 통한 인류 공동의 번영에 기여한다는 것을 말합니다.
> **교사** : 그렇다면 이러한 국제 평화주의를 실현하기 위한 우리 헌법의 구체적인 내용을 발표해 볼까요?
> **을** : 헌법 전문에서 세계 평화와 인류 공영에 이바지한다는 내용을 담고 있습니다.
> **병** : 국제 평화 유지에 노력하고 일체의 전쟁을 부인한다는 헌법 조문도 있습니다.
> **정** : 국제법과 국내법이 충돌할 때는 국제 평화를 위해 국제법에 우선적 효력을 부여하고 있습니다.
> **무** : '대한민국은 통일을 지향하며, 자유 민주적 기본 질서에 입각한 평화적 통일 정책을 수립하고 이를 추진한다.'는 조항도 국제 평화주의와 관련이 있습니다.

① 갑   ② 을   ③ 병   ④ 병, 정

해설 ▶ 국제 평화주의
우리 헌법상의 국제 평화주의는 헌법 전문에서 '항구적인 세계 평화와 인류 공영에 이바지'할 것을 선언하고 있으며, 제5조 제1항 전단에서 '국제 평화의 유지에 노력한다.'고 규정하고 있고, 제6조에서는 '국제법 질서 존중 및 외국인의 법적 지위의 보장'을 규정하고 있다.

바로잡기 ▶ 병 : 침략 전쟁의 부인(제5조 제1항)을 규정하고 있는데 이는 일체의 전쟁을 부인하는 것이 아니라 침략적 전쟁만을 부인하고 자위전쟁은 허용한다는 의미이다. 정 : 국제 법규를 존중하되 헌법에 의해 체결된 조약과 일반적으로 승인된 국제 법규는 국내법과 동일한 효력을 가진다.

정답 ▶ ④

06 다음은 우리나라 외교 관계의 변천 과정상 주요 내용을 적은 것이다. 시대 순으로 올바르게 나열한 것은?

> (가) 동·서 간의 화해 분위기 조성과 비동맹주의를 표방한 신생국들의 등장으로 대중립국외교를 강화하였다.
> (나) 대미 외교에 치중하였으며 우리와 국경을 접하고 있는 소련, 중공과는 일체의 외교 관계를 가지지 않았다.
> (다) 공산권 국가라도 우리를 적대시하지 않는다면 문호를 개방하고 외교 관계를 수립하겠다는 6·23 선언을 발표하였다.
> (라) 우리와 이념 및 제재가 다르더라도 한반도 평화와 통일 여건 조성을 위해 사회주의 국가들과 적극적인 관계 개선을 도모하였다.

① (가)-(나)-(다)-(라)   ② (나)-(가)-(다)-(라)
③ (나)-(다)-(가)-(라)   ④ (다)-(나)-(가)-(라)

해설 ▶ 우리나라 외교 관계의 변천
8·15 광복 이후부터 1950년대에 걸쳐 우리 외교는 미국을 비롯한 자유 진영 국가에 집중되었다. 특히, 대미 외교는 1950~1960년대에 걸쳐 우리 외교의 주축을 이루어 왔다. 따라서 우리와 접경하고 있는 강대국인 소련, 중국과는 이념적으로 적대 관계에 있었기 때문에, 일체의 외교 관계를 가질 수 없는 실정이었다. 1960년대 말에 이르러 동서 간의 화해 분위기가 조성되고, 비동맹주의를 표방한 신생국들이 대거 국제 연합에 진출하여 국제 정세에 큰 영향을 끼치게 됨에 따라, 우리도 대 중립국 외교를 강화하였다. 1970년대 들어 우리나라는 6·23선언을 발표하여, 우리를 적대시하지 않는다면 공산권 국가들에게도 문호를 개방하고 관계를 수립하겠다는 적극적인 외교 정책을 채택하였다. 그리고 1988년의 서울 올림픽 개최를 계기로 우리 정부는 새로운 외교 노선으로 북방 외교 정책을 제시하였다. 이는 우리와 이념과 체제가 다를지라도 한반도의 평화 정착과 궁극적인 통일 여건을 조성하기 위해 사회주의 국가들과의 관계 개선을 도모하는 것이다.

정답 ▶ ②

PART

II

경제

Chapter 01

경제생활의 이해와 경제 문제 해결

 **01 경제생활의 의미**

경제 활동

(1) 생산활동   재화나 서비스를 만들거나 가치를 증대시키는 행위-상품의 제조, 상품의 운반, 의사의 진료 행위, 교육 서비스 등

(2) 분배활동   생산에 참여하고 그 대가를 받는 행위-임금, 이윤, 임대료, 인세, 이자 등을 받는 것

(3) 소비활동   재화나 서비스를 구입하여 사용하는 행위-자동차 구입, 대중교통 수단 이용, 학원비 지급 등

> **경제적 활동**
> '경제적'이라 함은 경제원칙에 합당하여 효율적인 것을 일컫는 말이다. 이는 일반적으로 '최소의 비용으로 효과'를 달성하려는 효율성(생산성)의 추구로 나타난다.

2 경제 활동의 주체와 객체

(1) 경제 활동의 주체

종류	역할	특성
가계	소비의 주체, 생산 요소의 공급자	효용의 극대화 추구
기업	생산의 주체, 생산 요소의 수요자	이윤의 극대화 추구
정부	생산과 소비 모두 담당, 경제 정책의 주체	사회 후생의 극대화 추구
외국(해외)	무역의 주체	세계화에 따라 그 역할이 확대됨

◉ 생산 요소
생산을 위해 필요한 것들이다. 즉, 노동과 자본 및 토지를 3대 생산 요소라고 하고, 이를 결합하는 능력인 경영을 제4의 생산 요소라고 한다.

(2) 경제 활동의 객체

재화	자동차, 공책, 옷 주택, 자전거 등과 같이 사람에게 쓸모가 있는 유형의 물건
서비스(용역)	의사의 진료, 교사의 수업 등과 같이 경제적 가치를 지니는 사람의 행위

 ## 3 경제생활과 다른 생활과의 관계

정치와 경제	정치 안정이 경제 발전에 기여함 경제 발전 → 교육 및 의식 수준의 향상, 관용과 타협 가능 → 정치 발전
법과 경제	법은 경제 행위를 보호하고 규제하며, 경제 분쟁의 해결에 기여함 경제 상황의 변화에 따라 새로운 법이 출현함
윤리와 경제	청교도 윤리가 자본주의 발전에 기여한 데서 알 수 있듯이 윤리가 경제에 영향을 미침
과학 기술과 경제	과학 기술 → 생산 촉진 및 고용 창출 경제 활동의 자극을 받아 과학 기술이 더욱 발전함
환경과 경제	급속한 경제 성장 → 환경 오염 자연 친화적인 경제 활동 → 지속적인 경제 성장
문화와 경제	문화적 배경에 따라 경제 주체들의 태도 및 가치관이 달라짐 경제 발전 → 문화 생활을 향유할 수 있도록 함

4 경제 생활의 상호 의존성

(1) 교환 경제에 따른 경제 주체 간 상호 의존성

❶ 교환경제 : 시장을 중심으로 수많은 수요자와 공급자가 서로 얽혀 있는 망

❷ 교환 경제로의 이행 요인 : 특화와 분업의 이익 발생

❸ 교환 경제의 의의 : 사회적 후생 증대, 경제 주체들 간의 상호 의존도 심화

◉ **특화** : 특정한 재화나 서비스만을 생산하거나 특정한 생산 활동만을 전담하는 현상이다.

◉ **분업의 이익** : 아직 숙련되지 않은 기술자라 하더라도 분업을 통해 한 가지 공정만 전문적으로 하게 되면, 작업상의 숙련도가 높아지고 새로운 제조 공정을 터득하거나 개발하는 등 생산성이 크게 향상된다.

(2) 세계화에 따른 국가 간 상호 의존 관계의 심화

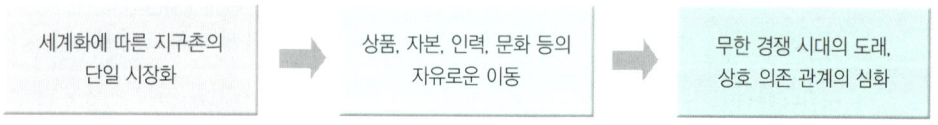

📁 경제 주체 간 상호 의존성

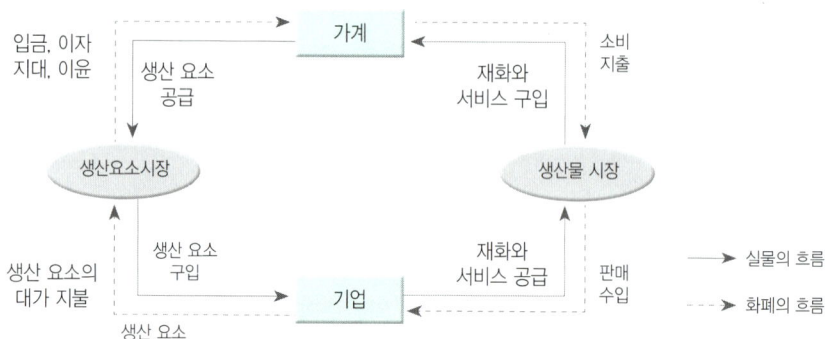

🔖 **자료해설** : 그림에 따르면, 가계는 생산 요소 시장에 노동, 자본, 토지 등의 생산 요소를 공급하고, 그 대가인 임금, 이자, 지대 등을 받는다. 임금, 이자, 지대 등은 가계의 입장에서는 소득이 되며, 가계는 이를 생산물 시장에서 재화나 서비스를 구입하는 데 사용한다. 기업은 생산 요소 시장에서 구입한 생산 요소를 결합하여 재화나 서비스를 만들어 생산물 시장에 공급하고, 재화나 서비스를 공급한 대가로 받는 돈은 기업의 판매 수입이 된다.
글은 그림의 과정을 보여주는 한 사례이다. 이렇게 가계와 기업은 생산 요소 시장과 생산물 시장을 매개로 하여 상호 밀접한 관계를 맺고 있다.

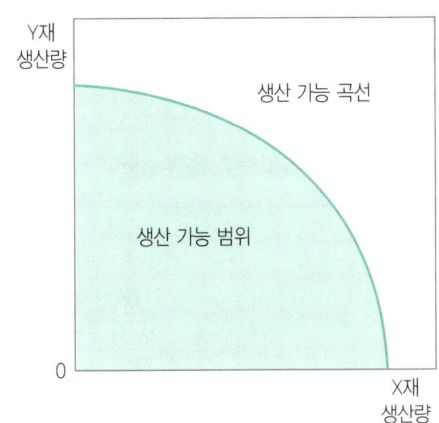

Y재
생산량

생산 가능 곡선

생산 가능 범위

0

X재
생산량

📝 **자료해설** : 생산 가능 곡선이란 국가나 기업이 보유한 자원과 기술을. 사용 하여 최대로 생산 가능한 두 상품의 조합을 그래프로 나타낸 것이다. 생산가능곡선 위에 있는 점은 효율적인 생산이 이루 어지는 상태를 의미한다. 반면 생산 곡선 내부에 있는 점은 더 많은 상품을 생산할 수 있는 상태이므로 자원이 효율적으로 사용되지 못하는 상태이다. 생산 가능 곡선 외부에 있는 점은 주어진 자원과 기술로는 생산이 불가능한 점이다. 기술이 발달하거나 자원이 증가하면 생산 가능 곡선은 바깥쪽으로 이동한다. 또한 투자가 증가하면 생산 능력이 증대하여 생산 가능 곡선이 바깥쪽으로 이동할 수 있다. 이와 같이 생산 가능 곡선아 바깥쪽으로 이동하는 것은 경제가 성장하는 것을 뜻한다.

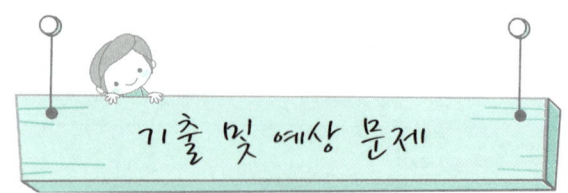

01

표의 (가) ~ (라)에 대한 설명으로 옳은 것은?

경제 주체	목적	부문
(가)	효용 극대화	민간 부문
(나)	이윤 극대화	
(다)	공익 추구	공공 부문
(라)	교역 추구	해외 부문

① (가)는 생산 요소 시장에서 공급자가 된다.

② (나)는 공공재나 사회 간접 자본을 공급한다.

③ (다)는 생산물 시장에서 공급자가 되지 못한다.

④ (가)는 생산, (나)는 소비를 담당하는 경제 주체이다.

해 설 ▶ 경제 주체의 역할

(가)는 가계, (나)는 기업, (다)는 정부, (라)는 해외 부문, 즉 외국이다. 생산 요소 시장은 노동, 자본과 같은 생산 요소가 거래되는 시장이다. 기업은 생산 요소 시장에서 노동, 자본과 같은 생산 요소를 구입하고(수요자), 가계는 생산 요소를 공급한다.(공급자)

바로잡기 ② 시장 경제 체제에서도 공공재나 사회 간접 자본은 주로 정부가 공급하는 것이 일반적이다. ③ 정부는 생산물 시장에서 수요자가 되기도 하며 공급자가 되기도 한다. ④ 가계는 소비, 기업은 생산을 담당한다. ⑤ 세계화는 국가 간에 재화, 서비스, 자본, 노동 등이 자유롭게 이동하며, 세계적으로 통용되는 공동의 규범이 형성되는 과정을 말한다. 세계화가 가속화됨에 따라 국가 간 교역이 활발하게 일어나고 있으며, 이에 따라 해외 부문이 각국의 국민 경제에서 차지하는 비중이 커지고 있다. 그러나 자유 무역의 확대는 국민 경제에 대한 정부 개입을 축소시키고 있다.

정 답 ▶ ①

02

다음 글을 통해 내릴 수 있는 결론으로 가장 적절한 것은?

가족을 중시하는 우리나라에서는 저축의 이유로 자녀의 교육비 마련을 가장 많이 꼽는다. 반면, 개인을 중시하는 미국 등에서는 저축의 목적 중에서 노후의 생활 보장이 가장 큰 비중을 차지한다.

① 저축을 하려는 목적은 각 사회마다 다양하다.

② 한 사회의 가치관은 경제 활동에 영향을 끼친다.

③ 동양은 정신적 가치, 서양은 물질적 가치를 중시한다.

④ 가족 구성원 간 연대 의식을 강화하는 것이 필요하다.

해 설 ▶ 문화와 경제와의 관계

한 사회의 경제 생활은 그 사회의 역사적, 문화적 배경에 따라 다른 모습을 보인다. 특히 문화적 배경은 경제 생활을 하는 사람들의 태도나 가치관에 많은 영향을 준다. 제시문의 사례도 한 사회의 경제 생활은 그 가치관과 밀접하게 관련되어 있음을 보여준다.

정 답 ▶ ②

03 다음 (가)와 (나)의 경제 형태에 대한 설명으로 옳은 것은?

(가)	(나)
사회 내에서 필요한 상품을 자체적으로 생산·소비하는 경제 형태	시장을 중심으로 수많은 수요자와 공급자가 서로 얽혀 있는 경제 형태

① (가)는 분업의 이익을 도모할 수 있다.

② 경제의 개방화가 진행됨에 따라 (가)가 확산된다.

③ 특화는 (나)를 발생시킨 한 요인이다.

④ (나)는 농업 사회에서 일반화된 형태이다.

 해 설 자급자족과 교환
③ 특화는 자기에게 유리한 재화만을 전문적으로 생산하는 것을 말한다. 따라서 특화가 이루어지면 자기가 생산한 재화를 다른 사람이 생산한 재화와 교환함으로써 필요한 재화를 얻을 수 있게 된다.

바로잡기 ① 분업의이익이란 각각의 사람들이 한 분야의 작업에 집중함으로써 작업의 전문화가 촉진되고 생산의 효율성이 높아지는 것을 의미한다. 이러한 분업은 교환 경제를 전제로 한다. ② 경제가 개방되면 다른 나라와의 상호 의존 관계가 심화된다. ④농업 사회에서는 자급자족이 많이 이루어졌다.

정 답 ③

04 그림은 경제 활동의 흐름을 나타낸 것이다. ㉠에 해당되는 경제 활동으로 적절하지 않은 것은?

① 돈을 빌려준다.

② 기업을 경영한다.

③ 환자를 치료한다.

④ 건물을 빌려준다.

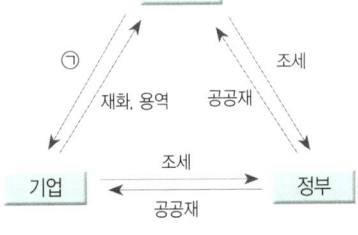

해 설 경제생활의 의미
기업이 재화와 용역을 생산하기 위해서는 생산 요소가 필요하다. ㉠은 가계로부터 기업으로 이동되는 노동, 자본, 토지, 경영 등의 생산 요소의 흐름을 말한다. 돈을 빌려주는 것은 자본 제공, 기업을 경영하는 것은 경영 제공, 건물을 빌려주는 것은 토지 제공, 노동력을 제공하는 것은 노동 제공에 해당된다.

바로잡기 ③ 환자를 치료하는 일은 기업이 가계에 용역을 제공하는 생산 활동이다.

정 답 ③

05 그림의 경제 순환 과정에 대한 설명으로 가장 적절한 것은?

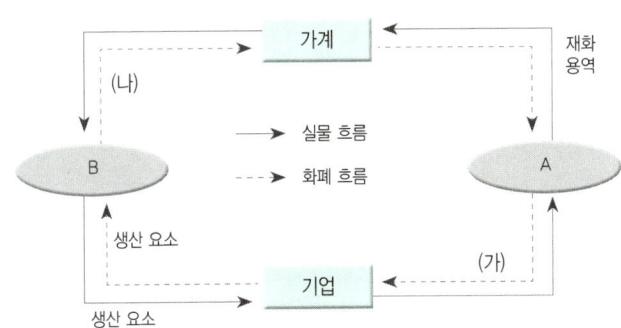

① 지대는 A에서 결정된다.

② 기업은 B에서 공급자의 역할을 한다.

③ 상품에 부과되는 세금 인상은 (가)의 증가를 가져온다.

④ 임금이 인상되면 (나)의 크기는 증가할 것이다.

해설 국민 경제의 순환 과정

그림의 A는 생산물 시장, B는 생산 요소 시장을 나타낸다. 또한 (가)는 기업의 판매 수입, (나)는 가계의 요소 소득을 나타낸다. 기업은 생산물 시장을 통해 재화와 용역을 판매하며, 그 대가로 판매 수입을 획득한다. 가계는 생산 요소 시장을 통해 생산 요소를 기업에 제공하며, 그 대가로 요소 소득을 획득하게 된다. ④ 임금은 노동을 제공한 대가로 가계가 기업으로부터 획득하는 요소소득이다. 따라서 임금이 인상되면 (나)의 크기가 증가한다.

바로잡기 ① 지대는 생산 요소 시장인 B에서 결정된다. ② 기업은 생산 요소 시장인 B에서 수요자가 된다. ③ 상품에 부과되는 세금이 인상되면 기업의 판매 수입이 감소하게 된다. ⑤ 이전 소득은 생산 활동에 참여한 대가로 획득하는 것이 아니라 아무런 대가 없이 획득하는 소득이다. 따라서 이전 소득이 감소한다고 하여 (나)의 크기가 감소하는 것은 아니다.

정답 ④

06 다음 사례를 통해 도출할 수 있는 결론으로 가장 적절한 것은?

> 다국적 택배 회사 ○○사는 유럽에서 빠른 배달 속도를 강조하기 위해 자동차 경주를 소재로 광고하여 성공하였다. 하지만 이 광고는 한국에서 별 효과를 보지 못했다. 자동차 경주가 유럽에서는 축구와 더불어 인기 스포츠였으나, 한국에서는 덜 알려졌기 때문이었다. 이에 ○○사는 한국에서 가족주의 전통이 강하다는 것을 고려하여 "가족의 행복까지 전해 드립니다!"라는 문구를 사용했다.

① 문화는 상품화되어 국경을 자유롭게 넘나든다.

② 사회 문화적 배경은 경제 행위에 영향을 미친다.

③ 세계화의 진전은 국가 간의 경제 의존도를 높인다.

④ 경제생활은 사회의 정치 발전 정도에 따라 다르다.

해설 경제와 문화의 관계

제시문의 사례는 광고의 효과가 문화적 배경에 따라 달라진다는 사실을 자동차 경주를 소재로 한 광고와 가족을 소재로 한 광고를 비교함으로써 입증한 것이다. 이들 사례를 종합하면 문화가 경제 활동에 중요한 영향을 끼친다는 결론이 이끌어진다.

바로잡기 ① 제시문은 상품화된 문화의 자유로운 거래를 강조하고 있지는 않다. ③ 다국적 기업의 시장 확대는 세계화와 관련이 깊지만, 제시문은 상이한 문화권에서는 그 문화권에 적합한 광고 내용이 효과적이라는 데 초점을 맞추고 있다. ④ 제시문을 통해 파악할 수 없다.

정답 ②

 **02** 경제 문제의 해결방법

1 희소성

(1) 희소성의 의미
무엇인가를 가지고 싶어 하는 인간의 욕망은 무한하지만, 그 욕구를 만족시켜 줄 수 있는 자원은 한정되어 있음

 희소성 : 단순히 그 양이 물리적으로 한정되어 있다는 것이 아니라, 인간의 욕망에 비해 상대적으로 적다는 것을 의미한다.

(2) 희소성의 성립 요건

❶ 재화나 서비스가 사람들에게 가치가 있거나 유용해야 함
❷ 사람들이 원하는 정도에 비해 그 존재량이 적어야 함

(3) 희소성에 의한 재화의 구분

❶ 자유재와 경제재

자유재	• 공급이 무한하여 돈이나 노력을 지불하지 않고도 얻을 수 있는 재화 • 경제 활동의 대상이 안 됨(시장에서 거래가 이루어지지 않음) • 사례: 햇빛, 공기 등
경제재	• 공급이 제한되어 돈이나 노력을 지불해야 얻을 수 있는 재화 • 경제 활동의 대상이 됨(가격이 형성되고 시장에서 거래가 이루어짐) • 사례: 자동차, 신발 등과 같은 대부분의 재화

❷ 자유재에서 경제재로 변한 재화 : 환경오염으로 인하여 깨끗한 공기나 맑은 물 등이 자유재에서 경제재로 변하고 있음

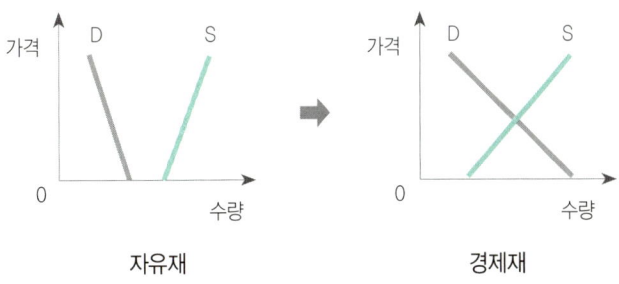

자유재   경제재

자유재(free goods)와 경제재(economiagoods)

공기와 같이 거의 무한으로 존재하여 인간의 욕망에 대한 희소성이 없으며, 각 개인이 대가를 치르지 않고 자유롭게 처분할 수 있는 재화를 자유재라고 한다. 이러한 자유재는 경제적으로는 거의 무가치하여 일반적으로 경제학의 대상이 되지 않는다.

반대로 인간의 욕망에 비하여 그 공급량이 제한되어 있고, 희소성을 가지며 경제적 거래의 대상이 되는 것을 경제재 라고 한다. 이전에는 전형적인 자유재였던 공기가 공해에 의한 대기오염 때문에 경제재적 성격을 띠게 되었듯이, 상황의 변화에 따라 자유재가 경제재로 변화하기도 한다.

경제재란 인간의 욕망을 만족시키는 데 도움이 되고, 동시에 그 존재량이 한정되어 있기 때문에 그 것을 얻기 위해서는 어떤 경제적 대가를 지불해야 하는 재화를 말한다. 따라서 경제재는 점유나 매매의 대상이 되는 재화를 말한다. 달의 아름다움이나 별의 반짝임 등은 인간의 욕망을 충족시켜 주기는 하지만, 인간이 자유롭게 처분할 수 없으므로 재화가 되지 않는다. 또 물이나 공기 등은 인간이 처분할 수 있기.때문에 경제재가 될 수 있을 것 같지만, 이것들은 일반적인 여건 하에서는 무한하게 존재하고 있기 때문에 보통 인간의 경제 행위의 대상이 되지 않아서 자유재라고 한다. 그러나 특수한 상황에서 이들의 매매가 발생하는 경우는 경제재로 취급된다.

경제학에서 다루는 재화는 모두 경제재라 할 수 있다. 또 물질적인 것이 아닌 특허권이나 저작권, 영업권과 같은 것을 관계재라 하여 경제재와 구분하는데, 이것은 양도, 매매, 담보 등의 대상이 되므로 넓은 의미의 경제재에 포함시키기도 한다.

2 기본적인 경제 문제

(1) 경제문제의 발생   자원의 희소성으로 인하여 선택의 문제에 직면함

(2) 기본적인 경제 문제의 유형

구 분	의 미	사 례
무엇을 얼마나 생산할 것인가(생산물의 종류와 수량)	자원 배분의 문제	• 토지에 어떤 작물을 얼마나 재배할 것인가 • 한정된 국가 예산에서 국방비와 경제 개발비 중 어디에 더 많이 쓸 것인가
어떻게 생산할 것인가 (생산 방법)	생산 요소의 선택	• 제품을 생산함에 있어 노동과 자본 중 어디에 의존할 것인가 • 공장을 국내에 둘 것인가, 해외로 이전할 것인 가
누구에게 분배할 것인가 (분배 방법)	소득 분배의 문제	• 회사의 수익을 주주들에게 얼마나 배당할 것인가

 자원배분 : 아파트를 만들려면 모래, 자갈, 시멘트, 물 등의 자원이 투입되듯이, 재화를 만들려면 자원이 필요하다..그런데 어느 기업이 X라는 상품을 많이 생산하기로 결정하면 X 상품을 생산하는 쪽으로 자원이 많이 배분되고, Y라는 상품을 적게 생산하기로 결정하면 Y 상품을 생산하는 쪽으로 자원이 적게 배분된다. 따라서 기업의 '무엇을 얼마나 생산할 것인가'라는 문제는 자원 배분의 문제가 된다.

3 경제 문제의 해결 기준

(1) 효율성과 형평성

❶ 효율성

- '최소의 희생으로 최대의 효과를 구한다'는 경제 행위의 원칙
- 기본적인 세 가지 경제 문제를 해결하는 기준이 됨

❷ 형평성

- 소득이나 부가 공평한 방법으로 분배되는 것 → 사회적 약자를 고려함
- '누구를 위해 생산할 것인가'라는 경제 문제는 효율성과 함께 형평성도 고려함

(2) 효율성과 형평성의 관계

❶ 현실적으로 효율성과 형평성은 상충되는 경우가 많음

❷ 효율성과 형평성의 적절한 조화를 추구해야 함

 심화 학습 ── 희소성의 의미

더운 지역인 미국의 텍사스에서는 에어컨이 풍부하고, 추운 지역인 알래스카에서는 에어컨이 희소하다고 말하나 이는 잘못된 표현이다. 알래스카는 추운 지역이기 때문에 에어컨의 부족함을 느끼지 못하므로 희소하다고 말할 수 없다. 그러나 더운 지역인 텍사스에서는 에어컨이 절대적으로 많지만 더위 때문에 어디서나 에어컨을 설치하기 원하므로 여기에서는 희소성이 존재할 수 있다.

✎ **자료해설** : 에어컨의 절대량이 적은 알래스카 지역과 비교하여 에어컨의 절대량이 많은 텍사스 지역에서 에어컨은 희소하다. 즉, 희소하다는 것은 사용할 수 있는 양이 절대적으로 적은 상태를 말하는 것이 아니라, 우리가 실제로 사용할 수 있는 양보다 더 많이 갖기를 원하는 상태를 말한다. 따라서 희소성은 인간의 욕구 크기와 밀접한 관련을 맺고 있다고 할 수 있다. 물론 무한하게 많은 공기에 대해 사람들이 희소성을 느끼지 않는 데서 알 수 있듯이, 자원의 양도 희소성에 영향을 미치는 요인이다.

 4 경제 문제의 합리적 해결

(1) 경제적 선택과 기회비용

❶ 경제적 선택 : 어떤 것을 선택한다는 것은 그 대신 무엇인가를 포기해야 한다는 것을 의미함

❷ **기회비용** : 어떤 것을 선택함으로써 포기해야만 하는 대안들 중에서 가장 가치 있는 것→ 모든 선택의 상황에서 항상 기회비용은 발생함.

예 학생들이 학교에서 공부하는 것은 이 시간에 다른 일이나 활동을 할 수 있음에도 불구하고 공부를 함으로써 포기된 다른 활동의 가치를 의미하며, 이것이 곧 공부의 기회비용이 된다. 포기된 여러 활동에 대한 값은 개인마다 다르므로, 이 중에서 가장 큰 값을 각자가 느끼는 공부에 대한 기회비용이라고 한다. 그러므로 "세상에는 공짜가 없다"라는 속담은 경제문제의 선택과 결정에 그대로 적용 된다

🔆 **기회비용의 속성**
① 기회비용은 현재 선택함으로써 포기해야 하는 다른 것의 대가 중 가장 큰 것을 의미한다.
② 기회비용은 현 시점에서 포기해야 하는 가치이다.
③ 기회비용은상대적이다.
④ 기회비용은 재화뿐만 아니라 시간과 명예도 포함된다.
⑤ 기회비용은 합리적 의사 결정의 기준이 된다.
⑥ 기회비용은 암묵적 비용과 명시적 비용을 모두 포함한다.

심화 학습 기회비용

극장을 경영하는 극장 주인이 자기 아들이 다니는 학교에 5,000원씩 하는 입장권 100장을 증정하여 아들의 동급생 친구들 100명에게 영화를 무료로 관람하도록 배려하였다. 이들 학생 100명이 관람하던 날, 수많은 사람들이 몰려 영화를 보지 못하고 돌아간 손님들이 100명이 넘었다.

🖊 **자료해설**
▶ 제시된 글에서와 같이 학생들이 무료로 입장하던 날에 100명 이상의 유료 관객이 돌아갔다면 극장주인은 50만원을 벌 수 있는 기회를 잃어버렸다. 이 경우 입장권 100장을 기증한 선택에 대한 기회비용은 50만원이 된다.
▶ 이렇게 하나의 경제적 선택은 다른 선택의 가능성을 제한하게 된다. 이때 어떤 것을 선택함으로써 포기하게 되는 것의 가치를 기회비용이라고 한다.
▶ 기회비용은 어떤 경제적 선택의 합리성을 판단할 수 있는 하나의 기준이 된다. 즉 경제적 선택에 따른 편익이 기회비용보다 크다면 우리의 선택은 합리적이라고 할 수 있다.

❸ **편익** : 어떤 경제적 선택을 함으로써 얻게 되는 만족감이나 이익

❹ **합리적 선택** : 비용과 편익을 분석하여 기회비용보다 편익이 크도록 해야 함
(편익 〉기회비용)

(2) 합리적 의사 결정 모형

〈1단계〉	〈2단계〉	〈3단계〉	〈4단계〉	〈5단계〉	〈6단계〉
문제 인식	자료 및 정보 수집	대안 탐색	대안 평가	대안 선택	결과 반성 및 평가
문제 해결의 필요성, 문제의 내용과 성격 파악	문제와 관련된 자료 및 정보의 수집	선택 가능한 대안 탐색	• 비용과 편익, 기회 비용을 고려한 대한 평가 • 대안의 사회적 영향, 도덕성 등 가치 탐구	평가를 바탕으로 최적의 대안 선택	선택된 대안의 실행 결과를 반성적으로 검토하고 평가

5 경제 정보의 생산과 활용

(1) 경제 정보 활용의 중요성

❶ **잘못된 정보에 따른 의사 결정** : 개인-경제적 · 시간적 손실, 사회 전체-희소한 자원의 낭비

❷ **정확한 정보에 따른 의사 결정** : 자원의 효율적인 이용, 만족감의 극대화

(2) 경제 정보의 측정

전수 조사	• 조사 대상이 되는 집단 전체를 조사하여 자료를 얻어 내는 방법 • 자료의 정확도가 높고 오차가 작으나 시간과 비용이 많이 소요됨
표본 조사	• 조사 대상이 되는 집난 중 일부의 표본반을 추출하여 조사하는 방법 • 시간과 비용을 절감할 수 있으나 오차가 발생할 수 있음

(3) 명목 변수와 실질 변수

명목 변수	현재의 시장 가격으로 나타낸 변수 예 명목 임금, 명목 국내 총생산 등
실질 변수	물가의 상승분을 감안하여 나타낸 변수 예 실질 임금, 실질 국내 총생산 등

(4) 경제 정보의 유형

❶ 수치화된 경제 정보

수적 통계	절대적 수치로 표현된 것 예 국내 총생산, 실업자 수, 저축액 등
상대값	• 비율 : 비교하고자 하는 변수들의 상대적 비중(실업률, 투자율 등) • 변화율 : 어떤 경제 변수에 대한 기준 시점으로부터 현 시점까지의 변화 속도와 폭(경제 성장률, 물가 상승률 등)

❷ 시각화된 경제 정보

원그래프	각 구성 요소의 상대적 크기를 한눈에 파악할 수 있음
막대 · 꺾은 선 그래프	두 변수 간의 관계와 시간의 흐름에 따른 변화를 파악할 수 있음

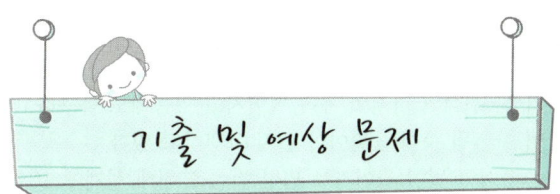
기출 및 예상 문제

01 다음 사례를 종합하여 내릴 수 있는 결론으로 가장 적절한 것을?

- 건조 기후 지역에서 물의 가치는 매우 높다.
- 다이아몬드에 비해 인간 생존에 반드시 필요한 물의 가격은 싸다.
- 환경 오염이 심화되면서 깨끗한 물을 얻기 위해 정수기를 구입하는 가정이 늘고 있다.

① 경제적 가치는 희소성에서 비롯된다.
② 자연 환경은 더 이상 자유재가 아니다.
③ 자원의 희소성은 선택의 문제를 발생시킨다.
④ 대부분의 경제 활동에는 기회비용이 따른다.

해 설 희소성의 문제
사용할 수 있는 양에 비하여 요구되는 자원의 양이 많을 때, 그 자원은 희소하다고 한다. 그런데 사람들은 희소성이 있는 것에 더욱 큰 가치를 느낀다. 건조 기후 지역에서 물은 희소하기 때문에 그 가치가 매우 높다. 다이아몬드는 양이 많지 않기 때문에 희소성이 있는 귀한 것으로 여긴다. 환경 오염의 심화는 깨끗한 물을 귀하게 만들고 있으며, 이에 따라 사람들은 깨끗한 물을 덕기 위해 비용을 부담하고 있다. 이렇게 경제적 가치는 희소성에서 비롯된다.

바로잡기 ②는 제시된 세 번째 사례에만 해당된다. ③,④는 제시문의 사례와 관련이 없다.

정 답 ①

02 다음 글에서 자유재와 구별되는 경제재의 본질적인 특성을 추론한 것으로 옳은 것은?

우리에게 잠시도 없어서는 안 될 공기를 생각해 보자. 공기가 없으면 살 수 없지만, 공기는 무한할 정도로 주어져 있기 때문에 경제적 가치를 느끼지 못한다. 우리에게 필요한 재화 중에서 부족함을 느끼지 못할 정도로 경제적 가치가 없는 것을 자유재라 하고, 경제적 가치가 있는 것을 경제재라고 한다.

① 희소하다
② 인간 생활에 필수적이다.
③ 인간의 욕구를 만족시킨다.
④ 부족하면 인간의 생명을 위협한다.

해 설 경제재의 특성
인간이 그들의 욕망을 충족시키기 위하여 추구하는 모든 재화를 경제재라고 하며, 이는 자유재, 즉 아무런 대가를 치루지 않고 무제한으로 얻을 수 있는 재화와 구별된다. 따라서 모든 경제재는 희소하다.

바로잡기 ② 생활필수품을 의미한다. ③ 자유재도 인간의 욕구를 만족시킨다. ④ 자유재의 본질적인 특성은 아니나, 자유재로 분류되는 공기나 물, 햇빛 등이 여기에 속한다.

정 답 ①

03 다음 글의 밑줄 친 부분에 공통으로 해당하는 경제 개념과 관련된 속담으로 가장 적절한 것은?

- 자기가 산 주식의 가격이 계속 떨어지고 있음에도 불구하고, A씨는 <u>그동안 투자한 원금</u>이 아까워 주식을 팔아야 할지 고민하고 있다.
- B씨는 수백억 원이 들어가는 빌딩 건설을 위해 <u>설계에 10억 원</u>을 썼다. 그런데 경기가 회복 조짐을 보이지 않자 공사를 강행할지 고민하고 있다.

① 꿩 대신 닭
② 바늘 가는 데 실 간다.
③ 이미 엎질러진 물이다.
④ 우물을 파도 한 우물을 파라.

 해 설 속담에 내포된 경제적 의미

제시된 사례들은 일을 시작한 뒤 포기하려고 해도 그때까지 들어간 비용이 아까워 망설이는 경우를 보여준다. 이처럼 이미 써버려 돌이킬 수 없게 된 비용을 '매몰 비용(sunk cost)'이라고 한다. ③은 바로 이러한 매몰 비용을 보여주는 속담이다. 요컨대, 한번 지불하면 회수 할 수 없는 비용이 매몰 비용이다. 사람들은 흔히 매몰 비용도 회수 가능한 것으로 착각할 때가 많다. 이럴 때 '놓친 물고기가 더 커 보인다.'는 속담은 매몰 비용에 연연해 선택의 오류를 범하기 쉽다는 사실을 일깨운다.

바로잡기 ① 꼭 적당한 것이 없을 때 그와 비슷한 것으로 대신하는 경우를 이르는 말이다. ② 서로 밀접한 관계가 있는 것끼리 떨어지지 않고 붙어 다닌다는 말이다. ④ 특화, 전문화와 관련된 속담이다.

정답 ③

04 다음 (가)~(나) 경제 문제에 대한 설명으로 옳지 않은 것은?

(가) 무엇을 얼마나 생산할 것인가?
(나) 어떻게 생산할 것인가?
(다) 누구에게 분배할 것인가?

① 자본주의 체제는 (가) 해결을 원칙적으로 시장에 맡긴다.
② 후진국일수록 (나) 해결에 노동을 많이 사용한다.
③ 사회주의 체제는 정부의 계획에 의해 (다)를 해결한다.
④ (가)는 생산 방법의 선택 문제, (나)는 생산물 종류의 선택 문제와 관련된다.

해 설 ①,③ 자본주의 시장 경제는 시장의 가격에, 사회주의 계획 경제는 정부의 계획과 명령에 따라 경제 문제를 해결한다. ② (나)는 생산 방법의 문제이다. 후진국일수록 임금이 싸기 때문에 노동에 많이 의존하고, 선진국일수록 임금이 비싸기 때문에 자본에 많이 의존한다. ⑤ 사람들이 원하는 모든 물건을 생산할 수 있을 만큼 충분한 자원을 가지고 있지 못한 현실 사회(희소성의 원칙이 지배하는 사회)에서 (가),(나),(다)의 경제 문제는 피할 수 없다.

바로잡기 ④ (가)와 (나)를 서로 바꾸어야 한다. (가)는 생산물 종류의 선택 문제, (나)는 생산 방법의 선택 문제와 관련된다.

정답 ④

05 다음과 같은 상황에서 갑이 편의점을 개업하여 1년간 운영했을 때의 기회비용은 얼마인가? (단, 다른 조건을 고려하지 않는다)

갑은 다니던 회사를 그만두고 은행에 예금해 놓은 1억원의 예금을 찾아 전세로 상가를 빌려 편의점을 개업하였다. 갑이 예전 회사에서 받던 급여는 월 100만원이고, 편의점은 전세 보증금이 1억원이며, 예금 이자율은 연 4%라고 한다. 또한 갑은 편의점을 운영하기 위해서 회사 다닐 때와 동일한 시간을 일한다.

① 400만원
② 1,200만원
③ 1,600 만원
④ 1억원

06 다음 글의 맥락으로 보아 밑줄 친 '경제인'이 중시하는 것으로 옳은 것은?

> '빈대 잡으려고 초가삼간 태우랴.' 친숙한 우리의 속담이다. 빈대를 없애는 방법은 여러 가지가 있다. 가장 확실한 방법은 집에 불을 놓아 태워버리는 것이다. 그렇지만 이 방법은 가장 어리석은 선택이라는 것을 우리 모두 알고있다. 우리에게 주는 손실이 너무나 크기 때문이다. 따라서 이러한 현상은 좀처럼 일어나지 않는다. 왜냐하면, 대다수의 사람들이 경제이론은 제대로 몰라도 나름대로 경제인으로서 사회생활을 하고 있기 때문이다.

① 경제 윤리

② 경제 정의

③ 경제적 효율성

④ 사회적 형평성

07 다음 글은 도심 교통난 해소 대책에 관한 합리적 의사 결정을 내리기 위해 진행된 어느 단계의 내용이다. 이 단계에 해당하는 것으로 옳은 것은?

> 휘발유에 세금을 부과하는 것은 도로 공간에 대한 수요를 크게 줄임으로써, 도심의 교통난을 해소하는 데 효과가 있을 것이다. 그러나 고소득층에게는 더 많은 편익을 주게 되고, 저소득층에게는 상대적 박탈감을 가져다 줄 수 있다.

① 문제 인식

② 자료 수집

③ 대안 탐색

④ 대안 평가

08 다음은 학생들이 어떤 해의 경제 지표를 보고, 당시의 경제상황을 추정한 것이다. 학생들이 보았을 경제 지표로 가장 적절한 것은?

> **갑** : 실업률은 크게 높아졌을 거야.
> **을** : 많은 기업들이 부도가 났을 거야.
> **병** : 기업들이 투자를 하지 않았을 거야

① 크게 낮아진 저축률

② 엄청나게 늘어난 외채

③ 크게 증가한 소비 증가율

④ 마이너스를 기록한 경제 성장률

1998년 우리나라의 경제 성장률은 −6.7%를 기록하였다. 외환 위기로 인해 많은 기업들이 부도를 맞이하였으며, 실업률은 크게 높아졌다. 또한 소비의 감소와 이자율의 인상은 기업의 투자 감소를 초래하였다.

바로잡기 ─ ① 기업이 설비 투자 재원을 마련하기 힘들겠어. ② 국제 수지가 엄청난 적자를 보고 있겠네. ③ 물가가 상승하겠네.

정답 ④

---

09 다음 글에 근거를 두고, 밑줄 친 부분과 같이 행동하는 이유를 추론한 내용으로 옳은 것은?

> 일정량의 농토에 고추를 재배하면 500만 원의 수입을 올릴 수 있는 반면, 밀을 재배하면 100만 원의 수입밖에 올릴 수 없다고 가정해 보자. 이때 밀농사를 지을 농민은 아무도 없을 것이다. 밀농사 대신 고추 농사를 지으면 400만 원을 더 벌 수 있기 때문이다. 이 경우, 밀농사를 짓는다면 400만 원을 손해보게 되는데, 이 400만 원은 밑줄친 밀농사를 선택함으로써 포기된 것이다.

① 밀에 대한 수요가 거의 없기 때문이다.
② 밀을 시장에서 판매하기가 어렵기 때문이다.
③ 밀이 경제적 가치를 전혀 갖지 못하기 때문이다.
④ 밀농사에서 얻는 수익이 기회비용보다 작기 때문이다.

어떤 선택을 함으로써 포기된 가치를 기회비용이라고 한다. 우리가 어떤 행위를 할 때 그 행위를 함으로써 얻는 것이 그 행위를 함으로써 잃게 되는 것(즉, 기회비용)보다 클 때 그 행위를 하는 것이 합리적이라고 한다. 제시문에서 농민들이 밀농사를 지으면 100만원의 수입을 올릴 수 있지만, 밀농사를 짓지 않는 것은 기회비용(500만원)이 크기 때문이다. 이렇게 기회비용이 큰 선택(밀농사)을 하지 않고 기회비용이 작은 선택(고추 농사)을 하는 것이 합리적인 행동이다.

정답 ④

---

10 다음과 같은 사례에서 추론할 수 있는 경제적 사실로 가장 적절한 것은?

> 남태평양의 어느 섬에서 바나나는 매달 100톤씩 딸 수 있는 반면, 파파야는 1톤밖에 수확할 수 없다면 섬 주민들에게는 어떤 것이 더 귀할까? 언뜻 수확량이 훨씬 적은 파파야가 더 귀하다고 생각하기 쉬우나 그 섬 주민들의 입맛을 알기 전에는 무어라고 말할 수 없다. 만약 주민들이 바나나를 무척 좋아하는 반면에 파파야를 먹지 않는다면, 바나나가 훨씬 풍부함에도 불구하고 더 귀할 수 있다. 반대로 주민들이 바나나는 원숭이나 먹고 사람은 먹지 않는 과일로 생각한다면, 파파야는 비싸고 귀한 과일이 될 것이다.

① 경제적 가치는 희소성에 비롯된다.
② 생산량이 적은 재화일수록 희소하다.
③ 생산량이 많은 재화일수록 가격이 싸다.
④ 생산량이 적은 재화에 대한 사람들의 욕구는 크다.

제시문에서 주민들이 특정 과일을 먹고 싶어 하는 것은 욕구에 해당하며, 수확된 과일은 그러한 욕구를 만족시켜주는 수단에 해당한다. 만약 특정 과일을 먹고 싶어 하는 욕구는 크나 이를 만족시켜주는 양이 적다면(희소하다면), 그 과일의 가치는 상승할 것이다. 즉 사람들은 희소한 것에 더 큰 가치를 느끼게 된다.

바로잡기 ─ ② 생산량이 적은 재화라도 사람들이 가지고 싶어 하지 않는다면 희소한 재화가 아니다. ③ 생산량이 많은 재화라도 사람들이 많이 찾는다면 가격은 비쌀 수 있다. ④ 생산량이 적은 재화에 대한 사람들의 욕구가 큰 것만은 아니다.

정답 ①

 경제체제

(1) 경제 체제의 의미   경제 문제의 해결 과정에서 선택과 관련된 의사 결정을 누가 어떻게 내려야 하는지를 규정하는 각종 법규, 기구, 조직 그리고 가치관 등

(2) 경제 체제의 구분

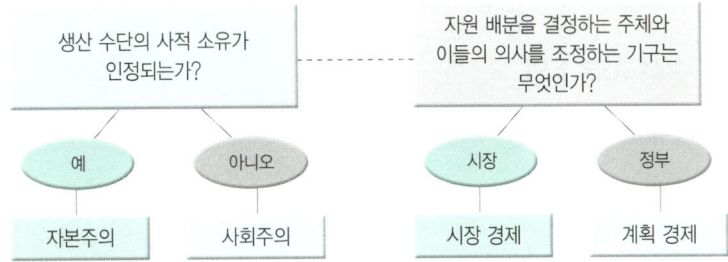

(3) 경제 체제의 유형

구분	자본주의 시장 경제 체제	사회주의 계획 경제 체제
의미	개별 경제 주체들이 자유로운 경제 활동을 하는 과정에서 경제 문제들이 해결	중앙 정부가 경제 활동 전반을 계획하고 통제
생산 수단의 소유 주체	개인 (사유 재산제 인정)	국가나 공공단체 (생산 수단의 공유화)
경제 활동 조정 수단	시장의 가격 기구	정부의 명령과 계획
경제 활동의 동기	개인의 이익 추구	공동의 목표 추구
장점	개인의 창의와 이윤 동기 중시 → 경제적 효율성 실현	경제적 평등의 중시, 경기 변동이 거의 없음
단점	빈부 격차의 심화, 빈번한 경기 변동	만성적인 경기 침체, 관료주의의 폐단

2 자본주의 시장 경제 체제의 성립과 발전

(1) 상업 자본주의

❶ **노동력의 성장** : 인클로저 운동으로 인해 무산 농민층 발생 → 도시 근로자 형성

❷ **상업 자본의 형성** : 상품 화폐 경제의 발달 → 자본 축적

❸ **시장 경제의 사상적 기초** : 애덤 스미스의 자유 방임주의 경제 사상

(2) 산업 자본주의

❶ **형성 계기** : 산업 혁명

❷ **특성** : 경제 활동의 자유 중시, 시장에 의한 경제 문제 해결

(3) 독점 자본주의

❶ **생산의 대규모** : 소수의 거대 독점 기업이 이장 지배

❷ **독점 자본의 성장 결과** : 근로 문제의 증대, 제국주의로의 발전

(4) 수정 자본주의

❶ **배경** : 독점 자본주의의 폐단 (경제력 집중, 실업, 경기변동), 1930년대의 경제 대공황 → 뉴딜 정책

❷ **혼합 경제 체제** : 시장 경제와 계획 경제가 복합되어 운영되는 경제체제, 시장에 대한 정부개입

(5) 신자유주의의 등장

❶ **등장 배경** : 케인스의 경제관은 1970년대 석유 파동으로 인한 스태그플레이션 현상을 제대로 설명하지 못하였다.

❷ **정부의 실패** : 정부의 실패 현상이 발생하자 정부의 시장 개입을 반대하는 신자유주의 가 등장하게 된다.

❸ **신자유주의의 기본 노선** : 정부 규제의 완화, 공기업의 민영화, 시장 기능의 강화, 복지 제도의 축소 등을 기본 노선으로 한다.

Ⓒ 신자유주의 (Neoliberalism)

국가 권력의 시장 개입을 비판하고 시장의 기능과 민간의 자유로운 활동을 중시하는 이론. 1970년대부터 케인스 이론을 도입한 수정 자본주의의 실패를 지적하고 경제적 자유방임주의를 주장하면 서 본격적으로 대두되었다. 신자유주의는 자유 시장과 규제 완화, 재산권을 중시한다. 곧 신자유주의론자들은 국가 권력의 시장 개입을 완전히 부정하지는 않지만 국가 권력의 시장 개입은 경제의 효율성과 형평성을 오히려 악화시킨다고 주장한다. 따라서 '준칙에 의한' 소극적인 통화 정책과 국제 금융의 자유화를 통하여 안정된 경제 성장에 도달하는 것을 목표로 한다. 또한 공공 복지 제도 를 확대하는 것은 정부의 재정을 팽창시키고, 근로 의욕을 감퇴시켜 이른바 '복지병'을 야기한다는 주장도 편다. 신자유주의자들은 자유 무역과 국제적 분업이라는 말로 시장 개방을 주장하는데, 이른바 '세계화'나 '자유화'라는 용어도 신자유주의의 산물이다. 신자유주의의 주장은 자유방임 경제를 지향함으로써 비능률을 해소하고 경쟁시장의 효율성 및

국가 경쟁력을 강화하는 긍정적 효과가 있는 반면, 불황과 실업, 그로 인한 빈부 격차 확대, 시장 개방 압력으로 인한 선진국과 후진국 간의 갈등 초래라는 부정적 인 측면도 있다.

3 사회주의 계획 경제 체제의 성립과 쇠퇴

(1) 등장　1917년 공산주의 혁명을 통해 소련에서 처음으로 등장

(2) 배경　생산 수단의 사유화 금지와 노동자 계급의 사회 건설을 주장하는 마르크스의 공산주의

(3) 쇠퇴　경제 체제의 비효율성으로 사회주의 계획 경제 체제를 도입했던 대부분의 국가들이 시장 경제의 원리를 도입하고 있음.

- **자본주의 시장 경제의 3대 특징** – 사유 재산의 인정, 영리 추구 인정, 경제 활동의 자유 보장
- **제국주의** : 군사력을 배경으로 경제적 지배 영역을 확대하려는 대외 팽창 정책이다.
- **경제대공황** : 1929년의 대공황을 일컫는 말이다. 1929년 10월 24일 뉴욕 월가의 '뉴욕 주식 거래소'에서 주가가 대폭락한데서 발단된 공황은 가장 전형적인 세계 공황으로서 1933년 말까지 거의 모든 자본주의 국가들이 여기에 말려들었다. 이때 기업 도산이 속출하여 실업자가 늘어나 1933년에는 그 수가 전 근로자의 약 30%에 해당하는 1,500만 명 이상에 달하였다.
- **뉴딜정책** : 1930년 미국에서는 경제 대공황을 극복하기 위하여 뉴딜 정책을 추진하게 되었다. 뉴딜 정책은 대규모의 재정 지출로 공공사업을 일으켜 유효 수요를 증대시킴으로써 실업자를 구제하려는 정책을 말한다.

 심화 학습 ── 기회비용

> 우리가 저녁 식사를 기대할 수 있는 것은 정육업자, 양조업자, 및 제빵업자들의 자비심 때문이 아니라 그들의 개인 이익 추구 때문이다. 사람은 누구나 생산물의 가치가 극대화되는 방향으로 자신의 자원을 활용하려고 노력한다. 그는 공익을 증진하려고 의도하지 않으며, 또 얼마나 증대시킬 수 있는지도 알지 못한다. 그는 단지 자신의 안전과 이익을 위하여 행동할 뿐이다. 그러나 이렇게 행동하는 가운데 '보이지 않는 손(invisible hand)'의 인도를 받아서 원래 의도하지 않았던 목표를 달성할 수 있게 된다. 이와 같이 사람들은 자신의 이익을 열심히 추구하는 가운데 사회나 국가 전체의 이익을 증대시킨다.
> - 애덤 스미스(Smith, A.), 「국부론」 -

　✎ **자료해설** : 애덤 스미스에 따르면, 이기적인 인간의 경제 행위는 시장(보이지 않는 손)이라는 제도를 통하여 상호 경쟁함으로써 결과적으로 전체 경제를 효율적으로 운영하게 한다. 따라서 그는 정부가 민간의 경제 활동에 대해 개입하는 것에 반대하였으며, 경제 문제의 해결을 시장에 맡기라고 주장하였다. 이러한 그의 주장은 시장 경제의 사상적 기초가 되었다.

4 정부의 경제적 역할 변화

시기	정부의 역할
19세기 말 이전 (산업 자본주의)	• 자유 방임주의 사상에 입각한 최소한의 정부 강조 → 작은 정부 • 정부의 역할을 국방 및 치안 등으로 한정 • 시장을 통한 경제 문제 해결을 강조
1930년대 대공 황 이후(수정자 본주의)	• 큰 정부의 등장(정부가 국민 경제에 전면적으로 개입) • 경기 조절 및 사회 복지 분야에 대한 정부 개입의 확대 • 재정 정책을 통한 경기 조절을 강조(케인스의 경제 사상)
1980년대 이후 (신자유주의)	• 스태크플레이션하에서 정부의 시장 개입이 유용하지 않다는 견해 확산 　→ 작은 정부로의 복귀 움직임 • 시장의 자율성에 대한 재강조, 공기업의 민영화

스태크플레이션

1960년대까지는 물가 상승률과 실업률은 반비례한다고 믿었다. 예컨대 정부가 어느 정도의 물가 상승을 감수하고 돈을 풀어 수요를 늘리는 확장 정책을 시행하면 경기가 다시 살아나 실업이 줄어들고, 어느 정도의 실업률 상승을 감수하고 수요를 줄이는 긴축 정책을 펴면 물가가 안정된다고 보았다. 그러나 기업이 도산하면서도 물가가 상승하는 현상 속에서는 확장 정책이 물가 수준만을 상승시키고, 긴축 정책은 실업을 더욱 심화시키는 기이한 현상이 나타났는데, 이를 '불황속의 인플레이션' 또는 '스태크플레이션(stagflation)' 현상이라고 한다.

5 남한과 북한의 경제

(1) 남북한의 경제 현실

남한	북한
두 자리 수에 가까운 높은 경제 성장률을 보이는 등 비약적인 경제 발전을 이룸	1990년대 들어 경제 성장률이 마이너스(-)를 기록하는 등 낮은 경제 성장률을 기록

(2) 남북한의 경제 체제

남한	북한
• 자본주의 시장 경제 체제 • 국민의 재산권 보장 및 경제 활동의 자유 인정	• 사회주의 계획 경제 체제 • 생산 수단의 국유화 및 정부의 계획과 명령에 의한 경제 운용

(3) 한국 경제의 발전 요인

❶ **시장 경제 체제의 채택** : 경제 주체의 자발적인 선택 증시 → 창의성 발휘 및 생산성 향상

❷ **정부의 적절한 지원** : 경제 개발 5개년 계획의 수립 및 시행

❸ **개방 경제의 추구** : 해외 시장의 증시, 수출 장려(대외 지향적인 경제 개발 전략)

(4) 북한 경제의 침체 요인

❶ **계획 경제 체제의 채택** : 경제 주체의 자발적인 선택 증시→ 경제의 효율성 저하

❷ **막대한 국방비** : 자원 배분의 비효율성 초래

❸ **폐쇄 경제** : 경쟁력 강화를 위한 유인 동기 부족

6 이상적인 경제 사회

(1) 의미   사회 구성원 각자가 안정되고 풍요로운 가운데 행복한 삶을 누리는 사회

(2) 이상적인 경제 사회의 조건

구분	의의	지표
경제적 능률의 실현	한정된 자원을 효율적으로 활용해야 함	노동 생산성, 자본 생산성 등
지속적인 경제 성장	경제 성장은 고용과 소득 증대의 원천	경제 성장률
경제 안정의 달성	물가 안정과 실업 감소	물가 상승률, 실업률
사회적 형평성 제고	빈부 격차의 완화	10분위 분배율, 지니 계수

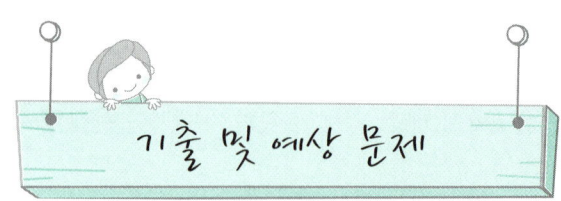

기출 및 예상 문제

01 다음과 같은 방식으로 운용되고 있는 경제 체제의 특성으로 옳지 않은 것은?

> 생산자든 소비자든 제품 가격의 높고 낮음에 따라 생산량과 소비량을 결정한다. 생산자가 어느 제품을 얼마만큼 생산할 것인가는 각 제품과 생산 요소의 가격에 따라 결정되며, 소비자가 어느 제품을 어느 정도 소비할 것인가는 제품의 가격에 따라 결정된다.

① 사유 재산권의 인정 ② 경제 활동의 자유 보장

③ 사회의 연대 의식 강조 ④ 시장 기능을 통한 경제 문제 해결

해 설 시장 경제 체제의 특성
제시문의 요지는 '시장 기능에 의해 경제 문제는 해결된다.'는 것이다. 즉, 자본주의 시장 경제 체제의 경제 운용 원리를 설명하고 있는데, 자본주의 체제는 자유주의의 바탕 위에서 사유 재산권, 자유 계약 및 자유 시장 제도를 근간으로 한다. ①,② 자본주의 체제는 사유 재산권의 불가침과 경제 활동의 자유를 보장한다. ④자본주의를 신봉하는 자들은 "각 개인이 자신의 이익을 추구할 때(사익 추구) 시장 가격이 '보이지 않는 손'과 같은 역할을 수행함으로써 사회가 조화를 이루면서 발전한다."고 주장한다.

바로잡기 ③ 시장 경제 체제는 개인주의에 기본을 두고 있기 때문에 사회연대 의식을 강조하지 않는다.

정 답 ③

02 다음 대화에서 갑과 을이 주장하고자 하는 바로 가장 적절한 것은?

> 갑 : 구(舊)소련에서는 *소출의 개인적 처분이 가능한 개인 텃밭의 생산성이 집단 농장의 생산성 보다 무려 2.7배가 높았는데.
> 을 : 맞아. 일을 한 만큼의 몫이 자기에게 돌아올 때 사람들은 더욱 열심히 일하기 마련이지.
> *소출(所出) : 논밭에서 나는 곡식. 또는 곡식의 양

① 경제적 자유에는 책임이 따른다.

② 사회주의는 경제적 평등을 중시한다.

③ 빈부 격차는 계층 간 위화감을 조성한다.

④ 사유 재산의 인정은 경제의 효율성을 높인다.

해 설 사회주의 계획 경제 체제의 문제
갑에 따르면 집단 농장보다 개인 텃밭의 생산성이 훨씬 높았다. 집단 농장의 경우 공동 생산과 공동 분배의 원칙 아래 개인에게 일한 만큼의 대가가 돌아가지 않으나, 개인 텃밭이 경우에는 생산된 것은 자기 소유가 된다. 이렇게 일을 한 만큼의 몫이 자기에게 돌아오고, 아를 자기 마음대로 처분할 수 있을 경우에는 근로 의욕을 자극하게 된다. 즉, 사유 재산의 인정은 경제의 효율성을 높인다.

정 답 ④

03 다음과 같은 생각이 초래한 문제로 가장 적절한 것은?

> 개인들 사이에는 능력이나 태도 등의 차이가 있기 때문에 기여하는 노력의 정도와 가치는 다 다를 수밖에 없으며, 소득은 차등 분배된다. 그리고 이러한 노력과 기여에 상응하는 차등적 보상이 '능력껏 일하되 필요에 따라 배분받는' 분배 메커니즘보다 그리고 무차별한 평등 분배의 메커니즘보다 더 문명의 진보에 기여한다.

① 빈부 격차의 심화
② 근로 의욕의 저하
③ 경기 침체의 심화
④ 국제 수지의 적자 증대

해설▶ 자본주의 시장 경제 체제의 문제
제시문은 시장 질서로부터 귀결되는 소득 분배가 바람직하다는 입장이다. 즉, 자동적 보상이 사람들의 근로 의욕과 창 의적노력을 고취시킴으로써 생산성의 증대에 바탕을 둔 문명의 향상을 가져온다는 주장이다. 그러나 이러한 차등적 보상은 빈부 격차의 심화라는 문제를 낳았다.

정답▶ ①

04 다음과 같은 사회 운용 원리가 가져온 문제로 적절하지 않은 것은?

> 초기 자본주의 사회에서 정부는 개인의 생활에 관여하거나 시장에 개입하는 것을 피했다. 정부가 할 일은 치안과 국방에 한정하고, 경제 무제는 자연의 흐름에 맡겼다.

① 빈부의 격차
② 경제 공황으로 인한 실업
③ 노동자와 고용자 간의 갈등
④ 국가 권력에 의한 시민의 인권 침해

해설▶ 자유 방임주의의 문제
제시문은 자유 방임주의를 의미한다. 자유 방임주의가 낳은 문제로는 경제적 격차의 확대와 이로 인한 사회적 갈등의 증가, 실업과 환경오염 등이 있다. 이에 반해 국가 권력에 의한 시민의 인권 침해는 근대 시민 사회의 문제라 기보다는 현대의 개발도상국에서 발견되는 문제이다.

정답▶ ④

05 다음은 자본주의 변천 과정을 나타낸 것이다. 이에 대한 설명으로 옳지 않은 것은?

(가)	(나)	(다)	(라)
상업자본주의 →	산업자본주의 →	독점자본주의 →	수정자본주의

① (가)에서는 상품 화폐 경제가 발달하였다.
② 산업 혁명은 (나)의 형성에 기여하였다.
③ (나)에서 (다)로 넘어가는 시기에 경제 대공황이 일어났다.
④ (다)는 제국주의로 발전하였다.

해설▶ 자본주의의 변천 과정
① 상품 화폐 경제의 발달로 상업 자본의 축적이 이루어짐으로써 상업 자본주의가 나타났다. ② 시민 혁명과 산업 혁명을 겪으면서 산업 자본주의가 나타났다. ④ 독점 자본의 국내 시장의 한계에 부딪히자 해외 시장의 개척에 나섰는데, 이는 군사력을 배경으로 경제적 지배 영역을 넓히려는 제국주의 정책으로 나타났다.

바로잡기▶ ③ 경제 대공환은 (다)에서 (라)로 넘어가는 시기에 일어났다.

정답▶ ③

06 다음과 같은 역사적 사실이 초래한 변화 양상으로 가장 적절한 것은?

> 3%였던 실업률은 25%로 치솟았고 국내 총생산은 절반으로 줄어들었다. 수많은 사람들이 직장과 집을 동시에 잃었다. 많은 투자가들을 자살로 내몰았던 1929년의 주가폭락은 흥청 거리던 1920년대에 종지부를 찍고 경제를 수렁에 빠뜨렸다. 1933년의 국민 수입은 1922 년보다도 줄어들었다. 노동자들은 실낱 같은 기대로 일자리를 구하려고 아우성쳤다.

① 사회주의가 보편화되었다.　　② 생산 수단을 국유화하였다.

③ 작은 정부가 설득력을 얻었다.　④ 혼합 경제 체제가 출현하였다.

해설 경제 대공황 이후의 변화
독점 자본, 과잉 생산 등의 문제를 안고 있던 자본주의는 1930년대에 경제 대공황을 맞이하였다. 많은 기업이 도산하고 실 업자는 증가하였으며 국민 소득은 큰 폭으로 줄어들었다. 이에 따라 자본주의 국가들은 경제 대공황을 극복하기 위하여 대규모의 재정 지출로 공공사업을 일으켜 유효 수요를 증대시킴으로써 실업자를 구제하려는 정책을 추진하게 되었다. 이를 계기로 정부는 경제 활동에 적극적으로 개입하기 시작하였다. 즉, 산업 혁명 이후의 자본주의는 정부가 개입하는 수정 자본주의로 변질되고, 국민 경제는 민간 부문과 공공 부문이 병존하는 혼합 경제가 되었다.

정답 ④

07 다음 글의 밑줄 친 '이 나라'의 경제 체제에 대한 옳은 설명을 〈보기〉에서 고른 것은?

> <u>이 나라</u>는 취업자의 대부분이 공공 부문에서 일한다. 정부가 가격을 결정하고 물품을 배급한다. 자본 투자는 엄격히 제한되고 정부의 승인이 필요하다. 교통, 일자리, 주택, 교육, 의료 등이 모두 정부의 책임이다. 비자를 얻기 힘들어 외국 여행은 하늘의 별 따기다.

> 보기
> ㄱ. 전략 산업의 육성이 용이하다.
> ㄴ. 공공재의 부족과 같은 시장 실패가 발생한다.
> ㄷ. 경제 활동의 평가 기준으로 형평성을 중시한다.
> ㄹ. 수요와 공급의 원리에 근거하여 자원이 배분된다.

① ㄱ, ㄴ　　② ㄱ, ㄷ　　③ ㄴ, ㄷ　　④ ㄴ, ㄹ

해설 사회주의 계획 경제 체제의 특성
밑줄 친 이 나라가 채택하고 있는 경제 체제는 사회주의 계획 경제이다. ㄱ. 사회주의 계획 경제 아래에서는 정부가 특정 산업에 자원을 집중적으로 배분할 수 있으므로 전략 산업의 육성이 용이하다. ㄷ. 사회주의 계획 경제 체제는 효율성보다는 형평성을 중시한다.

바로잡기 ㄴ, ㄹ. 시장 실패와 수요와 공급의 원리에 따른 자원 배분은 자본주의 시장 경제 체제의 특성이다.
정답 ②

08 다음과 같은 노력들이 공통적으로 추구하는 바로 가장 적절한 것은?

> ● 고소득자에게 높은 누진세율을 적용한다.
> ● 사회적 약자들을 위해 사회 안전망을 정비한다.
> ● 근로자에게 적용되는 최저 임금을 상향 조정한다.

① 경제 안정의 실현　　② 경제 정의의 확립

③ 경제적 능률의 실현　④ 사회적 형평성의 제고

해설 사회적 형평성을 높이기 위한 방안
사회적 형평성은 빈부 격차의 완화를 통해 달성될 수 있다. 고소득자에게 높은 누진세율을 적용하면 고소득자는 보다 많은 세금을 내게 된다. 그리고 사회 안전망이라는 것은 사회 보장 제도를 의미하는데, 사회 보장 제도는 어려운 사람들의 최저 생활을 보장하는 데 그 목적이 있다. 마지막으로 최저 임금의 상향 조정은 근로자의 생활 안정에 기여할 것이다.

정답 ④

Chapter 02

시장과 경제 활동

01 시장 가격의 기능

 시장의 의미와 원리

(1) 시장의 의미 수요와 공급이 만나 거래가 이루어지는 매개체

❶ **구체적 시장** : 사람들이 모여 물건을 사고파는 일정한 장소

　　예 곡물시장, 어물 시장, 백화점 등

❷ **추상적 시장** : 장소를 뜻하는 시장이 아닌 통신 수단을 통해 거래

　　예 노동 · 증권 · 외환 시장

❸ **생산물 시장과 생산 요소 시장**

● 생산물 시장 : 재화와 용역 등 실물이 거래되는 시장

● 생산 요소 시장 : 생산 요소(노동, 자본, 토지)가 거래되는 시장

(2) 시장의 종류와 특성

종류\구분	완전 경쟁 시장	불완전 경쟁 시장		
		독점 시장	독점적 경쟁시장	과점 시장
공급자의 수	다수	하나	다수	소수
상품의 질	동질	동질	이질	동질, 이질
시장 참여	항상 가능	불가능	항상 가능	어려움
가격 통제력	없음(가격 순응)	큼(가격 설정)	작음	작음
비가격 경쟁	없음	없음	매우 강함	강함
시장의 예	주식시장, 쌀 시장	전력, 철도	주유소, 주제 약국, 양장점	가전제품, 자동차, 이동 통신

❶ **완전 경쟁 시장**
- 다수의 수요자와 공급자 : 개별 수요자나 공급자가 시장 가격에 영향 끼칠 수 없음
- 상품의 동질성 : 거래되는 상품의 품질 및 판매 조건이 동일함
- 시장진입 · 탈퇴의 자유 : 기업의 진입과 퇴출에 어려움이 따르지 않음
- 가격, 품질 등에 대한 완전한 시장 정보 : 거래 당사자가 완전한 시장 정보를 가진다면 하나의 상품은 오직 하나의 가격만으로 시장에서 거래됨

❷ **독점시장** : 한 상품이 하나의 기업에 의해서만 공급이 이루어지는 시장 형태-유일한 공급자가 공급량을 변동시킴으로써 가격에 영향을 끼쳐 최대 이윤이 보장되는 수준에서 가격 결정
- 많은 투자 자금이 소요되는 반면, 수익성이 불확실한 경우
- 단위당 생산비가 감소하는 규모의 경제가 끊임없이 적용되어 경쟁 기업이 파산하는 경우
- 지적 소유권을 보호하기 위한 특허권과 판권으로 인한 경우
- 공익을 위해 정부가 독점 기업을 만드는 경우
- 정부의 수입 증대를 위한 경우

❸ **독점적 경쟁 시장** : 완전 경쟁 시장과 독과점 시장의 성격을 공유하고 있는 시장 형태
- 특징 : 상품의 차별화, 비가격 경쟁(품질, 디자인, 광고, 서비스 등), 진입과 탈퇴의 자유
- 장점 : 소비자들의 다양한 기호에 부응하여 다양한 상품 공급
- 단점 : 상품 차별화로 인한 독점적 요소(어느 정도의 시장 지배력을 가짐)

❹ 과점시장 : 소수의 기업만이 서로 경쟁하면서 한 상품을 생산·공급하는 시장 형태

- 특징 : 과점 기업 간의 의존 관계가 큼→ 개별 기업은 경쟁 기업의 반응을 감안하여 가격이나 생산량 결정
- 문제점 : 이윤 증대를 위해 담합하여 경쟁을 제한하기도 함 → 가격 책정, 생산 및 판매량 할당

  예 신용 카드사의 수수료 인상(부당 공동 행위에 속함)

- **경제학적 의미의 시장** : 구체적이고 특정한 장소를 의미하기보다는 수요자와 공급자가 만나 상품이 교환되는 매개체
- **경쟁시장** : 공정한 경쟁이 보장될 수 있는 시장이다.
- **규모의 경제** : 기업이 생산 설비를 확대하면서 생산량을 증대시킬 때 어느 한도까지는 평균비용이 감소하는 현상이다.
- **과점 기업** : 다른 기업이 어떻게 반응하느냐에 따라 한 기업의 가격 변동 성과가 달라진다.

(3) 노동 시장과 금융 시장

❶ 노동시장

ㄱ 의미 : 인간의 노동력을 사고파는 시장이다.

ㄴ 임금 : 노동력의 가격으로, 노동 시장에서 노동에 대한 수요와 공급에 의해 결정된다.

ㄷ 노동의 수요자는 기업, 노동의 공급자는 가계이다.

ㄹ 임금이 상승하면 노동의 수요량이 줄어들고, 임금이 하락하면 노동의 수요량이 늘어난다. → 노동의 수요 곡선은 우하향한다.

ㅁ 임금이 상승하면 노동의 공급량은 늘어나고, 임금이 하락하면 노동의 공급량은 줄어든다. → 노동의 공급 곡선은 우상향한다. 그러나 일정 수준 이상으로 임금이 상승하면 여가의 가치 가 커져 임금이 상승해도 노동의 공급을 줄이게 되어 노동의 공급 곡선이 좌상향하는 모습으 로 나타난다.

ㅂ 노동시장에서 노동의 수요 복선과 노동의 공급 곡선이 만나는 곳에서 균형 임금과 균형 고 용량이 결정된다.

❷ 금융시장

ㄱ 의미 : 자본이 융통되는 시장이다.

ㄴ 이자율 : 자본의 가격으로, 금융시장에서 자금에 대한 수요와 공급에 의해 결정된다.

ㄷ 돈을 빌리는 사람이 수요자, 돈을 빌려 주는 사람이 공급자이다.

ㄹ 금융 기관 : 중개 기관이 존재한다. 중개 기관을 통해 자금 수요자의 신용 등

의 정보를 제공해 줌으로써 금융 시장 활성화에 기여한다.

ⓜ 이자율이 상승하면 자금의 수요량은 줄어들고, 이자율이 하락하면 자금의 수요량은 늘어난 다. → 자본의 수요 곡선은 우하향한다.

ⓗ 이자율이 상승하면 자금의 공급량은 늘어나고, 이자율이 하락하면 자금의 공급량은 줄어든 다. → 자본의 공급 곡선은 우상향한다.

ⓢ 금융 시장에서 자본의 수요 곡선과 자본의 공급 복선아 만나는 곳에서 균형 이자율과 균형 자금이 결정된다.

(4) 시장을 움직이는 원리

❶ 자유로운 교환의 원리

- 의미 : 욕구 충족의 수단으로, 자기가 많이 가지고 있는 물건을 자기가 가지고 싶은 물건과 바꾸는 것 - 생산 분야의 특화에 의해 더욱 활발해짐

- 이점
  - 원하는 사람에게 물건이 배분되게 함으로써 물건의 희소성을 줄이고 교환에 참여한 모든 사람에게 이익을 가져다 줌
  - 모두에게 동일한 이익이 보장되지 않으므로 항상 경쟁적 요소가 포함됨

- 교환의 확대 : 개인들 사이에서 뿐만 아니라 기업 간, 산업 간, 국가 간에도 이루어짐 → 국가 간의 자유로운 교환을 통해 가 국가도 그들이 가장 잘하는 분야(비교 우위에 있는 분야)에 전념할 수 있고, 보다 다양한 상품과 서비스를 얻을 수 있음

❷ 분업의 원리

- 의미 : 교환이 가능할 때 각자가 한 가지 일에 전념하게 되는 분업 발생

- 이점 : 작업의 숙련도 높아짐, 신기술의 개발과 이용이 가능하므로 1인당 생산성이 높아짐.

❸ 경쟁의 원리

- 의미
  - 각 개인이 보다 효율적인 경제 활동을 수행하기 위해 경쟁하는 가운데 사회 전체의 부(富)가 극대화됨
  - 자원이 시장에서 효율적으로 배분되도록 해 주는 원동력

- 경쟁의 주체
  - 생산자 : 품질이 우수하며 값싼 제품을 공급하기 위해 경쟁함
  - 소비자 : 주어진 소득으로 최대의 만족을 얻기 위해 경쟁함

가격의 기능과 시장의 경제적 역할

(1) 가격의 의미 시장에서 상품 한 단위와 교환되는 화폐의 단위

(2) 가격의 기능

❶ **생산자나 소비자들의 경제 활동에 신호등^(지표)의 역할** : 볼펜 가격이 오르면 소비자들에게는 볼펜 소비를 줄이고, 생산자들에게는 볼펜 생산을 늘리라는 신호가 됨

❷ **희소한 자원의 효율적 배분** : 희소한 자원으로 가장 필요한 물건을 가장 적은 비용으로 만들어 가장 필요로 하는 사람에게 공급- 자원이 최대의 가치를 만들어 낼 수 있는 곳으로 이동

(3) 시장의 경제적 역할

❶ **효율적인 생산과 배분** : 소비자의 욕구 파악 → 사회에 필요한 재화와 서비스에 대한 정보 제공, 사회적으로 희소한 자원을 사회 전체에 가장 큰 이익을 줄 수 있도록 적재적소에 배분
- 가장 효율적인 생산 : 가장 값싸게 생산할 때 달성
- 가장 효율적인 배분 : 가장 큰 만족을 얻는 사람에게 돌아갈 때 달성

❷ **거래 비용의 감소**
- 물물 교환에 비해서 시간적 · 공간적 제약 및 비용이 감소
- 최근에는 인터넷 거래를 통해 거래 비용이 점차 감소하는 추세

ⓒ **가격 선도** : 과점 시장에서 어떤 기업이 시장 가격을 결정, 변경하는 선도적 역할을 하고, 나머지 기업은 이에 따른다.
ⓒ **특화** : 두 가지 재화가 있다고 할 때, 분업화하여 어느 한 재화를 전문적으로 생산하는 것이다.
ⓒ **이익 추구의 원리** : 시장 경제 체제는 개인들의 이익 추구 행위를 제도적으로 보장한다.
ⓒ **분업의 이익** : 스미스는 '국부론'에서 "혼자서 철사로 옷핀을 만들면 하루 생산량이 20개이나, 18가지 공정으로 나누어 분업과 협업을 하면 하루에 평균 1인장 4,800개씩 생산할 수 있다."고 분업의 이익을 강조하였다.
ⓒ **가격의 파라미터(Parameter)적 기능** : 가격이 수급량에 따라서 변동되며, 수급량이 서로 같아지도록 유도해 가는 역할이다.
ⓒ **거래 비용** : 이해 당사자들이 협상을 통해 합의에 도달하는 과정에서 부담하는 비용이다.

 사장의 바람직한 모습

(1) 창의적 사고

❶ 개인이나 기업에 있어 경제적 부(富)의 원동력

❷ 교통 · 통신의 발달로 창의적 사고의 확산이 가속화됨
❸ 정보화 사회의 중요한 생산 요소로 부가가치의 결정 기준
❹ 지적 재산권의 보장과 연구 개발비(R&D)의 투자 재원이 필요함

(2) 효율적 경쟁

❶ 경쟁을 통해 최소의 비용으로 최대의 효과를 달성하게 됨
❷ 생산자 간 경쟁은 제품의 질을 향상시키고 가격을 하락시킴 → 새로운 기술 개발, 아이디어 등은 경쟁에서 승리하기 위한 요소 → 국민 경제의 성장을 촉진함(국부증대)

(3) 경쟁 규칙 준수

❶ 헌법과 법률에 근거한 경제 활동으로 시장 경제 질서 유지
❷ 규칙을 준수하지 않는 경제 행위(뇌물 공여, 주가 조작, 탈세 등)에 대해 사회적 제재를 가함

(4) 공정한 경쟁

❶ 시장 경제의 질서와 규칙을 준수하며, 재화와 서비스의 품질과 가격으로 경쟁해 나가야 함
❷ 독점 규제 및 공정 거래에 관한 법률을 통해 불공정 경쟁 행위 규제 : 대기업의 다른 기업의 주식 소유 또는 합병 제한, 기업 간 상호 출자 제한, 다른 기업과의 가격 · 수량 등 부당한 공동 행위 금지, 불공정한 거래 행위 금지

(5) 장기적 관점

시장 참여자들은 장기적인 관점에서 비용과 편익을 고려한 투자를 해야 함

(6) 공동체 의식의 중요성   시장에서의 경쟁은 기본적으로 비인간적인 측면이 있음
→ 공동체 의식이 필요함

4 시장 질서를 유지하기 위한 각 경제 주체의 역할

(1) 정부

❶ 공정한 경쟁을 위한 법과 제도 마련

❷ 봉사 행정 서비스(행정 편의주의 지양)

❸ 자율성 · 일관성 · 투명성 원칙에 따라 공무 수행

(2) 기업

❶ 창의적 사고, 장기적 관점에서의 창의적 인력 개발과 기술 개발

❷ 시장 규칙 준수 및 공정한 경쟁

❸ 이윤 추구와 공익성 조화

(3) 가계

❶ 기업과의 동반자 의식 필요(생산성과 연계된 임금 인상)

❷ 합리적인 소비 활동을 통해 기업의 합리성 유도

❸ 지나친 과소비 억제, 소비자 주권 의식 확립

5 정부의 시장 관여와 자원 배분

(1) 정부의 시장관여

❶ **필요성** : 가격 기구에 의한자원 배분이 비효율적일 때 정부의 시장관여가요구된다

❷ **시장 관여 방법** : 시장 가격의 직접 통제(가격 정책), 조세의 부과, 정책 수단의 시행

(2) 정부의 가격 정책과 자원 배분

❶ **의미** : 시장에서 자유롭게 결정되는 가격을 무시하고 정부가 의도적으로 가격을 규제하 는 정책을 가격 정책이라고 한다.

❷ **종류** : 가격 상한제와 가격 하한제

가격 상한제(최고 가격제)	가격 하한제(최저 가격제)
• 가격의 상한선(최고 가격)을 결정 • 공급 부족에 대비 • 소비자 보호 • 사례 : 이자율의 제한	• 가격의 하한선(최저 가격)을 결정 • 공급 과잉에 대비 • 생산자 보호 • 사례 : 최저 임금제

(3) 정부의 시장 개입 : 가격 통제

❶ 의미 : 가격 정책의 일환으로서 가격의 자동 조절 기능에 차질이 생겼을 때 공적 의사를 가지고 직접적으로 가격을 규제하는 것을 말한다. 가격 통제는 법률상으로 그 근거를 가질 수 있으므로 직접적인 강제성을 내포하지만, 생산자재의 할당 제도나 소비 물자의 가격 계도를 수반하지 않으면 가격 통제 자체가 원활히 그 기능을 발휘할 수 없게 된다.

❷ 실시이유

ㄱ 초과 수요가 지속되어 인플레이션이 진행될 때 이를 억제하기 위하여 임금 또는 물가에 일반적인 법적 규제를 가하는 경우에는 초과 수요가 용이하게 감소하지 않기 때문에 물자의 할당, 소비의 규제 등과 같이 물적인 통제를 병용하여 경제 순환을 원활하게 하는 것이 보통이다.

ㄴ 인플레이션의 진행 과정에서 국부적인 수요 초과 또는 공급 부족, 즉 애로(bottle neck)가 생겨서 전반적인 경제의 원활한 순환을 저해할 우려가 있을 때 가격 통제가 실시될 수 있다.

ㄷ 사업의 공익성과 독점성으로 인하여 관영사업이나 공익사업의 요금에 대한 가격 통제가 실 시되는 경우가 있다.

ㄹ 기타 국가 경제의 필요에 따라, 이를테면 원활한 제품의 수급을 위해 각상품별로 가격 통제가 시행 될 때도 있고, 수출입 가격과 국내 가격의 조정을 위하여 가격 통제가 실시될 수도 있다.

❸ 사례

ㄱ 최고 가격제 : 인플레이션에 대한규제, 소비자 보호 등을 목적으로 정부가 균형 가격보다 낮은 가격선에서 통제해서 그 이상의 가격으로 거래가 이루어지는 것을 제한하는 제도를 말한다, 하지만 생산자로 하여금 생산 의욕을 감퇴시켜 공급 부족을 야기할 수 있다는 한계가 있다.

ㄴ 최저 임금제 : 일정 금액 이상의 임금을 근로자에게 지불하도록 법적으로 강제하는 제도이다. 최저 임금제의 기대 효과는 ① 임금률을 높이고, ② 임금 생활자의 소득을 증가 시키며, ③ 수준 이하의 노동 조건이나 빈곤을 없애고, ④ 임금 생활자의 노동력 착취를 방지하며, ⑤ 소득 재분배를 실현하는 데 있다.

❹ 정부의 농산물 가격 정책

ⓐ 가격 지지 정책 : 풍년에는 적정량을 수매하여 농산물의 가격 폭락을 방지하고, 흉년에는 수매해 두었던 농산물을 방출하여 농산물의 가격 안정을 도모하는 정책이다.

ⓑ 이중 곡가제 : 농가 소득의 향상과 소비자의 부담을 경감하기 위해 정부가 농산물을 높은 가격으로 수매하여 낮은 가격으로 판매하는 제도로서 재정 적자와 물가 상승의 요인이 될 수 있다.

❺ 가격 정책의 부작용 사례

ⓐ 학원 수강료의 규제 : 편법적인 수강료 인상과 고액 불법 과외를 유발할 수 있다.

ⓑ 임대료의 규제 : 임대 주택 공급의 감소와 주택 환경의 불량화를 초래할 수 있다.

❻ 적절한 정부의 가격 정책 : 가격의 상한선이나 하한선을 설정하고 그 범위 내에서 가격을 유지하는 것이 바람직하다.

(4) 정부의 조세 부과와 자원 배분

❶ 세금 부과와 자원 배분

ⓐ 이자 소득세의 과세 : 과세 후의 소득 감소 → 소비 감소

ⓑ 소득세의 부과 : 실질 임금의 하락 → 노동 공급의 감소

ⓒ 근로 소득세의 부과 : 노동자들의 가용 소득 감소 → 노동자들의 복지 수준 하락

❷ 세율 조정과 자원 배분

ⓐ 사치품에 대한 세율 인상 : 개별 소비세 부과 → 사치품의 가격 상승 → 사치품에 대한 소비와 생산의 감소

ⓑ 생활필수품에 대한 세율 인하 : 생활필수품으로 자원이 전용됨

(5) 기타 정부의 정책 수단에 따른 자원 배분

❶ 환경 오염 규제 정책

ⓐ 직접 규제 방법 : 오염 물질의 최고 배출량 결정, 정화 기술의 의무화, 오염 행위 처벌 등

ⓑ 간접 규제 방법 : 오염 행위에 대한 조세 부과

ⓒ 환경 오염 규제의 효과 : 비효율적 자원 배분의 개선과 환경 오염 감소 등의 효과가 있다.

❷ **수출 보조 정책**

㉠ 목적 : 수출 산업에 대한 보조와 지원으로 국제 경쟁력 강화를 도모함을 목적으로 한다.

㉡ 방법 : 수출 산업의 공공요금 할인, 수출 산업에 대한 조세 감면, 수출 금융 제도 등이 있다.

㉢ 부작용 : 부정부패의 소지와 외국과의 통상 마찰을 야기할 수 있다.

❸ **정부 투자 정책**

㉠ 의의 : 사적 재화의 경우에도 효율적인 자원 배분을 위해 정부가 직접 생산하거나 또 는 생산을 보조해야 하는 경우가 있다.

㉡ 방법 : 정부 투자의 가치가 민간 투자의 가치보다 클 경우에는 정부 투자를 늘리고 민간 투자를 줄인다.

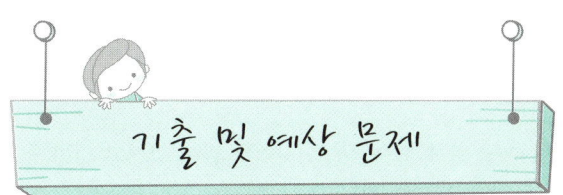

01 그림은 각 기업의 사장 점유율을 나타낸 것이다.
이러한 종류의 시장에 대한 설명으로 옳지 않은 것은?

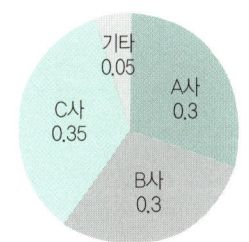

① 불완전 경쟁 시장의 한 형태이다.

② 시장의 진입과 탈퇴가 자유롭지 못하다.

③ 비효율적인 자원 배분을 초래할 수 있다.

④ 소비자의 취향에 맞는 다양한 상품을 공급한다.

해 설 과점 시장

제시된 그림은 과점 시장을 나타낸다. 과점 시장은 소수의 기업만이 서로 경쟁하면서 한 상품을 생산 · 공급하는 시장 형태로, 기업 간의 의존 관계가 크기 때문에 다른 경쟁 기업의 반응을 감안하여 가격이나 생산량을 결정한다. 또한, 소수의 기업이 시장을 점유하고 있기 때문에 시장의 진입과 탈퇴가 자유롭지 못하며, 기업 간 담합으로 경쟁이 제한됨으로써 비효율적인 자원 배분을 초래할 수 있다.

바로잡기 ④ 독점적 경쟁 시장에 관한 설명이다.

정 답 ④

02 다음 사례와 가장 관계 깊은 시장에 대한 설명으로 옳은 것은?

- ○○사진관에서는 필름 1롤을 맡기면 확대 서비스 쿠폰 1장을 제공한다.
- △△주유소에서는 3만 원 이상 주유시 화장지를, 5만원 이상 주유시 무료 세차 쿠폰을 준다.

① 장기간에 걸쳐 독점적 이윤을 확보할 수 있다.

② 상품의 차별화를 통한 비가격 경쟁이 치열하다.

③ 새로운 기업의 시장 진입이 사실상 불가능하다.

④ 효율적인 자원 배분이 이루어지는 이상적인 시장이다.

해 설 독점적 경쟁 시장

제시된 예는 독점적 경쟁 시장을 나타낸다. 독점적 경쟁 시장은 공급자별로 상품의 질이 다른 상품 차별화가 특징으로 서비스 등의 비가격 경쟁이 치열하게 나타난다. 또한, 다양한 상품이 공급되는 반면, 기업은 어느 정도의 시장 지배력을 가지고 있기 때문에 가격이 완전경쟁 시장에 비해 비싸다.

바로잡기 ① 단기간에 초과 이윤을 확보할 수 있으나, 장기적으로는 새로운 기업의 시장 진입으로 초과 이윤은 사라진다. ③ 독과점 시장의 예이다. ④ 완전 경쟁 시장의 특징이다.

정 답 ②

03 다음 글은 시장의 원리에 관한 것이다. 이에 대한 옳은 분석만을 〈보기〉에서 있는 대로 고른 것은?

> 교환이란 욕구 충족의 수단으로 자기가 많이 가지고 있는 물건을 자기가 가지고 싶은 물건과 바꾸는 것을 의미한다. 이는 원하는 사람에게 물건이 배분되게 함으로써 교환에 참여한 모든 사람에게 이익을 가져다준다.

> **보기**
> ㄱ. 효율적 자원 배분에 기여한다.
> ㄴ. 분업은 자유로운 교환을 전제로 한다.
> ㄷ. 교환을 통해 자원의 희소성이 감소한다.
> ㄹ. 교환에 참여한 모든 사람에게 동일한 이익을 가져다준다.

① ㄱ, ㄴ　　　② ㄱ, ㄹ　　　③ ㄴ, ㄷ　　　④ ㄱ, ㄴ, ㄷ

해 설 교환과 분업의 원리
제시된 글은 시장의 원리 중의 하나인 자유로운 교환의 원리를 설명한다. 시장을 통하여 원하는 사람에게 물건이 배분되게 함으로써 물건의 희소성을 줄이고 교환에 참여한 모든 사람에게 이익을 가져다 준다.
바로잡기 ㄹ. 모두에게 동일한 이익이 보장되는 것은 아니다. 따라서 항상 경쟁적 요소가 포함된다.
정답 ④

04 〈보기〉의 밑줄 친 경제 개념을 중심으로 설명한 내용으로 옳은 것만을 있는 대로 고른 것은?

> **보기**
> ㄱ. <u>경제학적 의미의 시장</u>이란 구체적이고 특정한 장소를 의미하기보다는 수요자와 공급자가 만나 상품이 교환되는 매개체이다.
> ㄴ. 독점적 경쟁 시장에서는 <u>담합(카르텔)</u>을 통하여 독점적 이익을 누린다.
> ㄷ. <u>투명성</u>이란 정부의 정책 결정과 서비스 제공이 공식적인 절차를 통해 공개적으로 이루어지는 것이다.
> ㄹ. <u>경쟁적 시장</u>은 독과점 시장에 비해 가격 기구가 효과적으로 작동한다.

① ㄱ, ㄴ　　　② ㄴ, ㄷ　　　③ ㄷ, ㄹ　　　④ ㄱ, ㄷ, ㄹ

해 설 경제 개념
경제학적 의미의 시장은 수요자와 공급자가 만나 상품이 교환되는 매개체를 의미한다. 투명성은 시장 질서를 유지하기 위한 정부의 역할로서 매우 중요하다.
바로잡기 ㄴ. 과점 시장에서 담합을 통하여 독점적 이익을 누린다.
정답 ④

05 다음 글은 어느 정부 기관의 역할에 관한 것이다. 이에 대한 옳은 설명은 〈보기〉에서 고른 것은?

> - 각종 진입 장벽 및 영업 활동을 제한하는 규제를 개혁하고, 경쟁 제한적 기업 결합을 규율한다.
> - 표준 약관을 보급함으로써 불공적 약관을 시정한다.
> - 대기업 집단 계열 상호 출자(出資) 금지 제도, 출자 총액 제한 제도 등을 시행한다.

보기

ㄱ. 소비자 주권이 약화될 것이다.

ㄴ. 경제력 집중이 억제될 것이다.

ㄷ. 경쟁적 시장 환경을 조성하려고 한다.

ㄹ. 경제적 유인을 통해 규모의 경제를 실현하려고 한다.

① ㄱ, ㄴ   ② ㄱ, ㄷ   ③ ㄴ, ㄷ   ④ ㄴ, ㄹ

해설 정부의 역할

제시된 글은 공정 거래 위원회의 활동에 대한 것이다. 공정 거래 위원회는 독과점을 규제하고 사업자의 창의적 경제 활동을 독려하며 사업자 간의 공정한 경쟁 질서를 정착시키는 데 그 목적이 있다.

바로잡기 ㄱ. 소비자에게 일방적으로 불리하게 만들어진 약관 조항을 시정하고, 표준 약관을 도입함으로써 불공정 약관으로 인한 소비자의 피해를 방지할 수 있다. 따라서 소비자 주권이 강화될 것이다. ㄹ. 규모의 경제는 생산량을 증가시킴에 따라 평균 비용이 감소하는 현상을 말한다. 따라서 규모의 경제는 주로 대기업에서 발생하므로 독점이 발생할 가능성이 크다.

정답 ③

06 그림에서 도출되는 시장 형태 (가)의 특성에 대한 설명으로 옳은 것은?

① 이러한 시장에서는 새로운 기업의 진입이 자유롭다.

② 이 시장에 참여하고 있는 개별 기업의 시장 점유율은 높다.

③ 이 시장에 참여하고 있는 개별 기업의 규모는 대체로 작다.

④ 이 시장에서 개별 기업은 시장 가격에 영향을 미치지 못한다.

⑤ 이 시장에서는 가격 기구에 의해 자원의 효율적인 배분이 이루어진다.

해설 과점 시장의 특성

초기 투자 비용이 크고 대체재가 많이 존재하지 않으며, 수요의 가격탄력성이 비탄력적인 시장은 과점시장이다. 과점 시장에서 공급되는 상품은 대체재가 많이 존재하지 않기 때문에 가격이 변하더라도 수요량은 크게 변하지 않는다.

바로잡기 ① 새로운 기업의 진입이 자유롭지 못하다. ⑤ 과점 시장은 가격기구에 의해 자원의 효율적 배부이 이루어지지 않는다. 따라서 시장 실패를 초래한다.

정답 ②

07 그림은 생산자와 관련된 세 가지 기준을 통해 A~C 유형의 시장을 비교한 것이다. 옳은 설명을 〈보기〉에서 모두 고른 것은?

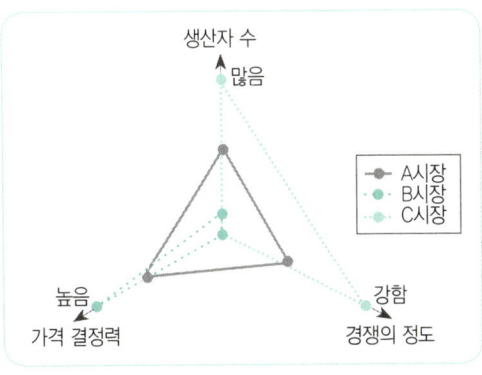

> **보기**
> ㄱ. A시장은 C시장에 비해 가격 기구가 효과적으로 작동한다.
> ㄴ. B시장은 다른 두 시장과 비교해 생산자 간의 공정한 경쟁이 가능하다.
> ㄷ. C시장에서는 새로운 생산자의 시장 진입이 B시장보다 쉽다.
> ㄹ. C시장과 비교할 때, B시장은 경쟁이 제한되어 자원 배분이 비효율적으로 이루어지기 쉽다.

① ㄱ, ㄴ　　　　② ㄱ, ㄷ　　　　③ ㄴ, ㄷ　　　　④ ㄴ, ㄹ　　　　⑤ ㄷ, ㄹ

해 설 시장의 유형
A 시장은 과점 시장. B 시장은 독점시장. C 시장은 완전 경쟁 시장으로 분류된다. ㄷ. 완전 경쟁 시장은 독점 시장에 비해 새로운 기업의 시장에 대한 진이보가 탈퇴가 자유롭다. ㄹ. 독점 기업은 생산량을 줄임으로써 은 가격을 받으려는 속성을 띤다. 이에 따라 독점 시장에서 생산되는 제품의 경우 사회적 최적 수준보다 적게 생산되는 것이 일반적이다.

바로잡기 ㄱ. 완전 경쟁 시장에서 가격 기구가 효과적으로 작동한다. ㄴ.독점 시장은 특정 제품을 하나의 기업만이 생산하므로 생산자 간의 경쟁이 일어나지 않는다.

정 답 ⑤

08 다음 자료의 사장 형태에 대한 옳은 설명만을 〈보기〉에서 있는 대로 고른 것은?

- 공급자가 다수이며, 상품이 동질적이다.
- 개별 기업이 주관적으로 받아들이는 수요 곡선은 수평의 형태를 띤다.

> **보기**
> ㄱ. 개별 기업은 시장에서 주어진 가격을 받아들일 뿐이다.
> ㄴ. 시장 참여자들은 시장에 대하여 완전한 정보를 가지고 있다.
> ㄷ. 소비자들은 시간을 내어 여러 가게를 다니며 상품을 골라야 합리적이다.
> ㄹ. 초기에 많은 자본이 소요되기 때문에 새로운 기업의 시장 진입이 어렵다.

① ㄱ, ㄴ　　　　② ㄱ, ㄹ　　　　③ ㄴ, ㄷ　　　　④ ㄱ, ㄴ, ㄷ

해 설 완전 경쟁 시장
글은 완전 경쟁 시장의 특성을 나타낸다. 완전 경쟁 시장은 다수의 공급자가 존재하며, 상품이 동질적이고, 시장 참여가 자유로우며, 시장 참여자들은 가격이나 품질에 관한 완전한 정보를 갖고 있다. 또한 개별 기업이 공급하는 상품은 서로 완전 대체재이므로 개별 기업이 인식하는 자사 상품에 대한 수요의 가격 탄력성은 무한대이다.

바로잡기 ㄷ. 각 가게별로 상품의 질과 가격이 동일하기 때문에 아무 가게에서나 구입하는 것이 합리적이다. ㄹ. 독과점 시장의 특성이다.

정 답 ①

02 시장 가격의 결정과 변동

 ## 1 시장의 수요와 공급

(1) 수요(demand)

❶ **수요** : 가격을 비롯한 여러 가지 요인(소득 수준, 기호 등)에 따라 구매하고자 하는 경제 주체의 욕구

❷ **수요량** : 각 가격 수준에서 구매하고자 하는 양

❸ **수요 계획** : 한 소비자가 상품을 구매하려고 할 때 상품의 가격과 수요량의 관계를 숫자로 나타낸 것

❹ **수요 법칙** : 상품 가격이 하락하면 수요량이 증가하고, 상품 가격이 상승하면 수요량이 감소 - 상품 가격과 수요량 사이에는 역(逆; 반비례)의 관계가 존재함

❺ **수요 곡선** : 소비자의 소득과 기호, 다른 상품의 가격이 일정한 경우 한 재화의 가격과 수요량 사이의 함수 관계를 그래프로 나타낸 것

❻ **수요 법칙의 예외** : 가격이 상승하는데 오히려 수요량이 증가하는 경우(예: 가수요, 매점), 가격이 하락하는데 수요량이 감소하는 경우(예: 기펜재)

❼ **수요의 변동**

　• 수요에 영향을 미치는 요인 : 그 재화의 가격, 소비자의 소득 수준과 기호 변화, 관련재(대체재와 보완재)의 가격 변화, 구매자 수의 증감 수준, 미래 경기에 대한 전망 등

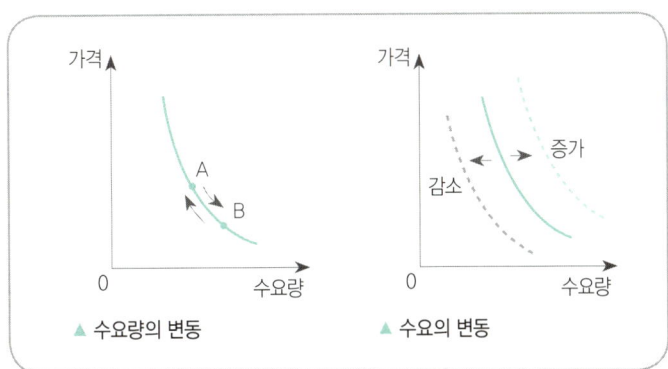

▲ 수요량의 변동　　　　▲ 수요의 변동

◐ **수요 곡선이 우하향하는 이유**

수요 곡선은 소득 효과와 대체 효과에 의해 우하향하게 된다.

- 소득 효과 : 어떤 상품의 가격이 하락하면, 예전에 비해 같은 비용으로 더 많은 상품을 구매하게 되어 결과적으로 소득이 증가한 것과 같은 효과가 있다.
- 대체 효과 : 어떤 상품의 가격이 하락하면 다른 비슷한 용도의 상품에 대한 수요가 가격이 하락한 상품의 수요로 옮겨올 가능성이 높아진다. 예를 들어 쇠고기의 값이 하락하면 이전에는 돼지고기만 먹던 사람들도 쇠고기를 사먹을 수 있다.

- **수요량의 변동**(movement along the demand curve) : 다른 요인이 일정하다고 가정했을 때 그 재화의 가격이 변화했을 경우 - 수요 곡선상의 점의 이동
- **수요의 변동**(shift in the demand curve) : 그 재화의 가격이 일정하다고 가정했을 때 그 이외의 요인(다른 재화의 가격, 소득 수준 등)이 변화했을 경우 - 수요 곡선 자체의 이동

◐ **수요량은 사전(事前)적 개념**

수요량은 어느 주어진 가격에서 실제 구입한 수량이 아니라 구입하고자 하는 계획을 의미한다.

◐ **대체재**

어떤 재화의 구입량 증가가 다른 재화의 구입량 감소를 가져오는 관계에 있는 재화

　예 쇠고기와 돼지고기의 관계

◐ **보완재**

하나의 재화에 대한 수요량의 증가가 다른 재화에 대한 수요량의 증가를 가져오는 재화

　예 커피와 설탕의 관계

◐ **수요 곡선이 오른쪽으로 이동**(shift)하는 경우는?

소득 수준의 향상, 기호의 증가, 대체재의 가격 상승, 보완재의 가격 하락, 인구의 증가, 미래 경기에 대한 낙관적 전망 등이 있다.

(2) 공급(supply)

❶ **공급** : 가격을 비롯한 여러 가지 요인(생산비, 생산 기술의 변화 등)에 따라 판매하고자 하는 경제 주체의 욕구

❷ **공급량** : 각 가격 수준에서 판매하고자 하는 양

❸ **공급 계획** : 한 생산자가 상품을 판매하려고 할 때 상품의 가격과 공급량의 관계를 숫자로 나타낸 것

❹ **공급 법칙** : 상품 가격이 상승하면 공급량이 증가하고, 상품 가격이 하락하면 공급량이 감소 - 상품 가격과 공급량 사이에는 정(正; 정비례)의 관계가 존재함

❺ **공급 곡선** : 한 재화의 가격과 공급량 사이의 함수 관계를 그래프로 나타낸 것

❻ **공급 법칙의 예외** : 가격이 상승하는데 오히려 공급량이 감소하는 경우(예: 매석, 노동의 공급), 가격이 상승하더라도 공급량이 일정한 경우(예: 골동품)

🥥 **생산비를 결정하는 요소**

임금이나 이자, 지대(임대료)와 같은 생산 요소의 가격뿐만 아니라 원자재 가격 및 국제 유가 등 에너지 가격 등에 의해 좌우된다.

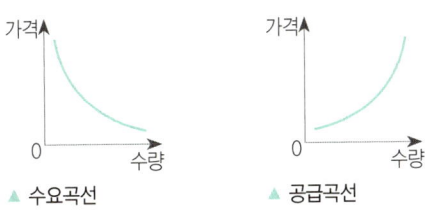

▲ 수요곡선   ▲ 공급곡선

📁 **수요공급 법칙의 예외**

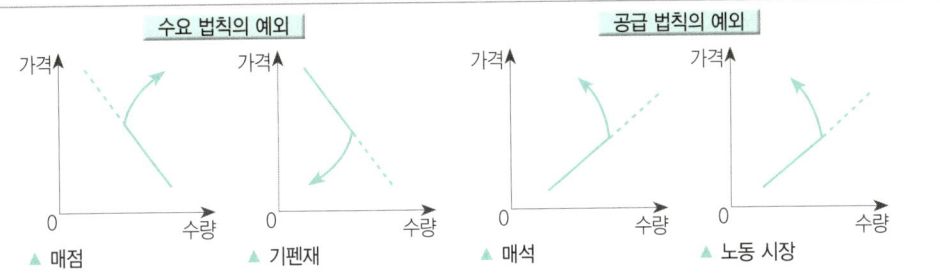

수요 법칙의 예외		공급 법칙의 예외	
▲ 매점	▲ 기펜재	▲ 매석	▲ 노동 시장

✏️ **자료해설 :**

▶ 매점의 경우 : 가격이 더욱 오를 것으로 예상되거나 상품의 품귀 현상이 예상될 때 수요량이 오히려 증가하는 현상으로, 가수요라고도 부른다. 생활필수품의 경우는 사재기라고도 부른다.

▶ 기펜재의 경우 : 기펜재는 열등재(소득이 증가함에 따라 수요량이 감소하는 재화)의 일종으로, 가격이 하락하면 실질 소득의 증대 효과가 발행하여 오히려 해당 재화의 수요량이 감소하는 경우이다.

▶ 매석의 경우 : 가격이 더욱 오를 것으로 예상되면 공급량이 오히려 감소하는 현상이다.

▶ 노동 시장의 경우 : 노동 시장에서 임금이 어느 일정 수준까지 상승하면 그에 따라 노동 공급량이 증가하지만, 어느 수준 이상이 되면 노동 공급이 오히려 감소하는 경향이 발생한다. 임금 상승으로 인한 만족 증가분보다 여가 생활로 인한 만족 증가분이 더 크다고 생각하기 때문이다.

❼ **공급의 변동**

- 공급에 영향을 미치는 요인 : 그 재화의 가격, 생산 요소의 가격 변화, 생산 기술의 변화, 경쟁 기업의 진입 혹은 퇴출, 미래에 대한 전망 등

- 공급량의 변동(movement along the supply curve) : 다른 요인이 일정하다고 가정했을 때 그 재화의 가격이 변화했을 경우 – 공급 곡선상의 점의 이동

- 공급의 변동(shift in the supply curve) : 그 재화의 가격이 일정하다고 가정했을 때 그 이외의 요인(생산비, 생산 기술 등)이 변화했을 경우 – 공급 곡선 자체의 이동

▲ 공급량의 변동   ▲ 공급의 변동

수요와 공급의 증가 및 감소 요인

수요의 증가	수요의 감소
• 인구의 증가 • 소득 수준의 향상 • 대체재의 가격 상승 • 보완재의 가격 하락 • 선호도의 증가	• 인구의 감소 • 소득 수준의 하락 • 대체재의 가격 하락 • 보완재의 가격 상승 • 선호도의 감소
공급의 증가	**공급의 감소**
• 생산 요소의 가격 하락 • 생산 기술의 혁신 • 정부의 보조금 지급 • 생산 기업의 증가 • 진입 장벽의 완화	• 생산 요소의 가격 상승 • 생산 조건의 악화 • 정부의 세금 부과 • 생산 기업의 감소 • 진입 장벽의 강화

ⓒ 연관된 재화의 관계 및 소득과 재화의 관계

(1) 연관된 재화의 관계

① 대체재 : 용도가 비슷하여 서로 대체하여 사용이 가능한 A와 B, 두 재화가 있을 때, A 재의 가격이 상승함에 따라 A재의 수요량이 감소하는 반면에 떼의 수요가 증가하는 경우 두 재화는 대체재의 관계에 있다고 한다. 예 : 쇠고기와 돼지고기, 사이다와 콜라, 버스 이용과 택시 이용 등

② 보완재 : 함께 사용하면 만족감이 증대될 수 있는 X, Y 두 재화가 있을 때, X재의 가 격이 상#함에 따라 X재의 수요량이 감소하고 Y재의 수요도 감소하는 경우 두 재화는 보완재의 관계에 있다고 한다.
예 : 컴퓨터와 소프트웨어, 자동차와 휘발유, 커피와 설탕 등

③ 독립재 : 대체재나 보완재와는 달리 사용상 상호 관련을 가지지 않고 독자적인 목적으로 사용되는 재화를 독립재라고 한다. A와 C 두 재화가 있을 때 A재의 가격이 상승해 도 C재 수요에 아무런 변화가 없을 경우 두 재화는 독립재 관계에 있다고 한다. 예 : 커피와 소금

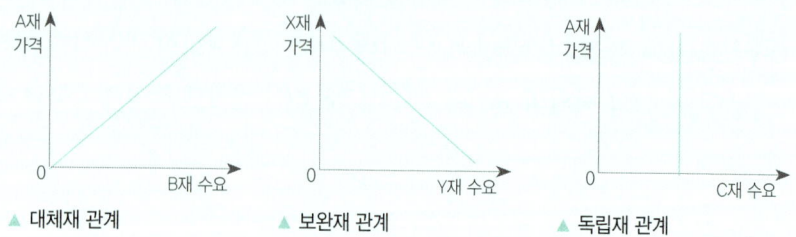

▲ 대체재 관계   ▲ 보완재 관계   ▲ 독립재 관계

(2) 소득과 재화의 관계
① 정상재 : 소득이 증가할 때 수요가 증가하는 재화 를말한다.
② 열등재 : 소득이 증가할 때 수요가 감소하는 재화 를말한다.
③ 정상재와 열등재의 관계 : 과거 보리는 소득이 증가하면 수요가 감소하는 열등재였으나 사회가 변화하여
　보리가 건강식품으로 인식되면서 소득이 증가할 때 수요가 증가하게 된다면 이 경우 보리는 정상재가 된다.

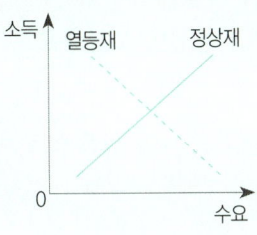

▲ 소득 변화에 따른 수요 변화

2 시장 가격의 결정

(1) 초과 수요와 초과 공급

❶ **초과 수요** : 수요량이 공급량보다 많음 - 가격 상승
❷ **초과 공급** : 공급량이 수요량보다 많음 - 가격 하락

(2) 균형 가격

📂 수요량과 공급량이 일치할 때 결정되는 가격

가격(원/자루)	월간 수요량	월간 공급량	초과 공급/초과 수요
350	70	114	초과 공급
300	74	108	초과 공급
250	80	100	초과 공급
200	90	90	0
150	108	76	초과 수요
100	135	60	초과 수요

(3) 시장 균형의 이동

❶ **수요 변동에 따른 시장 균형의 이동**

● 수요증가 → 수요 곡선이 오른쪽으로 이동 → 초과 수요 발생 → 가격 하락,

거래량 증가

- 수요감소 → 수요 곡선이 왼쪽으로 이동 → 초과 공급 발생 → 가격상승, 거래량 감소

❷ 공급 변동에 따른 시장 균형의 이동

- 공급 증가 → 공급 곡선이 오른쪽으로 이동 → 초과 공급 발생 → 가격 하락, 거래량 증가

- 공급 감소 → 공급 곡선이 왼쪽으로 이동 → 초과 수요 발생 → 가격 상승, 거래량 감소

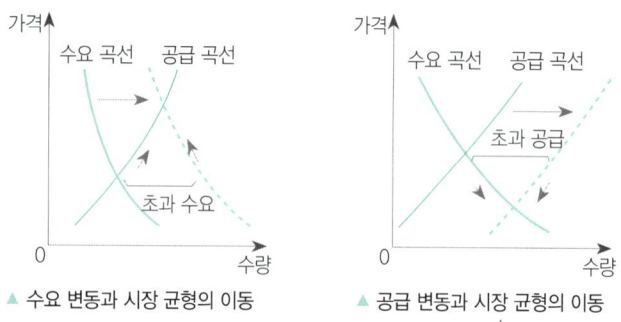

▲ 수요 변동과 시장 균형의 이동   ▲ 공급 변동과 시장 균형의 이동

🕑 가격이 오르면 공급량이 증가하는 이유는?

가격이 오르면 새로이 생산에 참여하는 사람이 늘어나고, 기존의 생산자들도 생산량을 늘리기 때문이다.

🕑 공급 곡선이 오른쪽으로 이동(shift)하는 경우는?

생산비의 하락(국제 유가의 하락 혹은 국제 원자재 가격의 하락 등), 기술 혁신, 경쟁 기업의 진입, 미래 경기에 대한 낙관적인 전망 등이 있다.

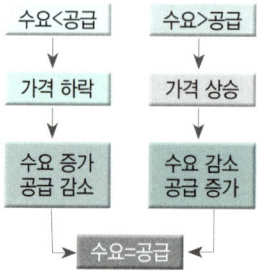

▲ 시장 가격의 결정

▶ 수요와 공급이 동시에 변동했을 때의 가격과 거래량의 변화

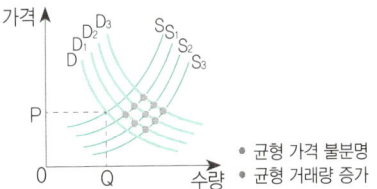

△ 수요와 공급이 동시에 증가했을 경우의 간편 접근법
• 균형 가격 불분명
• 균형 거래량 증가

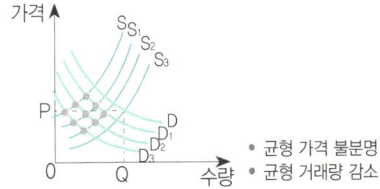

△ 수요와 공급이 동시에 감소했을 경우의 간편 접근법
• 균형 가격 불분명
• 균형 거래량 감소

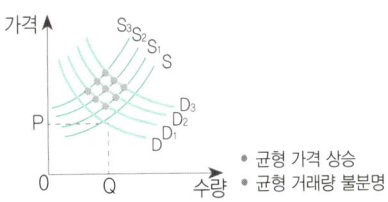

△ 수요는 증가하고 공급은 감소했을 경우의 간편 접근법
• 균형 가격 상승
• 균형 거래량 불분명

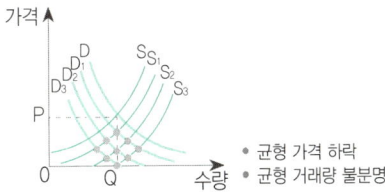

△ 수요는 감소하고 공급은 증가했을 경우의 간편 접근법
• 균형 가격 하락
• 균형 거래량 불분명

✎ 자료해설 : 수요와 공급이 동시에 변동했을 때 가격과 거래량이 어떻게 변화하는가를 이해하기 위해서는 수요의 변동분과 공급의 변동분을 각 사례에 맞추어 분석해야 한다. 예를 들어, 수요와 공급이 동시에 증가했을 경우는 수요 증가분이 공급증가분 보다 클 경우. 반대로 공급 증가분이 수요 증가분보다 클 경우, 수요 증가분과 공급 증가분이 같을 경우로 나누어 살펴보아야 한다. 이 경우 시간이 많이 소요되므로 위의 경우처럼 여러 형태의 수요 곡선과 공급 곡선을 그려서 접근하는 것이 편리하다.

(4) 수요와 공급의 동시 이동

❶ 수요와 증가분이 공급의 증가분보다 큰 경우 ➡ 가격 상승, 거래량 증가

❷ 공급의 증가분이 수요의 증가분보다 큰 경우 ➡ 가격 하락, 거래량 증가

❸ 수요의 증가분과 공급의 증가분이 동일한 경우 ➡ 가격 불변, 거래량 증가

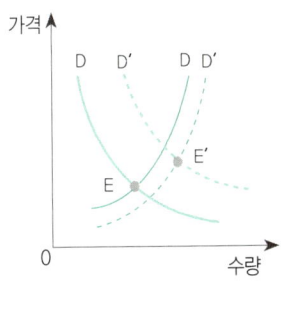

△ 수요 증가 > 공급 증가

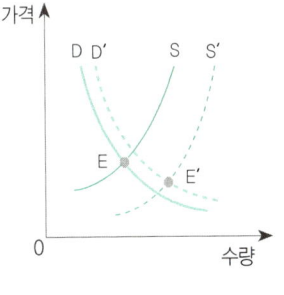

△ 수요 증가 < 공급 증가

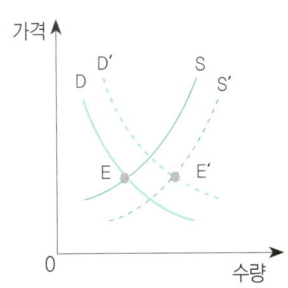

△ 수요 증가 = 공급 증가

3 수요와 공급의 가격 탄력성

(1) 수요의 가격 탄력성

❶ **의미** : 상품의 가격이 변화할 때 이에 따라 수요량이 얼마나 변동하는지를 나타내는 것

❷ **공식** : 수요의 가격 탄력성(ep) = 수요량의 변동률(%) ÷ 가격의 변동률(%)

❸ **경제학적 의미** : 기업의 총수입 변화 방향을 제시해 줌으로써 효율적인 의사 결정에 도움이 되도록 하는데 있음

- ep>1 ⋯ 탄력적

  예 사치품, 대체재가 많은 상품, 재화에 대한 지출이 소득에서 차지하는 비중이 큰 상품

- ep<1 ⋯ 비탄력적

  예 생활필수품, 대체재가 적은 상품, 재화에 대한 지출이 소득에서 차지하는 비중이 작은 상품

- 수요의 가격 탄력성과 총판매 수입의 증감

구분	가격 하락시	가격 상승시
ep > 1	증가	감소
ep < 1	감소	증가

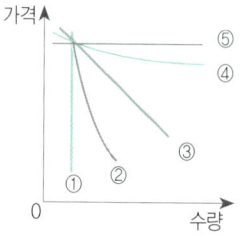

① 탄력성 = 0 : 완전 비탄력적
② 탄력성 < 1 : 비탄력적
③ 탄력성 = 1 : 단위 탄력적
④ 탄력성 > 1 : 탄력적
⑤ 탄력성 = ∞ : 완전 탄력적

ⓒ **공급의 가격 탄력성에 영향을 미치는 요인**
① 생산 기간 : 생산에 걸리는 시간이 짧을수록 탄력적이다.
② 저장의 용이성 : 저장이 용이하거나 저장 비용이 적게 들수록 탄력적이다.
③ 원료 확보의 용이성 : 생산에 반드시 필요한 원료의 확보가 용이할수록 탄력적이다.
④ 기간 : 장기로 갈수록 공급량 조절이 용이하므로 기간이 길어질수록 탄력적이다.
⑤ 생산 요소 간 대체 가능성 : 생산 요소의 대체가 용이할수록 탄력적이다.
⑥ 공급자 간 경쟁 정도 : 경쟁이 심할수록 탄력적이다.

(2) 공급의 가격 탄력성

❶ **의미** : 상품의 가격이 변화할 때 이에 따라 공급량이 얼마나 변동하는지를 나타내는 것

❷ **공식** : 공급의 가격 탄력성(ep)=공급량의 변동률(%)÷가격의 변동률(%)

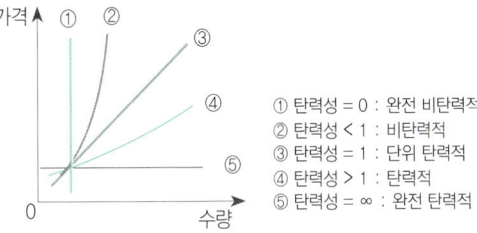

① 탄력성 = 0 : 완전 비탄력적
② 탄력성 < 1 : 비탄력적
③ 탄력성 = 1 : 단위 탄력적
④ 탄력성 > 1 : 탄력적
⑤ 탄력성 = ∞ : 완전 탄력적

◎ **가격 변동률**

(변화된 가격 − 원래의 가격) / 원래의 가격 X 100

◎ **백화점이 바겐세일을 단행할 때 어떤 제품을 대상으로 할까?**

당연히 가격을 조금 내리면 수요가 크게 증가하는 제품에 대하여 바겐세일을 할 것이다. 주로 사치품이나 대체재가 많이 존재하는 재화가 주요 대상이다.

◎ **수요의 가격 탄력성이 단위 탄력적일 경우 총수입의 변화**

해당 재화의 가격이 오른 만큼 수요량은 감소하고, 해당 재화의 가격이 내린만큼 수요량은 증가하므로 총수입은 변화가 없다.

◎ **공급이 완전 비탄력적인 재화**

골동품의 경우 가격 변동에 관계없이 공급은 일정하다. 수요에 따라서 가격이 결정된다.

가격규제 정책

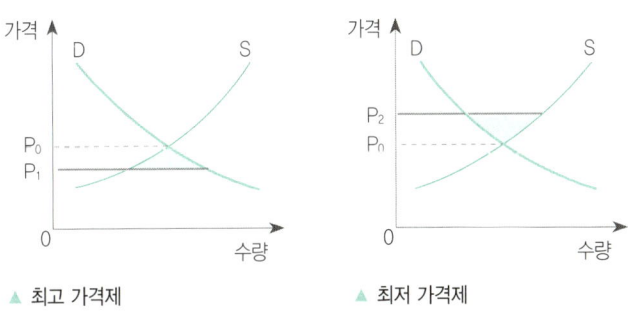

▲ 최고 가격제   ▲ 최저 가격제

✎ **자료해설** :

▶ **최고 가격제(가격 상한제)**는 소비자를 보호할 목적으로 시장 균형 가격보다 낮은 가격을 정부가 설정한 경우이다. 그 결과 초과 수요가 발생하여 물건을 사기 위해 장사진(長蛇陣)이 벌어진다. 합리적 배분 방법으로는 선착순이나 추첨의 방식이 있다. 이와 유사한 정책으로 최고 이자율 정책, 전세가 상한제, 아파트 분양가 상한제 등이 있다.

▶ **최저 가격제(가격 하한제)**는 생산자를 보호할 목적으로 시장 균형 가격보다 높은 가격을 정부가 설정한 경우이다. 그 결과 초과 공급이 발생하여 정부가 재정 부담을 무릅쓰고 재화를 구매해야 하는 경우가 발생한다.

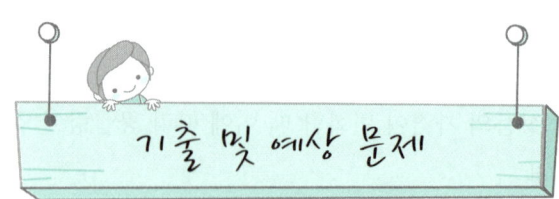

01 자료는 어떤 재화의 가상적인 수요곡선과 공급표이다.
이에 대한 옳은 분석만을 〈보기〉에서 있는 대로 고른 것은?

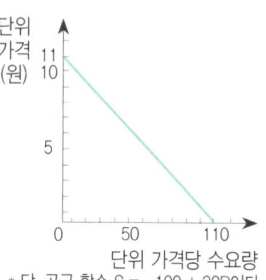

* 단, 공급 함수 S = −100 + 20P이다.

단위당 가격(원)	공급량(리터)
5	0
6	20
7	40
8	60
9	80

보기
ㄱ. 수요 함수는 D=110−10P이다.
ㄴ. 수요 곡선은 정(+)의 기울기를 갖는다.
ㄷ. 균형 가격은 7이고, 균형 거래량은 40이다.
ㄹ. 단위당 가격이 8원일 경우 30개의 초과 공급이 발생한다.

① ㄱ, ㄴ　　　② ㄱ, ㄷ　　　③ ㄴ, ㄹ　　　④ ㄱ, ㄷ, ㄹ

해설 수요 곡선과 공급 곡선
제시된 그림에서 수요 함수를 도출하면 D=100−10P가 된다. 이는 수요량과 가격은 반비례 관계에 있음을 타나낸다. 따라서 수요 곡선은 역(−)의 기울기를 갖는다. 110−10P=−100+20P를 구하면 균형 가격은 7원이 되고, 균형 거래량은 40이다.
바로잡기 ㄴ. 수요 곡선은 역(−)의 기울기를 갖는다.
정답 ④

02 그림은 밀가루 시장의 수요 공급 변동을 나타낸 것이다.
이러한 변화가 발생하게 된 요인을 〈보기〉에서 고른 것은?

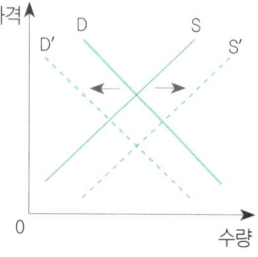

보기
ㄱ. 밀 가격이 상승하였다.
ㄴ. 밀 재배 농가 수가 증가하였다.
ㄷ. 식생활의 변화로 빵을 먹는 인구가 증가하였다.
ㄹ. 밀 재배 기술의 혁신으로 밀 생산 비용이 감소하였다.

① ㄱ, ㄴ　　　② ㄱ, ㄷ　　　③ ㄴ, ㄷ　　　④ ㄴ, ㄹ

해설 수요·공급 이론
밀 재배 농가가 증가함에 따라 밀의 공급이 증가하고, 밀 공급의 증가는 밀의 가격을 인하시킴으로써 밀가루의 공급이 증가한다. 밀 생산비용의 감소는 밀가루의 공급을 증가시킨다.
바로잡기 ㄱ. 밀의 가격이 상승하면 원료비의 부담이 증가하여 밀가루의 공급이 감소한다. ㄷ. 빵을 먹는 인구가 증가하면 밀가루의 수요가 증가한다.
정답 ④

03 자료는 관광 수요에 영향을 미치는 요인을 함수로 나타낸 것이다. 그림에서와 같이 관광 수요 곡선이 이동하였을 경우, 그 원인으로 옳은 것만을 〈보기〉에서 있는 대로 고른 것은?

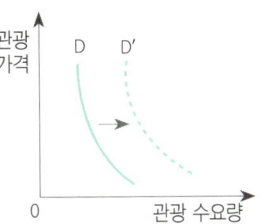

> 관광 수요량 = f(소득의 변화, 여가 시간, 여행비용, 관련 상품의 가격 변화, 소비자의 특성, 사회문화적 요인)

보기	
ㄱ. 소득의 증가	ㄴ. 근검·절약의 문화
ㄷ. 여행비용의 감소	ㄹ. 비행기 요금의 인하

① ㄱ, ㄴ   ② ㄱ, ㄷ   ③ ㄷ, ㄹ   ④ ㄱ, ㄷ, ㄹ

해 설 수요의 변동
제시된 그림은 관광 수요 곡선이 오른쪽으로 이동한 경우이므로 소득의 증가, 여행 비용의 감소, 비행기 티켓 요금의 인하 등이 그 원인이 될 수 있다.

바로잡기 ㄴ. 근검과 절약을 중시하는 것은 광광 수요 감소의 요인이다.

정 답 ④

04 다음과 같은 상황이 발생했을 때 수동식 카메라의 균형 가격과 균형 거래량의 변화로 옳은 것은?

- 여행을 할 때 간편한 디지털 카메라를 찾는 사람이 늘고 있다.
- 수동식 카메라 제조 공장의 파업이 장기화되면서 생산에 차질을 빚고 있다.
- 경기 침체로 인하여 수동식 카메라 필름을 구입하는 사람이 감소하고 있다.

	균형가격	균형 거래량		균형가격	균형 거래량
①	상승	증가	②	하락	감소
③	하락	불분명	④	불분명	감소

해 설 수요와 공급의 동시 변동
제시된 상황은 디지털 카메라의 선호도 증가로 대체 관계에 있는 수동식 카메라에 대한 수요가 감소하고, 필름 구입비의 부담 증가로 수동식 카메라에 대한 수요는 감소함을 보여준다. 또한 수동식 카메라 제조 공장의 장기 파업은 수동식 카메라의 공급을 감소시킨다. 따라서 수요·공급 곡선이 모두 좌측으로 평행 이동한다. 결국 균형 가격은 일정하지 않으며, 균형 거래량은 감소한다.

정 답 ④

05 그림(가)는 A재와 B재의 관계를 나타낸 것이고, (나)는 A재와 C재의 관계를 나타낸 것이다. 만약 B재와 C재의 가격이 모두 상승할 경우 A재의 가격과 수요의 변화를 예측한 것으로 옳은 것은?

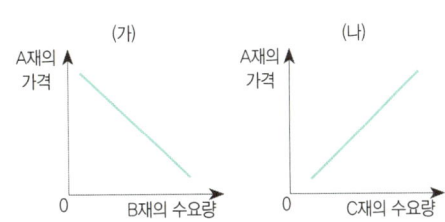

① 가격은 상승할 것이다.　　　　② 가격은 하락할 것이다.

③ 수요는 감소할 것이다.　　　　④ 수요의 증감 여부는 알 수 없다.

해 설 대체재와 보완재의 관계

그림을 보면 A재의 가격인 상승하면 B재의 수요는 감소하고, C재의 수요는 증가한다. 따라서 A재와 B재는 보완재 관계이고, A재와 C재는 대체재 관계임을 알 수 있다. 보완재인 B재의 가격이 상승하면 A재의 수요는 감소하고, 대체재인 C재의 가격이 상승하면 A재의 수요는 증가한다. 따라서 B재와 C재의 가격이 모두 상승할 때 어느 재화의 영향력이 더 강한지의 여부는 알 수 없으므로 A재 가격 변동과 수요의 증감 여부는 불분명하다.

정 답 ④

06 표는 A~D 제품에 대한 공급의 가격 탄력성을 나타낸 것이다 .이에 대한 적절한 추론을 〈보기〉에서 고른 것은?

제품	공급의 가격 탄력성
A	0.3
B	0.7
C	2.5
D	4.9

 보기

ㄱ. A재는 공산품보다 농산물에 가까울 것이다.

ㄴ. B재는 가격을 인하하면 판매 수입이 증가할 것이다.

ㄷ. C재는 B재보다 생산 기간이 짧을 것이다.

ㄹ. 소득에서 차지하는 지출의 비중이 작을수록 B재보다 D재에 가까울 것이다.

① ㄱ, ㄴ　　　　② ㄱ, ㄷ　　　　③ ㄴ, ㄷ　　　　④ ㄴ, ㄹ

해 설 공급의 가격 탄력성

제시된 표에서 A재와 B재는 공급 가격 탄력성이 비탄력적인 재화로서 농산물에 가까우며, C재와 D재는 공급의 가격 탄력성이 탄력적인 재화로서 공산품에 가깝다. 공급의 가격 탄력성이 클수록 생산 기간이 짧고, 저장 기간이 길다.

바로잡기 ㄴ,ㄹ은 수요의 가격 탄력성과 관계 깊다.

정 답 ②

07 다음 글은 정부의 가격 통제 정책에 관한 것이다. 정부의 가격 정책 중 그 성격이 나머지 것과 다른 하나는?

원칙적으로 시장 가격에 의한 자원 배분이 바람직하나, 때로는 소비자에게 불리할 경우도 있고 생산자에게 불리할 경우도 있다. 이때 정부가 나서서 가격을 규제하는 정책을 시행하게 된다.

① 이자율 상한제를 정하는 경우　　　　② 매년 최저 임금을 책정하는 경우

③ 공공 서비스 요금을 규제하는 경우　　④ 아파트 임대료 상한제를 시행하는 경우

해 설 가격 정책

①, ③, ④는 모두 최고 가격제에 해당한다. 이 정책은 정부가 가격 혹은 이자율이 더 오르는 것을 억제하는 가격 상한선을 정한 후 그 이상의 가격을 받지 못하게 함으로써 소비자 혹은 수요자를 보호하는 데 목적이 있다. 주로 독과점 품목에 실시되고 있다.

바로잡기 ② 최저 임금제는 노동자의 삶의 질을 향상시키고 인간다운 생활을 보장하기 위해서 임금의 하한선을 정해 놓은 것이다. 따라서 최저 가격제의 사례에 속한다.

정 답 ②

08 그래프의 최근 쇠고기 시장에 대한 옳은 분석만을 〈보기〉에서 있는 대로 고른 것은 ?

보기

ㄱ. 수입산 쇠고기에 대한 광우병 우려가 컸기 때문이다.

ㄴ. 원산지 표시제 등 쇠고기 실명제를 실시했기 때문이다.

ㄷ. 한우의 공급증가분보다 수요 증가분이 컸기 때문이다.

ㄹ. 소비자들이 한우와 미국산 쇠고기에 대한 맛의 차이를 느끼지 못했기 때문이다.

① ㄱ, ㄴ   ② ㄴ, ㄷ   ③ ㄴ, ㄹ   ④ ㄱ, ㄴ, ㄷ

해설 수요와 공급의 변동

제시된 그래프는 쇠고기의 수요 증가가 공급 증가를 초과하여 쇠고기 가격이 상승하고 있음을 나타낸다. 원산지 표시제, 쇠고기 이력 표시제 등 쇠고기 실명제를 실시함에 따라 안심하고 한우를 먹을 수 있다는 믿음에서 한우에 대한 수요가 증가한 것이다. 반면에 수입 쇠고기에 대해서는 광우병 공포가 있어 수요가 감소하였다.

바로잡기 ㄹ. 소비자들이 한우와 미국산 쇠고기에 대한 맛의 차이를 느꼈기 때문에 한우에 대한 수요가 증가한 것이다.

정답 ④

09 다음 사례를 바탕으로 한 수요 곡선으로 옳은 것은?

최근 사재기가 발생하고 있는 메모리 시장 동향에 이목이 집중되고 있다. 확산 조짐을 보이고 있는 메모리 유통업계와 세트 업체들의 사재기 및 선구매(先購買) 현상은 향후 품귀 현상이 지속되어 반도체 가격이 지속적으로 상승할 것이라는 업계의 판단이 그 배경이 되었다.

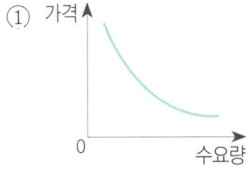

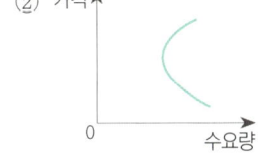

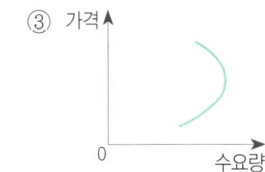

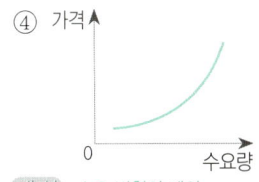

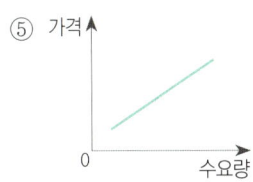

해설 수요 법칙의 예외

제시된 글은 수요 법칙의 예외에 대한 것으로 매점(買占)이라고 부른다. 반도체의 사재기는 반도체의 가격이 더욱 오를 것으로 예상됨에 따라 반도체의 수요량이 오히려 증가하는 현상이다.

정답 ②

03 시장 기능의 한계와 보완 대책

 1 시장 실패(market failure)

(1) 의미 　시장을 둘러싼 환경이나 재화의 특성상 시장이 자원을 효율적으로 배분하지 못하는 것 → 정부의 개입 필요

예 불완전한 경쟁시장, 외부효과 발생, 공공재 생산 부족

(2) 독과점의 경우

❶ **문제점** : 독과점 기업은 생산과 공급을 제한하여 가격을 올림
❷ **특징** : 경쟁 상대가 없거나 적기 때문에 좋은 품질의 상품을 가장 싼 비용으로 생산할 경제적 필요성 감소 → 자원의 효율적 배분 저해

(3) 외부 효과의 경우

❶ **의미** : 생산자나 소비자들의 행동이 제 3자에게 의도하지 않은 이익이나 손해를 가져다 주는데도 불구하고 이에 대한 대가를 받지도 지불하지도 않는 것 → 어느 경제 주체의 경제 활동의 결과가 시장의 외부를 통해 다른 경제 주체의 후생에 영향을 주는 것

예 공장에서 폐수가 발생하는 경우에 이 기업은 공해라는 사회적 비용을 발생시키지만 그 비용을 직접 부담하지는 않음 → 지나친 오염 초래

❷ **외부 효과의 종류**

- 외부 경제(긍정적 외부 효과) : 다른 사람들로부터 아무런 대가를 받지 않고 이익을 주는 것 → 사회적 편익 증가
- 외부 불경제(부정적 외부 효과) : 다른 사람에게 일방적으로 손해를 끼치는 것 → 사회적 비용 증가

📂 **소비와 생산에서의 외부 효과**

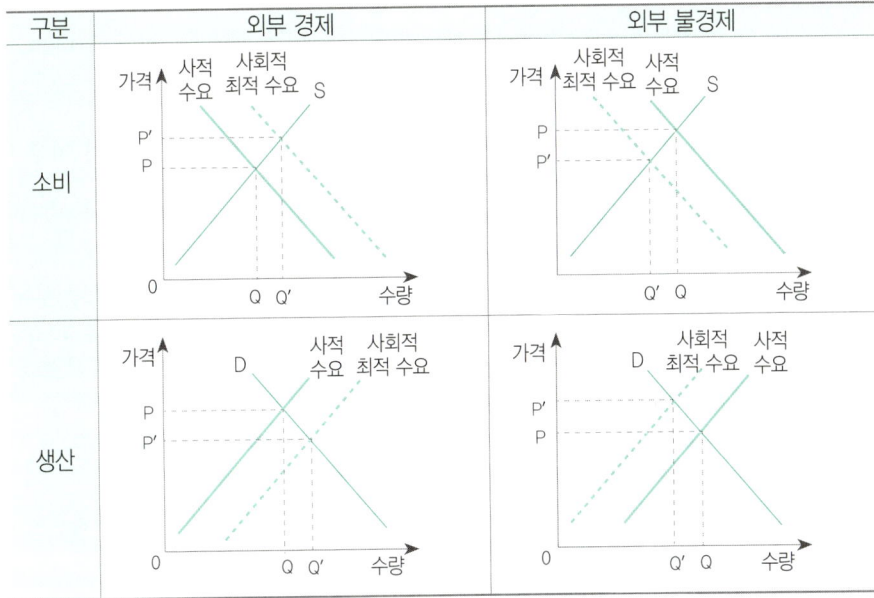

❸ **문제점** : 긍정적 외부 효과를 만들어 내는 사람은 애써 많이 만들어 내려 하지 않는 반면, 부정적 외부 효과를 만들어 내는 사람은 생산을 억제하려 하지 않음 → 자유로운 시장 기구에 맡겼을 때 긍정적 외부 효과는 사회적 최적 수준보다 적게 만들어지는 반면, 부정적 외부 효과는 사회적 최적 수준보다 많이 만들어짐 → 자원의 비효율적 배분 초래

(4) 공공재의 경우

❶ **의미** : 다수의 사람들이 함께 혜택을 누리는 재화

❷ **특징**

- 비배제성(non-exclusiveness) : 공공재 사용에 따른 비용을 지불하지 않은 경제 주체를 소비로부터 배제할 수 없음 → 무임 승차 심리 발생
- 비경합성(non-rivalry) : 공공재가 생산된 후 다른 경제 주체가 추가로 소비하여도 이미 소비하고 있던 경제 주체들의 소비 가능성이 감소하지 않음

❸ **문제점** : 서비스 자체의 성질상 시장에 의해서 효과적으로 공급되기 어려움 → 시장의 기능에 의해서는 사회적으로 필요한 양만큼 충분히 생산, 공급되지 못하기 때문에 정부에 의해 공급되어야 충분한 수량이 확보됨(공공재의 비배제성과 비경합성 때문에 민간 기업이 생산과 판매를 한다면 손해를 볼 수밖에 없음) ex) 교육, 국방, 치안, 도로, 교량, 댐 등의 재화나 서비스

(5) 불완전한 정보의 경우

❶ 역선택(adverse selection) : 정보가 비대칭이기 때문에 성능이 나쁜 재화가 시장을 지배하게 되는 경우

❷ 도덕적 해이(moral hazard) : 정보가 비대칭이기 때문에 계약이 이루어진 이후 서로에 대한 의무를 소홀히 하는 경우

ⓒ 경쟁 시장(시장 경제)의 효율성
합리적인 소비자 : 가격과 소득 범위 내에서 필요한 물건을 골라 구매하여 만족(효용)을 극대화하려 함.
합리적인 생산자 : 생산자 간의 경쟁으로 값싸고 질 좋은 상품을 생산하여 이윤을 극대화하려 함.
자원의 효율적 배분 : 희소한 자원으로 가장 필요하나 재화나 용역을 가장 낮은 비용으로 가장 필요한 사람에게 공급. 자원이 최대의 가치를 만들어 낼 수 있는 곳으로 이동하는 것.

ⓒ 경쟁의 힘 : 시장이 자원을 효율적으로 배분하는 것은 경쟁의 힘이 작용하기 때문이며, 시장에서 경쟁이 사라진다면 시장은 더 이상 효율적인 자원 배분 기구가 될 수 없다.

ⓒ 시장 실패 : 경쟁 시장이 자원 배분을 완전히 잘못 한다는 의미가 아니고, 가장 효율적인 자원 배분의 상태에 이르지 못한다는 것을 의미한다.

ⓒ 부정적 외부 효과에 대한 대책
경유 자동차 소유자에게 환경 개선 부담금 부과. 유해 물질을 함유하고 있거나 재활용이 곤란한 제품의 제조업자에게 폐기물 처리 비용 부과. 허용 기준을 초과하여 오염 물질을 배출하는 업체에게 배출 부담금 부과.

ⓒ 공유 재산(common resources) : 경합성은 있지만 배제성이 없는 재화를 말한다. 바닷속의 물고기가 대표적인 공유 재산에 해당한다.

ⓒ 정보 보유의 불균형(정보의 비대칭성)
역선택의 경우 : 생명 보험 회사〈보험 가입자, 중고차 시장에서의 구입자〈판매상
도덕적 해이의 경우 : 화재 보험 가입자〉화재 보험 회사, 자동차 보험 가입자〉자동차 보험 회사

 심화 학습 　정보의 비대칭성

　경제 행위의 당사자 간에 정보의 비대칭이 발생하였을 경우, 즉 한쪽은 상대방의 행동을 파악 할 수 있는 반면, 다른 한쪽은 이에 대한 정보를 파악할 수 없을 때, 정보를 많이 가진 쪽이 정보를 적게 가진 상대방에게 불이익을 줄 수 있다. 이는 시장 실패로 이어진다. 계약이 성립되기 전의 정보의 비대칭성으로 말미암아 발생하는 문제를 역선택이라 부르며, 계약이 성립된 후의 정보의 비대칭성으로 말미암아 발생하는 문제를 도덕적 해이라고 부른다. 역선택의 경우, 평균치 이상으로 사고를 내는 사람들이 더 적극적으로 보험에 가입하려고 시도할 것이고, 이에 따라 보험회사는 손해를 입을 가능성이 크다. 중고 자동차 시장에서는 평균치 이하의 품질을 가진 중고차만 거래되는 경우를 들 수 있다. 도덕적 해이의 경우, 자동차 보험 가입자는 사고 방지를 위한 차량 관리나 안전 운전을 소홀히 하는 사례가 대표적인 예이다. 사고가 발생하였을 때 불필요하게 장기간 입원하여 보험금을 받는 경우도 있다.

✎ **자료해설** : 위의 사례에서 역선택에 대한 대책으로는 일정 시점까지 품질 보증을 해주고 그 기간 동안 문제가 발생하였을 때 무료로 고쳐주는 경우를 들 수 있다. 도덕적 해이에 대한 대책으로는 자동차 사고가 발생했을 때 보험료율을 인상하는 방법이 있다.

2 시장 실패에 대한 대책

(1) 정부에 의한 시장 개입

❶ 독과점에 대한 대책

- 독과점 기업 규제 : 부당한 가격 인상, 생산량의 감축 등에 대한 감시 및 제재
  → 독점 규제 및 공정 거래에 관한 법률 시행
- 소비자 보호 : 과대 광고 시정 명령, 결함 상품에 대한 보상 제도 확충
- 불공정 거래 규제
  - 기업 간 내부 거래 및 대기업의 중소기업에 대한 지위 남용 행위 규제
  - 소비자 권리 침해 행위 규제
- 독과점 기업의 이윤 일부를 조세로 징수
- 최고 가격제 시행 : 소비자 보호 및 가격 하락 유도
- 새로운 기업의 시장 참여 유도
- 독점 기업을 공기업으로 전환

❷ 외부 효과에 대한 대책

- 긍정적 외부 효과의 경우 : 보조금 지급, 조세 감면 등을 통해 사회적 필요량이 생산되도록 유도 → 기술 파급 효과가 큰 분야에 지원
- 부정적 외부 효과의 경우 : 직접 규제나 조세 정책을 통해 규제 → 오염 물질의 방출 제한, 정화 시설 설치 의무화 등의 직접 규제, 환경세 도입, 자동차세 부과 등의 조세 정책, 쓰레기 종량제 실시, 각종 환경 개선 부담금 등의 부과 → 공급을 감소시킴

❸ 공공재에 대한 대책

- 국민의 세금으로 정부가 직접 생산 : 국방, 치안 서비스, 철도, 도로, 항만, 댐, 상수도 사업, 전력 사업 등
- 공기업 운영 : 정부가 직접 경영하거나 출자를 통해 운영

(2) 민간 부문을 통한 시장 기능 보완

❶ 경제 활동의 규범성 제고

- 소비자의 건전한 소비 활동 유도
- 생산자의 공정한 경쟁 규칙 준수 강조
- 환경 교육을 통한 환경 오염의 심각성 홍보

❷ 시민 운동을 통한 보완

- 기업들의 불공정 행위 여부 감시, 비판
- 소비자 권익 보호를 위한 다양한 소비자 운동 전개
- 기업의 환경 오염 유발 행위 여부 감시
- 공정한 경제 질서 확립을 위한 입법(立法), 청원(請願) 활동

3 정부 실패와 신자유주의

(1) 정부 실패

❶ 의미 : 시장에 대한 정부의 지나친 개입이 시장 실패를 보완하기보다는 오히려 국민 경제의 효율성을 떨어뜨리는 현상

- ◖ 자원이 효율적으로 배분되기 위한 전제 : 각 경제 주체들이 일정한 규칙과 질서에 따라 공정하게 경쟁해야 한다.
- ◖ 최고 가격제(가격 상한제) : 독과점으로 인한 가격의 부당한 인상을 방지하기 위해 정부가 상한선을 두는 가격 정책이다.
- ◖ 환경 개선 부담금 : 환경 개선 대책을 추진하기 위한 투자 재원을 마련하기 위하여, 유통과 소비 과정에서 환경 오염 물질의 다량 배출로 인하여 환경 오염의 직접적 원인이 되는 건물 및 기타 시설물의 소유자와 자동차의 소유자가 '환경 개선 비용 부담법'에 의하여 납부한다.
- ◖ 시민단체 : 공동체의 이념 실현을 위해 자율적으로 조직된 단체이다.

❷ 원인

- 정부의 불확실한 지식과 정보 : 다원화 · 전문화된 사회에서 지식과 정보 수집 능력 부족
- 공무원 조직의 비대화와 비효율성 : 개인의 승진이나 소속 부처의 이해 관계가 공공의 이익보다 우선시됨 → 전시행정
- 특정이익 집단의 압력과 유착(connection)관계 : 공무원이 객관적 · 중립적인 태도를 잃고 특정 이익 집단에게 특혜를 제공하여 자원 배분이 왜곡됨
- 정부의 근시안적 규제 : 소비자가 원하는 방향으로 정책 결정을 못내리고 정권 유지를 위해 근시안적인 결정을 내리기 쉬움
- 특정 재화와 서비스에 대한 정부의 독점 : 자원 배분의 비효율성이 야기됨

❸ 규제 완화의 필요성

- 불합리하고 지나친 정부 규제 : 자원 배분이 오히려 악화될 수 있음
- 정부 기구의 비대화 : 자원의 낭비가 심해질 수 있음
- 관료적 경직성 : 불필요한 규제와 제도를 그대로 행할 가능성이 큼

❹ 정부 실패의 해결책

- 정부의 불필요한 규제 완화 : 규제 개혁 위원회의 활동 활성화
- 관료사회의 인식전환 : 공무원의 철저한 공복의식 확립과 무사안일 태도 근절
- 제도개혁 : 업무에의 경쟁 제도 도입, 다양한 유인 동기의 제공, 관료 조직의 상호 견제 기능강화, 엄격한 공사 구분 정책 투명성의 확보 및 행정 정보의 공개 등
- 입법부에 의한 국정 감사
- 감사원, 시민 단체에 의한 예산 감시 및 통제
- 정당과 언론을 통한 국민의 여론 형성 등

📁 **정부 실패의 원인 및 대책**

정부 실패의 의미	정부의 개입이 오히려 자원 배분의 효율성을 해치는 현상	
정부 실패의 원인	불완전한 지식과 정보	복잡하고 거대해진 경제 현상에 대한 지식과 정보의 부족
	근시안적 규제	근시안적인 의사 결정
	정치적 제약 조건	경제적 측면보다는 정치적 측면을 우선 고려
	이윤 동기의 부족	경제적 유인의 부족
	관료적 병폐	곤료 집단의 이기주의
	이익 집단과의 유착	부정부패와 정경 유착
정부 실패에 대한 대책	규제의 완화와 개혁	규제의 완화와 불필요한 규제의 철폐
	공기업의 민영화	공기업의 민영화로 효율성 제고 및 서비스의 개선
	시민 단체의 감시와 시민운동	정부 활동에 대한 감시 및 비판

(2) 신자유주의와 작은 정부론의 등장

❶ 등장배경 : 1970년대 이후 스태그플레이션 현상으로 정부의 적극적 시장 개입이 딜레마에 빠짐

❷ 신자유주의의 의미 : 큰 정부론에 반대하여 정부의 개입을 줄이고 시장 기능의 활성화를 도모

❸ 신자유주의의 내용 : 정부의 시장 개입 축소, 공기업의 민영화, 정부의 각종 규제 완화, 복지 예산 축소, 노동 시장의 유연성 확보

(3) 공기업의 필요성과 민영화

❶ **공기업** : 정부가 직접 기업 활동을 하거나 기업에 출자하여 경영권을 행사

❷ **공기업 활동의 논리적 근거** : 효율성과 공익성 추구

- 효율성 : 규모의 경제가 작용하여 독점이 형성될 가능성이 큰 업종을 공기업 형태로 전환하여 정부가 직접 경영
  - → 부당한 가격 인상과 생산량 축소 방지를 통한 효율성 제고
- 공익성 : 철도, 우편 등 공익성을 가지는 재화나 서비스의
- 안정적 공급, 일정 수준의 품질과 가격 유지를 위해 공기업 활용

❸ **공기업의 형태**

- 정부 투자 기관 : 정부가 납입자본금의 50%이상을 출자한 법인→한국 방송공사, 한국 전력 공사, 한국 도로 공사 산업 은행 등
- 정부 출자 기관 : 정부가 납입 자본금의 50% 미만을 출자한 기업으로, 정부가 최대 주주이거나 사실상 경영권에 영향을 미칠 수 있는 법인→한국 가스 공사 등

❹ **공기업의 민영화**

- 필요성 : 조직의 방만화와 관료화로 인한 공기업의 비효율성
- 효과 : 경쟁 원리 도입→서비스 개선, 경영 효율화
- 현황 : 우리나라에서도 1990년대부터 공기업의 민영화 적극 추진

ⓒ **전시행정** : 국민의 이익을 달성하기 보다는 국민에게 보여주기 위한 행정이다.

ⓒ **파킨슨의 법칙**
영국의 파킨슨이 제창한 사회 생태학적 법칙이다.
– 제1법칙: 관리자(공무원)의 수는 일의 경중이나 유무에 구애됨이 없이 일정한 비율로 증가한다.
– 제2법칙: 가계에서나 재정에서나 돈은 들어온 만큼 나간다.

ⓒ **규제 개혁 위원회**
정부의 규제 정책을 심의ㆍ조정학고, 규제의 심사ㆍ정비 등에 관한 사항을 종합적으로 추진하기 위해 설치한 정부 기구이다.

ⓒ **규제 일몰제**
향후 계속 유지해야 할 명백한 사유가 없는 규제는 5년이 지나면 자동으로 효력이 상실되도록 하는 제도이다.

ⓒ **스태그플레이션**
경기침체하의 인플레이션 현상으로 확장 정책시 고용은 증가되나 물가는 더욱 상승하고, 간축 정책시 물가는 안정 되나 실업은 더욱 심화되어 정부의 적극 개입이 오히려 역효과를 가져올 가능성이 있다. 이로 인해 작은 정부론으로 돌아가자는 주장이 대두 되었다.

ⓒ **공기업 설립의 동기** : – 민간 자본의 부족   – 국방 및 전략상의 고려   – 독점적 서비스

ⓒ **공기업의 비효율성**
정부 부처형 공기업은 공무원 신분의 사원으로 구성되기 때문에 관료적 경직성으로 인한 창의력 발휘에 둔감한 면이 있는데, 이것이 공기업의 적자 누적의 원인으로 지적되고 있다.

01 다음 (가)~(다) 사례에 대한 옳은 설명을 〈보기〉에서 고른 것은?

(가) 하나의 기업이나 소수의 기업에 의해 시장이 점유되는 경우
(나) 그 혜택이 누구에게 얼마만큼 돌아가는지 알 수 없어 수익자에게 정확히 부담시키기 어려운 경우
(다) 생산자나 소비자들의 경제 활동이 그 시장에 참여하지 않은 제3자에게 피해 또는 이익을 가져다 주는 경우

보기
ㄱ. (가)의 경우 경쟁적 시장에 비해 상품의 가격은 인상되고 공급량은 감소한다.
ㄴ. (나)의 경우 주로 이윤 획득을 목표로 하는 기업들에 의해 과잉 생산되는 경향이 있다.
ㄷ. (다)의 경우 사회적 최적 수준보다 과소 생산되는 문제가 발생한다.
ㄹ. 시장 경제에서 모든 문제를 가격 기능에만 의존할 수 없다는 사실을 보여준다.

① ㄱ, ㄴ　　　　② ㄱ, ㄹ　　　　③ ㄴ, ㄷ　　　　④ ㄴ, ㄹ

해설 ▶ 시장 실패
　제시된 글에서 (가)는 독과점으로 인한 시장 실패, (나)는 공공재의 과소공급으로 인한 시장 실패, (다)는 외부 효과로 인한 시장 실패를 의미한다. ㄱ. 독과점 기업은 생산과 공급을 제한하여 가격을 올리며, 경쟁상대가 없거나 적어 가장 싼 비용으로 좋은 품질의 상품을 생산할 경제적 필요성이 감소하여 자원의 효율적 배분을 저해 한다.

바로잡기 ㄴ. 공공재는 사회적 최적 수준보다 과소 공급되는 것이 문제이다. ㄷ. 긍정적 외부 효과의 경우 사회적 최적 수준보다 과소 공급되는 것이 문제이고, 부정적 외부 효과의 경우 사회적 최적 수준보다 과잉 공급되는 것이 문제이다.

정답 ②

02 그림에 대한 옳은 설명만을 〈보기〉에서 있는 대로 고른 것은?

배제성	경합성		비배제성
	(가)	(나)	
	(다)	(라)	
	비경합성		

보기
ㄱ. (가)의 경우 일반적인 재화에서 많이 나타난다.
ㄴ. (나)의 경우 공유 재산의 비극을 초래할 수 있다.
ㄷ. (다)의 경우 혼잡한 유료 도로가 대표적인 예이다.
ㄹ. (라)의 경우 무임 승차 심리가 나타난다.

① ㄱ, ㄴ　　　　② ㄴ, ㄷ　　　　③ ㄷ, ㄹ　　　　④ ㄱ, ㄴ, ㄹ

그림에서 (가)는 사적 재화, (나)는 공유 재산, (다)는 요금제, (라)는 공공제를 나타낸다.
바로잡기 ㄷ.요금제의 경우 일단 요금만 지불하면 자신의 사용이 타인의 사용 가능성을 감소시키지 않는 재화이므로 막히지 않는 유료 도로가 대표적인 예이다.
정 답 ④

03 다음 사례로 인하여 나타난 결과와, 이에 대한 대책으로 적절하지 않은 것은?

- 관료의 불안전한 지식과 정보
- 무사안일의 관료주의
- 규제의 경직성 : 정부의 규제는 일반적으로 시장 참여자들의 이해관계에 상충하는 경우가 많아 규제의 목적을 달성할 수 있도록 완전하지 않으며, 관료 조직의 관행 상 쉽게 바뀌지 않는 경직성이 있다.
- 정치적 계약 : 정부의 개입이 경제적 효율성이나 형평성을 실현하기 위하여 이루어지는 것이 아니라 정치적 목적을 위하여 이루어지는 경우가 있다.

① 정부 실패의 원인이 되었다.
② 민간 기업의 공기업화를 확대한다.
③ 규제 일몰제 등 규제 완화책이 요구된다.
④ 공무원의 철저한 공복의식이 필요하다.

해 설 정부 실패
제시된 글은 모두 정부 실패의 원인을 의미한다. 정부 실패란 시장에 대한 정부의 지나친 개입이 시장 실패를 보완하기보다는 오히려 국민 경제의 효율성을 떨어뜨리는 현상이다. 따라서 관료 사회의 의식전환, 불필요한 규제의 완화, 제도 개혁, 예산 감시 및 통제, 국민 여론 형성 등이 요구된다.
바로잡기 2 공기업의 방만한 경영에서 오는 비효율을 없애기 위해 공기업을 민영화해야 한다.
정 답 ②

04 정부가 다음과 같은 정책을 추진하게 된 배경으로 적절하지 않은 것은?

한국 통신 공사, 국민 은행 등 국영 기업 또는 정부 투자 기관 주식의 상당 부분을 공모를 통해 민간에게 매각 하였다.

① 서비스의 질을 향상시키기 위해서
② 시장 기능의 장점을 살리기 위해서
③ 대량 생산의 이점을 실현하기 위해서
④ 경제 행위의 효율성을 제고하기 위해서

해 설 공기업의 민영화
제시된 글은 독점적으로 공기업에 의해 운영되던 시장을 경쟁 시장화하거나 민영화하고자 하는 방안이다. 이는 공기업보다는 민간 기업이, 독점 시장보다는 경쟁적 시장이 생산성 및 서비스 향상에 유리하며 정부의 규제가 오히려 경제의 효율성을 저해할 수 있다는 인식에서 비롯된 것이다.
바로잡기 3 대량 생산의 이점은 오히려 독점 기억에서 누릴 수 있다.
정 답 ③

05 다음 x재의 시장 상황에 관한 설명으로 옳은 것은? (2010 수능)

> ○○제약 회사는 최근 유행하기 시작한 신종 전염병의 백신인 X재를 최초로 개발하여 ㉠ 특허권을 인정받았다. 그러나 신종 전염병이 급속하게 확산되자 ㉡ 특허권을 일시적으로 정지시키고 다른 제약 회사들에게 X재의 생산 기술을 공개하라는 요구가 제기되고 있다.

① X재의 접종은 부정적 외부효과를 발생시킨다.
② ㉠으로 인해 X재의 생산 기술은 경합성을 가지게 된다.
③ ㉠으로 인해 X재의 시장 거래량은 사회적 최적 수준보다 많아진다.
④ ㉡으로 인해 X재의 가격은 상승한다.
⑤ ㉡의 상황에서 X재의 시장 거래량은 사회적 최적 수준보다 적다.

해설 외부효과
제시문에 의하면 특허권의 인정은 독점을 의미하기 때문에 x재의 생산 기술을 가지고 있는 ○○제약 회상의 기술은 배제성을 가지게 되며, 특허권을 일시적으로 정지시키고 다른 회사에 생산 기술을 공개할 경우 긍정적 외부 효과를 초래하므로 시장 거래량은 사회적 최적수준보다 적게 된다.

바로잡기 1 x재의 접종은 긍정적 외부 효과를 발생시킨다. 2 ㄱ 으로 인해 x재의 생산 기술은 배제성을 가지게 된다. 3 ㄱ이 보호되면 x재의 시장 거래량은 사회적 최적 수준에 도달하게 된다. 4 생산 기술을 다른 기업이 공유하게 되므로 x재의 공급이 증가하며, 이에 따라 x재의 가격은 하락한다.

정답 ⑤

06 다음 사례로부터 옳게 추론한 내용을 〈보기〉에서 모두 고른 것은? (2007 수능)

> 세계의 많은 대도시들은 교통 혼잡 문제로 골머리를 앓고 있다. 경제학자들은 이에 대해 도로 통행료 징수 제도를 해답으로 제시한다. 그러나 세계의 어느 도시도 싱가포르가 시도하기 전까지는 이 제도를 도입할 엄두를 내지 못했다. 싱가포르는 도심 주변에 통행료 징수기를 설치하여 이용한 도로, 이용 시간대 등을 토대로 도심에 진입하는 차량에 대해 통행료를 징수하고 있다.

> **보기**
> ㄱ. 통행료를 징수하는 도로는 국방과 같은 공공재이다.
> ㄴ. 통행료를 징수함으로써 도로의 최적 이용량을 유도하고자 한다.
> ㄷ. 통행료를 징수하는 것은 도로 이용의 사적 비용이 사회적 비용보다 크기 때문이다.
> ㄹ. 통행료를 징수하지 않는 경우 누구나 이용할 수 있지만 혼잡에 따른 경합성이 있다.

① ㄱ, ㄴ ② ㄱ, ㄷ ③ ㄴ, ㄷ ④ ㄴ, ㄹ ⑤ ㄷ, ㄹ

해설 효율적인 자원 배분
공공재는 비배제성과 비경합성을 지닌다. 사용 대가를 지불하지 않은 사람도 사용할 수 있는 비배제성을 지닌 도로의 경우 너무 많은 사람이 사용할 경우 기존 소비자들의 소비량이 감소하는 경합성이 나타날 수 있다. 교통 혼잡이 발생하는 이유는 도로의 공급이 수요를 따라가지 못하기 때문이다. 따라서 정부가 개입하여 혼잡 통행료를 부과하여 수요를 줄임으로써 도로라는 자원의 효율적 배분을 도모할 수 있다.

바로잡기 ㄱ. 통행료를 징수하는 도로는 공공재가 아니다. 공공재는 비배제성을 특징으로 하므로 통행료를 지불하지 않아도 누구나 이용할 수 있는 재화이다. ㄷ. 통행료를 징수하는 것은 도로 이용의 사회적 비용이 사적비용보다 크기 때문이다.

정답 ④

07 다음 글에 대한 옳은 설명 및 분석만을 〈보기〉에서 있는 대로 고른 것은?

> 어느 중고차 매매 시장에서 A사는 중고차 50대를 보유하고 있다. 이 중 50%인 25대는 우량에 속하는데, A사는 적어도 대당 550만원을 받으려 하고 구매자는 600만원 이상으로는 구매하지 않으려 한다. 이에 반해 25대는 불량에 속하는데, A사는 적어도 300만원을 받으려 하고 구매자는 400만원 이상으로는 구매하지 않으려 한다. 이때 어느 자동차가 불량인지 우량인지는 A사만 알고 있다.

보기

> ㄱ. 우량과 불량이 걸릴 확률이 50%라고 가정한다면, 구매자 입장에서의 적정 가격은 500만원이 될 것이다.
>
> ㄴ. 자동차 시장에서 가격은 400만원에서 600만원 사이에서 결정될 것이다.
>
> ㄷ. ㄱ의 내용이 옳다면 결국 중고 자동차 시장에는 불량 자동차만 공급될 것이다.
>
> ㄹ. 판매자와 구매자 간의 정보의 비대칭성에서 나오는 비효율적 자원 배분의 사례이다.

① ㄱ, ㄷ   ② ㄷ, ㄹ   ③ ㄱ, ㄴ, ㄹ   ④ ㄱ, ㄷ, ㄹ

해 설 시장실패

제시된 글은 정보의 비대칭성에서 발생하는 시장 실패에 대한 것이다. 공급자 입장에서 받으려고 하는 최저 가격은 300만 원이고, 수요자 입장에서 지불하려고 하는 최고 가격은 600만 원이므로 시장 가격은 300만 원에서 600만 원 사이에서 결정될 것이다. 우량과 불량이 걸릴 확률이 50%라고 가정한다면, 구매자 입장에서의 적정 가격은 (600만 원 X 0.5) + (400만 원 X 0.5) = 500만 원이 될 것이다. 결국 중고 자동차 시장에는 우량 자동차는 공급이 안 되고 불량 자동차만 공급될 것이다. 판매자 입장에서 우량 자동차의 경우 최소한 550만 원은 받아야 하기 때문이다.

정 답 ④

Chapter
03
경제 주체의 합리적 선택

01 바람직한 소비선택

 가계 소득과 지출

(1) 가계와 경제 활동

❶ **가계** : 기업에 생산 요소를 제공하는 한편, 소비 활동을 하는 경제 주체
- 생산물 시장에서의 가계 : 재화와 서비스의 소비자(수요자)
- 생산 요소 시장에서의 가계 : 노동, 토지, 자본의 공급자

❷ **소비 활동** : 의식주 등 기본적인 생존을 위한 욕구와 교육·오락·여행 등 문화 생활에 대한 욕구를 충족시키기 위해 이루어지는 경제 활동

❸ **소비 지출의 원천** : 가계 소득(일정 기간 가계의 구성원들이 벌어들인 소득의 합계−생산 요소 제공의 대가로 기업에서 받은 임금, 이자, 지대, 이윤 등으로 구성)

⚙ **가계의 경제적 역할**
- 요리, 세탁 등 기초적인 생산 담당
- 재화와 용역을 소비하는 주체
- 기업에게 생산 요소 제공
- 정부에게 세금을 내는 납세자의 역할

(2) 가계 소득

❶ **의미** : 한 가정 내에 들어오는 화폐 가치의 총액

❷ **유형**

구분		내용
경상 소득	근로 소득	노동의 대가로 받은 봉급이나 임금
	재산 소득	이자, 배당금 지대, 임대료 등 재산을 활용하여 얻은 소득
	사업 및 부업 소득	개인이 사업을 하여 남기는 이윤이나 부업을 통해 얻은 소득
	이전 소득	연금, 구호금 등 생산에 직접 참여하지 않고 무상으로 얻은 소득
비경상 소득		퇴직금, 복권 당첨금, 상금, 상속 재산 등 예상치 못한 요인이나 일시적 요인에 의한 임시 소득

✎ **경상 소득** : 비교적 오랫동안 정기적으로 얻는 소득이다.

✎ **비경상 소득** : 일시적으로 얻은 소득이다.

(3) 불로 소득

생산에 전혀 기여하지 않고서 생기는 소득, 빈부 격차를 심화시키며 사회의 건전성을 약화시킴

예 땅투기, 탈세, 부정부패, 도박 등을 통해 생기는 소득

(4) 가계 소득의 지출

❶ **가계 소득의 지출** : 가계 소득의 대부분은 재화와 용역의 소비에 지출되고, 나머지는 미래에 대비하기 위해 저축으로 지출(지출=소비+저축)

❷ **가계 소비의 영향**

- 가계의 소비 증가, 저축 감소 : 생산량 및 통화량 증가, 물가 상승, 투자 재원의 부족 발생
- 가계의 소비 감소, 저축 증가 : 생산량 및 통화량 감소, 실업 문제 발생
- 균형 있는 소비 지출이 저축이 건전한 가계 운영과 국민 경제 발전의 기초가 됨

❸ **소비 증가의 영향**

- 생산 능력의 여력이 있는 경우 : 기업의 생산 활동 촉진→경제 활성화(소비가 미덕)
- 생산 능력의 여력이 없는 경우 : 물가 상승만 초래→성장 잠재력 약화(저축이 미덕)

❹ **과소비의 병폐** : 인플레이션 유발→임금과 부동산 가격의 급격한 상승→국민 경제의 건전한 발전 저해

❺ 저축

- 의미 : 미래의 소비를 위해 현재의 소비를 줄이는 것
- 목적 : 자녀 교육, 노후 보장 등 장래의 필요에 대비, 자산 형성을 위한 목돈 마련
- 저축과 국민 경제 : 금융 기관을 통해 기업에 대출→투자로 연결되어 기업이나 경제 전체의 생산 능력 확대, 자립 경제의 기틀 마련, 국제 수지 개선과 물가 안정에 기여

> **소비 성향과 저축 성향**
>
> 평균 소비 성향 = 소비/소득
> 평균 저축 성향 = 저축/소득

저축의 역설

저축을 늘리려고 소비를 줄이면 총수요가 줄어 생산 활동이 위축되어 결국 소득이 감소하고, 소득이 줄어들면 저축을 늘릴 수 없는 경우가 발생할 수 있다. 이처럼 저축을 늘리면 오히려 저축이 줄어들게 된다는 것을 '저축의 역설'이라 한다.

📂 소비에 영향을 미치는 요인

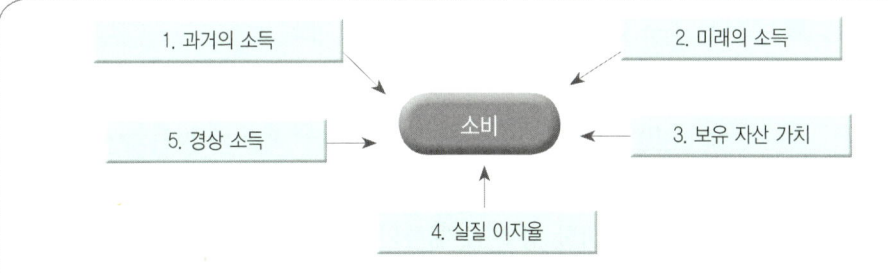

🖊 **자료해설 :**

1. 과거의 소득: 소득이 증가하면 소비도 증가하지만, 소득이 감소하면 소비는 원래의 수준으로 감소하지 않는 경향이 있다. 소비는 과거의 높은 소득 수준에 의해서도 영향을 받기 때문이다. 예시) 실직했는데도 예전처럼 주말마다 골프를 치러 간다.
2. 미래의 소득: 가계는 현재의 소득만이 아니라 미래에 획득할 것으로 예상되는 소득의 크기도 고려하여 현재의 소비 계획을 수립한다.
   예시) 월급이 인상될 것을 예상하고 양복을 구입하였다.
3. 보유 자산 가치: 가계는 보유한 금융 자신 및 실물 자신의 가치가 물가 상승률보다 높아질 경우, 이를 소득의 증가로 여겨 소비를 늘리는 경향이 있다.
   예시) 보유하고 있던 주식의 가격이 급등하여 신형 핸드폰을 구입하였다.
4. 실질 이자율(명목 이자율−물가 상승률): 이자율이 높으면 미래 소비의 가치가 높아져 소득 가운데 저축이 차지하는 비율이 높아지고 소비가 차지하는 비율이 낮아진다.
   예시) 물가 상승률보다 명목 이자율이 높아지면서 저축을 늘렸다.
5. 경상 소득: 소비는 현재 소득의 절대적 크기에 의해 영향을 받으며, 일반적으로 소득이 증가하면 소비도 증가한다.
   예시) 사업을 통해 얻은 소득이 증가하여 자녀의 선물을 구입하였다.

2 합리적 소비

(1) 의미: 주어진 소득 범위 내에서 시장에서 거래되는 상품을 적절하게 선택하고, 먼 장래까지 감안하여 가계의 만족을 극대화하는 소비 행위

(2) 소비 활동에서의 희소성: 사람의 욕구는 다양하고 큰데 가계의 소득은 한정 → 선택의 문제에 직면

(3) 소비 활동에서 선택의 문제

❶ **소비와 저축의 선택** : 총소득 중에서 소비하고 저축할 금액을 결정
❷ **상품의 종류와 수량 선택** : 총소비 지출액 중에서 어떤 상품을 얼마만큼 구매할 것인가를 결정

(4) 합리적 의사 결정에 의한 소비

❶ 주어진 소득 범위 내에서 이루어지는 소비
❷ 최소의 비용으로 최대의 효과를 얻는 소비
❸ 상품을 소비할 때 얻는 만족감과 그 상품의 소비에 따르는 기회비용을 고려하는 소비(만족감〉기회비용)
❹ 여러 상품을 소비할 경우 각 재화의 한계 효용이 같도록 하는 소비(한계 효용 균등의 법칙)

(5) 합리적 소비 절차 : 합리적 소비 지출 배분 + 합리적인 구매

❶ **합리적 소비 지출 배분** : 생애 주기를 고려한 소비 지출, 균형 있는 소득과 소비 지출, 가계부 기록을 통한 예산과 결산
❷ **합리적인 구매** : 구매 필요 확인 → 시장 조사 → 평가 기준 설정 → 평가 → 선택의 과정을 통해 구매

ⓒ **소비자 선택의 기준**
소비자가 추구하는 목적, 상품의 질이나 가격, 사후 관리의 편리함, 사회적 용인 가능성

3 바람직한 소비

(1) 바람직한 소비 자세

❶ **공익 추구** : 자신의 선택이 다른 소비자나 경제 전체에 미칠 수 있는 이익과 손해를 고려

❷ **환경 친화적 소비** : 환경을 훼손하지 않고 환경과 조화를 이룰 수 있는 소비

❸ **자원 절약적 소비** : 미래에 대비하여 자원을 낭비하지 않는 소비

(2) 잘못된 소비 행태

유형	내용
과소비	자신의 소득을 초과하는 소비로, 개인적으로는 가계 운영의 곤란을 초래하고 사회적으로는 물가 상승·저축 감소로 이어져 국민 경제를 위축시킴
과시 소비	자신의 부유함을 타인에게 보여주기 위한 소비로, 가격이 오르면 소비가 줄어드는 일반 소비와 달리 가격이 오를수록 소비가 늘어나는 현상이 나타남
의존 소비	본인의 독립적 판단이 아니라 기업의 광고나 다른 사람의 소비에 의존하여 구매하는 것
충동 소비	구매 계획은 없지만 가격, 디자인, 포장 등 외부 자극에 따라 즉흥적으로 하는 소비
모방 소비	자신에게 꼭 필요하지도 않으면서 남들을 따라하는 소비로, 개인적·사회적으로 낭비와 사치를 가져옴
사재기	가격 상승으로 장래에 투기 이익을 얻기 위해 물건을 사놓는 것

(3) 소비의 외부적 효과

❶ **자신의 소비가 다른 사람으로부터 영향을 받는 경우** : 부화뇌동 효과, 전시 효과, 스노브 효과

❷ **자신의 소비가 다른 사람에게 영향을 미치는 경우** : 소비의 외부 불경제, 소비의 외부 경제

> ⓒ **베블렌 효과**
> 부를 과시하고자 하는 소비 행위로, 가격이 높은 재화의 소비가 오히려 증가하는 현상을 말한다.

◉ 스노브 효과

유행을 추구하거나 유명 상표를 구입하여 타인과 자신을 차별화하려는 구매행위를 말한다.

◉ 밴드웨건 효과

무조건 타인의 소비 성향을 따라하는 소비 행동을 말한다.

◉ 과시 소비가 나타나는 이유

베블렌은 대중 사회에서는 누가 잘 사는지 알 수 없기 때문에 사람들은 자신을 알리기 위해 과시적 소비를 한다고 주장하였다.

◉ 소비의 외부 불경제 사례

밀폐된 공간에서의 흡연, 극장에서 큰 소리로 껌을 씹는 행위, 과시 소비로 인한 위화감 조성

📂 생애 주기 가설

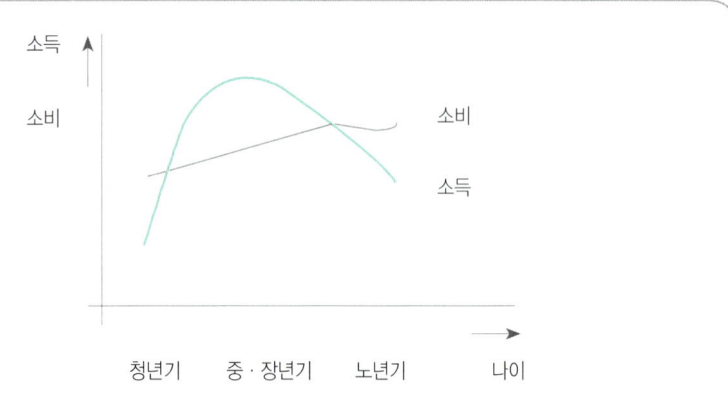

✎ 자료해설 : 청년기 시절에는 소비 지출이 소득 수준을 상회하여 주로 부모에 의존한다. 취업을 한 중장년기 시절에는 소득이 발생하므로 소득 수준이 소비 지출을 상회하게 되고 저축을 하게 된다. 퇴직하는 노년기에는 소득 수진이 떨어지면서 다시 소비 지출이 소득 수준을 상회하게 되고, 이때에는 저축된 자금을 쓰면서 생활하게 된다. 따라서 가계는 합리적 소비를 위해서 전 생애의 소득과 지출을 생각하고 소비 지출을 분배해야 한다. 현재 소득에 맞게 소비하면 소득이 없는 노후 생활이 어려워진다. 특히 사회 복지 체계가 미흡한 우리나라와 같은 경우에는 개인적으로 자녀 교육과 노후 준비를 해야 한다.

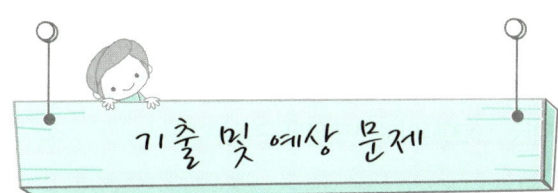

01 다음 사례에 나타난 소득의 유형으로 옳은 것을 〈보기〉에서 고른 것은?

> A씨는 아버지로부터 10억 원의 돈을 상속받아 5억 원으로 주택을 구입하여 월세를 놓았고, 나머지 5억 원은 주식에 투자하였다. 그래서 매달 월세로 300만 원이 통장에 입금되어 들어오고, 연초에는 주식에 대한 배당금으로 500만 원이 통장에 입금되었다.

> **보기**
> ㄱ. 근로 소득   ㄴ. 재산 소득
> ㄷ. 이전 소득   ㄹ. 비경상 소득

① ㄱ, ㄴ   ② ㄱ, ㄷㄷ   ③ ㄴ, ㄷ   ④ ㄴ, ㄹ

해설 ▶ 가계 소득의 유형
A씨가 상속받은 10억 원의 상속 재산은 비경상 소득에 속한다. 그리고 주택과 주식을 구입하여 월세와 배당금을 받는데, 이는 재산 소득에 해당한다.

바로잡기 ▶ ㄱ. 근로 소득은 노동의 대가로 받은 봉급이나 임금이다. ㄷ. 이전 소득은 생산 활동에 직접 참여하지 않고 무상으로 얻는 연금이나 실업수당 등을 의미한다.

정답 ▶ ④

02 다음과 같은 상황이 초래할 경제 문제로 가장 적절한 것은?

> 한국산업단지공단이 전국 45개 단지를 대상으로 조사한 '2009년 7월 국가산업단지 산업 동향'에 따르면 7월 말 기업들의 생산, 가동률, 고용 지표가 전월 대비 상당히 호전된 것으로 집계됐다. 공장 가동률이 거의 100%에 육박하고 있는 것이다. 그럼에도 불구하고 소비는 계속해서 증가하고 있다. 그리고 수출 동향도 긍정적이어서 앞으로 수출도 크게 증가할 것으로 전망된다.

① 경기 침체   ② 물가 상승   ③ 소득 감소   ④ 실업 증가

해설 ▶ 소비와 국민 경제
국민 경제를 위해서 가계가 소비와 저축 중 어떤 행위를 하는 것이 더 바람직한가는 그 국가의 총공급이 생산 여력이 있는 경우와 없는 경우에 따라서 달라진다. 생산 여력이 있는 경우는 소비가 진작되어도 물가 상승이 미미하기 때문에 경제 성장을 위해 소비가 바람직하며, 생산 여력이 없는 경우는 소비가 진작되면 물가가 크게 상승하게 되므로 투자 재원을 확보할 수 있는 저축이 바람직하다.

정답 ▶ ②

03 표는 라면과 김밥을 소비할 때 얻을 수 있는 총만족도를 금액으로 나타낸 것이다. 갑이 12,000원을 소비할 때 이에 대한 옳은 분석을 〈보기〉에서 고른 것은?(단, 두 상품의 가격은 1단위당 2,000원이며, 1단위씩 구매한다.)

재화 \ 단위	1	2	3	4	5	6
라면	10만 원	18만 원	24만 원	26만 원	27만 원	27만 1천 원
김밥	6만 원	11만 원	15만 원	18만 원	20만 원	21만 원

 보기

ㄱ. 라면 5단위를 소비하는 것이 합리적 소비이다.

ㄴ. 합리적 소비를 해서 얻을 수 있는 총만족도는 39만 원이다.

ㄷ. 첫 번째는 라면을, 두 번째는 김밥을 소비하는 것이 합리적 소비이다.

ㄹ. 한 개 더 소비하였을 때 추가되는 만족감이 더 큰 것을 소비하는 것이 합리적이다.

① ㄱ, ㄴ　　　② ㄱ, ㄷ　　　③ ㄴ, ㄷ　　　④ ㄴ, ㄹ

해설 **합리적 소비**
첫 번째는 만족도가 10만원 인 라면 1단위를 소비하고, 두 번째는 추가되는 만족도가 6만 원인 김밥보다는 추가되는 만족도가 8만 원인 라면을 계속 소비하는 것이 합리적이다. 이렇게 추가되는 만족도가 높은 순으로 소비를 계속하면, 결국 라면 3단위와 김밥 3단위를 구매 했을 때 총 만족도가 39만 원이 되어 합리적 소비가 된다.

정답 ④

04 다음 글에 나타난 소비 행태에 대한 설명으로 가장 적절한 것은?

한 상점 주인에 따르면, 상품 원가 500만 원에 마진을 붙여서 800만 원에 물건을 팔려고 하였지만, 800만 원 정가를 붙여 놓으면 팔리지 않고 오히려 2천만 원 정가를 붙여 놓았더니 물건이 팔렸다고 한다. 그리고 고객이 에누리를 해 달라고 부탁을 하면 못이기는 척 하고 인심을 쓰면서 적어도 1,500만 원 정도는 받는다고 하였다. 상점 주인은 또한 이러한 상품 거래는 자주 발생하고 있다고 덧붙였다. 한 조사업체에서 이러한 소비 행위를 하는 이유에 대해 조사해 보았더니 남에게 비싼 물건이라는 것을 자랑하기 위해서라는 대답이 가장 많았다고 한다.

① 모방 소비에 해당한다.

② 밴드웨건 효과를 유발한다.

③ 소득 수준에 비해 과도하게 소비한다.

④ 가짜 상표 상품 확산에 영향을 미친다.

해설 **비합리적 소비**
글에 나타난 소비 행태는 가격이 비쌀수록 오히려 수요량이 증가하는 과시 소비 현상을 보여준다. 이러한 과시 소비 행태는 소비를 통하여 남들보다 부유하다는 것을 타인에게서 인정받기를 원하는 경우에 나타난다. 소비자들의 과시 소비 행태는 타인의 소비에 영향을 주는데, 특히 짝퉁 소비를 부추길 수 있다. 과시하기 위해 물건을 구입하는 소비자의 경우 짝퉁 소비를 하면 싼 가격에 동일한 효과를 보이는 제품을 구입할 수 있기 때문이다.

정답 ④

05 다음 글에 나타난 현재 소비에 영향을 주는 요인으로 가장 적절한 것은?

> 최근 희영이네 가족은 신형 자동차도 구입하고 유명 레스토랑에서 외식도 자주하는
> 등 씀씀이가 커졌다. 이는 희영이네 가족의 소득은 큰 변화가 없지만, 살고 있는 집
> 일대 지역이 뉴타운으로 지정되어 집값이 크게 올랐기 때문이다.

① 과거의 소득　　　　　　　　② 현재의 소득

③ 실질 이자율　　　　　　　　④ 실질 자산의 가치

해 설 ▶ 현재 소비에 영향을 주는 요인
현재 소비는 현재의 소득, 미래의 소득, 과거의 소득, 가계 생활 주기, 실질 자산 효과, 이자율 등에 영향을 받는다.
제시된 사례에서는 소득에는 큰 변화가 없지만, 집값이 오르자 소비가 증가하는 모습을 보이고 있다. 이것은 실질
자산의 가치 상승이 현재 소비에 영향을 준 사례이다.

정답 ▶ ④

06 그림은 생애 주기에 따른 저축액을 나타낸 것이다. 이에 대한 추론으로 적절하지 않은 것은?

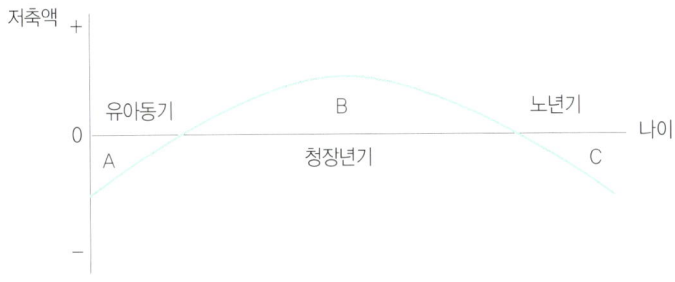

① 고학력 사회가 강화되면 A가 커진다.

② 노년기 이후의 미래 소비를 중시할수록 B는 작아진다.

③ 국민 연금 혜택이 증가하면 C가 작아진다.

④ 정년이 연장되면 B는 증가하고 C는 감소한다.

해 설 ▶ 생애 주기
모딜리아니 생애 주기 가설은 생애 평균 소득이 현재의 소비에 영향을 준다는 이론이다. 1 고학력 사회가 강화되
면 취업 시기가 늦어져 A가 커진다. 3 국민 연금 혜택이 증가하면 노후 부담이 줄어들게 되므로 C가 작아진다. 4
정년이 연장되면 은퇴 시기가 늦어지므로 B가 증가하고 C는 감소한다. 5 유아동기와 노년기에는 소득보다 소비가
많으므로 소비 성향이 1 이상이다.

바로잡기 ▶ 2 노년기 이후의 미래 소비를 중시할수록 저축을 늘리고 현재의 소비는 줄이게 된다.

정답 ▶ ②

 효율적인 기업 경영과 기업윤리

 기업의 생산활동

(1) 기업의 역할과 목적

❶ **기업의 경제적 역할**
- 생산활동의 주체 → 재화와 서비스를 생산함
- 생산 요소 (노동, 토지, 자본, 경영)를 제공한 가계에 요소 소득(임금, 지대, 이자, 이윤)을 제공함

❷ **기업의 목적** : 이윤 극대화

(2) 생산과 생산요소

❶ **생산** : 인간에게 유용한 재화와 서비스를 만들어 내는 과정, 물건의 채취 · 가공 · 제조 · 보관 · 저장 · 운반 · 판매등과 같이 부가가치를 증대시키는 모드 활동 포함

❷ **생산요소**
- 노동 : 인간의 정신적 · 육체적 노력과 같은 인적 자원 → 인적자원의 질은 건강, 교육, 일할 수 있는 시간, 일하는 능력, 일하고자 하는 의욕에 의해 좌우됨
- 토지 : 토지, 임산, 수산 자원 및 지하자원, 기후 등의자연 자원 → 재생 가능한 자원도 있지만 재생 불가능한 자원도 있음
- 자본 : 자금, 장비, 설비 등 포함 → 건물, 기계 설비, 공구등 인간이 만든 생산 도구
- 경영 : 기업가의 경영 능력 핵심은 기업가 정신임

(3) 이윤극대화를 위한 기업의 의사 결정

❶ **무엇을 생산할 것인가** : 시장에서 생산 비용 이상으로 팔릴 수 있는 제품 생산.
❷ **어떻게 생산할 것인가** : 생산요소를 활용할 수 있는 범위 내에서 가장 낮은 생산비로 생산
❸ **가격과 생산량을 어떻게 결정할 것인가** : 추가로 얻는 수익과 비용을 고려하여 결정

2 기업의 유형

(1) 형태

❶ 정부기업과 민간 기업

정부기업	민간기업
정부가 소유 · 운영 → 공익성을 띤 재화와 서비스 생산	민간이 소유 · 운영 → 이윤추구

❷ 민간기업

개인 기업	회사 기업
• 자본 전액을 개인이 출자 • 위험 부담을 개인이 전담 • 소유와 경영 일치	• 대중이 자본 출자 • 기업의 위험 부담 분산 • 소유와 경영 분리

(2) 주식회사

❶ 의미 : 상법에 따라 형성되고 출자액에 대해서만 법적 책임(유한 책임)을 지는 회사

❷ 구성 : 주식을 소유한 주주들이 주주 총회를 통해 이사를 선임하여 이사회 구성, 이사회가 회사 운영의 책임을 위임받음

❸ 배당과 책임 : 이익금이 발생하면 주주는 소유한 주식 수에 비례하여 이익금의 일부를 배당받으며, 회사 손실에 대해서는 출자한 금액의 한도 내에서만 책임을 짐

❹ 특징 : 대규모 자금 조달용이, 기업 활동의 영속성, 위험 분산 가능

> **부가가치**
> 생산 과정에서 새로이 덧붙여진 가치(생산된 제품의 시장 가격 – 원재료의 시장 가격)를 말한다.

> **기업 이윤**
> 이윤 = 총수입 – 총비용
> 총수입 = 가격 X 판매량
> 총비용 = 요소 가격 X 요소 사용량

3 경제 환경의 변화와 효율적인 기업 경영

(1) 경제 환경의 변화

❶ 시장의 변화 : 전자 상거래 확대, 홈뱅킹 등을 통한 금융 서비스의 확대

❷ **근무 형태의 변화** : 재택근무의 확대, 출퇴근 시간의 다양화

❸ **소비자 역할의 변화** : 생산자와 소비자가 사이버 공간에서 제품의 가격 품질 관련 정보 교환 → 소비자의 영향력 증대 (소비자 주권의 강화)

❹ **생산 요소 이동의 변화** : 생산 요소의 국가 간 이동 확대

❺ **경쟁 심화와 개방 확산** : 무한 경쟁, 세계 경제의 통합 추세

(2) 효율적인 기업 경영

❶ **고품질의 재화와 용역 생산** : 소비자 기대에 부응 ← 쿨링오프 제도, 리콜 제도

❷ **혁신 추구** : 미래의 불확실성 속에서 장래를 예측하고 변화 모색

  예 신상품의 제조, 신기술 도입, 신 시장 개척, 신자원의 획득, 새로운 경영 조직 형성 등

❸ **효율적 · 개방적 경영** : 경쟁력 있는 분야를 선택하여 집중 육성, 국내 기업 간은 물론 다국적 기업과의 제휴

❹ **투명하고 책임 있는 경영** : 투명성 확립을 통해 우리 경제에 대한 신뢰 회복, 외국인 투자의 활성화, 기업의 건전성 유도

❺ 소유자 중심 체제에서 전문 경영인 체제로의 변화

4 기업의 사회적 책임과 기업 윤리

(1) 기업의 사회적 역할

❶ **생산 설비의 확충과 기술 개발** : 고용 기회를 늘리고 부가가치를 높임으로서 국민 경제 발전의 밑거름이 됨

❷ **저렴하고 품질 좋은 제품 공급** : 경쟁력 확보와 이윤 증대를 가져옴

(2) 기업의 사회적 책임

❶ 이해관계자들에 대한 책임

  • 근로자의 이익 보호 : 쾌적한 작업 환경과 정당한 보수 지급

  • 주주의 이익 보호 : 주주들의 이익 배당과 주가 상승을 위한 효율적 경영, 기업 경영의 투명성 추구

  • 소비자의 권리 보호 : 소비자에게 필요한 재화와 서비스 제공, 소비자 피해 보상과 소비자 권리 보호

❷ **기업 이윤의 사회 환원** : 육영 사업을 통한 인재 육성, 의료 사업을 통한 국민 건강 증진, 문화 활동 지원, 장학 사업, 공해 방지 등 공익 활동에 참여

(3) 기업 윤리

❶ **의미** : 기업 행동의 옳고 그름을 판단하는 기준
❷ **기업 윤리를 보는 관점**
- 결과론적 관점 : 결과를 보고 행동의 정당성을 판단
- 의무론적 관점 : 하지 말아야 할 행동을 하거나 해야 할 일을 하지 않을 때 이를 정당하지 못한 것으로 보는 관점.

 심화 학습 — **슘페터(Schumpeter, J.A.)와 혁신(Innovation)이론**

슘페터는 1883년 오스트리아 · 헝가리 제국에서 태어났다. 그는 귀족 자녀의 학교인 테레지아눔을 졸업한 후에 1901년 빈 대학에 입학했고, 졸업 후에 첫 직업은 이집트 공주의 재정 고문이었다. 그는 공주의 농장을 관리하여 수입을 2배로 늘리고, 세금은 절반으로 줄였다. 이집트에서 돌아온 그는 독일 본 대학에서 경제학을 가르쳤는데, 그의 관심은 자본주의 경제를 발전시키는 원동력에 대한 것이었다. 1912년의 '경제 발전의 이론', 1939년의 '경기 순환론'은 이 문제를 다룬 저서들이다.

슘페터는 계속 경제를 키우는 힘을 연구했고, 그는 해답을 '기업가의 혁신'에서 찾았다. 그는 새로운 발명뿐만 아니라, 새로 시장을 개척하거나 값싼 원료를 새로 발견하거나, 비용이 적게 드는 생산 방법을 찾아내는 일 모두를 혁신으로 보았다. 그는 기업가의 혁신이 자본주의를 발전시키는 원동력이라고 생각했다.

그는 여기서 만족하지 않고 자본주의가 왜 혁신을 통해 계속 발전하지 않고 불황에 부딪히는지 고민하였다. 그 결과, '그건 기업가의 혁신이 시간에 따라 고르게 나타나지 않고 한꺼번에 나타났다가 사라지기를 반복하기 때문'이라는 결론을 내렸다. 예를 들어, 트랜지스터 텔레비전이 성공하면 이러한 혁신의 결과로 전자 회로와 반도체 분야가 덩달아 발전하게 된다. 그러나 많은 회사들이 새 제품을 생산하게 되면 점점 혁신의 효과는 줄어들기 시작한다는 것이다. 슘페터는 이렇게 몇몇 기업가의 혁신과 그 파급 효과에 의해 경제가 물결처럼 파동치면서 호황기, 퇴조기, 불황기, 회복기, 다시 호황기로 순환한다고 생각했다.

–요술피리, "거꾸로 경제학자들의 바로 경제학"–

🖋 **자료해설** : 혁신은 기업 활동에 새로운 방법이 도입되어 획기적인 새로운 국면이 타나나는 현상을 말한다. 혁신은 간혹 기술 혁신의 의미로 사용되나, 생산 기술의 변화만이 아니라 새로운 경영 기법의 도입, 새로운 상품의 개발, 새로운 시장의 개척, 새로운 경영 조직의 결성, 새로운 생산 방법의 도입, 이윤 발생의 원천이자 경제 발전의 원동력으로 보았다. 최근 기업의 경영 전략으로 각광을 받고 있는 블루오션(blue ocean) 전략도 혁신과 관련이 깊다. 블루오션 전략이란 기업이 높은 수익을 얻기 위해서는 기업간에 유혈 경쟁이 벌어지고 있는 기존 시장인 레드오션(red ocean)에서 벗어나, 경쟁이 없는 미개척 시장인 블루오션을 창출해야 한다는 경영 전략이다.

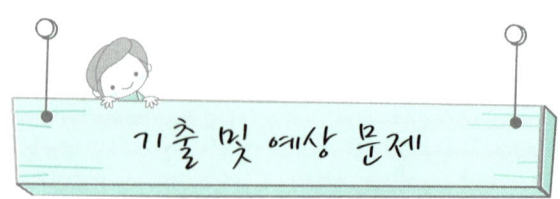

01 다음에 대한 설명으로 옳은 것은?

> 중앙 정부나 지방 정부가 소유·운영하는 기업입니까? ➡ 예 (가)
>   ➡ 아니요 (나)

① (가)는 독점시장의 형태를 보인다.

② (가)는 정부실패문제가 제기되면서 증가하는 추세이다.

③ (나)는 시장에서 충분히 공급될 수 없는 재화나 용역을 공급한다.

④ (가)는 (나)에 비해 효율성이 높다.

해 설 공기업과 민간 기업의 특징

(가)는 정부가 소유 운영하는 공기업이고,(나)는 개인이 운영하는 민간 기업이다. 정부가 운영하는 공기업은 시장에서 충분히 공급될 수 없는 재화나 용역을 생산하므로 대부분 독점으로 운영된다.

바로잡기 2 공기업은 시장 실패가 제기되면서 증가하였다. 3 공기업은 시장에서 충분히 공급할 수 없는 재화나 용역을 생산한다. 4 공기업은 민간 기업에 비해 효율성이 떨어진다. 5 공기업이 민영화되면 효율성이 높아진다.

정 답 ①

02 다음과 같은 경제 현상이 나타나게 된 배경으로 가장 적절한 것은?

> 상품 시장에는 좁은 머리(Shor head), 즉 같은 상품이 대량으로 팔리는 대규모 시장과 좁은 머리가 좌우로 길게 늘어진 꼬리 부분, 소위 롱테일(Long tail)로 불리는 수백만개의 다양한 상품이 거래되는 틈새 시장이 존재한다. 이러한 틈새시장은 개별적으로 보면 작은 규모이지만, 이들을 모두 합하면 전통적인 대규모 시장을 압도한다. 앞으로는 이러한 롱테일로 불리는 틈새시장이 크게 확대될 것이라는 롱테일 이론이 주목을 받고 있다.

① 선택과 집중이라는 원칙이 강화되었다.

② 유행을 따르는 소비 경향이 심화되었다.

③ 상품에 대한 접근과 탐색 비용이 증가하였다.

④ 네트워크 경제의 발달로 상품의 진열 비용이 감소하였다.

해 설 정보화와 시장 환경의 변화

정보화 사회로의 이행으로 상품의 진열 비용 감수와 사이버상에서 진열 공간의 확보로 인해 소수의 상품들이 시장에 공급될 수 있다. 이로 인해 소비자의 취향이 반영되어 매출이 증가하게 된 것이다.

정 답 ④

03 그림과 같은 유통방식이 주요한 흐름으로 등장한 현대 경제사회의 특징으로 가장 적절한 것은?

연간 전자 상거래 규모

연도	거래액(조 원)	전년 대비 증가율(%)
2001	119	
2002	178	49.6
2003	235	32.0
2004	314	33.6
2005	358	14.1
2006	413	15.4
2007	516	24.9

① 진입 장벽이 낮아진다.

② 소비자 주권이 약해진다.

③ 소품종 대량 생산 체제가 유리하다.

④ 매장의 입지 장소가 가장 중요한 요인이 된다.

해설 전자 상거래의 특징
전자 상거래가 활성화되면 재고나 매장 유지의 부담이 줄어들어 소자본 창업이 가능하고, 따라서 시장의 진입 장벽도 낮아진다.

바로잡기 2 소비자의 영향력이 확대되므로 소비자 주권이 강화된다. 3 정보화 사회에서 소비자의 다양한 기호를 충족시키기 위해서는 소품종 대량 생산보다는 다품종 소량 생산 체제가 유리하다. 4 매장의 입지는 오프라인 매장에서 가장 중요하다. 5 공급자와 소비자 간 쌍방향 의사 소통이 원활히 이루어진다.

정답 ①

04 다음의 밑줄 친 부분에 해당하는 사례로 옳지 않은 것은?

기업은 자기 이익을 추구하면서도 동시에 사회의 이익에 기여하려는 노력도 함께 할 때 비로소 성공할 수 있다.

① 공해 배출에 따른 피해보상을 해 준나.

② 각 기업은 기업 윤리를 만들어 지키도록 한다.

③ 소비자에게 재화와 서비스를 제공하고 고객 만족을 준다.

④ 실업의 불안을 해소하기 위해 고용 보험 혜택을 제공한다.

해설 기업의 사회적 책임
기업은 이윤을 추구하는 목표를 가지고 있지만 사회 구성원으로서 사회의 이익에 기여하려는 노력도 동시에 해야 한다. 이것이 바로 기업의 사회적 책임이다. ①공해 배출에 따른 피해 보상은 기업이 해야 할 사회적 책임이다. ②기업 윤리 제정은 기업 스스로가 사회적 책임을 다할 수 있게 한다. ③소비자에게 만족감을 주는 것도 기업의 사회적 책임이다. ⑤청소년 인권 의식 프로그램 지원은 기업 이익의 사회 환원이다.

바로잡기 ④기업이 사회적 책임을 다한다고 해서 국가가 해야 할 사회 보장 제도까지 스스로 마련할 필요성은 없다. 실업의 불안을 해소하기 위한 고용 보험은 국가가 개입하여 마련해야 할 제도이다.

정답 ④

05

표는 어느 기업의 ○○ 재화의 판매량에 따른 평균 수입과 평균 비용을 나타낸다. 4개를 판매하고 있는 기업이 이윤을 극대화하기 위한 판단으로 옳은 것은? (2008 수능)

판매량(개)	1	2	3	4	5	6
평균 수입(만 원)	6	6	6	6	6	6
평균 비용(만 원)	6	4	4	5	6	7

$$평균수입 = \frac{총수입}{판매량} \qquad 평균비용 = \frac{총비용}{판매량}$$

① 이윤은 판매량이 1개 또는 5개일 때 극대화된다.

② 평균 수입이 평균 비용보다 높으므로 판매량을 늘려야 한다.

③ 평균 수입이 평균 비용보다 낮으므로 판매량을 줄여야 한다.

④ 판매량을 5개로 늘릴 경우 이윤이 증가하므로 판매량을 늘려야 한다.

⑤ 판매량을 3개로 줄일 경우 이윤이 증가하므로 판매량을 줄여야 한다.

해설 기업의 이윤 극대화

이 기업의 재화의 판매량에 따른 평균 수입과 평균 비용. 그리고 이윤은 다음과 같다.

판매량	1	2	3	4	5	6
평균 수입(만 원)	6	6	6	6	6	6
평균 비용(만 원)	6	4	4	5	6	7
이윤(총수입－총비용)	0	4	6	4	0	-6

자료를 보면 이윤은 재화를 3개 판매할 때 가장 커짐을 알 수 있다. 따라서 이윤 증가를 위해 판매량을 3개로 줄이는 것이 합리적이다.

바로잡기 ① 판매량이 1개일 때와 5개일 때의 이윤은 0이다. ②판매 개수를 늘리면 오히려 이윤이 감소하므로 판매량을 늘리면 안 된다. ③ 평균 수입(6만 원)은 평균 비용(5만 원)보다 높다. ④판매량을 5개로 늘릴 경우 이윤은 0으로 오히려 감소한다.

정답 ⑤

06

(가), (나), (다), (라)의 순서대로 학습 활동을 전개할 때 학생들이 배울 수 있는 경제 개념을 〈보기〉에서 모두 고른 것은? (2006 평가원)

(가) 모둠별로 학생들은 상품 생산에 필요한 몇 가지 재료들을 제공받는다. 재료 가격 표에는 각 재료 가격이 표시되어 있다.

(나) 모둠별로 일부 재료들을 선택하여 창의적인 '오늘의 상품'을 생산한다. 상품생산 과정이 끝나면 모둠별 대표가 나와 모둠품에 대해 광고한다.

(다) 학생들은 미리 받은 1만 원권 모조 화폐를 자기 모둠 상품 이외에 자신이 사고 싶은 상품 앞에 갖다 놓는다.

(라) 매출 결과를 발표한다. 총매출액에서 상품 생산에 들어간 모든 재료들의 가격 총액을 뺀 나머지가 가장 높은 모둠을 '오늘의 생산자'로 선정하고 준비한 선물을 준다.

보기

ㄱ. 소비자 주권 ㄴ. 규모의 경제
ㄷ. 혁신과 위험 부담 ㄹ. 이윤과 이윤 극대화

① ㄱ, ㄷ ② ㄷ, ㄹ ③ ㄱ, ㄴ, ㄹ ④ ㄱ, ㄷ, ㄹ ⑤ ㄴ, ㄷ, ㄹ

㈎에서 재료 가격은 생산 비용이고, ㈐에서 매출 결과는 수입이다. 총매출액에서 상품 생산에 들어간 모든 재료들의 가격 총액을 뺀 나머지란 총비용에서는 총수입을 뺀 이윤을 말한다. 그리고㈏는 위험 부담을 감수하려는 기업의 혁신 노력을 담고 있고, ㈐는 소비자로서 상품을 선택하는 소비자 주권의 내용을 담고 있다. 또한 활동 마지막 부분㈐에서 이윤이 가장 높은 모둠에게 선물을 제공하는 것은 기업의 이윤 극대화와 관련이 있다.

정 답 ④

07 다음 글의 밑줄 친 부분에 대한 대책으로 가장 적절한 것은?

집안 형편이 어려운 지훈이는 수능 시험을 마치고 대학 등록금을 마련하기 위해 아르바이트를 하려고 했었다. 하지만 등록금이 작년에 비해 너무 많이 올라서 아르바이트로는 등록금을 감당하기 힘들었다. 그래서 사람들이 많이 다니는 대로변에서 컵밥을 만들어 파는 작은 가게를 운영하기로 하였다. 하지만 어떻게 하면 이윤을 가장 극대화할 수 있을지 고민이다.

① 매출액을 최대한 크게 한다.

② 생산량을 최대한 크게 한다.

③ 노동을 가능한 적게 사용한다.

④ (총판매액 − 총비용)의 값을 최대한 크게 한다.

기업의 총이윤은 '총판매액−총비용' 으로, 기업의 이윤을 극대화하기 위해서는 총판매액뿐만 아니라 총비용도 고려해야 한다. 매출액과 생산량을 최대한 크게 하는 것은 총비용을 고려하지 못한 것이며, 노동을 가능한 적게 사용하는 것은 총판매액을 고려하지 못하고 있는 것이다. 그리고 이윤 극대화를 위해서는 한계 수입과 한계 비용이 일치하는 지점까지 생산해야 한다.

정 답 ④

08 다음 글의 밑줄 친 '이것'의 사례로 적절하지 않은 것은?

이것은 경제에 새로운 방법이 도입되어 획기적으로 새로운 국면이 나타나는 일이다. 그리고 이것은 생산을 확대하기 위하여 노동, 토지 등의 생산요소의 편성을 변화시키거나 새로운 생산요소를 도입하는 기업가의 행위를 말한다.

① 부품을 자체 생산하던 기업이 다른 기업으로부터 부품을 납품받았다.

② 태양열 발전기를 만드는 회사가 수요의 급증으로 생산량을 크게 늘렸다.

③ 국내 기업이 중국에 현지 공장을, 모스크바에 지사를 설립하여 경쟁력을 확보하였다.

④ 라면을 만드는 회사는 라면 시장의 침체를 극복하기 위해 사발 모양 용기에 담은 사발면을 개발하였다.

혁신은 신상품, 신기술, 신시장 개척, 신자원의 획득, 신경영 조직, 신경영 기법, 새로운 생산 방법 등이 포함되는데, 이는 새로운 이윤을 발생시키는 모든 계기가 되며, 자본주의 경제 발전의 원동력이 된다.
1은 새로운 생산 방법, 3은 신시장 개척, 4는 신상품, 5는 신경영 기법에 해당한다.

바로잡기 2 단순히 수요가 증대하여 생산량을 늘리는 것은 혁신으로 볼 수 없다.

정 답 ②

03 책임 있는 재정 운용

1 정부의 경제 활동

(1) 정부의 경제 활동

❶ **정부의 경제 개입 근거** : 정부는 시장 실패가 나타날 경우 민간 경제 활동에 직접 개입하여 해결을 위해 노력할 수 있음

❷ **정부의 경제 활동 원리** : 강제적 또는 일방적으로 가계와 기업으로부터 세금을 걷고 지불함, 정부의 수입과 지출 사이에는 개별적 인과 관계가 존재하지 않음

ⓒ **정부 역할의 변천**
- 중상주의 시대 : 적극적인 개입과 통제
- 야경 국가 시대 : 정부 개입의 최소화
- 현대 복지 국가 : 적극적 규제와 조정
- 최근 : 규제 완화, 공기업의 민영화

(2) 정부의 경제적 역할

❶ **자원의 효율적 배분**
- 가격 정책
  - 최고 가격제 : 공급 부족으로 인한 가격 폭등시 소비자 보호 → 암시장 형성 가능성 있음
  - 최저 가격제 : 과잉 생산으로 인한 가격 폭락시 생산자 보호 → 초과 공급 문제 발생
- 경쟁 체제의 유지와 보호 : 경쟁 규칙과 질서의 제정·유지, 독과점 및 불공정 거래의 규제
- 부정적 외부 효과 규제, 긍정적 외부 효과 장려 : 환경세 부과, 보조금 지급 등
- 정부의 직접 생산 : 공익 사업을 민간 기업에 맡길 경우 생산량이 제한되거나 가격이 지나치게 상승할 가능성이 있음 → 공공재 생산, 사회 간접 자본 건설

❷ **소득 재분배**
- 세입면 : 누진세율 적용, 사치품에 대한 특별 소비세 부과
- 세출면 : 영세민에 대한 생계비 보조, 사회 보장비 지급

❸ **경제 안정화**
- 경기 과열시 : 긴축 정책(정부 지출 감축, 세율 인상, 통화량 축소)

- 경기 침체시 : 확장 정책(정부 지출 증대, 세율 인하, 통화량 증대)

　◉ **정부의 역할 확대**
- 근대 : 국방, 치안 등의 최소한의 역할에만 국한(작은 정부)
- 현대 : 사회 간접자본 건설, 외부 교육 실시, 보건 및 문화 사업, 경제 발전과 국민 복지 향상 등 활동 범위 확대

　◉ **자원 배분** : 생산을 위한 자원의 투입을 자원 배분이라 하는데, 자원 배분 문제는 생산 수준과 연결된다.

(3) 정부와 다른 경제 주체와의 관계

❶ 정부와 기업
- 정부는 기업의 자유로운 경제 활동이 가능하도록 시장 여건을 조성하고 감시함
- 기업은 정부로부터 생산활동에 필요한 사회 간접 자본 등을 공급받는 대신 세금을 부담함 (예) 법인세

❷ 정부와 가계
- 정부는 가계에 대해 공공재 제공, 사회 보장 제도 실시, 소득 분배 개선, 소득과 일자리 보장 등의 역할을 수행함
- 가계는 세금을 부담함 (예) 소득세

❸ 정부와 외국
- 현대 경제는 개방 경제 체제로 국내 경제 주체는 외국과 상호 작용함
- 정부의 국제 교류에 관한 기본 정책은 국내 경제에 중요한 영향을 끼침 (예) 개방 및 세계화 전략, 공업화 전략

　◉ **정부와 기업 규제**
정부는 기업 활동의 자유를 보장하지만, 공정한 경쟁을 방해하는 기업 활동, 즉 기업이 가격을 부당하게 올리거나 폭리를 목적으로 생산량을 조절하는 경우, 경쟁 기업을 배제하거나 소비자 이익을 침해하는 경우, 환경을 파괴하는 경우 등은 제재를 받게 된다.

📁 **정부와 민간 경제의 차이점**

구분	가계	기업	정부
수입	소득	판매수입	조세
목표	최대만족	최대이윤	국민복지
예산	수입에 따른 지출 결정		지출에 따른 수입 결정

(4) 정부 역할의 한계와 대책

❶ 한계
- 경제 활동의 복잡성과 규모의 확대 : 규제 범위 확대에 따른 정부의 해결 능력 한계
- 규제 업무 수행을 위한 정부 기구의 비대화 : 예산과 자원의 낭비

❷ 대책 : 민간 부문의 자유로운 경제활동을 저해하지 않는 범위 내에서 정부의 경제 활동 지향

2 정부의 재정 활동과 예산

(1) 재정

❶ 의미 : 세입·세출과 관련된 정부의 경제 활동

❷ 재정의 원칙 : 수지 균형의 원칙, 양출 제입의 원칙(지출 계획에 따른 수입액 결정)

❸ 재정과 국민 경제 : 정부의 수입 및 지출 규모와 내용이 경제 안정, 자원 배분, 소득 분배에 영향→중요한 정책 수단으로 활용 가능

📁 정부경제와 사경제와의 구별

구분	공경제	사경제
주체	국가 또는 공공 단체	가계와 기업
목적	공익의 추구 : 국민 복지의 증진	사익의 추구 : 효용 극대화, 이윤 극대화
수입 방법	• 강제의 원칙 • 능력의 원칙 : 능력에 따른 차등 점수	• 교환의 원칙 • 등가의 원칙 : 급부 = 반대급부
수지 관계	• 양출제입(量出制入)의 원칙 : 자추를 먼저 결정하고 수입을 조정 • 수지 균형의 원칙 : 수입=지출	• 양입제출(量出制出)의 원칙 : 수입을 고려하여 지출을 결정 • 잉여의 원칙 : 수입〉지출

© 양출제입 (量出制入)

'나가는 것을 헤아려 들어오는 것을 정한다'라는 뜻으로, 필요한 지출을 헤아려서 수입 계획을 세운다는 말이다. 중국 당나라 덕종 때 양염이 주창한 양세법(雨樹去)에서 비롯되었다. 양염은 덕종 때 재상으로 발탁되어 세제를 전면적으로 개혁하는 양세법을 건의하였고, 안사의 난 이후 국가 재정의 회복을 꾀하던 덕종이 이를 받아들여 시행하였다. 양세법의 특정 가운데 하나가 양출제입, 곧 나라 살림의 지출 총액을 계산하여 과세액을 산출하는 것이다. 종전의 중국국가 재정의 전통적인 원칙은 양출제입과는 상반된 개념의 양입제출(量入制出), 곧 수입을 헤아려 지출 계획을 세우는 방식을 취하여 왔다. 오늘날에도 국가 재정에 대하여는 양출제입의 원칙, 곧 필요한 경 비액을 먼저 결정한 뒤에 이를 충당 할수 있도록 과세액 등의 수입액을 책정하는 원칙이 적용된다.

(2) 예산

❶ 의미 : 일정 기간(1년) 정부의 재정 수입가 지출에 대한 예정 계획서

❷ 예산 과정 : 편성(정부) → 심의·의결(국회) → 결산(감사원) → 결산 심사(국회)

❸ 예산의 종류

• 일반 회계 예산 : 국방, 치안 등 일반적인 정부 활동에 대한 예산

• 특별 회계 예산 : 특정 사업이나 자금을 관리하기 위해 편성되는 예산

예 철도, 통신, 양곡 관리 기금 등

④ 세입 예산

- 구성 : 조세 수입과 조세 외 수입(정부 소유 재산 및 운영 사업의 수입 등)
- 우리나라 세입 예산의 특징 : 내국세 수입 비중 높음, 간접세 비중 높음, 지방세 비중이 낮아 지방 자치 단체의 재정 자립도 낮음

⑤ 세출 예산

- 분류
  - 기능별 세출 예산 : 재정 지출의 목적에 따른 분류로서 정부가 제공하는 서비스의 종류와 양을 파악하는 유용-일반 행정비, 방위비, 교육비, 경제 개발비, 사회 개발비, 지방 재정 교부금 등

항목	내용
일반 행정비	공무원의 봉급, 치안 유지비 등 일반 행정 업무 처리에 지출되는 비용
방위비	국토 방위를 위해 지출되는 비용
경제 개발비	산업 자원 및 육성, 도로 · 항만 건설 등 경제발전을 위해 지출되는 비용
사회 개발비	공해 방지, 문화 시설 · 주택 건설, 사회 보장 등 국민의 복지 증진과 생활 환경 개선을 위해 지출되는 비용
교육비	교육 환경 개선을 위해 지출 되는 비용
지방 재정 교부금	지방 자치 단체의 재정 부족을 중앙 정부에서 지원하는 비용

  - 경제적 성질별 세출 예산 : 정부의 경제 활동이 국민 경제의 생산 활동에 어떠한 영향을 끼치는지 분석하는데 유용-경상적 지출(일상적 지출), 자본적 지출(건물, 토지, 기계 설비 등을 취득하는 데 사용한 지출), 이전 지출(영세민에 대한 현물, 현금 지원 등 정부가 단순히 중개 역할만을 한 지출)
- 우리나라 세출 예산의 특징 : 방위비 비중 감소, 사회 개발비와 경제 개발비 비중 증가

  ⓒ 세입 예산의 구성, 세출 예산의 구성

  ⓒ 이전지출 : 실업 수당이나 재해 보상금, 사회 보장 기부금 혹은 영세민에 대한 생계 보조금 등과 같이 정부가 생산 활동과 무관한 사람에게 반대 급부 없이 지급하는 정부 지출이다.

(3) 예산과 국민 경제

① 예산 규모와 국민 경제

- 정부 지출 증대 : 총수요 증가→경기 활성화
- 정부 지출 감소 : 총수요 감소→경기 침체

② 예산 수지와 국민 경제

- 적자 예산 : 세출 증가, 세입 감소로 가처분 소득 증가→총수요 증가→경기 활성화

- **흑자 예산** : 세출 감소, 세입 증가로 가처분 소득 감소→총수요 감소→경기 침체

예산과 국민 경제
- 경기 침체시 : 적자 예산(세입〈세출)편성→경기 활성화
- 경기 과열시 : 흑자 예산(세입〉세출)편성→경기 안정화

조세부과

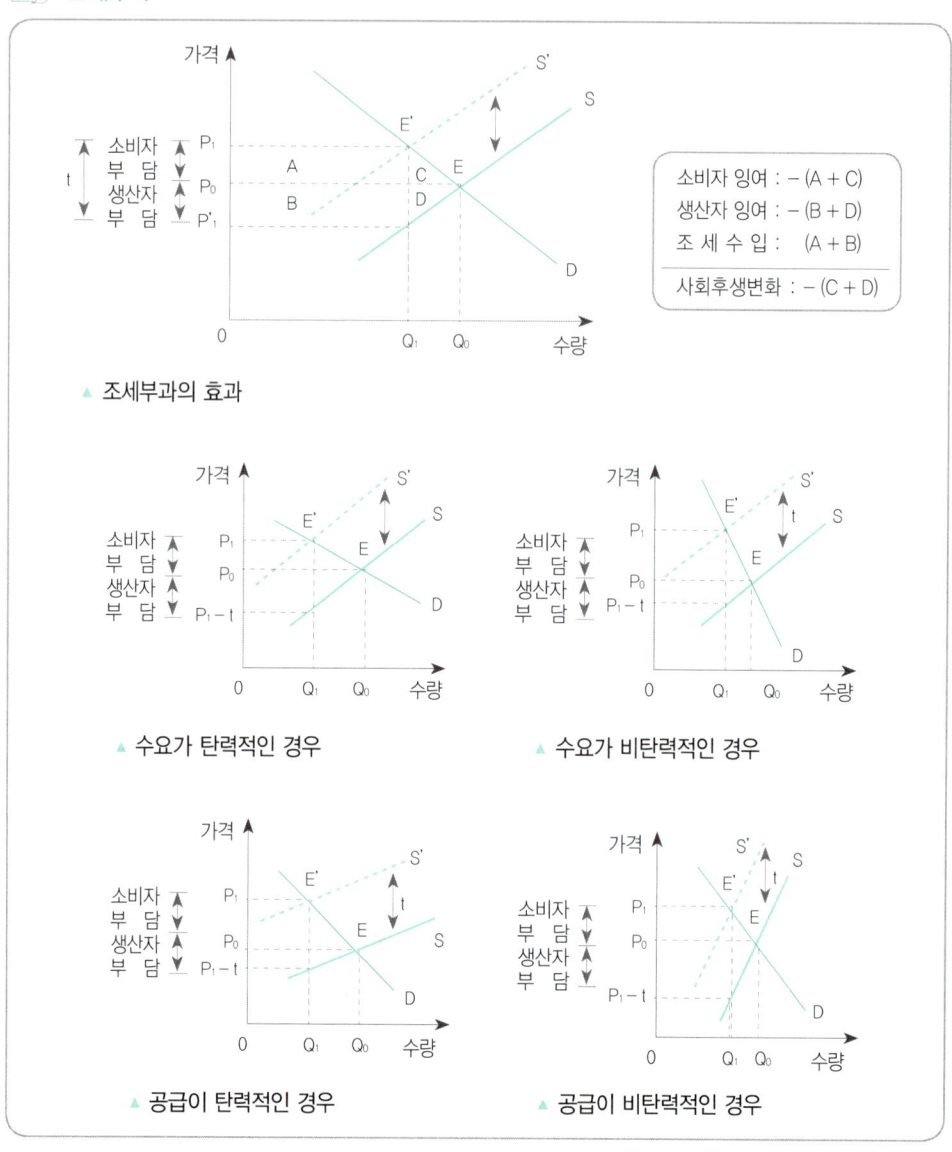

▲ 조세부과의 효과

▲ 수요가 탄력적인 경우   ▲ 수요가 비탄력적인 경우

▲ 공급이 탄력적인 경우   ▲ 공급이 비탄력적인 경우

자료해설

▶ 생산자에게 단위당 t원의 조세가 부과되면 공급 곡선이 t원만큼 상승하므로 재화 가격은 P_0에서 P_1으로 상승한다. 가격은 P_1으로 상승하나 생산자는 단위당 t원의 조세를 납부해야 하므로 생산자가 실제로 수취하는 금액은 $P_1-t=P'_1$이다. 그리고 단위당 조세액 중 소비자 부담은 P_1-P_0, 생산자부담은 $P_0-P'_1$이며, 조세 부과로 인해 $\Delta(C+D)$만큼 사회 후생 손실이 발생한다.

▶ 상대적인 조세 부담의 크기는 수요와 공급의 가격 탄력성에 의존한다. 상대적으로 수요가 탄력적이면 소비자의 부담이 감소하고, 공급이 탄력적이면 생산자 부담이 감소한다. 조세의 상대적 부담은 비탄력적일수록 크고 탄력적일수록 작다.

(4) 조세

❶ **의미** : 국가가 나라 살림에 필요한 재원 마련을 위해 국민으로부터 개별적인 대가 없이 법률에 의거하여 거두어들이는 수입

❷ **조세의 분류**

- 징수 주체에 따라 : 국세, 지방세
- 세율에 따라 : 비례세, 누진세, 역진세
- 과세 대상에 따라 : 직접세, 간접세

❸ **조세의 특징**

- 강제성 : 정부의 서비스가 마음에 들지 않아도 세금을 납부해야 함
- 수혜 정도와 무관하게 부과 : 정부 서비스로부터 혜택을 받은 수준과는 상관 없이 다른 기준에 의해서 세금 부담액이 결정됨
- 대응 관계의 불명확 : 어떤 서비스 때문에 세금을 내는 것인지 불분명
- 지출 용도의 불특정성 : 이전 지출의 재원으로도 사용

❹ **조세의 기능**

- 정부 경제 활동의 재원 마련 : 정부 기능의 지속을 위한 재원 확보
- 자원의 효율적 배분
  - 유류에 대한 고율 과세, 합성 세제에 대한 소비세 부과 → 오염 감소 효과
  - 기업의 기술 개발비에 대한 법인세 감면 → 기술 개발 장려 효과
  - 사치품에 대한 세율 인상, 생필품에 대한 세율 인하 → 생필품 생산 장려
- 소득 재분배 : 누진세, 영세민에 대한 소득세 면제 등

❺ **조세의 역기능** : 고율의 소득세 → 근로 의욕 저하, 고율의 소비세 → 수요 감소

❻ **직접세와 간접세**

구분	직접세	간접세
과세 대상	소득의 원천에 부과 → 납세자와 담세자가 동일	소비 지출(매출)을 기준으로 부과 → 조세 전가(담세자≠납세자)
특징	• 누진세율이 적용되어 소득 재분배 효과가 큼 • 담세 능력에 따른 공평 과세 → 사회 정의에 부합 • 조세 저항이 강하고, 징수 절차가 복잡 • 저축과 근로 의욕 저해 • 주로 선진국에서 비중이 높음	• 비례세율이 적용되어 조세 부담의 역진성 초래 → 저소득층에 불리 • 조세 저항이 약함 → 조세 징수 용이 • 조세를 제품의 가격에 전가 → 물가 상승 자극 • 주로 후진국에서 비중이 높음

종류	소득세, 법인세, 재산세, 상속세, 증여세, 취득세 등	부가가치세, 특별 소비세, 주세 등

- ⓒ **부가가치세**

  제품을 판매한 금액에서 중간재의 대금을 뺀 차액인 부가가치에 대해 일정한 세율로 부과하는 세금이다.
- ⓒ **특별 소비세**

  사치품이나 고가품에 대해 부과하는 세금이다.
- ⓒ **효율성과 형평성의 조화**

  저소득층에 대한 생계비 지원은 재정 운용의 형평성을 달성할 수 있으나, 그로 인해 세금이 늘어난다면 경제 전체의 활력(효율성)은 떨어질 수 있다. 따라서 정부는 재정 운용에 있어서 효율성과 평형성의 조화를 추구하는 것이 중요하다.
- ⓒ **조세 법률주의**

  조세의 종목과 세율은 국민의 대표 기관인 국회에서 제정한 법률로 정해야 한다는 것이다.

3 재정 운용과 국민 참여

(1) 경제 정책의 판단 기준 : 효율성, 공평성, 경제 안정과 경제 성장, 삶의 질 향상

(2) 재정과 국민 참여

❶ **국민 참여의 내용**

- 예산의 적절성, 낭비 요소 및 사례를 분석하여 재정의 효율성 감시
- 능력에 맞는 세금 부과와 적절한 복지 예산 편성을 분석하여 재정의 공평성 감시

❷ **국민 참여의 여건 조성**

- 정부의 정보 공개 : 국민의 알 권리 보장과 재정 운용의 투명성 확보로 국민의 참여 유도
- 인터넷 활용 : 관련 기관의 홈페이지에 시민 참여의 장 마련 → 정부와 시민 간의 쌍방향 대화를 통한 여론 수렴

📁 **세율구조에 따른 조세의 분류**

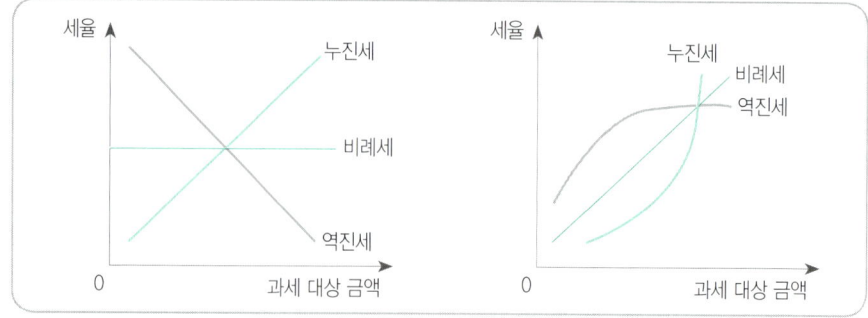

누진세는 과세 대상 금액이 증가함에 따라 세액은 물론 세율이 증가하고 주로 직접세에 적용되지만, 비례세는 과세 대상 금액이 증가함에 따라 세액은 늘어나지만 세율이 동일하며 주로 간접세에 적용된다. 이에 반해, 역진세는 관세 대상 금액이 증가함에 따라 세액은 늘어나지만 세율은 오히려 낮아진다. 그리고 세액이 일정한 세금은 과세 대상 금액이 증가할수록 세율이 낮아지므로 역진세이다. 누진세는 소득이 많은 사람에게 더 높은 세율을 적용하므로 소득 재분배 효과가 크지만, 비례세와 역진세는 소득 불평등을 심화시킬 수 있다.

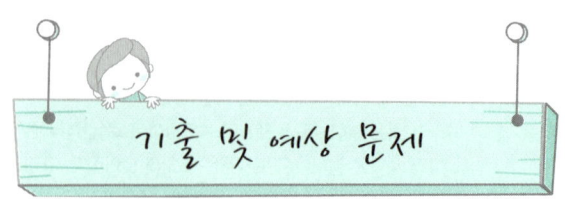

01 다음 글의 밑줄 친 내용에 대한 사례로 가장 적절한 것은?

> 수요자와 공급자가 만들어 내는 무수히 많은 시장 가격은 주어진 상황에서 자원을 효율적으로 배분한다. 즉, 가격의 상승은 생산 자원의 투입을 증가시키고, 가격의 하락은 생산 자원의 투입을 감소시켜 생산 자원이 가장 효율적으로 배분되도록 한다. 그러나 시장이 효율적인 자원 배분을 하지 못하는 경우도 있다. 이 경우 정부가 효율적인 자원 배분을 위해 시장에 개입하여 생산 자원의 투입량이나 방향을 결정해 주기도 한다.

① 비효율적인 공기업을 민영화한다.
② 소득과 재산이 없는 노인들에게 생계비를 지원한다.
③ 소비자들의 신용카드 사용액에 대한 세금 공제를 확대한다.
④ 집이 없는 서민들을 위해 공공 임대 주택의 건설을 확대한다.

해 설 정부에 의한 자원 배분
시장에서는 가격 기구에 의해 수요와 공급이 일치되므로 일반적으로 자원의 효율적 배분이 이루어지지만, 수요와 공급이 일치하지 않는 시장 실패가 발생하는 경우도 있다. 이런 경우 정부가 개입하여 자원의 효율적 배분이 이루어지도록 한다. 집이 없는 서민들에게 주택 공급은 수요에 비해 부족하다. 이런 경우 정부가 개입하여 주택건설을 확대함으로써 수요와 공급을 일치시킬 필요가 있다.

바로잡기 ③소비자들의 신용카드 사용액에 대한 세금 공제 확대는 세원을 파악하기 위한 정부의 정책으로 자원 배분과는 무관하다.

정답 ④

02 다음 글은 조세 부과의 효과에 관한 것이다. 이에 대한 설명으로 옳은 것은?

> 조세가 부과되기 전 경유의 가격은 리터당 1,500원이었다고 하자. 이 경우 수요자가 낸 금액 모두가 공급자에게 돌아간다. 이제 리터당 300원의 세금이 부과되고, 이에 따라 경유의 가격은 리터당 1,700원이 된다고 하자. 이 경우 소비자는 리터당 1,700원에 구매하고, 공급자는 리터당 1,700원을 받지만 그 중 300원을 세금으로 납부해야 하므로 공급자는 리터당 1,400원만 남긴다. 즉, 조세를 부과하기 이전에 비해 리터당 100원을 덜 남긴다.

① 위의 조세는 전형적인 직접세이다.
② 조세가 소비자에게 모두 전가되었다.
③ 조세 부과로 인해 경유의 공급량은 감소한다.
④ 정부의 조세 수입은 경유 수요의 가격 탄력성에 따라 달라진다.

해 설 조세 부과의 효과
경유에 부과되는 세금은 공급자가 정부에 전액을 납세하지만 조세에 대한 부담은 일부가 소비자에게 전가되어 소비자와 생산자가 함께 부담하는 간접세이다. 이러한 간접세의 경우 수요와 공급의 가격 탄력성이 비탄력적일수록 거래량이 적게 감소하므로 정부의 조세 수입은 커진다.

바로잡기 ①조세 전가가 이루어지는 세금은 간접세이다. ②조세 부담의 일부가 전가되었다. ③조세 부과로 공급량이 아니라 공급이 감소하였다.

정답 ④

03 그림은 과세 표준 금액과 세액의 관계를 나타낸다. 이에 대한 설명으로 옳은 것은?

① A는 주로 간접세를 부과할 때 적용된다.

② A는 과세 전에 비해 과세 후의 소득 격차가 더 크다.

③ B는 빈부 격차를 완화하는 효과가 있다.

④ B는 과세 표준에 상관없이 세율이 일정하다.

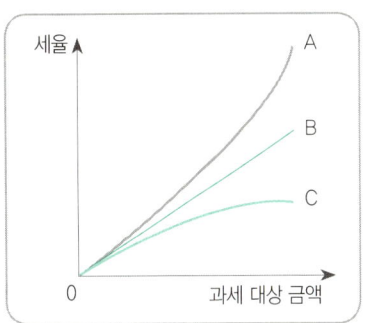

해 설 조세의 유형

그림은 과세표준 금액과 세액의 관계를 나타낸 것으로서, A는 누진세, B는 비례세, C는 역진세이다. 누진세는 과세 표준이 증가함에 따라 세율이 높아지며, 비례세는 과세 표준 금액과 상관없이 세율이 일정하고, 세율이 일정하므로 세액이 일정하게 증가한다. 역진세는 과세 표준이 증가함에 따라 세율이 낮아진다.

바로잡기 ① 누진세는 직접세를 부과할 때 적용된다. ② 누진세는 소득 격차를 줄여준다. ③ 비례세는 빈부 격차를 심화시킨다.

정 답 ④

04 그림은 과세 대상 금액과 세율의 관계를 나타낸다. 이에 대한 옳은 설명을 〈보기〉에서 고른 것은?

① 납세자와 담세자가 동일하지 않다.

② 비례세에 비해 소득 재분배 효과가 크다.

③ 세율이 높아지면 물가 상승에 영향을 준다.

④ 과세 대상 금액에 상관없이 동일한 세율이 적용된다.

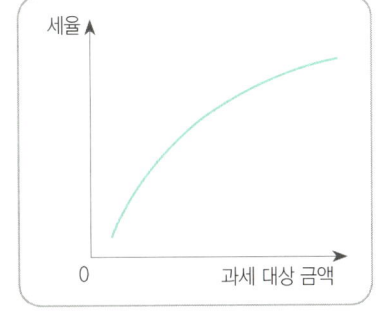

해 설 비례세와 누진세

그림은 과세 대상 금액이 커질수록 세율이 높아지는 누진세이며, 이는 비례세에 비해 소득 재분배 효과가 크다.

바로잡기 ① 누진세는 직접세로 납세자와 담세자가 동일하다. ③ 세율이 높아질 때 물가 상승에 영향을 주는 세금은 간접세(비례세)이다. ④ 누진세는 과세 대상 금액이 커질수록 세율이 높아진다.

정 답 ②

05 다음 글에 대한 분석으로 옳지 않은 것은?

원유가가 급등하면서 유류세 인하가 논의되고 있다. 지식경제부의 한 관리는 "세수 감소 문제가 발생하고 에너지 절약 정책에 위배되므로 지금 당장 유류세 인하를 검토하지 않고 있다."고 말했다. 하지만 경제 단체에서는 가계와 기업의 부담을 줄이고 경기 회복을 위해 유류세 인하가 필요하다고 주장하고 있다.

① 정부는 유류세 인하가 수요 측면의 에너지 대책에 역행한다고 본다.

② 조세의 소득 재분배 기능 측면에서 볼 때, 유류세는 역진적 성격이 강하다.

③ 원유 수요의 가격 탄력성이 비탄력적일 때, 유류세의 에너지 절약 효과가 커진다.

④ 경제 단체는 유류세 인하가 총수요 곡선을 우측으로 이동시키는 효과가 있다고 본다.

해설 조세 부과의 효과
① 유류세 인하는 원유 소비량을 증대시킬 것이다. ②유류세는 간접세로 역진적이다. ④유류세 인하로 가계와 기업의 부담이 줄어들면 소비와 투자가 증가하여 총수요가 증가한다. ⑤유류세 인하는 기업의 생산비 절감과 가계의 실직 소득 증대를 가져온다.

바로잡기 ③원유 수요의 가격 탄력성이 비탄력적이면 원유값이 비싸더라도 소비량이 크게 줄어들지 않기 때문에 유류세를 통한 에너지 절약효과가 크지 않다.

정답 ③

06 다음 각국에서 발생하는 경제 문제를 해결하기 위해 필요한 정부 정책을 〈보기〉에서 골라 바르게 연결한 것은?

갑국 : 시장에서 효율적인 자원 배분이 방해받고 있다.
을국 : 계층 간 소득 격차가 심해져서 사회적 위화감이 조성되고 있다.
병국 : 경기 불황의 심화로 국민 경제의 성장 잠재력이 약화되고 있다.

보기
ㄱ. 외부 불경제 현상의 발생을 억제한다
ㄴ. 공공 부조 등의 이전 지출 규모를 확대한다.
ㄷ. 재정 지출을 통해 기업이 생산한 재화와 서비스의 구입을 늘린다.

	갑국	을국	병국
①	ㄱ	ㄴ	ㄷ
②	ㄱ	ㄷ	ㄴ
③	ㄴ	ㄱ	ㄷ
④	ㄴ	ㄷ	ㄱ

해설 시장 실패와 정부 개입
자원의 비효율적 배분, 빈부 격차, 경기 불안정과 같은 시장 실패 현상을 해결하기 위해서는 정부의 개입이 필요하다. ㄱ.외부 불경제 현상의 발생은 효율적인 자원 배분을 막는 시장 실패 요인이다. ㄴ.공공 부조는 사회적 빈곤층의 최저 생활을 보장하기 위한 것이다. ㄷ.정부가 재정 지출을 늘리면 경기가 활성화된다.

정답 ①

07 그림에 대한 옳은 설명을 〈보기〉에서 고른 것은?

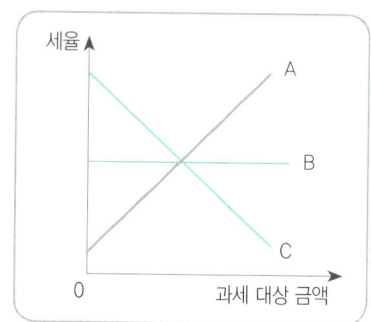

<보기>
ㄱ. A는 주로 간접세를 부과할 때 적용된다.

ㄴ. B는 동일한 세율이 적용된다.

ㄷ. C는 상대적으로 고소득층에게 불리하다.

ㄹ. A는 B보다 빈부 격차를 완화하는 효과가 크다

① ㄱ, ㄴ ② ㄱ, ㄷ ③ ㄴ, ㄷ ④ ㄴ, ㄹ

해 설 조세제도의 유형별 특징
과세 대상 금액이 증가할수록 세액이 A는 누진적으로, B는 일정한 비율로, C는 역진적으로 증가하고 있다.

바로잡기 ㄱ.간접세는 대체로 일정한 세율을 적용하는 세제이다. ㄷ.소득이 증가할수록 세율이 낮아지기 때문에 고소득층에게 유리하다.

정답 ④

08

갑부 정부는 그림 (가), (나)와 같이 정책을 a→a′와 b→b′로 바꾸려고 한다. 이러한 정책 변경의 의도로 가장 적절한 것은?

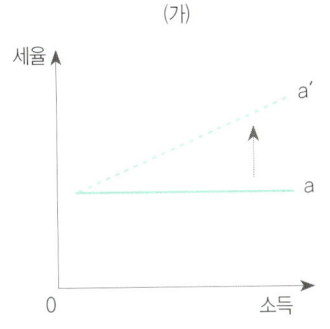

(가)

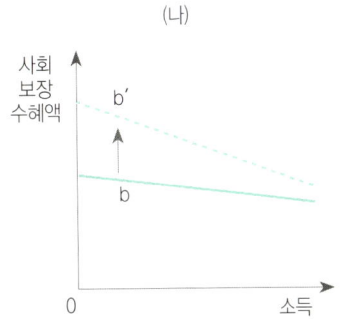

(나)

① 물가 안정

② 완전 고용 달성

③ 실질 GDP의 증대

④ 자원의 효율적 배분

⑤ 소득의 재분배 촉진

해 설 조세 정책과 소득 재분배
그림 (가)는 세율이 일정한 비례세인 a에서 세율이 증가하는 누진세인 a′로 변화하고 있음을 보여준다. 그리고 그림 (나)에서 사회 보장 수혜액 그래프가 b에서 b′로 변화하고 있는데, 이는 소득이 적을수록 사회보장 수혜액이 커지는 구조로 변화하는 것을 보여준다.

바로잡기 세입과 세출로 재정 정책을 펼치는 정부의 경제적 역할에는 물가 안정, 완전 고용, 경제 성장, 자원의 효율적 배분, 소득 재분배 등이 모두 포함되나, 그림에 나타난 것은 정부의 소득 재분배 정책에 관한 것이다.

정답 ⑤

09 표는 A국의 조세 수입 변화를 나타낸다. 이에 대한 설명으로 옳은 것은?

단위 : A국 통화 천 억

항목	연도 구분	2007 총액	2007 비중(%)	2008 총액	2008 비중(%)
명목 GDP		10,000	-	15,000	-
조세 수입		1,000	100	2,000	100
조세의 구성	소득세	200	20	400	20
	법인세	100	10	260	13
	부가가치세	400	40	600	30
	재산세	300	30	740	37

① 정부의 조세 수입이 감소했다.

② 조세 부담의 역진성이 커졌다.

③ 국내 총생산에서 소득세가 차지하는 비중은 변함이 없다.

④ 국내 총생산에서 조세 수입이 차지하는 비중이 낮아졌다.

⑤ 납세자와 실제 세 부담자가 일치하는 세금의 비중이 높아졌다.

해 설 ▶ 정부의 조세 구입 구조 분석

전체적으로 저부의 조세 수입은 50% 증가하였다. 이 중 직접세인 소득세의 비중은 변화가 없었으며, 같은 직접세인 법인세와 재산세의 비중은 증가하였다. 반면 간접세인 부가가치세의 비중은 감소하였다. ⑤ 납세자와 실제 세 부담자가 일치하는 세금은 직접세이다. 전체적으로 직접세의 비중은 60%에서 70%로 10% 포인트 상승하였다.

바로잡기 ▶ ① 정부의 조세 수입은 2배로 증가하였다. ② 간접세의 비중이 낮아졌으므로 조세 부담의 역진성은 작아졌다고 보아야 한다. ③ 국내 총생산에서 차지하는 소득세의 비중은 2007년에는 2%였으나, 2008년에는 약 2.7% 정도로 상승하였다. ④ 국내 총생산에서 조세 수입이 차지하는 비중은 2007년에는 10%, 2008년에는 약13%이다.

정 답 ▶ ⑤

Chapter 04

국민 경제의 활동과 경기 변동

01 국민경제의 흐름 (I)

1 국민 경제의 순환

(1) **의미** : 가계, 기업, 정부 등의 경제 주체들이 재화와 용역을 생산, 분배하고 소득을 지출하는 과정이 반복되는 것

(2) **국민 소득의 세 가지 측면**

생산 국민 소득 (국내 총생산, GDP)	생산 활동을 함으로써 만들어 내는 부가가치의 합-최종 생산물(총 생산물-중간 생산물)의 시장 가치 합
분배 국민 소득 (국내 총소득, GDI)	생산 요소를 제공한 대가로 얻게 되는 요소 소득의 합-생산 활동에 참여한 사람들이 받게 되는 임금, 이자, 지대, 이윤의 합
지출 국민 소득 (국내 총지출, GDE)	분배된 소득으로 소비하거나 투자한 금액의 합-소비 지출(민간, 정부), 투자 지출, 순수출의 합

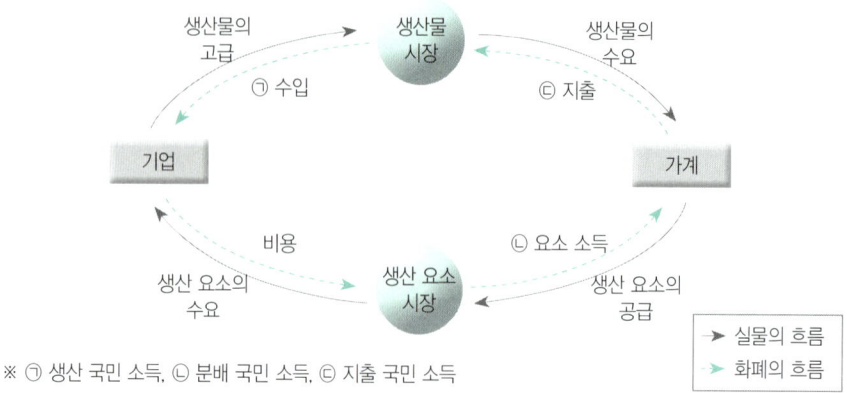

국민경제의 순환과정

※ ㉠ 생산 국민 소득, ㉡ 분배 국민 소득, ㉢ 지출 국민 소득

(3) 국민 소득 3면 등가의 법칙 : 국민 소득은 만들어서(생산), 나누어 갖고(분배), 쓰는(지출) 양이 모두 동일함-국민 경제의 전체 활동은 생산, 분배, 지출의 어느 측면에서 측정하더라도 그 크기가 같음

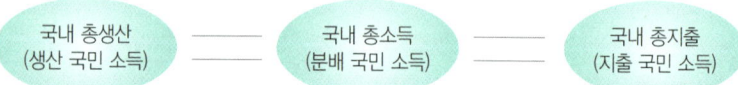

- **부가가치** : 생산 과정에서 새롭게 만들어 낸 가치로, 생산물의 판매 수입에서 생산 비용을 뺀 금액이다.
- **최종 생산물** : 본래의 형태 그대로 수명을 다할 때까지 경제 주체들에 의해 최종 용도로 사용되는 생산물을 일컫는다.
- **중간 생산물** : 생산 과정에서 다른 재화를 생산하는데 쓰이는 원재료, 반(半)제품 등을 일컫는다.

2 국민 소득 지표

(1) 국내 총생산(GDP)와 국민 총생산(GNP)

구분	국내 총생산(GDP)	국민 총생산(GNP)
의미	일정 기간(보통 1년)동안 한 나라의 영토 내에서 내국인과 외국인이 새로이 생산한 재화와 용역 등 모든 최종 생산물의 시장 가치를 합한 것	일정 기간(보통 1년)동안 한 나라의 국민이 국내 또는 해외에서 새로이 생산한 재화와 용역 등 모든 최종 생산물의 시장 가치를 합한 것
계산 방법	• 최종 생산물(총생산물-중간 생산물)의 합 • 모든 부가가치의 합	• 국내 총생산(GDP) + 해외 수취 요소 소득-해외 지급 요소 소득

ⓒ **국내총생산 계산**

원료 공급자(종자업자)가 밀 씨앗을 80만 원어치 생산하여 농부에게 판매함

⇒ 농부가 이를 가지고 200만 원어치의 밀을 생산하여 제분업자에게 판매함

⇒ 제분업자는 밀을 원료로 300만 원어치의 밀가루를 생산하여 제빵업자에게 판매함

⇒ 제빵업자는 이 밀가루로 450만 원어치의 빵을 생산하여 소비자에게 판매함

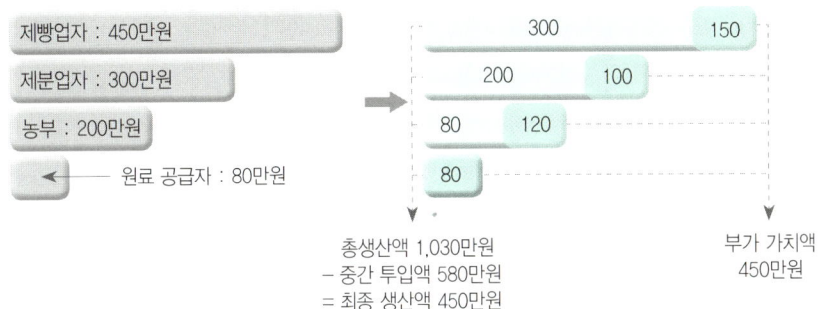

총생산액 1,030만원
– 중간 투입액 580만원
= 최종 생산액 450만원

부가 가치액
450만원

(2) 1인당 국내 총생산

❶ **의미** : 국내 총생산을 그 나라의 인구 수로 나눈 값(1인당 국내 총생산=국내 총생산 / 인구 수)

❷ **유용성** : 국민 개개인의 평균적인 생활 수준을 가늠할 수 있는 지표가 됨

(3) 국내 총생산의 의의

❶ 국민 경제의 전체적인 생산 수준(경제 규모)을 나타내는 지표

❷ 개방 경제하에서 많은 외국인들이 국내에서 활동하고 있으므로 국내 총생산이 국민 소득 지표로 활용됨 → 고용, 물가 수준 등은 GDP와 밀접한 관련이 있음

(4) 국내 총생산의 한계

❶ 국민 경제의 생산 수준을 정확히 나타내지 못함 → 시장에서 거래되지 않은 재화와 서비스(자가 소비를 위한 생산, 지하 경제 활동의 결과)의 가치를 반영하지 못함

❷ 국민의 '삶의 질'을 직접 나타내지 못함 → 여가로 소비되는 시간의 가치를 반영하지 못하거나, 교통 사고나 환경 오염 등 후생을 떨어뜨리는 행위가 국내 총생산을 증가시키기도 함

❸ 국내 총생산은 총량 개념으로 소득의 분배 상태를 나타내지 못함

국내 총생산(GDP)과 국민 총생산(GNP)

(가) (나) (다)

- (가) : 외국인의 국내 생산
- (다) : 자국민의 해외 생산
- (가) < (다) → GDP < GNP
- (나) : 자국민의 국내 생산
- (가) > (다) → GDP > GNP

→ GDP의 한계와 유용성: GDP는 생활 수준이나 삶의 질을 나타내는 데는 한계가 있다. 그러나 평균적으로는 1인단 GDP가 높은 나라가 생활 수준이 높고 삶의 질도 나은 편이다.

 심화 학습 국내총생산(GDP)와 국민총생산(GNP)의 관계

한 나라의 경제 수준을 측정하는 기준으로 가장 많이 이용되는 것이 국내 총생산(GDP)와 국민 총생산(GNP)이다. 이러한 수치가 크면 클수록 경제적 활동이 활발하고 부유한 나라로 평가된다. 국내 총생산(GDP: Gross Domestic Product)은 내국인이든 외국인이든 한 나라 안에서 생산한 것을 모두 합한 것인 데 반해, 국민 총생산(GNP: Gross National Product)은 국내든 해외든 그 나라 국민이 생산한 것을 모두 합한 것이다. 생산에 투입된 생산 요소를 볼 때, 그 나라에 '위치한' 생산 요소에 의해 생산된 최종 생산물의 시장 가치의 합계는 국내 총생산이고, 그 나라가 '소유한' 생산 요소에 의해 생산된 최종 생산물의 시장 가치의 합계는 국민 총생산이다.

✎ **자료해설** : 국내 총생산(GDP)이 영토 내에서의 생산에 기준을 둔 통계인 데 비해, 국민 총생산(GNP)은 국민에 기준을 둔 통계이다. 외국인이 한국에서 생산한 것은 GDP에는 계상되지만 GNP에는 포함되지 않는다. 한국인이 외국에서 생산한 것은 GNP에는 포함되지만 GDP에는 포함되지 않는다. 한국인의 해외 소득과 외국인의 국내 소득과의 차액이 해외 순소득이라면, GNP의 계산은 GDP에 해외 순소득을 더한 것과 같다. 즉, 국내 총생산(GDP)에서 외국인의 국내 생산을 빼고 한국인의 해외 생산을 더하면 국민 총생산(GNP)이 된다. 따라서 해외 투자로 대외 자산을 많이 보유한 선진국은 대개 GNP가 더 크고, 외국인의 국내 투자가 많은 개발도상국은 GDP가 더 큰 편이다. 한편, 개방 경제가 가속화하면서 자본과 인적 자원의 국제 교류가 활발해지고 있는데, 이에 따라 한 나라의 국민 경제 활동 수준을 측정하는 지표로 GDP가 더 유용하게 사용되고 있다.

3 총수요와 총공급

(1) 총수요와 총공급의 의미

구분	총수요(Aggregate Demand: AD)	총공급(Aggregate Supply: AS)
의미	모든 경제 주체(가계, 정부, 해외)가 주어진 기간 동안에 구매하려는 재화와 서비스의 총량	모든 경제 주체들이 주어진 기간 동안에 생산하여 판매하려고 하는 재화와 서비스의 총량
구성	민간 소비 + 민간 투자 + 정부 지출(정부 소비 + 정부 투자) + 수출	국내 총생산 + 수입

(2) 총수요 · 총공급 변동에 따른 국민 경제의 변화

총수요 〉 총공급	• 생산 여력이 있는 경우 - 공급 증가, 소득 증가 • 생산 여력이 없는 경우 - 물가 상승
총수요 〈 총공급	재고 증가 → 생산 감소 → 소득 감소, 실업 증가
총수요 = 총공급	• 균형 물가 수준과 균형 국민 소득 결정 • 국내 총생산 = 민간 소비 + 민간 투자 + 정부 지출 + 순수출(수출-수입)

(3) 총수요 · 총공급 곡선의 이동

구분	총수요곡선		총공급 곡선	
	우측 이동 (총수요 증가)	좌측 이동 (총수요 감소)	우측 이동 (총공급 증가)	좌측 이동 (총공급 감소)
원인	소비 · 투자 · 정부 지출의 증가	소비 · 투자 · 정부 지출의 감소	임금 · 원료비 하락, 생산 기술의 향상	임금 · 원료비 상승
변동 양상	• 물가 상승 • 국민 소득 증가	• 물가 하락 • 국민 소득 감소	• 물가 하락 • 국민 소득 증가	• 물가 상승 • 국민 소득 감소

▼ 총수요(AD) 곡선

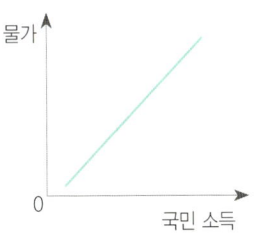

물가 수준과 총수요는 역(−)의 관계에
있으므로 총수요 곡선은 우하향한다

▼ 총공급(AS) 곡선

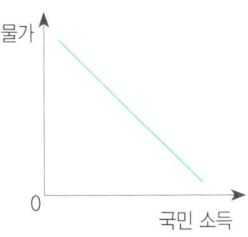

물가 수준과 총공급은 정(+)의 관계에
있으므로 총공급곡선은 우상향한다.

4 경제 성장

(1) 의미 : 한 나라의 경제 규모(국내 총생산), 생산 능력이 커지는 것

(2) 경제 성장과 경제 발전

❶ **경제 성장** : 경제 규모의 양적 확대를 의미, 경제에만 국한되는 개념

❷ **경제 발전** : 양적 확대는 물론 질적 발전까지 포함, 사회 전반의 기술적 · 구조적
변화까지 포함

(3) 경제 성장률 : 실질 GDP의 증가율

경제 성장률(%) = (금년도 실질 GDP − 전년도 실질 GDP / 전년도 실질 GDP) × 100

(4) 경제 성장의 요인

❶ **경제 내적 요인**
- 인구 증가 : 생산 능력 향상, 소비와 투자 증대로 인한 시장 확대
- 자본 축적 : 고용 증대 및 설비 추자 확대로 인한 생산성 향상
- 기술 혁신 : 노동 생산성 향상 및 새로운 부가가치의 원천 제공

❷ **경제 외적 요인**
- 산업 구조 : 산업 구조가 고도화됨에 따라 생산성이 향상됨
- 기업가 정신 : 위험을 감수하고 어려운 상황을 극복하면서 기업을 키우려는 의지
- 노사 관계 : 노사 간 화합, 인력과 자본의 낭비 방지 및 효율적 사용
- 경제 의지 : 개인이나 기업의 경제적 지위를 향상시키고자 하는 강한 의지
- 사회 제도 : 현실에 맞는 정부의 정책과 법 · 제도 및 사회적 관행의 개선

❸ **명목 GDP와 실질 GDP**
- 명목 GDP : 당해 연도의 생산량에 당해 연도의 가격을 곱하여 산출한 것
- 실질 GDP : 당해 연도의 생산량에 기준 연도의 가격을 곱하여 산출한 것(명목 GDP에서 물가 상승으로 인해 증가된 부분을 뺀 나머지)

❹ **경제 성장의 단계와 생산 요소의 중요성**
경제 성장의 초기 단계에는 노동 · 자본이 많이 기여하나, 경제 성장의 발전 단계에는 기술 혁신이 점차 중요해진다.

📁 **총수요와 총공급의 이해**

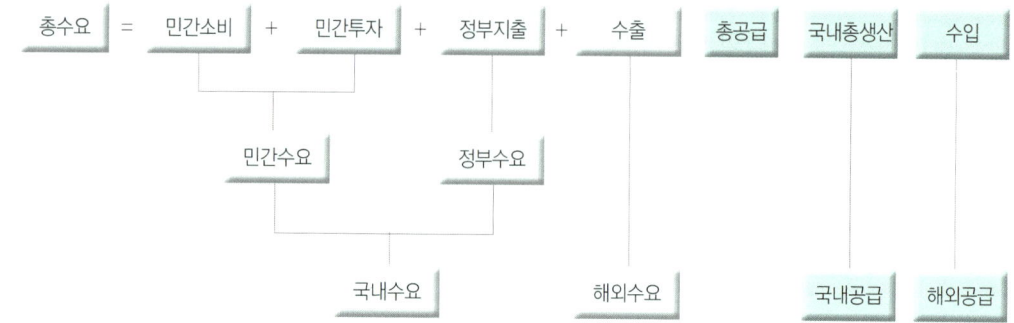

자료해설

한 국민 경제가 생산한 최종 생산물에 대한 구매 의도 또는 구매 계획을 가리켜 총수요 하고 하며, 총수요는 '민간 소비+민간 투자+정부 지출+수출'로 구성된다. 그런데 국내의 가계와 기업, 정부가 구매하는 재화 중에는 다른 나라에서 생산된 재화, 즉 수입품도 들어 있다. 수입품에 대한 구매는 국내 생산물에 대한 구매가 아니므로, 그만큼을 차감해서 총수요의 크기를 계산하기도 한다. 수출에서 수입을 뺀 것을 순수출이라고 하므로, 총수요는 다음과 같이 구성되기도 한다.

총수요 = 민간 소비 + 민간 투자 + 정부 지출 + 순수출(수출 − 수입)

한편, 한 나라의 모든 경제 주체들이 판매하려고 하는 재화와 용역을 모두 합한 것을 총공급이라고 하며, 총공급은 '국내 총생산+수입'으로 구성된다. 그런데 순수출이 총수요의 구성 요소가 될 경우에는 총공급에서 수입이 빠지게 된다.

총수요와 총공급이 일치하면 국민 경제가 전체적으로 초과 수요도 초과 공급도 존재하지 않는 상태, 즉 균형 상태가 된다. 국민 경제의 균형은 총수요와 총공급이 일치할 때에 달성되는데, 이때의 국민 소득을 균형 국민 소득이라고 한다.

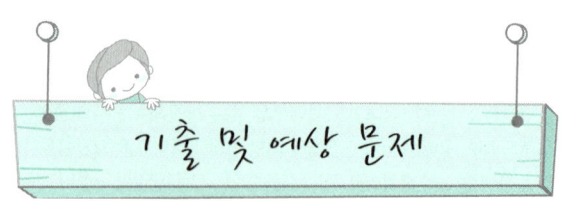

01 빗금 친 부분에 포함될 수 있는 사례로 옳은 것은?

① 추○○ 선수가 메이저리그 구단에서 받은 연봉

② 원어민 영어 교사가 제주도 교육청에서 받은 봉급

③ 외국인 선수가 국내 프로야구 구단에서 받은 연봉

④ 웨스트포인트사관학교를 졸업하고 미 해병대에서 받은 John의 임금

해 설 국내 총생산(GDP)과 국민 총생산(GNP)의 관계

GDP(국내 총생산)는 내·외국인이 국내에서 생산한 것이고, GNP(국민 총생산)는 국내·외에서 자국민이 생산한 것이다. 따라서 빗금 친 부분은 자국민이 외국에서 생산한 것이다. ①은 자국민이 외국에서 생산한 것이다.

바로잡기 ②, ③은 외국인이 국내에서 생산한 것이고, ④는 외국인이 외국에서 생산한 것이다.

정답 ①

02 다음은 어떤 나라 안에서 1년간 생산된 밀, 밀가루, 빵의 생산 과정을 나타낸 것이다. 이를 바탕으로 계산한 국내 총생산으로 옳은 것은? (단, 이외의 다른 생산 활동은 존재하지 않는다고 가정한다.)

> 농부가 밀 종자, 농약, 농기구 등의 원료 구입비 80만원을 들여 밀을 수확하였고, 이 밀을 제분업자에게 200만원을 받고 팔았다. 그리고 제분업자는 밀을 원료로 밀가루를 만들어 제빵업자에게 300만 원에 팔았으며, 제빵업자는 빵이라는 최종 생산물을 만들어 소비자에게 450만원에 팔았다.

① 450만 원   ② 650만 원   ③ 750만 원   ④ 950만 원

해 설 국내 총생산(GDP)의 계산

제시된 글에서 밀 200만 원은 밀 종자 제공자와 농약 제조업자, 농기구 제조업자, 그리고 농부의 부가가치를 다 합한 것이고, 제분업자의 부가가치는 100만원, 제빵업자의 부가가치는 150만 원이다. 이를 모두 합하면 국내 총생산이 450만 원임을 알 수 있다. 국내 총생산을 계산하는 방법에는 최종 생산물의 가치를 합하는 방법, 총생산물의 가치에서 중간 생산물의 가치를 빼는 방법, 각 생산 단계의 부가가치를 더하는 방법 등 여러 가지가 있다. 주어진 글의 내용에 부합하는 계산 방법을 채택하면 되는 것이다. 제시된 글에서 최종 생산물은 빵이며, 그 가치는 450만 원이다. 또 총생산물 가치는 950만 원(밀 200만원 +밀가루 300만원 빵 450만원)이고, 중간 생산물 가치는 500만 원(밀 200만원 밀가루 300만원)이다. 따라서 총생산물 가치 950만 원에서 중산 생산물 가치 500만 원을 빼면 국내 총생산은 450만 원이 된다.

정답 ①

03 다음과 같은 상황이 발생할 수 있는 경우로 옳은 것은?

> 경제 성장률은 양(+)의 값을 기록했지만, 1인당 국내 총생산은 오히려 감소하였다.

① 인구 증가율이 경제 성장률을 초과했을 때
② 경제 성장률의 증가 속도가 매우 떨어졌을 때
③ 경제 성장의 혜택을 소소의 계층만이 누리고 있을 때
④ 자본보다는 기술에 의존하여 경제 성장이 이루어졌을 때

해설 경제 성장률의 이해
경제 성장은 금년의 국내 총생산이 작년에 비해 얼마나 증가하였는지를 나타내는 성장률로 표시하게 된다. 그러나 경제 성장률이 양(+)의 값을 기록했다고 해서 반드시 1인당 국내 총생산이 증가하였다고 할 수는 없다. 예를 들면, 어느 나라에서 전년도에 총인구가 100만 명이고 국내 총생산이 100만 달러라면 1인당 국내 총생산(=국내 총생산/총인구)은 1만 달러이다. 만약 금년도에는 3%의 인구 증가율을 보여 인구가 103만 명이고 경제 성장률은 1% 증가하여 국내 총생산이 101억 달러라면 1인당 국내 총생산은 약 9,806달러가 된다. 이와 같이 경제 성장률이 인구 증가율보다 낮으면 1인당 국내 총생산을 오히려 감소하게 된다.

정답 ①

04 수업 시간에 제시되니 다음 자료를 통해 교사가 학생들에게 가르치려고 했던 '국내 총생산의 특징'으로 가장 적절한 것은?

〈판매를 목적으로 하는 농부의 채소 재배〉 − 〈지혜네 주말 농장〉

① 시장에서 거래되지 않은 것은 제외된다.
② 각 생산 단계에서의 부가가치의 합이다.
③ 개인별 소득 분배 상황을 파악할 수 있다.
④ 재화뿐만 아니라 서비스의 가치도 포함된다.

해설 국내 총생산의 한계 이해
국내 총생산은 한 나라의 국경 안에서 일정 기간(보통 1년)에 새로이 생산된 재화와 서비스의 가치를 금액으로 평가하여 합산한 것이다. 이에 따라 국내 총생산에는 시장에서 거래되지 않아 가치를 금액으로 환산할 수 없는 것들은 제외되는데, 가정주부가 가족을 위해서 제공하는 식사와 빨래, 주말 농장에서 생산하여 가족들이 소비한 농산물 등이 그것이다. 이에 반해 똑같은 일이라 할지라도 음식점이나 세탁소 및 농부에 의해 이루어진 것들은 국태 총생산에 포함된다.

정답 ①

05 글에서 밑줄 친 주장의 근거로 가장 적절한 것은?

> ○○경제 연구소는 태풍과 지진, 해일 등이 경제에 미칠 수 있는 영향을 분석하면서 재미있는 결론을 내놓았다. 일반적으로 태풍과 지진, 해일 등의 자연 재해는 농작물에 피해를 주고 산업 시설을 파괴하는 등 경제 성장에 부정적 영향을 주는 것으로 알려져 있다. 하지만, 이러한 자연 재해가 <u>경제 성장에 긍정적 영향을 주는 효과</u>를 가져올 수도 있다는 것이다.

① 재해 피해로 인해 기업들의 재고가 증가한다.

② 재해 복구비 지출로 시중의 통화량이 감소한다.

③ 재해 지역 주민들의 소득 감소로 인해 물가가 안정된다.

④ 재해 복구를 위한 정부 지출의 확대로 총수요가 증가한다.

해 설 정부 지출과 경제 성장의 관계
자연 재해는 무조건 경제 성장에 부정적인 영향을 주는 것으로만 생각할 수 있다. 그러나 자료에 제시된 것과 같이 자연 재해는 경제에 부정적인 영향을 주는 면이 있는 반면에, 긍정적으로 작용하는 면도 있다. 즉, 재난을 극복하기 위하여 각 경제 주체가 지출을 늘리게 되면 총수요가 늘어나 국민 소득을 증가시키고 경제 성장에 긍정적인 효과로 작용하게 되는 것이다.

바로잡기 ① 자연 재해가 경제 성장에 부정적인 영향을 주는 것을 나타낸다. ② 재해 복구비의 지출은 시중의 통화량을 증가시킨다. 뿐만 아니라 통화량 감소는 경제 성장에 부정적인 영향을 줄 수 있어 긍정적 영향은 아니다. ③ 재해 지역의 물가는 오르기 마련이므로 물가가 안정된다는 표현은 틀린 진술이다.

정 답 ④

06 표에 대한 분석으로 옳은 것은?

구분 \ 연도	2005년	2006년	2007년
물가 지수	100	120	132
명목 GDP(억 달러)	2,000	3,000	㉠
경제 성장률(%)	5	㉡	10

① ㉠에 들어갈 값은 3,300이다.

② ㉡에 들어갈 값은 25이다.

③ 2005년원 물가 상승률은 양(+)의 값이다.

④ 2006년에 비해 2007년의 물가 수준이 낮다.

해 설 명목 GDP와 실질 GDP
② 2006년의 명목 GDP를 2005년의 물가로 환산하면 2,500억 달러가 되므로 경제 성장률은 25%이다.

바로잡기 ① 2007년의 명목 GDP가 3,300억 달러라면 2007년 명목 GDP의 증가율은 10%이다. 2007년의 경제 성장률이 10%는 실질 GDP의 증가율을 의미한다. ③ 2004년의 물가 수준이 주어져 있지 않기 때문에 2005년의 물가 상승률은 알 수 없다. ④ 2006년에 비해 2007년의 물가 지수가 더 높다.

정 답 ②

07 그림은 총공급 곡선의 변화를 보여준다. 이와 같은 변화가 나타나게 된 원인을 탐구하기 위해 수집한 자료로 가장 적절한 것은?

① 통화량의 변화 추이

② 정부 지출 증가율의 변화 추이

③ 국제 원자재 가격의 변동률 추이

④ 기업의 설비 투자액의 증가율 추이

해 설 총공급 변동 원인
그림에 따르면 총공급 곡선이 좌측으로 이동하고 있다. 국제 원자재 가격의 상승은 기업의 생산비 상승을 가져옴으로써 총공급 곡선을 좌측으로 이동시킨다. 이에 반해, 통화량과 정부 지출 및 설비 투자와 가처분 소득은 총수요를 변동시키는 요인이다.

정 답 ③

08 그림은 동일한 제품을 생산하는 어떤 기업의 생산량을 나타낸 것이다. 이 기업이 산출량을 (가)에서 (나)로 변화시키기 위하여 가장 필요한 것은?

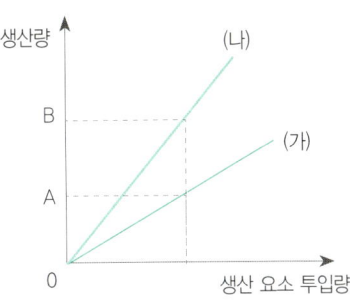

① 공장 가동률을 높인다.　　② 노동의 투입량을 늘린다.

③ 공장의 규모를 확대한다.　④ 연구 · 개발 투자를 확대한다.

해설 기술 진보의 중요성
그림은 생산 요소가 일정하게 투입되더라도 산출량이 차이가 나는 것을 의미한다. 즉, (나) 경우는 (가) 경우에 비해 노동이나 자본 등 생산 요소를 동일하게 사용하면서도 더 많은 수량을 생산하고 있는 것이다. 이는 생산 기술의 발달을 통해서 가능한 현상으로, 노동이나 자본의 수량보다는 노동 생산성의 향상 등 기술 진보의 중요성을 나타내는 것이다. 따라서 기술 진보를 위해서는 연구 · 개발 투자를 확대 하거나 교육 환경의 개선 등의 제도적인 대책이 필요하다.
정답 ④

09 다음의 밑줄 친 ⊙∼⊚에 대한 설명으로 옳지 않은 것은?

옛날 곤충들만 사는 세계에 꿀벌 나라가 있었어요. 어느 날, 꿀벌 나라 대통령 벌식이는 ⊙ 백성들이 돈을 얼마나 버는지 문득 궁금해졌습니다. 그때부터 벌식이는 백성들의 소득을 조사하기 시작했습니다. 한 해 두 해가 지나면서 벌식이는 ⓒ 지난해와 올해 사이에 얼마나 더 벌었는지 비교도 할 수 있게 되었지요. 그런데 이웃 나라에서 온 매미 · 여치 등 다른 곤충들이 번 돈은 어떻게 하지? ⓒ "우리 땅에서 살고 또 우리 땅에서 벌었으니까, 우리나라 소득으로 계산해야지." 그러다가 문득 꿀벌 나라 대통령 벌식이는 고개를 갸웃거렸어요. "참, ⓔ 개인별 소득은 어떻게 계산하지?" 그리고, ⓜ 이웃 나라 곤충들이 우리 땅에서 번 돈이 우리 꿀벌들이 외국에서 번 돈보다 더 많은 경우에는 어떡하지?

① ⊙ : 오늘날 GDP가 가장 대표적인 지표이다.

② ⓒ : 한 나라 경제의 전체적인 발전 경향을 한눈에 보여준다.

③ ⓒ : 뇌물이나 밀수와 같은 지하 경제 활동은 포함되지 않는다.

④ ⓜ : GNP가 GDP가 크다.

해설 국민 경제 지표의 이해
① ⊙을 나타내는 지표에는 크게 국내 총생산(GDP)과 국민 총생산(GNP)이 있는데, 자본 이동이 자유로운 세계화 시대에 부합하는 국내 총생산(GDP)이 대표적인 지표로 사용되고 있다. ② 경제 성장률은 한 나라 국민 경제의 성장 속도를 보여주는 지표이다. ③ 뇌물이나 밀수 등 지하 경제 활동은 겉으로 드러나지 않는 비공식적인 통계이므로 GDP에 반영되지 않는다.
바로잡기 ④ 외국인의 국내 생산이 자국민의 해외 생산보다 많다는 것은 국내 총생산(GDP)이 국민 총생산(GNP)보다 크다는 것을 의미한다.
정답 ④

10 다음의 밑줄 친 ㉠~㉣에 대한 설명으로 옳지 않은 것은?

> 한 나라의 국민 경제 변화를 알아보기 위해서는 총수요와 총공급의 개념에 유용하게 쓰인다. ㉠ 총수요에는 소비를 위한 수요뿐만 아니라 ㉡ 투자를 위한 수요도 포함된다. ㉢ 총공급은 한 나라의 국민 경제에 공급되어진 모든 재화와 용역을 의미한다. ㉣ 총수요가 총공급보다 많으면 생산이 활발해지고 재고가 감소하지만 국민 경제에 문제점이 생길 수 있다. 총수요가 총공급보다 부족하면 새로운 양상의 문제를 야기할 수 있다. 총수요와 총공급은 일정 기간이 지난 후에는 항상 일치한다.

① ㉠에는 민간의 소비와 투자뿐만 아니라 정부 지출과 수출도 포함된다.

② ㉡은 자본재의 총량을 유지 또는 증기사키는 지출을 의미한다.

③ ㉢은 GDP에서 수입(輸入)을 뺀 것이다.

④ ㉣의 대표적인 문제점으로 인플레이션을 들수 있다.

해설 ─ 총수요와 총공급의 이해

총수요와 총공급은 국민 경제의 균형과 변화를 파악하기 위해 필요한 개념이다. ① 총수요는 소비 수요와 투자 수요를 합한 것인데, 경제 주체별로 파악하면 민간 소비와 민간 투자, 정부 지출, 그리고 수출을 합한 것이다. ② 투자는 생산을 위해 필요로 하는 자본재의 양을 증가시키거나 유지시키는 지출을 의미하며, 기계설비, 건축물의 신축, 재고의 증가 등의 형태로 나타난다. ④ 총수요가 총공급보다 많으면 재고가 감소하고 생산이 활발해지지만, 물가가 불안해질 수 있다.

바로잡기 ─ ③ 총공급은 국내 총생산(GDP)과 외국으로부터의 수입(輸入)을 합한 것이다.

정답 ─ ③

02 국민경제의 흐름 (2)

1 물가와 물가 지수

(1) **물가** 개별적인 상품의 가격을 종합하여 평균한 것

(2) **물가 지수** 기준시의 물가를 100으로 하여 비교시의 물가 변동 정도를 지수로 나타낸 것

(3) 물가 지수의 작성 방법

❶ **단순 종합 지수** : 개별 가격의 지수의 합/상품의 수
❷ **가중 종합 지수** : (상품별 개별 가격 지수 x 상품별 가중치)/가중치의 합계(100 또는 1,000)

(4) 물가 지수의 종류

❶ **생산자 물가지수**
   - 기업 간에 대량으로 거래되는 상품의 평균적인 가격 변동을 측정
   - 기업들이 구입하는 재화와 서비스의 가격 변동을 측정
❷ **소비자 물가 지수**
   - 소비자들이 구입하는 재화와 서비스의 가격 변동을 측정
   - 가계 소득의 실질적인 구매력 변동을 나타낼 수 있음
❸ **생활 물가 지수**
   - 지수 물가와 체감 물가의 괴리를 해소하기 위해 일반 소비자들이 주로 구입하는 생활 필수품 등을 대상으로 계산한 물가 지수
❹ **GDP 디플레이터**
   - 명목 GDP와 실질 GDP 간의 비율(명목 GDP/실질 GDP)
   - 기준 연도에 비해 금년도 물가가 얼마나 상승했는지를 나타내는 지표

(5) 지수물가와 체감물가

❶ **지수 물가** : 물가 작성 기관에서 작성하여 발표하는 물가이다.

❷ **체감 물가** : 소비자들이 피부로 느끼는 물가이다.

❸ **지수 물가와 체감 물가가 서로 다른 이유**

㉠ 가계마다 또는 개인마다 소비 지출 품목이 서로 다르다.

㉡ 생활수준의 향상에 따른 소비 지출의 증가를 물가 상승으로 착각하는 경우가 있다.

㉢ 소비자는 자신이 자주 구입하는 품목만을 대상으로 개별 상품의 가격의 변동을 단순 평균하는 경향이 있다.

🍂 **지수 물가와 체감물가의 차이**

물가 지수 작성 기관에서 발표하는 물가 상승률이 우리의 감각으로 느끼는 것과 다르다고 생각하는 경향이 있다. 그 이유는 지수 물가가 여러 가지 상품의 가격을 일정한 기준에 따라 종합적 · 평균적으로 나타내는 데 반해, 피부로 느끼는 물가는 소비자가 일상생활을 영위하는 데 지출하는 비용에 대한 개인적인 느낌이기 때문이다. 피부로 느끼는 물가는 각자가 처한 경제적 상황에 따라 다르므로 소득 수준이 높은 사람보다 낮은 사람이 물가 상승을 민감하게 느끼는 것은 당연하며, 소득 수준이 같다고 하더라도 소비 구조가 다르면 물가에 대한 감각도 다르게 마련이다. 또 지수 물가는 각 상품에 대하여 국민 경제적 입장에서 본 중요도를 가중값으로 삼기 때문에, 그 가중값의 크기가 개별 상품의 가격 변동에 비례적 영향을 주어 전체 물가에 파급된다. 그러나 일반 소비자는 구입 횟수가 빈번한 품목만을 대상으로 하여, 가중값을 무시하고 개별 상품의 가격 변동률을 단순하게 평균하는 경향이 있다.

(6) 용도 화폐의 구매력 측정, 경지 변동의 판단 지표, 전반적인 상품의 수급 동향 판단

2 인플레이션

(1) 의미 물가가 지속적으로 상승하는 현상, 디플레이션의 반대

(2) 유형과 발생원인 및 대책

구분	발생원인	대책
수요 견인 인플레이션	총수요의 확대(확장 재정 정책이나 통화량 증대)로 인해 총수요가 총공급을 초과하여 발생	긴축 재정, 통화량 감축 등→총수요 억제
비용 인상 인플레이션	생산비의 상승(원유나 임금, 금리 등의 상승)으로 발생→스태그플레이션을 유발하는 경우가 많음	기술 혁신과 경영 혁신, 임금의 과도한 상승 억제 등→생산비 상승 억제

관리 가격 인플레이션	독과점 기업들이 높은 가격을 설정함 으로써 발생	독과점 기업의 폭리 단속

📂 인플레이션 원인

수요 견인 인플레이션	● 총수요의 증가로 총수요가 총공급을 초과하여 발생 ● 원인 : 민간 소비, 민간 투자, 정부 지출 등의 증가 ● 수요 측 요인에 의한 인플레이션
비용 인상 인플레이션	● 생산비의 상승으로 인해 유발되는 물가 상승 ● 원인 : 유기와 원자재 가격의 상승, 임금이나 이자율 등의 상승 ● 공급 측 요인에 의한 인플레이션
관리 가격 인플레이션	● 원인 : 독과점 기업이 높은 이윤을 얻고자 가격을 인상함으로써 발생 ● 관리 가격 : 상품 시장을 지배하고 있는 몇몇 기업이 시장의 수급 관계를 떠 나 항상 일정한 이윤을 확보할 수 있도록 자주적으로 결정한 판매 가격
수입(해외) 인플레이션	● 해외의 인플레이션이 원인이 되어 국내에서 발생하는 인플레이션 ● 해외 요인에 의한 인플레이션

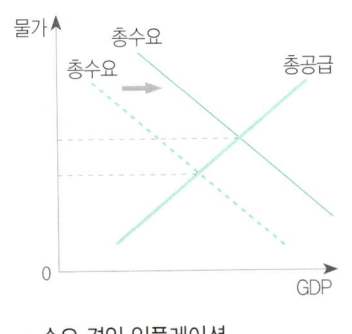

▲ 수요 견인 인플레이션

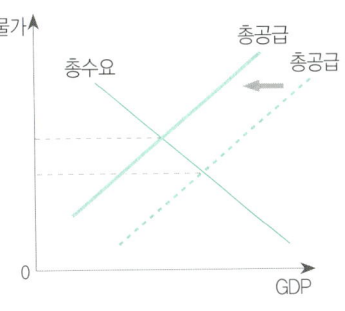

▲ 비용 인상 인플레이션

(3) 영향

❶ **실질 소득의 감소** : 일정한 돈으로 살 수 있는 상품의 양이 줄어듦

❷ **주와 소득의 불공정한 재분배**

유리한 자	불리한 자
실물 자산 소유자, 채무자, 사업 소 득자	금융 자산 소유자, 채권자, 고정된 월급이 나 연금을 받는 자

❸ **건전한 경제 성장의 저해** : 장기적 투기보다 단기적 수익을 노리는 투기의 성행으로
생산 활동이 위축됨, 소비가 늘고 저축이 줄어 국민 경제의 자본 축적이 저해됨

❹ **경상 수지의 악화** : 국내 상품의 가격 상승으로 수축 감소, 외국 상품 가격의 상대

적 하락으로 수입 증가

- GDP 디플레이터 = (명목 GDP / 실질 GDP) X 100
- 디플레이션

  물가가 지속적으로 하락하는 현상으로, 기업의 생산 감소와 기업 도산 등으로 실업을 증가시킨다.
- 스태그플레이션

  경기 침체 속의 물가 상승 현상이다. 1973년과 1979년에 발생한 석유 파동으로 인한 불황이 대표적인 것으로 스태그플레이션 현상이 나타나면 정부는 정책 수행에 어려움을 겪게 된다.
- 실물자산과 금융 자산

  실물자산 : 토지, 건물, 기계 설비, 원료, 제품 등과 같이 형체가 있는 자산

  금융자산 : 현금, 예금, 주식, 채권 등과 같이 형체가 없는 자산

 3 실업

(1) 의미   일할 능력과 의사가 있음에도 불구하고 여러 가지 이유로 일자리를 갖지 못하는 상태

(2) 실업률(%) = (실업자 수 / 경제 활동 인구 수) x 100

취업 인구	실업 인구	
경제활동 인구 (일할 능력 + 일할 의사)		비경제 활동 인구 (주부, 학생, 실망 실업자 등)
15세 이상 인구(노동 가능 인구)		
총인구		

관련 지표

㉠ 실업률 = (실업자 수/경제 활동 인구) X 100

㉡ 취업률 = (취업자수/경제 활동 인구) x 100

㉢ 경제 활동 참가율 = (경제 활동 인구/노동 가능 인구) x 100

㉣ 실업률 + 취업률 = 100

㉤ 고용률 = (취업자 수/노동 가능 인구) x 100

취업률과 실업률

실업률은 경제 활동 인구 중에서 직장이 없는 사람들의 비율을 말하며, 경제 활동 인구는 현재 취업자와 적극적으로 구직 활동을 한 실업자를 합한 것을 말한다. 이러한 실업률 계산에 포함되지 않는 비경제 활동 인구는 취업할 의사가 없는 사람들을 말하며, 구체적인 예로는 주부, 군인, 환자 교도소 수감자 등이며, 구직 활동을 포기한 실망 노동자도 비경제 활동 인구에 속하게 되어 실업률 산출시 제외된다.

(3) 실업의 폐해

❶ **개인적 측면** : 경제적 생존 기반의 상실, 심리적 압박감 등
❷ **사회적 측면** : 인력의 낭비, 각종 범죄 유발, 사회적 혼란 초래 등

(4) 실업의 형태

❶ **자발적 실업** : 일할 능력이 있으면서도 현재의 조건에서는 일하지 않겠다는 생각으로 인해 나타나는 실업
❷ **비자발적 실업** : 일하려는 의지는 있으나 일자리를 찾지 못하는 경우의 실업

(5) 실업의 유형

구분	원인	대책
경기적 실업	경기 불황에 따른 노동 수요의 감소로 발생	경기 부양을 통한 고용 기회 창출, 공공사업의 확대 등
구조적 실업	자동화, 새로운 산업이 요구하는 기술의 부족으로 발생	인력 개발 및 직업 기술 교육의 실시
계절적 실업	계절에 따른 고용 기회의 감소로 발생(겨울철의 농업, 건설업 등)	농촌의 농공 단지 조성, 정부의 공공 근로 사업 확대 등
마찰적 실업	근로자가 직장을 옮기는 과정이나 구직 정보의 부족으로 발생	취업 정보의 효율적 제공

◉ **경제 활동 인구**
15세 이상의 인구(노동 가능 인구)중에서 가사나 학업, 기타 이유 등으로 현재 수입 있는 일에 종사하지 못하는 사람을 제외한 것으로, 취업자와 실업자로 나누어진다.

◉ **구조적 실업**
구직자가 보유하고 있는 기술과 구인자가 요구하는 기술이 일치하지 않거나, 자신이 종사하던 산업이 사양화되면서 발생하는 실업이다. 공장 자동화는 많은 노동자들이 일자리를 잃게 만드는데, 성장하는 다른 산업이 이런 노동자를 흡수하지 못하는 경우에 실업자로 남게 된다.

4 소득 분배와 소득 재분배 정책

소득 분배는 경제 성장만큼이나 중요한 문제이다. 따라서 이 부분은 매우 중요하며 또한 실제로도 많이 출제되고 있다. 로렌츠 곡선, 지니 계수. 십분위 분배율, 소득 5분위 배율의 개념과 의미 및 관련 공식은 반드시 숙지해야 한다.

1) 소득분배와 소득불평등

(1) 소득 분배의 의의 : 경제 성장의 과실이 고루 분배되지 못하고 특정 계층이나 소수에게 독점되는 성장은 의미가 없다.

(2) 소득 분배의 차이 : 각국의 경제 발전 단계나 경제 체제에 따라 소득 분배의 차이가 당연 히 발생하게 된다.

(3) 소득 분배의 균등과 불평등 : 완전한 균등 분배는 가능하지도 않고 바람직하지도 않으며, 또한 소득 불평등 정도가 심한 것도 정의롭지 않기 때문에 합리적인 소득 불평등이 요구 된다.

2) 소득분배와 국민 후생수준

(1) 국민의 평균 소득보다도 소득의 분배 상황이 국민 전체의 후생 수준을 결정한다.

(2) 소득 불평등도 지수 : 현실의 분배 상태가 균등한 분배 상태에서 얼마나 떨어져 있는가를 객관적인 수치로 나타내 주는 지표이다,

(3) 소득 분배의 구분

❶ **기능별 소득 분배 :** 생산 요소의 종류에 따라 기능이 다른 소득의 배분으로서, 국민 소 득이 임금, 이자, 지대, 이윤 등으로 나뉘어 지는 것을 말한다.
❷ **계층별 소득 분배 :** 고소득층, 중상층, 저소득층 등의 계층에 따른 소득의 분배를 말한다.

3) 소득 분배 지표(소득 불평등도 지수)

(1) 소득 분배의 측정

❶ **로렌츠 곡선**
- 가로축에는 저소득층부터 고소득층을 순서로 인구 누적 비율을, 세로축에는 소득 누적 점유율을 나타내어 계층별 소득 분포를 표현한 곡선
- 로렌츠 곡선이 대각선(완전 평등선)에 가까울수록 소득 분배 상태가 평등함

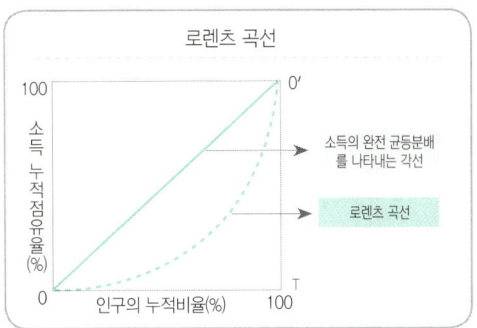

로렌츠 곡선

ⓒ **지니 계수** : 로렌츠 곡선 상에서 삼각형 면적에 대한 불평등 면적의 비율이다.

$$지니 계수 = \frac{\alpha}{\alpha + \beta}$$

⇒ 지니 계수는 0에서 1까지의 값을 지니며 적을수록 평등한 분배를 나타낸다.

❷ **지니 계수**

- 알파의 면적을 알파와 베타를 합친 구역의 면적으로 나눈 비율
- 0에서 1까지의 수치를 가지며, 그 값이 클수록 불평등한 상태를 나눈 비율

❸ **10분위 분배율**

- 최하위 40% 계층의 소득 점유율을 최상위 20% 계층의 소득 점유율로 나눈 비율
- 0에서 2까지의 수치를 갖으며, 그 값이 작을수록 불평등한 상태를 나타냄

❹ **소득 5분위 배율** : 국민 전체를 소득 순으로 5단계로 나누어 가장 잘사는 20%의 국민들 이 차지하는 소득 점유율이 가장 못사는 20%의 국민들이 차지하는 소득 점유율의 몇 배 가 되는지를 나타내는 값이다.

$$소득 5분위 배율 = \frac{최상위\ 20\%\ 소득\ 계층의\ 소득\ 점유율}{최하위\ 20\%\ 소득\ 계층의\ 소득\ 점유율}$$

⇒ 값이 작을수록 평등한 분배를 나타낸다.

(2) 소득 재분배 정책

누진세 제도(소득에 따라 세율의 차이를 두어 소득 격차 해소), 사회 보험 및 공공 부조와 같은 사회 보장 제도의 실시, 빈곤 계층의 인적 자원 개발, 최저 임금제의 적용 대상 확대

ⓒ 로렌츠 곡선의 특성
소득격차의 정도를 그림으로 나타낸다.
대각선과 로렌츠 곡선 사이의 면적을 불평등 면적이라고 하며, 소득 분배의 불평등이 심해질수록 이 면적은 넓어진다.
각국의 소득 분배 상태나 한 나라의 시기별 소득 분배 상태를 한눈에 파악 할 수 있다.

ⓒ 사회 보험과 공공 부조
사회 보험 : 수혜자와 국가 또는 기업이 납부하여 마련된 기금에서 노령, 질병, 사망, 실업, 업무 재해 등과 같은 사

고가 발생했을 때 급여를 행하는 제도

공공 부조 : 국가나 지방 자치 단체의 책임 하에 생활이 어려운 국민에게 최저 생활을 보장해 주고 자립을 지원해 주는 제도

🗂 실업률 조사 방법

(단, 조사대상은 15세 이상의 인구임)

🖊 **자료해설** : 통계청에서는 전국의 약 32,000 표본 가구에 상주하는 만 15세 이상 인구를 대상으로, 매월 15일이 속한 1주간의 경제 활동 상태를 파악하는 경제 활동 인구 조사를 실시하고 있다. 그림에서 현재 일하고 있거나 (취업자), 현재 일자리는 없지만 일할 의사가 있어 일자리를 구하려는 사람(실업자)들은 경제 활동 인구로 분류되고, 경제 활동에 포함되지 않는 사람들은 비경제 활동 인구로 분류된다. 따라서 경제 활동 인구에는 취업자와 실업자가 포함된다. 경제 활동 인구는 만 15세 이상의 인구 중 재화나 서비스를 생산하기 위해 노동을 제공할 의사와 능력이 있는 사람을 말한다. 비경제 활동인구는 만 15세 이상 인구 중 취업자도 실업자도 아닌 사람으로, 집안에서 가사 또는 육아를 전담하는 주부, 학교에 다니는 학생, 일을 할 수 없는 연로자 및 장애인, 자발적으로 자선 사업이나 종교 단체에 관여하는 사람을 말한다.

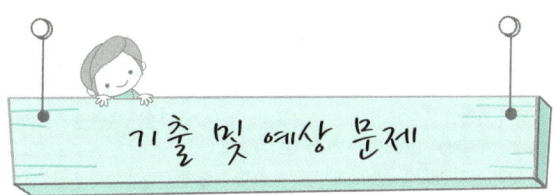

01 그림과 같은 예상이 현실화될 때, 나타날 수 있는 변화 양상으로 적절하지 않은 것은?

향후 물가에 대한 예상

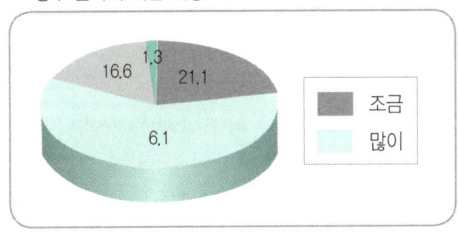

16.6 1.3 21.1

6.1

조금
많이

① 화폐의 구매력이 떨어진다.

② 부의 불평등한 분배가 이루어진다.

③ 실물 자산을 선호하는 경향이 확산된다.

④ 은행으로부터 대출을 받으려는 가계가 줄어든다.

해 설 인플레이션 현상

그림의 예측이 현실화된다는 것은 물가가 많이 오른다는 것을 의미한다. 물가가 오르면 화폐가치가 고정되어 있는 금융 자산을 가진 사람은 불리하고, 가치가 오르는 실물 자산을 가진 사람은 유리하다. 이에 따라 부의 불평등한 분배가 이루어지게 되며, 실물 자산에 대한 투기가 일어나게 된다. 또한 화폐의 가치가 떨어지기 때문에 화폐를 보유하려는 사람이 줄어든다. 그리고 실질 GDP는 물가 상승률을 기준 연도(물가 지수 100)로 환산하여 계산한 것이며, 명목 GDP는 물가 상승률이 그대로 반영된 것이다. 따라서 물가 상승이 높을수록 실질 GDP와 명목 GDP 간의 격차가 커진다.

바로잡기 ④ 실물 자산을 구입하려는 가계가 늘어나기 때문에 은행으로부터 대출을 받으려는 가계가 늘어난다.

정 답 ④

02 다음 대화에서 갑과 을이 느끼는 물가 상승이 다른 이유로 옳은 것은?

> **갑** : 요즘 물가가 너무 올라서 큰 문제야.
> **을** : 소비자 물가 지수는 거의 오르지 않았는데?
> **갑** : 무슨 소리야? 시장에 나가 봐. 배추 값이 작년에 비해 세 배나 올랐어.

① 정부에서 발표하는 물간은 단순 종합 지수이므로

② 배추는 정부의 소비자 물가 지수 계산에 포함되지 않으므로

③ 생활 수준이 향상되면 소득 중에서 식료품비의 지출이 증가하므로

④ 소비자들은 자신이 구입하는 상품의 가격 동향만을 의식하는 경향이 있으므로

해설 지수 물가와 체감 물가의 차이

갑은 배추 가격의 상승을 모든 상품의 가격이 상승한 것으로 일반화 시키는 오류를 범하고 있다. 정부가 발표하는 소비자 물가 지수는 여러 상품 중에서 표본을 선정한 다음, 각 상품에 가중치를 부여하여 계산한다. 따라서 특정 상품의 가격이 올랐더라도 나머지 상품이 별로 오르지 않았다면 물가 지수의 수치는 별로 차이가 나지 않을 수 있다. 또, 가중치에 따라서도 지수의 차이가 커질 수도 있고 작아질 수도 있다. ④ 정부가 발표하는 소비자 물가 지수는 여러 가지 재화와 서비스의 가격 변동을 가중 평균하여 계산하는데 비해, 소비자들이 느끼는 장바구니 물가는 자신이 자주 구입하는 몇 가지 품목의 가격 변동에 크게 좌우되기 때문에 지수 물가와 체감 물가의차이가 나타나는 것이다.

바로잡기 ① 정부에서 발표하는 소비자 물가 지수는 단순 종합 지수가 아닌 가중 종합 지수이다. ② 배추도 정부의 소비자 물가 지수 계산에 포함된다. ③ '식료품비의 지출이 증가'를 '식료품비의 지출이 감소'로 바꿔야 옳을 뿐만 아니라, 제시된 사례와는 거리가 먼 내용이다. 가중치는 각 상품이 경제 생활에서 차지하는 중요도, 즉 거래 비중을 나타내는데, 일반적으로 소득 수준이 높아 질수록 식료품비에 대한 가중치는 낮아진다.

정답 ④

[3~4] 다음 글을 읽고, 물음에 답하시오.

제1차 세계 대전 이후 독일의 통화 시스템은 붕괴되었다. 여러 가지 이유가 있겠지만, 독일 정부가 마음껏 통화를 발행할 수 있게 한 것이 중요한 이유이다. 통화량이 늘어난 것이 통제 불가능한 인플레이션을 초래했다. 마르크화가 늘어날수록 살 수 있는 물건은 점점 줄어들었다. 1913년 신발 한 켤레는 13마르크였는데, 1923년에 같은 신발의 값은 32조 마르크였다. 인플레이션이 확산되자 노동자의 상실감은 커졌고, 중산층의 저축액은 허공으로 날아갔다. 저축액이 날아가면서 사람들은 이성을 잃게 되었다. 독일 중산층은 새로운 지도자를 원하게 됐고, 덕분에 아돌프 히틀러가 1933년 총리로 선출되었으며 독일은 전체주의 국가로 나아가게 되었다.

03 당시 독일의 경제 상황과 관련된 진단으로 옳지 않은 것은?

① 부와 소득의 분배가 심각하게 왜곡되었다.

② 생산비 상승으로 인플레이션이 유발되었다.

③ 근로 의욕이 위축되고 불로 소득이 확대되었다.

④ 경제적 불안이 극단적인 정치 체제를 초래하였다.

해설 인플레이션의 영향

인플레이션이 발생하면 화폐가치는 하락하고 실물 가치는 상승하므로 부와 소득의 분배가 왜곡되고, 노동자의 근로 의욕은 위축되며, 실물 자산가치의 상승으로 불로 소득이 늘어난다.

바로잡기 ② 당시 독일의 인플레이션은 정부의 통화 남발로 인해 발생했으므로 공급이 아닌 수요 요인에 의한 것이었다.

정답 ②

04 위와 같은 상황에서 상대적으로 유리한 위치에 있는 사람은?

① 수입업자 　　② 수출업자 　　③ 봉급 생활자 　　④ 연금 소득자

해설 경제 주체에 따른 인플레이션 효과

인플레이션의 상황에서는 화폐를 소유하고 있거나 화폐를 받게 되어 있는 사람은 손해를 본다. 봉급 생활자는 노동의 대가로 임금을 화폐로 받으며, 연금 소득자, 이자 생활자도 화폐로 받게 되므로 이들은 모두 불리한 위치에 있다. 이에 반해 수입업자는 국내 물가 상승으로 그만큼 이익이 많아진다.

정답 ①

05 다음 글에 제시된 실업의 유형과 대책을 바르게 연결한 것은?

최근에 와서는 여러 분야에서 생산 공정의 자동화가 이루어지면서 많은 노동력이 절감되고 있다. 기존의 공장에서 노동 절약적 기계 설비를 도입한다면, 그 공장은 이전보다 적은 노동력을 필요로 하므로 잉여 노동력은 해고되어 실직하게 될 것이다. 그러나 기술 개발은 정신 노동자나 숙련 노동자에 대한 수요를 창출하는 측면도 있다.

	유형	대책
①	경기적 실업	공공 근로 사업의 확대
②	구조적 실업	공공 근로 사업의 확대
③	구조적 실업	직업 기술 교육의 강화
④	마찰적 실업	직업 기술 교육의 강화

해 설 구조적 실업의 대책

구체적인 사례와 관련된 실업 대책을 제대로 파악하고 있는지를 알아보려는 문제이다. 자료에서 제시된 실업 유형은 구조적 실업에 해당한다. 이는 산업 구조가 고도화되고 기술 혁신이 급격해짐에 따라 낮은 기술 수준의 기능 인력에 대한 수요가 줄어들어 직장을 잃는 경우를 말한다. ③ 구조적 실업에 대해서는 기증 수분이 낮은 노동력에 대해 인력 개발 및 직업 기술 교육을 실시 함으로써 재고용의 기회를 얻게 하는 것이 적절한 실업 대책이다.

바로잡기 ①, ② 공공 근로 사업의 확대는 경기적 실업에 대한 적절한 대책이다. 경기적 실업은 경기 불황에 의해 발생하는 실업의 형태이다. ④ '마찰적 실업'을 '구조적 실업'으로 고쳐야 한다. 마찰적 실업은 근로자가 한 직장에서 다른 직장으로 옮기는 과정에서 발생하는 실업의 형태이며, 그 대책으로는 취업 정보를 적절하게 제공함으로써 노동의 수요자와 공급자를 효과적으로 연결해 주는 것 등이 있다.

정 답 ③

06 글의 밑줄 친 '이 제도'에 대한 설명으로 옳지 않은 것은?

이 제도는 일정 연령에 도달한 노동자의 임금을 해마다 점차 삭감하는 대신 정년까지 고용을 보장하는 제도이다. 미국, 유럽, 일본 등에서 시행하고 있는데, 한국에서는 신용 보증 기금이 2003년 7월부터 이 제도를 적용한 것이 처음이다. 신용 보증 기금은 정년까지 고용을 보장하는 대신, 만 55세가 되는 해부터 임금을 연차적으로 줄여서 지급하고 있다.

① 50대 이상의 실업을 줄일 수 있다.
② 정부의 사회 보장비 부담을 줄인다.
③ 청년 실업을 줄이는 효과가 발생한다.
④ 일자리 나누기(work-sharing)의 한 형태이다.

해 설 임금 피크제(salay peak)

제시된 밑줄 친 '이 제도'는 임금 피크제로, 일정 연령이 되면 임금을 삭감하는 대신 정년을 보장하는 제도이다. 임금 피크제는 워크 셰어링(work sharing)의 한 형태로, 근로자에게 정년까지 고용을 보장하여 실업을 줄이는 효과가 있고, 기업에게는 기업 업무에 익숙한 사람들을 저렴한 비용으로 활용하는 장점이 있다. 50대 이상의 고령 실업을 줄이는 효과가 있어 정부의 실업 수당, 연금 재정 등의 부담을 줄일 수 있다.

바로잡기 ③ 고령자의 정년이 보장되므로 청년 실업이 증가하는 요인이 될 수 있다.

정 답 ③

07 표는 다섯 나라의 어느 해 경제 지표를 나타낸 것이다. 이에 대한 분석으로 옳은 것은?

경제지표 국가	경제 성장률 (%)	실업률 (%)	지니 계수
A국	10	6	0.34
B국	7	2	0.28
C국	4	7	0.39
D국	1	3	0.43
E국	-2	4	0.33

① A국의 국내 총생산이 가장 많다.   ② B국의 실업자 수는 감소하였다.

③ C국의 실업자 수가 가장 많다.   ④ E국의 국내 총생산은 전년도에 비해 줄었다.

해 설 ▶ 경제 지표의 이해

④ 경제 성장률이 음(−)의 값인 것은 전년도에 비해 국내 총생산이 줄어들었음을 의미한다.

바로잡기 ① 경제 성장률은 국내 총생산의 증가율을 의미한다. 따라서 경제 성장률로는 국내 총생산의 크기를 알 수 없다. 단지, A국의 국내 총생산 증가 속도가 가장 빠르다는 것을 알려준다. ② 전년도 실업률과 경제 활동 인구의 증가가 주어져 있지 않기 때문에 실업자 수가 증가 하였는지 감소하였는지 알 수 없다. ③ 경제 활동 인구가 주어져 있지 않기 때문에 실업률을 가지고 실업자 수를 알아낼 수는 없다.

정 답 ④

08 다음은 소득 분배를 나타내는 쿠즈네츠의 U자형 그래프이다. 표시된 부분에서 소득 불평등 정도가 완화되는 이유로 가장 적절한 것은?

① 국민 대부분의 소득 수준이 낮기 때문

② 자유 방임의 경제 원리가 정착되기 때문

③ 경제 성장의 기여도에 따라 분배가 이루어지기 때문

④ 사회 보장이 확충되어 소득 불평등이 완화되기 때문

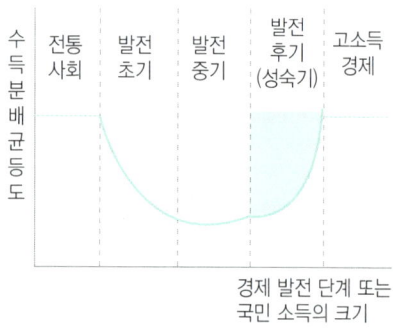

해 설 ▶ 쿠츠네츠의 U자 가설

쿠츠네츠(Simon Smith Kuznets)는 경제 발전 초기에는 소득 불평등이 확대되다가 후기에 접어들면서 각종 사회 보장 제도가 갖추어 지고, 누진세 제도 등 소득 분배를 개선하는 조치를 위하게 됨에 따라 소득 불평등이 완화되며, 고소득 경제 사회가 되면 완정평등 사회가 실현 될 것이라고 주장하였다.

바로잡기 ① 국민 대부분이 저소득 수준인 경우는 전통 사회에 해당한다. ② 자유 장임의 경제 원리가 정착되면 소득 불평등 정도가 심화된다. ③ 경제 성장의 기여도에 따라 분배가 이루어지면 소득 불평등 정도가 심화된다.

정 답 ④

09 다음 글에 언급되어 있는 경제 현상과 관련된 옳은 설명을 〈보기〉에서 고른 것은?

1970년대 초 자원 파동을 겪으면서 세계 경제는 그 이전까지는 없던 '불황 속의 인플레이션'이라는 새로운 현상에 직면하였다. 경제 성장률이 0~2% 선으로 크게 둔화되었음에도 불구하고 소비자 물가 상승률이 두 자리 수까지 치닫게 된 것이다.

보기

ㄱ. 시장에 대한 정부 개입의 유용성이 떨어졌다.

ㄴ. 경제 성장과 물가 안정 간의 반비례 관계가 깨졌다.

ㄷ. 경제 성장률과 실업률은 반비례 관계가 있음을 보여주었다.

ㄹ. 인플레이션이 심화되면 실업률은 낮아지게 됨을 알려주었다.

① ㄱ, ㄴ   ② ㄱ, ㄷ   ③ ㄴ, ㄷ   ④ ㄴ, ㄹ

해설 스태그플레이션(stagflation) 현상

큰 정부를 강조하는 입장에서는 정부가 재정 정책이나 금융 정책으로 경제를 자동차엔진 조절하듯이 마음대로 조절할 수 있다는 생각을 가지고 있었다. 이러한 생각은 물가 문제인 인플레이션과 성장 문제인 실업률 사이에는 반비례 관계가 적용 될 것이라는 생각을 전제로 하였다. 그러나 지문과 같이 실업 증가와 인플레이션이 동시에 발생하는 '불황 속의 인플레이션' 또는 스태그플레이션(stagflation)하에서는 정부의 적극적 시장 개입이 더 이상 유용하지 않게 되었다. 이로 인해 정부 개입이 무용하다는 '작은 정부론'이 힘을 얻게 되었다. ㄱ. 기업이 도산하면서도 물가가 상승하는 현상속에서는 확장 재정 정책은 물가 수준만을 상승시키고, 긴축 재정 정책은 실업을 더욱 심화시키는 결과를 초래하였다. 즉, '불황 속의 인플레이션'하에서는 적극적 시장 개입이 더 이상 유용하지 않게 되었다. ㄴ. 스태그플레이션하에서는 경제 성장률은 떨어지는데 물가는 상승하게 되므로, 이전까지의 경제 성장과 물가 안정 간의 반비례 관계를 깨뜨렸다.

바로잡기 ㄷ. 일반적으로 경제 성장률이 높아지면 실업률은 낮아진다. 하지만 제시된 내용과는 거리가 멀다. ㄹ. 실업률이 낮아진다는 것은 경제 성장률이 높아지고 있음을 뜻한다. 그런데. 스태그플레이션은 이러한 성장과 안정의 반비례 관계를 깨뜨렸다.

정답 ①

---

10 그림은 교사가 제시한 자료이다. (가), (나)에 대한 진술이 옳은 학생은?

(가) 실업률 추이(%)

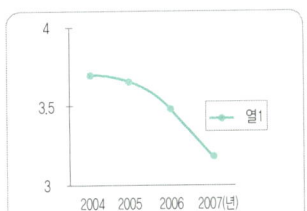

(나) 취업 준비 중인 비경제 활동 인구 추이(천 명)

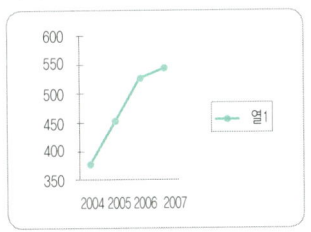

① 갑 : (가)에서 볼 때, 2004년과 2005년의 실업자 수는 동일하겠군요.

② 을 : (나)의 취업 준비 중인 비경제 활동 인구는 비자발적 실업자로 분류되겠군요.

③ 병 : (나)의 원인 중의 하나로 학령 인구에 속하는 15~19세 인구의 증가를 들 수 있어요.

④ 정 : (나)를 보면 (가)추이만으로 고용 상황이 개선되었다고 단정해서는 안 되겠네요.

해설 실업률과 비경제 활동 인구 추이의 분석

실업자가 구직 활동을 중단하고 공무원 시험을 준비하는 등 취업 준비를 할 경우 비경제 활동 인구에 포함되기 때문에 실업률은 하락하게 된다. 따라서 (가) 추이만으로 고용 상황이 개선되었다고 판단하는 것은 곤란하다.

바로잡기 ① (가)는 실업자 수가 아닌 실업률에 관한 통계이므로 2004년과 2005년의 실업자 수가 동일한지 여부는 알수 없다. ② (나)의취업 준비 중인 비경제 활동 인구는 실업자에 속하지 않는다. ③ 학령 인구에 속하는 15~19세가 (나)의취업 준비 중인 비경제 활동 인구에서 차지하는 비중은 미미하다. (나)의 취업 준비 중인 비경제 활동 인구에서 활동 인구는 고등학교나 대학교 등에서 학업을 마친 사람 가운데 취업을 준비하기 위해 공부하는 사람을 의미한다는 것에 유의한다.

정답 ④

03 경제 성장과 안정화 정책

경기 변동의 양상

(1) **경기의 의미** : 국민 경제의 총체적인 활동 수준

(2) **경기 순환** : 경제 활동의 총체적 수준이 일정 주기를 가지면서 반복적으로 일어 하는 현상

(3) **경기 순환의 4국면과 특징**

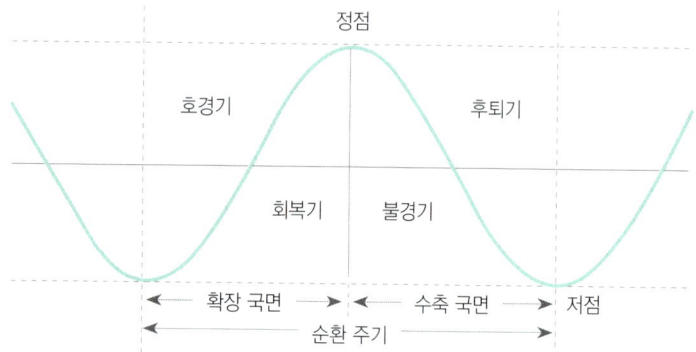

- 주기 : 경기의 저점에서 다음 저점까지의 기간
- 진폭 : 경기의 저점에서 정점까지의 높이

구 분	특 성
호경기	경제 활동이 가방 활발한 시기
후퇴기	경기의 과잉 투자가 문제가 되어 경제 활동이 위축되는 시기
불경기	모든 경제 활동이 쇠퇴하면서 침체되는 시기
회복기	생산, 고용, 판매 등 경제 활동이 다시 활발해지는 시기

◖ **호경기**

총수요의 활성화 → 생산량 증대 → 실업감소 → 물가상승

◖ **불경기**

생산량 감소 → 실업증가 → 물가하락

(4) 경기 변동의 요인

❶ **총수요의 변동** : 경제 상황에 대한 비관적(낙관적) 시각으로 소비와 투자 감소(증가)
  → 총수요 감소(증가) → 재고 증가(감소), 실업 증가(감소) → 경기 침체(경기 활성화)

❷ **총공급의 변동** : 임금 상승과 원자재의 가격 상승(하락) → 상품의 가격 상승(하락)
  → 수요 감소(증가) → 생산 감소(증가), 실업 증가(감소) → 경기 침체(경기 활성화)

(5) 경기 순환 국면의 특징

경기	생산	실업	고용, 소득	물가, 임금	주가	재고
호경기	최고	최소	최고	최고	최고	최소
후퇴기	감소	증가	감소	하락	하락	증가
불경기	최저	최대	최저	최저	최저	최고
회복기	증가	감소	증가	상승	상승	감소

(6) 경기 순환의 종류와 원인

종류	주기	원인
콘트라티에프 파동	약 50년	기술 혁신, 사회 변동
쿠즈네츠 파동	약 20년	인구 증가율의 변동, 내구재의 수요 변화(주택 건설)
주글라 파동	10~12년	기업 설비 투자의 변화
키친 파동	3~4년	재고의 변화, 이자율의 변동, 외환 시세의 변동, 원자재 가격의 변동

2 경제 성장과 안정

(1) 경제 성장 추구 : 지속적인 국민 소득의 증대 및 국민 생활의 향상 추구 → 경제 발전이 궁극적인 목적

(2) 경제 안정 추구 : 총수요와 총공급을 조절하여 인플레이션이나 실업 증가를 억제하고, 장기적으로 국제 수지의 균형을 추구하여 적정 수준을 유지

경기의 움직임을 나타내는 대표적인 지표

GDP, 소비지출, 수출입, 설비투자, 건설투자, 재고지수, 생산지수 등

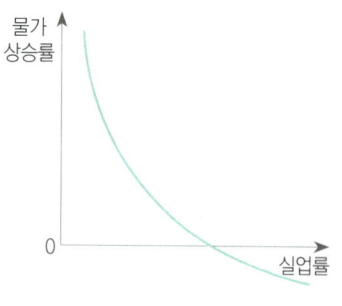

▲ 필립스 곡선

필립스 곡선 : 임금 상승률과 실업률과의 사이에 있는 역(逆)의 상관관계를 나타낸 곡선이다. 필립스는 1861~1957년에 영국의 시계열 자료를 토대로 임금 상승률과 역의 상관관계에 있다는 것이다. 즉, 필립스 곡선이란 실업과 화폐 임금의 상승률과의 관계를 도표로 나타낸 것으로, 각국은 자국 고유의 필립스 곡선을 갖게 된다. 근래에 와서는 임금 상승률·실업률보다는 물가 상승률·실업률의 관계로 보는 것이 일반적이다. 실업률이 낮을수록 물가 상승률이 높고, 반대로 물가 상승률이 낮을수록 실업률은 높다. 다시 말하면 물가 안정과 완전 고용이라는 두 가지 경제 정책 목표는 동시에 달성될 수 없으며, 어느 한쪽의 달성을 위해서는 다른 한쪽을 희생해야 한다.

◉ 총수요
한 나라의 모든 경제 주체가 구매하려는 재화와 용역의 합(민간소비 + 민간투자 + 정부지출 + 수출)

◉ 총 공급
한 나라의 모든 경제 주체가 판매하려는 재화와 용역의 합(국내 총생산 + 수입)

3 경제의 안정적 성장과 재정·통화 정책

(1) 경제 안정화 정책

❶ 의미 : 경기의 지나친 변동을 줄이기 위한 정부의 정책 → 국민 경제의 고용 수준을 늘리거나 물가를 안정 상태에 접근하도록 조정하려는 정책

❷ 수단 : 재정 정책과 통화 정책

	구분	내용
경기 침체시	확장 재정 정책	세입 감소, 세출 증가 → 총수요 증가
	확장 통화 정책	금리 인하, 시중에 자금 방출 → 통화량 증가
경기 과열시	긴축 재정 정책	세입 증가, 세출 감소 → 총수요 감소
	긴축 통화 정책	금리 인상, 시중의 자금 흡수 → 통화량 감소

(2) 자동 안정화 장치

❶ 의미 : 경기 순환의 변동폭을 감소시키는 데 기여하는 제도적 장치 → 가처분 소득에 상쇄 효과를 일으켜 경기 변동의 안정을 유지함.

　예 누진 소득세, 실업 보험, 사회 보장 이전 지출 등

❷ 기능

● 경기가 침체되면 자동으로 세출이 증가하고 세입이 감소하여 경기가 부양되는 효과를 가져옴

ⓒ **가처분 소득(可處分所得)**

개인 소득 가운데 소비 또는 저축 등 자유롭게 처분할 수 있는 소득, 즉 '개인 소득-일체의 세금' 이다.

ⓒ **자동 안정화 장치의 사례**

- 경기 과열시 : 세금과 보험료 증가
- 경기 침체시 : 세금과 보험료 감소, 실업 보험 혜택 증가

ⓒ **사회 간접 자본**

한 나라의 수많은 생산자와 소비자의 경제 활동이 원활이 이루어지도록 간접적으로 뒷받침하는 시설이다.

(3) 재정 정책

❶ **의미** : 정부가 국가 경제 활동에 영향을 끼치고자 세입과 세출을 조정하는 정책

❷ **재정 정책의 수단**(조세 정책, 정부 지출 정책)**과 효과**

수단		가계소득 기업 이윤	소비·투자	총수요	경기
조세 (세입 측면)	세율 인상	감소	감소	감소	진정
	세율 인하	증가	증가	증가	부양
정부 지출 (세출 측면)	증대	증가	증가	증가	부양
	축소	감소	감소	감소	진정

❸ **재정 정책의 기능**

경제 안정화	• 경기 침체 극복:확장 정책(적자 예산 편성과 정부 지출 증가, 세율 인하)→경기 회복 • 경기 과열 극복:긴축 정책(흑자 예산 편성과 정부 지출 감소, 세율 인상)→경기 안정
경제 성장 유도	• 세입면 : 조세 감면으로 기업의 투자 및 가계의 저축 증대 • 세출면 : 사회 간접 자본에의 투·융자, 직업 훈련소의 운영
소득 재분배	• 세입면 : 누진세율 적용, 고율의 개별 소비세 부과→고소득층과 사치품에 중과세 • 세출면 : 사회 보험, 공공 부조 등 각종 사회 보장 제도의 확충
자원 배분	• 세입면 : 사치품의 세율 인상 및 생활필수품의 세율 인하를 통해 사치품의 생산 감소 및 생활필수품의 생산 증가를 유도 • 세출면 : 공공 주택 건설, 사회 간접 자본·공공재의 확충

(4) 통화 정책

❶ **의미** : 화폐 가치의 안정과 국민 경제의 발전을 위하여 통화량을 적절히 조절하는 정책

❷ **담당 기관** : 중앙은행(한국은행)

❸ **목표** : 화폐 가치의 안정(1차적 목표), 물가 안정, 완전 고용, 국제 수지 균형, 경제 성장 등

   ◔ **공공재**
   도로·교량 건설, 국방, 치안, 공원, 교육 등의 공공재는 민간 기업이나 개인이 막대한 투자비에 비해 수익을 많이 거두기 어려우므로 충분한 공급이 이루어지지 못한다.

   ◔ **한국은행의 기능**
   • 정부의 은행으로서 통화 공급
   • 은행의 은행으로서 통화 공급
   • 외화 자금 관리 은행으로서 통화 공급

   ◔ **화폐의 기능**
   • 본질적 기능 : 교환의 매개 수단, 가치 척도의 수단
   • 파생적 기능 : 가치 저장의 수단, 금융 거래의 결제 수단

❹ **통화 정책의 기능**

   ● 통화량 증가 → 이자율 하락 → 투자 증대 → 생산·고용 증가 → 물가상승, 경기 활성화

   ● 통화량 감소 → 이자율 상승 → 투자 감소 → 생산·고용 감소 → 물가 하락, 경기 진정

❺ **화폐의 수요와 공급 불균형의 문제**

   ● 화폐 수요< 화폐공급 : 이자율 하락 → 투자 증대 → 인플레이션 발생 → 실물에 대한 투기 성행 → 국민 경제의 성장 잠재력 저하

   ● 화폐 수요>화폐 공급 : 이자율 상승 → 투자 감소 → 실업 발생 → 유휴 노동력·생산시설 발생

❻ **일반적 정책 수단**(간접 규제 수단)

   ● 재할인율 정책 : 재할인율 변동을 통해 통화량을 간접적으로 조절
   – 재할인율 인상 : 대출 이자율 인상 → 대출 감소 → 통화량 감소
   – 재할인율 인하 : 대출 이자율 인하 → 대출 증가 → 통화량 증가

   ● 공개 시장 조작 정책 : 유가 증권의 매매를 통해 통화량을 조절
   – 통화량 과다시 : 국·공채 매각 → 시중의 자금 흡수 → 통화량 감소
   – 통화량 과소시 : 국·공채 매입 → 시중에 자금 방출 → 통화량 증가

   ● 지급 준비율 정책 : 지급 준비율을 조정하여 예금 창조 과정에 개입
   – 지급 준비율 인상 : 은행의 대출 감소 → 통화량 감소
   – 지급 준비율 인하 : 은행의 대출 증가 → 통화량 증가

❼ **선별적 정책 수단**(직접 규제 수단)

   ● 의미 : 특정 산업을 지원하고 특정 정책의 실현을 위해 자금의 흐름을 직접

규제하는 정책

- 대출 한도제 : 은행의 자금 대출 한도를 정하여 그 범위 내에서 대출
- 이자율 규제 정책 : 시중 은행의 예금 이자율이나 대출 이자율을 정하거나 상한선 설정
- 우리나라의 정책 : 수출 산업, 중화학 공업, 농림어업, 중소기업 등의 육성을 위해 적극적 자금 지원, 부동산, 향락 산업, 소비자 금융 등에 대한 강력한 대출 억제

❽ **정책의 변화** : 금융 · 자본 시장의 개방화 · 국제화 추세에 맞추어 기존의 직접 규제 방식에서 금리를 자유화하고 대출 한도를 철폐하는 등의 간접 규제 방식으로 바뀌고 있음

> ⓒ **어음 할인**
> 어음의 소지인이 만기일 이전에 나머지 기간만큼의 이자를 공제하고 어음을 파는 것이다.

> ⓒ **재할인**
> 은행이 할인해 준 기업의 어음을 중앙은행이 다시 할인해 주는 것이다. 근래에는 중앙은행이 일반 은행에 대출해 줄 때의 이자율로 쓰여 진다.

> ⓒ **직접규제의 의의**
> 자금이 불필요한 용도에 사용되는 것을 방지하고 국민 경제상 필요한 부문에 우선적으로 공급 될 수 있도록 자금 흐름의 방향과 용도를 규제한다.

> ⓒ **금융 · 자본시장**
> • 단기 금융 시장 : 콜 시장(금융기관 상호 간에 일시적인 유휴 자금이 거래되는 시장)
> • 장기 금융 시장 : 자본 시장(기업의 설비 자금과 같은 장기 자금이 대부되는 시장)

4 경제의 안정적 성장을 위한 경제 주체의 역할

(1) 가계의 역할

❶ 가계 저축의 중요성 : 기업과 국민 경제의 지속적인 성장의 뒷받침
❷ 가계 소비의 중요성

- 생산 능력의 여력이 있을 때 : 기업의 생산활동을 도와 경제 활성화에 기여 (소비가 미덕→미래에 소비나 투자를 불러올 수 있는 원천)
- 생산 능력이 포화 상태일 때 : 생산 능력의 한계로 물가 상승 초래(투자 재원 고갈)

(2) 기업의 역할

❶ 기업의 사회적 역할 : 생산 활동을 통해 고용 창출, 삼품의 부가가치를 높여 경

제 · 사회 발전에 기여

❷ 기업의 사회적 책임 : 주주의 이익 · 근로자의 생활 · 소비자의 권리보호, 기업 기 윤의 일부를 사회에 환원

(3) 근로자의 역할 : 생산성 향상, 지나친 임금 인상 요구 자제, 전문성 강화, 사용자 와 동반자적 관계 인식

(4) 정부의 역할

❶ **정부 역할의 중요성** : 국민 경제의 안정적 성장에 가장 중요한 역할 수행, 다른 경 제 주체들의 활동을 규제하고 이끌어 나감→공공한 규칙 마련을 통한 경제 질 서 유지

❷ **민간 경제 활동과의 관계** : 민간의 경제 활동을 보완하는 데 그쳐야 함

01 표를 보고 2009년과 비교하여 2010년의 한국 경제상황에 대한 추론으로 가장 적절한 것은?

구분	2009년	2010년
GDP 증가율(%)	4.0	5.0
민간 소비 증가율(%)	3.6	4.7
설비 투자 증가율(%)	4.6	8.7
소비자 물가 상승률(%)	3.0	3.3
실업률(%)	4.0	3.9
경상 수지(억 달러)	150	70

① 환율이 상승할 것이다.　　　　② 명목 임금이 하락할 것이다.

③ 실망 실업자가 증가할 것이다.　④ 경제 성장 속도가 빨라질 것이다.

해설 경제 지표의 이해
　④ 경제 성장 속도는 GDP 증가율을 의미하는데, 표에서 GDP 증가율은 증가하였으므로 성장 속도는 더욱 빨라질 것이라고 예측할 수 있다.

바로잡기 ① 경상 수지가 계속 흑자이기 때문에 환율은 하락할 가능성이 크다. 물론 자본 수지도 알아야 환율이 어떻게 변동되는지 정확한 예측이 가능하다. ② 임금에 대한 지표가 없다. ③ 실업률만 보고 실망 실업자 증감은 알 수 없다.

정답 ④

02 다음 기사를 읽고 밑줄 친 부분의 내용으로 적절한 것만을 〈보기〉에서 있는 대로 고른 것은?

2009년 8월 중 통화 정책 방향

7월 중 소비자 물가 상승률은 다소 낮아졌으며, 앞으로도 상승세가 점차 둔화될 것으로 예상된다. 하지만 그 외의 경제 상황을 종합적으로 고려할 때 8월 중 통화 정책은 다음과 같은 방향으로 운영한다.
- 콜 금리 목표를 현재의 4.75%에서 4.5%로 하향 조정한다.
- 대출 금리노 현재의 4.5%에서 4.25%로 하향 조정한다.

보기
ㄱ. 중소기업의 자금난이 계속되고 있다.
ㄴ. 민간 소비와 투자의 회복이 지연되고 있다.
ㄷ. 총수요 부족으로 인한 불경기가 심화되고 있다.
ㄹ. 자본 수지 적자로 인해 국제 수지가 약화되고 있다.

① ㄱ, ㄴ　　② ㄴ, ㄹ　　③ ㄷ, ㄹ　　④ ㄱ, ㄴ, ㄷ

해설 금리 인하
금리 인하는 통화 공급량을 늘려 총수요를 증대시키고 경기를 부양하려는 통화 확장 정책에 해당한다. 통화량이 증대되면 중소기업의 자금난이 해소되고, 민간 소비와 기업의 설비 투자가 회복된다. 금리 인하가 물가 상승을 가져올 수 있지만, 현재 물가가 안정되어 있기 때문에 경기를 확장시키기 위해 금리를 인하하는 것은 적절한 정책이다.

바로잡기 ㄹ. 금리를 인하하면 상대적으로 금리가 높은 나라로 해외 자본이 이동하여 자본 수지가 더욱 악화될 수 있다.

정답 ④

[3~4] 그림은 어느 나라의 경기 변동 추이를 나타낸 것이다. 물음에 답하시오.

03 그림에 대한 설명으로 옳지 <u>않은</u> 것은?

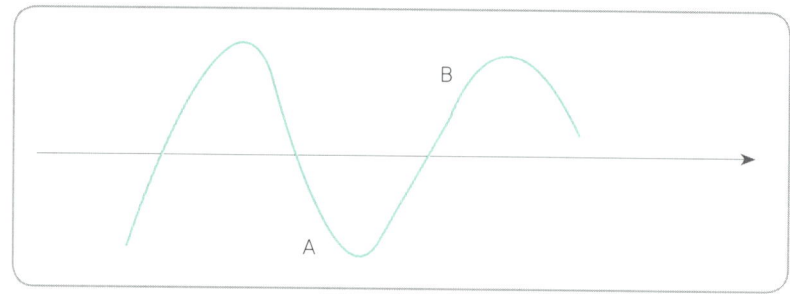

① A 시기에 나타날 수 있는 대표적인 경제 문제는 실업이다.

② A 시기에는 스태그플레이션이 발생할 가능성이 높다.

③ B 시기에 나타날 수 있는 대표적인 경제 문제는 물가 상승이다.

④ 이러한 경기 변동은 작은 정부 하 에서는 나타나지 않는다.

해설 경기 변동 추이

경기 변동 추이는 한 나라 경제 활동의 양적 변동 추이를 보여주고 있으며, 이러한 추이가 급변할 경우 정부의 개입으로 변동폭을 줄이고 있다. A 시기는 불경기로서 재고가 급증하고 투자와 생산이 크게 감소하면서 실업이 우려되고, B 시기는 호경기로 생산, 소비, 투자가 크게 증가하면서 물가 상승이 우려된다.

바로잡기 ④ 경기 변동은 작은 정부하에서 오히려 크게 나타나며, 경기 불안정의 문제를 해결하기 위해 정부의 개입이 필요하다.

정답 ④

04 A, B 시기에 필요한 정부나 중앙은행의 정책으로 옳은 것은?

	A	B
①	흑자 재정	지급준비율 인상
②	콜금리 인상	공공 투자 사업 확대
③	국·공채 매각	콜금리 인하
④	지급 준비율 인하	세율 인상

해설 경제 안정화 정책

정부의 경제 안정화 정책은 경기 과열시에는 긴축 정책이, 경기 침세시에는 확장 정책이 필요하다. A 시기는 불경기로 확장 정책이 필요하고, B 시기는 호경기로 긴축 정책이 필요하다. 재정 정책은 세입이 세출보다 많은 흑자 재정은 긴축 정책이고, 반대인 적자 재정은 확장 정책이다. 통화 정책 중 통화량을 줄이는 지급 준비율 인상과 재할인율 인상, 그리고 국·공채 매각을 통한 콜금리 인상 정책은 긴축 정책이고, 통화량을 늘리는 반대 정책은 확장 정책이다.

정답 ④

05 그림을 해석한 내용으로 옳지 않은 것은?

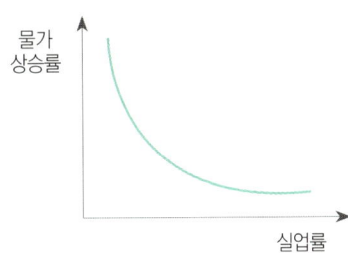

① 물가 상승률과 취업률이 비례하고 있다.

② 높아진 물가를 잡으면 경제가 성장할 수 있다.

③ 경제 성장과 경제 안정의 가치가 충돌하고 있다.

④ 경제 성장은 실업률을 낮추지만 물가를 상승시킨다.

해설 필립스 곡선
① '실업률=100−취업률'이므로 실업률이 높아질수록 취업률은 낮아진다. 그림에서 물가 상승률과 실업률이 역(−)의 관계이므로 물가 상승률과 취업률은 반대로 정(+)의 관계가 된다. ③, ④ 경제 안정을 위해 물가를 낮추면 실업률이 올라가 경제 성장이 저해된다. 그리고 높아진 물가를 잡으려면 긴축 정책이 필요하고, 이는 경제 성장의 위축을 가져와 실업률의 상승을 가져온다. 필립스 곡선은 물가 상승률과 실업률이 반비례하고 있다.

바로잡기 ② 물가를 잡으면 그만큼 경제가 침체되어(실업률이 증가) 성장이 오히려 저해된다.

정답 ②

06 다음 자료에 대한 적절한 설명을〈보기〉에서 고른 것은?

A국 정부는 순재정 지출 규모 변경을 통해 경기를 조절한다. 실제로 이 정부는 몇몇 기간에 순재정 지출 규모를 원래 계획했던 것과 다르게 진행했다. 순재정 지출을 나타내는 그림에서 점선과 실선은 각각 원래 계획했던 순재정 지출 규모(원안)와 실제 집행한 순재정 지출 규모를 나타낸다.

보기
ㄱ. (가)기간에 정부는 원안보다 긴축 재정 정책을 폈다.
ㄴ. (나)기간에 재정 적자가 발생했다.
ㄷ. (다)기간의 재정 정책은 원안보다 정부 채무를 증가시키는 요인이다.
ㄹ. (라)기간의 재정 정책은 원안보다 경기 안정화에 더 중점을 두었다.

① ㄱ, ㄴ   ② ㄱ, ㄷ   ③ ㄴ, ㄷ   ④ ㄴ, ㄹ   ⑤ ㄷ, ㄹ

해설 경기 순환과 재정 지출과의 관계
ㄷ. (다)기간에는 원안보다 더 많은 순재정 지출이 있었다. 정부의 순재정 지출 증가는 정부 채무를 늘리는 요인이 된다. ㄹ. (라)기간에는 원안보다 실제 재정 지출 규모가 감소되었다. 이는 확장 재정 정책 기조를 어느 정도 완화시킨 것으로 원안보다 경기 안정화를 더 중시하였음을 나타낸다.

바로잡기 ㄱ. (가)기간에는 정부 원안보다 순재정 지출이 증가하였다. 따라서 정부가 당초 예상보다 확장 재정 정책을 펼쳤음을 알 수 있다. ㄴ. (나)기간에 순재정 지출(재정 지출−재정수입)은 음(−)의 값을 기록했다. 이는 재정 수입이 재정 지출보다 많은 재정 흑자가 발생했음을 나타낸다.

정답 ⑤

07 교사의 질문에 대한 적절한 답법을 〈보기〉에서 고른 것은?

> (가) 정부는 과세 기준 1억 원 이하의 기업에 대한 법인세율을 13%에서 10%로 낮추고, 종합소득세율도 인하하였다.
> (나) 정부는 내년도 예산안에서 장애인, 노인, 저소득 가구 지원 예산을 대폭 확대하였다.
> (가), (나) 정책에 나타난 정부의 경제적 목표는 무엇일까요?

> **보기**
> ㄱ. (가)는 경기 활성화를 위한 정책입니다.
> ㄴ. (가)는 재정 지출을 확대하는 정책입니다.
> ㄷ. (나)는 계층 간 격차 해소를 위한 정책입니다.
> ㄹ. (나)는 과열된 경기를 안정시키기 위한 정책입니다.

① ㄱ, ㄴ   ② ㄱ, ㄷ   ③ ㄴ, ㄷ   ④ ㄴ, ㄹ   ⑤ ㄷ, ㄹ

해설 재정 정책의 기능
ㄱ. (가)에서 정부는 법인세율을 인하하고 있다. 법인세율의 인하는 기업의 투자 의욕을 불러일으켜 경기 활성화에 기여한다. ㄷ. 사회적 약자에 대한 지원은 계층 간 격차 해소에 기여한다.
바로잡기 ㄴ. (가)는 세입을 축소하는 정책이다. ㄹ. 과열된 경기를 안정시키기 위해서는 긴축 재정을 집행해야 한다.
정답 ②

08 다음은 현재의 경제 상황에 대한 전문가들의 대화 내용이다. 이에 대한 설명으로 옳은 것은?

> 갑 : 현재의 경기 불황을 극복하기 위해서는 중앙은행과 정부가 경기 회복을 위해 확장 정책을 실시해야 한다고 생각합니다.
> 을 : 하지만 현재화 같은 고유가 상황에서 이러한 확장 정책은 바람직하지 않아요. 차라리 원가 절감을 위한 노력이 더욱 필요합니다.

① 갑은 국·공채 매각에 동의할 것이다.
② 갑은 현재 실업 증가보다 물가 상승이 더 큰 문제라고 보고 있다.
③ 을은 통화량 감소 정책을 대안으로 제시할 것이다.
④ 을은 현재 경제 상황을 스태그플레이션으로 보고 있다.

해설 경제 상황 판단
갑은 현재의 경기 불황을 총수요의 증대를 통해 해결할 수 있다고 본다. 이는 현재의 경기 불황이 총수요 감소에서 기인한다고 판단하고 있기 때문이다. 이에 반해 을은 고유가로 인해 총공급이 감소해서 현재의 경기 불황, 즉 실업과 물가가 모두 상승하는 스태그플레이션 상황이라고 보고 있고, 이에 대해 원가 절감을 통한 총공급 증대 노력이 더욱 필요하다고 주장한다.
바로잡기 ① 국·공채 매각은 긴축 정책이다. ② 총수요 감소로 인한 경기 침체는 실업 증대가 문제이다. ③ 통화량 감소는 총수요 감소 정책이다.
정답 ④

09 그림은 한국은행의 통화 정책이 경제에 미치는 영향을 나타낸 것이다. ㄱ~ㅁ에 들어갈 내용으로 옳은 것은?

한국은행의 통화 공급 증가	시장금리(ㄱ)	총수요 (ㅁ)
	주식과 부동산 가치(ㄴ)	
	환율(ㄷ)	
	은행 대출(ㄹ)	

	ㄱ	ㄴ	ㄷ	ㄹ	ㅁ
①	상승	상승	상승	증가	증가
②	상승	하락	하락	증가	감소
③	하락	상승	상승	증가	증가
④	하락	하락	상승	증가	감소
⑤	하락	하락	하락	증가	증가

해설 통화 정책의 효과
통화 공급이 증가하면 콜금리가 인하되고, 이로 인해 금융권 전체의 자금 사정은 좋아진다. 이 경우 가계나 기업에 은행이 대출할 때 적용되는 시장 금리를 낮추게 되고, 가계나 기업의 은행 대출은 증가하게 된다. 이는 가계나 기업의 총수요 증대로 이어진다. 그리고 시장 금리가 하락하면 은행의 예금이나 채권의 수익률이 낮아지므로 부동산이나 주식으로 자금이 이동하게 되면서 이들의 가치가 상승한다. 자산 가치의 상승은 총수요의 증대를 가져온다. 또한 시장 금리의 하락은 외국 자본의 국내 이탈을 가져온다. 이들은 고금리를 찾아서 해외로 나가게 되는데, 이로 인해 환율이 상승한다. 이는 수출의 증가와 수입의 감소로 나타나고 이는 총수요를 증가시킨다.

정답 ③

---

10 다음 글에 대한 설명으로 가장 적절한 것은?

> A국의 시중 이자율은 지속적으로 낮은 수준으로 유지해 왔다. 이로 인해 은행 정기 예금의 세후(稅後) 실질 이자율이 마이너스(-)수준을 기록하기에 이르렀다. 그리고 투자처를 찾지 못한 부동 자금이 지속적으로 증가하고 있으며, 소비 증가율도 계속해서 마이너스(-)를 기록하고 있다.

① 경기의 회복 국면에서 나타나는 현상이다.
② 정부 예상보다 물가가 많이 하락하고 있다.
③ 통화량을 늘려도 총수요가 증가하지 않고 있다.
④ 재정 정책보다 통화 정책이 더 효과적인 상황이다.

해설 통화 정책의 이해
시중의 이자율이 낮게 유지해 왔다는 것은 이 나라의 경기가 침체 상태에 있음을 의미한다. 침체 상태를 벗어나기 위해서 이자율을 낮추고 통화량을 늘려 소비와 투자를 유도하였으나, 정부가 기대한 효과가 나타나지 않았다는 것이다.

바로잡기 ① 제시문에 나타난 상황은 불경기에 나타난다. 회복기는 이자율과 총수요가 점차 증가한다. ② 이자율을 낮추면 물가는 상승하게 되는데, 현재 그러한 문제가 나타나고 있지 않다. ④ 제시문은 통화 정책이 효과적이지 못한 경우이다.

정답 ③

Chapter 05
세계 시장과 한국 경제의 미래와 전망

01 국제 거래와 경쟁력

 국제거래

(1) 국제 거래의 특징

❶ **노동** : 자본 · 기술 등 생산 요소의 이동이 국내 거래만큼 자유롭지 못하다.

❷ 각국의 화폐 제도, 통화단위 등의 차이로 인해 거래의 불편함이 존재한다.

❸ 부존자원, 기술 수준, 생산 요소의 양적 · 질적 차이로 인해 국가 간에 생산비의 차이가 발생한다.

(2) 국제 거래의 양상

거래 대상	거래 양상
인력	• 고급 인력 : 선진국 ➡ 후진국 • 저임금 인력 : 후진국 ➡ 선진국
자본	• 선진국 ➡ 후진국 • 무역 흑자국 ➡ 무역 적자국
기술과 서비스	• 선진국 ➡ 후진국
지적 재산권	• 거래가 활발해지면서 급증함 • 주로 선진국에서 후진국으로 이동

2 국제 교역

(1) 국제 교역의 발생 원인 : 국가 간의 부존자원, 기술수준, 노동 생산성 등의 차이에 의해 생산비의 격차가 발생하고 국제 교역 당사국 모두에게 이익이 되기 때문에 국제 교역이 이루어진다.

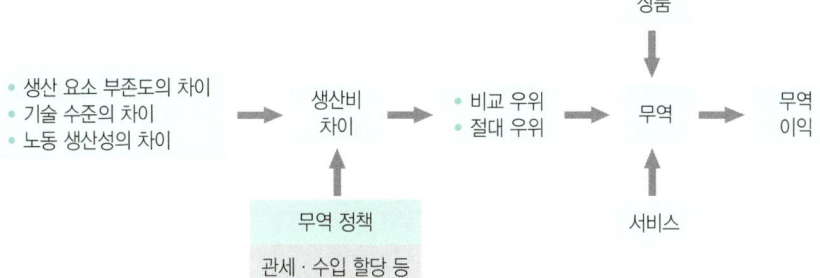

(2) 국제 교역의 유용성과 문제점

유용성	문제점
• 각국에 부족한 재화나 서비스 등을 제공 • 국제 경쟁으로 인한 생산의 효율성 증가 • 규모의 경제 실현이 용이해짐 • 소비자 선택의 기회와 편익의 증대	• 경쟁력이 부족한 국내 산업 기반의 약화 • 국가 간 상호 의존성의 심화로 국제 경제의 국내 파급효과가 증대 • 국내 경제 정책의 자율성과 독립성 저해

(3) 국제 교역의 형태

❶ **선진국** : 자본 또는 기술 집약적 상품을 수출하고 노동 집약적 상품을 수입한다.

❷ **개발 도상국** : 노동 집약적 상품을 수출하고 자본 또는 기술 집약적 상품을 수입한다.

02 무역의 원리와 비교 우위

1 무역의 원리

(1) 무역의 필요성 : 오늘날 각국은 고립되어서는 살아갈 수 없는 세상이 되면서 국

가 간의 거래인 무역의 필요성이 증대되고 있으며, 세계 각국은 무역을 통해서 자국 내에서 생산 되지 않거나 부족한 재화와 자원, 기술 및 서비스까지 외국에서 얻고 있다.

(2) 무역 이론

❶ **절대 우위** : 어떤 상품의 생산비가 타국보다 절대적으로 적은 경우
❷ **비교 우위** : 한 나라에서 생산되는 상품 중에서 다른 상품에 비해 생산비가 상대적으로 더 적게 드는 경우(더 유리하거나 덜 불리한 경우)

구분	주장자	내용
절대 우위설	스미스(Smith, A.)	절대 우위에 있는 상품의 생산에 특화하여 교역하면 양국 모두에게 이익이 된다는 이론
비교 우위설	리카도(Ricardo, D.)	비교 우위에 있는 상품의 생산에 특화하여 교역하면 양국 모두에게 이익이 된다는 이론

2 비교 우위

(1) 비교 우위의 원리와 무역

❶ **비교 우위의 의미** : 비교 우위는 다른 나라에 비해 더 작은 기회비용으로 재화를 생산 할 수 있는 능력을 말한다. 즉, 한 나라에서 어떤 재화를 생산하기 위해 포기하는 재화 의 양이 다른 나라보다 적다면 비교 우위가 있는 것이다.
❷ **비교 우위의 발생 요인** : 자연환경의 차이, 생산 요소의 부존 비율, 첨단 기술과 정보
❸ **비교 우위와 무역** : 비교 우위는 경제적 능력이 서로 다른 국가 간에 무역이 이루어질 수 있게 해 주는 원리이다. 왜냐하면 각 나라가 자국에 비교 우위가 있는 재화를 특화 생산하여 무역을 하면 서로 이득을 얻기 때문이다.

(2) 비교 우위와 무역 특화

❶ 생산비가 저렴한 산업에 특화하여 생산품의 일부를 수출하고, 생산비가 비싼 산업의 상품은 수입하는 것이 유리하다.

❷ 우리나라의 경우 가격이 저렴하거나 품질이 우수하여 비교 우위가 있는 반도체나 자동 차는 수출에 주력하고, 농수산물처럼 외국의 것이 저렴하거나 품질이 우수하다면 수입 하는 것이 보다 경제적이다.

❸ **무역 특화의 방향** : 현재 비교 우위 산업의 경쟁력을 더욱 강화하고 차세대 유망 산업 을 발굴하여 특화하는 전략이 필요하다.

❹ **국제 경쟁력 강화를 위한 전략 산업**

㉠ 수출이나 고용 및 부가 가치를 많이 창출하는 분야

㉡ 다른 산업의 성장을촉진시키거나 새로운 기회를 창출하는 분야

㉢ 정보 기술(IT)을 축으로 한 반도체, 디지털 가전, 콘텐츠산업, 전자상거래 분야 등

03 자유 무역과 보호 무역

 자유 무역주의와 보호 무역주의

(1) 자유 무역주의 : 국가 간의 자유로운 교역은 무역 당사국 모두에게 이익이 될 뿐 만 아니 라 그 이익이 다른 나라에서도 파급되어 당사국 이외의 국가에도 이익이 되기 때문에 국가 간에 자유로운 무역이 이루어져야 한다는 입장이다.

(2) 보호 무역주의 : 자국의 산업을 보호하여 자국의 이익을 지키기 위해 국가가 무 역을 통제 해야 한다는 입장이다.

 자유 무역과 보호 무역의 비교

구분	자유 무역주의	보호 무역주의
근거	절대 위위설과 비교 우위설	유치산업 보호론
내용	절대 우위와 비교 우위의 원리에 따른 교역은 당사국 모두에게 유리하므로 국가 간에는 자유로운 교역이 이루어져야 한다는 입장	경쟁력이 미약한 국내의 유치(幼稚)산업을 보호하기 위해서는 대외 무역을 통제해야 한다는 입장

장점	• 세계 자원의 효율적 배분 • 상품 선택의 폭이 확대됨 • 기술 도입과 기술 개발이 용이	• 성장 초기 국내 산업 보호 기능 • 국민 경제의 자주성과 안정성 보장 • 유치산업 보호 기능
단점	• 국부의 유출 가능성 • 유치산업 보호 곤란 • 국민 경제의 대외 종속 우려	• 무역 상대국과의 무역 마찰 • 소비자의 후생 불리 • 국제적인 제재 초래

 3 자유무역의 효과와 한계

(1) 자유 무역의 효과

❶ **무역을 통한 소비 가능 영역의 확대** : 비교 우위의 재화에 특화하여 무역을 하면 각 국가 내에서 생산할 수 있는 것보다 더 많은 재화를 소비할 수 있다.

❷ **무역을 통한 다양한 혜택의 획득**

㉠ 무역을 하면 소비자들이 다양한 상품이나 서비스를 낮은 가격에 소비할 기회가 생긴다.

㉡ 무역은 경쟁을 촉진하여 국내 기업과산업의 효율성과 생산성을 향상시킨다.

㉢ 대량 생산을 가능하게 하여 단위당 생산 비용의 하락을 도모할 수 있다. ⇒ 규모의 경제

㉣ 무역을 통해 새로운 아이디어나 기술이 전파되기도 한다.

❸ **집단 간에 다른 결과를 초래**

㉠ 수출국의 경우 국내 생산자들은 무역 이전보다 더 높은 가격에 상품을 팔수 있어 이득을 보지만, 국내 소비자들은 더 높은 가격에 상품을 사야 하기 때문에 손실을 본다.

㉡ 수입국의 경우 소비자들은 무역 이전보다 낮은 가격에 상품을 살 수 있어 이득을 얻 지만, 생산자들은 가격 하락으로 손실을 본다.

❹ **기타 자유 무역의 경제적 효과**

㉠ 국내 물가가 상승할 때 외국에서 상품을 수입하면 물가를 안정시킬 수 있다.

㉡ 무역은 문화 교류도 활성화한다.

(2) 자유 무역의 한계 : 무역 이익의 불공정 문제

❶ 기술이 발달한 선진국은 후진국에서 원료를 싼값으로 수입한 후, 이를 가공해

완제품 을 만들어 후진국에 비싼 값으로 팔기 때문에 후진국은 결국 손해를 보
게 된다.
❷ 공업국은 공업을 중심으로, 농업국은 농업을 중심으로 특화할 경우 공업국의
경제 발전 이 더 빠르기 때문에 자유 무역은 오히려 공업국과 농업국의 격차를
더 커지게 한다.

4 보호 무역의 목표와 수단

(1) 보호 무역의 목표

❶ **유치산업 보호** : 선진국에 비해 발달하지 못한 유치산업을 보호하기 위해 보호
무역 정책을 실시한다.
❷ **실업 방지** : 실업을 방지하고 실업자를 줄이기 위하여 보호 무역을 실시하게 된다.
❸ **국가 안전 보장** : 농산물과 같이 생존을 위해 필수적인 상품이나 국방을 위해 필
요한 무기류를 수입에만 의존하게 되면 국가의 경제 상황이나 안보 상황이 다
른 나라에 의존하게 된다.
❹ **공정 경쟁의 논리** : 낮은 임금을 지불하거나 노동의 안전 규정을 지키지 않았을
경우 공정한 경쟁이 되지 않으므로 국내 경쟁 산업을 적절히 보호해야 한다는
논리이다.

(2) 보호 무역의 수단

❶ **관세 장벽** : 관세란 국경을 통과하는 상품에 부과하는 세금으로 관세를 부과하
게 되면 수입품의 국내 시장 판매 가격이 상승하여 국내에서 생산된 상품을 보
호할 수 있다.
❷ **비관세 장벽**
㉠ 수량 제한 조치 : 특정 재화의 수입 자체를 금지하거나 일정량의 수입만을 허
용하는 수입 할당제가 주로 사용된다.
㉡ 보조금 지급 : 자국에서 생산된 상품에 대해 각종 보조금을 지급함으로써 수
출을 장려하고 수입을 제한하는 효과를 거두기도 한다.
❸ **환경과 관련된 무역 장벽** : 각국이 수입 상품에 대해 각종 환경 관련 기준을 강화
하면 수입이 감소된다.

04 외환 시장과 국제 수지

 외환 시장과 환율

1) 외환시장

(1) 외환 시장의 의미와 기능

❶ **외환 시장의 의미** : 외환의 매매 거래가 이루어지는 특정의 장소나 공간을 지칭하기보다 는 외환 거래가 정기적 또는 지속적으로 이루어지는 총괄적인 거래 메커니즘을 뜻한다.

❷ **외환 시장의 성격과 역할**

ㄱ 외환 사장에서 서로 다른 통화 간의 매매는 기본적으로 상품과 용역 그리고 금융 자산의 매매 거래에 수반하여 일어나기 때문에 이들 외환 거래는 기본적으로 지급 메커니즘의 한 과정으로 이해할 수 있다.

ㄴ 현재 국제 외환 시장은 세계 주요 외환 시장의 거래를 24시간 연계시키면서 모든 시장 정보를 환율에 신속하게 지속적으로 반영하는 하나의 범세계적 시장으로서의 기능을 수행하여 국제 금융 거래의 효율화를 촉진하고 있다.

(2) 국제 거래의 결제 수단

❶ **기축 통화** : 국가 간의 대금 결제에 주로 쓰이고 있는 주요국의 통화

예 : 미국의 달러($), 영국의 파운드(£), 일본의 엔(¥), 유럽 연합의 유로(€) 등

❷ **외환 보유고** : 한 나라가 일정 시점에서 국가 간의 대금 결제를 위해 준비하고 있는 금 과 외화의 양을 외환 보유고라고 한다.

❸ **외화와 외환**

ㄱ **외화(外貨)** : 외국의 돈으로서 외국의 통화로 표시된 수표나 유가 증권 따위도 포함

ㄴ **외환(外換)** : 화폐 제도가 다른 국가 간의 대차를 환어음의 교환으로써 결제하는 방 법을 말하며 외국환이라고도 한다.

2) 환율

(1) **환율의 의미** : 자국 화폐와 외국 화폐의 교환 비율 예 : 1$ = 1,200원

(2) **환율의 결정 요인** : 외화의 수요와 공급에 의해서 결정된다.

❶ **외화의 수요**(외화의 국외 유출) : 수입, 해외 투자, 차관의 계공, 외채의 원리금 상환, 자국민의 해외여행, 외국으로의 송금, 무상 원조 제공 등

❷ 외화의 공급(외화의 국내 유입) : 수출, 차관 도입, 외국인의 국내 투자, 외국으로부터의 송금, 외국인의 국내 여행 등

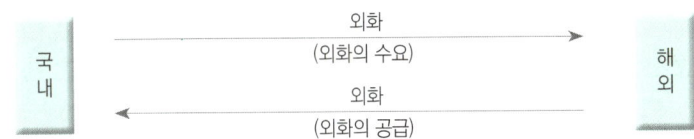

3) 균형 환율의 결정

외환시장에서 외화에 대한 수요와 공급에 의해 결정된다.

- 환율이 P₁일 때 : 외화의 초과 공급 발생 ➡ 환율 하락
- 환율이 P₂일 때 : 외화의 초과 수요 발생 ➡ 환율 상승
- 환율이 P₀일 때 : 외화의 수요량 = 외화의 공급량
  ➡ 균형 환율 결정

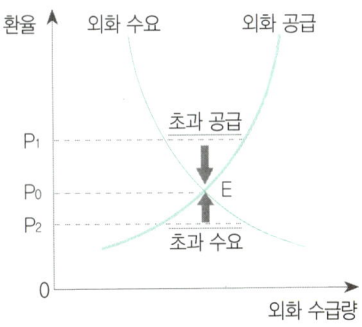

4) 환율의 변동

(1) **환율 변동의 의미** : 환율 이외의 다른 요인에 의해 외화의 수요 곡선이나 공급 곡선이 이동하여 새로운 균형 환율이 형성되는 것이다.

(2) **환율 변동의 요인** : 외화 수요의 변동과 외화 공급의 변동

외화 수요의 변동	외화 공급의 변동
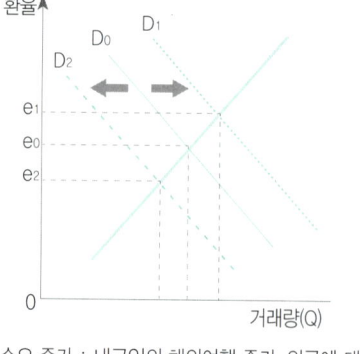	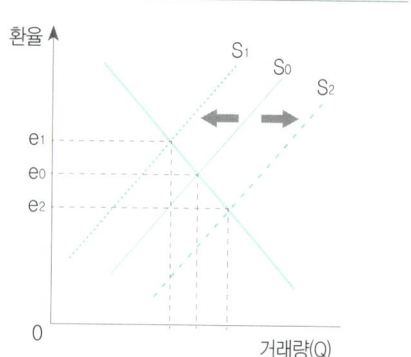

- 외화의 수요 증가 : 내국인의 해외여행 증가, 외국에 대한 투자 증가, 수입 증가(D₀ → D₁) ➡ 환율 상승(e₀ → e₁)
- 외화의 수요 감소 : 내국인의 해외여행 감소, 대외 투자감소, 수입감소(D₀ → D₂) ➡ 환율 하락(e₀ → e₂)

- 외화의 공급 증가 : 수출 증가, 외국인 관광객 증가, 외국인의 국내 투자 증가(S₀ → S₂) ➡ 환율 하락(e₀ → e₂)
- 외화의 공급 감소 : 수출 감소, 외국인 관광객 감소, 외국인의 국내 투자 감소(S₀ → S₁) – 환율 상승(e₀ → e₁)

5) 환율 변동의 효과

(1) 환율 상승과 환율 하락의 효과

구 분	내 용
환율 상승의 효과	• 수입 증가 : 수출입의 달러 표시 가격 하락 4 수출품의 가격 경쟁력 강화 • 수입 감소 : 수입품의 원화 표시 가격 4 국산품의 상대 가격 하락 • 경상 수지 개선 : 외환 보유고 증가 4 통화량 증가(물가 상승 요인) • 국내 물가 상승 : 수입 원자재 및 수입 상품의 가격 상승에 기인 • 국내 기업의 외채 상환 부담 증가 : 원화 가치의 하락에 기인 • 해외여행 감소 : 자국민의 해외여행 경비의 증가에 기인 • 외국인의 국내 관광 증가 : 외국인의 국내 여행 경비의 감소에 기인
환율 하락의 효과	• 수출 감소 : 수출품의 달러 표시 가격 상승 4 수출품의 가격 경쟁력 약화 • 수입 증가 : 수입품의 원화 표시 가격 하락 4 국산품의 상대 가격 상승 • 경상 수지 악화 : 외환 보유고 감소 4 통화량 감소(물가 안정 요인) • 국내 물가 안정 : 수입 원자재 및 수입 상품의 가격 하락에 기인 • 국내 기업의 외채 상환 부담 감소 : 원화 가치의 상승에 기인 • 해외여행 증가 : 자국민의 해외여행 경비의 감소에 기인 • 외국인의 국내 관광 감소 : 외국인의 국내 여행 경비의 증가에 기인

(2) 환율 변동과 비교 우위

❶ **환율 상승** : 수출품의 가격 경쟁력 향상 ⇒ 비교 우위 발생과 강화

❷ **환율 하락** : 수출품의 가격 경쟁력 저하 ⇒ 비교 우위 약화와 소멸

6) 환율 제도

(1) 고정 환율 제도와 변동 환율 제도

구 분	고정 환율 제도	변동 환율 제도
의미	한 나라의 환율을 정부가 결정·고시하여 운영하는 제도	외화의 수요와 공급에 의해 환율이 자동적으로 변동하는 제도
장점	• 장기적인 수출과 수입의 계획이 용이 • 국내 경제 안정에 기여	• 환율의 자동적 균형 유지 • 국제 수지 불균형의 자동적 조절 가능
단점	• 인위적인 환율 조정으로 무역 분쟁 우려 • 환율의 자동적 균형 유지 곤란 • 국제 수지 불균형의 자동 조절 곤란	• 환율 예측의 어려움으로 불확실성이 증가 • 국내 경제의 불완전성 증대 우려 • 수입과 수출의 장기계획 수립이 어려움

(2) 변동 환율 제도하에서 국제 수지 불균형 해소 과정

❶ **국제 수지 흑자**(외화의 초과 공급)**의 경우** : 환율 하락 ⇒ 외화의 수요량 증가, 외화의 공급량 감소 ⇒ 외화의 초과 공급 해소

❷ **국제 수지 적자**(외화의 초과 수요)**의 경우** : 환율 상승 ⇒ 외화의 수요량 감소, 외화의 공급량 증가 ⇒ 외화의 초과 수요 해소

7) 외환 시장에 대한 정부의 개입

(1) 의미 : 정부가 외환 시장에서 외환을 매입하거나 매도하여 환율을 조정하는 것이다.

(2) 방법

❶ **환율이 급등할 때** : 중앙은행이 보유한 외화를 시장에 공급한다.

❷ **환율이 급락할 때** : 시중으로부터 외화를 사들인다.

(3) 효과와 문제점

❶ 단기적으로 환율이 급등하거나 급락하는 것을 방지하여 외환 시장을 안정시킬

수 있다.

❷ 무리한 개입이나 빈번한 개입은 외환 위기 대처 능력을 떨어뜨리고 무역 분쟁을 초래 할 수 있다.

(4) 환율의 안정 방안

❶ **안정적인 외화의 공급** : 국제 경쟁력 향상과수출증가, 외국 자본 투자 유치로충분한 외환 보유고를 유지해야 한다.

❷ **외화 수요를 적절히 유지** : 사치성 소비재 수입과 과도한 해외여행 등 낭비적인 외화 수요를 억제해야 한다.

2 국제 수지와 국민 경제

1) 국제거래와 국제수지

(1) 국제 거래의 변화

❶ **과거** : 대부분이 상품의 수출입으로 이루어졌다.

❷ **현재** : 상품과 용역의 수출입뿐만 아니라 자본·노동·기술 등 생산 요소의 이동이 많 아지고 그 비중도 높아졌다.

(2) 국제 거래의 종류

❶ **경상 거래**

㉠ 상품 거래 : 원자재·상품·식량 등 재화의 수출입 등을 말한다.

㉡ 서비스 거래 : 운수·여행·통신·보험·로열티 등 서비스의 수출입 등을 말한다.

㉢ 소득 거래 : 급료·임금·배당·이자 등의 수입과 지출을 말한다.

㉣ 경상 이전 거래 : 무상 원조·국제기구 출연금 등 대가없이 제공하거나 받는 것을 밀한다.

❷ **자본 거래** : 국제 자본의 유동성이 증가하면서 과거와 같은 장단기의 구분이 의미가 없어졌다.

㉠ 투자 거래 : 투자 형태에 따라 직접 투자, 증권 투자 및 기타투자로 분류된다.

ⓛ 기타 자본 거래 : 투자 거래를 제외한 자본 거래로서 해외 이주와 차관 도입, 특허권 이나 상표권 등의 매매 등이 이에 해당한다.

2) 국제수지와 국제수지표

(1) 국제 수지

❶ **국제 수지의 의미** : 일정 기간 동안 한 나라의 거주자와 비거주자 사이에 발생한 상품·서비스, 자본 등 모든 경제적 거래에 따른 수입과 지급의 차이, 즉 1년 동안 한 나 라가 수취한 외화와 지급한 외화의 차액을 국제 수지 라고 한다.

❷ **국제 수지의 분류**
ⓐ 경상 수지 : 상품과서비스의 대외적 거래의 결과이다.
ⓛ 자본 수지 : 자본의 국제적 이동의 결과이다.

(2) 국제 수지표

❶ **의미** : 국제 수지의 결과를 종합적으로 기록한 통계표를 국계 수지표라고 한다.

❷ **국제 수지표의 구성**

구 분	항 목	주요 구성 내용
경상 수지	상품 수지	상품 수출입의 차이
	서비스 수지	운수, 여행, 통신, 보험, 특허권 사용료 등
	소득 수지	급여(임금), 투자 소득
	경상 이전 수지	이민 송금, 증여, 기부금, 전쟁 배상금, 무상 원조(대가 없이 주고 받은 것 등)
자본 수지	투자 수지	직접 투자, 증권 투자, 기타 투자
	기타 자본 수지	특허권·상표권을 사고 파는 것, 해외 이주비 등
준비 자산 증감		대외 자산의 증감
오차 및 누락		기초 통계 간의 계상 시점 및 평가 방법상의 차이로 발생

3️⃣ 국제 수지의 경제적 영향

1) 국제수지의 균형

(1) 국제 수지의 균형과 불균형의 영향

❶ **외화의 수취 < 외화의 지급** : 국제 수지 적자 ⇒ 경기 위축, 국가 선인도 하락, 외

채 문제 등이 발생하게 된다.

❷ **외화의 수취 > 외화의 지급** : 국제 수지 흑자 ⇒ 통화량 증가세 의한 물가 상승과 상대국 과의 무역 마찰 등의 문제점이 생긴다.

❸ **외화의 수취 − 외화의 지급** : 국제 수지 균형 ⇒ 국제 수지는 중 · 장기적으로 균형을 이루면서 확대되는 것이 바람직하다.

(2) 경상 수지 흑자의 득실

❶ **긍정적 측면**

㉠ 국민 소득 증대와 고용 안정에 기여하고, 가처분 소득의 증가에 따른 소비 증가를 가져온다.

㉡ 외채 상환 능력이 향상되고 해외 투자의 확대가 가능해지며 원자재를 안정적으로 확보할 수 있다.

❷ **부정적 측면**

㉠ 환율 상승 : 수출 증가, 수입 감소 ⇒ 국제 수지 개선

㉡ 환율 하락 : 수출 감소, 수입 증가 ⇒ 국제 수지 악화

(3) 국제 수지가 환율에 미치는 영향

❶ **국제 수지에 따른 환율 변동**

❷ **국제 수지와 환율의 관계**

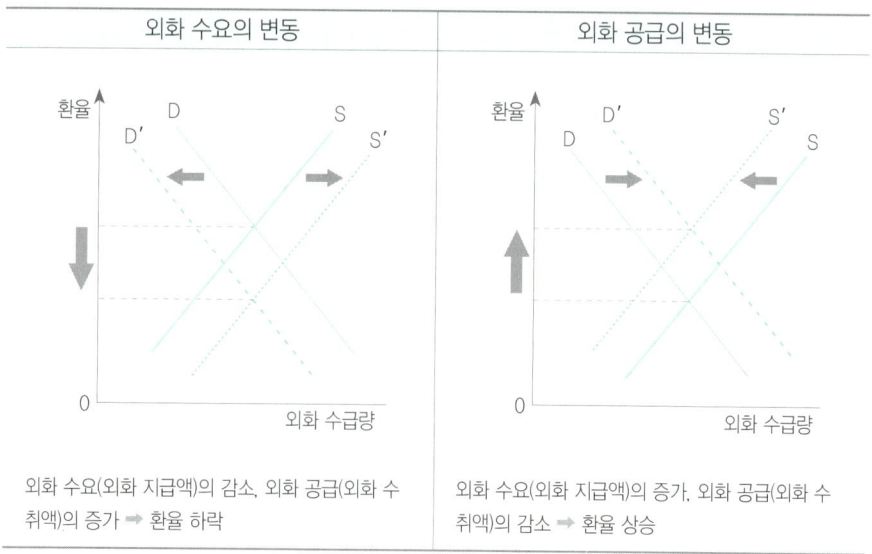

외화 수요의 변동	외화 공급의 변동
외화 수요(외화 지급액)의 감소, 외화 공급(외화 수취액)의 증가 ➡ 환율 하락	외화 수요(외화 지급액)의 증가, 외화 공급(외화 수취액)의 감소 ➡ 환율 상승

국제 수지 흑자 (외화 공급 증가, 외화 수요 감소)	→	환율 하락	→	수출 감소 수입 증가
수출 증가 수입 감소	←	환율 상승	←	국제 수지 적자 (외화 공급 감소, 외화 수요 증가)

❸ **환율과 국제 수지의 균형** : 경상 수지는 흑자액이 너무 많아도, 너무 적어도 문제
가 된다. 왜냐하면 경상 수지 불균형은 결국 환율에 영향을 주고 다시 환율이
경상 수지를 변화시키기 때문이다. 결과적으로 우리나라의 경우 제조업이 서
비스업보다 비교 우위에 있기 때문에 제조업과 서비스업의 적절한 균형으로
적정 수준의 경상 수지 흑자 기조를 이어가는 것이 바람직하다.

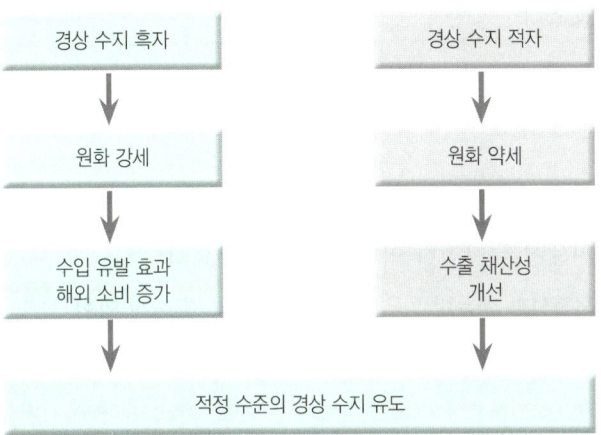

(4) 국제 수지와 통화량

❶ 통화량이 증가하면 물가가 상승하고, 이에 따라 수입은 증가하고 수출은 감소
하여 국제 수지가 적자가 된다.
❷ 국제 수지가 흑자가 되면 외환이 공급이 증가하여 시중에 통화량이 늘어난다.
이에 따라 인플레이션이 발생할 수 있다.

2) 외환 시장의 안정화 정책

(1) 우리나라의 환율 제도

❶ **자유 변동 환율 제도** : 외환 시장에서의 외환의 수요와 공급에 의해 환율이 결정

된다.

❷ 환율의 변동 폭에 제한을 두지 않아서 환율 변동이 심할 수 있다.

❸ 시장을 통한 자동적인 외환 수급의 결정이 가능하다.

(2) 환율 변동의 문제

❶ 세계화 시대에 경제생활의 불안정을 가져올 수 있기 때문에 외환 시장의 안정이 필요하다.

❷ **정부의 외환 시장 개입의 부작용** : 외환 시장에 대한 정부의 잦은 개입은 환율에 대한 예측 가능성을 줄여 환율의 급 변동을 가속화시킬 수 있다.

❸ **외환 시장의 안정화 방안** : 적절한 수준의 외환 확보와 안정적인 환율 유지가 필요하다.

(3) 외환 보유고

❶ **필요성** : 국제 수지의 일시적 불균형 문제를 해결하고, 대외 신인도를 확보하기 위해서는 적절한 외환 보유고가 필요하다.

❷ **적정성과 활용법** : 국제 수지 불균형 해소와 외환 시장 개입을 위해 필요한 만큼 확보하면서 일부는 외환을 통한 투자로 수익 확보가 가능해진다.

05 세계경제 환경의 변화와 우리경제

1 세계화와 국제 환경의 변화

1) 세계화의 흐름

(1) 세계화의 등장 배경

❶ **교통과 통신 수단의 발달** : 공간적 · 시간적 제약을 극복하고 자유로운 이동과 빠른 의 사 전달을 가능하게 하였다,

❷ **세계 무역 기구**(WTO)**의 출범** : 우루과이라운드(UR) 협상이 타결되어 1995년부터 세계 무역 기구가 출범하여 관세 및 무역에 관한 일반협정(GATT) 체제를 대신하여 국제 무역 질서를 관장하게 되었다.

> **세계 무역 기구 (wto)**
> 1994년 4월 15일 모로코의 마라케시에서 세계 125개국 통상 대표가 7년 반 동안이나 진행해온 우루과이라운드 협상의 종말을 고하고 '가라케사 선언'을 공동으로 발표함으로써 1995년 1월 정식 출범, 1947년 이래 국제 무역 질서를 규율해 오던 관세 및 무역에 관한 일반협정(GATT)' 체제를 대신하게 되었다. WTO는 지금까지 GATT에 주어지지 않았던 세계 무역 분쟁 조정, 관세 인하 요구, 반덤핑 규제 등 막강한 법적 권한과 구속력을 행사하게 되었다. WTO의 본부는 제네바에 잇으며 최고 의결 기구는 총회이고, 그 아래 상품 교역 위원회 등을 설치해 분쟁 처리를 담당한다.

❸ **다국적 기업의 활동** : 세계 각지에서 경제 활동을 하는 다국적 기업의 활약은 세계화를 촉진시켰다.

(2) 일상 속의 세계화 : 외국산 식품과 전자 제품, 만화 · 영화 · 음반 · 게임 등의 문화 상품, 패스트푸드점과 대형 유통점, 외국인 근로자와 관광객 등을 일상생활 속에서 많이 볼 수 있게 되었다.

(3) 세계화의 영향 : 세계가 하나의 거대한 시장으로 통합되고 자본, 물자, 인력, 정보 등이 자유롭게 이동하게 되었다.

2) 경쟁 속의 협력

(1) 국제 거래의 증진 : 국제 거래량이 급증하고 있으며, 거래 대상도 재화와 서비스는 물론 노동 · 자본 · 기술 등의 생산요소와 지적 재산권 등으로 확대되었다.

(2) 무한 경쟁 : 국가 간, 기업 간의 무한 경쟁이 가속화되고 있으며, 국가 간 · 기업 간에 서로의 이해관계 때문에 대립하고 충돌하는 일이 많아졌다.

(3) 경제 협력 : 선진국들은 세계 경제의 통합에 따른 글로벌 경쟁에 대처하고 국가 경쟁력을 강화하기 위해 국제기구나 다른 국가와의 협력을 도모하게 되었다.

(4) 경쟁력 강화 : 무한 경쟁 체제에서 생존하기 위해서는 기업 간의 전략적 제휴나 인수 · 합병 등을 통해 경쟁력 강화를 도모하고 있다.

3) 지역적 경제통합

(1) 지역적 경제 통합의 등장

❶ **등장 배경** : 과거부터 지역적인 경제 통합의 여러 형태가 존재해 왔으며, 특히 현대에 들어와서는 자국의 이익을 위해서 지역적·문화적으로 인접한 나라들끼리 결속하여 공동의 목표를 추구하는 경향이 가속화 되었다.

❷ **특성과 목적** : 특정 국가들을 중심으로 영향권 범위를 확인하고, 회원국끼리는 상호 의존과 협력 관계를 강화하며, 역외 국가에 대해서는 배타적이고 경쟁적인 경향을 보인다.

❸ **경제 통합의 유형**

구분	특징	사례
자유 무역 지역	가맹국 간에는 관세를 철폐하고 비가맹국에 대해서는 독자적인 관세 정책을 인정	북미 자유 무역 협정 (NAFTA)
관세 동맹	가맹국 간에는 자유 무역을 실시하고, 비가맹국에 대해서는 공동 관세로 대처	중앙아메리카 공동 시장 (CACM)
공동 시장	관세 동맹 하에서 국가 간에 생산 요소의 자유로운 이동을 허용	유럽 공동체 (EC)
경제 연합 (경제 동맹)	공동 시장에서 국가 간에 재정, 금융 정책까지 상호 협조	유럽연합 (EU)

(2) 세계화와 지역화의 공존

❶ **현실의 국제 경제** : 세계주의와 지역주의가 공존하고 있다.

❷ **세계화와 세계주의 경향**

㉠ WTO의 출범 이후 다국적 기업의 활동과 영향력의 증대로 세계 시장은 빠르게 통 합되고 있다.

㉡ 화폐·금융·환경·기술에 이르기까지 모든 부문에서 국제 기준에 일치시키려는 움직임이 활발해지고 있다.

❸ **지역화와 지역주의의 사례**

㉠ 북미 자유 무역 협정(NAFTA) : 1988년 미국과 캐나다의 정부가 자유 무역 협

정을 체결한 것을 시작으로 1994년에는 멕시코까지 포함한 북미 자유 무역 지역이 발효 되었다. 미국의 자본과 기술, 캐나다의 자원, 멕시코의 노동력을 결합하여 상호 경 쟁력 강화를 도모하고 있다.

ⓒ 아시아, 태평양 경제협력체(APEC) : 역내의 지속적인 경제 성장과 공동 번영을 위해 1989년 호주 캔버라에서 12개국 간의 각료 회의로 출범했으며, 1993년부터 매년 정상 회의를 개최하였다. APEC은 회원국 간 경제적 · 사회적 · 문화적 이질성을 극복하고 역내 지속적 경제 성장에 기여함으로써 궁극적으로는 아 . 태 지역 경제 공동체를 추구하는 데 그 목적이 있다.

ⓒ 아세안 자유 무역 지대(AFTA) : 싱가포르 · 말레이시아 · 인도네시아 · 필리핀 · 브루나이 · 태국으로 구성된 동남아국가연합(ASEAN) 지역을 앞으로 15년 이내에 완전한 자유 무역 지대로 든다는 구상이다. 1967년에 설립된 ASEAN은 이들 구성 국가 간에 자유 무역을 촉진시키는 것을 목적으로 계속적으로 노력하여 왔으나 아직 까지 큰 진전을 이루지 못하고 있다.

ⓒ 남미 공동 시장(Mercosur) : 브라질 · 아르헨티나 · 우루과이 '파라과이 등 남미 4 개국이 1995년부터 무역 장벽을 전면 철폐함에 따라 출범한 남미 공동 시장이다. 자 유 무역 협정(하시에서 한 단계 발전한 관세 동맹'에 해당하며, 역내 무역 자유화와 함께 비회원국에 대해서도 공통 관세율을 적용하고 있다.

ⓒ 아시아 '유럽 정상 회의(ASEM) : 한국 · 중국 · 일본 동북아 3개국과 동남아시아 ASEAN 회원국, 유럽 연합(EU)이 참여하는 아시아와 유럽 간 정상 회의이다. 아시아 지역 및 유럽 연합과 정치 · 경제적 협력 기반을 다지며 다양한 협력 사업 전개를 통한 실질 협 력 관계의 강화를 모색하고 있다.

2 정보화의 전개와 영향

정보화는 세계화와 더불어 현대 경제의 특징을 규정하는 주요 개념이다. 이 단원에서는 정보화의 배경, 정보화의 영향, 정보화의 순기능과 역기능 등이 학습 포인트가 된다. 앞의 세계화 단원과 마찬가지로 시사적인 내용이 출제 될 수 있으므로 이에 대한 대비가 필요하다.

1) 지식기반경제의도래

(1) 지식 기반 경제의 의의 : 각 경제 주체의 지식이 경제적 부가 가치를 창출하는

핵심적 요 소가 되는 경제로서 첨단 기술 및 지식 집약 서비스 산업의 비중이 증가
하게 된다.

(2) 지식 기반 경제의 등장 배경 : 정보 통신 기술 혁명, 유전자 분야 · 바이오 분
야 · 환경 분 야의 신기술 개발 등으로 인하여 지식 기반 경제가 도래하였다.

2) 정보화 사회의 경제적 변화와 정보화의 영향

(1) 경제 구조의 변화 : 전자상거래 확산, 소비자 주권 강화, 맞춤식 소량 생산, 정
보 격차 확 대 등의 변화가 발생하였다.

(2) 정보화 사회에서의 방안 : 창의적 인재 양성, 연구 개발 투자 확대, 정보 인프라
구축 등 의 방안이 필요하다.

(3) 정보화 사회의 문제

❶ **정보화의 순기능 :** 정보의 신속 · 저렴한 획득, 정보 공유에 따른 생 산성의 향
상, 정보 통신 산업과 기존 산업의 융합, 편리하고 풍요로운 생활등의 긍정적
인 효과가 나타난다.
❷ **정보화의 역기능 :** 구조적 실업 증가 문제, 개인의 사생활 침해 증가, 정보 격차
에 따른 빈부 격차 확대 등의 문제점을 발생시킨다.

3) 국제 거래 환경 변화의 영향

(1) 상호 의존성의 심화

❶ **수출과 수입의 비중 증대**
　㉠ 우리나라의 경우 에너지와 능수산물의 많은 부분을 수입하고 있으며, 생산
　　에 있어 서는 국내 소비보다는 해외 수출에 목적을 둔다.
　㉡ 우리나라 전체 수입품의 50%는 원자재이며, 수입품의 47%는 제품으로 가
　　공되어 다 시 수출하고 있다.
❷ **국가 간 상호 의존성 증대 :** 세계화가 진전되면서 국가와 국가, 기업과 기업 사이
에서 협력해야 할 부문이 증가하고 있다.

(2) 위기이자 기회로서의 양면성

❶ 위험 요인과 기회 요인

㉠ 위험 요인 : 국내외적 경쟁 심화, 국가 간 무역 마찰 확대, 경쟁력 없는 산업과 기업 의 몰락등

㉡ 기회 요인 : 수출 확대, 선진 기술 개발 및 습득, 국내 산업과 기업의 경쟁력 강화, 국부 증진등

❷ 과제 : 세계적인 경제 환경의 변화에 잘 대응하고 협력을 강화하여 경제 체질을 개선하고 경쟁력을 강화해야 한다.

3 국제 경쟁과 우리의 대응

이 부분은 자주 출제가 되지는 않지만 고득점을 위해서는 무시할 수 없는 단원이며 특히 시사적인 내용이 출제될 수 있다는 점을 염두에 두어야 한다. 국제 경쟁력의 의미와 강화 방안, 세계화에 대한 찬반 논쟁, 남북 문제 등이 관심을 두어야 할 출제 소재들이다.

1) 국제 경쟁력

(1) 국제 경쟁력의 개념

❶ 넓은 의미 : 한 나라의 경제 주체들이 가지고 있는 힘 또는 국민 경제가 국제 시장에서 경쟁할 수 있는 종합적 능력이다.

❷ 좁은 의미 : 수출을 통해 세계 시장을 공략하는 힘 또는 가격과 비가격 경쟁력으로 이루어지는 수출 경쟁력을 의미한다.

(2) 국제 경쟁력의 결정 요소

❶ 국가 경쟁력 : 경제 주체들의 합리성, 창의성, 윤리성 등으로 이루어진다.

❷ 기업 경쟁력 : 기업의 기술 수준, 재무 구조 등 기업 내부의 조건으로 이루어진다.

❸ 산업 경쟁력 : 임금, 금리, 사회 간접 자본, 정부 규제 등 기업 외부 환경에 의해 이루어진다.

2) 국제 경제의 경쟁심화

(1) 국제적 경쟁 심화의 원인

❶ **경쟁 심화의 현황** : 세계화로 개방 속도가 빨라지면서 국가 간 무역 경쟁 심화, 환경 관련 규제와 시장 개방 정도를 놓고 분쟁이 발생한다.

❷ **선진국의 신보호주의 경향의 강화** : 긴급 수입 제한, 반덤핑 제소 등을 통해 개발 도상 국에 대한 공세를 강화하였다.

(2) 경제 마찰에 대한 대응

❶ **자유 무역 협정의 체결 확대** : 주요 무역 상대국과 자유 무역 협정을 체결하며 무역 장 벽을 제거해야 한다.

❷ **국제적 표준 규범 도입** : 지적 재산권 등 중요 부문에서 국제적 기준을 도입하여 분쟁을 해소해야 한다.

❸ **기업 경쟁력 강화** : 상품의 질 향상을 통한 경쟁력 강화가 필요하다.

(3) 국제 경쟁력 향상 방안

❶ **경제 주체별 노력**

　㉠ 기업 : 기술 개발, 재무 구조 개선, 특정 분야에의 역량 집중 · 정부 : 세계 화와 개방화에 맞는 규제 개혁 등의 제도 개선, 금리 · 임금 · 지가 · 환율 등 의 조정

　㉡ 소비자 : 건전한 소비 생활과 저축 증대

　㉢ 근로자와 경영자 : 원만한 노사관계 정립, 생산성 향상 노력, 합리적인 경영

❷ **고비용 저효율 구조의 탈피**

　㉠ 생산성 향상과 품질의 개선 및 고부가 가치 산업의 육성을 통한 경쟁력 향상 과 기술 개발

　㉡ 디자인 개발, 일류 브랜드 육성, 국가 이미지 고양 등으로 비가격 경쟁력 강화

　㉢ 기술과 거래 관행에 대한 국제적 표준 획득과 외국 자본 유치, 자유 무역 지 대 형성

❸ **외자 유치와 경쟁력**

　㉠ 외자의 의미 : 국내 기업과 지속적인 경제 관계를 맺을 목적으로 외국인이 국

내 기업 주식 지분을 10% 이상 소유하거나, 이미 출자한 기업에 장기 차관을 제공하는 것을 말한다.

ⓒ 외국 투자 유치의 장점 : 외화의 안정적 확보, 고용 창출, 선진 경영과 기술 도입 등이 가능해진다.

ⓒ 외국 투자의 문제점 : 국내 산업의 하청 기지화, 국내 기업의 핵심 주력 사업이나 수익 사업 매각, 문화적 충돌과 갈등, 수익의 해외 유출, 고용 불안 등을 초래하게 된다.

3) 한국 경제의 과제

(1) 국제 협력의 강화

❶ **개방적 경제 정책** : 자유 무역 협정(FTA)의 체결과 국가 간 협력 도모 등의 개방적 경제 정책이 필요하다.

❷ **국제적 경쟁력을 갖춘 기업 육성** : 연구 개발 투자 확대, 세계적 기업과의 전략적 제휴 등을 통한 대외 협력 강화를 도모해야 한다.

(2) 국제 경쟁력 강화

❶ **배경** : 세계화로 인해 국제적 경쟁력을 가진 기업만이 생존하게 된다.

❷ **대책** : 연구 개발 투자 확대, 규제 완화, 기업의 구조 조정과 경영 혁신 등이 필요하다.

(3) 통일을 위한 준비

❶ **통일을 위한 경제적 준비**

㉠ 남북 경제 협력 강화 : 남북한 간의 신뢰 회복, 한반도의 평화 정착

㉡ 남북한의 비교 우위 활용 : 북한의 값싼 노동력과 남한의 자본 및 기술 결합

❷ **통일 후의 경제 문제 해결**

㉠ 통일 비용 문제 : 남북 화해로 분단 비용을 줄이고, 북한 경제의 회생을 통한 통일 비용 감축 노력이 필요하다.

㉡ 통일 한국의 경제 체제 문제 : 시장 경제의 효율성 활용 방안을 모색해야 한다.

㉢ 북한의 신뢰 회복 노력 필요 : 핵 개발 포기 등 국제 사회에서의 신뢰 회복 노력이 필요하다.

(4) 고령화 사회에 대한 대비

❶ **고령화 사회의 경제적 문제** : 경제 활동 인구의 감소, 경제 성장의 잠재력 상실
❷ **대책** : 출산 장려 정책, 고령 인구의 활용 방민 마련

4) 지구공동체의 경제문제

(1) 세계화 관련 논쟁

❶ **세계화 찬성론자들의 입장**

㉠ 세계화를 통해 자본과 기술 조달이 용이해지고 큰 수출 시장에 접근할 수 있기 때문 에 세계 전체의 부가 증대되었다,

㉡ 세계화는 저소득 국가의 경제 성장을 촉진함으로써 국가 간 격차를 축소할 뿐만 아 니라 정치적으로는 민주적인 사회로의 전환을 촉진하였다.

❷ **반세계화 운동가들의 주장**

㉠ 세계화와 신자유주의는 저성장과 실업 문제를 해소하기는커녕 국가 간 또는 개인 간의 빈부 격차를 확대시키고 있다.

㉡ 세계화는 고용 불안을 가중시키며, 문화의 고유성과 다양성 및 인권을 침해하고 환경을 파괴하는 주범이다.

(2) 경제 성장과 환경 보호 문제

❶ **환경 문제의 성격** : 지구촌 공동의 문제이기 때문에 국제 협력을 통한 해결이 필요하다.

❷ **환경과 개발에 대한 관점**

생태주의적 관점	기술주의적 관점
• 지속 가능한 개발 추구 • 친환경적 성장 모델 추구	• 기술 개발을 통한 환경 문제 해경 추구 • 경제적 성장을 통한 환경 문제 해결에 접근

(3) 남북문제

❶ **의미** : 선진국(주로 북반구에 위치)과 후진국(주로 남반구에 위치) 간의 경제적 격차문제를 말한다.

❷ **해결책** : 선진국의 후진국에 대한 기술 지원이 있어야 하고, 후진국의 자생적인 경제 개발 의지가 필요하다.

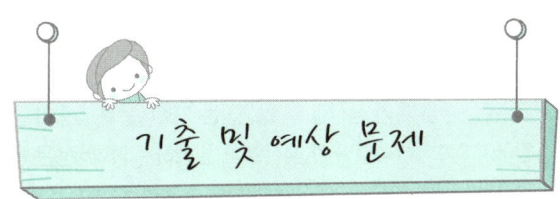

기출 및 예상 문제

01 표는 갑국과 을국이 냉장고와 에어컨을 1단위씩 생산하는 데 드는 비용을 나타낸 것이다. 이에 대한 옳은 분석만을 〈보기〉에서 있는 대로 고른 것은? (단, 교역 조건은 1:1이다)

국가	냉장고	에어컨
갑국	60달러	50달러
을국	20달러	40달러

보기
ㄱ. 갑국은 에어컨에 비교우위가 있다.
ㄴ. 을국은 냉장고, 에어컨 모두에 절대우위가 있다.
ㄷ. 을국이 상품 1단위를 교역해서 얻는 무역 이익은 20달러이다.
ㄹ. 갑국은 냉장고를, 을국은 에어컨을 특화하는 것이 합리적이다.

① ㄱ, ㄴ ② ㄴ, ㄷ ③ ㄷ, ㄹ ④ ㄱ, ㄴ, ㄷ

해설 비교우위의 결정과 무역 이익 분석
ㄱ. 갑국은 을국보다 에어컨 1단위 생산비가 높으므로 에어컨에 절대 열위가 있다. 그러나 갑국의 상대적 생산비를 보면 냉장고의 경우 을국의 3배이지만 에어컨은 5/4배에 불과하므로 에어컨에 비교우위가 있다. ㄴ. 을국은 냉장고와 에어컨 모두 갑국보다 생산비가 절대적으로 적게 들므로 냉장고와 에어컨 모두에 절대우위가 있다. ㄷ. 을국은 40달러를 들여 비교우위 품목인 냉장고 2단위를 생산한 후, 그 중 1단위를 갑국의 에어컨과 교환하면 무역이전과 같이 냉장고, 에어컨을 각각 1단위씩 소비하면서도 20달러를 절감하게 된다.
바로잡기 ㄹ. 비교 우위 품목에 특화해야 한다. 따라서 갑국은 에어컨을, 을국은 냉장고를 특화 생산해야 한다.
정답 ④

02 그림은 두 국가가 가진 자원을 모두 활용하여 생산할 수 있는 두 재화의 조합을 나타낸 것이다. 이에 대한 옳은 분석만을 〈보기〉에서 있는 대로 고른 것은?

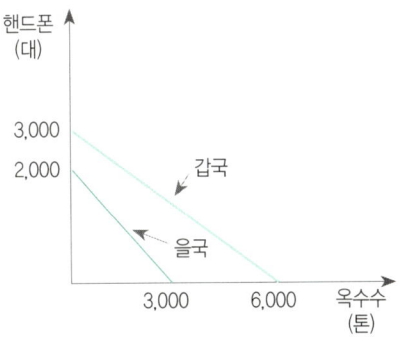

ㄱ. 갑국은 옥수수에, 을국은 핸드폰에 비교우위가 있다.

ㄴ. 옥수수 1톤을 추가 생산할 때 발생하는 기회비용은 갑국이 을국보다 크다

ㄷ. 갑국이 핸드폰 1대를 추가 생산할 때 발생하는 기회비용은 옥수수 2톤이다.

ㄹ. 갑국과 을국이 비교우위에 있는 재화를 생산하면 핸드폰은 총 5,000대가 생산될 수 있다.

① ㄱ, ㄴ   ② ㄱ, ㄷ   ③ ㄷ, ㄹ   ④ ㄱ, ㄴ, ㄹ

해 설 비교우위와 기회비용

ㄱ. 갑국의 옥수수 1톤 추가 생산에 따른 기회비용은 핸드폰 1/2대로서 을국(핸드폰 2/3대)보다 작고, 을국의 핸드폰 1대 추가 생산에 따른 기회비용은 옥수수 3/2톤으로 갑국(옥수수 2톤)보다 작다. 따라서 갑국은 옥수수에, 을국은 핸드폰에 비교우위가 있다. ㄷ. 갑국은 핸드폰 1대를 추가 생산할 때마다 옥수수 2톤의 생산을 포기해야 한다.

바로잡기 ㄴ. 옥수수 1톤 추가 생산에 따른 기회비용은 갑국이 을국보다 작다. ㄹ. 갑국과 을국이 비교우위에 따라 재화를 생산하면 핸드폰의 경우 을국에서 생산되는 2,000대가 총생산량이 된다.

정답 ②

03

표는 지역적인 경제 통합의 단계를 보여준다. 이에 대한 옳은 설명만을 〈보기〉에서 있는 대로 고른 것은?

회원국 간 관세 철폐 (NAFTA)	비회원국에 대한 공동 관세 베네룩스(동맹)	회원국 간 생산 요소의 자유로운 이동(MERCOSUR)	회원국 간 재정, 금융 정책 협조와 화폐의 통합(EU)

ⓐ 자유 무역 협정

ⓑ 관세동맹

ⓒ 공동시장

ⓓ 경제동맹

ㄱ. ⓐ에서 비회원국과의 마찰이 가장 약하다.

ㄴ. ⓑ에서는 가맹국에 대한 투자가 자유롭다.

ㄷ. ⓒ은 WTO 체제가 지향하는 경제 통합 체제이다.

ㄹ. ⓐ에서 ⓓ로 갈수록 가맹국 간의 자주적인 경제 정책이 발휘되기 어렵다.

① ㄱ, ㄹ   ② ㄱ, ㄷ   ③ ㄴ, ㄷ   ④ ㄴ, ㄹ

해 설 경제 통합의 단계

ㄱ. ⓐ에서 ⓓ로 갈수록 경제 통합의 정도가 강화되고 비회원국과의 마찰이 증대된다. ㄹ. ⓐ에서 ⓓ로 갈수록 가맹국 간의 협력과 통합을 바탕으로 한 경제 정책은 강조되고 자주적인 경제 정책은 약화된다.

바로잡기 ㄴ. 가맹국에 대한 투자가 자유로운 것은 ⓒ 공동시장 단계부터 이다. ㄷ. WTO 체제는 원칙적으로 지역 블록화와는 성격이 다르다.

정답 ①

04 다음 글을 읽고, 이에 대한 옳은 분석을 〈보기〉에서 고른 것은?

> ⊙ WTO는 다자간 협의에 의해 모든 회원국들에게 비차별적인 무역 정책을 운용하는 다자주의를 기본 원칙으로 하는 국제 기구이다. 이에 반해 ⓛ FTA는 지역주의의 원칙에 입각하여 특정 국가 또는 지역 간에 OXK적 무역 특혜를 서로 부여하는 협정이다. 현재 WTO는 1995년 출범 이래 149개의 회원국을 보유하고 있으며, 오늘날 범세계적인 경제 질서와 무역 RBJA을 다루는 유일한 국제 기구로서 자리를 잡았다. 하지만 WTO 출범 이후 FTA가 급격히 확대되어 협정국 간의 거래액이 세계 총무역액의 50% 이상을 차지하고 있다.

보기
- ㄱ. ⊙이 ⓛ보다 세계 무역 자유화를 촉진한다.
- ㄴ. ⓛ이 ⊙보다 신속한 협정 체결이 가능하다.
- ㄷ. ⓛ이 ⊙보다 개방의 폭과 범위가 더 클 수 있다.
- ㄹ. ⓛ에서는 ⊙과 달리 협정에 대한 실질적 구속력이 있다.

① ㄱ, ㄴ　　　② ㄱ, ㄷ　　　③ ㄴ, ㄷ　　　④ ㄴ, ㄹ

해설 WTO와 FTA 비교

ㄴ. WTO는 다수의 나라가 합의에 의해 규칙을 정하며 상호주의에 입각하여 회원국 모두에게 차별 없는 무역 정책을 펼쳐야 한다. 이에 반해 FTA는 지역주의를 기반으로 특정 국가들 간에만 적용되는 것이어서 상대적으로 단기간 내에 신속한 협정 체결이 가능하다. ㄷ. 개방의 폭과 범위에 대해서도 다수의 회원국 모두가 동의해야 하는 WTO와 달리 FTA는 특정 국가만 동의하면 되므로 개방의 폭과 범위도 더 클 수 있다.

바로잡기 ㄱ. 세계 무역 자유화는 WTO, FTA 모두가 촉진하는 것으로서, 어느 것이 더 촉진한다고 말할 수는 없다. ㄹ. 실질적 구속력은 국제 기구인 WTO에게 있고, 국가 간 협상인 FTA에는 없다.

정답 ③

---

05 표는 어느 나라의 국제 거래 항목이다. 경상 수지 규모를 바르게 나타낸 것은?

거래 항목	금액
재화 수출	1,800
재화 수입	1,400
화물 운송 수입	300
기술 사용료 지급	200
외채 이자 지급	20
국제 기구 출연금 지급	10
외국인의 국내 투자	120
외채 상환	200

① 390억 달러 흑자　　　② 400억 달러 흑자

③ 450억 달러 흑자　　　④ 470억 달러 흑자

해설 국제 수지 규모의 계산

국제 수지는 경상 수지와 자본 수지로 구성된다. 경상 수지는 상품 수지(상품 수출입), 서비스 수지(화물 운송 수입과 기술 사용료 지급), 소득 수지(외채 이자 지급), 경상 이전 수지(국제 기구 출연금 지급)로 구성되며, 자본 수지는 투자 수지(외국인의 국내 투자와 외채 상환)와 기타 자본 수지로 구성된다. 각각의 수지를 구해보면, 상품수지는 1,800−1,400=400억 달러 흑자, 서비스 수지는 300−200=100억 달러 흑자, 소득 수지는 20억 달러 적자, 경상 이전 수지는 10억 달러 적자이다. 이들을 합한 경상 수지는 470억 달러 흑자이다.

정답 ④

06 표는 어느 나라의 국제 수지 변화를 나타낸 것이다. 이에 대한 분석으로 옳은 것은?

연도 \ 구분	2004	2005	2006	2007	2008	2009
경상수지	-50	-10	+20	+90	+120	+300
자본수지	+60	+20	+30	+150	+130	+80

① 자본 수지는 환율 변동에 영향을 주지 못한다.

② 2004년에는 상품 및 서비스의 수출이 수입보다 많았다.

③ 2005년에는 외환 보유액이 급감하였다.

④ 2008년에는 외화의 유출보다 유입이 많았다.

해설 국제 수지의 변화

④ 2008년에는 국제 수지가 250억 달러 흑자이므로 외화의 유입이 유출보다 많았다.

바로잡기 ① 자본 수지와 경상 수지 모두 환율 변동에 영향을 준다. 이 둘을 합한 국제 수지가 환율을 결정한다. ② 2004년 경상 수지가 적자(-)이므로 상품 및 서비스의 수출보다 수입이 많았을 것이다. ③ 외환 보유액은 경상 수지와 자본 수지를 합한 국제 수지에 의해 결정된다. 2005년 국제 수지는 10억달러 흑자이므로 외환 보유액은 증가하였다.

정답 ④

07 표에 나타난 환율 변동이 지속될 경우, 그 영향에 대한 추론으로 옳은 것은? (단, 다른 조건은 변함이 없다고 가정한다.)

환율 \ 시기	원/달러	원/100엔	원/위안
과거	960	830	110
현재	930	800	120

① 한국의 대일 수출이 증가할 것이다.

② 한국을 관광하는 중국인이 증가할 것이다.

③ 한국인의 미국 여행 비용이 증가할 것이다.

④ 한국인의 중국 유학 비용이 감소할 것이다.

해설 환율 변동의 영향 파악

② 우리나라 원화에 비해 중국의 위안화 가치가 상승하게 되므로 중국인의 한국 관광 비용이 절감되어 중국인의 한국 여행이 늘어날 것이다.

바로잡기 ① 일본 엔화에 비해 우리나라 원화의 가치가 상승하게 되므로, 대일 수출품의 엔화 가격 상승으로 대일 수출이 감소할 것이다. ③ 달러화에 비해 우리나라 원화의 가치가 상승하게 되므로, 원화로 표시된 미국 여행의 비용은 절감되어 미국을 여행하려는 한국인에게 유리하다. ④ 중국의 위안화에 비해 우리나라 원화의 가치가 하락하게 되므로 중국으로의 유학비용은 증가하게 된다.

정답 ②

08 다음 글이 지적하고 있는 현상이 미치는 영향에 대한 학생의 발표로 적절하지 않은 것은?

원/엔 환율이 9년 7개월 만에 최저치로 떨어졌다. 이러한 분위기라면 원/엔 환율의 추가 하락도 불가피할 것으로 보여, 대일 수출은 물론 해외에서 일본 기업과 경쟁 하는 국내 기업들의 타격이 더욱 커질 전망이다.

① 갑 : 일본으로 수학 여행을 떠나는 고등학생이 늘어나겠군.

② 을 : 우리나라를 방문하는 일본 고등학생들이 많아져 사귈 기회가 늘어나겠네.

③ 병 : 고등학생들의 일상적인 소비에서 일본 상품이 차지하는 비중도 증가할 것 같아.

④ 정 : 일본으로의 여행 경비는 나중에 결제되는 신용카드를 사용하는 것이 유리하겠군.

해설 환율 하락의 영향 추론

엔화의 가치는 하락하고 원화의 가치는 상승하는 현상이 무역, 관광, 대금 결제 등에 어떤 영향을 미치는지 판단하는 문제이다. 일반적으로 환율의 하락은 수출품의 외화 표시 가격을 상승시켜 수출을 감소시키고, 수입품의 원화 표시 가격을 하락시켜 수입을 증가시키며, 경상 수지 악화를 가져와 외환 보유고를 감소시킨다. 또한 자국 기업의 대외 부채를 상환하기 위한 원화 표시액이 감소하므로 유리하게 되며, 자국민의 해외 여행 경비 부담액의 감소로 해외 여행이 늘어난다. ① 원화의 강세로 일본으로의 여행자가 증가할 것이다. ③ 엔화 약세로 일본 제품이 저렴해져서 수입이 증가할 것이다. ④ 엔화의 지속적 하락이 예상되므로 대금 결제를 미룰수록 유리하다.

바로잡기 ② 엔화의 가치가 하락하고 있으므로 우리나라를 방문하는 일본 고등학생들이 점차 감소할 것으로 예상할 수 있다.

정답 ②

09 표는 지난해 8월 대비 올해 8월의 미국 달러에 대한 각국의 통화 가치 변동률이다. 이 기간동안의 변화에 대해 옳게 설명한 것만을 〈보기〉에서 있는 대로 고른 것은?

〈아시아 3개국 통화 가치 변동률〉

국가(화폐단위)	변동률(%)
한국(원)	-20.3
중국(위안)	9.1
일본 (엔)	6.2

단, 무역 경제 수단은 달러이며, 환율 이외의 변동 요인은 없다고 가정한다.

보기
ㄱ. 원/달러 환율은 상승하고, 엔/달러 환율은 하락하였다.
ㄴ. 중국에서 한국 상품의 가격 경쟁력이 일본 상품에 비해 강화되었다.
ㄷ. 달러로 환전하여 일본 유학을 가려는 중국 유학생의 부담은 증가하였다.
ㄹ. 작년 8월에 대출받은 엔화 자금을 상환하는 국내 거주 한국인은 황율의 변동으로 이익을 보았다.

① ㄱ, ㄴ   ② ㄴ, ㄹ   ③ ㄷ, ㄹ   ④ ㄱ, ㄴ, ㄷ   ⑤ ㄱ, ㄷ, ㄹ

해설 환율변동이 국민 경제에 미치는 영향

화폐 가치의 변동을 종합해 보면 원화〈달러화〈엔화〈위안화 순서로 화폐 가치가 상승하였다. 이러한 경우 원/달러 환율은 상승하고, 엔/달러 환율은 하락한다. 그리고 화폐 가치가 하락할수록 가격 경쟁력이 강해지고, 화폐 가치가 상승할수록 가격 경쟁력은 약해진다. 따라서 중국에서 한국 상품의 가격 경쟁력은 일본 상품에 비해 강화되었을 것이다.

바로잡기 ㄷ. 위안화의 가치가 높아져서 많은 달러로 환전이 가능하기 때문에, 달러로 환전하여 일본 유학을 가려는 중국 유학생의 부담은 감소한다. ㄹ. 엔화의 가치가 상승하는 시기에 엔화 자금을 상환해야 하는 한국인의 부담은 증가한다.

정답 ①

10 다음은 수입 상품 X재와 Y재의 가격 책정 방안을 나타낸다. 이에 대한 추론으로 옳지 않은 것은?

A : X재의 국내 시장 가격은 해외 시장 달러 가격을 원화로 환산하여 책정
B : Y재의 국내 시장 가격은 해외 시장 달러 가격이나 환율에 상관없이 개당 1천 원으로 유지

① 달러 대비 원화 가치가 하락하면 X재의 국내 시장 가격이 상승한다.

② X재의 해외 시장 달러 가격이 상승하면 시장 가격이 상승한다.

③ X재의 달러 기준 수입 원가는 하락했지만 원화 기준 수입 원가가 상승했다면 원/달러 환율이 상승했기 때문이다.

④ 원/달러 환율이 하락하더라도 Y재의 국내 시장 가격은 변함없다.

⑤ 원/달러 환율이 하락하면 Y재의 국내 시장 판매 이윤은 감소한다.

해 설 환율 변동과 수입품의 가격 변동 분석

X재는 원/달러 환율의 변동에 따라 수입품의 국내 가격이 달라지고 Y재는 국내 가격의 변동이 없다. ① 달러 대비 원화 가치가 하락하면 원/달러 환율이 상승한다. 따라서 X재의 국내 시장 가격은 상승한다. ② X재의 해외 시장 달러 가격 자체가 오르면 환율이 변하지 않더라도 X재의 국내 시장 가격이 상승하게 된다. ③ X재의 달러화 가격이 하락하더라도 원/달러 환율이 달러화 가격 하락 폭 이상으로 상승할 경우 X재의 국내 시장 가격은 상승하게 된다. ④ Y재는 원/달러 환율의 변동과는 상관없이 일정한 국내 시장 가격을 유지하게 된다.

바로잡기 ⑤ 자료만으로는 Y재의 국내 시장 판매 이윤을 파악할 수 없다.

정 답 ⑤

11 그림은 갑국의 국제 수지를 나타낸 것이다. 이에 대한 분석으로 옳은 것은?

항목 연도	국제 수지 2005	(단위 : 억 달러) 2006	2007
경상 수지	-7	6	-47
상품 수지	13	29	-28
서비스 수지	-21	-24	-20
소득 수지	3	4	3
경상 이전 수지	-2	-3	-2
자본 수지	14	-3	53

① 2005년에 갑국이 해외에서 수취한 생산 요소 소득이 외국인이 갑국에서 수취한 생산 요소 소득보다 많다.

② 2006년에는 자본의 유입이 유출보다 많다.

③ 2007년에는 상품의 수출이 수입보다 많다.

④ 2005~2007년 내내 외국인의 갑국 내 유학보다 갑국 국민의 해외 유학이 많다.

⑤ 2005~2007년 내내 아무런 대가 없이 이루어지는 무상 원조, 구호금 등으로 수취한 외화가 지급한 외화보다 많다.

해 설 국제 수지표 분석

① 2005년 소득 수지는 3억 달러 흑자이다. 따라서 갑국이 해외에서 수취한 생산 요소 소득이 외국인이 갑국에서 수취한 생산 요소 소득보다 많다.

바로잡기 ② 2006년에는 자본 수지가 적자이다. 따라서 외화의 유입보다 유출이 많았다. ③ 2007년에는 상품 수지가 적자이다. 따라서 상품의 수출보다 수입이 많았다. ④ 해외 유학 비용은 서비스 수지에 포함된다. 2005~2007년 내내 서비스 수지는 적자였지만 서비스 수지 항목에는 이외에도 여러 가지가 있으므로 외국인의 갑국 내 유학보다 갑국 국민의 해외 유학이 많았다고 단정할 수 없다. ⑤ 2005~2007년 내내 아무런 대가 없이 이루어지는 무상 원조, 구호금 등은 경상 이전 수지이다. 경상 이전 수지가 계속 적자이므로 수취한 외화보다 지급한 외화가 많았다.

정 답 ①

12 그림은 외화의 수요·공급 곡선을 나타낸 것이다. 이와 관련된 진술을 〈보기〉에서 고른 것은?

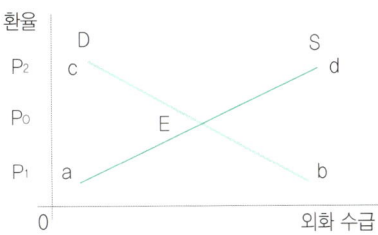

> **보기**
> ㄱ. 환율이 P0에서 P2로 상승하면 국내 물가는 상승한다.
> ㄴ. 환율이 P1에서 고정된 경우, ab만큼의 국제 수지 흑자가 발생할 가능성이 높다.
> ㄷ. 변동 환율 제도 하에서 수출이 증가하면 외화의 공급 곡선이 우측으로 이동한다.
> ㄹ. 환율 P2 수준에서 cd만큼의 수지 적자는 환율 상승의 압력으로 작용하게 된다.

① ㄱ, ㄴ   ② ㄱ, ㄷ   ③ ㄴ, ㄷ   ④ ㄴ, ㄹ

해설 균형 환율의 결정과정
ㄱ. 환율이 상승하면 수출이 증가하고 수입이 감소하므로 순수출(수출−수입)이 증가하므로 총수요가 증가하여 물가가 상승한다. ㄷ. 수출은 외화 공급의 요인이므로, 변동 환율 제도하에서 수출이 증가하면 외화 공급 곡선이 우측으로 이동하게 된다.

바로잡기 ㄴ. P1의 환율에서는 외화의 수요가 외화의 공급보다 ab만큼 많기 때문에, ab만큼의 국제 수지 적자가 발생할 가능성이 높다. 이러한 국제 수지 적자는 환율 상승의 압력으로 작용한다. ㄹ. P2의 환율에서는 외화의 공급이 외화의 수요보다 cd만큼 많기 때문에 cd만큼의 국제 수지 흑자가 발생할 가능성이 높다. 이러한 국제 수지 흑자는 환율 하락의 압력으로 작용하게 된다.

정답 ②

13 다음 두 사람의 대화에서 을의 관점과 일치하는 진술을 〈보기〉에서 고른 것은?

갑 : 우리나라와 같이 작은 나라가 대외 개방을 한 상황에서는 큰 나라에서 발생하는 충격에 무방비로 당할 수밖에 없어. 외국과의 교역이나 자본의 거래에 일정한 제약을 가해야만 원천적으로 이러한 충격에서 우리 경제를 방어할 수 있다고 봐

을 : 외국과의 거래를 제한하는 주장은 자원이 풍부한 큰 나라에는 맞을지도 모르지만, 자원이 부족하여 자급자족이 불가능한 우리나라에 적용할 수는 없어. 더구나 전 세계가 개방화·글로벌화되고 있는 시대적 조류에도 맞지 않아.

> **보기**
> ㄱ. 국내 산업을 보호하기 위한 조치가 필요하다.
> ㄴ. 개별 국가의 경제적 독립성이 강화되어야 한다.
> ㄷ. 국제 분업과 특화는 생산의 효율성을 극대화한다.
> ㄹ. 무역을 통해 질 좋고 다양한 제품을 이용할 수 있다.

① ㄱ, ㄴ   ② ㄱ, ㄷ   ③ ㄴ, ㄷ   ④ ㄷ, ㄹ

해설 국제 분업을 바라보는 관점
을은 자원이 부족한 우리나라에서는 자유로운 교역으로 분업과 특화를 통한 무역 이익을 추구해야 한다는 관점이다. 하지만 갑은 우리나라와 같이 작은 나라는 대외 충격에 취약하므로 외국과의 거래를 제한하여 외부의 변화에 대비할 수 있어야 한다고 본다.

바로잡기 ㄱ. 국내 산업을 보호할 필요가 있다는 것은 갑의 입장이다. ㄴ. 개별 국가의 경제적 독립성의 강화를 주장하는 것은 갑의 입장이다.

정답 ④

06 한국 경제의 미래 전망

 미래 한국 경제의 과제

(1) 세계화의 확대

❶ **세계화의 영향** : 농산물 서비스 시장의 새방 금융 유통업 및 외국 자본의 국내 진출, 외국의 지적 재산권 보호 압력 등 → 무한 경쟁 시대의 돌입

❷ **대응 방안** : 국가, 기업 , 개인의 경쟁력 향상이 요구됨

(2) 정보화와 지식 기반 경제

❶ **경제적 부 창조** :노동과 자본에서 정보와 지식으로 변화 → 지식이 각 경제 주체 및 국민 경제 전체의 성과와 경쟁력을 결정하는 핵심 요소로 작용

❷ **앞으로의 방향** : 지식 기반 산업의 육성 필요 → 인적 자원에 대한 투자 신기술 개발 전통 제조업과 신기술의 접목을 통한 고부가가치 창출, 지식 수출 방안 강구 등

(3) 노령화 사회

❶ **문제점** : 경제활동 인구의 감소 →장기적인 경기 침체를 초래할 우려 있음

❷ **대책** : 사회 복지 정책의 확대 경제 활동 인구 확보를 위한 출산 장려책 마련 복지 비용을 둘러싼 세대 간 마찰 해결을 위한 정책 마련등

(4) 한반도의 통일 준비와 관련된 문제

❶ **기본 방향** : 경제적 격차를 극복 하고 통일 비용을 줄이기 위해서 실현 가능한 문제부터 해결 →평화적으로 점진적인 경제 협력 속에서 준비된 상태에서 해결

❷ **우선 과제** : 경제 교류와 협력을 통해 상호간의 신뢰를 회복하는 것

❸ **앞으로의 방향** : 통일 비용 이외에 분단 비용과 통일 편익을 고려하는 자세 필요 →통일 후 경제적 혼란을 막을 수 있는 대안 필요

2 통일을 위한 준비

(1) 남북한의 경제 현황과 경제 협력

❶ **남북한의 경제 현황** : 남한은 3차 산업 중심의 선진국 형 산업 구조 북한은 중공업과 원료 산업 중심의 사회주의 산업 구조

❷ **남북 교류 협력의 걸림돌** : 민족상잔의 경험 반세기에 걸친 상이한 이념 및 체제에 따른 이질성과 구조적 차이

❸ **통일을 위한 노력** : 상호 이해, 신뢰 회복, 상호 존중 하 에서의 대화와 교류 확대

(2) 대북 경제 협력의 가능성

❶ **경제 교류 가능성** : 정치적으로 민감하지 않고 실질적 이익이 기대되는 경제 분야에 대한 교류와 협력 가능성은 비교적 큼

❷ **남북 간 경제적 이해관계의 조화** : 남북 간 지리적 이점 및 상대적으로 풍부한 북한의 인력 자원과 남한의 자본 기술 활용

◉ **21세기를 주도할 10대 기술**
미래형 컴퓨터, 디지털 기술, 바이오 기술, 광 기술, 초전도 기술, 나노 테크놀로지, 휴먼 인터페이스, 지능형 교통, 신에너지 기술, 우주 개척 기술 등이다.

◉ **노령화 지수**
유년층 인구(0~14세)에 대한 노년층 인구(65세 이상)의 비율

◉ **인구 부양비**
비생산 연령층(0~14세, 65세 이상)/생산 가능 연령층(15~64세)X100

◉ **통일 편익**
남북한의 경제적 통합으로 인한 경제적 효율성 증대, 국제 사회에서의 위상 상승 등 유형적 무형적 이익.

💡 사회주의에서 체제를 전환한 국가들의 산업 구조는 선진국의 유형을 따르는데 비해 북한의 경우 상대적으로 1차 산업의 비중이 크고 2차 산업의 비중이 작은 것이 특징이다. 러시아의 중국으로부터 우호적 가격으로 도입되던 에너지 수입이 줄어들면서 광공업 분야의 가동률이 크게 낮아진 것이 원인으로 지적된다.

❸ **남한의 대북 경협 노력**

1988년	남북한 물자 교역을 동족 간의 내부 거래로 간주하는 조치 단행 남북 물자 교류에 관한 기본 지침 → 기업에 물자 교류 허용
1992년	남북 간 화해와 불가침 및 교류 협력에 관한 합의서 발표

1994년	한민족 공동체 통일을 위한 3단계 통일 방안(화해, 협력→남북연합→통일 국가단계)제시. 남북 경제 협력 활성화 방안에서 시범 경제 협력 사업 허용
1995년	일부 기업에 대북 경제 협력 사업 승인 → 남북 경협 확대
2000년	경제 협력을 통하여 민족 경제를 균형적으로 발전시킴 → 사회 문화 체육 보건 환경 등 협력 과 교류 활성화
2007년	서해 평화 협력 특별 지대 설치

❹ **북한의 입장** : 계속되는 경제 침체로 1991년 나진 선봉 지역을 자유 무역 지대로 지정 2002년 신의주를 홍콩식으로 개발할 목적으로 신의주 특구 지정

❺ **남북 경제 협력의 이점** : 경제적 격차와 산업 구조의 괴리 감소 자원의 효율적 이용 정치적 문화적 통합 기반 조성 한반도의 잠재적 불안 감소

3 통일 한국의 경제적 위상

(1) 통일 후 예상되는 경제 문제

❶ 상이한 경제 체제에서 오는 이질감과 갈등

❷ 화폐통합 문제

❸ 엄청난 통일 비용으로 인한 재정악화와 대외 부채증가 등

(2) 남북 통일의 경제적 영향과 의미

❶ 경제 대국으로 위상이 높아짐

❷ 방위비 절감으로 인한 삶의 질 증대

❸ 남북한 경제 통합으로 인한 규모의 경제 가능

❹ 남북한 생산 요소 및 산업 구조의 유기적 결합으로 인한 국제 경쟁력 향상

❺ 해양과 대륙의 다리 역할

❻ 평화 정착으로 인한 국가 신인도 및 국제적 위상 향상

(3) 통일 한국의 방향

❶ **자주적인 민족 국가** : 배타적이 아닌 협력과 교류를 중시하는 열린 민족 국가

❷ **자유로운 민주 국가** : 실질적 정의뿐만 아니라 절차적 정의를 이루어야 함

❸ **정의로운 복지 국가** : 기회 균등과 공정 분배를 통해 집단 갈등을 극복하고 협력과 나눔의 문화를 통하여 더불어 잘 사는 공동체를 지향

❹ **다원적인 문화 국가** : 문화적 다양성이 보장되는 가운데 개인의 삶의 질 향상에 도움이 되는 국가

대북 교역의 형태

제3국을 통한 간접 교역보다는 직접 교역을 위해 노력하고, 임가공 교역을 확대한다.

- **직접 교역** : 중개상에 대한 수수료 부담이 없고, 거래 비용이 절감된다.
- **임가공 교역** : 현장 기술과 품질 관리에 필요한 인적 교류가 불가피하다.
- **수탁 가공 교역** : 북한으로부터 원자재 반입하여 가공 후 이를 반출하는 방식.
- **위탁 가공 교역** : 우리의 원자재, 부자재를 북한에 반출하여 가공 후 이를 다시 반입하는 방식.

독일/예멘의 통일 교훈

점진적이고 단계적인 평화 통일의 중요성 인식

경제적 격차의 해소를 통한 통일 비용 절감

통일에 대한 국민적 공감대 형성

📖✎ **심화 학습** — 통일 세(稅)

최근 이명박 대통령이 8.15 광복절 경축사에서 통일 세를 언급하면서 이에 대한 논의가 진행 중에 있다. 북한보다 경제 사정이 나았던 동독과 통일한 서독의 경우 1990년부터 2009년까지 동독 지역에 무려 2조 유로를 쏟아 부었다. 우리 돈으로 2000조 원이 넘는 액수이다. 한국도 통일이 될 경우 투자해야 할 돈이 만만치 않을 전망이다. 미국 랜드 연구소는 남북한 통일시 통일 비용을 최저 620억(72조 5,000억 원)에서 최고 1조 7000억 달러(2000조원)로 예상했다. 한국 조세연구원은 국내 총생산의 7~12%가 들것으로 예상했는데 한국의 GDP가 1000조 원임을 감안하면 70조 ~120조 원 가량 소요된다는 것이다. 액수가 연구 기관마다 10 배 이상 차이가 나지만 어떻든 천문학적인 금액이 들어갈 것이라는 점은 명약관하 하다.

－ ○○ 신문, 2010. 8.26

📎 **자료해설** : 만약 통일세가 부과된다면 국민들이 부담해야 하는 비용은 얼마나 될까? 통일 세를 부과한다면 가장 유력한 것이 부가가치세 인상안이다. 부가세 세율을 2‰p올리면 연간 세수가 약 10조 원 늘어난다고 한다. 다른 방안으로 거론되는 것은 법인세를 높이는 방안이다. 법인세의 경우 1‰p 증가할 때마다 연간 1조 1000억 원 정도 세수가 늘어나는 것으로 추정된다.

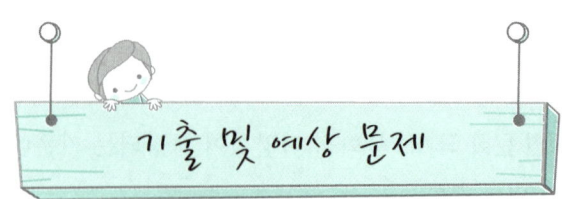

기출 및 예상 문제

01 다음과 같은 변화로 인해 러시아에서 나타날 수 있는 현상으로 옳은 것만을 보기에서 있는 대로 고른 것은?

> 일찍이 구소련의 대통령 고르바초프는 사회주의의 임금 평준화 원칙이 악용되어 소련 사회내부에 놀고먹는 기식자가 많다고 개탄하였다. 사회주의의 비효율을 감당할 수가 없어 개혁과 개방을 추진한 소련은 통제 체제가 약해지자 1991년에 러시아를 비롯한 15개의 국가로 분해되었다. 러시아는 1992년 가격 자유화 국유 기업의 대규모 사유화 실업의 용인 임금 차등화 허용 등 시장 경제로의 급격한 체제 전환을 시작하였다.

> **보기**
> ㄱ. 인플레이션과 실업이 급증할 것이다.
> ㄴ. 부유층과 빈곤층의 양극화가 심화될 것이다.
> ㄷ. 기업들의 이윤 동기에 의한 경제 활동이 강화될 것이다.
> ㄹ. 개인의 경제 활동이 정부에 의해 규제받을 가증성이 더 커진다.

① ㄱ, ㄴ   ② ㄴ, ㄷ   ③ ㄷ, ㄹ   ④ ㄱ, ㄴ, ㄷ

해설 사회주의 경제 체제에서의 자본주의 요소 도입
　러시아가 시장 경제 체제로의 전환을 시도함에 따라 각 경제 주체들에게 이윤 동기가 부여됨으로써 경제가 보다 활력을 갖게 되는 반면, 부익부 빈익빈 문제가 심화될 뿐만 아니라 인플레이션과 실업이 급증하게 될 가능성이 커진다.

바로잡기 ㄹ. 시장 경제의 활성화에 따라 개인의 경제 활동이 정부에 의해 규제받을 경우가 감소할 것이다.

정답 ④

02 표는 어느 나라의 외화 가득률을 나타낸 것이다. 이에 대한 적절한 추론만을 (보기)에서 있는 대로 고른 것은?

부분/연도	2000	2004	2008
제조업	69.6	64.4	62.7
자동차	74.9	72.1	72.8
선박	66.8	69.7	68.3
무선통신 방송기기	60.7	52.8	49.4
반도체	67.0	43.4	49.7

외화 가득률 = (상품 수출액 − 수입 원자재액) / 상품수출액 x 100

① ㄱ, ㄷ   ② ㄱ, ㄹ   ③ ㄴ, ㄷ   ④ ㄱ, ㄴ, ㄹ

해설 외화 가득률

외화 가득률은 외화 가득액을 상품 수출액으로 나눈 비율이므로 외화 가득률이 높을수록 부가가치가 높다. 외화 가득률이 낮을 경우 수입 원자재의 비중이 크다는 것이다. 품목별 외화 가득률이 대체로 낮아지고 있으므로 부품 및 소재 산업의 육성을 통하여 부품의 국산화를 이루어야 한다.

바로잡기 ㄷ. 2008년 현재 자동차의 수출액이 가장 많은지는 알 수 없다.

정답 ④

---

03 표는 남한이 북한으로부터 반입 반출한 품목 구조와 규모를 나타낸 것이다. 이에 대한 옳은 분석을 보기에서 고른 것은?

연도 \ 구분	거래성		비거래성	
	반입	반출	반입	반출
1999	121482	67553	122	144279
2000	152373	93724	-	179050
2001	173476	62836	2695	163951
2002	270187	72772	1389	297384
2003	284275	120869	140	333773
소계	1001793	417754	4346	1118437

* 거래성 교역 : 상업적 거래, 위탁 가공교역
* 비거래성 교역 : 대북 지원, 경수로 사업, 금강산 관광 사업 협력 사업, 기타 협력 사업 등

① ㄱ, ㄴ   ② ㄱ, ㄷ   ③ ㄴ, ㄷ   ④ ㄴ, ㄹ

해설 남북 경협

거래성 교역의 경우 반입이 증가한 것은 원료를 제공하고 북한의 값싼 노동력과 기술을 이용한 위탁 가공 교역이 증가 했기 때문이다. 비거래성 대북 반출이 급증한 것은 인도주의적 차원의 지원에 기인한다.

바로잡기 ㄱ. 원자재의 반입 증가 여부는 제시된 도표를 통해서 알 수 없다. ㄷ. 상호주의는 남한이 북한에 혜택을 준 것만큼 북한도 남한에 혜택을 주어야 하는 것을 의미한다.

정답 ④

04 그림은 2002년 7.1경제 관리 개선 조치 이후 북한의 경제 개혁 방향을 나타내고 있다 이를 토대로 한 북한 경제 체제의 특징에 대한 추론 및 분석으로 옳지 않은 것은?

목표

분배의 평균주의 해소 사회주의 분배 원칙 확립
공장 기업 소협동 농장 등 생산 단위 분권화

구체적 실행 계획

임금 및 물가 현실화
경영의 자율성 보장 확대
성과급 확대 및 능력급제 도입

경제 개혁 보완 조치

소득세와 임대료 부과
상업 광고 허용
식량 배급 제도 전면 폐지
토지 개인 임대 허용

① 시장 친화적 경향이 강화될 것이다.
② 경제 계획의 분권화가 촉진될 것이다.
③ 효율성과 형평성의 조화를 도모하고 있다.
④ 여전히 재산의 사적 소유는 인정하지 않고 있다.

해설 ▶ 북한의 경제 개혁
북한의 7·1경제 관리 개선 조치는 시장 경제적 요소를 도입함으로써 생산성을 증대시키는 데 목표를 두고 있다. 임금 및 물가를 현실화하고 상업 광고를 허용하는 것으로 보아 효율성 제고에 신경을 썼음을 알 수 있다.

바로잡기 ▶ ④ 재산의 사적 소유를 어느 정도 인정했음을 알 수 있다.
정답 ▶ ④

07 인류 공동체와 경제 협력

1 21세기 인류 공동체의 경제 문제

(1) 남북 문제 북반구의 선진국과 남반구의 후진국 사이의 경제력 및 소득 격차 ←
지식 정보의 활용 능력에 따라 소득 결정

(2) 환경 문제 성장 우선 정책으로 환경 유지와 보존이 주요 문제로 등장 → 국가
간의 협력 필요

❶ **원인** : 공업화의 영향으로 엄청난 화석 연료의 소비 수반 인구의 도시 집중 현상
자원의 대량 소모 → 수질 오염, 오존층 파괴, 지구 온난화 등

❷ **대책**

● 정부 : 환경을 오염시킨 당사자에게 세금 부과 공해 배출 행위를 일정한 기준
에 의해 규제

● 기업 , 소비자 : 자신들이 환경과 자연의 관리자라는 인식하에 환경 보호의 생
활화 노력 필요

2 경제 마찰의 현황과 해결

(1) 국가 간 경제 마찰의 심화

❶ **신보호주의** : 1973년 이후 점차 강화되어 온 국가 간 무역 제한 조치

● 배경 : 석유 파동 이후 세계 경기의 장기 침체에 따른 선진국의 실업률 증가,
신흥 공업국들의 급성장으로 인한 선진국들의 경쟁력 상실, 선진국 간의 무
역 마찰 심화

● 특징 : 국가 상품에 대해 선별적으로 취해지는 경향 → 비관세 장벽(수입 할당제),
반덤핑 관세 제도, 긴급 수입 제한 권 (safeguard)등의 조치를 취함.

❷ **경제 블록화 경향** : 경제적 상호 의존도가 높은 인접 국가들 간의 지역적 경제 통합

❸ **세계적인 무역 규범의 미비** : 국제 사회는 통일된 정부가 없으므로 결국 힘의 원리
가 지배함.

(2) 국가 간 경제 마찰의 해결 방법

❶ **사전 예방책** : 지구촌 공동체 의식과 열린 자세, 무역 행위의 준칙과 분쟁 해결의 방법 마련

❷ **사후 대책** : 당사국 사이의 대화와 타협, 국제기구를 통한 조정과 중재

3 인류 공동 번영을 향한 우리의 노력

(1) 경제적 상호 의존 관계의 심화 요인

❶ **대외 지향적 발전 전략** : 좁은 국내 시장의 극복 해외 시장 개척을 통한 수출 증대 자원보완

❷ **교통 통신 및 정보 수단의 발달** : 각 국가 간의 교류 증대

❸ **실리 추구의 무한 경쟁 체제 형성** : 사회주의 경제권의 시장 경제 체제로의 전환 세계무역기구(WTO)의 출범, 지역주의(EU, NAFTA)의 대두 → 세계주의와 지역주의의 조화가 중요

(2) 우리 경제의 국제적 위상

❶ **자유로운 경제 환경 유지에 기여** : 세계 경제와 상호 의존, 보완 관계 유지, 자유 무역 체제의 유지와 발전을 위한 노력

❷ **경제 이해관계의 중재자 역할** : 선진국과 개발도상국 간의 경제 마찰과 갈등 해소에 기여

❸ **동아시아 지역의 발전과 다른 지역과의 협력 증진** : 동아시아 지역의 경제적 중요성이 부각되고 우리 경제가 중요한 역할 담당

❹ **국제 경제 협력을 제공하는 국가로서의 역할**

- 1991년부터 한국 국제협력단 (KOICA)창설 : 최빈국을 대상으로 원조
- 국제 개발 금융 기관에 참여 : 국제 연합과 그 산하 전문 기구인 세계은행 아시아 개발 은행 등에 분담금 납부 전문 인력 파견
- 1980년대 후반에 대외 경제 협력 기금을 창설하여 지원
- 최근에는 정보 격차 해소와 관련된 지원 강화

생태주의와 기술주의

- 생태주의 : 환경 문제는 물질적 풍요를 추구하는 개발 위주의 사회, 대량 생산, 대량 소비, 대량 폐기의 사회가 더 이상 지속될 수 없고, 삶의 가치관과 생활양식과 환경 친화적인 새로운 성장 모델을 차자야 한다고 주장한다.
- 기술주의 : 환경 문제는 새로운 기술의 발전을 통해 해결해야 한다는 입장으로 지나치게 불편을 강요할 경우 오히려 환경 개선이 힘들어진다며, 생태 공학 기술 개발에 노력을 기울여 과거에 비해 절반의 자원과 에너지를 사용해 두 배의 생산성을 내면 그만큼 환경오염도 줄어들 수 있다는 것이다.

고전적 보호주의와 신보호주의의 비교

구분	고전적 보호주의	신보호주의
주체	후진국	선진국
대상	유치 산업	사양 산업
수단	관세 장벽	비관세 장벽

근래의 신보호주의 경향

세계적인 경기 침체로 말미암아 신보호주의의 경향이 강화되고 있다. 반덤핑 제소, 긴급 수입 제한 조치(safeguard)등을 통해 수입을 제한하고 상대국에 대해서는 시장 개방을 요구한다.

경제 통합의 유형과 특징

유형	특징	기구
자유무역협정	가맹국 사이의 관세가 완전히 철폐되어 자유 무역 실현	NAFTA
관세동맹	가맹국들이 비가맹국에게도 공통적인 관세 정책을 펴는 단계	CACM
공동시장	생산요소가 자유롭게 이동하는 단계	MERCOSUR
경제동맹	가맹국끼리 재정 금융 정책까지 상호 협조하게 되는 단계	EU

심화 학습 　자료특강 뉴 라운드

구분	주요 내용
무역과 환경 (Green Round)	무역과 환경을 연결하는 국제 규범
무역과 노동 (Blue Round)	노조 활동 제한 노동 시간 등 핵심 근로 조건과 무역의 연계 장치 마련
무역과 기술 (Technology Round)	가격 경쟁에 영향을 주는 연구 개발에 대한 각국 정부의 보조금 규제
무역과 경쟁 정책 (Competition Round)	반경쟁적 기업 관행 등 각종 경쟁 제한 요소의 철폐와 경쟁 조건의 형평성 보장

무역과 투자 (Investment Round)	외국인 투자 자유화 및 외국인 투자보호 등 공정한 국제 투자 여건 창출
무역과 부패 관행 (Corruption Round)	공정한 경쟁을 왜곡하는 각국 정부와 기업의 부패 제도 및 관행 제거
무역과 전자 상거래 (E-business Round)	전자 상거래의 내용 및 내국세 부과 여부의 국제 거래 시 무관세 적용 여부

🔖 **자료해설** : 2001 년 카타르 도하에서 열린 제 4차 WTO각료 회의에서 합의된 새로운 다자간 무역 협상으로 우루과이 라운드의 후속 조치의 성격을 가진다. 정식 명칭은 도하 개발 아젠다 이다. 자유 무역의 걸림돌이 되고 있는 모든 문제들을 포괄적으로 다루어 해결하는 것이 뉴 라운드의 목표이다. 주요 의제로는 환경 근로 조건 기술 경쟁조선 부패 관행 전자상거래 등이 있으며 이를 무역 거래에 연계 하려는 다자간 협상이다.

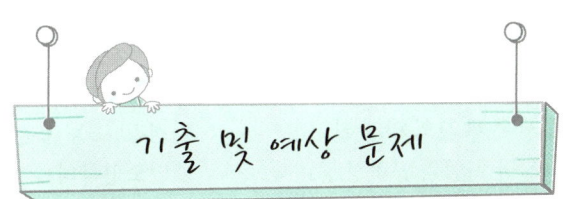

01 표를 바탕으로 앞으로의 사회 경제적 변화에 대한 추론으로 옳지 않은 것은?

구분	1차 농업 혁명	2차 산업 혁명	3차 정보 혁명
사회 형태	농업사회	산업사회	정보 사회
변화 동인	생산도구	기계, 엔진	디지털 기술
변화 속도	정체	점진적	빛의 속도
변화 주도	토지, 노동	자본, 자원, 에너지	지식, 정보, 기술
통제 구조	혈연	수직적	수평적
중심 산업	농업	제조업	정보/서비스업

① 지식을 기반으로 한 경제로 전환될 것이다.

② 제조업과 서비스업의 분리가 가속화될 것이다.

③ 아웃소싱 및 전략적 제휴가 확대될 것이다.

④ 정보 격차에 따라 계층 간 소득 분배의 차이가 확대될 것이다.

해 설 사회 · 경제적 변화

아웃소싱이란 자사 정보 시스템의 운용 관리, 보수 유지 등을 컴퓨터 제조업체 또는 소프트웨어 개발 회사 등에 위탁하는 것을 의미한다. 전략적 제휴는 기업 간 경쟁에서 살아남기 위해서 타사와 제휴하여 그 외의 다른 기업들과 경쟁하는 기업 제휴를 말한다. 정보화 사회에서는 정보의 활용 능력에 따라 소득이 결정되므로 계층 간 소득 격차 및 남북 문제가 심화될 우려가 있다.

바로잡기 ② 정보화가 진행됨에 따라 제조업과 서비스업의 융합이 가속화 될 것이다.

정 답 ②

02 다음 글과 같은 현상에 대해 찬성하는 근거와 반대하는 근거를 제시하라는 교사의 과제를 옳게 수행한 학생은?

> 국가 간에 존재하던 인적 물적 장벽이 허물어지면서 세계가 하나의 거대한 시장으로 통합되고 있다. 이에 따라 상품 자본 기술 정보 등이 국경을 넘어 자유롭게 이동하고 있으며 세계 어느 한 부분에서 발생한 경제적 사건이나 활동이 지구의 다른 지역에까지 빠르게 전해져 큰 영향을 주기도 한다. 이렇듯 우리들의 경제적 삶의 공간은 개별 국가의 국경을 넘어서 전 지구로 확대 되어 가고 있다.

학생	찬성론의 근거	반대론의 근거
갑	국가 간 빈부 격차 확대	국가 간 상호 이익 증대
을	경제 주체 간의 경쟁 완화	환경 및 노동 조건의 약화
병	선진국 기업의 공익성 증대	개발도상국의 소비자 주권의 강화
정	준비된 개발도상국의 성장 기회 확대	개발도상국에 대한 선진국의 경제 통제 강화
무	개발도상국 노동자들의 인권 침해 증가	개발도상국의 경제적 번영에 따른 민주주의의 발전

① 갑　　　　② 을　　　　③ 병　　　　④ 정

해설 세계화에 대한 찬반론

제시문은 세계화, 특히 경제의 세계화라는 현상에 대해 언급하고 있다. ④ 세계화에 대해 찬성하는 자들은 세계화에 의해 국가 간 상호 이익이 증대되고 자유 경쟁을 통해 개발도상국의 성장 기회가 확대된다고 주장한다. 이에 비해 세계화에 대해 반대하는 자들은, 즉 반(反)세계화론자들은 국가 간의 빈부 격차 확대, 선진국에 의한 개발도상국의 경제 통제 등의 부작용에 주목한다.

바로잡기 ① 국가 간 빈부 격차 확대, 개발도상국 노동자들의 인권 침해 증가는 반(反)세계화론의 근거이고, 국가 간 상호 이익 증대, 개발도상국의 경제적 번영에 따른 민주주의 발전은 세계화 찬성론의 근거이다. 따라서 왼쪽과 오른쪽 항목이 서로 바뀌어야 옳다. ② 오른쪽 항목은 옳으나, 왼쪽 항목이 옳지 않다. 세계화에 따라 경제 주체 간의 경쟁은 심화됨에 유의한다. ③ 왼쪽 항목은 옳으나, 오른쪽 항목은 옳지 않다.

정답 ④

03

다음 글은 뉴 라운드 중 환경 라운드에 대한 각국의 대책이다. 이에 대한 옳은 분석을 보기에서 고른 것은?

> 미국의 경우 유해 가스 방지 장치의 장착과 저공해 휘발유 생산 등을 의무화 하는 동시에 자동차 배기가스 배출 기준을 대폭 강화하는 방향으로 나가고 있다. 유럽 연합의 경우도 대기 오염 물질의 배출을 줄이기 위한 환경 기준을 강화하는 동시에 환경세를 도입하고 있다. 또한 EU환경 기준에 미달하는 국가에 대해서는 그 나라에서 생산된 상품의 수입을 일방적으로 규제하거나 수출국에게 포장지 등을 회수하게 하는 것을 의무화 하고 있다.

> **보기**
> ㄱ. 무역과 환경을 연계 하려고 한다.
> ㄴ. 경쟁력이 없는 자국 산업을 보호하기 위한 것이다.
> ㄷ. 환경 보전의 명목상 목적과 현실적 목적이 일치한다.
> ㄹ. 환경 기준이 낮은 나라의 저렴한 제품에 대한 시장 접근 기회를 제한하려고 한다.

① ㄱ, ㄴ　　　　② ㄱ, ㄹ　　　　③ ㄴ, ㄷ　　　　④ ㄴ, ㄹ

해설 환경 라운드

환경 라운드는 무역과 환경을 연계하여 단순히 환경 보전에 그치는 것이 아니라 환경 기준이 낮은 개발도상국에 대한 무역 제재의 성격이 강한 규약이다.

바로잡기 ㄴ. 경쟁력이 없는 자국 산업을 보호하기 위한 것은 보호 무역 제도이다. 선진국의 경우 환경 부문은 상대적으로 후진국에 비해 경쟁력이 크다. ㄷ. 환경 보전의 명목상 목적과 현실적 목적이 일치하지 않는다. 환경 보전의 명목상 목적은 환경 보전 그 자체에 있지만, 현실적으로는 환경 기준이 낮은 나라의 저렴한 제품에 대한 시장 접근 기회를 제한하고자 하는 의도가 있다.

정답 ②

경제생활과 금융

1 화폐와 금융제도

1. 화폐와 이자율

1) 화폐

(1) 화폐의 의미

❶ **화폐** : 화폐란 사람들이 재화와 서비스를 거래하는 데 통상적으로 사용되는 몇 가지 자산을 말한다.

❷ **통화** : 돈뿐만 아니라 예금 등의 지불 수단을 포함하는 개념이다.

> **통화(通货, currency)**
> 통화란 거래에서 자급 수단·유통 수단으로서의 기능을 지닌 은행권과 정부 발행의 지폐 및 주화를 말한다. 오늘날 실제로 유통되고 있는 통화에는 은행권과 보조 화폐로 이루어지는 현금 통화와 당좌 예금 및 이에 준하는 요구를 예금으로 구성되는 예금 통화가 포함된다.

(2) 화폐의 발달

❶ **화폐의 발달 단계** : 물품 화폐 -금속 화폐·종이 화폐(지폐) – 신용 화폐 – 대용 화폐(전자화폐)

❷ **물품 화폐** : 옛날 물물 교환 경제에서는 조개, 곡물, 피혁, 가축 등이 화폐로서 사용되었다.

❸ **금속 화폐** : 금괴, 사금 등과 같이 귀금속 자체(칭량 화폐) 또는 금화 - 은화와 같이 귀 금속으로 주조된 화폐 (주조 화폐) 이다.

❹ **지폐** : 소재 가치와는 관계없는 화폐를 명목 화폐, 표식 화폐, 또는 기호 화폐라고 하 는데 이런 화폐 중 가장 전형적인 것은 지폐이다. 지폐는 그 자체가 가치를 가지고 있 기 때문에 화폐가 된 것이 아니라, 국가 법률의 권위를 배경으로

또는 역사적 관습이 그대로 사회적 신임을 받게 되어 교환의 도구로서 통용되게 된 것이다.

❺ **신용 화폐** : 이것은 본래의 화폐, 예컨대 금의 지불을 약속하는 채무 증서이고 화폐의 대용물이다. 이것은 기본적으로 지불 수단으로서의 화폐의 기능에서 생긴 것이며, 단순한 상품 유통하의 상업 신용에 기인하여 생긴 상업 어음이 최초의 신용화폐이다.

❻ **전자 화폐** : 전자 형태로 화폐 가치를 저장하여 결제와 교환이 가능하게 한 것으로 사이버 머니나 플라스틱 카드를 말한다.

　㉠ IC 카드형 : 플라스틱 카드에 1C 칩을 부착하여 화폐 가치를 저장한 것

　㉡ 네트워크형 : 인터넷상에서 네트워크를 통해 물품이나 콘텐츠의 대금을 지불하는 것

> **전자화폐 (Electronic Cash)**
>
> 　전자 화폐는 지급 결제의 수단으로 화폐 대신에 기존의 화폐가 가지는 성질을 전자적인 정보로서 변환시킨 것이다. 전자화폐는 지금의 주화나 지폐를 대체하는 일종의 현금으로, 주로 소액 거래가 그 목적이다.
>
> 　전자 화폐는 그 운용 방식에 따라 PC의 하드 디스크에 저장해 사용하는 '네트워크형'과 칩 카드에 가치를 저장해 사용하는 'IC카드형'(칩 카드, 스마트 카드, 인텔리전트 카드)으로 나뉜다.
>
> - 네트워크형 전자 화폐 : 이는 PC에 그 가치를 저장, 온라인 지불을 가능하게 하는 것으로 고객이 거래 은행의 계좌에서 인터넷 안에 설치된 전자 화폐에서 계좌로 일정 금액을 이체한 뒤 물건을 구입할 때마다 대금을 판매자의 계좌로 이체하는 방식이다.
> - IC 카드형 전자 화폐 : 이는 반도체칩이 내장도니 카드에 현금을 이체 받아 휴대하고 있다가 상거래가 발생할 때마다 컴퓨터나 카드 인식기에 넣어 결제하는 방법이다. 인터넷에서는 물론이고 IC카드를 판독할 수 있는 장치가 잇는 소매점에서도 대금을 지불할 수 있고, 개인 간에도 가치를 교환할 수 있다. 후불 방식의 신용 카드와는 달리 금융 기관 등에 돈을 미리 예치해 놓은 뒤 해단 금액 한도에서 사용할 수 있는 일종의 선불 카드이다.

(3) 화폐의 기능

❶ **본원적 기능**

　㉠ 교환의 수단 : 재화 또는 용역과의 교환 수단으로 사용된다.

　㉡ 지불 수단 : 채무 등 거래의 지불 수단으로 사용된다.

② **파생적 기능**

　㉠ 가치 척도 기능 : 각 재화와 서비스의 가치를 화폐 단위로 측정할 수 있도록 한다.

　㉡ 가치 저장 기능 : 미래와 예측하지 못한 사태를 대비하여 가치를 저장해 두는 기능을 한다.

2) 이자와 이자율

(1) 이자와 이자율의 개념

① **이자** : 일정 기간 동안 돈을 빌려 쓴 것에 대한 대가가 이자이다.

② **이자율** : 원금에 대한 이자의 비율을 이자율이라고 한다.

(2) 이자의 계산

① **단리** : 단순히 원금에 대한 이자를 계산하는 방법이다,

② **복리** : 단순히 원금에 대한 이자뿐만이 아니라 이자에 대한 이자를 고려해 계산하는 방법이다.

(3) 이자율의 구분

① **명목 이자율** : 물가 상승이나 물가 하락을 고려하지 않은 이자율이 명목 이자율이다.

② **실질 이자율** : 물가 변동을 고려한 이자율이 실질 이자율이다.

③ **명목 이자율과 실질 이자율의 관계** : 실질 이자율= 명목 이자율-물가상승률

④ 이자 소득의 실질 가치(이자 소득의 구매력)는 실질 이자율에 의존하기 때문에 물가 상승률이 낮을수록 커지고, 물가 상승률이 높을수록 작아진다.

> **72의 법칙**
>
> 복리식 금리를 적용하는 적금이 있을 때 원금이 2배가 되는 기간의 산출 방법이 72의 법칙이다. 72를 복리 기준의 금리로 나누어 원금이 2배가 되는데 소요되는 대략적 기간을 산출할 수 있다. 예를 들어, 복리로 8%의 이자를 받는 경우 원금이 2배가 되는데 소요되는 기간은 72를 8로 나누어 9년이 걸린다. 반대로 일정한 기간에 원금의 2배를 만들기 위해서는 얼마의 이자율이 사용되어야 하는지도 구할 수 있다. 9년 동안 원금을 2배로 만들기 위해서는 8%의 복리 이자율이 적용되어야 한다.

2. 금융 생활의 이해

1) 금융과 금융거래

(1) **금융** : 다른 사람에게 돈을 빌리거나 돈을 빌려주는 행위로서 자금의 융통을 말한다.

(2) **금융 거래의 기능**

❶ 지출의 변동을 줄임으로써 가계의 살림이나 기업의 경영을 안정화하는 기능이 있다.

❷ 인적·물적 자본에 대한 투자 확대를 가능하게 하여 개인적으로는 소득 증대의 기회를 제공하며, 기업에게는 생산성 향상의 기회를 제공한다.

> **금융(finance)**
> 금융이란 이자를 받고 자금을 융통하여 주는 것을 말한다. 즉. 일정 기간을 정하고 앞으로 있을 원금 상환과 이자 변제에 대해 상대방을 신용하여 자금을 이전하는 것을 말한다. 금융은 약속된 상환 기간의 장, 단에 따라서 단기 금융과 장기 금융으로 분류된다. 주로 전자는 운전 자금의 대차를, 후자는 설비 자금의 대차를 기리키는데, 이 구별은 반드시 엄밀한 것이라고는 할 수 없다. 실제로는 보통 6개월 이내의 상환 계약에 의한 것을 단기라 하고 1 년 이상의 것을 장기라 부르고 있다. 또 6개월에서 1년까지의 것을 중기 금이라고 하는 경우도 있다.

❸ 기업은 대규모 투자를 금융 거래를 통해 추진할 수가 있다.

(3) **금융 활동의 필요성**

❶ 수입이 발생하는 시기와 돈을 지출해야 할 시기가 불일치하므로 금융 활동이 필요하 며, 수입과 지출의 발생이 불규칙할수록 금융 활동의 필요성은 더 커지게 된다.

❷ 금융은 가처분 소득(소득 중에서 세금을 납부하고 남은 소득)을 현재와 미래 사이에 어 떻게 배분할 것인지를 선택하는 것이다. 즉, 가처분 소득 중에서 현재에 배분되는 소득 은 현재의 소비를 위한 것이고, 그 나머지인 저축은 미래의 소비를 위하여 남겨둔 소득 이다.

❸ 투자는 저축한 자금의 실질 구매력이 하락하지 않도록 다양한 실물 자산이나

금융 상품을 매매하는 것이고, 부채는 음(−)의 저축으로서 미래에 소비할 부분을 미리 당겨 쓰는 것이 된다.

2) 금융 제도

(1) 의미 : 금융 거래가 이루어지는 방식과 제반 규칙을 금융 제도라고 한다.

(2) 구성 : 금융 제도는 금융 시장과 금융 기관으로 구성된다.

(3) 금융 시장 : 자금의 수요자와 공급자 사이에 금융 거래가 조직적으로 이루어지는 장소(구체적 공간 + 추상적 공간)로서의 금융 시장은 자금의 수요자와 공급자를 중개해 주는 역할을 한다.

❶ 직접 금융은 자금을 마련하는 과정에서 금융 기관의 개입 없이 주식이나 사채를 발행함 으로써 투자자로부터 직접 자금을 조달하는 것을 말한다.

❷ 간접 금융은 금융 기관이 일반으로부터 흡수된 예금을 차입하는 방법으로 자금올 마련 하는 것을 말한다.

📁 **직접 금융 시장** : 자금 공급자와 자금 수요자가 직접 거래를 하는 금융 시장

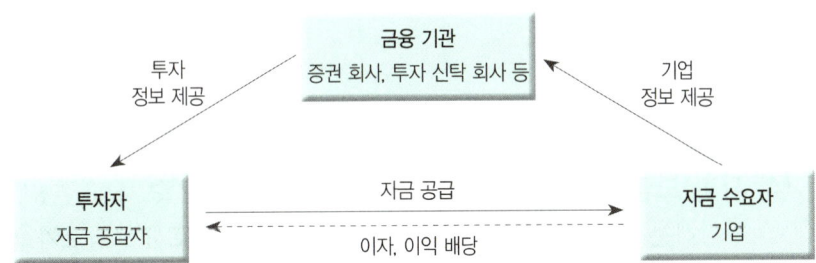

📁 **간접 금융 시장** : 금융 기관이 자금 공급자와 자금 수요자 사이에서 중개하는 시장

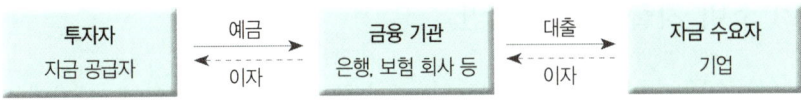

(4) 금융 기관

❶ **의미** : 금융 기관이란 자금을 조달하고 공급하는 금융 거래를 중개하거나, 금융 중개 활동을 원활하게 촉진하는 보조적 금융 활동을 수행하는 기관이다.

❷ **기능** : 금융 기관은 자금의 수요자와 공급자를 연결하여 돈의 흐름을 원활하게 이루어 지게하며, 금융 거래에 수반되는 거래 비용을 낮춤으로써 경제 전체의 효율성을 높이 는 역할을 한다.

❸ **종류** : 은행, 비은행 예금 취급 기관, 보험 회사, 금융 투자 회사, 기타 금융 기관, 금융 보조기관

3. 현재와 미래의 수입과 지출

1) 소득과 수입에 영향을 미치는 요인

(1) 직업

❶ 직업은 현재와 미래의 수입에 가장큰 영향을 미친다.

❷ **직업 선택 시 고려 사항** : 수입의 크기, 자신의 소질이나 적성, 사회적 인식 등을 고려 해야한다.

❸ 일반적으로 수입의 크기가 직업 선택의 가장 중요한 요인으로서, 직업은 현재의 수입 뿐만 아니라 미래 수입의 크기도 결정하는 중요 요인이 된다.

(2) 학력 및 경력 : 일반적으로 학력이 높을수록 전문 직종에 종사할수록 경력이 많을수록 수입이 많다.

(3) 세금 : 세율이 높아지면 개인이나 가계가 얻는 수입 자체가 감소한다.

(4) 사회 보험료 : 의료, 실업, 노후 보장 등을 목적으로 사회 구성원들이 공동으로 부담하는 건강 보험료나 국민 연금 등과 같은 것으로서 보험료가 많아지면 수입이 줄어든다.

2) 소비 지출의 결정요인

(1) 소득 : 일반적으로 소득이 높을수록 소비도 많아지는데, 여기서 소득이란 현재의 소득이 아니라 미래에 예상되는 소득까지 고려한 평균적인 소득이다.

(2) 이자율

❶ 다른 상황이 일정할 때, 이자율이 올라가면 가계의 소비는 줄어들고 저축이 늘

어난다. 왜냐하면 이자율은 소비의 기회비용이기 때문이다.

❷ 이자율의 상승은 기업의 투자 지출에도 영향을 미친다.

❸ 정부는 경기가 침체될 때에는 이자율을 낮추어 가계의 소비와 기업의 투자를 장려하고, 경기가 과열될 때에는 이자율을 높여 경기를 진정시키는 정책을 사용하게 된다.

(3) 개인의 자산과 부(富)

❶ 일반적으로 자산이나 부가 많으면 소득이 높아진다.

❷ 주식, 부동산 등의 자산 가치가 상승하면 소비가 증가하는 경향이 있다.

(4) 저축

❶ 미래의 불확실성이 커질수록 현재의 소비를 선호하게 되고, 저축을 하는 것에 대해 더 많은 이자를 요구하게 된다.

❷ 사람들은 미래를 대비하기 위하여 현재의 소비를 줄이고 저축을 늘리는 경향이 있다.

3) 현재의 수입과 미래의 지출

(1) 현재 수입의 불안정성

❶ 미래의 불확실성 때문에 현재 수입이 미래에도 지속된다는 보장은 없다.

❷ 현명한 경제생활을 위해서는 항상 미래에 대비하는 자세가 필요하다.

(2) 저축의 중요성

❶ 저축은 미래의 지출을 현재에 준비하는 것이다.

❷ 저축은 소득중에서 소비하지 않은 부분이다.

❸ 불확실한 미래에 대비하기 위해서는 일정한 액수를 먼저 저축한 후에 나머지를 소비하는 저축 계획이 필요하다.

(3) 소비와 저축의 관계

❶ 소비와 저축은 반비례 관계에 있다.

❷ **가계부의 수입 항목** : 현재의 수입만을 기재한다.

❸ **가계부의 지출 항목** : 현재의 지출과 미래의 지출을 함께 기재한다. 미래를 위한 지출 이 바로 저축이기 때문이다.

4) 가계의 수입과 지출의 구성

(1) 가계 수입의 구성

❶ **가계 수입** = 소득(= 경상 소득 + 비경상 소득) + 기타 수입

❷ **경상 소득** : 항상 일정하게 정상적으로 발생하는 소득이다.

근로 소득	노동을 대가로 받는 소득	월급, 연봉, 성과급 등
재산 소득	자본이나 토지 등의 재산을 활용하여 얻는 소득	이자, 배당금, 임대료 등
사업 소득	사업이나 부업을 통해서 얻는 소득	이윤 등
이전 소득	생산 활동에 참여하지 않고 무상으로 얻는 소득	연금, 지원금, 실업 수당 등

❸ **비경상 소득** : 경조금, 퇴직금 및 연금 일시금 등과같이 일정하지 않고 일시적으로 발 생하는 소득을 말한다.

❹ **기타 수입** : 자산변동으로 인한 수입과 부채 증가로 인한 수입 등이 있다.

  ㉠ 자산 변동으로 인한 수입 : 미리 저축한 돈을 인출하거나 보험금을 수령한 경우, 증 권을 판 경우 등

  ㉡ 부채 증가로 인한 수입 : 차입금이나 빌린 돈으로 인한 수입

(2) 가계 지출의 구성

❶ **가계의 지출** = 가계 지출(= 소비 지출 + 비소비 지출) + 기타 지출

❷ **소비 지출** : 생계 및 생활을 위해 필요한 재화와 서비스를 구입하는 대가로 지출하는 비용을 말하며, 식료품 및 비주류 음료, 주류 및 담배, 의류 및 신발, 주거 및 수도 광열, 가정용품 및 가사 서비스, 보건, 교통, 통신, 오락, 문화, 교육, 음식 · 숙박, 기타 상품 및 서비스의 12개 항목으로 분류된다.

❸ **비소비 지출** : 비소비 지출은 법 또는 제도에 의한 의무적 지출로서 소득세, 재산세 등 의 조세와 기여금, 국민 연금, 건강 보험료, 대출 이자 등이 포함된다.

❹ **기타 지출** : 자산 변동으로 말미암은 지출과 부채 감소를 위한 지출을 말한다.
　　ⓐ 자산 변동으로 인한 지출 : 저축이나 부동산 구입비 등
　　ⓑ 부채 감소로 인한 지출 : 대출 상환금 등

2 자산과 신용관리

1. 자산과 부채

여기에서는 자산의 의미와 분류, 금융 자산의 특징, 금융 부채 등이 출제 가능성이 높은 소재들이다. 따라서 이들 소재에 대해서는 폭넓게 학습해 두는 것이 좋다.

1) 자산과 금융자산

(1) 자산 : 자산이란 개인이나 가계 또는 기 업 이 보유하고 있는 재산을 말한다.

(2) 자산의 분류

구분 기준	명칭		사례
자산과 외형에 따라	유형 자산	일정한 형체가 있음	토지, 주택
	무형 자산	일정한 형체가 없음	지적 재산권
가치 표시 방식에 따라	금융 자산	실물의 형태로 존재	예금, 채권
	실물 자산	실물의 형태로 존재	부동산
자산 가치의 변동 여부에 따라	불변 자산	가치가 고정되어 있음	청구권
	가변 자산	가치가 고정되지 않음	주식, 금

(3) 금융 자산 : 금융 거래를 통해 생겨난 자산

❶ 금융 자산을 통해 얻을 수 있는 이 자 수입은 자산을 증가시키는 요인이 된다.
❷ 이자 수입은 대부 기간, 입금 및 출금의 자유로움, 빌린 사람의 신용이나 담보의 유무 등에 따라 달라진다.

2) 부채와 금융 부채

(1) 부채 : 부채란 재화나 용역의 차입을 전제로 부담한 금전상의 상환 의무를 말한다.

(2) 부채의 종류에 따른 의무

❶ 물건 값을 먼저 받은 사람은 상품을 인도해 주어야 할 의무가 있다.

❷ 외상으로 물건을 구입한 사람은 물품의 대금을 갚아야 할 의무가 있다.

❸ 돈을 빌린 사람은 원금과 이자를 갚아야 할 의무가 있다.

(3) 금융 부채 : 다른 사람들이나 금융 기관에서 빌린 돈이 곧 금융 부채이다.

❶ 금융 부채는 자신의 돈이 아니므로 약속한 날짜까지 갚아야 하고 빌려서 사용한 대가 로 이자도 지급해야 한다.

❷ 돈을 빌릴 때에는 빌린 돈을 통해 얻을 수 있는 편익과 빌린 대가로 지불해야 하는 비 용인 이자를 비교 분석하는 것이 필요하다.

❸ 돈을 빌려서 얻을 수 있는 이익이 지급해야 하는 이자보다 클 경우에만 합리적 선택이 된다. 이익보다 이자가 더 크면 빨리 돈을 갚아야 한다.

❹ 한 번 발생한 부채는 그에 따른 의무를 이행하거나 탕감을 받기 전까지는 사라지지 않기 때문에 채무자의 경제 활동을 제약하는 요인으로 작용하게 된다.

❺ 부채가 따르는 경제 활동을 할 때에는 반드시 구체적인 의무 이행 계획을 세운 뒤에 신중하게 결정해야 한다.

2. 금융 상품과 자산관리

이 단원은 매우 출제 가능성이 높은 학습 주제들이 많다. 즉. 금융 상품의 종류와 특징, 자산 관리의 필요성과 원 칙, 포트폴리오 등의 주제는 실제 사례와 관련되어 출제될 수 있으므로 관련 내용들을 폭넓게 학습해 두어야 한다.

1) 금융상품의 종류

(1) 예금과 적금

❶ **요구불 예금** : 입출금이 자유로운 예금으로, 은행은 고객이 요구하면 언제라도 지불해 야 하며 이자가 적다. 개인이 많이 이용하는 보통 예금과 기업이 주로 이용하는 당좌 예 금 등이 있다.

❷ **저축성 예금** : 주된 목적은 이자 수입 이다. 정기 예금과 정기 적금 등이 있다.

- ㉠ 정기 예금 : 일정 금액의 돈을 계약 기간 동안 예치해서 계약 이자율을 받는 것으로 목돈을 운용하는 것을 목적으로 하는 금융 상품이다.
- ㉡ 정기 적금 : 계약 금액을 계약 기간 동안 매달 납입해서 계약 이자율을 받는 것으로 목돈을 마련하기 위한 목적으로 만든 금융 상품이다.
- ㉢ 주택 청약 종합 저축 : 보통 가입하고 일정 기간이 지나면 아파트를 분양받을 수 있는 자격을 주고 있다.
- ㉣ 장기 주택 마련 저축 : 이자 소득에 대하여 과세하지 않고, 일정 요건을 충족하는 경 우 주택 구입 자금을 장기로 대출해 주고 있다.

(2) 주식

❶ 주식은 주식회사가 발행한 출자자(주주)의 지분을 말한다.

❷ 기업은 대규모의 자금을 장기간 필요로 하기 때문에 다수의 사람들에게 주식을 발행하여 자금을 조달한다.

❸ 주식을 소유한 사람은 주주가 되어 기업의 운영 및 이익 배당 등에 대해 주주로서의 권 리를 행사할 수 있다.

❹ 주식에 대한 직접 투자와 간접 투자의 비교

구분	직접 투자	간접 투자
운용 주체	투자자 본인	자산 운용 전문 기관
장점	– 투자에 관련된 모든 권한 보유 – 고수익 가능	전문 펀드 매니저 운용 분산 투자
단점	종목 선정, 매매 등 운용의 어려움	만기 전 판매시 불이익 가능성

(3) 채권

❶ 채권은 정부, 지방 자치 단체 및 주식회사 등이 다수의 사람들로부터 직접 자금을 조달 하기 위하여 발행하는 일종의 차용증서이다.

❷ 채권을 발행한 기관은 채권 만기 일에 채권 금액을 이자와 함께 갚아야 한다.

❸ 채권은 만기 전이라도 매매를 통해 투자 금액을 회수할 수 있기 때문에 비교적 유동성 이 높은 유가 증권이다.

❹ **채권의 종류** : 발행 주체에 따라 국채(정부), 지방채(지방 자치 단체), 금융채(금융 기관), 회사채(주식회사) 등으로 구분한다.

주식과 채권의 비교

구분	주식	채권
발행자	주식 회사	정부, 지방 자치 단체, 특수 법인, 주식회사
자본 조달 방법	저가 자본	타인 자본
증권 소유자의 지위	주주	채권자
권리	의결권, 배당금 수취	채권단체 참여, 확정 이자 수취
증권의 존속 기간	무기한	기한부
현금 상황	없음	만기 시
보수	배당금	이자

(4) 펀드(수익 증권)

❶ **펀드의 의미** : 펀드는 수익 증권으로서 다수의 투자자에게서 모은 자금을 전문적인 운용 기관이 주식이나 채권 등의 유가 증권에 투자하여 그 수익을 투자자들에게 분배하는 간접 투자 상품을 말한다.

❷ **펀드의 장점** : 분산 투자를 통해 투자 위험을 낮출 수가 있다.

❸ **펀드의 유형** : 유가 증권의 편입 비율에 따라 주식형, 채권형, 혼합형으로 나누며, 기타 특수한 펀드가 있다.

㉠ 주식형 펀드 : 모은 기금을 주식에 주로 운용하는 펀드

㉡ 채권형 펀드 : 모은 기금을 채권에 주로 운용하는 펀드

㉢ 혼합형 펀드 : 모은 기금을 주식과 채권을 혼합하여 운용하는 펀드

㉣ 기타 특수형 펀드 : 최근에는 주식이나 채권 외에도 곡물이나 원자재, 금등 다양한 상품을 대상으로 하는 펀드들이 운용되고 있음

2) 수익 증권

수익 증권이란 원금 또는 신탁 재산의 운용에서 발생하는 이익을 분배받을 권리를 표시한 유가 증권을 말하며, 증권·투자 신탁법에 따라 위탁자가 발행하논 수익 증권과 신탁업법에 따라 신탁·회사가 발행하는 수의 증권으로 나눌 수 있다. 증권으로서의 수익 증권의 특징은 그것이 본원적(대출 자금의 최종적인 사용자가 발행하는 증권)이

아니라 2차적 증권(금융적 투자를 위한 자금을 조달하기 위해 발행되는 증권)이라는 것이다. 따라서 수익 증권의 투자 특성은 그 발행 주체가 어떠한 금융적 투자를 행하는가에 따라 결정된다. 구체적으로는 주식 투자를 중심으로 하는 증권 투자·신탁의 수익 증권은 주식과 유사한 특성을 지니며 채권 투자를 주로 히는 증권 투자 신탁 및 대부 신탁 수익 증권은 채권과 유사한 투자 특성을 지닌다.

(5) 보험

- ❶ **의미** : 사고가 발생하여 보험가입자가 손해를 입으면 보험 회사가 보험금을 지불하는 상품이다.
- ❷ **기능** : 위험에 대한 보상이라는 기능 외에 금융 상품으로서의 기능도 가지고 있다. 특히 저축의 성격을 가진 저축성 보험은 금융 상품으로서의 기능도 있으며 변액 보험이 대표적이다.
- ❸ **변액 보험** : 보험 계약자가 납입하는 보험료 가운데 사업비와 위험 보험료를 제외한 적 립 보험료를 따로 분리해 수익성이 높은 유가증권에 투자한 뒤, 운용 실적에 따라 투 자 성과를 계약자에게 나누어 주는 실적 배당형 보험 상품이다.

3) 자산관리

(1) 자산 관리의 의미

- ❶ 의미 : 자기 자본이나 부채를 활용하여 투자할 때 어떤 자산을 얼마나 구입하고 언제 처분할 것인지를 합리적으로 선택하는 과정을 자산 관리라고 한다.
  - ㉠ 좁은 의미 : 저축이나 투자 등을 통한 금융 자산의 관리를 말한다.
  - ㉡ 넓은 의미 : 개인의 모든 재산을 관리하는 것을 말한다.

(2) 자산 관리의 필요성

- ❶ **평균 수명의 증가** : 길어진 노후를 준비하기 위한 충분한 자산의 확보가 필요하다.
- ❷ 최근에는 인플레이션과 저금리 추세가 지속되면서 저축 수단만으로는 자산을 충분히 확보할 수 없기 때문에 자산 관리가 중요하다.
- ❸ 금융 자산은 실물 자산보다는 소액 투자, 간접 투자, 분산 투자 등이 용이하며, 현금으 로 전환이 용이하여 자산관리의 주요 대상이 된다.

(3) 투자의 의미와 유형

❶ **투자의 의미** : 자신이 저축한 자금을 증식시키기 위해 다양한 형태의 자산을 구입하는 것이 투자이다.

❷ **투자의 유형**

㉠ 금융 자산의 구입 사례 : 여유 자금을 은행에 예금하거나 펀드에 가입하는 것

㉡ 실물 자산의 구입 사례 : 부동산이나 주택을 구입하는 것

(4) 자산 관리의 위험

❶ **채무 불이행의 위험** : 거래 상대방이나 채무자가 계약상 지급해야 할 책임의 전부 또 는 일부를 이행하지 않을 위험이다.

❷ **시장 가격 변동의 위험** : 자신이 구입한 금융 상품의 가격이 하락할 위험으로서 매일 시세가 변하는 채권, 외환 등과 같은 상품에서 주로 발생한다.

❸ **유동성의 위험** : 자산의 유동성(현금성)이 낮아 현금화하기 어려울 때 발생하는 위험으로 자산을 단기간 내에 처분하지 못할 때 발생한다.

❹ **인플레이션의 위험** : 물가가상#할 때 자신이 보유하고 있는 자산의 가치가 하락할 위 험이다.

(5) 자산 관리의 원칙

❶ **안전성의 원칙**

㉠ 안전성 : 금융 상품의 원금과 이자가 보전될 수 있는 정도로서 자신이 투자한 금융 자산이 얼마나 안전한 형태로 존재하는지, 그리고 자산의 가치가 얼마나 안전하게 보호될 수 있는지를 의미한다.

㉡ 주식 투자보다는 은행 예금이 안전성이 높고, 국채는 회사채보다 안전성이 높고, 신 용도가 높은 기업의 채권은 신용도가 낮은 기업의 채권보다 안전하다.

❷ **수익성의 원칙**

㉠ 수익성 : 보유 자산으로부터 얼마나 많은 수익이 발생하는가를 나타내는 지표로서 금융 상품의 가격 상승이나 이자 수익을 기대할 수 있는 정도를 말한다.

㉡ 채권은 은행 예금보다 수익성이 높고, 대체로 주식이나 펀드는 채권보다 수익성이 높다.

㉢ 안전성과 수익성의 상충 관계 : 수익성이 높으면 안전성은 낮고, 안전성이 높으

면 수익성은 낮은 것이 일반적이며, '고수익 고위험, 저수익 저위험'의 관계가 성립한 다.

❸ **유동성의 원칙**

  ㉠ 유동성 : 환금성이라고도 하며 이는 보유 자산을 현금으로 쉽게 바꿀 수 있는지를 나타낸다.

  ㉡ 현금 > 은행 예금(보통 예금>정기 예금) > 주식이나 채권 > 실물 자산의 순으로 유동성이 달라진다.

❹ **기타 자산 관리의 고려 사항**

  ㉠ 인플레이션의 영향 : 물가 상승률이 높을수록 투자의 실질 수익률은 하락하므로 인 플레이션 시기에는 장기보다는 단기 투자 상품이 더 유리하다.

  ㉡ 세금 : 이자 소득에 세금이 부과되지 않는 예금의 실질 수익률은 일반 예금에 비해 더 높다.

(6) 합리적 자산 관리

❶ **합리적 자산 관리의 필요성** : 대부분의 금융 투자상품은 고수익과 고위험의 양면성을 함께 가지고 있으므로 투자를 할 때에는 고수익만 생각하지 말고 고위험도 함께 고려 해야 한다.

❷ **합리적 자산 관리의 방법** : 투자 자금을 특정한 자산에 몰아서 투자하는 것보다 '계란을 한 바구니에 담지 말라'는 말처럼 다양한 포토폴리오를 구성하여 분산 투자함으로써 위험을 감소하는 것이 필요하다.

❸ **포트폴리오(portfolio)의 의미와 사례**

  ㉠ 의미 : 원래는 간단한 서류 가방이나 자료 수집철을 뜻하는 말로 금융에서는 금융 기관이나 개인이 보유한 금융 자산의 목록을 뜻한다.

  ㉡ 연령대에 따른 포트폴리오 사례 : 20 ~ 30대(주식형>채권형 > 예금), 40~50대(채 권형〉주식형 > 예금), 60대 이상(예금 > 채권형 > 주식형)

  ㉢ 투자 성향에 따른 포트폴리오 사례 : 공격 투자형(주식형 > 채권형 > 예금), 위험 중립형(주식형 = 채권형 > 예금), 안정형(예금 > 채권형)

3. 신용 관리

이 단원에서는 신용 관리의 필요성, 신용 관리의 원칙, 합리적 신용 관리 방법, 신용 회복 지원 제도 등이 출제 가 토성이 있는 주제들이다. 이들 주제에 관하여는 실생활의 사례와 연관지어 심도 있게 학습해 두어야 할 것이다.

1) 신용과 신용 사회

(1) 신용의 의미와 특성

❶ **신용** : 신용이란 돈을 빌려 쓰고 약속한 대로 갚을 수 있는 능력으로서, 개인이 돈을 빌려 쓰고 약속한 대로 갚을 능력이나 갚고자 하는 의지에 대한 사회적 믿음이다.

❷ **신용과 빚** : '신용'은 신용을 제공하는 쪽의 입장에서 사용하는 말이고, '빚'이란 그 신 용을 제공받아 사용하는 쪽인 소비자의 입장에서 주로 시용하는 말이다.

❸ 신용은 빌릴 수 있는 돈의 양과 관련되고, 이미 사용한 신용의 양은 빚이 된다.

❹ 과거 '외상'으로 거래하던 전통도 일종의 신용 거래이다. 과거에는 개인 간의 믿음을 바탕으로 외상 거래가 이루어졌지만, 현대 사회에서는 은행과 같은 금융 기관들이 이를 대신하고 있다.

(2) 신용의 중요성과 신용 등급

❶ **신용의 중요성** : 현대 사회에서는 신용이 낮으면 정상적인 금융 생활을 하기가 어렵다. 오늘날과 같은 신용 사회에서는 개인의 경제적 능력의 평가에서 화폐 보유액 못지않게 신용 등급이 중시되고 있다.

❷ **신용 등급** : 신용 등급이 높은 사람은 신용 카드의 사용 한도도 많고, 많은 금액을 낮은 이자율로 대출 받을 수 있지만, 신용 등급이 낮은 사람은 높은 이자율을 부담하더라도 대출 받기가 어렵다.

2) 신용관리

(1) 신용 관리의 필요성

❶ 신용을 이용하면 현금을 많이 가지고 다니지 않아도 편리한 경제생활이 가능하다.

❷ 목돈이 필요한 경우에도 신용을 이용하면 금융 기관으로부터 돈을 빌릴 수 있어 편리하다.

❸ 현대 사회에서 신용이 좋으면 경제 활동을하는 데 있어 많은 편익이 있지만 신용이 나쁘면 알상적인 경제 활동을 하는 데 있어서 여러 가지 불리한 제약이 많다.

❹ 신용 상태가 나쁘면 신용 카드 발급이 거부될 뿐만 아니라 금융 기관으로부터 돈을 빌릴 수 없으며 돈을 빌리더라도 높은 이자를 지불해야 한다.

❺ 신용은 개인뿐만 아니라 기업이나 국가에 있어서도 중요한 경제 요소이다. 기업의 경우 신용이 낮을수록 회사채 발행 금리를 높여야 하고, 국가 역시 신용이 낮으면 국채 발행을 통해 외환을 조달할 때 더 높은 이자율을 제시해야 한다.

(2) 신용 관리의 원칙

❶ 금융 기관별로 대출 상품을 자세하게 비교한다. 이자 대출금 상환 방법, 대출 기간 등 을 세밀하게 분석하여 자신에게 가장 유리한 대출 상품을 선택한다.

❷ 할부 구매 시에는 충동구매를 자제하고 이자를 감안하여 이용한다.
　㉠ 할부 구매는 소비자의 구매력을 높이고 소비 욕구를 충족시키는 기능을 하므로 충동구매를 하지 않도록 주의한다.
　㉡ 상품 대금을 다 지불하기 전에 상품에 문제가 있을 경우에는 소비자가 더 유리한 위치에 있게 된다.
　㉢ 할부 구매의 경우에는 이자를 지불하게 되는 일도 있으므로 이자가 과도하게 많다면 할부 구매를 하지 말아야 한다.

❸ 신용 카드는 현명하게 사용하도록 한다.
　㉠ 신용 카드는 현금이나 수표에 이은 '제3의 통화'로서 지급 수단의 일종이다,
　㉡ 신용 카드 사용에는 카드 발행자, 가맹점,　카드 보유자가 관여되어 있다.
　㉢ 충동구매나 과다구매와 같은 신용 카드 사용의 부작용을 최소화하여야 한다.
　㉣ 신용 카드를 사용하기 전에 체크 카드를 사용하여 합리적인 소비 습관을 들이는 것도 좋은 방법이다.

(3) 합리적 신용 관리

❶ 주거래 은행을 만들어 우량 거래 실적을 집중해서 을리고, 주소지가 변경되면 해당 금융 기관에 반드시 통보하여야 한다.

❷ 신용 카드는 자신에게 맞는 것을 골라 몇 개만 사용하고 현금 서비스는 불가피

한 경우 가 아니면 이용하지 않는다.

❸ 자신의 소득 범위 내에서 지출함으로써 빚을 지지 않도록 노력해야 한다. 매일의 수입과 지출을 기록 정리하고 영수증은 반드시 보관한다.

❹ 카드 결제일이나 대출금 만기일 등은 항상 기억해 두고 되도록 자동 이체를 이용하여 연체가 되지 않도록 한다.

❺ 거래 금융 기관을 통해 자신의 신용 정보를 정기적으로 확인한다.

3) 개인 신용 회복지원제도

(1) 의미 : 신용 회복 의지가 있는 채무자의 경제적 회생을 지원하기 위한 제도이다.

(2) 내용 : 일정한 요건을 갖춘 채무자를 대상으로 상환 기간의 연장, 분할 상환, 이자율 조정, 변제기 유예, 채무 감면 등의 채무 조정 수단을 통해 경제적으로 재기할 수 있도록 지 원한다.

(3) 주무 기관 : 신용 회복 위원회

(4) 신용 회복 제도

구분	내 용	운영 방식
개인 파산 제도	• 채무자의 모든 자산을 현금으로 바꾸어 채권자들에게 공평하게 배당하는 것 • 파산자는 직업, 사업 등 경제 활동에서 제한을 받음	법원이 재판을 통해 결정하는 방식으로 운영
개인회생 제도	파산자 가운데 일정한 수입이 있는 사람이 5년 동안 빚을 성실히 갚으면 나머지 빚을 탕감해 주는 것	
개인 워크아웃	과도한 채무를 가진 개인이 법원에 파산 신청을 내기 전에 채권단 협의회를 열어 채무를 일부 탕감해 주고, 만기를 연장해 줌으로써 신용 회복의 기회를 주는 것	신용 회복 위원회가 운영

3 금융 생활과 재무 설계

1. 금융 생활과 생애 주기

여기에서는 생애 주기 가설, 생애 주기에 따른 소득과 소비의 변화, 연령대별 소득과 지출 항목 등이 주로 학습할 주제들이다. 교과의 기본적인 내용을 잘 숙지하여야 한다.

1) 일생 동안의 소득과 소비

(1) 생애 주기 가설 : 소비자는 현재 소득이 아니라 일생 동안의 소득을 염두에 두고 전 생애 에 걸쳐 적절한 소비 수준을 결정한다는 가설이다.

(2) 생애 주기에 따른 소득과 소비

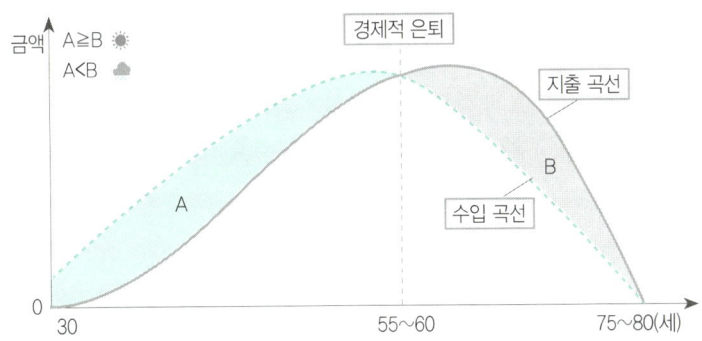

❶ **청년기 이전 :** 미래에 소득이 증가할 것을 예상하여 소득보다 높은 수준에서 소 비한다 ⇒ 소비 > 소득(저축 < 0)

❷ **중·장년기 :** 노후를 대비하여 소득보다 낮은 수준에서 소비한다. ⇒ 소비 < 소 득(저축 > 0)

❸ **노년기 :** 퇴직 후 이전에 모아 둔 재산으로 소비를 하게 된다. ⇒ 소비 > 소득(저 축 < 0)

(3) 연령대별 주요 지출 용도와 소득 발생 항목

구분	주요 지출 용도	소득의 원천
10대	학비, 교재비, 학원비	용돈
20대	대학 학비, 취업 준비 비용	용돈, 아르바이트 수입
30대	결혼 준비, 자녀 양육, 주택과 자동차 구입	월급, 사업 소득
40대	자녀 교육비, 주택 확장비, 여가비	월급, 사업 소득, 부업 소득
50대	자녀 교육비, 자녀 결혼 준비, 여가비	월급, 사업 소득, 부업 소득, 자산 소득
60대	자녀 결혼 준비, 여가, 건강 관리비	연금, 퇴직금, 개인 저축, 자산 소득
70대 이상	용돈, 여가비, 건강 관리비와 의료비	연금, 퇴직금, 개인 저축

2. 생애 주기와 재무 설계

이 단원에서는 생애 주기별 금융 생활의 특징, 재무 설계의 절차, 재무 계획의 종류 등이 주요 출제 소재가 될 것 이므로 이에 대하여는 실제 사례와 연관지어 학습해 두는 것이 고득점에 유리할 것이다.

1) 생애 주기와 금융계획

(1) 인간의 경제생활은 생애 주기에 따라다르게 나타난다.

(2) 생애 주기란 사람이 태어나서 생을 마칠 때까지를 일정한 단계로 나눈 것을 말한다.

(3) 인생의 목표를 효과적으로 달성하기 위해서는 생애 주기의 각 시기별 특징을 고려하여 적절한 금융 계획을 세우는 것이 중요하다.

2) 생애 주기별 금융 생활의 특징

생애 주기	금융 생활의 특징
취업 준비기	• 학업기로서 소득은 없고 소비만 있는 시기로 부모에게 의존함 • 자신의 적성과 소질에 대한 탐색 및 장래 직업에 대한 고민이 필요
결혼 및 자녀 양육기	• 가정을 꾸리고 자녀를 얻게 되며 주택도 마련해야 하는 시기 • 생활비, 자녀 양육비, 주거비 등을 스스로 마련해야 함
자녀의 성장기	• 경제적으로 지출이 제일 많은 시기 • 자녀들의 학업기로서 가계 지출이 가장 많고 사회 활동도 많이 함
노년 준비기	• 자녀들이 대부분 경제적으로 독립하는 시기 • 노년을 준비하고 저축에 힘써야 함
노년기	• 근로 소득이 없는 시기 • 연금, 이자, 부동산 임대 소득 등이 주요 수입원

3) 인생 설계와 재무 설계

(1) 인생의 설계는 불가피하게 돈 문제와 연결된다. 인생의 목표를 달성하는 데 필요한 돈을 어떻게 마련할 것인가가 중요한 과제이다.

(2) 인생의 목표를 달성하는 데 필요한 돈을 마련하는 일에 대해서도 계획을 세우고 준비해 야한다.

3) 재무 설계 : 인생 전체를 고려하여 세운 돈에 대한 계획으로서, 현재 또는 미래의 수입과 자산을 늘리고 보전하기 위한 계획인 동시에 개인이 목표로 하는 인생을 살아가는 데 필 요한돈올 조달하기 위한 전 생애에 걸친 계획이다.

4) 재무설계와 금융 목표

(1) 재무 설계의 절차와 내용

1단계		2단계		3단계		4단계
재무 목표 세우기	➡	재무 상태 파악하기	➡	예산 수립과 실행하기	➡	결산과 평가하기

❶ **재무 목표 세우기** : 재무 목표는 기간에 따라 설정하는 것이 효과적이다.

　㉠ 단기 목표 : 보통 1년 안에 이루기 원하는 목표　　예 가방 사기, 옷 사기 등

　㉡ 중기 목표 : 대개 1년에서 5년 사이에 이룰 수 있는 목표

　　　예 대학 학자금 마련, 배 낭여행 등

　㉢ 장기 목표 : 5년 이상의 시간이 걸리는 목표

　　　예 주택 구입, 결혼자금 마련 등

❷ **재무 상태 파악하기** : 재무 상태는 자산 상태표와 수지 상태표로 파악한다.

　㉠ 자산 상태표의 왼쪽에는 자산 상황을 기록하고 오른쪽에는 부채와 순자산(자산 – 부채)을 기록하여 왼쪽과 오른쪽을 대조해 볼 수 있게 작성한다.

　㉡ 수지 상태표의 왼쪽에는 수입을 기록하고 오른쪽에는 지출을 기록하여 왼쪽과 오른 쪽을 대조해 볼 수 있게 한다. 지출은 고정 지출과 변동 지출로 나누어 서 연거하고 총합계를 구한다. 마지막으로 총수입과 총지출을 비교하여 적자인지 흑자인지를 확 인할 수 있게 한다.

❸ **예산 수립과 실행하기** : 예산 수립은 재무 계획을 실천하는 행동 계획 중에서 가장 기 본적이고 중요한 단계이다.

　㉠ 예산을 수립할 때는 수입과 지출을 결정해야 한다.

　㉡ 예산 수립은 자신의 소득이 들어오는 기간에 따라 세우는 것이 편리하다.

❹ **결산과 평가하기** : 정기적인 결산을 통해 지출 결과에 대해 분석하고 평가하여 더 좋은 재무 계획이 되도록 해야 한다.

　㉠ 소득이나 지출의 변화가 발생했을 때에는 예산의 정기적인 수정도 필요하다.

　㉡ 실행에서 계획과 어긋난 부분이 있다면 계획을 수정하거나 목표를 재설정하

며 다시 실행한다.

(2) 재무 계획의 종류와 내용

❶ **투자 계획** : 펀드나 은행 예금, 적금, 채권, 주식 등 다양한 금융 상품에 대한 안전하고 효율적 인 투자 포트폴리오를 구성하는 것이다.

❷ **보험 계획** : 사망이나 질병, 상해, 기타 재산상의 손실에 대비하여 자식과 가족의 위험 을 줄일 수 있는 계획을 수립하는 것이 보험 계획이다.

❸ **세금 계획** : 세금 계획이란 종합 소득세, 양도 소득세, 증여 및 상#과 관련된 세금 절 약 방인을 수립하는 것을 말한다.

❹ **은퇴 계획** : 은퇴 자금의 계산 및 노후 생활을 위한 자금 준비 계획을 수립하고 퇴직 연금을 이용한 은퇴 생활 계획을 수립하는 것이 은퇴 계획이다.

❺ **증여 및 상속 계획** : 누구에게 얼마를 증여하고 상속할 것인지를 결정하는 것을 말한다.

MEMO

PART

III

사회 · 문화

Chapter 01
사회 · 문화현상의 탐구

제1절 **탐구 대상으로서의 사회 · 문화 현상**

01 자연현상과 사회·문화 현상

자연 현상

(1) 자연 현상의 의미

계절의 변화나 화학 물질 간의 반응, 시간의 흐름과 같이 인간의 의지와 무관하게 일어나는 모든 현상을 의미한다.

(2) 자연 현상의 특징

❶ **몰가치성** : 인간의 주관적 의지와 무관하게 발생하며 가치가 전혀 개입되어 있지 않다.

　예 물이 0℃에서 어는 현상은 인간의 의지와 무관하여 이와 같은 현상에 대해서는 옳고 그름의 가치 판단을 할 수 없다.

❷ **존재 법칙** : 자연 현상은 인간의 의지와 관계없이 현실에 존재한다.

　예 비가 오거나 눈이 오는 현상은 현실에 존재하고 있는 현상이다.

❸ **필연 법칙** : 자연 현상은 필연적으로 나타나며 법칙성을 발견하기 쉽다.

  예 0℃가 되면 물이 얼고, 100℃가 되면 물이 끓는 현상은 하나의 법칙으로 필
  연적으로 나타나게 된다.

❹ **보편성** : 시대와 장소를 불문하고 동일한 조건하에 동일한 현상이 발생한다.

  예 물은 시대와 지역에 관계없이 0℃가 되면 항상 얼게 된다.

2 사회 · 문화 현상

(1) 사회 · 문화 현상의 의미

공부를 하거나, 밥을 먹는 것과 같이 인간의 의지와 의도에 따라 인위적으로 일어
나는 현상을 의미한다.

(2) 사회 · 문화 현상의 특징

❶ **가치 함축성** : 사회 · 문화 현상은 자연 현상과 달리 사회 구성원의 자율적인 의
  지와 가치, 신념 등에 의해 영향을 받는다.

  예 어른에 대한 인사는 연장자에 대한 공경이라는 그 사회의 가치가 반영되어
  있다.

❷ **당위 법칙** : '마땅히 해야한다.'는 행위의 기준으로 바람직한 사실이나 가치 판
  단의 기준에 바탕을 두어 현상이 나타난다.

  예 '예의바른 어린아이라면 어른에게 당연히 인사를 해야 한다.'와 같이 사회 ·
  문화 현상은 그 사회의 가치에 따라 '~해야 한다'는 행위 규범으로 표현된다.

❸ **개연성과 확률성인 원리**

  ㉠ 사회 · 문화 현상은 인간의 행동으로 인과 관계과 불명확하거나 개연적 또는
  확률적이므로 법칙의 정립과 예측이 어렵다.

  ㉡ 사회 · 문화 현상은 자연 현상과 달리 원인과 결과 사이에 밀접한 관련이 있
  기는 하지만 필연적인 관계로 맺어져 있지는 않다.

  예 일반적으로 가격이 상승하면 수요량이 감소하게 되나, 어떤 경우에는 가
  격이 상승함에도 불구하고 오히려 수요량이 증가하는 경우가 있다.

  예 시민 혁명이 발생할 당시와 똑같은 상황이 된다고 하더라도 혁명이 일어
  날 가능성이 높을 뿐, 반드시 그러하리라는 법은 없다.

④ **보편성과 특수성** : 인간의 행동중에는 시대와 사회를 초월하여 보편성을 띠는 것

들이 있으며, 그 구체적인 모습은 시대와 장소에 따라 특수성을 띠기도 한다.

예 어머니의 모성애는 시간과 장소에 관계없이 인간 사회에서 나타나지만(보편

성), 그 방식은 시대와 장소에 따라 다르게 표현될 수 있다(특수성).

📁 사회 · 문화 현상의 보편성과 특수성

보편성	특수성
인간의 생물학적 공통성에 근거하여 여러 사회에서 일반적으로 나타나는 현상이 있으며, 인간의 존엄성, 자유, 평등과 같이 인류가 보편적으로 추구하는 이상이나 가치가 존재함	사회 · 문화 현상은 자연현상과 달리 시간과 공간에 따라 다르게 나타나고, 어떤 사회에서는 당연하다고 생각되는 것이 다른 사회에서는 아주 이상한 것으로 생각되는 경향이 있음

3 자연 현상과 사회 · 문화 현상의 관계

자연 현상과 사회 · 문화 현상은 상호 밀접하게 연관되어 있다. 자연 현상을 이용하

거나 극복하기 위한 다양한 활동을 통해 서로 복합적인 영향을 주고받기 때문이다.

예 일본 동북 지방에 대지진(자연 현상)이 발생하자 국민, 정부, 인류 모두가 재해

극복을 위한 필사의 노력을 하였다.(사회 · 문화 현상)

예 일본 원자력 발전소에서 방사능 물질이 누출되어(사회 · 문화 현상) 인근 지역은

물론 태평양을 건너서까지 자연계의 물질 구성이 변화되었다.(자연 현상)

02 사회 · 문화 현상의 연구

1 사회 · 문화 현상 연구의 특징

(1) 원인의 다양성

① 사회 · 문화 현상은 엄격한 인과 관계가 존재하지 않기 때문에 문제의 원인이

다양하다.

② 어떠한 문제가 발생했을 때 문제를 해결하기 위해서는 원인을 파악하는 것이

중요하나, 사회 · 문화 현상은 사회를 구성하는 사람들의 사회적 환경이나 경험

의 차이에 따라 다양한 원인을 가지게 되어 연구가 어렵다.

　　예 산사태와 같은 자연 현상은 원일을 찾을 수 있으나, 학교 폭력과 같은 사
회·문화 현상은 그 원인이 다양하기 때문에 연구가 쉽지 않다.

(2) 인간을 대상으로 한 연구

❶ 사회·문화 현상의 연구 대상은 인간이기에 조심스럽게 진행되어야 하고, 결과
예측 등에서도 유의해야 한다.

❷ 문화적·개인적 취향과 가치관 등의 차이로 인해 상황 판단과 대응 등에서 다
양한 반응을 보인다.

　　예 자연 현상은 실험실에서 다양하게 측정 및 실험이 가능하나, 인간은 존엄한
존재이기에 인간을 대상으로 한 실험은 항상 주의해야 한다.

2 사회·문화 현상을 탐구하는 사회 과학

(1) 사회·문화 현상의 탐구 목적

전통이나 관습에 따른 상식적 편견의 제거, 혼란 및 신비에 대한 도전, 사회의 발전
≫사회·문화 현상에 대한 상식적 차원의 이해를 넘어 과학적이고 정확한 분석을 통
하여 인간의 삶을 질을 높이려는 욕구에서 사회·문화 현상을 탐구한다고 할 수 있다.

(2) 사회 과학의 발달 과정

❶ **사회 과학의 의미** : 자연의 여러 현상을 과학적·체계적으로 연구하는 자연 과학
과 대비되어 인간 사회의 여러 현상을 과학적·체계적으로 연구하는 모든 경험
과학의 총칭으로 쓰이고 있다.

❷ **사회 과학의 목적**

　　㉠ 사회·문화 현상을 기술, 설명, 예측, 통제할 수 있는 이론을 개발하는 데 있다.

　　㉡ 기술은 현상을 체계적으로 묘사하는 것을 말하며, 설명은 현상의 원인과 결
과의 관계를 진술하는 것이고, 예측은 개발된 이론으로 미래의 현상을 추론
하는 것이며, 통제는 미래의 현상을 발생하거나 발생하지 않도록 하는 것이다.

❸ **사회 과학의 발달 과정**

　　㉠ 사회의 분화와 함께 사회 과학은 철학, 역사학과 같은 인문학으로부터 정치

학, 경제학, 사회학, 문화 인류학 등 다양한 학문으로 발달하여 왔다.

ⓛ 중세까지 철학과 신학의 범주 안에서 사회·문화 현상에 관한 주로 당위적인 방향을 제시하거나 사실을 기술하는 데 중점을 두었다.

ⓒ 근대 이후 사회가 복잡해지고 자연 과학이 발달하면서 사회·문화 현상을 과학적으로 연구하려는 목적으로 사회 과학이 발달하였다.

(3) 사회 과학의 종류

❶ **연구 목적에 따른 분류**

ㄱ 과학주의 : 자연 과학처럼 학문의 목적을 지식 발견과 엄격한 이론 정립에 둔다. 객관성을 중시하지만, 사회·문화를 정태적으로 인식하여 사회의 모순이나 문제를 간과하는 경향이 있어 현상 유지에 급급하다는 비판을 받는다. 데카르트의 기계론적 자연관을 들 수 있다.

ㄴ 개혁주의 : 사회 문제 등의 현실을 개선하고 삶을 윤택하게 하는 것을 목적으로 한다. 이념에 치우쳐 사회 문제의 정확한 실상과 본질을 객관적으로 파악하지 못할 가능성이 있다. 마르크스의 사회주의 이론을 들 수 있다.

❷ **연구 방법에 따른 분류**

ㄱ 방법론적 일원론 : 해석주의적 접근법의 연구 방법이며, 자연 과학과 다른 사회 과학의 고유한 연구 방법을 적용한다.

ㄴ 방법론적 이원론 : 해석주의적 접근법의 연구 방법이며, 자연 과학과 다른 사회 과학의 고유한 연구 방법을 적용한다.

❸ **연구 대상에 따른 분류**

ㄱ 정치학 : 권력의 획득과 유지를 둘러싼 문제 및 권력을 행사하는 활동에 대해 연구하는 학문이다.

ㄴ 경제학 : 경제 주체가 희소한 자원을 이용하여 재화와 서비스를 생산, 분배, 소비하는 과정에서 발생하는 경제 문제를 연구하는 학문이다.

ㄷ 사회학 : 인간의 행위, 사회적 관계, 사회 제도, 사회 구조, 집단과 계층 등 사회적인 삶과 집단과 사회에 대해 연구하는 학문이다.

ㄹ 문화 인류학 : 인간 삶의 행동 양식인 문화를 연구함으로써 문화의 속성과 변동 과정, 전통과 상징 및 인간의 행동 양식을 연구하는 학문이다.

3 사회·문화 현상 연구의 최근 경향

(1) 사회 과학의 영향력 증대

정책 방향이나 의사 결정, 기업 활동에 이르기까지 사회 전반에 사회 과학적 지식
이 활용 되고 있으며, 사회 과학 연구자의 수와 논문 등이 급격히 증가하고 있다.

(2) 학문의 전문화와 세분화

❶ 의미 : 20세기 들어 지식이 폭발적으로 증가함에 따라 각각의 전공을 잘게 쪼개
학문의 깊이와 전문성을 추구하는 경향을 말한다.

❷ 배경 : 현대 사회에 접어들어 사회·문화 현상이 매우 복잡하고 다양해짐에 따
라 사회 과학도 과거에 비하여 훨씬 전문화 되고 세분화되고 있다.

  예 사회학이라는 학문은 오늘날 가족 사회학, 농촌 사회학, 도시 사회학, 교육
  사회학, 문화 사회학, 범죄 사회학 등으로 세분화되어 연구되고 있다.

  예 심리학이라는 학문은 범죄 심리학, 여성 심리학, 교육 심리학, 발달 심리학,
  사회 심리학, 산업 심리학, 인지 심리학, 임상 심리학 등으로 세분화되어 연
  구되고 있다.

  예 경제학이라는 학문은 미시 경제학, 거시 경제학, 재정학, 화폐 금융학, 국제
  경제학, 무역학, 가정 경제학, 농업 경제학, 소비자 경제학 등으로 세분화되
  어 연구되고 있다.

(3) 간학문적 연구 경향

❶ 의미 : 사회·문화 현상에 대한 개별 학문의 부분적이고 단편적인 탐구 방법을
종합하여 총체적이고 종합적으로 연구하려는 경향을 말한다.

❷ 배경 : 사회가 복잡하게 변하고 복합적인 원인에 의해 다양한 모습의 결과가 나타
남에 따라 하나의 학문 분야로는 사회 모습을 정확하게 파악할 수 없게 되었다.

  예 오늘날의 저출산 문제라는 사회·문화 현상을 제대로 이해하기 위해서는 단
  순히 여성학으로만 접근할 것이 아니라, 사회학·심리학·경제학 등 다양한
  학문으로 탐구해야 문제의 본질을 파악할 수 있다.

  예 환경 문제를 지구과학, 화학, 생물학, 사회학, 경제학, 법학, 정치학, 윤리학
  등 다양한 학문으로 접근하여 문제를 파악하고자 한다.

예 인구 문제를 사회학, 사회 복지학, 정치학, 경제학, 법학, 의학, 가정학 등의 학문으로 접근하여 문제를 파악하고자 한다.

 심화 학습

1. 간학문적 관점은 왜 필요한가?

세계 기아와 빈곤 퇴치 회의		
역사학자	정치학자	경제학자
기아와 빈곤에 관한 현재와 과거의 사례를 비교해 보겠습니다.	희소 자원이 선진국과 개발도상국에 고르게 분배되지 않으면, 국제적 갈등과 전쟁이 발생할 수도 있습니다.	기아와 빈곤을 해결하기 위해 선진국 국민들이 소비를 줄여야 합니다.

✏️ 자료분석 : 사회·문화 현상을 일으키는 원인은 복잡하고 다양하기 때문에 그것을 연구하는 사회 과학에서는 근대 이후 다양한 관점이 등장하였고, 각각 관심 있는 분야를 중심으로 독자적인 연구를 통해 각각의 학문 영역으로 발전해 왔다. 개별 학문 영역으로 세분화하여 연구함으로써 괄목할 만한 성과도 거둘 수 있었다. 그러나, 세분화와 전문화 경향은 하나의 사회·문화 현상에 대하여 부분적이고 단편적으로 접근함으로써 사회 문제를 총체적, 종합적으로 해결하는 데 한계를 노출하였다. 이에 최근에 하나의 사회·문화 현상에 대하여도 각 학문 영역의 전문가가 모여 공통 주제를 중심으로 포괄적, 종합적으로 접근하려는 간학문적 관점이 유행이다. 나아가서는 학문 간의 경계를 완전히 허물어 새로운 학문을 창출하기도 한다.

2. 사회·문화 현상을 보는 각 관점의 특징은 무엇인가?

사회·문화 현상을 보는 관점	거시적 관점	(가)	(나)
개인의 능동적 사고 과정과 행위, 타인과의 관계에 주목함 (다)	미시적 관점	구성원 간의 협동을 중시함	구성원 간의 대립·갈등을 중시함

✏️ 자료분석 : 사회·문화 현상을 보는 관점은 크게 거시적 관점과 미시적 관점으로 나뉘고, 거시적 관점의 대표 유형으로는 기능론과 갈등론이 있다. (가)는 기능론적 관점, (나)는 갈등론적 관점이고, (다)는 상징적 상호 작용론적 관점에 해당한다.

기능론은 사회 구성 요소들이 상호 의존적이고, 구성원들이 기능적으로 밀접하게 연관되어 있다고 보아 협동을 강조하며, 사회 안정과 지속, 존속과 통합을 중시하기 때문에 점진적 사회 변동을 설명하는데 적합하다. 반면, 갈등론은 사회에 갈등이 상존할 뿐 아니라, 갈등 이 사회 변동의 원동력이라고 파악하며, 사회의 구조적 모순을 잘 지적한다고 평가된다. 상징적 상호 작용론은 사회 구조보다는 개인의 일상생활에 초점을 맞추어 연구하며, 현상을 이해하는 중요한 요소로서 인간의 주관적 동기와 의도를 중시하고, 심층적 이해가 필요한 연구 주제를 접근할 때 유용한 관점이다.

03 사회 · 문화 현상을 이해하는 관점

1 거시적 관점과 미시적 관점

(1) 거시적 관점

❶ **의미** : 사회 · 문화 현상을 이해할 때 사회 구조나 사회 변동과 같이 사회 전체와의 연관 속에서 폭넓게 탐구하려는 관점을 의미한다.

❷ **대표적인 관점** : 기능론, 갈등론

기능론	• 사회가 살아 있는 유기체처럼 조화와 균형을 이루고 있다고 보는 입장 • 집단과 조직, 제도 등은 사회의 유지와 존속에 필요한 기능을 수행하고 서로 밀접하게 관련되어 있음을 강조함 • 사회는 안정적이고 체계적인 구조로 되어 있으며, 변동의 원인은 사회 외부에서 발생함 • 사회의 존속과 통합에 필요한 기능적 요건을 탐색하며, 사회 갈등과 불안정은 기능적 요건이 충족되지 않았기 때문에 발생함
갈등론	• 사회에는 희소한 재화나 권력의 배분을 둘러싸고 집단 간의 갈등이 끊임없이 존재함 • 투쟁에서 승리한 집단은 교육이나 물리적인 힘을 통해 지배 관계를 유지하려 하고, 피지배 집단은 이에 저항하려는 갈등적 관계에 있음 • 사회가 갖는 구조적 모순 때문에 사회는 불안정한 상태에 있으며, 변동은 필연적이고 변동의 원인은 사회 내부에 존재함 • 갈등은 부, 권력, 위신과 같은 사회적 희소 자원을 보다 많이 획득하려는 지배 세력과 피지배 세력 간의 경쟁과 투쟁에서 기인함

❸ **연구 대상** : 사회 구조, 사회 제도, 계층 구조 등

(2) 미시적 관점

❶ **의미** : 사회 구조보다는 사회에서 살아가는 개인의 사회적 행위에 초점을 두어 이해하는 관점을 의미한다.

❷ **대표적인 관점** : 상징적 상호 작용론, 교환 이론 등

❸ **연구 대상** : 행위자인 개인들이 만들어 내는 상호 주관적인 생활 세계, 면대면 상호 작용 등

(3) 거시적 관점과 미시적 관점의 특징

거시적 관점	• 사회를 개인과는 독립적으로 존재하는 실체로 봄 ≫ 사회 구조의 분석을 통해 사회·문화 현상을 파악함 • 개인을 사회의 영향 하에서 움직이는 수동적인 존재로 파악함 • 사회 실재론과 연결
미시적 관점	• 인간은 객관적인 법칙의 지배를 받는 수동적인 존재가 아니라, 대상에 의미를 부여하고 스스로 규칙과 제도를 만들어가는 능동적이고 주체적인 존재라고 규정함 • 사회 구조의 분석보다 행위자를 더 중시하여 개인 행위자들이 대상에 대해 어떤 의미를 부여하고 있는지를 설명하고자 함 • 사회 명목론과 연결

2 기능론

(1) 기본 입장

❶ 사회를 하나의 통합된 기능적 체계로 가정하고, 생물 유기체에 비유하는 관점이다.
❷ 사회를 구성하는 요소는 사회 전체의 존속과 통합에 필요한 각각의 고유한 기능을 수행하며 상호 연관되어 있다고 바라보는 관점이다.

(2) 능론적 입장에서 사회적 갈등은 사회 병리적 현상으로 취급된다.

(3) 이론적 토대 : 사회 유기체설

심장, 폐, 위 등 우리 몸의 기관들이 자기 기능을 하고 있기에 우리 몸은 유지되고 있다. 사회도 이처럼 각각의 요소들이 제 기능을 수행하고 있다고 보기에 사회 유기체설이라고 한다.

(4) 특징

❶ 사회를 긍정적으로 바라보는 관점이다. ≫ "우리 사회 구성원들은 모두 제몫을 다하고 있으며, 그들의 노력으로 우리 사회는 발전하고 있어."
❷ 사회적 역할과 기능은 구성원들의 합의와 계약에 의해 분배된다고 본다.
❸ 현재의 상태를 유지하면서 사회를 존속시키는 데 중점을 둔다. ≫ 안정성과 지속성, 통합과 질서, 협동과 합의를 중시한다.

(5) 기능론에 대한 비판

1. 기존의 질서와 균형을 지나치게 강조 ≫ 기존 질서나 권력 관계의 유지에 기여하며 사회 변화를 부정적으로 보는 보수주의에 빠지기 쉽다.
2. 사회 변동을 소홀히 하는 경향으로 혁명과 같은 급격한 사회 변동을 설명하기 어렵다.

3 갈등론

(1) 기본 입장

1. 사회를 구성하는 다양한 사회적 관계들을 기본적으로 지배와 피지배 관계로 전제하고, 사회 안에 존재하는 다양한 갈등에 주목하는 관점이다.
2. 갈등은 부·권력·위신과 같은 사회적 희소 가치를 보다 많이 획득하려는 지배 세력과 피지배 세력 간의 경쟁과 투쟁에서 기인한다고 바라보는 관점이다.

(2) 이론적 토대 : 계급 투쟁론

사회는 지배 계급과 피지배 계급으로 구성되고, 피지배 계급은 지배 계급의 억압과 착취타파를 위해 투쟁해야 한다고 보는 이론을 계급 투쟁론이라 한다.

(3) 특징

1. 사회를 부정적으로 바라보는 관점이다. ≫ "우리 사회 구성원들은 열심히 일하고 있으나, 지배 세력의 착취와 억압으로 인하여 항상 가난하다."
2. 사회의 역할과 기능은 지배 집단의 강제력을 통해 배분된다고 본다. ≫ 지배 집단은 기득권 유지를 위해 교육과 법제도 등을 통해 계급을 재생산하고 피지배 집단을 억압한다고 본다.
3. 갈등론은 사회 문제와 같은 갈등을 부정적으로 보지 않고, 사회가 발전적으로 변화할수 있는 계기로 간주한다.

(4) 갈등론에 대한 비판

1. 조화와 협동을 경시하여, 사회 구성 요소의 합리적 역할 분담을 설명하기 어렵다.
2. 사회 변동만을 강조하여 사회의 안정과 질서의 유지를 경시한다.

4 상징적 상호작용론

(1) 기본 입장

❶ 사회 · 문화 현상은 주관적인 행위 동기와 목적을 지닌 인간에 의해 발생하므로 일상적인 현상들의 개인적 · 사회적 의미를 이해해야 그 본질을 이해할 수 있다는 관점이다.
❷ 미시적 관점에 해당한다.

(2) 대표 학자 : 미드, 쿨리, 토마스

❶ **윌리엄 토마스** : "만일 인간이 상황을 실재하는 것으로 정의한다면 그것은 실재하는 것이다."라는 말로 상황 정의의 중요성을 언급하였다.
❷ **쿨리** : 사회화에 대한 해석적 연구를 통해 개인과 그 개인이 속한 집단 간의 상호 작용을 통해 자아가 형성된다고 보았다.

(3) 특징

❶ 상징적 상호 작용론은 객관적인 사회 조건보다 '상황 정의'를 중시한다.
❷ '상황 정의'에 따라 사회 · 문화 현상은 다르게 이해될 수 있다고 본다.

(4) 비판

❶ 거시적 수준의 일반 법칙을 발견하기 어렵다.
❷ 개인의 행위에 영향을 미치는 사회 구조의 힘을 간과하고 있다는 비판을 받고 있다.

5 교환 이론

(1) 기본 입장

인간의 행위는 그에 따르는 보상과 비용에 대한 합리적 고려에 따라 선택한 결과이므로, 사회 · 문화 현상을 이해하기 위해서는 개인, 개인과 집단, 집단 사이에서 벌어지는 보상이 제공되거나 비용을 지출하는 활동의 교환에 주목해야 한다는 입장이다.

(2) 대표 학자 : 호만스, 블라우

호만스는 인간의 사회적 행동은 보상과 처벌에 대한 반응이고, 사회적 상호 작용은 보상이나 처벌이 이루어지는 활동의 교환이라고 주장하였다.

(3) 특징

❶ 사회적 상호 작용의 가장 기본적인 성격은 호혜성이며, 과거에 행했던 특정한 행동이 보상을 많이 받을수록 그 행위는 증가하고, 비용이 클수록 기피한다고 본다.
❷ 개인의 사회적 행동은 보상과 비용에 대한 합리적 선택의 결과라고 본다.
❸ 이때 보상은 물질적인 것만이 아니라 명예, 감정, 서비스 등과 같은 심리적 만족을 포함한다.

(4) 비판

❶ 개인의 행위를 구속하고 통제하는 거시적 사회 구조의 작용을 설명하기 어렵다.
❷ 정서적이거나 비합리적 행위 등 인간과 동물의 본질적 차이를 간과하고 있다.
❸ 봉사 활동이나 기부 행위 등 아무런 대가를 바라지 않고 하는 행위를 설명하기 어렵다.

6 사회 · 문화 현상을 이해하는 관점의 조화

(1) 관점의 차이가 발생하는 이유

연구자 개인의 성장 과정과 처한 환경의 차이, 사회와 개인 간의 관계를 규정하는 방식에 차이가 있으므로, 사회 · 문화 현상을 보는 관점의 차이가 발생한다.

(2) 기능론적 관점과 갈등론적 관점의 조화

기능론은 사회의 유지와 발전을 중시하지만 갈등의 발생과 그것이 사회 변화에 미치는 영향을 간과하며, 갈등론은 변동에 치중하여 사회적 안정과 질서, 균형을 경시하는 경향이 있으므로 한 관점으로 사회를 온전히 파악하기 어렵다.

(3) 거시적 관점과 미시적 관점의 조화

사회를 거시적(구조적)차원에서 포괄적으로 이해하면서 동시에 개인의 행위가 사회와 어떻게 영향을 주고받는지 부분적으로 깊이 있게 이해할 필요가 있다.

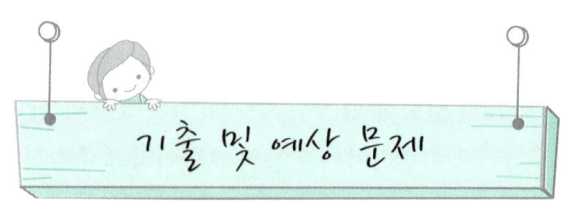

01 사회를 보는 관점이 나머지 셋과 다른 것은?

① 통합과 균형을 강조하며, 안정성과 지속성을 기본으로 한다.

② 사회 구성 요소들은 갈등적인 관계에 있으며, 사회 전체의 변동에 기여한다.

③ 각 요소들의 역할과 기능은 강제와 탄압에 의한 것이다.

④ 진보주의 학자들의 지지를 받는다.

해설 사회를 보는 관점에는 크게 거시적·미시적 관점이 있으며, 거시적 관점에는 기능론과 갈등론이 있다. 기능론과 갈등론은 가장 출제 가능성이 높은부분으로 꼭 이해하고 넘어가야 한다. ①사회 구성 요소들의 통합과 균형을 강조하고, 사회의 지속성을 추구하는 관점은 기능론이다. ②갈등론은 사회를 부정적으로 바라보며 갈등과 변화의 역할을 중시한다. ③갈등론에서는 사회 구성 요소의 기능은 기득권층의 이익을 위한 것으로 인식한다. ④기능론이 보수적인 반면, 갈등론은 진보적 성격을 가진다.

정답 ①

03 사회·문화 현상을 이해하는 관점과 관련하여, 다음의 관점에 부합하는 진술은?

사회를 구성하는 자본가와 노동자 계급은 불평등한 착취 관계이며, 사회 구성원의 역할과 기능은 지배 집단과 권력 유지를 위해 강제로 규정된 결과이다.

① 사회는 살아있는 유기체와 같다.

② 사회적 관계는 사회적 합의의 결과이다.

③ 사회의 구성요소는 기능적으로 의존한다.

④ 사회 구성 요소들의 갈등은 변화의 요인이다.

해설 사회 구성 요소 사이의 관계를 불평등한 관계로 바라보는 관점은 갈등론이다. 갈등론의 관점은 기능론과 비교하여 꼭 기억해 두어야 한다. ①사회를 유기체에 비유하는 사회 유기체설은 기능론의 관점이다. ②,③ 사회 구성 요소들의 협력과 합의를 중시하는 입장은 기능론이다.

정답 ④

03 다음과 같은 현상에 대한 설명으로 옳은 것은?

국제 유가 급등에 따라 휘발유 가격이 크게 오르고 있으며, 도심 내 통행량은 감소하고 있다.

① 당위 법칙이 적용되지 않는다.

② 공간적 특수성을 가지고 있다.

③ 인간의 의지가 개입될 여지가 없다.

④ 인과 관계가 분명하고, 필연성을 가진다.

현상이라는 발문이 나올 경우 사회·문화 현상과 자연 현상을 먼저 떠올릴 수 있어야 한다. 제시문은 인간의 행동과 관련 있으므로 사회·문화 현상이다. 사회·문화 현상은 당위 법칙이 적용되고, 특수성과 보편성을 가지며, 인간의 의지가 개입되기에 인과관계가 분명하지 않아 법칙의 발견이 어렵다.

②

04 사회·문화 현상을 이해하는 관점과 관련하여 다음의 관점에 부합하는 진술로 옳은 것은?

> 인간은 주변의 모든 것에 의미를 부여하며 살아가는 생명체이다. 그러므로 현실은 우리가 우리의 환경과 정체성, 그리고 다른 사람에게 대한 의무를 규정한 바에 따라 형성되는 것이다. 결국 사회란 사람들이 서로 교류하여 만들어 낸 공유된 현실이다.

① 노인 문제는 가족의 보호 기능 약화 때문에 나타난다.
② 어느 국가의 범죄는 다른 국가에서는 범죄가 아닐 수 있다.
③ 도시와 농촌의 격차는 도농 간 상호 의존성 약화에서 비롯된다.
④ 의약 분업으로 인한 갈등은 이익 단체들 간의 이권 다툼 문제이다.

제시문은 사회에 비하여 인간 개인을 중시 하고 있다. 이처럼 개인의 행위에 초점을 두는 관점은 상징적 상호 작용론이다. ①,③ 사회 문제의 원인을 사회 구성 요소가 제 기능을 하지 못하거나, 적응하지 못하는 것에서 찾는 관점은 기능론이다. ②상황 정의에 따라 범죄의 기준이 변할 수 있다는 입장은 상징적 상호 작용론에 해당한다. ④ 의약 분업이라는 사회·문화 현상을 갈등 현상으로 보고 있으므로 갈등론에 해당한다.

②

05 사회·문화 현상을 이해히는 관점이 다른 것은

① 사회를 살아 있는 유기체와 같다고 본다.
② 사회 구성원의 합의나 조화를 중시한다.
③ 개인에 영향을 미치는 사회 구조를 간과한다.
④ 질서와 균형을 강조하여 변화를 부정적으로 본다.

사회·문화 현상을 이해하는 관점에는 기능론, 갈등론, 상징적 상호작용론이 있다. 이중 기능론과 갈등론은 거시적 관점인 반면, 상징적 상호작용론은 미시적 관점이 다. ①, ②, ④ 기능론적 관점이다. ③ 사회 구조를 간과하고 개인의 행동을 중시하는 입장은 상징적 상호작용론으로, 미시적 관점에 해당한다.

③

06 다음 (가)와 같은 현상과 비교한 (나) 와 같은 현상의 특징으로 옳은 것은?

> (가) 비가많이 내리고 있다.
> (나) 폭우로 인하여 농민들이 피해를 입고 있다.

① 개연성이 높다.   ② 몰가치성을 띤다.
③ 법칙 발견이 용이하다.   ④ 보편성의 원리가 강하게 나타난다.

(가)는 자연 현상인 반면, (나)는 인간의 행위이기에 사회·문화 현상이다. ①개연성은 사회 · 문화 현상의 특징이다. ② 인간의 가치가 개입되지 않는다는 뜻을 가진 몰가치성은 자연 현상의 특징이다. ③ 법칙 발견이 용이한 자연 현상은 필연성이 높다. ④보편성의 원리는 자연 현상에서 강하게 나타나며, 사회 문화 현상에서는 보편성과 특수성을 함께 발견할 수 있다.

①

07 사회 · 문화 현상 연구의 특징으로 옳지 않은 것은?

① 인과관계가 명확하지 않다.

② 실험 및 결과 예측이 용이하다.

③ 인간의 가치를 완전히 배제할 수 없다.

④ 사회 환경에 따라 다양한 원인이 나타난다.

해설 사회 문화 현상은 인과 관계가 명확하지 않고 현상의 원인이 다양하기에 법칙의 발견이 어렵다. 반면 실험 및 결과 예측이 용이한 것은 자연 현상의 특징이다.

정답 ②

08 다음과 같은 연구 경향에 대한 설명으로 옳은 것은?

> 사회학 : 교육 사회학, 도시 사회학, 문화사회학, 범죄 사회학, 경제학, 거시 경제학, 미시 경제학, 국제 경제학, 농촌 경제학

① 사회를 개인의 입장에서 이해하고 있다.

② 학문의 간학문적 경향을 보여 주고 있다.

③ 학문간 총체적, 종합적 연구가 중시되고 있다.

④ 복잡해진 사회를 보다 세분화하여 연구하고 있다.

해설 제시문은 하나의 의문을 세분하여 보여주고있다. 이와 같은 연구 경향을 세분화 • 전문화라 한다. 반면 하나의 사회 문화 현상을 다양한 학문으로 접근하는 연구 경향을 간학문적 연구라고 한다. ④세분화에 대한설명이다.

정답 ④

09 다음과 같은 현상에 대한 설명으로 옳은 것은?

> 기온이 영하로 떨어짐에 따라 하늘에서 눈이 내리고 있다.

① 옳고 그름의 판단이 가능하다.

② 시공간적 특수성을 가지고 있다.

③ 인간의 의지와는 무관한 현상이다.

④ 당위적이고 가치 함축적 현상이다.

해설 제시문에 나타난 현상은 자연 현상이다. 자연 현상은 사회 문화 현상과 달리 몰가치성, 필연성, 보편성의 특징을 가지고 있다. ①옳고 그름의 판단이 가능한 것은 인간의 의지가 개입되는 사회 • 문화 현상이다. ②자연 현상은 보편성을 가지고 있다. ④가치를 함축하고 있는 현상은 인간과 관련된 사회 • 문화현상이다.

정답 ③

10 다음 글의 밑줄 친 ㉠, ㉡에 대한 설명으로 옳지 않은 것은?

> 갑 : 세계적 이상 기온으로 인하여 ㉠ 이번 겨울눈이 많이 내리고 있어.
> 을 : 이상 기온으로 인하여 ㉡ 사람들의 삶의 양식 또한 크게 변하고 있어.

① ㉠은 현상의 객관적 법칙 발견이 가능하다.

② ㉠은 인간의 의지와 무관하다.

③ ㉡은 반복과 재현이 가능하다.   ④ ㉡은 가치함축적인 현상이다.

해설 ㉠은 자연 현상, ㉡은 사회·문화 현상이 다. 자연 현상의 특징으로는 객관적 법칙의 발견, 인간의 의지와 무관, 보편성의 지배를 들 수 있고, 사회 문화 현상의 특징으로는 반복과 재현의 불가능, 가치 함축적 현상을 들 수 있다.

정답 ③

11   밑줄 친 ㉡과 같은 현상에 비해 ㉠현상이 가지는 특징으로 옳은 것은?

> ㉠ 여름철 집중 호우로 인하여 마을이 물에 잠길 위기에 빠졌으나, ㉡ 마을 주민의 노력으로 제방을 보강하여 홍수의 위기를 넘길 수 있었다.

① 가치 함축적이다.   ② 법칙의 발견이 용이하다.

③ 당위 법칙의 적용이 가능하다.   ④ 보편성과 특수성이 함께 나타난다.

해설 여름철 집중 호우는 자연 현상, 마을 주민의 노력은 사회·문화 현상이다. 가치 함축적, 당위 법칙, 보편성과 특수성은 모두 사회 문화 현상의 특징이며 존재 법칙, 법칙 발견의 용이성은 자연 현상의 특징이다.

정답 ②

12   다음 대화에서 을의 관점에 대한 설명으로 옳은 것은?

> **갑** : 가사 노동의 분담의 양상은 집집마다 다르다.
> **을** : 가사 노동을 여성의 몫으로 보는 것은 가부장제의 영향으로 부당하다.
> **병** : 남편과 아내가 가사 노동을 역할에 따라 분담하는 것은 바람직한 일이다.

① 사회 구성 요소의 기능을 중시한다.

② 사회를 살아 있는 유기체에 비유한다.

③ 미시적 관점에서 사회를 바라보고 있다.

④ 사회 변혁을 설명하는데 적합하다.

해설 갑은 미시적 관점, 을은 갈등론적 관점, 병은 기능론적 관점에서 가사 노동을 바라보고 있다. 기능론적 관점은 조화와 균형을 중시하고, 각 구성 요소의 기능을 중시하며, 사회를 유기체에 비유한다. 갈등론적 관점은 사회의 변혁과 변화의 설명에 적합하다.

정답 ④

13   다음 글의 관점에 부합하는 진술로 옳은 것은?

> 모든 사회에는 공통적으로 발견되는 사회 제도가 있으며, 이러한 사회 제도는 사회의 존속과 유지 그리고 통합을 위해 반드시 필요하다.

① 지금까지의 역사는 계급 투쟁의 과정이었다.

② 학교 교육은 계층 재생산의 기능을 수행하고 있다.

③ 자본가와 노동자의 갈등은 불평등한 착취 때문이다.

④ 사회 구성원들은 사회가 중시하는 사회적 규범을 습득해야 한다.

해 설 제시문은 사회 제도를 기능론적 관점에서 바라보고 있다. 기능론적 관점은 사회 구성원들이 사회적 규범을 습득해야 제 기능을 수행할 수 있고 사회가 조화롭게 안정될 수 있다고 본다. ①, ②, ③은 갈등론적 관점이다.

정 답 ④

14 다음과 같은 관점에 대한 설명으로 옳은 것은?

> 신체의 구성 부분은 각각 고유의 역할을 수행한다. 전체 체계로서의 신체는 각 부분이 제대로 역할을 수행할 때 지속적으로 유지된다. 마찬가지로 사회도 체계를 이루고 있으며, 그 구성 요소들은 사회가 유지되는 데 기여한다.

① 사회적 행위에 대한 동기를 중시한다.
② 시대와 장소에 따라 사회 문제가 다름을 강조한다.
③ 사회 구성원의 대립은 사회 통합에 방해된다고 본다.
④ 일상 생활에서 일어나는 개인들의 상호 작용을 중시한다.

해 설 제시문은 기능론적 관점에 해당한다. ①, ②, ④는 미시적 관점에 대한 설명이다. ③ 대립과 갈등을 부정적으로 바라보는 관점은 기능론적 관점이다.

정 답 ③

15 다음과 같은 사회 과학 연구경향에 대한 설명으로 옳은 것은?

> 환경문제를 연구하기 위해서는 정치학, 경제학, 사회학, 법학 등 다방면의 접근이 필요하다.

① 학문이 세분화 되고 있다.
② 사회 현상에 대해 간학문적으로 접근하고 있다.
③ 거시적 관점으로 사회 • 문화 현상을 바라보고 있다.
④ 사회 현상을 부분적이고 단편적으로 바라보고 있다.

해 설 사회 • 문화 현상을 총체적이고 종합적으로 연구하려는 경향을 간학문적 접근이라 한 다. 이와는 반대로 사회 • 문화 현상을 세분화하여 연구하는 경향을 전문화 세분화 접근법이라 한다.

정 답 ②

16 사회 문화 현상에 대한 다음 (가), (나)와 같은 관점에 대한 설명으로 옳은 것은?

> (가) 요즘 제기되는 청년 문제는 사회 진출을 앞둔 청년들이 불확실한 미래에 대한 불안을 겪는 것으로, 인생이나 취업의 선배가 멘토가 되어 사회 진출에 대한 조언을 해주는 것으로 상당 부분 해결할 수 있을 것이다.
>
> (나) 요즘 제기되는 청년 문제는 경제 위기로 인한 고통을 일자리 축소와 비정규직 채용을 통해 해결하려는 기업들 때문으로, 일자리 분배의 방식을 공정하게 바꾸어야 한다.

① (가) 사회적 상호 작용은 호혜성에 기반해 있다고 한다.

② (가) 희소한 가치를 둘러싼 갈등이 항상 존재한다고 본다.

③ (나) 사회 관계는 기본적으로 지배−피지배 관계라고 본다.

④ (가), (나) 사회적 행동의 개인적, 주관적 의미를 이해해야 한다고 본다.

해 설 (가)는 기능론적 입장으로, 청년 문제는 청년들이 사회 진출 과정에서 겪는 혼란 과정이며, 자기 위치와 역할을 찾는 데 도움을 준다면 해결할 수 있다고 본다. (나)는 청년 문제를 사회 구조적 문제로 바라보는 갈등론이다. 기능론과 갈등론은 모두 거시적 관점에 속한다.

정 답 ③

17 다음 관점에 대한 설명으로 옳은 것은?

> 사회 현상을 바르게 이해하기 위해서는 인간의 주관적 의미 규정을 중시해야 한다.

① 사회 변화를 부정적으로 바라본다.

② 사회 구성원의 합의나 조화를 경시한다.

③ 사회를 살아 있는 유기체와 같다고 본다.

④ 개인의 행위에 영향을 미치는 사회 구조를 간과한다.

해 설 인간의 주관적 의미 규정을 중시하는 관점 은 미시적 관점인 상징적 상호작용론 이다. 미시적 관점은 개인의 주관적 의미 규정을 중시한 나머지 개인의 행위에 영향을 미치는 사회 구조의 영향을 간과한다는 한계를 갖는다. ①은 기능론적 관점, ②는 갈등론적 관점에 해당하는 설명이다.

정 답 ④

18 다음과 관련 깊은 사회·문화 현상에 대한 관점을 설명한 것으로 옳은 것은?

> 냉장고가 발견되기 전에는 먹고 남을 만한 양의 음식을 가장 확실하게 저장할 수 있는 곳은 친구의 뱃속이었다. 자신이 사냥에 성공하여 고기가 남을 때 동료들과 나누어 먹으면, 언젠가 자신이 사냥에 실패했을 때 다른 사람이 사냥한 고기를 나누어 먹을 수 있기 때문이다. 그러나 누군가가 이를 악용하여 항상 받기만 한다면 사회적으로 배척될 수 있다.

① 인간의 행위는 합리적 선택의 결과라고 본다.

② 거시적 사회 구조의 작용을 설명하기 용이하다.

③ 인간과 동물이 본질적으로 차이가 있다고 간주한다.

④ 봉사 활동이나 기부 행위 등을 설명하는 데 적합하다.

해 설 제시문은 교환 이론과 관련된 사례이다. 교환 이론은 인간의 사회적 행동은 그 행동에 따르는 보상과 처벌에 대한 합리적 반응이 며, 사회적 상호 작용은 보상이 제공되거나 비용을 지출하는 활동의 교환이라고 보았다.

정 답 ①

19 다음과 같은 관점에 대한 설명으로 옳은 것은?

> 가정이 양육과 보호 기능을 제대로 수행하지 못하기 때문에 청소년 문제가 발생하는 것이다.

① 개인의 자율성과 능동성을 중시한다.

② 균형이 깨지면 사회 문제가 발생한다.

③ 미시적 관점에서 현상을 바라보고 있다.

④ 사회 문화 현상에 대한 주관적 상황 정의를 중시한다.

해 설 각 구성 요소가 제 기능을 수행하지 않아 사회 문제가 발생한다고 보는 관점은 기능론이다. ①, ③, ④ 모두 미시적 관점인 상징적 상호작용론에 대한 설명이다.

정 답 ②

20 다음과 같은 관점에 대한 설명으로 옳은 것은?

> 우리나라의 교육이 성공한 것은 단순히 교육 정책의 영향보다는 교사가 정부의 교육 정책에 긍정적인 의미를 부여하고, 학생들과 상호 작용하는 과정 속에서 자신의 역할을 적절히 수행했기 때문이다.

① 사회 구조의 역할을 중시하고 있다.

② 사회 안정보다는 사회 변동을 추구한다.

③ 사회 구조의 지속성과 안정성을 강조한다.

④ 사회 · 문화 현상 속에 내재된 인간의 능동성을 강조한다.

해 설 제시문은 사회 문화 현상을 미시적 관점 에서 바라보고 있다. ① 거시적 관점에 대한 설명이다. ② 갈등론에 대한 설명이다. ③ 기능론에 대한 설명이다.

정 답 ④

21 다음 글의 밑줄 친 ㉠, ㉡에 대한 설명으로 옳은 것은?

> ㉠ 화산 폭발로 인한 화산재의 영향으로 전 세계 ㉡ 항공편 운항이 중단되어 여행객 및 기업들은 큰 혼란에 빠져 있습니다.

① ㉡은 존재 법칙의 영향을 받는다.

② ㉠은 ㉡에 비하여 인과관계가 분명하다.

③ ㉠은 가치 함축적이며, ㉡은 몰가치적이다.

④ ㉠은 ㉡에 비하여 특수성이 강하게 나타난다.

해 설 ㉠은 자연 현상, ㉡은 사회 문화 현상이다. 자연 현상은 사회 문화 현상에 비하여 인과 관계가 분명하다. ④ 사회 문화 현상은 특수성과 보편성을 특징으로 하나, 자연현상은 보편성을 특징으로 한다.

정 답 ②

22 다음 글의 관점에 대한 설명으로 옳은 것은?

> 개인은 사회화를 통해 자아를 발전시키고 인성을 형성한다. 또한 사회화는 자신이 속한 사회의 생활양식을 적응하도록 하여 문화의 연속성과 사회 통합을 유지하는 과정이다.

① 사회 질서는 특정 집단의 합의에 근거한다.
② 대립과 갈등으로 인한 사회 문제를 중시한다.
③ 사회 변동을 사회 발전의 원동력으로 이해한다.
④ 사회 변동을 균형으로 기기 위한 일시적 과정으로 이해한다..

해 설 ▶ 제시문은 사회화를 사회의 통합과 유지에 필요한 과정으로 보고 있다. 즉 기능론적 관점에서 사회화를 바라보고 있다. 기능론 에서는 변화와 문제를 일시적 병리 현상으로 바라보고 있다.
정 답 ▶ ④

23 다음 (가), (나)의 현상에 대한 설명으로 옳은 것은?

> (가) 습기를 머금은 구름이 산맥을 타고 올라가면서 기온 하강에 따라 눈이 내리는 것이다.
> (나) 눈이 많이 내리는 산맥 지역을 관광지로 개발하면 지역 경제가 발전할 수 있다.

① (가)는 가치 함축적이다.
② (가)에는 보편성보다 특수성의 원리가 중시된다.
③ (나)는 존재 법칙이 지배한다.
④ (나)는 개연성의 원리가 작용한다.

해 설 ▶ (가)는 자연 현상, (나)는 사회 문화 현상 이다. 사회 문화 현상은 가치 함축적이며, 개연성의 원리가 작용하며, 인과 관계가 분명하지 않으며, 보편성과 특수성의 원리가 중시되는 특징이 있다.
정 답 ▶ ④

제2절 사회 · 문화 현상의 탐구 방법

01 실증적 연구 방법 (양적 연구 방법)

1 실증적 연구 방법의 의미

(1) 사회 · 문화 현상의 본질이 자연 현상과 다르지 않다고 생각하고, 측정이나 실험과 같은 자연 과학의 연구 방법을 수용하여 사회 · 문화 현상을 탐구하려는 방법론이다.

(2) 자연 과학적 탐구 방법을 사회 과학에 적용한다는 점에서 방법론적 일원론이라 한다.

(3) **방법론적 일원론 :** 자연 과학과 동일한 연구 방법을 적용하는 방법으로, 콩트의 실증주의가 대표적이다.

2 실증적 연구 방법의 목적

경험적 자료의 계량화를 통하여 사회 · 문화 현상의 보편적인 인과 법칙을 발견하고 미래를 예 측하고자 한다.

3 실증적 연구 방법의 특징

(1) 사회 · 문화 현상에 대해 측정을 통하여 수량화하거나 통제된 실험이 가능하다.

(2) 수집된 자료의 계량화 및 통계적 분석을 통하여 가설을 검증한다.

(3) 사회 문화 현상을 객관적으로 관찰할 수 있도록 개념의 조작적 정의가 필요하다.

(4) 주로 질문지법이나 실험법을 통하여 수량화된 자료를 수집한다.

개념의 조작적 정의(operational definition)

직접 관찰하기 어려운 추상적인 개념을 경험적으로 검증 가능하고 계량화할 수 있는 지표로 바꾸어 표현하는 것을 의미한다. 예를 들어 '불성실함'의 정도를 평가하기 위해 특정 기간의 지각 횟수를 기준으로 월 1회 이하이면 매우 성실함, 월 7회 이상이면 매우 불성실함으로 정의하고 연구할 수 있다.

4 실증적 연구 방법의 장단점

(1) 장점

ㄱ 사회 · 문화 현상에 대해 정확하고 정밀한 연구가 능하다.

ㄴ 연구자의 주관적 가치를 배제한 객관적 연구가 가능하다.

ㄷ 통계적 기법을 활용하여 다양한 상황에 적용할 수 있는 일반적인 법칙 발견에 유리하다.

(2) 단점

ㄱ 인간의 정신적 · 주관적 영역과 같이 계량화하기 어려운 분야는 연구가 곤란하다.

ㄴ 인간의 내면에 대해서는 심층적인 이해를 할 수 없다.

ㄷ 연구 대상이 인간이므로 통제된 실험 등의 연구 방법은 적용이 불가능하다.

ㄹ 사회 문화 현상을 인간의 가치나 동기와 분리하여 연구하는 본질적 한계를 가진다.

02 해석적 연구방법 (질적 연구방법)

1 해석적 연구 방법의 의미

(1) 사회 · 문화 현상은 가치 함축적이어서 자연 현상과 본질적으로 다르다고 생각하고 사회 · 문화 현상을 사회 과학만의 독특한 방법으로 연구하려는 입장이다.

(2) 사회 · 문화 현상은 자연 현상과 다르다는 점에서 방법론적 이원론이라 한다.

(3) **방법론적 이원론 :** 베버는 사회적 행위를 목적 합리적 행위, 가치 지향적 행위, 감성적 행위, 통적 행위 등 네 가지로 구분하고, 이러한 인간의 사회적 행위에 대한 일반적 원칙과 개념들을 정립하는 것이 사회학의 목표라고 하면서, 결국 인간 행위에 대한 연구 에는 자연 과학과 다른 연구 방법이 적용된다고 하였다.

2 해석적 연구 방법의 목적

사회적 행위에 담긴 인간의 행위 동기나 목적 등과 관련된 개인적 사회적 의미를 심층적으로 이해하고자 한다.

3 해석적 연구 방법의 특징

(1) 사회 · 문화 현상에 대한 직관적 통찰과 이해를 통해 인간 행위에 담긴 동기와 의도, 개인적 · 사회적 의미를 심층적으로 이해하고자 한다.

(2) 인간 행위에 대한 올바른 이해는 행위자의 가치, 목적, 상황, 조건 등에 대한 해석을 통 해 가능하다.

(3) 연구 대상자의 행위를 깊이 있기 이해하기 위하여 면접법이나 참여 관찰법이 주로 활용 된다.

(4) 감정 이입적 이해를 추구하여 행위의 의미를 깊이 탐구할 수 있는 비공식적 자료를 선호한다.

4 해석적 연구 방법의 장단점

(1) 장점

㉠ 사회 · 문화 현상의 의미를 심층적으로 이해할 수 있다.
㉡ 인간 행위의 동기나 목적 등 계량화 할 수 없는 인간의 주관적 문제의 연구에 적합하다.

(2) 단점

㉠ 연구 대상이 되는 특수한 개별 사례에 집중하기 때문에 일반화된 지식을 얻기 어렵다.

㉡ 연구자의 주관이 지나치게 개입될 수 있기에 객관성 확보가 어려울 수 있다.

㉢ 정확하고 정밀한 연구가 어려우며, 연구 결과의 비교·분석이 어렵다.

실증적 연구 방법과 해석적 연구 방법의 조화

1. 실증적 연구 방법과 해석적 연구 방법은 사회·문화 현상을 탐구하는 입장이 다르기에 상호 배타적인 연구 방법이다. 그러나 최근에는 두 연구 방법이 가지고 있는 장점을 고려하여 함께 사용하는 경향이 많아지고 있다.

2. 두 연구 방법을 상호 보완적으로 사용하게 되면 사회의 전체적인 경향에 대한 객관적인 분석과 더불어 해석적 연구가 동시에 가능하다.

3. 최근에는 두 연구 방법이 갖는 장점을 고려하여 같이 사용하는 경향이 증가하고 있다. 실증적 연구 방법은 연구자의 직관적 통찰과 감정 이입을 수용하며 사회·문화 현상에 대한 심층적 이해를 도모하고, 해석적 연구 방법은 객관적이고 계량화된 자료를 참고하여 정확성을 높인다.

4. 두 연구 방법을 보완적으로 사용하게 되면 사회의 전체적인 경향에 대한 객관적인 분석(실증적 연구와 더불어 그러한 사회적 경향을 만들어 내는 사회적 행위의 의미를 세밀하게 분석(해석적 연구)할 수 있다.

5. 실증적 연구와 해석적 연구 모두 사회·문화 현상의 원인과 결과를 밝히는 데 목적이 있다. 사회·문화 현상에 대하여 가설을 세우고 양적인 자료를 통해 검증할 수도 있고, 질적인 자료를 통해 해석적으로 이해할 수도 있으므로 두 방법이 배타적인 것은 아니다.

📂 실증적 연구방법과 해석적 연구방법 비교

구분	실증적 연구 방법 = 양적 연구 방법	해석적 연구 방법 = 질적 연구 방법
의미	자료를 계량화하여 사회 문화 현상을 분석	직관적 통찰을 통해 사회 문화 현상을 연구
목적	사회·문화 현상에 대한 일반적 법칙 발견	사회 문화 현상의 의미 해석을 통한 연구
특징	• 질문지법이나 실험법 등을 주로 사용 • 방법적 일원론	• 참여 관찰이나 심층 면접 등을 주로 사용 • 방법적 이원론
장점	정확하고 정밀한 연구, 법칙 발견에 유리	인간 행동의 개인적 사회적 의미 파악
단점	계량화가 어려운 영역 연구 곤란, 인간 행위의 심층 이해 곤란	객관적 법칙 발견 곤란, 정확성과 정밀성의 결여

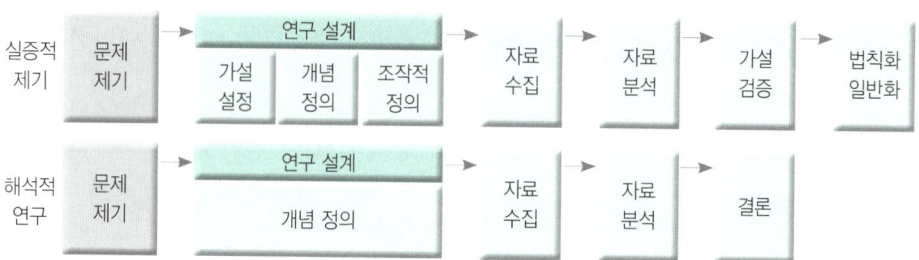

실증적 연구 과정과 해석적 연구 과정은 어떤 차이가 있는가?

자료해설 : 실증적 연구와 해석적 연구 모두 사회·문화 현상의 과학적 탐구 방법이지만, 연구 과정은 각각 다르다. 즉 실증적 연구자들은 자연 과학적 연구 방법을 사회 과학에도 똑같이 적용할 수 있다고 보는 반면, 해석적 연구자들은 인간의 행위는 겉으로 드러난 면만을 관찰하는 것으로는 완전히 이해할 수 없을 뿐만 아니라, 인간 행위 중에는 수량화할 수 없는 부분도 있으므로 자연 과학과는 다르게 연구해야 한다고 본다. 두 연구 방법의 연구 절차에서 확연하게 차이나는 것은 실증적 연구는 가설 설정과 조작적 정의, 그리고 가설 검증 과정을 거치는 데 반해, 해석적 연구는 가설 설정이나 검증의 과정을 거치지 않는다는 점이다. 이것은 실증적 연구의 주안점이 보편적 인과 법칙을 연역적 과정을 거쳐 발견하는데 있고, 해석적 연구의 주안점은 인간 행위나 사회 현상의 의 미를 이해하는데 있기 때문이다.

03 사회 문화 현상의 탐구 절차

 1 실증적 연구 과정

(1) 문제 인식

❶ 연구 문제, 연구주제를 선정하는 단계이다.

❷ 연구자의 관심, 이해 등에 의해 문제로 인식되기 때문에 연구자의 가치가 개입되는 특징이 있다.

(3) 가설 설정

❶ 연구 주제와 관련된 선행 연구를 검토하여 이를 바탕으로 가설을 설정한다.

❷ 가설은 둘 또는 그 이상의 변수들 간의 가정적 명제로서, 기존 이론으로부터 연역적으로 구성되기도 하고, 경험적 사실에 대한 관찰을 통해 귀납적으로 구성되기도 한다.

❸ 가설은 연구에서 다루고자 하는 개념이나 변수들을 경험적으로 측정 가능할 수 있도록 조작적으로 정의해야 한다. - 조작적 정의
❹ 가설 설정은 실증적 연구 과정에만 있는 과정이다.

(3) 연구설계

❶ 자료 수집 방법, 조사 대상과 범위, 조사 기간 등에 대한 구체적 계획을 수립하는 단계 이다.
❷ 연구의 실시 가능성, 용이성, 연구 대상에 접근 가능성, 연구 비용, 윤리적 문제를 고려 해야한다.

(4) 자료 수집

실증적 연구의 경우 일반적으로 질문지법, 실험법 등을 사용하여 경험적이고 양적인 자료를 수집한다.

(5) 자료 분석

수집된 자료를 통계 처리하여 수치화된 데이터로 변환한 후 자료를 분석한다.

(6) 가설 검증 및 결론 도출

❶ 가설과 통계 분석 결과를 비교하여 가설의 채택 또는 기각 여부를 결정한다.
❷ 가설 검증 결과 처음에 세운 가설이 적절히다면 가설을 토대로 새로운 법칙을 정립시키게 된다.
❸ 만약 가설이 옳지 않다면 다시 가설 설정의 단계로 돌아가서 연구를 수행하게 된다.

(7) 일반화

통계 분석하여 얻어진 결과를 수집된 자료에 한정하지 않고 사회 전체에 적용하는 경우를 말한다.

2 해석적 연구과정

(1) 문제 인식

사회·문화 현상에 대하여 의문을 가지고 연구 주제를 선정한다.

(2) 연구 설계

연구의 대상과 범위, 자료 수집 방법, 자료 분석 방법 등을 결정하며 실증적 연구 과정과의 가장 큰 차이는 가설을 설정하지 않는다는 것이다.

(3) 자료 수집

해석적 연구의 경우, 일반적으로 면접법, 참여 관찰법 등을 사용하여 인간 내면에 대한 질적인 자료를 수집한다.

(4) 자료 해석

수집된 자료를 직관적으로 통찰하고, 감정 이입적으로 해석한다.

(5) 결론 도출

연구 목적에 비추어 연구 결과를 정리하고 결론을 도출하여 이론 정립, 정책 수립 등에 사용한다.

3 연역적 연구 과정과 귀납적 연구 과정

(1) 연역적 연구 과정

❶ **의미** : 가설을 설정하고 이것을 구체적·경험적 사실을 통해 검증하는 방법으로 실증적 연구 방법에서 과학적 방법을 채택하는 경우에 적용함
❷ **적용 분야** : 가설을 검증하여 이론을 형성하려는 과학적 연구 과정에서 주로 활용

(2) 귀납적 연구과정

❶ **의미** : 경험적 사실을 바탕으로 일반적인 법칙이나 결론을 이끌어 내는 과정으

로 해석적 연구 방법에서 사회 현상의 이해에 초점을 맞추는 경우에 적용함

❷ **적용 분야** : 자료를 수집, 종합하여 이론을 형성하고자 하는 사례 연구에서 주로 활용

04 자료 수집 방법

1 자료 수집의 필요성과 유의점

(1) **필요성** : 사회 · 문화 현상을 과학적으로 연구하기 위해 적합한 자료 수집 방법을 선택해야한다.

(2) **유의점** : 조사자의 주관적 편견이 개입되지 않도록 하여 연구의 객관성을 보장하도록 해야한다.

2 자료 수집 방법의 유형

(1) 질문지법 (=설문지법)

❶ **의미** : 조사 내용을 설문지로 작성하여 조사 대상자에게 응답하도록 하는 방법이다.

❷ **용도** : 동시에 많은 정보를 얻고자 할 때 활용되며, 조사 대상의 규모가 크고 계량화(수치화)된 자료를 수집하고자 할 때 주로 이용된다.

❸ **특징** : 조사 대상자의 답변 자료를 통계 분석하여 계량화된 자료를 수집하며, 연구 대상자의 모집단을 잘 대표할 수 있는 올바른 표본의 선택이 중요하다.

❹ **장점**

　㉠ 다수의 연구 대상에 비하여 비교적 짧은 시간에 많은 자료를 수집할 수 있다.

　㉡ 조사 결과를 통계적으로 분석하기 때문에 집단 간 비교 분석이 용이하다.

❺ **단점**

　㉠ 질문지의 회수율이 낮거나 성의 없는 응답이 발생할 수 있다.

　㉡ 응답자의 세부적이고 심층적인 의견을 파악하기 어렵다.

　㉢ 문맹자의 경우 실시하기 곤란하다.

❻ **종류** : 조사 수행 방법에 따라 우편 설문 조사, 전화 설문 조사, 면접 설문 조사, 인터 넷 설문 조사 등의 방법이 있고, 질문 형태에 따라 폐쇄형과 개방형으로 나눌 수 있다.

❼ 질문지법의 유의사항

　㉠ 질문지를 만들 때는 각 질문에서 두 가지 이상을 한 번에 물어서는 안 된다.

　㉡ 질문의 오해 가능성을 고려하여 명료한 내용으로 구성해야 한다.

　㉢ 연구자의 가치가 개입되지 않도록 해야 하며, 특정 대답을 유도하는 방식으로 작성 되어서도 안된다.

　㉣ 답지는 상호 배타적이어야 하며, 응답 가능한 모든 경우의 수를 포괄할 수 있도록 구성해야 한다.

　㉤ 이러한 문제 때문에 질문지법의 본 조사에 들어가기 전에 반드시 사전 검사 (pre-test) 과정이 필요하다.

(2) 면접법

❶ **의미** : 조사자와 응답자가 직접 만나 묻고 답하는 방식으로 자료를 수집하는 방법이다.

❷ **용도** : 비교적 적은 수의 인원을 대상으로 깊이 있는 정보를 수집할 때 사용된다.

❸ **장점**

　㉠ 문맹자에게도 실시 가능하다.

　㉡ 심층적인 자료를 얻을 수 있다.

　㉢ 응답률이 높고 질문에 대한 보충 설명을 할 수 있어 응답의 정확성을 기할 수 있다.

❹ **단점**

　㉠ 시간과 비용이 많이 든다.

　㉡ 연구자의 면접 능력에 영향을 많이 받으며 연구자의 주관이 개입될 가능성이 있다.

　㉢ 연구자가 직접 응답자를 만나야 하는 관계로 많은 수의 표본을 대상으로 하는 연구에는 적합하지 않다.

❺ **면접법의 유의 사항** : 면접자와 대상자 간의 신뢰와 협조의 분위기를 형성하는 것이 중요하다.

(3) 참여 관찰법

❶ **의미** : 연구자가 직접 연구 대상의 행동을 관찰하거나 직접 연구 대상과 일원이 되어 생활 하는 가운데 자료를 수집하는 방법이다.

❷ **용도** : 오지의 부족 등 연구자와 의사 소통이 어려운 대상에 대하여 자료를 수집 하고 자 할 때 용이한 방법이다.

❸ **장점**

　　㉠ 현장에서 생생한 자료를 직접 파악할 수 있다.

　　㉡ 면접법과 달리 언어가 다른 집단에도 사용 가능하다.

❹ **단점**

　　㉠ 관찰하려는 현상이 나타날 때까지 기다려야 하기 때문에 시간과 비용이 많이 소요된다.

　　㉡ 관찰 현상을 기록하는 과정에서 연구자의 주관이 개입될 가능성이 있다.

　　㉢ 조사 과정 중 예기치 못한 변수에 대하여 통제가 곤란하다. → 원주민과 생활하는 가운 데 문화적 차이로 마찰이 발생하거나, 혹은 연구자가 그 지방의 풍토병에 걸리기도 하는 등 예상치 못한 어려움을 겪을 수 있다.

　　㉣ 연구 대상자에게 연구 의도가 알려질 때 연구 결과가 왜곡될 가능성이 있다.

(4) 실험법

❶ **의미** : 일정한 조작을 가하여 실험 집단을 통제 집단과 비교한 다음 법칙을 찾아내는 자료 수집방법이다.

❷ **용도** : 원인과 결과 사이의 명확한 관계를 알아보기 위한 연구에서 활용된다.

❸ **특징** : 실험 집단에 일정한조작을 가하여 그로 인하여 나타나는 변화를 측정한다.

❹ **장점**

　　㉠ 사회 · 문화 현상의 인과 관계를 정확히 파악할 수 있다.

　　㉡ 효과적인 가설 검증으로 과학적 연구가 가능하다.

❺ **단점**

　　㉠ 실험 과정에 외부 변인이 개입되는 점을 철저히 통제하기 어렵다.

　　㉡ 실험 대상이 인간이기에 법적 · 윤리적 문제가 제기될 가능성이 있다.

　　㉢ 실험한다는 사실 자제가 실험 대상자의 행동에 영향을 줄 수 있다.

(5) 문헌 연구법

❶ **의미** : 사회 · 문화 현상에 대해 기존 연구자들이 기록한 연구 결과인 역사 기록이나 통계 자료 등 기존에 존재하는 문헌 자료를 활용하여 자료를 수집하는 방법이다.

❷ **용도** : 1차 자료를 직접 수집하기 어려운 경우에 주로 활용한다.

❸ **장점**

  ㉠ 실증적 연구와 해석적 연구에서 모두 적용 가능하다.

  ㉡ 시간과 공간의 제약을 적게 받으면서 폭넓은 연구가 가능하다.

  ㉢ 다른 조사 방법에 비하여 시간과 비용이 절약된다.

  ㉣ 연구 문제에 대한 기존의 연구4 동향을 알 수 있다.

  예 통계 자료를 분석할 경우 실증적 연구가 가능하며, 일기 등의 문헌 자료를 분석할 경우 해석적 연구가 가능하다.

❹ **단점**

  ㉠ 연구 문헌의 신뢰성에 문제가 있을 경우 연구 전체의 신뢰도에 심각한 문제가 발생할 수 있다.

  ㉡ 연구 문헌 해석 과정에서 연구자의 편견이 개입되어 주관적인 문헌 해석의 가능성이 있다.

📁 자료 수집 방법의 비교

구분	장점	단점
문헌 연구법	• 시간과 비용 절약 • 기존의 연구 동향 파악에 유리	• 문헌의 신뢰성 문제 • 해석 과정에서 연구자의 주관 개입
질문지법	• 시간과 비용 절약 • 자료의 비교 분석에 유리	• 낮은 회수율과 신뢰도 • 질문에 대한 오해 발생, 문맹자에게 실시 불가
면접법	• 문맹자에게 실시 가능 • 심층적 자료와 응답의 정확성	• 연구자의 주관 개입 가능성 • 시간과 비용 과다, 표본 수의 제한
참여 관찰법	• 언어가 다른 집단에게 실시 가능 • 현장에서 생생한 자료 수집	• 변수 통제의 어려움 • 원하는 현상 발생까지의 시간과 비용 과다
실험법	• 인과 관계를 명확히 파악 • 효과적 가설 검증	• 외부 변인 통제의 어려움 • 인간 대상의 윤리적 문제 발생

01 다음 자료 수집 방법의 특성을 가장 잘 나타낸 것은?

> 대화를 통해 필요한 정보를 수집하는 방법으로, 질문하고자 하는 내용을 조사자가 물어 보고 그에 대한 조사 대상자의 응답을 통해 자료를 수집하는 방법

	시간과 비용의 정도	자료 수집의 심층 정도	연구자의 주관 개입 정도
①	많음	낮음	높음
②	많음	높음	높음
③	적음	낮음	높음
④	적음	높음	음
⑤	적음	낮음	낮음

해설 제시문의 자료 수집 방법은 면접법이다. 면접법은 질문지법 등 다른 조사 방법에 비하여 시간과 비용이 많이 소요되나, 심층적 자료를 수집할 수 있는 장점이 있다. 자료 수집을 위한 면담 과정에서 연구자의 주관이 개입될 가능성은 상대적으로 크다.

정답 ②

02 자료 수집의 조사 방법 중 서로 다른 내용인 것은?

① 시간과 비용이 절약된다.
② 정보 수집이 용이하고 자료 분석 시 비교가 쉽다
③ 필요한 문제를 자세하게 물어볼 수 있다.
④ 응답자의 외면적 표현에 의존한다.

해설 ①, ②, ④는 질문지법의 일반적 특징이다. ③필요한 문제를 자세히 물어볼 수 있는 자료 수집 방법은 면접법이다.
정답 ③

03 청년 실업에 대한 자료를 수집하고자 한다. 시간과 비용을 절약하면서도 자료 분석이 용이한 자료 수집 방법은?

① 실험법   ② 참여 관찰법
③ 면접법   ④질문지법

해설 시간과 비용이 절약되고 자료 분석이 용이한 자료 수집 방법은 질문지법이다. ① 실험법의 경우 외부 변인을 철저히 통제하기 어렵고, 실험 대상이 인간인 관계로 법적 윤리적 문제가 제기될 수 있어 자료 분석이 질문지법에 비해 용이하지는 않다.
정답 ④

04 탐구 과정의 순서가 다음과 같은 사회 과학의 연구 방법에 대한 설명은?

> 문제 제기 → 연구 계획(연구 대상 선정, 자료 수집 방법 선택) → 자료 수집 → 자료 해석 → 결론

① 연구자의 직관적 통찰에 의해 사회 현상의 의미를 해석한다.

② 경험적인 자료를 계량화하여 분석하는 연구 방법이다.

③ 사회 현상에 관하여 일반적인 법칙을 발견하여 설명하려 한다.

④ 가설을 바탕으로 한 연역적인 연구의 과정을 의미하는 경우가 많다.

해설 사회 과학의 연구 과정에는 실증적 연구 과정과 해석적 연구 과정이 있다. 이러한 연구 과정의 가장 큰 차이는 가설 설정 단계의 유무이다. 실증적 연구 과정은 가설을 설정한 후 가설의 검증 단계가 있는 반면, 해석적 연구 과정은 가설을 설정하는 단계가 생략된다. 제시문은 가설 설정 단계가 없으므로 해석적 연구 과정이며, 해석적 연구 과정에서는 연구자의 직관적 통찰을 중시한다.

정답 ①

05 다음은 사회 과학의 연구 방법에 대한 설명이다. 이 연구 방법에 대한 특징으로 옳지 않은 것은?

> 자료를 계량화하여 분석하는 연구 방법으로 사회 현상에 관한 일반적인 법칙을 발견한다.

① 수량적으로 표현할 수 있는 양적인 자료를 중시한다.

② 통계적인 분석 기법을 활용한다.

③ 객관성 확보가 쉽 지 않다.

④ 연구자는 가치 중립적으로 연구한다.

해설 계량화하여 일반적인 법칙을 발견하는 연구 방법은 실증적 연구 방법이다. 실증적 연구 방법은 수량화된 양적인 자료를 중시하는 반면, 해석적 연구 방법은 질적인 자료를 중시한다. 실증적 연구 방법이 객관적인 데이터를 통해 법칙 발견에 용이한 반면, 해석적 연구 방법은 연구자의 주관이 개입될 가능성이 상대적으로 크다.

정답 ③

06 사회 과학의 연구 방법 중 해석적 연구 방법에 해당하는 것은?

① 객관적으로 관찰 가능한 인간 행위를 분석 대상으로 삼는다.

② 통계적인 분석 기법을 활용한다.

③ 수량적으로 표현할 수 있는 양적인 자료를 중시한다.

④ 연구자가 관찰 대상의 입장이 되어 볼 것을 강조한다.

해설 해석적 연구 방법은 주관적으로 관찰이 가능한 인간 행위를 대상으로 하며, 통계적인 분석 기법보다는 연구자의 직관 등을 중시 한다. 면접법, 참여 관찰법 등의 조사 방법 이 이용되며 연구자가 관찰 대상의 입장이 되어 볼 경우 관찰자를 보다 정확하게 이해 할 수 있다.

정답 ④

07　사회 문화 현상을 연구하는 데 동원되는 자료 수집 방법에 대한 설명으로 적절한 것은?

① 면접법은 시간과 비용이 절약되고 분석 기준이 명확하며 자료 분석이 용이하다는 장점이 있다.

② 문헌 연구법은 문헌 자료의 신뢰성과 문헌 해석에 대한 객관성을 확보할 수 있다는 장점이 있다.

③ 참여 관찰법은 연구자가 사회 현상을 직접 보고 듣고 느끼면서 자료를 수집하는 방법이다.

④ 실험법은 인간 행위에 일정한 자극을 주고 이에 대한 반응을 연구하는 것으로 주관적인 연구가 가능하다.

해설　① 분석 기준이 명확하고 자료 분석이 용이한 조사 방법은 질문지법이다. ② 문헌 연구법은 문헌 해석을 주관적으로 할 경우 연구결과의 신뢰도가 낮아질 수 있다. ④ 실험법은 객관적인 연구를 목적으로 실시한다.

정답　③

08　다음 글의 갑이 사용한 연구 방법에 대한 설명으로 옳은 것은?

연구자 갑은 입양아의 생애사 연구를 위해 현재 독일에서 생활하고 있는 6명의 한국인 입양아를 연구 대상으로 선정하여 이들을 대상으로 심층 면담을 실시하였다.

① 연구자의 편견이 개입될 가능성이 있다.

② 자료 분석을 통한 법칙 발견에 목적이 있다.

③ 연구자는 주로 연역적 방식을 사용하고 있다.

④ 심층적인 의견의 파악이 어려운 단점이 있다.

해설　제시문의 갑은 면접법을 사용하고 있다. ② 법칙 발견은 실증적 연구 방법의 목적이다. ③ 면접법은 구체적 사실에서 결론을 도출한다는 점에서 귀납적 방식을 사용한다. ④ 면접법은 해석적 연구 방법에서 주로 사용하는 자료 수집 방법으로, 심층적인 의견의 파악이 용이하다.

정답　①

09　질문지법의 일반적 특징으로 옳은 것은?

① 언어나 문자로 표현하기 어려운 현상을 조사한다.

② 표본이 전체 집단을 대표할 수 있는지 고려해야 한다.

③ 다른 조사법에 비해 일반적으로 시간과 비용이 많이 든다.

④ 하나의 변수가 다른 변수에 어떤 영향을 미치는지를 조사한다.

해설　질문지법은 실증적 연구 방법의 대표적 자료 수집 방법으로 통계적·수치적 데이터를 활용하여 법칙 발견을 목적으로 한다. ① 질문지법은 문맹자나 언어가 다른 사람에게는 조사할 수 없다. ② 질문지법은 전수 조사보다는 표본 조사가 일반적이며, 표본이 전체 집단을 대표하지 못할 경우 신뢰도에 문제가 발생할 수 있다. ③ 시간과 비용의 절감은 질문지법의 가장 큰 특징이다. ④ 변수의 영향은 다른 변수가 통제된 실험법을 통해서 확인할 수 있다.

정답　②

10 다음 주제를 연구하기 위한 연구 방법에 대한 설명으로 옳지 않은 것은?

> 사회과 토론 수업이 사고력 신장에 미치는 효과를 검증하고, 성별에 따른 사회·문화 과목의 학업 성취도를 비교 연구하고자 한다.

① 연구 대상의 동기를 심층 분석한다.

② 보편적으로 적용될 수 있는 결론을 도출한다.

③ 수집된 자료를 통계적으로 분석하는 과정을 거친다.

④ 독립 변수와 종속 변수의 인과적 관계를 설명한다.

> **해설** 토론 수업의 효과를 검증하기 위해 성별에 따른 학업 성취도를 비교하는 것은, 토론 수업이라는 변수를 활용하여 토론 수업이 적용된 집단과, 적용되지 않은 집단의 성별 차이를 실험해 보겠다는 것이다. 이와 같은 실험법은 실험의 결과 수집된 수치적 자료를 활용하여 보편적 결론을 도출할 수 있다. 실험법에서는 독립 변수(변화시키는 변수)와 종속 변수(독립 변수의 변화에 따라 변하는 요인들)의 관계 설명이 목적이다. 실험법은 실증적 연구에서 주로 사용하는 자료 수집방법이다.

> **정답** ①

11 다음 주제에 적합한 연구 방법에 대한 설명으로 옳은 것은?

> 1970년대 OO지역 섬유 업계 여성 노동자의 삶에 대한 생애사 연구

① 일반적인 법칙의 발견에 목적이 있다.

② 개념의 조작적 정의를 통한 측정을 중시한다.

③ 계량화되기 쉬운 가치, 관념 등의 분석에 관심을 가진다.

④ 연구 대상자에 대한 연구자의 감정 이입적 이해를 중시한다.

> **해설** 1970년대의 생애를 연구하기 위해서는 참여 관찰이나 면접이 불가능하기 때문에 문헌 연구법이 적합하다. 문헌 연구법은 실증적, 해석적 연구가 모두 가능하나, 삶에 대한 연구를 위해서는 해석적 연구에 적합한 문헌을 참고해야 한다. ①, ②, ③ 실증적 연구에 대한 설명이다.

> **정답** ④

[12 ~ 13] 다음은 어떤 연구 과정을 나타낸 것이다. 물음에 답하시오.

> (가) 어떤 주제를 연구 내용으로 할지 결정한다.
> (나) 조사의 세부 내용이 확정되면 질문지를 작성하고 대상자를 선정한다.
> (다) 자료 수집이 완료되면 통계 분석을 실시하여 중요한 내용을 정리한다.
> (라) 새롭게 발견된 사항에 주목하면서 결론을 내린다.

12 위의 (가)~(라)단계에서 가설이 설정되는 단계는?

① (가)   ② (나)   ③ (다)   ④ (라)

> **해설** 실증적 연구 방법은 문제 인식 → 가설 설정 → 연구 설계 → 자료 수집 → 자료 분석 → 가설 검증 및 결론 도출의 단계를 거친다. (가)는 문제 인식 및 가설 설정, (나)는 연구 설계, (다)는 자료 수집 및 자료 분석, (라)는 결론 도출에 해당한다. 가설 설정은 (가)단계에서 할 수 있다.

> **정답** ①

13 위의 (가) 단계에서 결정할 수 있는 주제로 가장 적절한 것은?

① 수도권 성인병 환자의 애로 사항

② 아마존 지역 원주민 부족의 생사관

③ A 종교와 B 종교 경제 윤리의 역사적 비교

④ 구사회주위 국가의 몰락 과정에서의 시민 사회의 역할

해설 제시된 연구 과정은 질문지법을 활용하고 있다. 또한 실증적 연구 방법에 적합한 주제를 선정해야 한다. ① 애로 사항은 질문지법으로 확인 가능하다. ② 생사관(죽음과 삶에 대한 관점)은 참여 관찰법이 적합하다. ③, ④ 과거의 사건에 대한 연구는 문헌연구법이 적합하다.

정답 ①

14 다음 (가) – (라)의 연구 단계에 대한 설명으로 옳은 것은?

> (가) 연구 목적 : 흡연의 청소년 정서 발달 영향 파악
> (나) 연구 대상 : 청소년 100명
> (다) 조사방법 : 설문지이용
> (라) 자료 처리 : 컴퓨터 입력하여 통계 처리

① (가)에서는 엄격한 가치 중립이 요구된다.

② (나)에서는 응답자와 교감이 필요하다.

③ (다)에서 각 문항의 답지는 상호 배타적이어야 한다.

④ (라) 단계는 흡연 동기와 의미를 파악하는 데 적합하다.

해설 질문지법을 활용하여 청소년 정서 발달의 영향을 파악하고자 한다. ① (가)와 같은 문제 제기 및 가설 설정 단계에서는 가치 개입이 불가피하다. ② 응답자와 교감이 필요한 연구 방법은 면접법이나 참여 관찰법이다. ③ 문항의 상호 배타성은 질문지법의 중요한 전제조건이다. ④ 관찰자의 동기나 의미의 파악에는 해석적 연구 방법이 적합하다.

정답 ③

15 다음의 연구 방법에 대한 설명으로 옳은 것은?

> 00마을 주민들의 삶을 연구하기 위해서 마을 주민들을 대상으로 심층 면담이 이루어 졌다. 면담 내용은 녹음 후 글로 옮겨졌으며, 이 자료를 분석하는 과정을 거쳐 연구를 완성 하였다.

① 연구자의 편견이 배제된다.

② 설문지법과 같은 성격의 연구 방법이다.

③ 연구 대상자의 입장을 이해하고자 한다.

④ 주로 연역적 연구 방법이 사용되고 있다.

해설 면접법이나 참여 관찰법은 해석적 연구 방법의 대표적 경우이다. 해석적 연구 방법은 연구자의 편견이 개입될 수 있으며, 연구 대상자의 입장을 이해하며 연구가 진행된다. ①, ②, ④ 실증적 연구 방법은 법칙 발견을 목적으로 하고, 주로 연역적 연구 방법이 사용된다.

정답 ③

16 다음과 같은 자료 수집 방법의 일반적 특징으로 옳은 것은?

> * 조사 연구 결과 (조사 대상 1,000명)
> 1. 승진에 혈연, 지연 등 연구가 작용하는가? 그렇다 55% − 아니다 45%
> 2. 현 직장보다 더 좋은 곳을 찾기 위해 노력하는가? 그렇다 48% − 아니다 52%

① 조사 대상자의 내면적 심리를 파악할 수 있다.

② 언어나 문자로 표현하기 어려운 현상을 조사한다.

③ 조사를 위해서 많은 비용과 오랜 시간이 필요하다.

④ 표본이 전체 집단을 대표할 수 있는가가 중요하다.

해 설 제시문의 자료 수집 방법은 질문지법이다. 질문지법은 짧은 시간과 적은 비용으로 조사가 가능하나, 표본이 전체 집단을 대표할 수 있어야 신뢰도가 높아진다. 내면적 심리 파악이 불가능하고 문맹자에게 실시할 수 없다는 단점이 있다.

정 답 ④

17 다음의 연구 주제에 적합한 연구 방법에 대한 설명으로 옳은 것은?

> 지난 주 여름철 집중 호우로 인하여 전국적으로 큰 피해가 발행하였다. 이에 대하여 우리 모둠은 익사 사고에 대한 피해 주민들의 심정을 파악해 보고자 한다.

① 가설의 설정이 필요한 방법이다.

② 조사 결과를 통계적으로 활용할 수 있다.

③ 모집단에 대한 표본의 대표성이 중요하다.

④ 언어나 문자로 소통하기 어려운 대상에 적합하다.

해 설 제시된 연구는 해석적 연구 방법을 사용할 것이다. 해석적 연구 방법에서 주로 사용되는 자료 수집 방법인 면접법이나 참여 관찰법의 경우 언어나 문자로 소통하기 어려운 대상에 적용 가능하다. ① 가설 설정이 필 요한 방법은 실증적 연구 방법이다.

정 답 ④

18 다음 조사 방법에 대한 설명으로 옳은 것은?

> 면접법, 실험법, 질문지법, 참여 관찰법 중 조작 및 통제의 정도가 가장 강한 자료 수집 방법이다.

① 주관적 판단이 개입될 가능성이 있다.

② 법적 · 윤리적 문제가 발생할 가능성이 있다.

③ 언어 소통이 어려운 대상에게 적합한 방법이다.

④ 소수의 연구 대상자로부터 깊이 있는 정보를 얻을 수 있다.

해 설 조작 및 통제의 정도가 가장 강한 자료 수집방법은 실험법이다. 실험법은 인간을 대상으로 한 실험인 만큼 법적 · 윤리적 문제에 유의해야 한다.

정 답 ②

19 다음의 연구 단계에 대한 설명으로 옳은 것은?

> * 연구 주제 : 소득별 사교육비 지출
> * 연구 단계
> ㉠ 문제 제기 → ㉡ 가설 설정 → ㉢ 자료 수집 → ㉣ 자료 분석 및 가설 검증 → 일반화

① ㉠ : 연구자의 가치 개입　　　　② ㉡ : 귀납적 방법 사용

③ ㉢ : 실험법을 통해 자료확보　　④ ㉣ : 개념 정의 후 잠정적 결론 도출

해설　소득별 사교육비 지출에 대한 조사에서 자료 수집 방법으로는 질문지법이 적합할 것 이다. ① 연구 단계 중 문제 제기 및 가설 설정 단계의 경우 가치의 개입이 필수적이다. ② 가설을 설정한 후 조사하는 방법은 연역적 방법이 다. ④ 개념의 조작적 정의는 가설 설정 단계에서 실시된다.

정답　①

20 다음 사례에 나타난 자료 수집 방법에 대한 설명으로 옳은 것은?

> 독립 영화 제작자 한 팀과 함께 생활하며 무엇이 그들에게 동기를 부여하는지 탐구하 고자 한다.

① 표본의 대표성이 중요하다.　　② 통계적 자료의 활용을 중시한다.

③ 연구자의 가치가 개입될 수 있다.　④ 일정한 법칙의 발견을 목표로 한다.

해설　제시문에 나타난 자료 수집 방법은 참여 관찰법으로 해석적 연구 방법에 해당한다. 참여 관찰법의 경우 연구자의 가치가 개입될 가능성이 크다. ① 표본의 대표성은 질문지법에서 고려하는 것이다. ② 통계적 자료의 활용 및 ④ 법칙의 발견은 실증적 연구 방법의 특징이다.

정답　③

21 다음과 같은 조사 방법에 대한 설명으로 옳은 것은?

> **질문** : 당신이 TV를 보는 시간은 얼마나 됩니까?
> A. 1시간 미만　　　　B. 1~2시간　　　　C. 2시간 이상

① 윤리적인 문제가 발생할 수 있다.

② 주로 실증적 연구 방법에서 활용된다.

③ 연구자의 가치가 개입될 가능성이 크다.

④ 연구 대상의 동기를 심층 분석할 수 있다.

해설　제시된 조사 방법은 질문지법이다. 질문지법은 실증적 연구 방법의 대표적인 자료 수집 방법으로, 짧은 시간에 적 은 비용으로 통계적 자료를 얻을 수 있는 방법이다.

정답　②

22 다음의 주장과 관련 있는 연구 방법의 특징으로 옳지 않은 것은?

> 연구자는 직관이나 상황 맥락에 의존할 것이 아니라 자료를 계량화하고 분석한 후 결론을 내려야 한다. 그래야만 사회적 현상들 사이에 존재하는 인과 관계를 제대로 파악할 수 있다.

① 가설 검증의 절차가 필요하다.

② 법칙 발견을 통해 사회 현상을 설명하고자 한다.

③ 연구자의 감정 이입을 통해 사회 현상을 이해한다.

④ 일반적이고 표준화할 수 있는 자료를 얻을 수 있다.

해설 제시문의 주장과 관련 있는 연구 방법은 실증적 연구 방법이다. ③ 연구자의 감정 이입이 동반되는 조사 방법은 해석적 연구이다.

정답 ③

23 다음 (가)~(라)의 연구 단계를 연구 진행 순서에 따라 배열한 것은?

> (가) 자료수집 및 분석 (나) 연구 설계
> (다) 연구 주제 선정 (라) 결론 도출 및 일반화

① (가)→(나)→(다)→(라) ② (가)→(나)→(라)→(다)

③ (나)→(가)→(다)→(라) ④ (다)→(나)→(가)→(라)

해설 (가) – (라)는 실증적 연구 고평을 나타낸다. 연구 주제 선정 → 연구 설계 → 자료 수집 및 분석 → 결론 도출 및 일반화의 순서로 진행된다

정답 ④

24 다음과 같은 자료 조사 방법이 적용될 수 있는 주제로 적절한 것은?

> 질문지를 배포하여 삶의 만족도를 묻고, 어떠한 교육 수준, 직업, 계층의 사람들이 가장 만족스럽다고 했는지 분석한다.

① 수도권 성인병 환자의 애로 사항

② 아마존 지역 원주민 부족의 생사관

③ 동북아시아 산업 정책의 국가별 비교

④ 구 사회주의권 몰락 과정에서 시민 사회의 역할

해설 제시된 자료 수집 방법은 질문지법으로, ① 수도권 성인병 환자의 애로 사항과 같이 다수를 대상으로 한 조사에 적합하다. ②는 참여 관찰법이 적합하다. ③, ④ 같은 경우는 문헌 연구법이 적합하다.

정답 ①

25 다음 글에서 설명하고 있는 절차를 수행하는 단계는?

> 연구 주제나 핵심 개념을 구체적인 현상에 적용할 수 있도록 명확하게 만드는 과정으로, 이런 절차를 통해 연구 문제는 검증 가능한 형태가 된다.

① 자료 분석 ② 가설 검증 ③ 결론 도출 ④ 가설 설정

해설 제시문은 개념의 조작적 정의에 대한 설명 이다. 개념의 조작적 정의는 가설의 설정 및 연구 설계 단계에서 필요하다.

정답 ④

제3절 사회 문화 현상의 탐구 태도와 윤리

01 사회 문화 현상의 바람직한 연구 자세

1 사회 문화 현상 연구의 한계

(1) 가치관의 차이

사회 문화 현상은 가치 함축적이어서 연구자와 연구 대상에 속한 사람들의 가치가 다를 경우 현상에 대한 이해가 매우 어려워질 수 있다.

(2) 가치나 편견의 개입

연구 대상에 대한 연구자 자신의 가치나 편견이 연구 과정에 개입될 경우 연구 결과가 왜곡될 가능성이 있다.

(3) 과학적 태도

객관적이며 보편타당한 지식의 생산을 위하여 사회·문화 현상을 과학적으로 접근하는 과학적 태도가 필요하다.

2 사회 과학 연구의 목적과 특징

(1) 사회과학연구의 목적

❶ 사회 문화 현상의 인과 관계를 규명하고 본질을 이해하고자 한다.
❷ 사회 문제를 해결하고 실천 방안을 모색하고자 한다.
❸ 보다 나은 사회를 건설하고자 한다.

(2) 사회 과학 연구의 특징

경험적 근거	다수가 사실로서 인식할 수 있거나, 타당한 것으로 공감할 수 있는 정보와 자료가 제시되어야 함
개방성	연구 방법과 절차 및 결과에 대하여 비판을 허용해야 하며, 새로운 증거를 바탕으로 연구 결과를 수 용해야함

객관성	가급적 연구자 자신이나 특정 집단의 가치관 및 이해관계가 배제되어 제3자의 입장은 견지해야 함
체계성	연구 방법과 절차가 연구 목적에 맞아야 하고 연구 결과가 상호 연계되어야 함
논리적 통일성	연구 목적과 결과가 동일한 개념과 기준에 의해 내용상 일관성을 유지해야 함

3 바람직한 사회 문화 현상의 연구 자세

(1) 객관적 태도

❶ **의미** : 연구자의 가치와 이해관계가 개입하지 않도록 선입견이나 주관적인 요소를 배제 하고 제3자의 입장에서 탐구하는 태도이다.

❷ **필요성**

㉠ 연구자의 선입견이나 특정 집단의 가치와 관점 및 이해관계가 개입되면 사회 문화 현상의 정확한 인식이 어렵게 될 수 있다.

㉡ 특히 자료 수집 및 분석 단계에서 중시된다.

(2) 성찰적 태도

❶ **의미** : 사회 문화 현상 내면의 인과 관계나 의미를 파악하여 능동적으로 살펴보는 태도이다.

❷ **필요성**

㉠ 인간은 자신도 모르는 사이에 사회 · 문화 현상에 대한 깊은 편견과 오해에 빠져 있으며 이를 잘 인식하지 못하는 경우가 많다.

㉡ 사회 과학은 당연해 보이는 현상도 당연한 것이 아닐 수 있다는 생각에서 출발해야 한다. 사회 문화 현상은 의문을 품지 않고 있는 그대로 받아들이면, 사회 문화 현상에 대한 어떤 의미도 발견할 수 없다.

㉢ 성찰적 태도는 사회 문화 현상 탐구의 동기를 제공한다.

(3) 상대주의적 태도

❶ **의미** : 사회 문화 현상이 지닌 고유한 가치와 의미를 그 사회의 맥락에서 이해하는 태도이다.

❷ **필요성** : 동일한 사회 문화 현상이라 하더라도 시간적 공간적 특수성에 따라 다른 의미로 받아들여지기 때문에 맥락에 따라 의미를 이해해야 한다. 자기 문화만을 중시하는 자문화 중심주의, 타문화를 숭상하고 자기 문화를 낮게 보는 문

화 사대주의는 모두 어느 한 문화를 기준으로 다른 문화를 평가할 수 있다는 입장이며, 바람직하지 않은 문화 이해의 태도이다.

　　㉠ 조선 후기에 전래된 천주교가 조상에 대한 제사를 일부 인정하는 것
　❸ 극단적 상대주의 : 인류의 보편적 가치를 부정하는 극단적 상대주의는 경계해야 한다.

(4) 개방적 태도

　❶ 의미 : 여러 가지 가능성이 공존한다는 사실을 인정하고, 자신의 생각과 다른 사실이나 주장을 받아들이는 태도이다.

　❷ 필요성
　　㉠ 특정 이론이나 주장에 빠지게 되면 사고가 편협해지고 배타적이 되어서 자신의 입장만을 강조하는 것이 소신이라고 생각하기 쉽다. 그러나 이러한 태도는 다원화된 사회에서 학문과 사회 발전에 장애 요인이 된다.
　　㉡ 사회 문화 현상의 특성상 아무리 논리적으로 완벽한 주장이나 이론이라도 그것이 경험적인 증거에 의해 검증되기 전에는 하나의 가설일 뿐이다.
　　　예 'A 현상의 원인이 무엇인가'를 연구할 때, 연구자의 관점에 따라 그 원인을 '가'로 볼 수도 있고, '나'로 볼 수도 있는데, 이렇듯 서로 다른 견해를 모두 인정하고 받아들이는 태도를 말한다.

📂 사회 문화 현상의 탐구 태도

구분	내용 및 사례
객관적 태도	선입견을 배제하고 제3자의 시선으로 바라볼 때보다 정확하게 이해할 수 있다. 예 다문화 가정의 증가 원인 및 문제에 대해 연구하기 위해서는 다문화 가정에 대해 객관적으로 바라볼 수 있어야 한다. 만약 외국인에 대해 편견을 가진 학자라면 객관적 연구를 할 수 없을 것이다.
성찰적 태도	사회 문화 현상은 있는 그대로가 아니라 보다 깊이 있게 들여다보고 탐구하는 자세를 가져야 한다. 예 학교 폭력을 예방하기 위한 정부의 정책에 대해, 그러한 정책이 유발할 수 있는 또 다른 문제점을 탐구하는 자세는 성찰적 태도이다.
상대주의적 태도	어떠한 문화도 고유한 가치가 있으며, 문화는 그 문화가 속한 사회, 민족, 지리적 위치 등의 맥락에서 이해해야 한다. 예 우리나라에서는 일부일처제만을 법으로 허용하고 있다. 하지만 다른 사회의 일부다처제를 비난해서는 안 된다. 이슬람 등 일부 지역에서는 일부다처제가 그들의 생활양식이기 때문이다.
개방적 태도	나의 생각은 하나의 가설일 뿐이며, 나와 다른 사람의 생각이나 주장을 편견없이 받아들일 수 있어야 한다. 예 지구가 우주의 중심이라 믿고 있었던 중세 교회는 지동설을 주장한 갈릴레이를 종교 재판에 불러들여 지동설을 부인하도록 강요하였다. 이는 개방적인 태도가 부족했기 때문이다.

사회 문화 현상의 탐구와 가치 문제

1 사실과 가치

(1) 사실

❶ 사실은 인간의 주관적인 의식이 개입되지 않고 경험적인 근거에 의해서 증명 가능한 내용을 진술한 것이다.

❷ 사실은 각 개인의 가치관과 관계없이 경험적 증거에 의하여 판명될 수 있는 것이다.

❸ 사실 문제는 객관적 존재 법칙에 따르며 참과 거짓을 판단할 수 있는 진술이다.

  예 '물은 0℃에서 얼기 시작한다.'는 사실이다. 존재하고 있는 현상을 객관적으로 서술 하는 것은 사실 판단이다.

(2) 가치

❶ 가치는 인간의 주관적인 평가가 개입되어 경험적인 근거에 의해 증명될 수 없는 내용을 진술한 것이다.

❷ 가치는 객관화가 어렵고 경험적 자료로서 검증이 불가능하다.

❸ 가치문제는 당위적 방향을 제시하며 무엇이 좋고, 나쁜지 또는 무엇을 옳고, 그른지에 대한 주장의 형태로 제시된다.

  예 '학생에 대한 두발 규제는 바람직하다'는 가치이다. 가치는 개인의 주관적 평가이기 때문에 정답이 있을 수 없다.

(3) 사실 판단과 가치 판단

사실 판단	가치 판단
존재하고 있는 현상을 객관적으로 서술 하는 것 → 사실 판단은 증거에 의하여 증명되는 것이므로 참과 거짓이 분명 하고 관련된 문제의 정답은 하나이다.	주관적으로 평가하여 좋다거나 나쁘다고 서술히는 것 → 가치 판단은 개인의 주관적 평가이기 때문에 무엇이 정답 이라고 판단하기가 곤란하다.

2 가치중립

(1) 의미

연구자가 자신의 주관적 가치를 배제하고 객관적으로 연구를 수행하는 자세를 가치중립이라 한다.

(2) 가치중립의 필요성

❶ 사회 문화 현상을 인식하는 데 있어서 왜곡을 방지하고 본질을 정확히 파악하키 위해 필요하다.

❷ 과학적 연구는 연구자가 가지고 있는 주관적인 가치를 배제시키고 경험적인 근거에 의하여 탐구하여야 한다.

❸ 사회 문화 현상은 경험적인 근거에 의해 증명 가능한 사실과 그렇지 않은 가치가 결합되어 만들어지는 현상이기 때문에 주관적인 가치와 객관적인 사실을 엄격하게 구별 하여 가치중립적으로 탐구하는 것이 중요하다.

(3) 가치중립의 어려움

❶ 연구자 자신도 사회 문화 현상의 일부이며, 자신이 속한 집단의 이해 관계에서 자유롭기 힘들다.

❷ 나아가 연구자가 속한 사회와 시대의 지배적 가치에 영향을 받는다.

(4) 탐구 과정과 가치중립

❶ 문제 인식 및 가설 설정 그리고 결론의 적용 및 대안 모색 단계에서는 연구자의 가치가 개입될 수 있다.

❷ 자료 수집 및 분석, 가설 검증 및 결론 도출 단계에서는 정확한 연구를 위해서 가치중립이 반드시 필요하다.

연구 과정 중 가치중립과 가치 개입 단계
- 연구 주제 및 가설 설정의 단계는 연구자의 의도가 개입될 수밖에 없다.
- 자료 수집 및 분석 그리고 가설 검증 및 결론 도출은 연구 결과의 신뢰도를 위하여 객관적인 입장에서 연구가 진행되어야 한다.
- 결론의 적용 단계에서는 연구자의 바람직한 가치 판단에 의해 연구 결과가 적절히 활용되어야 한다. 인류의 보편적 가치에 위배되는 연구 결과의 경우 가치중립보다는 연구자의 가치 개입이 필요하다.

3 **가치개입**

(1) 가치 개입의 이유

❶ 사회 문화 현상은 인간의 의지와 가치, 동기 등이 개입되어 만들어지기 때문에 가치중립적인 연구가 어렵다.

❷ 사회 과학의 탐구는 연구자가 속한 계층이나 집단의 가치나 이해관계에 의해 많은 영향을 받는다.

❸ 사회 과학자는 연구 과정에서 가치를 개입시켜 사회 문제를 해결하는데 적극적으로 나서야 한다. 즉 비판적 사회 과학

 4 **가치 개입과 가치중립의 조화**

(1) 탐구 단계와 가치

❶ 가치 판단이 필요한 탐구 단계 : 탐구 주제 선정 단계, 탐구 결과를 바탕으로 한 대책 수립 단계

❷ 가치중립이 필요한 탐구 단계 : 자료 수집 및 분석 단계, 가설 검증 및 결론 도출 단계

(3) 가치중립적으로 탐구한다는 것의 의미

가치중립적으로 탐구한다는 것은 연구자가 어떤 가치도 가져서는 안 된다는 의미가 아니라, 연구자의 주관적 가치로 인해 연구의 객관성을 약화시켜서는 안 된다는 것을 의미한다.

 5 **연구의 활용과 윤리문제**

(1) 탐구 과정과 연구 결과의 활용에 대한 자세

❶ 사실과 가치를 명확히 구분하여야 하며, 사실 문제는 과학적인 탐구를 통하여, 가치 문제는 올바른 가치 판단을 통하여 문제 해결에 접근해야 한다.

❷ 연구 결과에 대한 맹목적 추종보다는 비판적 수용 자세를 견지해야 한다.

❸ 특수한 상황에 대한 탐구 결과를 성급하게 일반화해서는 안 된다.

❹ 연구 목적이나 연구 결과가 반인륜적이거나 비민주적인 목적에 악용되지 않도록 유의해야 한다.

❺ 사회 과학의 연구는 그 자체로 의미 있는 것이 아니라 그 결과를 일상생활에 유용하게 활용함으로써 의미가 있는 것이다.

(2) 연구자의 윤리 의식

❶ **연구자는 연구 대상자의 인권을 존중해야 한다.**

  ㉠ 연구자는 조사 대상자에게 연구 목적을 알리고 조사 참여에 동의를 얻어야 한다.

  ㉡ 연구 목적에 대한 인지가 피조사자의 행동에 영향을 줄 경우 연구자는 불가피하게 연구 목적을 알리지 않을 수 있지만, 조사가 끝난 후에는 반드시 그 사실을 밝히고 양해를 구해야 한다.

  ㉢ 실험법의 경우 연구자의 상황 조작과 통제가 조사 대상자에게 심리적 혹은 신체적 긴장을 야기할 수 있음에 유의해야 한다.

❷ **연구 대상자의 사생활을 보호해야 한다.**

연구자는 수집된 피조사자의 개인 정부를 연구 이외의 목적에 활용해서는 안 되며, 철저하게 익명성을 보장해야 한다.

❸ **탐구 결과가 사회에 미칠 영향에 대해 끊임없이 반성적으로 고찰해야한다.**

연구 목적이나 연구 결과가 반인륜적이거나 비민주적인 목적에 악용되지 않도록 유의해야 한다.

❹ **정직한 탐구를 함으로써 사실의 왜곡을 막아야 한다.**

연구자가 연구를 설계하고 자료를 수집하는 과정에서 자료를 조작하거나 결과 발표 과정에서 연구 결과를 왜곡해서는 안 된다.

❺ 사회 과학의 탐구는 인간의 지적 욕구를 충족시키고 현상의 본질을 밝혀내 사회 발전에 이바지하려는 순수한 목적에서 이루어져야 한다.

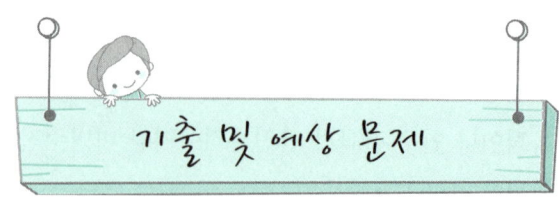

기출 및 예상 문제

01 다음 글에서 강조하고 있는 사회 과학의 탐구 태도로 가장 적절한 것은?

> 자기와 다른 생각과 가치관을 가진 사람이 존재한다는 것은 인간의 삶을 더 풍요롭고 다양하게 하는 측면이 있다. 이런 점을 고려했을 때 사람들 간의 사고의 차이는 결코 부정적인 것이 아니라 긍정적인 자기 발전의 밑거름이 될 수 있다고 보아야하며, 이런 사고야말로 21세기를 살아가는 우리 시민의 기본 자세이다.

① 성찰적 태도　　　　　　　② 객관적 태도

③ 개방적 태도　　　　　　　④ 윤리적 태도

⑤ 비판적 태도

해설 최근 들어 기존의 9급 문제 패턴과 달리 장문의 제시문이 등장하고 있다. 하지만 제시문의 난이도가 높지 않아 꼼꼼히 읽으면 쉽게 풀 수 있다. 제시문에서 힌트는 첫 번째 줄의 '나와 다른 가치관을 가진 사람이 존재함'이다. 나와 다른 생각과 가치관을 긍정적으로 바라보고 있으므로, 개방적 태도에 해당한다. 선지의 다른 태도들에 대해서도 해당하는 사례를 생각해 보며 복습해보자.

정답 ③

02 다음 중 사회 문화 현상을 탐구하는 태도로 옳지 않은 것은?

① 사회 문화 현상의 특수성을 고려한다.

② 가능한 한 선입관이나 편견을 배제한다.

③ 부분적인 가치를 지닌 특정한 이론은 그대로 받아들인다.

④ 사회 문화 현상 그 자체를 있는 그대로 정확하게 인식하는 단계에서는 냉정한 제3자의 입장에 서야한다.

해설 사회 문화 현상을 탐구하는 태도인 성찰적인 태도, 객관적 태도, 개방적 태도, 상대주의적 태도는 반드시 암기하고, 그 내용은 사례를 중심으로 이해해야 한다. ①은 상대 주의적 태도, ②와 ④는 객관적 태도이다. ③은 성찰적 태도에 반하는 자세이다.

정답 ③

03 다음과 같은 사회 문화 현상의 탐구 태도에 대한 설명으로 옳은 것은?

> 제사 관습은 그동안 당연한 일로 여겨져 왔다. 그런데 왜 음식은 여자들이 차리는지, 왜 절은 주로 남자들이 히는지와 같은 의문을 제기할 수 있다. 이러한 의문은 존재하는 것을 당연하게 여기는 사고에서 벗어나게 해 줄 것이다.

① 개별 사회의 특수성을 인정하는 태도이다.

② 사회 현상을 성찰적으로 바라보는 태도이다.

③ 개인과 공동체의 조화를 중시하는 태도이다.

④ 사회 현상을 경험적으로 이해하는 태도이다.

해설 제시문과 같은 탐구 태도는 성찰적 태도이다. ①은 상대주의적 태도, ④는 객관적 태도에 해당한다.

정답 ②

04 다음 글의 괄호 친 부분에 들어갈 개념으로 가장 적절한 것은?

> 우리는 사회 문화 현상을 탐구할 때(　　)를 가져야 한다. 예를 들어 우리 사회에서 제사 관습은 당연한 일로 여겨지고 있다. 그런데 왜 오늘날 제사가 이런 형태로 지속되어야 하는지, 왜 음식은 여자들이 차리는지에 대해 의문을 제기할 수 있다.

① 성찰적 태도　　　　　　　　　　② 객관적 태도

③ 개방적 태도　　　　　　　　　　④ 상대주의적 태도

해설 사회 문화 현상을 바라보는 태도 중 지속 적인 의문을 가지고 탐구하는 자세는 성찰적 태도에 해당한다. 제시문에서도 제사라는 관습에 대하여 지속인 의문을 제기하고 있다. 성찰적 태도는 다른 태도에 비하여 쉽게 이해되지 않기에 꼭 사례와 함께 기억해 두어야 한다.

정답 ①

05 사회 문화 현상을 탐구하는 태도로 옳지 않은 것은?

① 문화의 상대적 가치를 인정한다

② 경험적 자료를 중시하여 연구한다.

③ 타인의 주장을 편견없이 수용한다.

④ 자신의 주관을 중심으로 바라본다.

해설 사회 문화 현상을 탐구하는 태도에는 객관적 태도, 개방적 태도, 상대주의적 태도, 성찰적 태도가 있다. ①상대주의적 태도에 해당한다. ② 개인의 주관이 아닌 경험적 자료를 중시하는 연구 자세는 객관적 태도라 할 수 있다. ③ 나와 다른 입장이나 주장을 수용하는 자세는 개방적 태도이다. ④ 자신의 주관을 중심으로 사회 문화 현상을 바라보는 태도는 상대주의적 태도에 어긋난다.

정답 ④

06 다음 연구 과정 중 가치중립이 지켜져야 하는 단계를 모두 고른 것은?

> (가) 문제 제기 및 가설설정 → (나) 자료수집 및 분석 → (다) 가설검증 및 결론도출 → (마) 결론 적용 및 대안 모색

① (가)　　　　② (가), (나)　　　　③ (나), (다)　　　　④ (가), (라)

해설 문제 제기 및 가설 설정, 결론의 적용 및 대안 모색 단계에서는 가치의 개입이 불가피 하다. 그러나 자료 수집 및 분석, 가설 검증 및 결론 도출 단계에서는 가치중립이 필요 하며, 가치중립이 전제되어야 정확한 연구가 가능하다.

정답 ③

07 다음과 같은 사회 문화 현상의 연구 자세에 대한 설명으로 옳은 것은?

> 우리나라에서는 일부일처제가 법이자 도덕적 규범이다. 그런데 일부 지역의 경우 여전히 일부다처제 혹은 일처다부제의 가족 제도가 운영되고 있다. 이와 같은 가족 제도의 경우 개선이 필요하다.

① 자기 문화만을 중시하고 있다.

② 서로 다른 문화의 가치를 이해하고 있다.

③ 자기가 속한 문화를 열등한 것으로 보고 있다.

④ 다양한 가능성이 공존할 수 있음을 인정하고 있다.

해설 사회 문화 현상의 바람직한 연구 자세에 는 객관적 태도, 성찰적 태도, 상대주의적 태도, 개방적 태도가 있다. 제시문의 경우 상대주의적 태도가 결여되어 있는 자문화 중심주의적 태도에 해당한다.

정답 ①

개인과 사회 구조

01 사회화와 지위, 역할

1 사회화

(1) 의미

❶ 사회 속에서 성장하면서 사회적 상호 작용을 통하여, 사회적 역할과 규범, 문화적 가치와 신념 등 사회의 구성원으로 살아갈 수 있는 행동 방식과 사고방식을 내면화하는 과정을 사회화라 한다.

❷ **사회화에 영향을 미치는 요인** : 학습 능력, 언어 능력, 사회적 접촉에의 욕구와 같은 개인적 요인과 함께 사회적 환경적 요인에 따라 사회화의 내용과 과정이 달라질 수 있다.

(2) 사회화의 기능

❶ **개인적 측면** : 사회 구성원으로의 행동 양식을 습득하게 하고 자아 정체감 및 사회 소속감을 함양시킨다.

❷ **사회적 측면** : 사회 구성원의 동질화, 사회와 문화의 세대 간 존속, 다른 사회와의 문화적 차별화(문화적 정체성의 형성) 등을 통해 사회를 유지한다.

(3) 사회화의 내용

❶ 기본적인 생물적 요구를 표현하고 충족시키는 방법

❷ 걷기, 말하기, 친구들과 어울려 놀기

❸ 학교생활의 적응, 사회생활에 대한 지식, 태도, 가치관

❹ 자아 정체감, 행동 방식과 사고방식

(4) 사회화 과정

❶ **1차적 사회화**

㉠ 유아기에 가족과 또래 집단 등 주변의 가까운 사람들에 의해서 사회화가 이루어지는 과정이다.

㉡ 인성의 기본 틀을 형성한다. → 양심과 자아 같은 인성의 기본 요소가 형성된다.

❷ **2차적 사회화**

㉠ 아동기 이후부터 의도적인 교육과 훈련, 일상의 경험을 통해 평생 이루어진다.

㉡ 인지적 측면의 발달에 영향을 미치며, 1차적 사회화 과정에서 형성된 인성 수정에 영향을 미친다.

㉢ 청소년기, 성인기의 사회화가 속한다.

📁 인간의 사회화 과정

구분	주요 사회화 기관	사회화 내용
유아기	가정	기본적 욕구 충족과 정서적 반응 방식 습득
유년기	또래 집단	언어, 규칙과 가치관 습득 → 인생(성격) 형성
청소년기	학교, 동료 집단	지식과 기술 습득, 진로 및 직업 선택 → 자아 형성
성년기	직장, 대중 매체	새로운 기술과 지식, 생활 양식 습득 → 재사회화

(5) 사회화를 바라보는 관점

❶ **기능론**

㉠ 사회화를 통해 사회 구성 요소들은 제 기능을 수행할 수 있으며, 사회는 안정적으로 유지될 수 있다고 생각한다.

㉡ 사회화가 제대로 이루어지지 않을 경우 사회 통합이 저해될 수 있다고 본다.

❷ **갈등론** : 사회화는 기득권을 가진 집단의 이익을 위해 기존 질서의 유지나 강화에 기여하는 내용을 전달하는 과정으로 본다.

❸ **상징적 상호작용론**

  ㉠ 인간의 자아 형성 과정에서 원초적 관계에 있는 사람의 역할이 중요하며, 일반화된 타자의 시선을 염두에 두고 반응하는 과정에서 자아가 형성된다고 본다.

  ㉡ 쿨리(Cooley, C. H.) : 사람들이 자신에 대한 타인들의 생각이나 판단을 거울로 삼아 거기에 비친 자기 모습을 보고 자아 관념을 형성해 가는데, 이를 가리켜 '거울에 비친 자아'라 한다. 이때 모든 사람의 판단이 똑같이 중요한 것이 아니라 원초적 관계에 있는 사람들의 역할이 더 중요하다.

  ㉢ 미드(Mead, G. H.) : 한 사회의 가치와 문화에 따라 행동하는 것으로 각인된 다른 사람의 모습, 즉 '일반화된 타자'의 시선을 염두에 두고 반응하는 과정에서 자아가 형성된다. 처음에는 주위 사람들의 행동을 단순히 모방하는 것으로부터 시작하여 혼자서 다른 사람들의 역할을 해 보면서 노는 단계를 거쳐 일반화된 타자의 역할을 제 대로 습득하여 자아 관념을 형성해 간다.

(6) 사회화 기관

❶ **사회화의 목적에 따른 분류**

  ㉠ 공식적 사회화 기관

  - 사회화를 목적으로 설립하여 사회화를 체계적으로 수행하는 기관이다.
  - 학교, 학원, 유치원 등의 교육 기관이 이에 해당한다.

  ㉡ 비공식적 사회화기관

  - 사회화를 목적으로 설립되지 않았으나, 일상생활에서 사회화를 수행하는 기관이다.
  - 가정, 또래 집단, 기업 등은 사회화를 목적으로 한 기관은 아니나 사회화 역할을 수행하고 있기에 비공식적 사회화 기관이다.

❷ **접촉 방식에 따른 분류**

  ㉠ 1차적 사회화기관

  - 기초적인 기능과 규범 지식을 사회화하는 기관이다.
  - 가족, 또래집단 등이 해당한다.
  - 기본적인 인성과 자아 정체감을 형성한다.
  - 대면적, 자연 발생적, 전인격적인 특징을 가지고 있다.

- 기초적인 사회화를 담당한다.
  - ⓛ 2차적 사회화 기관
    - 전문적인 기능과 지식을 사회화하는 기관이다.
    - 학교, 직장 등이 해당한다.
    - 인지적 발달에 영향을 미친다.
    - 형식적이고 인위적, 비인격적인 특징을 가지고 있다.
    - 전문적이고 고차원적인 사회화를 담당한다.

(7) 사회화 유형

❶ **재사회화**
  - ㉠ 사회 변동과 개인의 지위 변화에 따라 요구되는 새로운 규범, 가치, 기능 등을 학습하는 과정을 재사회화라 한다.
  - ㉡ 현대 사회는 사회 전반적으로 변화 속도가 빨라 새로운 기술을 익히거나 태도 혹은 가치관을 변화시켜 적응할 일이 많으므로, 재사회화가 더욱 중요해지고 있다.
  - ㉢ 퇴직자들을 대상으로 한 직업 교육, 노인들을 대상으로 한 컴퓨터 교육 등
❷ **예기 사회화** : 앞으로 획득하고자 하는 이상적인 사회적 지위를 설정하고 그 지위에 맞는 가치, 태도, 기술 등을 습득하는 과정이다.
  - 예 군대에 입대한 장병들의 훈련소에서의 사회화 과정, 대학생들의 새내기 배움터에서의 사회화 등
❸ **탈사회화**
  - ㉠ 기존의 행동 양식을 벗어나도록 하는 과정을 의미한다.
  - ㉡ 새로운 환경에 접하거나 새로운 문화에 적응해야 하는 경우, 기존에 사회화되어 있었던 행동 양식이나 가치 등을 버리는 과정을 말한다.
  - 예 범죄자들의 교도소에서의 사회, 한국에 온 외국인 이주자들이 새로운 사회에 적응하기 위해 자국의 생활습관을 버리는 과정 등

2 지위와 역할

(1) 지위

❶ 한 개인이 사회 속에서 차지하는 위치를 지위라 한다.
❷ **귀속 지위** : 태어나면서부터 선천적, 운명적으로 가지게 된 지위이다.

예 남자, 딸, 장남, 귀족 등

❸ **성취 지위** : 개인적 노력이나 능력에 의해 얻어지는 지위이다.

예 학생, 어머니, 의사, 교사 등

예 여자는 귀속 지위이나, 어머니는 성취 지위이다.

❹ **중요도의 변화** : 전근대 사회에서는 귀속 지위에 해당하는 신분이 중요했으나, 근대 이후의 사회에서는 개인의 노력과 업적에 의한 성취 지위의 중요성이 높아지고 있다.

❺ **지위 불일치** : 지위에 따라 여러 사회적 보상의 수준이 서로 일치하지 않는 상태를 말한다.

예 우리 사회에서 대학 교수의 경우 비슷한 수준의 다른 지위에 비하여 명예라는 보상은 많지만 정치적 권력이나 금전적인 보상은 상대적으로 적다. 이러한 경우 지위 불일치 가 일어난다.

(2) 역할과 역할행동

❶ **역할** : 일정한 지위에 대해 사회적으로 기대되는 행동 방식을 역할이라 한다.

❷ **역할 기대** : 지위에 따라 어떻게 역할을 수행해야 하는지에 대한 사회적 기대를 말한다.

❸ **역할행동**(역할수행)

㉠ 한 개인이 자신의 역할에 대해 실제로 수행하는 행동이다.

㉡ 역할 수행을 잘하면 보상, 잘못하면 제지를 받게 된다.

❹ 한 사회에서 특정 지위에 대해 기대되는 역할은 동일하나, 역할 행동은 개인의 성격이나 습관, 능력 등 다양한 요인에 따라 다르게 나타난다.

❺ 역할 행동이 달리 나타나는 이유: 사람에 따라 역할 기대를 다르게 인식하거나, 역할을 수행할 때 처한 환경과 조건이 다르고 이를 극복하려는 의지나 능력에 차이가 있기 때문이다.

(3) 역할 갈등

❶ **의미**

㉠ 개인이 지닌 지위와 관련된 역할들이 모순되거나 서로 충돌하는 현상을 역할갈등이라 한다.

㉡ 역할갈등에는 역할긴장과 역할모순이 있다.

❷ **원인** : 역할 갈등은 여러 지위에 따른 각각의 역할을 동시에 수행해야 할 때 발생하기도 하며, 하나의 지위에 서로 상반되는 역할이 동시에 요구될 때도 나타난다.

❸ **역할 긴장** : 하나의 지위에 대해 서로 다른 둘 이상의 역할이 기대될 때 나타나는 역할 갈등을 역할긴장이라 한다.

> 예 보다 높은 실적을 올릴 것을 기대하는 사장님과 업무 경감을 원하는 부하 직원들의 기대 사이에서 고민하고 있는 회사의 중간 간부

> 예 선수 방출 문제에 대해 선수 측과 구단 측 입장을 두고 고민하는 프로 야구 감독

❹ **역할 모순** : 한 개인이 가지고 있는 여러 가지 지위에 따른 역할들이 상충될 때 나타나는 역할 갈등을 역할 모순이라 한다.

> 예 어린이날 갑작스레 생긴 출장 때문에 회사원으로서의 역할과 아버지로서의 역할 사이에서 고민하고 있는 회사원

> 예 아들의 중요한 수술 시간에 중요한 경기 일정이 잡혀 있어 고민하는 프로 야구 선수

❺ **역할 갈등의 증가** : 현대 사회가 다양화되고 사회 변동이 급속히 진행됨에 따라 개인이 가지게 되는 역할의 내용이 다양화되고 빠르게 변화하므로 역할 갈등이 많이 발생하게 된다.

(4) 역할 갈등의 해결 방안

❶ **개인적 해결 방안** : 역할의 중요성을 바탕으로 우선순위를 정하고 자신의 선택을 합리화 함으로써 고민을 감소시킬 수 있다.

❷ **사회적 해결 방안** : 역할 갈등에 처한 개인의 상황을 고려하고, 개인의 역할을 존중한다.

02 사회적 상호작용

1 사회적 상호작용의 의의

(1) **의미** : 사회 구성원들이 다양한 상징 체계를 사용하여 관계를 맺고, 서로 영향을 주고 받는 것을 사회적 상호 작용이라 한다.

(2) 작동 방식

❶ 인간의 상호 작용은 상대방의 말이나 행동에 단순히 반응하는 것이 아니라, 그 것에 대한 자신의 해석을 토대로 자신의 다음 반응을 조절한다.

❷ 인간의 다른 사람과의 관계에서 상징에 대한 해석이 중요하다.

(3) 사회적 상호 작용의 수단 : ❶ 언어(가장중요), ❷ 표정, 몸짓 또는 몸동작

2 사회적 상호작용의 유형

(1) 유형 간 관계

사회적 상호 작용의 유형들은 실제 생활에 있어서 서로 중복되기도 하고, 서로 복 잡하게 뒤얽힌 채 전개된다.

(2) 주체에 따른 구분

❶ 개인 간 상호작용

❷ 개인과 집단의 상호 작용

❸ 집단 간 상호작용

(3) 목적과 성격에 따른 구분

❶ **협동**

㉠ 공동의 목적을 달성하기 위해 성원이 서로 힘을 합쳐 노력하는 것을 말한다.

㉡ 참여의 기회 보장과 성과의 공정한 분배가 전제될 때 원활하게 이루어질 수 있다.

예 두레, 품앗이 등

❷ **경쟁**

㉠ 둘 이상의 행위자 혹은 집단이 공통의 규칙에 따라 공동으로 성취할 수 없는 배타적인 목표를 서로 성취하려고 노력하는 것을 말한다.

㉡ 공정한 경쟁이 무시될 때 경쟁은 갈등으로 전환될 수 있다.

예 입학시험, 운동경기 등

❸ 갈등

　　㉠ 목표나 이해관계가 상충하여 서로 적대시하거나 상대방을 제거 또는 파괴하려는 행위를 말한다.

　　㉡ 당사자 간의 합의된 규칙이 존재하지 않는다.

　　㉢ 갈등이 원만히 해결될 경우 사회 발전의 원동력으로 작용할 수도 있다.

　　　예 전쟁, 혁명 등

❹ **교환** : 상호 작용 당사자 간에 어느 한쪽이 상대방에게 도움을 주거나 손해를 입히면, 그 상대방은 그에 따른 보상이나 보복을 하는 행위이다.

　　　예 시장에서 돈을 주고 물건을 구입하는 행위 등

❺ **강제**

　　㉠ 어느 한쪽이 상대방의 반대나 저항에도 불구하고 폭력적 수단 등에 의존하여 자신의 목적을 이루는 것을 말한다.

　　㉡ 힘의 논리에 따라 지배와 피지배 관계를 형성하는 경우가 많다.

　　　예 신분제 사회에서 주인이 노비의 자녀를 다른 주인에게 팔아넘기는 행위 또는 학교의 강제에 의한 두발 단속 등

　협동·경쟁·갈등 비교

협동	• 당사자들이 어떤 목표를 달성하기 위한 활동에 누구나 참여할 수 있음 • 달성된 목표나 혜택이 고루 분배될 때 잘 이루어질 수 있음 • 당사자 간의 합의와 상호 의존을 바탕으로 함
경제	• 공정한 규칙 준수가 중시됨 • 목표가 제한되어 있고 이를 달성하고자 하는 사람이 많을 때 발생함
갈등	• 사회가 분화됨에 따라 증가하는 경향을 보임 • 외부와의 갈등은 집단 내부의 결속을 강화시키기도 함 • 사회의 비합리적인 면을 폭로하여 이를 개선시키거나, 적절한 타협으로 사회 발전의 기틀을 만들기도 함

(4) 일상생활 속에서의 사회적 상호 작용

❶ **일상 속의 사회적 상호 작용** : 이해관계나 목적 달성과 관련된 다양한 상호 작용이 이루어진다.

❷ **소속 집단과 사회적 상호 작용** : 전통적 촌락 공동체에서는 소속 집단 내 상호 작용이 일반적이었으나, 현대 사회에서는 소속 집단을 넘어선 일시적 편의적 상호 작용의 비중이 커지고 있다.

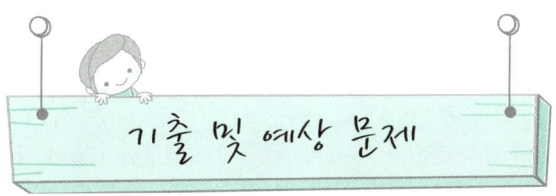

01 사회화의 개념에 대한 설명으로 적절하지 않은 것은?

① 사회화란 한 개인이 사회적 상호 작용을 통하여 사회적 행동을 학습해가는 과정이다.

② 사회화는 개인을 사회적 성원으로 성장시키는 동시에 사회 구성원을 동질화하고 문화적 정체성을 형성하는 등의 기능을 한다.

③ 앞으로 자신이 맡으려고 하는 지위에 부합되는 가치, 태도, 기술을 먼저 습득하는 것은 재사회화의 한 예로 볼 수 있다

④ 탈사회화란 과거에 이루어졌던 사회화로부터 이탈되거나 그것을 망각하는 것을 말한다.

> 해 설 ▸ 사회화는 사회 구성원으로서 살아갈 행동 방식과 사고방식을 배우는 과정을 의미한다. 사회화의 유형에는 재사회화, 예기 사회화, 탈사회화 등이 있으며, 이 중 재사회화는 새로운 규범이나 기능 등을 학습하는 과정이다. ③예기 사회화에 대한 설명이다.

> 정 답 ▸ ③

02 다음 글과 관련 있는 사회학적 개념으로 옳은 것은?

> 한국의 축구 국가 대표 선수인 ○○은 유럽에 진출하여 유럽식 축구 문화를 배우고 있다.

① 재사회화   ② 공동사회   ③ 사회변동   ④ 준거집단

> 해 설 ▸ 한국의 국가 대표 선수인 ○○이 유럽식 축구에 대한 새로운 축구 문화를 배우는 것은 재사회화에 해당한다.

> 정 답 ▸ ①

03 다음 글의 밑줄 친 ㉠, ㉡에 대한 설명으로 옳은 것은?

> 갑은 ㉠ 회사에서 더욱 실력을 인정받기 위해 대학원에 진학하여 토요일과 일요일에는 ㉡ 대학원 수업을 듣고 있다.

① ㉠은 비공식적 사회화 기관이다.

② ㉡은 비공식적 사회화 기관이다.

③ ㉠과㉡은 모두 1차적 사회화 기관이다.

④ ㉠과㉡은 모두 공식적 사회화 기관이다.

> 해 설 ▸ 사회화 기관의 유형은 공식적/비공식적, 1차적/2차적 사회화 기관으로 구분할 수 있다. 대학원은 사회화를 목적으로 한 기관으로 공식적 사회화 기관이고, 회사는 비공식적 사회화 기관이다. 회사와 대학원 모두 전문적인 기능과 지식을 사회화하는 곳으로 2차적 사회화 기관에 해당한다.

> 정 답 ▸ ①

04 다음 사례에 나타난 밑줄 친 부분에 해당하는 사회학적 개념으로 옳은 것은?

> 축구 선수인 갑은 어머니 생신날 집에 가서 자식의 도리를 하고 오라는 감독의 말에 따라 집에 가고 싶었다. 그러나 국가 대표 대항전이 얼마 남지 않아 선수촌에 남아 열심히 연습을 해야 할지, 집에 가야할지 고민하고 있다.

① 사회화   ② 역할행동   ③ 역할갈등   ④ 재사회화

해설 갑은 축구 선수이자 아들이라는 지위를 가지고 있다. 아들로서 어머니의 생신을 축하 드려야 하나, 축구 선수로서 훈련을 해야 한다. 즉 두 가지 지위에 대하여 각각의 역할이 상충되는 역할 갈등(역할 모순) 상황 이 나타나있다.

정답 ③

05 다음 글의 밑줄 친 기관에 대한 설명으로 옳은 것은?

> 고등학교를 졸업한 갑은 대학에 진학하지 않고 바로 군대에 입대하였다. 갑은 부대 배치 전 신병 훈련소에서 4주간 교육을 받으며 민간인에서 군인으로 다시 태어나게 되었다. 4주간의 신병 교육을 통해 갑은 앞으로 2년간의 군 생활에서 활용할 수 있는 다양한 기술 들을 배울 수 있었다.

① 1차적 사회화 기관이다.

② 비공식적 사회화 기관이다.

③ 예기 사회화와 탈사회화가 이루어진다.

④ 양심과 자아와 같은 인성적 요인을 형성한다.

해설 제시문에서 신병 훈련소는 군인으로 거듭 나기 위하여 군인에 맞는 가치, 태도, 기술을 습득하는 곳이다. 즉 예기 사회화가 이루어지는 곳이다. 더불어 민간인으로서의 행동 양식에서 벗어나도록 교육하는 과정으로 탈사회화가 동시에 이루어지는 곳이다.

정답 ③

06 다음 A, B에 공통적으로 해당하는 기관으로 옳은 것은?

> 질문 1. 사회화를 목적으로 설립되었는가? → 아니오.   A
>
> 질문 2. 기초적 사회화를 담당하는가? → 아니오.   B

① 가족   ② 학교   ③ 대중매체   ④ 또래집단

해설 기본적인 인성과 자아 정체감을 형성하는 1차적 사회화 기관에는 또래 집단, 가족 등이 있다.

정답 ③

07 다음 글의 밑줄 친 ㉠~㉣에 대한 설명으로 옳은 것은?

> 〈자기 소개서〉
>
> ㉠ ○○○신문사에 다니던 ㉡ 아버지의 영향을 받아 어릴 적부터 사회 문제에 관심을 갖게 되었고, ㉢ 고등학교에 들어와서는 ㉣ 시사 탐구 동아리에 가입하여 활동하였습니다.

① ㉠:1차적 사회화기관이다.　　② ㉡:귀속지위이다.

③ ㉢:공식적 사회화 기관이다.　　③ ㉣:탈사회화를 목적으로 하는 기관이다.

해설 ① 직장은 2차적 사회화 기관이다. ② 아버지는 성취 지위이다. ③ 학교는 사회화를 목적으로 하는 공식적 사회화 기관이다. ③ 탈사회화는 기존의 행동 양식을 벗어나도록 하는 과정이다.

정답 ③

08 다음 글의 밑줄 친 에 대한 설명으로 옳은 것은?

> ㉠ 아버지의 지방 발령으로 시골 ㉡ 학교로 전학 간 ○○이는, 그곳에서 횡포를 부리는 ㉢ 반장 □□와 맞서게 된다. ㉣ 담임 선생님 또한 □□이의 잘못을 파악하고 이를 바꾸기 위해 노력하고 있다.

① ㉠:개인의 노력이나 능력으로 획득된다.

② ㉡:1차적 사회화 기관이다.

③ ㉢:사회적 상호 작용중 협동에 해당한다.

④ ㉣:담임이라는 지위에 따른 역할이다.

해설 ㉠ 아버지는 개인의 노력에 따른 성취 지위 이다. ㉡ 학교는 2차적 사회화 기관이다. ㉢갈등에 해당한다. ㉣담임의 역할에 따른 구체적인 행동이므로 역할 행동에 해당 한다.

정답 ①

09 다음 글의 밑줄 친 ㉠~㉤에 대한 설명으로 옳지 않은 것은?

> 우리 ㉠ 가족은 ㉡ 부모님과 2남 1녀입니다. 저는 막내로 태어나 성격이 활달합니다. 고등학교 2학년 때는 ㉢ 반장을 맡아 ㉣ 학급을 잘 이끌어 선생님께 ㉤ 칭찬을 받았습니다.

① ㉠은 공식적 사회화 기관 이다.　　② ㉡은 성취 지위이다.

③ ㉢은 ㉣에 대한 역할 행동이다.　　④ ㉤은 ㉢에 대한 보상이다.

해설 ① 가족은 사회화를 목적으로 하는 기관이 아니므로, 비공식적 사회화 기관에 해당한다. ②부모는 자신의 노력으로 달성한 성취 지위이다. ③ ㉢은 반장이라는 지위에 대하여 구체적 역할 행동이다. ④역할 행동에 대하여 보상 또는 제재를 받을 수 있다. ㉤은 역할 행동에 대한 보상이다.

정답 ①

10 다음의 내용에 해당하는 사회학적 개념으로 옳은 것은?

> 사회 변동과 개인의 지위 변화에 따라 요구되는 새로운 규범, 가치, 기능 등을 학습하는 과정을 의미한다.

① 재사회화　　② 역할갈등　　③ 일탈행동　　④ 예기 사회화

해설 제시문은 재사회화의 정의이다. 일반적으로 급격한 환경 변화에 따라 새로운 기술을 배울 필요가 있을 경우 재사회화가 이루어진다. 회사에서 기존의 직원들을 대상으로 새로운 업무를 연수하는 경우가 대표적인 재사회화의 사례이다.

정답 ①

11 다음 글의 밑줄 친 ㉠, ㉡에 대한 설명으로 옳은 것은?

> 갑은 가난한 집의 ㉠ 장남으로 태어나 한국대학교를 수석으로 졸업한 후 ○○기업에 입사하여 초고속승진을 하여 ㉡ 사장이 되었다.

① ㉠은 성취 지위에 해당한다.
② ㉠과 같은 지위는 개인의 노력을 반영한다.
③ 교사, 엄마, 딸은 모두 ㉡과 같은 성격의 지위이다.
④ 현대 사회에는 ㉡과 같은 성격의 지위가 중시되고 있다.

해설 지위는 성취 지위와 귀속 지위로 구분된다. 장남은 귀속 지위로 선천적으로 얻게 된 지위인 반면 사장은 본인의 노력에 따른 성취 지위이다. 교사, 엄마는 성취 지위인 반면 딸은 귀속 지위이다. 현대 사회에는 귀속 지위에 비하여 성취 지위가 중시되고 있다.

정답 ④

12 다음 글의 상황에 대한 설명으로 옳은 것은?

> 범죄 수사 중 범인이 자신의 친형이라는 사실을 알게 된 경찰 갑은 현재 고민에 빠져 있다.

① 갑은 두 가지 지위를 가지고 있다.
② 갑은 현재 역할 긴장 상황을 겪고 있다.
③ 갑과 같은 고민은 현대에 줄어들고 있다.
④ 갑은 자신의 역할에 대한 보상을 받고 있다.

해설 갑은 현재 경찰이라는 지위와 동시에 동생 이라는 지위를 가지고 있으며, 각각의 지위에서의 역할이 다르기 때문에 갈등을 겪고 있다. 이와 같은 역할 갈등을 역할 모순이라 하며, 현대에 들어 사회가 복잡해짐에 따라 더욱 증가하고 있다. ④제시문에 역할에 대한 보상은 나타나 있지 않다.

정답 ①

13 다음 글의 밑줄 친 ㉠~㉣에 대한 설명으로 옳은 것은?

> 가난한 집의 ㉠ 차남으로 태어난 ○○이는 ㉡ 회사에 입사하여 초고속 ㉢ 승진을 하였다. ○○이는 더욱 실력을 인정받기 위해서 ㉣ 대학원에서 전공 공부를 하고 있다.

① ㉠:성취지위이다.
② ㉡:공식적 사회화 기관이다.
③ ㉢:역할 행동에 따른 보상이다.
④ ㉣:비공식적 사회화 기관이다.

해설 ㉠차남은 귀속 지위이다. ㉡회사는 비공식적 사회화 기관이다. ㉢승진은 역할 행동에 대한 보상이다. ㉣대학원은 공식적 사회화기관이다.

정답 ③

14 다음 글의 밑줄 친 부분에 대한 설명으로 옳은 것은?

> 신입생 선발고사에서 1등을 한 을은 고등학교 입학식 때 신입생 대표로 선서를 하였다.

① 귀속지위이다.　　　　　　　② 개인의 노력에 대한 결과이다.

③ 선천적으로 결정되는 지위이다.　④ 성격이 같은 지위에는 아들, 딸이 있다.

해 설 신입생 대표로 선발된 것은 시험에서 우수한 성적을 거두었기 때문이다. 따라서 신입생 대표는 성취지위에 해당한다.

정 답 ②

15 다음 글의 A, B에 대한 설명으로 옳은 것은?

> A는 가족에게 이번 주말 저녁에 국가 대표 축구 경기를 보러 가자고 제안했다. 그런데 아들 B는 좋은 성적을 받기 위해 시험공부를 하겠다며, 축구는 TV를 보면서 응원을 하겠다고 해서 A는 고민에 빠졌다. 자녀와의 친밀도를 높이기 위해서는 아들 B를 데리고 가야겠지만, 성적 향상을 위해서는 집에 남겨 두어야 하기 때문이다.

① A는 역할 긴장을 경험하고 있다.

② B는 역할 모순을 경험하고 있다.

③ B의 아들이라는 지위는 성취 지위이다.

④ B는 역할에 대한 보상을 기대하고 있다.

해 설 하나의 지위에 서로 다른 둘 이상의 역할이 기대될 때 나타나는 갈등을 역할 긴장이라 한다. A의 경우 아버지라는 지위에 둘 이상의 역할이 기대되고 있기 때문에 고민을 하고 있는 것이다. 반면 역할 모순은 여러 가지 지위에 따른 역할이 충돌하는 경우이다. ④ 공부라는 역할 행동에 대한 보상을 기대하고 있다.

정 답 ①

제2절 사회적 관계와 사회구조

01 개인과 사회관계를 바라보는 관점

1 사회실재론

(1) 의미

❶ 개인은 사회를 구성하는 부분에 불과하고 사회는 독자적으로 실재한다는 입장이다.

❷ 개인에 비하여 사회의 우월성을 강조하는 이론이다.

(2) 기본 입장

❶ 사회는 지속적인 사회적 상호 작용을 통해 안정적 구조를 이루고 있다.

❷ 사회는 개인들로는 환원될 수 없는 고유한 성격을 지닌다.

❸ 사회는 개인의 합 이상의 독립적 실체이다.

❹ 사회는 개인의 외부에 실제로 존재하며 개인의 행위를 구속한다.

❺ 개인은 독자적인 판단이나 사고에 따라 선택적으로 행동하는 것이 아니라 사회의 영향 을 반영하는 존재에 지나지 않는다.

❻ 사회 현상을 파악하고자할 때 개인이 아닌 사회 조직이나 사회 집단을 탐구해야한다.

(3) 특성

❶ 개인의 행동과 사회 현상을 분석하는 데 있어 집단적 사회적 요인을 중시하며, 개인의 이익 권리보다는 공익을 중시한다.

❷ 전체주의적 사회관의 바탕이 되는 이론이다.

(4) 관련 이론 : 사회 유기체설과 관련 있다.

(5) 대표 학자 : 콩트, 뒤르캠, 스펜서

(6) 사회 문제에 대한 입장 : 사회 문제는 개인의 잘못으로 발생하는 것이 아니라 잘 못된 사회 구조나 사회 제도가 원인이며, 사회 문제의 사회 구조나 사회 제도의 개선으로 해결할 수 있다.

(7) 한계점

❶ 전체를 위한 개인의 희생을 정당화할 우려가 있다.

❷ 인간의 주체적이고 능동적인 행위를 설명하기 곤란하다.

❸ 동일한 역할을 수행하는 개인들이라도 그들의 의식과 행동 양식 등이 다양한 이유를 설명하지 못한다.

2 명목론

(1) 의미

❶ 사회는 개인들의 집합체에 불과하고, 실제로 존재하는 것은 개인이라는 입장이다.

❷ 사회에 비하여 개인의 중요성을 강조하는 이론이다.

(2) 기본입장

❶ 사회는 실제로 존재하지 않으며, 실제로 존재하는 것은 개인뿐이다.

❷ 사회는 기본적으로 개인의 집합체에 불과하다. 즉, 사회는 개인의 총합에 불과하다.

❹ 인간은 자유 의지를 갖추고 있으며, 이 자유 의지가 인간 행동을 결정하는 역할을 한다.

❹ 사회 현상의 원인이나 의미를 파악하려면 사회를 구성하는 개인의 특성을 파악해야 한다.

(3) 특성

❶ 사회 질서를 설명하는 데 있어 개인의 의식 정서 심리 등을 중시하며, 사회 전체의 이익보다는 개인의 이익 권리를 중시한다.

❷ 개인주의적 사회관이 바탕이 되는 이론이다.

(4) 관련 이론 : 사회 계약설과 관련 있다.

(5) 대표 학자 : 홉스, 로크

(6) 사회 문제에 대한 입장 : 사회 문제는 사회 구조나 제도의 잘못보다는 개인의 잘못된 의식으로 인해 발생하며, 사회 문제가 해결되기 위해서는 개인의 의식을 개선해야 한다.

(7) 한계

❶ 사회 구조나 제도가 개인의 행위에 미치는 영향을 간과하고 있다.

❷ 극단적 개인주의로 빠질 우려가 있다.

❸ 개별 성원들의 행위나 심리 상태만으로는 설명할 수 없는 사회 현상들이 존재한다.

📁 **사회 실재론과 사회 명목론의 비교**

구 분	사회 실재론	사회 명목론
기본 입장	A + B + C + D = (A B C D)	A + B + C + D = A B C D
	• 전체는 부분의 합보다 크다는 입장으로 사회 실재론에 해당한다. • 사회는 개개인의 성질과는 다른 나름의 특성을 가진 실체로 개인보다 중요하다.	• 전체는 부분의 합과 같다는 입장으로, 사회 명목론에 해당한다. • 사회는 실재로 존재하지 않는 개인의 합, 즉 명목에 불과하다.
사상적 태도	• 전체주의적 사회관 • 사회 중시 • 사회 유기체설(콩트, 스펜서, 뒤르켐)	• 개인주의적 사회관 • 개인 중시 • 사회 계약설(홉스, 로크, 루소)
장점	사회 통합에 기여	민주주의 발전에 기여
문제점	• 전체를 위한다는 명목 아래 개인의 희생 정당화 • 인간의 능동적 · 주체적 사고와 행위 간과	• 극단적 개인주의에 빠질 우려 • 개인의 행위에 대한 사회 구조, 사회 제도의 영향력 간과

3 개인과 사회를 바라보는 바람직한 관점

❶ 개인보다는 사회를 지나치게 중요시하는 사회 실재론이나, 사회보다는 개인을 지나치게 중시하는 사회 명목론만으로는 사회 현상을 설명하는 데 한계가 있다.

❷ 사회 실재론과 사회 명목론의 조화, 즉 개인과 사회의 밀접한 상호 연관성에 중점을 두고 개인과 사회의 관계를 이해하려는 자세가 요구된다.

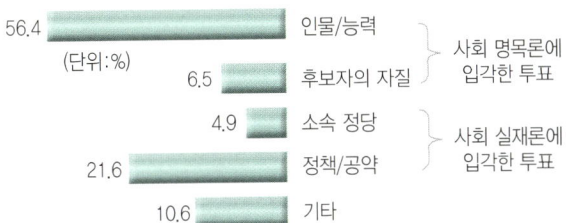

제 16대 대통령 선거의 후보 선택 시 고려 사항

56.4 ▬▬▬▬ 인물/능력 ⎫
(단위:%)   ⎬ 사회 명목론에
6.5 ▬ 후보자의 자질 ⎭ 입각한 투표

4.9 ▬ 소속 정당 ⎫
                 ⎬ 사회 실재론에
21.6 ▬▬ 정책/공약 ⎭ 입각한 투표

10.6 ▬ 기타

✎ 자료분석 : 제 16대 대통령 선거에서는 '정당/정책/공약' 보다는 '인물/능력/자질'을 고려하는 응답률이 높았다. 이처럼 정당보다 후보를 보고 투표하는 경향이 강했는데, 이를 '개인과 사회의 관계에 대한 관점'에 비추어 보면, 사회보다 개인을 중시하는 사회 명목론에 해당한다. 아무리 뛰어난 사람도 정당의 영향력에서 벗어날 수 없다면 서, 정당을 보고 투표하는 것은 사회 실재론에 해당한다. 반면, 정당은 당원들의 합에 불과하며 정치를 하는 것은 결국 사람이라면서, 후보를 보고 투표하는 것은 사회 명목론에 해당한다.

02 사회구조

1 사회구조의 의미와 특징

(1) 의미

❶ 개인과 집단 간의 사회적 상호 작용이 반복되어 나타나는 정형화되고 안정화된 상태를 사회구조라 한다.

❷ 사회 구조는 사회를 구성하고 사회적 행위를 유형화시켜 개개인의 행동을 예측 가능하게 한다.

ㄱ 사회 구조란 인간 상호 작용의 규칙적 양상이다.

ㄴ 사회 구조는 인간 간의 상호 작용을 통해서 만들어진다.

ㄷ 사회 구조는 도표로 표시할 수 있는 정형화된 모양을 갖고 있다.

ㄹ 사회 구조는 권력이나 명예, 경제적 자원과 같은 상호 작용에 있어서 어느 측면을 표시한다.

(2) 형성 과정

(3) 특성

❶ **지속성** : 사회 구조는 구성원들이 바뀌더라도 크게 달라지지 않고 오랫동안 지속되는 성격을 가지고 있다.

❷ **안정성** : 사회 구성원들은 사회적으로 구조화된 행동을 함으로써 안정된 사회적 관계를 유지할 수 있다.

❸ **변동성** : 사회 구조는 구성원들의 변화 또는 외부적 영향으로 구조 자체가 변동하기도 한다.

❹ **강제성** : 사회 구조는 구성원들의 의지나 생각과는 상관없이 어떤 행위를 하게 할 수 있다.

❺ **역사성** : 사회 구조는 역사적으로 전승된다.

(4) 기능

❶ **순기능** : 사회 구조는 개인들이 사회에서 행동할 수 있는 일정한 범위와 행동 양식을 규정함으로써 개인들의 행동 양식을 예측 가능하게 해주며, 사회의 통합을 유지하도록 한다.

❷ **역기능** : 개인의 자유 의지와 관계없이 개인의 행동을 규제하여 개인의 자유와 삶에 부 정적인 영향을 미칠 수 있고 집단적으로 저항이 일어나 사회 변동이 나타날 수도 있다.

(5) 개인 및 집단과 사회 구조의 관계

❶ **사회 구조가 개인에 미치는 영향** : 사회 구조는 개인의 사회적 행위에 대하여 영향력 을 행사하는 여러 요인, 즉 가치관, 규범, 지위, 역할, 집단과 조직, 제도 등을 통해 개인의 사고와 행동에 영향을 미친다.

❷ **개인이 사회 구조에 미치는 영향** : 사회 구조는 개인들의 행위에 의해 변화될 수 있다.

2 사회구조를 보는 관점

(1) 기능론적 관점

❶ 사회를 이르는 구성 요소들은 상호 의존 관계에 있으며, 사회 전체의 유지와 통합에 기여하고 있다고 본다.

❷ 사회 구성 요소들의 기능과 역할은 사회 구성원의 합의에 바탕을 두고 있다고 본다.

❸ 현재의 사회 구조는 사회 구성 요소들의 역할 수행과 상호 작용에 필요한 행위의 틀을 제공하는 기능을 한다고 본다.

❹ 현재의 사회 제도는 사회 체계의 유지 및 존속에 긍정적 기능을 수행하고 있다고 생각한다.

❺ **강조점** : 상호 의존, 합의, 안정

❻ 기존의 질서나 권력 관계의 유지에 기여하고, 사회의 안정과 조화를 강조한 나머지 사회 변동이나 개혁의 중요성을 소홀히 다룬다는 점에서 한계점을 가진다. → 보수적인 관점

(2) 갈등론적 관점

❶ 사회의 구성 요소들은 상호 갈등 관계에 있으며, 이러한 갈등은 사회 전체의 변동에 기여하고 있다고 본다.

❷ 지배 집단의 기득권을 보호하기 위해 사회 구성 요소들의 역할은 강제적으로 배분되어 있다고 본다.

❸ 사회 구조는 피지배 집단에 대한 억압, 불평등의 정당화 및 재생산의 기능을 한다고 본 다.

❹ 모든 사회 제도는 특권층의 이익 재생산에 기여하는 장치해 불과하다고 생각한다.

❺ **강조점** : 갈등, 강제, 변화

❻ 협동과 조화를 경시하고, 갈등의 해결을 중시한 나머지 사회의 존속과 통합을 소홀히 한다는 점에서 한계점이 있다. → 진보주의적 관점

(3) 사회 구조의 올바른 이해

❶ 기능론적 관점과 갈등론적 관점은 각기 사회 구조의 일면적 특성에만 초점을 맞추어 이해하는 것이지, 사회 구조 자체가 양자 중 하나의 모습으로 결정될 수

있는 것이 아니다.

❷ 기능론적 관점과 갈등론적 관점을 동시에 고려하는 자세가 필요하다.

> **사회 문화를 보는 관점의 차이**
>
> • 갑: 연봉제를 도입한 기업이 늘어난 것을 보니 능력에 기초한 합리적 경쟁이 확대되고 있군요.
> • 을: 연봉제는 사용자의 이익을 확대하고 근로자를 통제하기 위해 사용자가 도입한 것이지요.
>
> 연봉제업무 성과에 따라 1년 단위로 임금을 계약하는 제도라는 사회 제도에 대하여 갑과 을은 다른 입장을 보이고 있다. 갑은 연봉제라는 제도가 희소한 자원을 합리적으로 배분하는 장치라고 보고 있으므로 기능론적 관점이다. 을은 임금의 배분 과정에서 특정 집단의 이해관계가 중요하게 작용할 수 있다고 보고 있으므로 갈등론적 관점이다.

03 일탈 행동

1 일탈행동의 의미와 특성

(1) 의미 : 일반적으로 받아들여지는 사회 규범에 어긋나는 행동을 의미한다.

(2) 특성

❶ 어떤 행동 자체에 내재된 고유한 특성이 아니라, 그 행동이 일어나는 상황에 따라 일탈 행동의 여부가 판단된다.

❷ 일탈 행동은 문화에 따라 다른 모습으로 나타난다.

  예 1970년대에는 남성의 장발이 단속의 대상이었으나, 지금은 남성의 장발 또한 패션 의 한 부분으로 인정되고 있다.

❸ 일탈 행동은 시대에 따라 달라진다.

  예 1970년대는 미니스커트 착용이 경찰의 단속 대상이었으나 지금은 개인의 취향으로

(3) 일탈 행동을 보는 관점

❶ **기능론** : 일탈은 사회 내의 긴장과 도덕적 규제의 부족에서 초래된 결과라고 본다.

❷ **갈등론** : 자본주의 체제의 불평등에 대한 대응으로 일탈 행위에 가담한다고 본다.

❸ **상징적 상호 작용론** : 타고난 비행 행위 유형이 존재하지 않는다고 보며, 어떤 행위를 비행으로 규정하고 어떤 집단을 일탈 집단으로 분류하는지에 주목한다.

2 일탈행동에 대한이론

(1) 아노미이론

사회적인 목표는 분명하지만 그것을 성취할 만한 적절한 수단이 제공되지 못할 경우. 즉 목표와 수단이 불일치할 경우 일탈 행동이 발생한다는 이론이다.

> 예 부자를 꿈꾸나 부자가 될 수 있는 방법이 없을 경우 범죄를 저지름 사회 규범이 약화되거나 부재할 때, 또는 두 가지 이상의 상반된 규범이 동시에 존재할 때 개인 이 행동의 지침을 잃게 됨.

뒤르켐의 아노미	사회 규범이 약화되거나 부재할 때, 또는 두 가지 이상의 상반된 규범이 동시에 존재할 때 개인이 행동의 지침을 잃게 됨
머튼의 아노미	문화적 목표와 이러한 목표를 달성하기 위해 그 사회에서 제도적으로 인정하는 수단과의 거리가 발생한다.

(2) 차별적 교제 이론

❶ 일탈 행동을 하는 집단과의 상호 작용을 통하여 일탈 행동을 배우게 된다는 이론이다.

❷ 일탈 행동도 동조 행동과 마찬가지로 타인과의 상호 작용을 통해 형성되며, 일탈 행동 은 특히 개인과 친밀한 1차 집단 혹은 준거 집단 내에서 이루어진다.

> 예 비행 청소년과 친해짐에 따라 자연스럽게 비행 행동을 저지르는 경우

(3) 낙인 이론

❶ 일탈 행동은 사회 구성원들이 어떤 행동을 일탈 행동이라 규정한 것으로, 어떤 행동을 하는 사람을 일탈 행위자로 낙인찍음으로써 그 행동을 더 저지르게 만든다고 본다.

❷ 일단 공개적으로 일탈자로 규정되면 사회로부터 거부되어 다시 일탈(2차적 일탈)

행동 을 한다고 본다.

❸ 일탈의 기준은 그 사회의 힘 있는 사람들에 의해 결정된다고 본다.

    예 한번 비행 청소년으로 낙인이 찍힌 학생은 비행을 더 저지르게 되는 경향이 있다.

(4) 갈등 이론

❶ 자본주의 체제의 특성과 계급 갈등을 일탈의 원인으로 본다.

❷ 자본주의 체제는 인간의 물질적 남용을 조장하며, 이러한 탐욕을 만족시키기 위해 법을 위반하기 쉬운 분위기를 조장한다고 본다.

3 일탈행동에 대한대책

(1) 일탈 행동이 사회에 미치는 영향

❶ **순기능** : 사회 성원들에게 그 사회에서 용인되는 행동의 범위를 알려주어 기존 규범을 강화 시킨다.

❷ **역기능** : 사회 규범을 지키지 않는 일탈 행동이 늘어나면 사회 질서 유지가 어려 워지고, 불안이 도래한다.

(2) 일탈 행동에 대한 대책

❶ **사회화** : 사회화의 내용과 과정이 정상적 규범과 행동 방식을 습득하는 과정이 되어야

❷ **기회의 제공** : 사회적 목표를 달성할 기회가 공평하게 돌아가도록 할 필요가 있다.

❸ **일탈 규제 축소** : 어떤 행동을 일탈로 규정하면 사회 구성원에게 억압과 긴장감 을 줄 수 있다.

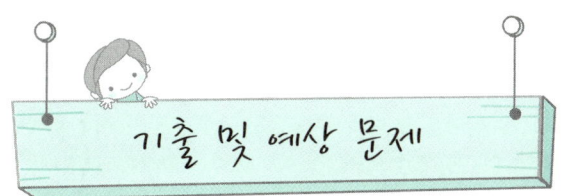

01 다음 대화에서 을이 사회를 바라보는 관점에 부합하는 주장이 아닌 것은?

> **갑** : 사회 구조를 어떻게 봐야할까?
> **을** : 사회는 유기체와 같아서 유기적인 관계를 형성하고 있는 구성 요소들이 제각각 고유한 기능을 수행하며 하나로서의 전체를 이루고 있어.

① 사회변동은 사회가 새로운 균형을 찾아가는 과정이다.

② 사회는 본질적으로 변동을 향한 원동력을 내재하고 있다.

③ 사회는 외부 환경 변화세 대응하여 항상성을 실현할 수 있다.

④ 사회 문제는 병리적인 현상으로서 사회 내부의 자동 조정 장치에 의해 해결된다.

> **해설** 제시문에서 '을'은 기능론적인 관점을 가지고 있다. 기능론적 관점은 사회의 구성 요소들이 서로 협동하고 상호 의존적인 관계를 유지하면서 사회 전체의 유지와 통합에 기여하며, 문제가 생기면 사회 스스로 해결하며 안정적인 상태로 돌아가려는 속성을 가지고 있다고 본다. 이와는 달리, 갈등론적 관점에서는, 사회는 서로 다른 이해 관계를 가진 집단들이 자신의 이해 관계에 충실하도록 기능을 규정지으며, 본질적으로 상충되는 이해관계에 따라 갈등이 일어나며, 이것이 사회 변동의 원동력이라고 본다.

> **정답** ②

02 다음이 설명하고 있는 사회 구조의 관점은?

> ㄱ. 기득권층의 이익을 중시하는 보수적 관점이다.
> ㄴ. 사회변동이나 개혁의 중요성을 소홀히 여긴다.

	ㄱ	ㄴ		ㄱ	ㄴ
①	기능론적 관점	기능론적 관점	②	갈등론적 관점	기능론적 관점
③	기능론적 관점	갈등론적 관점	④	갈등론적 관점	갈등론적 관점

> **해설** 사회 구조를 바라보는 관점은 기능론과 갈등론으로 구분된다. ㄱ.기득권층의 이익을 중시하는 보수 관점이라고 비판을 받는 관점은 기능론적 관점이다. ㄴ. 사회 변동의 중요성을 소홀히 여긴다는 비판을 받는 관점은 기능론적 관점이다.

> **정답** ①

03 일탈 행동에 관한 설명으로 옳지 않은 것은?

① 일탈 행동은 사회 구성원들이 일정 행동을 규정한 것이며, 그와 같은 행동을 하는 사람은 일탈 행위자로 낙인찍히는 경향이 있다.

② 구성원들은 아노미 상태에서 원하는 바를 위하여 일탈 행동을 한다.

③ 구성원들에 의해 한번 정해진 일탈 행동은 지역 사회나 시간과 상관없이 변하지 않는다.

④ 일탈 행동이란 개인의 사회적 행동이 규범의 허용 한계를 벗어난 것이다.

해설 과거에는 성인 남성들의 장발이 경찰의 단속 대상일 정도로 일탈 행동이었으나, 오늘날 성인 남성의 장발은 전혀 일탈 행동이 아니다. 즉 일탈 행동을 바라보는 관점은 시대나 지역에 따라 다양하다. 일탈 행동을 바라보는 관점에는 아노미 이론, 차별적 교제 이론, 낙인 이론이 있다. ①은 낙인 이론, ②는 아노미 이론에 해당한다.

정답 ③

04 다음과 같이 사회 문제를 바라보는 이론은?

사회 문제 중 하나인 자살 현상을 불경기와 연관시켜 설명하는 학자들이 많다. 구체적으로 우리나라의 경우 IMF 구제금융 사태 이전인 1997년 자살자 수는 6022명인데 1998년에는 8569명으로 증가했으며 이에 대하여 한 전문가은 "구제금융 체제로 중산층이 하류층으로 전락하는 등의 생활고가 심해지면서 자살을 선택한 사람이 늘어난 것으로 보인다."라고 하였다.

① 낙인 이론　　② 갈등 이론　　③ 아노이 아론　　④ 하위 문화 이론

해설 제시문에서는 자살 증가의 원인으로 가정 경제의 붕괴를 들고 있다. 이는 구제금융 이후 실직 등으로 생활고가 심해지고 개인이 기존에 가지고 있던 목표를 성취할 방법이 없어짐에 따라 혼란에 빠진 개인이 일탈 행동(자살)을 저지른 것으로 이해할 수 있다. ④ 하위문화 이론은 비행적인 하위문화가 일탈 행동을 유발한다고 보는 이론이다.

정답 ②

05 다음 글과 관련 있는 사회 구조의 특징으로 옳은 것은?

고등학교를 다니다 중퇴한 갑은 40살의 나이에 다시 학교에 복학하게 되었다. 갑은 자식과 비슷한 또래의 학생들과 같이 학교를 다닐 수 있을까 걱정스러웠다. 하시만 학교는 모습도 여전하고 무엇보다 학년제나 교육과정 운영 방식에 큰 변화가 없다는 것이 신기할 정도였다. 갑은 곧 학교생활에 적응했고 즐겁게 생활할 수 있었다.

① 지속성　　② 안정성　　③ 변동성　　④ 강제성

해설 사회 구조는 지속성, 안정성, 변동성, 강제성의 특성을 가지고 있다. 제시문에 따르면 오랜 시간만에 다시 학교에 입학했음에도 학교의 운영 방식에는 큰 변화가 없었다고 한다. 즉 학교라는 사회 구조가 시간의 흐름에도 불구하고 지속되고 있음을 알 수 있다.

정답 ①

06 다음 글의 개인과 사회의 관계를 바라보는 관점에 부합하지 않은 진술은?

우리 팀의 성적이 좋지 않은 것은 선수들 하나하나의 기량이 너무 떨어지기 때문이야. 못하는 선수들을 내보내고 대신 실력 있는 선수들을 데려왔으면 좋겠어요. 그러면 좀 나아 지지 않을까?

① 사회는 개인들 간의 계약의 산물이다.

② 사회는 개인의 단순한 집합체에 불과하다.

③ 사회는 개인의 행동 양식과 다른 독자성을 가진다.

④ 사회 현상을 탐구하기 위해서는 개인의 특성에 초점을 맞춘다.

해설 팀의 성적 부진의 이유를 팀에 속한 구성원의 기량으로 생각하고 있다. 이는 팀이라는 전체는 구성원의 합에 불과하다는 것으로 개인과 사회의 관계를 바라보는 관점 중 사회 명목론에 해당한다. ①, ②, ④는 사회 명목론과 관련 있는 진술이다. ③사회를 개인의 합과 다르게 독자적인 실재를 가진 존재로 보는 입장은 사회 실재론이다.

정답 ③

07 개인과 사회의 관계를 바라보는 관점과 관련하여 을의 관점에 부합하는 진술은?

> 갑 : 언론에서 청소년 사회에 은어가 범람하고 있다고 비판을 하는데, 그런 청소년 사회가 존재하기는 하는 걸까?
>
> 을 : 나는 그런 청소년 사회가 분명히 있다고 봐. 청소년들은 자신들만의 언어를 통해 동 질감을 갖기 때문에 원하든 원하지 않든 은어를 사용하게 되는거야.

① 사회는 개인의 합에 불과한 것이다.

② 사회 문제는 개인의 잘못된 의식이 원인이다.

③ 구성원의 능력을 파악하면 조직의 역량을 알 수 있다.

④ 사회 전체의 이익을 위해 개인의 이익은 제한될 수 있다.

해설 을은 청소년들이 동질감을 가지는 사회가 존재한다고 바라본다. 즉 실질적 역할을 하는 사회가 존재한다고 보는 사회 실재론의 관점을 가지고 있다. ①, ②, ③사회 명목론에 부합하는 진술이다. ④사회 실재론은 집단적 요인을 중시하며 전체주의적 사회 관으로 이어지기도 한다.

정답 ④

08 다음 (가), (나)의 관점에 대한 설명으로 옳은 것은?

> (가) 가족은 가족 구성원의 집합체에 불과하다.
> (나) 가족은 가족 구성원의 사고와 행동을 지배하는 독립된 존재이다.

① (가)는 사회 실재론과 관련 있다.

② 가풍이 개인의 인성을 결정한다고 보는 것은 (가)에 부합한다.

③ (나)는 가족을 떠난 개인이란 있을 수 없다고 본다.

④ (나)는 가족 해체의 원인을 개인의 행동에서 찾는다.

해설 (가)는 사회 명목론, (나)는 사회 실재론에 해당한다. ② 가풍이 개인의 인성을 결정한 다고 보는 관점은 사회 실재론이다. ③ 사 회 실재론은 개인보다 공동체를 중시하기 때문에 가족을 떠난 개인을 인정하지 않는 다. ④ 가족 해체의 원인을 개인이 아니라 사회 구조에서 찾을 것이다.

정답 ③

09 다음과 같은 관점에 부합하는 진술로 옳지 않은 것은?

> 사회 구성원은 바뀌어도 사회는 생명력을 가지고 지속적으로 존재한다. 사람들의 가치관이나 태도는 거대한 사회 질서를 이루는 한 부분에 지나지 않는다.

① 사회 유기체설을 토대로 한다.

② 개인은 사회의 그림자에 불과하다.

③ 사회는 개인의 암묵적 합의에 따라 움직인다.

④ 사회 문제의 원인은 개인이 아니라 불합리한 사회 구조에 있다.

해설 제시문은 사회 실재론에 해당한다. 사회가 생물과 같다는 사회 유기체설은 사회 실재론과 관련 있다. 개인을 사회의 한 부분으로 보는 관점, 사회 문제의 원인을 사회 구조에서 찾는 관점은 사회 실재론이다.

정답 ③

10 다음 글의 개인과 사회의 관계를 보는 관점에 대한 설명으로 옳은 것은?

> 나는 항상 내가 세상의 주인공이며 세상을 변화시킬 수 있다고 생각한다. 나는 앞으로 사회학을 공부하여 우리 사회를 변화시키는 주체가 될 것이다.

① 사회의 구속력을 강조하고 있다.

② 사회를 유기체와 같은 존재로 인식하고 있다.

③ 사회를 통해 개인의 특성을 유추하고자 한다.

④ 사회 문제의 원인을 개인의 의식에서 찾는다.

해 설 제시문은 사회 명목론에 해당한다. ①, ②, ③은 모두 사회 실재론에 부합하는 진술이다. ④사회 문제의 원인을 사회 구조가 아닌 개인의 의식에서 찾는 관점은 사회 명목론이다.

정 답 ④

11 다음 질문들을 통해 알 수 있는 관점에 대한 설명으로 옳은 것은?

> 질문 1) 개인의 행위는 사회 구조로부터 완전히 자유로운가? 아니요
> 질문 2) 사회 구조가 전적으로 개인의 행위를 결정하는가? 예

① 사회명목론의 입장이다.

② 사회에 대한 개인의 자율성을 부정한다.

③ 개인을 사회 구조의 형성 주체라고 본다.

④ 사회 문제 해결을 위해 개인의 의식 개혁을 강조한다.

해 설 제시된 질문은 사회 실재론과 관련 있다. ④사회 실재론에서는 사회 문제의 해결을 위해서 개인의 의식 개혁보다는 사회 구조의 개선을 강조한다.

정 답 ②

12 다음 글에 나타난 관점에 대한 설명으로 옳은 것은?

> 사회는 나름대로의 고유한 특성을 지니고 있으며, 개인의 삶을 규제하고 좌우하는 구속력을 가지고 있다.

① 사회 구조의 영향력을 경시한다.

② 사회는 개인을 뛰어넘는 독립적인 실체이다.

③ 사회 변화를 위한 인간의 주체성을 중시한다.

④ 개인주의와 자유주의를 사상적 배경으로 하고 있다.

해 설 제시문은 사회 실재론적 관점에 해당한다. ④개인주의와 자유주의를 바탕으로 하는 관점은 사회명목론이다.

정 답 ②

13 다음과 같은 사회관에 부합하는 진술로 옳지 않은 것은?

> 회사의 발전은 직원의 발전과 직결된다. 우리 회사는 직원들의 명예를 높이고 있으며, 직원들 또한 회사의 명예를 높일 수 있도록 노력해야 한다.

① 인간은 사회로부터 자유롭지 못하다.

② 사회는 개인의 단순한 집합체보다 크다.

③ 국가는 개인 간의 계약 관계로 성립된다.

④ 사회를 분석할 때 구조적 요인을 중시한다.

해설 ▶ 제시문은 개인보다 사회를 중시하는 사회 실재론적 관점에 해당한다. 사회 실재론에 따른 사회는 개인의 합보다 큰 존재이다. ③사회를 단순히 개인과 개인의 계약의 산물로 보는 사회 계약설은 사회 명목론에 해당한다.

정답 ▶ ③

14 다음과 같은 관점에 대한 설명으로 옳지 않은 것은?

> 사회 과학자들은 사회가 무슨 거창한 존재인 것처럼 말하기를 좋아한다. 하지만 개인에게 무엇을 강요하는 것은 사회가 아니라 또 다른 개인일 뿐이다. 결국 사회적 삶은 개인과 개인 간의 상호 작용으로 환원될 수 있다.

① 극단적 개인주의에 빠질 가능성이 있다.

② 개인의 주체적, 능동적 측면을 중시한다.

③ 사회가 개인의 집합이라는 점을 강조한다.

④ 사회 구조에 대한 개인의 불가 항력성을 인정한다.

해설 ▶ 제시문은 사회 명목론의 관점에 해당한다. ④사회 구조에 대한 개인의 불가 항력성을 인정하는 관점은 사회 실재론이다.

정답 ▶ ④

15 다음 사자성어와 관련 있는 일탈 행동의 이론에 부합하는 진술은?

> 근묵자흑 : 검은 먹을 가까이 하면 검어진다.

① 하나의 지위에 둘 이상의 역할을 기대할 때 발생한다.

② 일탈 행동은 사회적 목표를 달성할 수단이 없을 때 발생한다.

③ 어떤 행동을 일탈이라 낙인찍음에 따라 그 행동이 더 유발된다.

④ 일탈 행동을 하는 집단과의 상호 작용을 통하여 일탈 행동을 배우게 된다.

해설 ▶ 일탈 행동에 대한 이론에는 차별적 교제 이론, 아노미 이론, 낙인 이론이 있다. 이중 차별적 교제 이론은 일탈 행동을 저지르는 집단과의 교제를 통하여 일탈을 배우게 된다는 이론으로, 제시문의 사자성어와 관련 이 있다. ①은 역할 긴장, ②는 아노미 이론, ③은 낙인 이론에 대한 설명이다.

정답 ▶ ④

제3절 사회집단과 사회구조

01 사회집단

1 사회 집단의 의미와 기능

(1) 의미

둘 이상의 소속감이나 공동체 의식을 가지고, 비교적 지속적인 상호 작용을 하는 결합체를 사회 집단이라 한다.

(2) 기능

❶ 사회 집단은 구성원에게 지위와 역할 및 소속감을 부여한다.
❷ 자아실현의 장 이자, 사회화 기능을 수행한다.
❸ 구성원 간의 사회적 관계가 형성된다.
❹ 사회적 욕구가 충족된다.

(3) 성립 조건

❶ 두 사람 이상의 구성원, 소속감과 공동체 의식, 지속적인 상호 작용, 공유하고 있는 기대 등
❷ 경기장의 관중이나 버스 승객들은 지속적인 상호 작용이나 소속감이 부족하므로 사회 집단이라고 할 수 없다.

2 사회 집단의 분류

(1) 소속감에 따른 분류(섬너)

구분	내집단(우리집단)	외집단(그들 집단)
의미	한 개인이 그 집단에 소속한다는 느낌을 가지며, 구성원 간에 '우리'라는 공동체 의식이 강한 집단	자신이 소속한 집단이 아니며, 이질감이나 심지어 적대감, 공격적인 태도까지 가지게 되는 집단
기능	• 자아 정체감의 형성에 큰 영향을 줌 • 가치 판단 및 행동의 기준을 제공함 • 소속 구성원에 대해서는 긍정적 태도, 다른 집단에 대해서는 적대적 태도를 가지게 됨	• 경쟁과 투쟁 등 대립적 관계를 형성하는 타인집단으로서, 이들 외집단의 존재로 인하여 내집단의 결속력이 강화됨. • 외집단과의 비교를 통해 내집단의 성격을 파악할 수 있음.
사례	우리 학교, 우리 동네, 우리 회사 등	운동 경기 시 상대팀, 다른 종교 집단, 적군 등

(2) 구성원의 결합 의지에 따른 분류(퇴니스)

구분	공동 사회(게마인샤프트)	이익 사회(게젤샤프트)
의미	구성원의 무의도적이고 본능적인 의지에 의하여 자연적으로 발생한 집단	구성원의 의도와 목적에 의하여 후천적으로 의도적으로 형성된 집단
기능	• 구성원의 의지나 선택과 무관하게 형성되었음. • 집단의 결합 자체가 집단 형성의 목적이 됨 • 상호 이해와 공통의 신념 및 관습이 사회 구성의 바탕이 됨 • 구성원 간에 관계가 매우 긴밀함. • 구성원들이 비개방적인 공동생활을 영위하며, 전통과 관습을 중요하게 여김.	• 집단을 구성하기 위한 결합은 특정 목적 달성을 위한 수단임. • 가입과 탈퇴가 대체로 자유로움 • 인간 관계가 수단적이고, 이성적이며, 일시적이고, 공식적임. • 계약과 규칙이 집단 구성의 바탕을 이룸
인간 관계	가족, 친족, 농촌, 사회, 민족	회사, 정당, 학교, 국가 등

(3) 구성원 간의 접촉 방식에 따른 분류(쿨리)

구분	1차 집단(원초 집단)	2차 집단
의미	직접적 접촉과 친밀한 상호 작용을 바탕으로 형성된 집단	간접적 접촉을 기본으로 하며, 특정한 목적이나 이해 관계를 달성하기 위해 인위적을 결합된 집단
특징	• 구성원 간의 전인격적이고 비형식적인 관계가 나타남. • 개인의 인성 및 가치관 형성에 중요한 역할을 함. • 도덕, 관습 등 비공식적 수단에 의해 사회 통제와 질서 유지가 이루어짐. • 인간 관계가 지속적이며 집단의 규모로 대체로 작고 구성원들이 지리적으로 근접해 있음.	• 구성원 간에 형식적인 인간 관계가 나타남 • 수단적인 만남이 이루어짐 • 규칙, 법률 등 공식적 수단에 의해 사회 통제가 이루어짐. • 인간 관계가 일시적이고 집단의 크기가 대체로 대규모임.
사례	가족, 놀이 집단, 촌락, 문중 등	회사, 정당, 학교, 국가 등

❶ **1차 집단과 원초 집단**

㉠ 1차 집단은 구성원 간의 친밀한 상호 작용을 통해 자아 형성의 근원이 된다.

㉡ 사회 유지에 중요한 기능을 수행하므로 원초 집단이라고도 한다.

❷ **2차 집단의 인간관계**

㉠ 집단 성원간의 관계가 부분적으로 형성되며, 그 관계는 의식적 목적 지향적이다.

㉡ 이러한 관계는 특정 목적을 달성하기 위해 존재하므로 목적 달성이 어렵다고 생각 될 때는 언제라도 관계에서 이탈할 수 있다.

❸ **현대 사회에서 집단의 변화 추세**

㉠ 2차 집단의 비중이 커지고 있다.

㉡ 1차 집단과 2차 집단의 성격을 모두 가지고 있는 집단이 증가하고 있다.

㉢ 2차 집단 내에서 친목회나 동호회 등과 같이 1차 집단의 성격을 갖는 집단이 나타나 고 있다.

❹ **집단의 분류** : 대부분의 사회 집단에는 1차적 관계와 2차적 관계가 공존하지만, 어떤 관계가 주된 것이냐에 따라 집단을 분류한다.

3 준거 집단

(1) **의미** : 개인이 자신의 신념, 태도, 가치 등을 규정하는 기준으로 여기며 행동의 지침으로 삼는 집단을 준거 집단이라 한다. 일반적으로 소속 집단을 준거 집단으로 여기지만, 소속 집단이 아닌 집단을 기준으로 행동할 때도 있다.

(2) **의의**

❶ **소속 집단과 준거 집단이 일치할 경우** : 집단 구성원의 집단에 대한 자부심이 강하고 만족감이 높다.

❷ **소속 집단과 준거 집단이 불일치할 경우** : 집단 구성원이 상대적 박탈감과 소속 집단에 대한 불만이 생길 수 있다.

> 예 고3 수험생에게 희망하는 대학은 준거 집단이 될 수 있다. 그런데 희망하지 않는 대학에 입학하게 될 경우 준거 집단과 소속 집단의 불일치로 인하여 문제가 될 수 있다.

4 집단관계와 사회생활

(1) 개인과 사회의 관계

❶ 개인은 각자의 자유로운 삶을 추구하면서 사회에 봉사하고 공헌하며 살아간다.

❷ 사회는 전체의 질서를 유지하면서 개인이 행복한삶을 살 수 있도록 도와준다.

(2) 집단의 유지와 발전을 위한 조건

❶ 구성원의 자발적 자기 책임 의식, 합의와 동조 뿐 아니라, 적당한 보상과 제재가 필요하다.

❷ 집단이 적절한 크기를 가져야 하고, 구성원의 적절한 이동이 있어야 한다.

❸ 지도자가 구성원의 합의와 동조를 이끌어 내고 이견과 갈등을 조정해야 한다.

02 사회조직

1 사회조직

(1) 의미

❶ 사회 집단 중에서 집단의 목표가 뚜렷하고, 구성원의 지위와 역할이 명백하게 구분되어 있고, 규범이 엄격하게 규정되어 있는 집단을 사회 조직이라 한다.

❷ 조직화된 사회 집단을 사회 조직이라 한다.

❸ 특정한 목적을 수행하기 위하여 구성원의 개인적인 행동을 상당히 제한 조정 관리 하는 사회의 단위이다.

예 기업, 정당, 학교 등

(2) 사회 조직의 배경

사회가 분화, 전문화되면서 과업을 효율적으로 달성하기 위해 2차 집단(기업, 노동 조합, 정당 등)에서 도입의 필요성이 증대하였다.

(3) 특징

❶ 공식적인 목표를 효율적으로 달성하는 데 1차적인 관심을 가지고 있으며, 조직의 목표와 과업 달성에 따라 구성원을 평가하고 보상과 제재를 가한다.

❷ 일정한 절차와 규범에 의해 구성원의 행동을 조정 통제하며 구성원 간의 형식적 비 인격적 관계 형성 및 서열에 따른 명령과 복종의 체계를 가지고 있으므로 주체성과 자율성이 상실될 위험이 있다.

(4) 사회 집단과 사회 조직

❶ 모든 종류의 사회 집단은 조직을 갖추고 있기 때문에 사회 집단과 사회 조직은 엄격히 구분하기 힘들며 종종 같은 의미로 이해되기도 한다.

❷ 조직의 공식화 정도에 차이가 있어, 어떤 사람은 공식화 정도가 강한 사회 집단은 사회 조직이라 하기도 한다.

2 비공식 조직

(1) 의미

❶ 공식 조직 내에서 인간적인 친밀감을 바탕으로 개인적인 관심에 따라 형성된 집단이다.

❷ **1차적 집단의 성격을 가지고 있다.**

예)회사 내의 동창회, 동호회, 종교 모임 등 공식조직 내의 모임들

(2) 기능

❶ **긍정적 기능** : 구성원의 정서적 안정과 만족감, 생산성 및 효율성 증대, 공식 조직 내에서의 긴장감 해소 등

❷ **부정적 기능** : 연고주의, 정실주의, 개인적 친밀감의 지나친 강조, 공식 조직과 비공식 조직의 목표가 다를 때 공식 조직의 효율성 저해, 공식 조직의 규칙이나 절차의 무시 등

예 기업 내의 동창회는 기업이라는 조직이 가지고 있는 단점들을 보완해 줄 수 있다. 그러나 동창회가 지나치게 활성화될 경우 같은 학교를 나온 사람들끼리의 지나친 연대가 그 모임에 소속되지 못한 사람들에게 피해를 줄 수 있다.

(3) 공식 조직과 비공식 조직의 상호 작용

조직은 공식적 측면과 비공식적 측면을 함께 가지고 있으며, 조직 내의 공식적인 행동 유형과 비공식적인 행동 유형이 상호 작용하고 있다.

(4) 공식 조직과 비공식 조직의 비교

구분	공식 조직	비공식 조직
의미	특정한 목적 달성을 위한 합리적 기준에 따라 의도적으로 형성	공식 조직 내에서 구성원들의 관심사나 취미 등에 따라 자연 발생적으로 형성
특징	• 제도적 인간 관계 중시 • 2차적 인간 관계 형성 • 명시적인 조직 목표, 지위 구분	• 정서적 인간 관계 중시 • 1차적 인간 관계 형성 • 지위 서열화 경향이 약함
사례	회사, 정당, 학교	직장 내 동문회

3 자발적 결사체

(1) 의미

❶ 공동의 이해 관계와 관심을 가진 사람들이 공동의 목표를 위하여 자발적으로 조직한 집단을 자발적 결사체라 한다.

❷ 군대와 같은 강제적 결사체나 회사와 같은 공리적 결사체와 대비하여 자발적으로 결성한 조직체라는 의미가 있다.

(2) 등장 배경

❶ 개인들의 이해 관계와 관심의 다양화, 사회적 욕구의 증대

❷ 시민들의 노력이 필요한 문제의 증가

❸ 과학 기술의 발달, 여가 시간의 증대로 새로운 삶의 방식 추구

❹ 2차 집단의 비중 확대

(3) 특징

❶ 가입과 탈퇴가 자유로우며 1차적 인간관계와 2차적 인간관계가 공존한다.

❷ 구성원의 자발성과 열성으로 운영되며, 강제력이나 경제적 보상이 배제된다.

❸ 구성원들이 조직의 목표에 대한 신념이 뚜렷하고 조직 활동에 열성적이다.

❹ 형태와 운영이 다양하며, 단순한 형태지만 규정과 조직을 가지고 있다.

❺ 구성원의 토론과 합의를 통하여 업무의 지속성이 유지된다.

❻ 형태와 운영의 다양성, 규정과 조직 운영의 융통성이 있다.

(4) 종류

❶ **친목 단체** : 회원의 취미나 친목이 목적인 단체이다.

　　예 동호회, 동창회 등

❷ **이익 집단** : 회원들의 직업적 이익을 추구하기 위하여 결성한 단체로, 정책 결정에 영향력을 행사한다는 점에서 압력 단체라고도 한다.

　　예 의사회, 변호사회, 농민회, 노동조합 등

❸ **시민 단체** : 공공의 이익과 관련된 사회 문제의 해결을 목적으로 자주적으로 결성된 단체로, 친목 집단이나 이익 집단과 달리 공익을 추구한다. 일반 시민의 참여로 대중성이 확보되어야 하며 문제에 대한 비판과 함께 대안을 제시해야 한다.

　　예 환경 운동 연합, 유니세프 등

(5) 기능

❶ **순기능**

　㉠ 구성원들에게 조직에 대한 소속감 및 정서적 만족감을 제공한다.

　㉡ 시민 단체의 경우 공적인 문제에 대한 관심 유발과 여론 형성으로 사회 변동의 기반을 제공한다.

　㉢ 시민 사회의 활성화와 다원화, 민주화에 기여한다.

❷ **역기능**

　㉠ 특수층에게만 가입을 허용할 경우 배타적인 특권 집단으로 변질될 수 있다.

　㉡ 집단의 이익을 주장하는 등 이익 집단화 할 경우 공익과 상충될 수 있다.

　㉢ 조직의 규모가 커지면 관료화되어 비민주적으로 운영될 수 있다.

03 관료제와 탈관료제

 관료제

(1) 의미

❶ 대규모 조직을 합리적으로 관리하는 방식으로, 산업 사회의 피라미드형 조직을 관료제라 한다.

❷ 수직적으로는 계층제를 이루고 수평적으로는 기능상 분업 체계를 이루고 있는 대규모의 사회 조직을 말한다.

❸ 기업, 학교, 군대, 공무원 조직 등은 모두 관료제의 예이다.

(2) 등장 배경

산업화에 따른 거대한 업무를 효율적으로 처리할 수 있는 조직의 필요성이 대두되었다.

(3) 특징

❶ **과업의 전문화** : 복잡한 업무의 효율적 처리를 위해 분담된 일만을 처리한다. → 대규모 과업의 효율적 처리가 가능하다.

❷ **위계의 서열화** : 권한과 책임의 정도에 따라 지위가 서열화 되어 있으며, 일반적으로 피라미드형의 조직 구조를 가진다.

❸ **규약과 절차에 따른 과업 수행** : 조직체 내에서 구성원들은 문서로 된 규약과 절차에 따라 과업을 수행해야 하므로, 개인적인 판단의 개입은 제한된다. → 구성원의 변동에 관계없이 조직을 안정적으로 유지할 수 있다.

❹ **지위 획득에 따른 공평한 기회** : 전문적인 자격, 능력, 실적 등 일정한 기준에 따라 경쟁을 통해 지위를 획득하게 된다.

❺ **경력에 따른 보상** : 구성원의 업무 수행 경험 및 연공서열을 중시하며, 일반적으로 신분이 정년까지 보장된다.

(4) 관료제의 장점

❶ **효율성** : 복잡한 업무를 신속 정확하게 처리할수 있다.

❷ **조직의 안정성** : 구성원의 역할과 업무 수행 절차가 분명하고, 위계적인 명령에 의한 조직 운영이 이루어져 조직의 안정성이 확보된다.

❸ **과업 수행의 지속성** : 업무가 표준화되어 있어서 구성원이 바뀌어도 지속적인 업무 수행이 가능하다.

❹ **구성원 간 갈등 감소** : 책임과 권한이 분명하여 구성원 간에 갈등이 줄어든다.

❺ **결과의 예측 가능성** : 명확한 업무 처리 규정에 따라 업무가 진행된다.

(5) 관료제의 단점

❶ **비능률성** : 지나친 신분 보장과 연공서 열에 따른 무사 안일주의, 복지부동, 보신주의

❷ **목적 전치 현상** : 본래의 목표보다는 업무의 전문화, 위계서열화 등의 수단을 지키는 데 주력함에 따라 조직의 존재 목표를 잊을 수 있다.

> 예 응급환자가 병원에 이송되어 왔음에도, 병원의 절차를 따르는 과정에서 생명이 위험해지는 경우

❸ **인간 소외 현상** : 조직의 효율성을 위한 규칙과 절차를 강조하여 구성원의 창의력과 자율성을 억제하고, 구성원 개개인을 과업의 객체로 전락시킬 수 있다.

> 예 거대 기업 내의 종업원은 회사의 규칙과 절차에 따라 움직이는 하나의 부속품에 불과함

❹ **무사 안일주의** : 연공서열에 따른 승진 제도는 업무의 창의적 개선 노력을 저해하고, 불리한 것을 회피하려는 경향을 초래할 수 있다.

> 예 신분이 보장되고 연공서열에 따라 급여가 높아지는 관료제의 특성상 새로운 일에 도전하려는 자세를 보이기 어려움

❺ **레드 테이프(red tape) 현상** : 관리들이 형식과 절차만을 중시하여 서류를 복잡하게 갖추도록 하면서 일의 처리가 지연되는 비능률적 현상

> 예 상사들의 단계별 결재를 받기 위해 형식에 치우친 결재서류를 갖추는 과정에서 의사 결정이 느려짐

❻ **과두제화** : 위계의 강조로 소수에게 권력이 집중되고 조직 구성원 간 의사소통이 원활하게 이루어지지 못하기도 한다.

❼ 관료주의적 병폐 : 경직된 조직 운영으로 비효율적인 업무 처리가 나타난다.

❽ 환경 변화에의 적응 부족 : 규칙과 절차에 따른 업무 수행을 지나치게 강조함으로써 환경 변화에 능동적으로 대처하지 못한다.

(6) 역기능의 개선 방안

❶ 인간 소외 극복 : 대규모 조직 내의 1차적 인간관계를 형성하고 비공식 조직을 활성화 시킨다.

❷ 참여 기회의 확대 : 조직의 경직성을 완화시켜 구성원의 참여 기회를 부여하고, 개성과 창의성을 존중한다.

❸ 조직 운영의 융통성 : 규약과 절차를 중시하면서도 개인적 의견을 존중한다.

❹ 능력과 실적에 따른 보상 : 개인별 연봉제, 성과급제 등 연공서열을 벗어난 보상을 통해 무사 안일주의를 극복한다.

❺ 조직 목표의 정확한 인식 : 수단과 절차에 지나치게 얽매이지 않음으로써 목적 전치 현상의 발생을 억제한다.

2 탈관료제

(1) 등장 배경

❶ 관료제의 문제점 등장 : 관료제의 여러 문제점이 나타나면서 조직의 효율성이 저하되었다.

❷ 탈산업 사회로의 이행 등 사회 환경의 급격한 변화

　㉠ 산업 사회에서 정보 사회로의 이행 등 사회 환경의 급격한 변화에 대응하기 위해 기존 관료제에 비하여보다 효율적인 조직의 필요성이 제기되었다. → 정해진 규칙에 따라 업무를 수행해야 하나, 환경의 급격한 변화를 규칙과 제도가 따라가지 못할 경우 관료제는 변화에 제대로 대처할 수 없다.

　㉡ 구성원의 자율성을부여하는 방식이 오히려 효과적인 업무 처리에 도움이 된다.

❸ 정보 통신 기술의 발달 : 인터넷 등 정보 과학 기술의 발전으로 새로운 조직 형태가 가능해지게 되었다. 정보 과학 기술이 발전함에 따라 쌍방향 의사소통이 가능해졌으며, 이제는 회장이 평사원들과 트위터로 소통하는 시대이다.

❹ **중간 관리층의 역할 비중 감소** : 의사소통 통로가 정보 매체로 대체되고, 신속한 의사 결정이 이루어지면서 중간 관리층의 역할이 감소되었다. → 유연한 조직 체계의 필요성이 증대되었다.

(2) 탈관료제 조직의 유형

❶ **네트워크형 조직**
   ㉠ 각각의 전문가들이 평등한 구성원으로서 점과 점으로 이어지는 조직
   ㉡ 구성원들이 평등한 자격으로 연결된 조직 형태
   ㉢ 구성원들은 정보와 자료를 공유하며 개개인의 자기 관리에 의한 통제를 관리 수단으로 한다.
   ㉣ 구성원 간 의사소통이 수평적이어서 빠른 의사 소통이 가능하다.
   ㉤ 각 단위가 독립성과 자율성을 가지면서 상호 유기적 관계를 유지한다.

❷ **팀제 조직**
   ㉠ 일시적인 과업 수행을 위해 신속하게 조직되고 해체되는 조직의 형태
   ㉡ 급격한 환경 변화에 대응할 수 있다.
   ㉢ 팀원들은 창의성과 전문성을 지닌 평등한 구성원으로 참여하며 능력만 있다면 하급 직원도 팀장이 될 수 있다.
   ㉣ 빠른 사회 변화에 적응력이 높고 과업에 따라 조직 결성과 해체가 신축적이다.
   ㉤ 민주적 의사 결정과 집단적 과업 수행을 특징으로 한다.

❸ **사업부제 조직** : 시장수요에 대응하여 제품별, 시장별, 지역별로 여러 사업부를 만들어 그 자체에서 직접 의사 결정을 하고 업무를 수행하는 형태이다.

❹ **아메바형 조직**
   ㉠ 아메바들이 분열 증식되는 모습처럼 조직의 과업과 목적에 따라 수시로 조직의 형태가 변경 분할 증식되는 조직이다.
   ㉡ 특정한 형태를 갖지 않고 조직 목표에 적합한 조직이 유연하게 구성된다.
   ㉢ 외부 환경 변화세 능동적으로 대처할 수 있다.

❺ **심포니 오케스트라형 조직** : 모든 단원들이 제각기 상이한 기능과 역할을 하며 조화를 이루어 연주를 하는 오케스트라 단원들처럼 구성원들이 협동하고 동등한 지위와 그에 따른 역할에 책임을 다하는 조직이다.

📁 탈관료제 조직

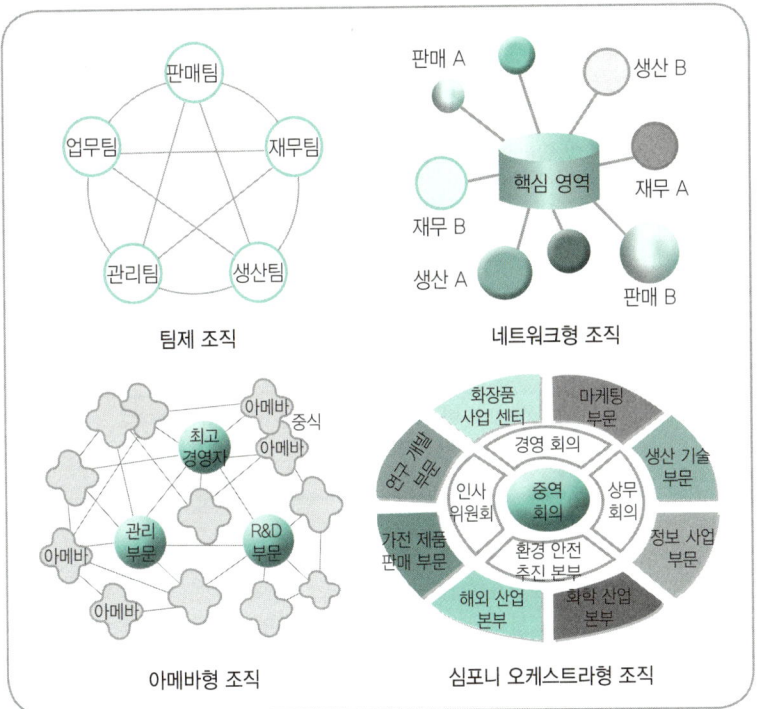

팀제 조직

네트워크형 조직

아메바형 조직

심포니 오케스트라형 조직

(3) 탈관료제 조직의 특징

❶ 조직 구성 및 운영의 유연성이 높다.

❷ 조직 구성원 간 소통 방식이 양방향적이고 평등하다.

❸ 급격한 환경 변화에 신속하게 대응 가능하다.

❹ 능력에 따른 보상이 이루어진다.

📁 관료제와 탈관료제의 비교

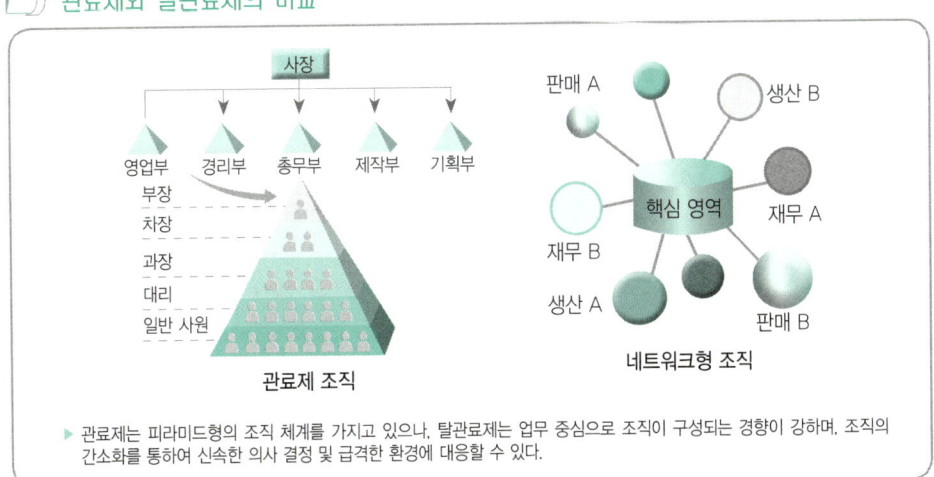

관료제 조직

네트워크형 조직

▶ 관료제는 피라미드형의 조직 체계를 가지고 있으나, 탈관료제는 업무 중심으로 조직이 구성되는 경향이 강하며, 조직의 간소화를 통하여 신속한 의사 결정 및 급격한 환경에 대응할 수 있다.

목적 전치 현상을 초래하기도 하는 번문욕례(繁文縟禮) 또는 레드 테이프(red tape)란 무엇일까?

번문욕례(繁文縟禮)

繁 번거로울 번＋文 글월 문＋縟 번거로울 욕＋禮 예도 례(예)
→ 번거롭고 까다로운 규칙과 예절을 뜻하며, 번거로운 행정 절차에 따른 사무 지연이나 형식주의를 지칭하는 말이다.

자료해설 : 제시된 자료는 시급한 문제가 발생하였는데도 의사 결정의 단계가 많아서 적절하게 대처하지 못하는 상황을 보여 준다. 관료제 조직은 원래 대량의 업무를 신속하고 정확하게 처리할 수 있다는 점에서 능률적이라고 하지만, 그림의 상황과 같이 번문욕례(繁文縟禮) 또는 레드 테이프(red tape)로 인해, 수단과 목적이 서로 바뀌는 목적 전치 현상을 초래하기도 한다. 레드 테이프는 17세기 영국의 공식적 법률 문서를 묶는 데 쓰였던 빨간 띠(red tape)에서 유래된 것이다.

01 밑줄 친 ㉠, ㉡ 에 대한 설명으로 옳지 않은 것은?

> 최근에는 ㉠ 기업에서 구성원 간 친목 도모를 위한 ㉡ 동호회 활동을 장려하는 경우가 많다. 조직 내에서 이루어지는 구성원 간 친목 도모 활동이 조직의 효율성을 높이는 데 기여하기 때문이다.

① ㉠은 공식 조직에, ㉡은 비공식 조직에 해당한다.

② ㉠과 ㉡은 모두 자발적 결사체로서 가입과 탈퇴가 자유롭다.

③ ㉡은 ㉠에서 나타나는 인간 소외의 문제를 완화시키는 데 기여한다.

④ ㉡은 ㉠과 달리 구성원 간 수단적인 관계보다는 정의적인 관계를 중시한다.

해 설 ㉠ 기업은 공식 조직, ㉡ 동호회는 비공식 조직에 해당한다. 기업의 경우, 가입과 탈퇴가 자유롭지 못하므로 자발적 결사체로 보기 어렵다.

정 답 ②

02 1차 집단과 2차 집단에 대한 구분이다. 적절하지 않은 것은?

		1차 집단	2차 집단
①	친밀도	친밀한 대면 관계	친밀감이 낮은 형식적 관계
②	목적	목적 달성	관계 자체
③	관계	자기 노출 수준이 높음 타인에 대한 지식과 관계가 포괄적	타인에 대한 지식과 관계가 부분적
④	통제	관습, 도덕 등 비공식적 통제	법, 규칙 등 공식적 통제

해 설 1차 집단과 2차 집단에 대한 구분이 문제는 4지 선다형의 기존 9급 문제와 다른 형식을 띠고 있다. 앞으로 이와 같이 다양한 형식의 문제가 출제될 것으로 예상 되며, 1차 집단과 2차 집단의 비교는 가장 기본적인 개념으로 꼭 알고 있어야 한다. 농촌이나 가족 등에 해당하는 1차 집단은 전인격적이고 비형식적인 관계로 직접적인 접촉과 친밀한 상호 작용을 바탕으로 형성된 집단이다. 반면 2차 집단은 특정한 목적이나 이해관계를 달성하기 위한 집단으로 목적 달성이 집단의 목적이다.

정 답 ②

03 다음에서 설명하고 있는 것은?

> ㄱ. 한 개인이 그 집단에 소속감을 가지고, 구성원 간에 '우리'라는 공동체 의식이 강한 집단
> ㄴ. 내가 소속된 집단이 아니며, 이질감이나 적대감까지 갖게 되는 타인들로 이루어진 집단

① 내집단　　　외집단　　　　② 1차집단　　　2차집단

③ 공동사회　　이익사회　　　④ 소속집단　　준거집단

해 설 제시문에서 공동체 의식, 우리, 소속감이라는 단어를 통하여 ㄱ은 내집단임을 알 수 있으며, ㄴ에서는 이질감과 적대감이라는 단어를 통하여 외집단임을 알 수 있다. ③공동 사회와 이익 사회는 결합의지에 따라 구분되며, 의지나 선택과 무관하게 형성된 집단은 공동사회이다.

정 답 ①

04 1차 집단과 2차 집단의 분류에 대한 설명으로 옳지 않은 것은?

① 쿨리(Cooley)가 분류했다.

② 최초의 양분법이 사용됐다.

③ 구성원의 접촉 방식에 따라 분류했다.

④ 오늘날 가장 많이 사용되는 분류 방법이다.

해 설 이 문제를 통해 기존의 9급 문제와 앞으로 출제될 9급 문제의 범위를 확인할 수 있다. ②, ④는 앞으로 출제될 9급 시험에서는 적합하지 않은 선지이다. 기존의 9급 시험이 지엽적인 범위에서 출제 되었다면, 시 험 범위가 고등학교 과정으로 명시된 만큼 ②, ④와 같은 선지는 출제되지 않을 가능성이 크다. ②최초의 양분법으로 집단을 구분한 학자는 사회학자 퇴니스이다.

정 답 ②

05 준거 집단에 대한 설명으로 옳지 않은 것은?

① 개인의 판단과 행동의 기준이 되는 집단이다.

② 준거 집단과 소속 집단이 불일치할 경우 사회 이동아증가한다.

③ 준거 집단과 소속 집단이 일치할 경우 문화 전파의 촉진이 나타난다.

④ 소속된 집단이 많을 경우 그 중 하나가 가장 중요한 준거 집단이 될 수 있다.

해 설 준거 집단은 개인의 행동의 기준이 되는 집단으로, 개인은 그 집단에 대해 공동체 의식을 가지고 있다. 그런데 개인이 실제 속해있는 소속 집단과 준거 집단이 다를 경우 개인이 준거 집단을 목표로 행동하는 과정 에서 문화 전파 현상이 나타날 수 있다.

정 답 ③

06 다음 글의 내용을 설명하는 데 가장 적절한 사회학적 개념은?

> 아마 한국인은 지구상의 어떤 민족보다도 '우리'라는 말을 많이 사용하는 사람들일 것이다. 가령 누구를 소개할 때 "우리 홍길동 씨는…"이라고 하면서 맨 앞에 '우리'라는 필요 없는 말을 사용한다. 그럼, 우리는 왜 항상 '우리'를 찾을까? 이것은 우리 사회가 집단주의 사회라는 확실한 증거이다. 집단주의 사회는 개인보다는 가족이나 친척, 혹은 직장 공동체와 같은 집단들이 우선적인 중요성을 갖는 사회를 말한다. 따라서, 개인의 이익보다는 집단의 이익이 더욱 우선시되고 개인적으로 존재하기보다는 항상 자신을 '우리'라는 집단의 일부로 생각한다. 이때 우리 집단은 각 개인의 정체감을 형성하는 데 주된 근원이 될 뿐만 아니라 여러 가지 어려움을 막아 주고 이겨내게 해주는 튼튼한 보호막이다.
>
> 최준식 한국인에게 문화가 있는가

① 2차집단   ② 내집단   ③ 준거집단   ④ 이익사회

해 설 집단을 구성하고 있는 개인들의 애착심이 강하며, 구성원 간에 공동체 의식이 강한 집단을 내집단 또는 우리 집단이라고 한다. 내집단은 자기 자신이 소속해 있으면서 그 집단의 구성원으로 동일시하는 집단이다. 우리 집, 우리 학교 등이 대표적인 내집단으로서 사람들은 내집단을 통해 자신을 인정받고 자아의식을 얻게 된다.

정 답 ②

07 다음에 제시된 대한리 주민들과 유명 CEO들의 특징에 가장 부합하는 집단 유형을 옳게 연결한 것은?

- 마을 대항 축구 대회에서 대한리 주민들은 혼연일체가 되어 자기 마을 팀의 승리를 기원하며 목이 터지도록 응원하였다.
- 창업을 준비하고 있는 A씨는 창업에 성공한 유명 CEO들을 자신의 역할모델로 삼아 그들의 성공 노하우를 열심히 배우고 있다.

① 내집단 – 외집단　　　　　　② 내집단 – 준거 집단

③ 외집단 – 공식 집단　　　　　④ 비공식 집단 – 공식 집단

해설 자기 마을이라는 인식을 가지고 있는 집단은 내집단이다. 그리고 역할 모델, 즉 자신 행동의 지침으로 삼는 집단은 준거 집단이다. 다양한 기준에 따른 집단들은 기본 의미를 이해해 두어 어떠한 사례가 제시되어도 찾을 수 있도록 연습해야 한다.

정답 ②

08 사회 조직에 대한 설명 중 옳지 않은 것은?

① 사회 조직은 기업체, 정당 등 2차 집단에서 많이 볼 수 있다.

② 구성원의 자율성과 주체성을 상실하는 경우도 있다.

③ 공식적 조직의 구성원들은 절차와 규범에 의한 형식적 인격적 관계이다.

④ 비공식적 조직은 간혹 조직의 규칙, 절차를 파괴하는 상태에 이른다.

해설 사회 집단 중에서 집단의 목표가 뚜렷하고 구성원의 지위와 역할이 구분되어 있는 집단을 사회 조직이라 한다. 일반적으로 2차 집단에서 주로 찾을 수 있고, 조직이 거대 해질 경우 인간 소외 현상이 나타날 수 있다. 이러한 조직의 문제를 해소하기 위하여 비공식적 조직이 필요하나, 비공식적 조직이 비대해질 경우 ④와 같은 문제가 발생할 수 있다. ③구성원 사이의 인격적 관계는 비공식 조직의 특징이다.

정답 ③

09 다음 중 탈관료제에 대한 설명으로 옳지 않은 것은?

① 계층적 위계 중심주의나 권한 중심주의를 배척하고 임무 중심주의, 능력 중심주의를 강조한다.

② 조직의 구조와 과정, 업무 수행 기준 등은 상황적 조건과 요청에 부응해 자유롭게 변동 될 수 있다.

③ 민주적 리더십에 의해 관리되며 따라서 자율적, 참여적, 협동적 상하 관계를 선호한다.

④ 시간의 경과에 따라 직위가 올라가기 때문에 무사 안일주의가 팽배하는 경향을 보인다.

해설 탈관료제는 기존 관료제가 가지는 각종 문제점에 대한 대안적 조직 체계이다. 일반적으로 탈관료제는 능력 중심주의, 자유로운 조직 변동, 참여적 상하 관계 등의 특징을 보인다. ④시간의 경과에 따라 직위가 올라가는 제도는 연공서열 중심의 관료제에서 발견할 수 있다.

정답 ④

10 탈관료제에 대한 설명으로 옳지 않은 것은?

① 복잡성, 공식화의 정도가 높다.

② 의사 결정 권한이 분산된다.

③ 신속한 의사 결정 및 상황 대처 능력을 중시한다.

④ 구성원의 능력에 기초한 보상 체계를 강조한다.

> **해 설** 탈관료제는 권한이 분산되고, 신속한 의사 결정이 가능하고, 능력에 따른 보상이 이루어진다. 반면 피라미드 형태의 관료제의 경우 의사 결정이 상부에 집중되고, 단계별 의사 결정을 거쳐야 하는 만큼 신속한 의사 결정이 어렵다. 또한 능력보다는 연공서열에 따른 보상 체계가 중시된다. ①탈관료제의 경우 일반적으로 관료제에 비하여 복잡성 및 공식화의 정도가 낮다. 관료제가 위계가 서열화된 피라미드형 구조를 띠는 반면, 탈관료제는 보다 유연한 조직 체계를 보이고 있다.

> **정 답** ①

11 다음 내용이 나타나는 제도의 문제점이 아닌 것은?

> ㄱ. 레드 테이프 현상의 심화
> ㄴ. 업무의 분업화 및 전문화
> ㄷ. 개인적인 판단이나 의사 개입의 제한

① 형식에 얽매여 수단과 목적이 뒤바뀌는 목적 전치 현상이 나타난다.

② 시간을 때우기 위해서 불필요하게 일을 늘린다.

③ 인간 소외 현상이 증가하고 창의성 발휘가 어렵다.

④ 위계질서의 확립이 어렵다.

> **해 설** 레드 테이프 현상은 관료들이 형식적 절차만을 중시하는 가운데 발생하는 비효율성을 의미하며, 대표적인 관료제의 문제점이다. 업무의 분업 및 전문화 또한 이전 농경 사회와 다른 산업 사회의 관료제 특징이다. 관료제에서는 개인적인 판단보다 규정과 매뉴얼이 중시된다. 따라서 제시문에 해당하는 제도는 관료제이다. ④위계질서의 확립은 피라미드형 체계를 갖추고 있는 관료제의 특징에 해당한다.

> **정 답** ④

12 다음에 해당하는 조직의 역기능으로 볼 수 없는 것은?

> 현대 사회가 전문화 또는 분화되고 나서 등장한 가장 발달된 형태의 사회 조직으로, 대규모의 조직을 합리적으로 관리하는 방식을 말한다.

① 인간이 과업의 주체가 아닌 객체로 전락된다.

② 형식성을 강조하여 규칙과 절차를 갖추는 일에만 주력하게 된다.

③ 개인의 목표나 이해를 중시하여 조직의 공식적 과업에 지장을 초래한다.

④ 구성원들의 참여가 소극적으로 조직 존립 자체가 위협받는다.

> **해 설** 농경 사회와 달리 산업 사회에서는 이전과 다르게 대규모 조직을 합리적으로 관리하는 방식의 필요성이 제기되었다. 이로 인하여 등장한 조직 관리 방식이 관료제이다. 제시문은 관료제에 대한 설명이다. 관료제는 지나치게 규칙에 따른 업무를 중시하는 과정에서 인간 소외 현상이나 목적 전치 현상과 같은 부작용이 나타났다. ③ 관료제는 개인보다는 조직의 목표를 중시하는 체제로 개인의 목표나 이해보다는 조직을 중시하며, 이러한 가운데 인간 소외 현상이 발생하기도 한다.

> **정 답** ③

13 다음 글과 같은 조직 혁신 방안으로 옳지 않은 것은?

> 행정 조직도 대대적인 혁신이 필요하다. 고객의 요구에 신속하게 대응하기 위해서는 구성원의 자율과 책임을 강조하는 방향으로 바뀌어야 한다.

① 능력에 따른 보상을 강화한다.

② 과업 중심의 팀제 조직을 도입한다.

③ 상향식 의사 결정 구조를 정착시킨다.

④ 신분 보장을 통한 조직의 안전성을 추구한다.

해설 제시문은 탈관료제 조직에 해당한다. ①, ②, ③은 탈관료제의 특징이다. ④은 관료제의 특징이다.

정답 ④

14 다음 글은 어떤 단체와 활동 내역이다. 이 단체에 대한 설명으로 옳은 것은?

- 우리 농업 살리기 운동 전개 (1991년)
- 부동산 실명제 촉구 운동 실시 (1995년)
- 세제 개혁 운동 참여 (2000년)
- 공공요금 연체료 개선 운동 실시 (2002년)

① 인간 관계의 친밀성에 기초하여 형성된다.

② 공익을 추구하기 위해 의도적으로 결성된다.

③ 회원들의 직접적인 이익을 추구하기 위해 존재한다.

④ 현대 사회 들어 활동의 규모 및 범위가 감소하고 있다.

해설 제시문과 같은 활동을 하는 집단은 시민 단체이다. 시민 단체는 자발적 결사체로서 공익을 추구한다. ①인간 관계의 친밀성에 기초하여 형성된 집단은 1차 집단이다.

정답 ②

15 다음 두 질문에 공통적으로 해당하는 집단에 대한 설명으로 옳은 것은?

> 질문 1) 성원 간 관계가 전인격적인가? → 예
> 질문 2) 비공식적 수단에 의한 통제가 일반적인가? → 예

① 2차 집단에 해당한다.

② 원초적 사회화가 이루어진다.

③ 현대 사회에서 증가하고 있다.

④ 대규모 조직의 관리에 적합하다.

해설 제시된 질문들은 1차 집단과 2차 집단을 구분하는 기준이다. 제시된 질문과 답에 해당하는 집단은 1차 집단이다. 가족, 친족과 같은 1차 집단에서는 원초적 사회화가 이루어진다. 현대 사회에서는 2차 집단이 증가하고 있다.

정답 ②

16 다음 글에 대한 분석으로 옳은 것은?

> 필리핀 엄마와 한국인 아빠 사이에서 태어난 갑은 다른 또래 친구들처럼 엄마가 그냥 한국인 이었으면 좋겠다는 생각을 자주 한다. 그렇지만 갑은 필리핀에 대한 호기심과 애정을 억제하지 않았고, 필리핀에 대한 책도 자주 읽었다. 서툰 한국어를 사용하는 갑의 엄마에게 한국이 새로운 조국이듯이, 갑에게 필리핀은 또 다른 조국이다.

① 한국은 갑과 갑 엄마 모두에게 외집단이다.

② 또래 친구들은 갑과 갑 엄마 모두에게 내집단이다.

③ 갑은 현재 국적에 따른 역할 갈등을 경험하고 있다.

④ 한국인 엄마를 둔 또래 친구들은 갑의 준거 집단이다.

해설 ① 갑과 갑의 엄마 모두 한국이라는 집단에 속해 있으며, 한국은 내집단이다. ② 갑은 또래 친구들이라는 집단에 갑은 속해 있으나, 갑의 엄마는 속해 있지 않다. ④ 현재 한국인 엄마를 둔 친구들을 부러워하고 있으므로, 한국인 엄마를 둔 또래 친구들은 갑의 준거 집단이라 할 수 있다. ③ 역할 갈등은 지위와 역할의 차이에 따른 갈등을 의미하나, 제시문에 나타나 있지 않다.

정답 ④

17 (가) – (나)에 대한 설명으로 옳은 것은?

구 분	(가)	(나)
결합 의지	선택적	본질적
인간 관계	수단적	무의도적
접촉 방식	업무 관계	친밀감

① (가)에 해당하는 집단으로 기업을 들 수 있다.

② (가)의 구성 바탕이 되는 것은 공동의 가치이다.

③ (나)는 구성원 간의 2차적 관계를 특징으로 한다.

④ (나)는 후천적으로 의도적으로 형성된 집단이다.

해설 (가)는 이익 사회, (나)는 공동 사회이다. ① 이익 사회에는 기업, 학교, 정당 등이 있으며, 공동 사회에는 가족, 친족, 촌락 등이 있다. ② 이익 사회는 어떤 목적을 달성하기 위해 모인 집단이며, 공동 사회는 공동의 가치를 추구하는 집단이다. ③ 2차적 관계를 특징으로 하는 집단은 이익 사회이다. ④후천적으로 의도적으로 형성된 집단은 이익 사회이고, 공동 사회는 무의도적이고 본능적인 의지에 의하여 형성되었다.

정답 ①

18 다음 밑줄 친 ㉠~㉢에 대한 설명으로 옳은 것은?

> 갑은 ㉠ 음대 진학을 꿈꾸었으나, 어려운 가정 형편 때문에 포기하고 ㉡ 경영대학에 입학하였다. 그러나 음악에 대한 열망을 버리지 못하고 대학 ㉢ 음악 동아리에 가입하여 자신의 꿈을 다시 꾸고 있다.

① ㉠은 갑의 내집단이다.　② ㉡은 갑의 준거 집단이다.

③ ㉢은 자발적 결사체이다.　④ ㉠과 ㉡은 비공식적 사회화 기관이다.

해설 음대는 갑에게 준거 집단이고, 경영 대학은 갑의 내집단이다. 음악 동아리는 내집단이며, 자발적 결사체에 해당한다.

정답 ③

19 공동 사회에 대한 설명으로 옳은 것은?

① 사회학자 섬너와 관련 있다.

② 구성원 간의 관계가 매우 긴밀하다.

③ 구성원의 접촉 방식에 따른 분류이다.

④ 구성원의 의도에 의해 후천적으로 형성된 집단이다.

> **해설** 공동 사회는 퇴니스가 구성원의 결합 의지를 기준으로 구분한 사회이다. 본능적인 의지에 의하여 자연적으로 발생한 집단을 공동 사회라 하며, 의도와 목적에 의해 후천적으로 발생한 집단은 이익 사회이다. ③ 접촉 방식에 따른 분류는 1차 집단과 2차 집단이다.

> **정답** ②

20 회사 내 동호회와 시민 단체의 공통점으로 옳은 것은?

① 비공식적 조직에 해당한다.　② 사회적 공익을 우선으로 한다.

③ 가입과 탈퇴가 비교적 자유롭다.　④ 전형적인 관료제의 형태를 띠고 있다.

> **해설** 회사 내 동호회는 대표적인 비공식 조직의 사례이고, 시민 단체는 자발적 결사체의 대표적 사례이다. 비공식 조직은 공식 조직 내에서 형성된 조직으로, 일반적으로 동호회는 회사나 기업 같은 공식조직 내에 존재 한다. 반면 시민 단체는 그 자체가 하나의 조직으로 동호회와는 차별화된다. 시민 단체는 비공식 조직이 아니지만, 동호회는 동호회 구성원들의 자유 의지에 따라 조직된 다면 자발적 결사체가 될 수 있다. ② 공익을 우선하는 조직은 시민 단체이다. ④시민 단체는 규모가 커지면 관료제의 형태를 띨 수도 있다. 그러나 1차적 집단의 성격을 가진 동호회는 일반적으로 관료제의 형태 가 아니다.

> **정답** ③

21 다음 글의 밑줄 친 ㉠~㉣에 대한 설명으로 옳은 것은?

> 대형 ㉠ 연예 기획사 ○○에 속해 있는 갑은 오후3시 ㉡ 팬클럽과의 미팅 시간을 가졌다. 그리고 오후 5부터 ㉢ 방송국에서 음악 프로그램을 촬영하였다. 저녁 7시부터는 ㉣ 연예인 협회에서 주관하는 만찬에서 저녁 식사를 하였다.

① ㉠은 갑에게 외집단에 해당한다.

② ㉡은 사회 집단에 해당한다.

③ ㉢은 공동 사회이자 2차 집단에 속한다.

④ ㉣지속적 상호 작용이 이루어지는 비공식 조직이다.

> **해설** ① 연예 기획사는 갑이 속해 있는 내집단이 다. ② 팬클럽은 상호 작용을 하는 인간의 모임으로 사회 집단에 해당한다. ③ 방송국 은 이익 사회이자 2차 집단에 해당한다. ④ 연예인 협회는 다른 조직의 내부에 존재하지 않기 때문에 비공식 조직이 아니다.

> **정답** ②

22 다음과 같은 집단의 일반적 특징에 대한 설명으로 옳은 것은?

> 가수 팬클럽, 토론 동아리, 학내 소모임

① 가입과 탈퇴가 자유롭지 않다.

② 조직의 목표보다는 규칙과 절차가 중시된다.

③ 공동의 이해관계나 관심을 기반으로 조직된다.

④ 선택적 의지와 무관하게 자연 발생적으로 형성된다.

해설 제시문의 사례는 자발적 결사체에 해당한 다. ② 관료제의 특징이다. ④ 공동 사회에 대한설명이다.

정답 ③

23 다음과 같은 단체에 대한 설명으로 옳은 것은?

> ○○은 민간 경제인들에 의해 설립된 종합 경제 단체로서 사단 법인의 지위를 갖고 있다. 설립 목적은 자후 시장 경제를 창달하고 올바른 경제 정책을 제시하는 것이다.

① 1차 집단에 해당한다.

② 구성원의 자발적인 열성으로 운영된다.

③ 구성원 간의 전인격적인 관계가 나타난다.

④ 구성원의 본능적인 의지에 의해 발생한다.

해설 제시문은 민간인들에 의해 자발적으로 설립된 조직으로 자발적 결사체에 해당한다. ①자발적 결사체 중 1차 집단의 성격을 가진 집단도 있다. 그러나 제시문의 집단은 특정한 목적을 위해 조직된 집단으로 2차 집단의 성격이 강하다. ④ 자발적 결사체는 후천적인 의도에 의해 조직된 집단으로 이익사회에 해당한다.

정답 ②

24 다음은 어떤 사람의 이력서이다. ㉠~㉣에 대한 설명으로 옳은 것은?

> 1992 ~ 1995 ㉠ ○○ 고등학교 동문회 회장
> 1995 ~ 1997 ㉡ A 시민 단체 대표
> 1997 ~ 2000 ㉢ B 기업 등산 ㉣ 동호회 회장

① ㉠은 공동 사회이자 2차 집단이다.

② ㉡은 공식적 사회화 기관이다.

③ ㉢은 가입과 탈퇴가 자유롭다.

④ ㉣은 1차 집단의 성격을 가진다.

해설 고등학교는 이익 사회이면서 2차 집단이다. 시민 단체는 자발적 결사체이면서 2차 집단이고, 이익 사회이다. 기업은 2차 집단 이자 이익 사회이다. 동호회는 자발적 결사체이며, 비공식 조직에 해당하고, 이익사회이며 1차 집단의 성격을 가진다. ② 공식적 사회화 기관은 사회화를 목적으로 한 조직으로 학교가 예이다. 시민 단체는 사회화 기능을 수행할 수 있으나 사회화가 목적이 아닌 조직으로 비공식적 사회화 기관에 해당한다. ③ 가입과 탈퇴의 자유는 자발적 결사체의 특징이다.

정답 ④

25　관료제의 특징에 대한 설명으로 옳은 것은?

① 직책보다는 직무 수행 능력이 중시된다.

② 업무의 전문성과 개인의 창의성이 발휘된다.

③ 과제 달성을 위해 구성원의 권한이 증대된다.

④ 담당 업무가 명확해서 행정의 합리성이 높아진다.

해 설 관료제는 대규모 조직을 운영하는 방식이 라 생각하면 된다. 이를 위해서 개인의 창의성 및 자의적 판단보다는 정해진 규정에 따라 주어진 업무를 수행해야 하고, 자신의 지위와 직책이 중요시된다. 이러한 과정을 통하여 대규모의 인원이 동일한 목적 달성을 위해서 합리적이고 효율적으로 일할 수 있다. ①, ②, ③ 탈관료제 조직의 특징이다.

정 답 ④

26　다음과 같은 특징을 가진 조직에 대한 설명으로 옳지 않은 것은?

- 조직의 운영 방식 : 중앙 집중적
- 구성원의 직무 범위 : 협소함
- 조직 단위 간의 역할구분 : 명확함

① 하향식 의사 결정 구조를 가지고 있다.

② 급변하는 사회에 대한 적응력이 강하다.

③ 조직 구성원 간의 위계 질서를 중시한다.

④ 규약과 절차에 따른 업무 처리를 중시한다.

해 설 제시문과 같은 특징을 가진 조직은 관료제이다. 하향식 의사 결정, 위계 질서의 중시, 규약과 절차에 따른 업무 처리 중시는 모두 관료제의 특징이다.

정 답 ②

27　다음과 같은 특징을 가진 조직에 대한 설명으로 옳은 것은?

- 위계의 서열화 : 높음
- 업무 재량권 : 낮음

① 수평적 인간 관계와 상향식 의사 결정이 중시된다.

② 업무가 명확히 분화되어 있어 책임 소재가 분명하다.

③ 신속한 의사 결정으로 환경 변화에 능동적 대응이 가능하다.

④ 조직에 대한 다양한 요구를 만족시킬 수 있는 유연한 조직 구조를 가진다.

해 설 관료제 조직은 매뉴얼 및 규칙에 따른 업무 수행을 중시하는 관계로 구성원의 업무 재량권이 낮다. 또한 피라미드형 조직 구조를 가진 관료제는 지위가 서열화 되어 있으며, 위계의 서열화 정도가 높다. ①, ③, ④ 탈 관료제의 특징이며, 관료제이다. ② 관료제 조직은 구성원의 업무가 명확히 구분되어 있어 일의 공과를 따지기 쉽다.

정 답 ②

28 다음 밑줄 친 ㉠. ㉡에 대한 설명으로 옳은 것은?

> 봄을 맞아 2가지 행사를 안내 드립니다. 물 사랑 마라톤 대회가 2012년 3월 7일 ㉠ 물 사랑 시민 연대 주관으로 한강시민공원에서 열릴 예정입니다. 3월 8일에는 사내 동호회 ㉡산 사랑회 주관의 봄맞이 산행이 북한산에서 열릴 예정이오니 많은 참여 부탁드립니다.

① ㉠은 다른 조직과 달리 사익을 추구한다.

② ㉠은 다원주의적 사회에서 기능과 역할이 감소하고 있다.

③ ㉡은 자발적 결사체이며, 비공식 조직이다.

④ ㉡은 목표 달성과 업무 처리의 절차를 중시한다.

해설 ㉠의 물사랑 시민 연대는 자발적 결사체인 한 종류인 시민 단체이고, ㉡의 산 사랑회는 사내 동호회이기에 비공식 조직이다. ①, ②시민 단체는 공익을 추구한다는 점이 가 장 큰 특징이며, 다원화된 사회에서 시민 단체의 중요성은 더욱 높아지고 있다. ④ 목표 달성과 업무 처리의 절차를 중시하는 조직은 관료제이다.

정답 ③

29 그림은 사회 조직을 유형화한 것이다. A, B에 대한 설명으로 옳은 것은?

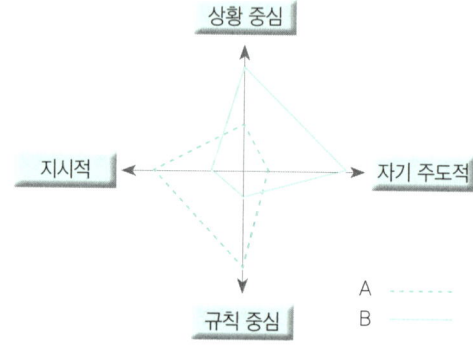

① A의 사례에는 아메바형 조직, 팀제 조직이 있다.

② B는 경쟁 원리와 조직의 유연성을 강조한다.

③ A는 표에 비해 업무의 재량권을 중시한다.

④ 표는 A에 비해 연공서 열을 중시한다.

해설 A 조직은 규칙을 중시하고 지시적인 집단으로 관료제의 특징을 가지고 있으며, B조직은 상황을 중시하고, 상황의 변화에 따라 자의적인 판단이 가능한 집단으로 탈관료제의 특징을 가지고 있다. ① 아메바형 조직과-팀제는 탈관료제 조직의 유형이다. ③업무의 재량권 중시는 탈관료제의 특징 이다. ④ 연공서열의 중시는 관료제의 특징이다.

정답 ②

Chapter 03

문화와 사회

제1절 문화의 의미와 문화 현상의 이해

01 문화의 의미와 문화현상의 이해

1 문화의 의미

(1) 좁은 의미의 문화

❶ 고상하거나 세련된 것, 정신적 물질적으로 발전된 상태 등을 뜻한다.

❷ 예를 들어 문화인, 문화 민족이라는 단어의 문화는 무언가 발전되고 개화되었다는 뜻을 가지고 있다.

❸ 좁은 의미와 문화에서는 "문화는 수준의 우열에 있어 우위의 문화가 열위의 문화보다 수준이 높다는 판단이 가능하다."라고 본다.

❹ 모든 문화는 일정한 보편적 과정을 거쳐 단순한 형태에서 복잡한 형태로 연속적인 발전 단계를 따라 진보한다는 설명 이 가능하다.

　[예] 문화 행사, 문화생활, 문화 상품권, 신문 문화면 등

(2) 넓은 의미의 문화

❶ 한 사회나 집단에서 나타나는 의식주, 가치, 규범, 사고방식 등 인간의 모든 생

활양식을 넓은 의미의 문화라 한다.

❷ 민족 문화, 대중문화, 청소년 문화 등의 단어에서의 문화는 고상한 것이라는 의미가 아니라 생활양식을 의미하고 있다.

❸ 넓은 의미의 문화에서는 "문화는 평가의 대상이 아니며 수준의 우열이 있을 수 없다."고 한다.

❹ 문화는 사회 구성원들이 주어진 자연 환경을 필요에 따라 활용하는 구조화된 생활양식으로 문화 체계라는 설명이 가능하다.

❺ 문화의 범주에 들지 않는 인간의 행동

　㉠ 문화는 한 사회의 구성원들이 후천적인 학습을 통해 공유하고 있는 행동 양식을 의미한다.

　㉡ 선천적으로 타고난 체질적 특성이나 생물학적 본능에 의한 행동, 개인적인 습관이나 버릇에 속하는 행동은 문화에 포함되지 않는다.

2 ▧ 인간의 문화창조

(1) 인간만이 다른 동물과 다르게 문화를 창조하고 전승할 수 있는 능력을 가진다. 인간은 생물학적 적응 능력의 한계를 문화적 수단을 통해 극복해 냈다.

(2) 직립 보행과 손의 자유로운 사용, 정교한 도구의 제작과 이용이 문화 창조를 가능하게 하였다.

　예 불의 사용, 농경 기술, 기계의 발명, 퓨전 문화

(3) 인간은 다른 동물과 달리 발달된 두뇌와 학습 능력, 언어와 문자와 같은 상징 체계를 가지고 있어 문화 창조와 전승, 축적이 가능하다.

(4) 문화 창조 능력의 발현을 저해하는 요소

❶ **주체성이 결여된 무비판적인 답습이나 모방** : 새로운 문화 요소를 만들어 낼 수 있는 창의성을 약화시킨다.

❷ **지나친 제도적 규제** : 인간의 자율성과 능동성을 위축시키게 된다.

3 문화의 구성요소

(1) 물질문화

❶ 인간의 기본적 욕구 충족을 위한 각종 재화나 기술을 의미한다.

❷ 환경 제약의 극복 수단이며, 인간의 물질적 욕구를 충족시켜 주는 기능을 한다.

　예 의식주, 도구, 기계, 자동차, 에어컨 등

(2) 비물질 문화 : 비물질 문화는 규범 및 제도 문화와 관념 문화로 구분할 수 있다.

❶ 규범 및 제도문화

　㉠ 구성원의 행동을 통제하고 사회 유지와 지속성을 확보한기 위해 만들어진 각종 제도와 규범을 의미한다.

　㉡ 사회 구성원들을 조직하고 질서를 유지하는 제도적인 장치이다.

　　예 도덕, 법, 정치 등

❷ 관념 문화

인간의 존재 의미와 삶의 방향을 제시해 주고, 지적 심미적, 욕구를 충족시켜 주는 추상적 이념이나 사고 방식을 의미한다.

　예 신화, 철학, 문학, 예술, 종교 등

(3) 문화의 구성요소

구분	의미	특징
기술	• 무엇인가를 만들어 내거나 성취하는 방법 • 넓은 의미에서는 인간의 욕구나 욕망에 적합하도록 주어진 대상을 변화시키는 모든 인간적 행위	새로운 문화를 창조하기 위한 발명의 영역에서 중요한 위상을 차지함
언어	생각이나 느낌을 나타내거나 전달하기 위하여 사용하는 음성과 문자 그리고 몸짓 등의 수단 또는 그 사회의 관습적 체계	• 인류를 다른 동물들과 구별하여 주는 특징 • 문화를 기록하거나 후세에 전달하는 데 결정적인 역할을 함
상징	사물을 전달하는 매개적 작용을 하는 것을 통틀어 이르는 것 ➡ 심벌(symbol)	• 인간에게만 부여된 고도의 정신 작용 • 문화를 구성하고 매개하는 역할
예술	미적 작품을 형성시키는 인간의 창조 활동	예술 행위를 통해 문화가 창조됨

가치	사회 구성원의 행동을 지배하는 신념이나 감정 체계	• 사회의 다양한 문화 현상에 영향을 미침 • 한 사회 집단의 성격을 규정
규범	한 사회의 구성원들이 공유하는 행위의 기준이나 규칙	규범을 따르는 경우에는 사회 생활이 순탄하게 이루어지지만, 이를 어기는 경우에는 사회적인 제재가 따름

❶ 기술, 언어, 상징, 예술, 가치와 규범 등의 문화 요소는 서로 별개로 떨어져 있는 것이 아니다.

❷ 유기적인 연관성을 가지고 다양한 요소들이 어우러져 사회 체계를 이룬다.

4 문화의 기능

(1) 환경 적응의 수단

❶ 환경의 제약을 극복할 수 있는 물질적 수단을 제공한다.

❷ 각 사회의 문화는 사회 구성원들이 습득해야 할 적응방식 및 상황에 대한 해석 방식을 제공하는 사회화 기능을 한다.

(2) 사회 집단의 유지

❶ 구성원의 재생산 및 기본적인 욕구를 해결한다.

❷ 문화는 공유하는 집단 간에 소속감을 주고 동질감을 높여 집단의 유지에 기여한다.

(3) 지식의 축적과 확장

❶ 상징 체계를 통해 직접 경험하지 못한 지식을 터득한다.

❷ 인간은 문화를 통해 인간 생활을 기록하고 축적하여 다음 세대로 전승한다.

(4) 부정적 기능 : 인류의 생존을 위협하는 요소로 작용할 수 있다.

문화의 부정적 기능의 사례

● 근대화, 공업화, 산업화 등에 의한 자원의 고갈과 환경 오염
● 고도의 첨단 과학 기술을 이용한 무기 생산 및 강대국들 간의 무기 경쟁
● 자동차의 발달에 따른 교통 체증으로 도시 생활의 불편 초래

5 문화의 특성

(1) 보편성

❶ 모든 사회나 시대의 문화세서 공통적으로 나타나는 특성을 말한다.

❷ 문화의 보편성은 인간의 생물학적 유전적 특성이 비슷하기 때문에 나타난다.

> **예** 혼인 풍습과 같은 문회는 어느 시대, 지역의 문화에나 공통적으로 존재하기에 보편성을 가진다고 할 수 있다.

> **예** 구성원의 행동 통제를 위한 규범이 존재한다.

> **예** 어느 사회에나 사회 구성원이 사망에 이르면 애도를 표하고 시신을 처리하는 장례 문화가 있다.

(2) 특수성

❶ 사회와 시대에 따라 독특하고 다양한 문화 현상들이 나타나는 특성이다.

❷ 문화의 특수성은 각 사회마다 자연 환경, 부존 자원, 역사적 전통 등이 다르기 때문에 나타난다.

> **예** 혼인 풍습이라는 문화가 어느 지역에나 존재하는 것은 보편성이지만, 구체적인 모습이 각양각색인 것은 특수성에 해당한다.

6 문화연구의 방법

(1) 현지 연구

❶ 연구 대상 지역을 직접 방문하여 생활 모습을 관찰하며 자료를 수집하는 방법이다.

❷ 해당 사회나 집단의 생활 양식에 담겨 있는 고유한 의미를 파악할 수 있다.

❸ 사회 조사 방법 중 참여 관찰법을 주로 시용한다.

❹ 낯선 환경에서 장기적인 숙달을 통해 참여적인 이해를 추구하는 인류학적 연구로서 민속지, 질적 연구, 사례 연구, 해석적 사회학 등 에서 활용된다.

(2) 질적 연구

❶ 계량화가 곤란하고 통계적으로 설명하기 어려운 문화 현상에 대한 의미를 연구자의 직관적 통찰에 의해 심층적으로 이해하는 연구 방법이다.

❷ 자료에 담긴 이면적 의미를 발견하기 위해 상황 맥락을 중시한다.

❸ 문화 현상에 담겨 있는 행위자의 주관적 가치와 동기를 파악할 수 있다.

❹ 사회 조사 방법 중 참여 관찰법, 면접법을 주로 사용한다.

(3) 비교 연구

❶ 서로 다른 문화의 비교를 통해 공통점과 차이점을 파악하고 그에 대한 문화적 요인을 규명하는 방법이 비교 연구법이다.

❷ 다양한 민족과 문화 간에 존재하는 보편성과 특수성을 확인하여 인간 사회와 문화의 본질에 대한 이해를 높이기 위한 연구이다.

❸ 두 문화의 비교를 통해 자기 문화를 보다 객관적으로 이해할 수 있으며, 타 문화에 대한 올바른 안목을 가질 수 있다.

02 문화현상의 이해

1 문화를 이해하는 관점

(1) 상대론적 관점

❶ 의미

㉠ 한 사회의 문화 현상을 연구할 때 그 사회의 사회적 환경이나 지리적, 역사적 맥락을 바탕으로 이해하는 관점이다.

㉡ 사회마다 다른 자연 환경과 사회적 상황에 직면하고 있기에, 그 문화를 제대로 이해 하기 위해서는 그 사회의 입장에서 바라볼 수 있어야 한다.

❷ **전제** : 문화는 그것이 발생한 사회의 맥락 속에서 의미와 가치를 지닌다.

❸ **필요성** : 그 문화를 향유하는 사람들의 입장에서 문화를 이해해야 편견없이 타 문화를 이해하고 문화 간의 갈등을 방지할 수 있다.

❹ **이해 방법** : 어떤 사회의 문화를 그 사회의 환경, 역사적 배경 속에서 이해함으로써 고유한 의미를 찾고자 한다.

(2) 총체론적 관점

❶ 의미

㉠ 한 사회의 문화 요소들은 하나의 체계를 이루고 있으므로 하나의 문화 현상

을 정확히 이해하기 위해서는 전체와의 연관 속에서 이해해야 한다는 입장을 총체론적 관점이 라 한다. 이는 하나의 문화 현상은 전체 사회의 맥락 속에서만 의미를 가지고 있기 때문이다.

ⓛ 어떤 문화를 전체적인 맥락 속에서 이해하려는 태도로, 전체는 부분의 합보다 크다는 사고 방식에 바탕을 둔 관점이다.

❷ **전제** : 문화의 각 구성 요소는 상호 유기적인 관계를 맺으면서 하나로서의 전체 문화를 이루고 있다.

❸ **필요성** 문화의 구성 요소들은 서로 유기적 상호 의존적 관계에 있기 때문에 문화의 한 측면만 강조하거나 부분적 인 접근으로는 문화를 제대로 이해하지 못하기 때문이다.

❹ **이해 방법** : 문화의 한 부분은 독립적으로 의미를 갖지 못하므로 항상 다른 문화 요소나 전체와의 관련 속에서 의미를 이해하고자 한다.

(3) 비교론적 관점

❶ **의미** : 한사회의 문화가 가지고 있는 보편적인 것과 특수한 것을 다른사회의 문화와 비교하여 파악해야 한다는 관점이다. 이는 우리 문화와 다른 문화 사이의 공통점과 차이점을 비교할 때보다 객관적으로 우리 문화를 이해하고 다른 문화에 대한 올바른 안목을 확보할 수 있기 때문이다.

❷ **전제** : 문화는 보편성과 특수성을 동시에 지니고 있다.

❸ **필요성** : 자기 문화를 다른 문화와 비교함으로써 문화의 보편성과 특수성을 파악할 수 있으며, 자기 문화에 대한 객관적 이해를 가능하게 하기 때문이다.

❹ **이해 방법** : 자기 문화에 대하여 객관적으로 이해하기 위해 서로 다른 사회의 문화를 비교하여 보편성과 특수성을 파악한다.

2 문화이해의 태도

(1) 문화 절대주의 : 문화의 상대성을 부정하는 태도

❶ **자문화 중심주의**

ㄱ 의미 : 자기 문화의 우수성을 내세워 타 문화를 평가 절하하는 태도를 의미한다.

ㄴ 장점 : 자기 문화에 대한 자부심을 강화시켜 사회 통합에 기여할 수 있다.

ⓒ 단점

  ⓐ 지나칠 경우 국수주의를 초래할 수 있다.

  ⓑ 제국주의적 문화 이식 시도로 다른 문화와 마찰을 빚을 수 있다.

  ⓒ 자기 문화 발전을 위한 창조력을 저하시킬 수 있다.

   예 중국의 중화사상, 19세기 서양 열강들의 서구 중심적 가치관

❷ **문화사대주의**

 ㉠ 의미 : 강대국 문화의 우수성을 내세워 자기 문화를 평가 절하하는 태도를 의미한다.

 ㉡ 장점 : 문화 사대주의는 선진 문물에 대한 호의적인 태도를 바탕으로 자기 문화의 낙후성을 개선할 수 있다. 즉, 발달된 외래문화의 수용이 용이하다.

 ㉢ 단점

  ⓐ 자기 문화의 정체성이나 주체성을 상실할 우려가 있다.

  ⓑ 외래 문화에 대한 비판적 수용이 곤란하다.

  ⓒ 자기 문화에 대한 올바른 이해를 저해시킨다.

   예 조선 사대부들의 중국 문화 숭배, 서구 선진국의 학문을 무조건 수용하는 후진국 학자들의 태도

(2) 문화 상대주의: 문화의 절대성을 부정하는 태도

❶ **의미** : 문화는 그것이 발생한 자연 환경이나 역사적 맥락에서 가치가 있으므로 문화를 평가하는 절대적 기준은 존재할 수 없다고 보는 태도이다.

❷ **순기능**

 ㉠ 타문화를 올바르게 이해할 수 있고, 문화적 다양설을 보존하는 데 기여할 수 있다.

 ㉡ 자기 문화 발전을 위한 창조적 통찰력을 얻는 데 도움이 된다.

❸ **역기능** : 극단적 상대주의로 치우칠 경우 인류 공통의 보편적 가치를 훼손할 우려가 있는 문화까지도 이해하려는 태도를 허용할 수 있다.

 예 인간을 제물로 바치는 문화까지 문화 상대주의로 이해하는 것은 바람직하지 않다.

❹ **극단적 문화 상대주의**

 ㉠ 모든 문화는 나름대로의 가치가 있다고 하여 생명 존중이나 인간의 존엄성과 같은 인류의 보편적 가치를 부정하는 문화 현상에 대해서도 그 의미나 가치를 인정하려는 태도이다.

 ㉡ 이러한 태도에 따르면 진리와 규범에 대한 회의주의에 빠져 용인되기 불가능한 현상이나 행동까지도 가치와 의미를 인정하게 될 수 있다.

03 문화의 속성과 현대사회의 다양한 문화현상

1 문화의 속성

(1) 공유성

❶ **의미** : 한 사회의 구성원들은 공통의 행동 및 사고방식을 공유하고 있다. 이에 따라 특정 한 상황에서 상대방이 어떤 행동을 할지, 무엇을 기대하고 있는지를 예측할 수 있다.

❷ **기능** : 원활한 사회 생활을 위한 공동의 장(場)을 제공하고, 상대방의 행동에 대한 이해와 예측을 가능하게 하며, 질서 유지에 기여 할 뿐만 아니라, 서로 다른 문화를 구분할 수 있게 한다.

> 예 "함 사세요!"라고 외치는 소리를 들으면 이웃집 딸이 결혼할 것임을 알 수 있다.

> 예 베트남에서는 나쁜 기운을 물리치라는 의미로 어린 아이의 머리 맡에 칼을 놓아둔다.

> 예 캄보디아에서는 행운을 빌어 주는 의미로 신년 4월 신년맞이 덕담으로 서로에게 물을 뿌린다.

> 예 이탈리아에서 하얀 국화는 조문(弔問)의 의미로 사용된다.

(2) 학습성

❶ **의미** : 문화는 후천적으로 성장해 가면서 학습을 통해 습득한 것으로 인간이 어떻게 행동하고 생각하는지는 그가 어떠한 문화 속에서 어떻게 학습하느냐에 따라 다르게 나타난다.

❷ **기능** : 개인의 가치관과 행동 양식 등 사회적 행동을 습득하여 사회적 존재로서의 역할을 수행할 수 있게 하며, 새로운 사회 구성원들에게 문화를 전달하여 유지 발전하도록 한다.

❸ **학습 수단** : 가정 교육, 또래 집단과의 놀이 등 비공식적 수단과 학교 교육, 직업 교육 등 공식적 수단이 있다.

> 예 일란성 쌍둥이가 각기 다른 나라로 입양된 후 서로 다른 생활양식을 보인다.

> 예 한국인 이민자의 후손들은 한국 음식보다 거주국의 음식을 더 잘 먹는다.
> 예 한국에 시집 온 외국인 며느리도 시어머니와 살면서 김치를 잘 담근다.

(3) 총체성(= 전체성)

❶ **의미** : 문화는 종교, 도덕, 관습 등 사회를 구성하는 여러 부분들과 별도로 떨어져서 기능하는 것이 아니라 유기적인 관계를 맺으면서 전체로서 하나의 체계를 이루고 있다. 이에 따라 사회 한 부분에서의 변동은 연쇄적으로 다른 부분에도 영향을 주어 변동이 일어나게 된다.

❷ **기능** : 부분적인 현상들을 통해서는 전체를 본질적으로 파악할 수 없기 때문에 한 사회의 문화를 전체적으로 파악하는 것이 바람직하다.

> 예 우리 벌족의 음식 문화는 이 땅의 기후 조상들의 종교적 신념, 가족에 대한 전통적 관념 등을 떠나 이해할 수 없다.
> 예 농촌 인근에 공장이 건설되자 사람들이 대거 유입되면서 아파트 단지가 생겨났고, 공장 주변의 위락 시설에 사람들이 몰리면서 주민들 간 접촉 빈도는 줄고 지역의 공동체 놀이 문화도 쇠퇴해 갔다.

(4) 축적성

❶ **의미** : 문화는 인간의 학습 능력과 언어와 문자와 같은 상징체계에 의해 세대 간의 전승으로 축적된 것으로, 문화의 축적은 문명의 발달을 가능케 하였다.

❷ **기능** : 기존의 문화에 새로운 지식과 생활 양식이 더해지면서 복잡하고 다양해진다. 또한 언어나 문자라는 고도의 상징 체계를 이용하여 먼 후대의 사람들에게 당대의 발명을 전수해 줄 수 있어, 동일한 시행착오를 겪지 않고 선대의 발전 위에 새로운 문화 요소를 발전시킬 수 있다.

❸ **축적 수단** : 상징 체계(언어와 문자)를 통한 학습에 의해 시간과 공간을 초월하여 전승이 가능하다.

> 예 바퀴와 엔진을 달고 달리기만 하던 자동차 내부에 여러 편의 시설들이 장착되면서 하나의 생활공간이 되어 가고 있다.
> 예 오늘날에는 조선 시대 궁중 음식과 상차림을 기록한(찬품단자)를 참고로 전통 음식과 상차림을 재현하였으며 더 나아가 현대적으로 재창조하려는 노력이 이루어지고 있다.

(3) 변동성

❶ **의미** : 문화는 고정불변의 것이 아니라, 발명 발견과 같은 내부적 요인과 다른 문화와의 접촉과 같은 외부적 요인에 의해 변동한다.

❷ **기능** : 한 사회의 문화는 시간이 지나면서 창조, 소멸, 변동하게 되며 이 과정에서 새로운 요소가 추가되거나 기존의 특성이 변화한다.

❸ **학습 수단** : 다른 사회와의 접촉이나 발명 발견 등으로 인해 새롭게 변화하는 환경에 적응하기 위한 인간의 끊임없는 노력과 시도로 변동된다.

> 예 현대 사회에서 전통적인 결혼식은 거의 사라지고 서구적인 결혼식이 보편화 되었다.

> 예 고추가 전래되기 전 우리나라의 김치는 소금에 절인 짠지의 형태였던 것이 임진왜란 이후 전래된 고추를 사용하게 되면서 오늘날과 같은 김치로 변하게 되었다.

> 예 조선 시대에는 결혼한 여자가 대(代)를 이을 자식을 낳지 못하는 것을 가장 큰 잘못 으로 여겼으나, 오늘날에는 대(代)를 잇는 것에 대한 인식이 약화되면서 출산은 필수가 아닌 선택 사항으로 여겨지고 있다.

2 하위문화

(1) 의미

❶ 전체 문화의 내부에 존재하면서 어떤 점에서는 독자적 특징을 나타내는 부분적 문화를 하위문화라 한다.

❷ 청소년 문화는 전체 문화의 내부에 존재하면서 그들만의 독자적 특징을 가지고 있기에 하위 문화에 해당한다.

(2) 특징

❶ 문화 속의 문화로서 특정한 사회 계층이나 집단 내에서 나타나는 독특한 행동 양식 및 가치관을 가지고 있다.

❷ 전체 문화와 하위 문화의 관계는 상대적이며, 일반적으로 하위 문화는 전체 문화에 대비 되는 개념으로 사용된다.

(3) 기능

❶ 순기능

㉠ 하위 문화를 공유하는 사람들 간의 소속감이나 연대 의식을 강화시켜 줄 수 있다.

㉡ 하위 문화에 참여함으로써 주류 문화세서 채워질 수 없는 욕구를 충족시킬 수 있다.

㉢ 전체 문화에 다양성을 부여하여 문화의 획일화를 방지하고, 문화의 창조와 변화에 기여한다.

㉣ 문화의 다양성 확보가 가능하다.

❷ 역기능 : 하위 문화를 공유하는 사람들 간의 결속력이 지나치게 강화될 경우 전체 사회의 통합을 저해할 수 있다.

(4) 하위 문화의 종류

❶ 지역 문화

㉠ 지역 주민들의 동질감을 바탕으로 형성되는 각 지역의 고유한 생활 방식과 사고 방식을 지역문화라 한다.

　　예 도시와 다른 농촌 지역만의 특징은 지역 문화의 사례라 할 수 있다.

㉡ 형성 배경 : 사회, 문화 및 자연 환경의 차이 기능

㉢ 지역 문화는 지역 구성원들의 정체성 확립과 유대감 형성에 영향을 주고, 다양한 지역 문화는 문화적 다양성을 가능하게 한다.

　　ⓐ 지역 관광 상품으로 개발되어 지역과 국가 경제 성장에 도움을 준다.

　　ⓑ 다양한 지역 문화는 한 국가의 문화 다양성의 바탕을 제공한다.

　　ⓒ 이천 도자기 축제, 보령 머드 축제, 함평 나비 축제, 담양 대나무 축제 등

㉣ 우리나라의 지역 문화가 지닌 문제점

　　ⓐ 중앙 정부에 의한 하향식 지역 사회 개발이 추진된 결과 지역 문화의 다양성이 약화되고 획일화되는 경향이 있다.

　　ⓑ 중앙과 지방 간 격차가 심화되어 지역 사회의 주체적인 문화 창조 능력이 약화되고, 중앙 문화의 수동적인 수용자로 전락하고 있다.

㉤ 우리나라 지역 문화 발전 방안

　　ⓐ 지역 간 경제력 격차 해소를 통해 문화 발전 역량을 균등화해야 한다.

　　ⓑ 경제적 이익과 환경, 지역 주민의 삶의 질이 조화를 이루는 문화 사업을 마련해야 한다.

　　ⓒ 지역 특색을 반영한 지역 축제를 개최하고, 다양한 문화 행사를 기획하여

활성화 해야한다.

❷ 청소년 문화

㉠ 의미 : 한 사회의 청소년이 집단적으로 공유하는 문화를 청소년 문화라 한다.

㉡ 형성 배경 : 가족 등 1차적 사회화 기관의 영향력 약화, 또래 집단에 의한 사회화의 효과 증대, 대중 매체의 발달, 청소년을 사회의 주요 계층으로 인식하는 경향

㉢ 특징 : 새로운 것을 추구한다는 점에서 변화 지향적이고, 기존의 제도와 가치에 대한 강한 거부감을 나타내고 기성 세대의 문화에 비판적인 면에서 저항적이며, 다양한 문화를 충동적으로 모방한다는 면에서 충동적 모방적이며, 유행에 민감하며 소비 활동의 비중이 크다는 점에서 소비 지향적이다.

　예 최근 학생들 사이에서 유행하는 등산복 브랜드의 점퍼는 청소년 문화의 대표적 사례로서, 모방적 소비 지향적 성격이 잘 드러난다.

㉣ 바람직한 문화 육성 방안 : 삶의 목표와 방향 의식을 고양하고, 비판적 사고력과 창의성을 신장시켜야 한다. 또한 대중 매체 등 주변 환경을 정화하고, 문화 공간 및 문화 창조의 기회를 제공해야 한다.

❸ 세대 문화

㉠ 의식이나 생활양식이 비슷한 일정 범위의 연령층이 공유하고 있는 문화가 세대 문화이다.

㉡ 그 시대를 함께 보낸 사람들만이 공유할 수 있는 문화를 세대 문화라 한다.

　예 1980년대 독재 정권에 대항한 대학생 문화는 세대 문화의 사례라 할 수 있다.

❹ 반문화(反文化)

㉠ 사회의 지배적인 문화에 정면으로 반대하고 적극적으로 도전하는 하위문화를 반문화라 한다.

㉡ 권력 구조와의 대립, 지배적인 가치와의 직접 대립, 지배적인 문화 구조의 동요와 변동을 유도하여 새로운 문화 형성의 계기를 마련하다.

㉢ 기존의 지배 문화를 내면화하지 못한 젊은 연령층에서 주로 나타나며, 미국의 히피 문화나, 비행 청소년 집단 등이 그 예이다.

(2) 형성 과정 : 과거에는 지배 계층이 누리는 문화와 일반사람들이 누리는 문화가 구분 되어있어 지배 계층의 문화가 일반 사람들에게는 제한적이었다. 그러나 대중 매체의 발달, 대량 생산과 대량 소비의 확산으로 대중문화의 형성이 촉진되었으며, 근대 교육의 발달로 문화적 역량이 증가하면서 대중문화가 활성화되고 있다.

(3) 대중문화의 특징

❶ **일방성** 개인의 성격이나 특성과는 관계없이 일방적으로 전달되는 특성을 가지고 있다. 대중은 무비판적으로 받아들이는 과정에서 문제가 발생하기도 한다.

❷ **획일성** : 많은 사람이 동시에 동일한 문화 요소를 접하기 때문에 획일적인 양상을 띠게 된다. 누구나 똑같은 노래를 부르고, 같은 스타일의 옷을 입는 사회에서는 문화의 다양성이 실종될 수 있다.

❸ **상업성** : 자본주의 사회에서 대중은 문화의 소비자이고, 기업들은 문화 상품의 판매를 통하여 이윤의 극대화를 추구하기 때문에 대중 문화는 상업성에서 벗어날 수 없다.

(4) 대중 문화의 순기능과 역기능

❶ **순기능**
   ㉠ 대중의 문화에 대한 편견을 약화시키고, 다수의 삶의 방식이 지닌 가치를 인정하게 한다.
   ㉡ 누구에게나 문화 향유 기회가 제공됨으로써 고급문화의 대중화가 나타날 수 있다.
   ㉢ 일반 대중들에게 정신적 위안을 제공해 주고, 삶의 활력소가 될 수 있다.
   ㉣ 대중의 평균적인 지적 수준을 향상시키고 적극적인 사회 참여를 유도할 수 있다.

❷ **역기능**
   ㉠ 대중문화의 상업성으로 인해 선정적이고 폭력적인 문화를 생산함으로써 질적 저하의 문제가 나타날 수 있다.
   ㉡ 일방향 전달의 특성상 무비판적 수동적 태도를 조장할 수 있다.
   ㉢ 대량 생산 대량 소비 체제에서 문화의 획일화, 규격화, 몰개성화를 초래할 수 있다.
   ㉣ 여론의 조작이 이뤄질 수 있다. 즉, 대중 조작 수단으로 악용될 수 있다.

(5) 대중문화의 바람직한 수용 자세

❶ **비판적 자세** : 대중 매체가 제공하는 일방적 획일적인 정보에 대해 비판적으로 수용 할 수 있어야 하며, 지나친 상업성을 경계해야 한다.

❷ **적극적 참여** : 대중이 대중 문화의 소비자로만 존재하는 것이 아니라, 대중 문화의 생산자 역할에 적극적으로 참여할 수 있어야 한다.

01 (가), (나)의 문화에 대한 설명으로 옳지 않은 것은?

> (가) 문화인, 문화생활, 문화 상품권
> (나) 한국문화, 미국문화, 청소년문화

① (가)에서 '문화'는 좁은 의미로 사용되었다.

② 기계와 같은 문화 요소는 (가)의 '문화'에 포함되지 않는다.

③ (가), (나)의 '문화'는 모두 후천적으로 학습된 것이다.

④ (가)와 달리 (나)의 '문화'에는 평가적 의미가 내포되어 있지 않다.

해설 ▶ 넓은 의미의 문화와 좁은 의미의 문화의 차 이에 대한 문제이다. ① (가)는 미개 상태 와 대비하였을 때 교양을 갖춘 혹은 계몽되고 발전된 상태를 의미하는 '좁은 의미의 문화'이고, (나)는 한 사회나 집단의 생활양식 그 자체를 의미하는 '넓은 의미의 문화'이다. ② 기계와 같은 문화 요소는 물질문화의 요소이므로 (가)에 해당한다. ③ 문화는 모두 후천적으로 학습되는 것이다. ④ (나)의 문화는 문화의 우열을 가리지 않으므로 평가적 의미가 내포되어 있지 않다. 이에 비해 (가)는 우열을 가리고 평가할 수 있다.

정답 ▶ ②

02 다음 글의 문화에 대한 관점에 부합하는 진술로 옳은 것은?

> 문화가 일상적 삶을 설명하는 핵심 코드가 되어 가는 오늘날에는 '보다 발전되고 고양된 상태'를 뜻하는 좁은 의미의 문화 이해 방식을 넘어설 필요가 있다.

① 신문 문화면에 교육을 소개하는 책자가 출간되었다.

② 문화인이라면 적어도 매일 아침 커피를 마셔야 한다.

③ 청소년들이 밥보다 피자를 좋아하는 것도 문화적인 현상이다.

④ 문화 생활을 누리려면 클래식 악기 하나 정도는 다룰 수 있어야 한다.

해설 ▶ 제시문은 넓은 의미의 문화를 말하고 있다. 넓은 의미의 문화는 삶의 양식에 해당하는 것으로 음식 문화도 하나의 생활양식에 해당한다. ①, ②, ④ 고상한 것, 세련된 것의 의미인 좁은 의미의 문화이다.

정답 ▶ ③

03 다음과 관계있는 문화를 이해하는 관점은?

> 뉴기니 원주민은 부모의 시체를 먹음으로써 사랑이나 힘을 간직한다고 믿는 풍습이 있었다. 19세기 말 유럽의 백인 학자가 이들의 식인 풍습을 사진으로 찍어 한 주간지에 게재 하면서 뉴기니 원주민들은 식인종으로 불리게 되었다

① 문화의 다양성　　　　　　　　② 문화의 특수성

③ 문화적 사대주의　　　　　　　④ 자문화 중심주의

해 설 뉴기니 원주민을 식인종이라 부른 것은 백인 학자의 시각에서 바라본 것이다. 이는 타 문화를 자기의 입장에서 본 것이기에 자문화 중심주의라 할 수 있다. 단, 식인 문화를 그들의 시각에서 이해한다면 문화 상대주의가 될 수 있다. 그러나, 식인과 같이 인간의 보편적 가치를 침해하는 문화까지 이 해할 경우 극단적 문화 상대주의라 할 수 있으며, 이는 바람직한 문화를 이해하는 태도가 아니다.

정 답 ④

04　다음의 내용을 보고 알 수 있는 문화의 속성은?

> 과거의 여성들은 현모양처를 꿈꾸며 대부분의 관심을 결혼에 맞추었다면, 현재의 여성들은 자신의 능력 개발 및 자아실현에 더 큰 비중을 두는 경향을 보인다.

① 공유성　　　　② 전체성　　　　③ 변동성　　　　④축적성

해 설 문화의 속성에는 공유성(공유하기에 예측 가능하다), 학습성(배워나간다), 총체성 (전체로서 하나의 체계를 이룬다), 변동성 (변화한다), 축적성(축적되어 전달될 수 있다)이 있다. 제시문은 문화가 변화하는 모습을 보여주고 있다.

정 답 ③

05　다음의 예에 해당하는 문화의 속성은?

> 피임약이 개발됨으로써 임신과 출산율이 감소하고 여성의 사회 진출이 늘어났으며, 가족의 구조가 핵가족화 되고 있다.

① 문화의 전체성　　　　　　　② 문화의 공유성

③ 문화의 학습성　　　　　　　④ 문화의 축적성

해 설 문화의 총체성은 다른 말로 문화의 전체성이라 고도한다. 제시문을 보면 피임약이라는 하나의 문화 요소로 인하여 여성의 사회 진출이 증가하고 사회 구조가 변화하게 된다. 즉 하나의 문화 요소로 인하여 전체 사회가 변화하게 된 것이다. 이는 문화가 전체로서 하나의 체계를 이루고 있다는 문화의 총체성을 보여준다.

정 답 ①

06　다음 글의 밑줄 친 '문화'에 대한 설명으로 옳은 것은?

> 오늘은 문화계 동향을 살펴보는 시간입니다. 새로 나온 신간 서적들을 소개하겠습니다.

① 넓은 의미의 문화에 해당한다.

② 문화를 생활 양식의 총체로 보고 있다.

③ 문화에 대한 평가적 의미가 들어가 있다.

④ 민족 문화, 대중문화에서의 문화와 같은 의미이다.

해 설 제시문에서의 '문화'는 고상하거나 세련된 것의 의미를 가지고 있다. 즉 좁은 의미의 문화이다. 좁은 의미의 문화는 세련된 문화와 세련되지 않은 문화로 구분할 수 있기에, 문화에 대한 평가적 의미를 내포하고 있다. ② 문화를 생활 양식의 총체로 보는 관점은 넓은 의미의 문화이다. ④ 대중 문화, 민족 문화 모두 생활양식의 총체로서의 문화를 의미한다.

정 답 ③

07 다음 글의 밑줄 친 문화에 대한 설명으로 옳은 것은?

> 청소년 문제의 해결을 위해서는 청소년 문화에 대한 이해와 공감이 필요하다.

① 좁은 의미의 문화에 해당한다.
② 문화를 생활 양식의 총체로 이해한다.
③ 문화에 대한 평가적 의미가 내포되어 있다.
④ 문화를 지식이나 기술 발전의 단계로 본다.

해설 제시문의 청소년 문화에서의 문화는 고상 한 것이라는 의미가 아니라 생활양식을 의미한다. 문화를 지식이나 기술 발전의 단계로 보는 것은 좁은 의미의 문화 개념이고, 생활양식의 총체로 보는 것은 넓은 의미의 문화이다. 좁은 의미의 문화의 경우 문화를 지식이나 기술 발전의 단계로 인식하여 문화에 대하여 평가를 하기도 한다.

정답 ②

08 총체론적 관점에 대한 설명으로 옳은 것은?

① 전체를 떠난 부분은 의미를 규정하기 어렵다.
② 문화의 보편성과 특수성을 이해하려는 노력이다.
③ 집단 내의 일체감과 자부심을 고양시키는 기능을 한다.
④ 다른 사회의 문화를 편견 없이 이해하기 위한 기본 전제이다.

09 사회 문화 현상을 바라보는 관점과 관련하여, 다음 글의 관점에 대한 설명으로 옳은 것은?

> 나폴레옹이 이집트 원정에서 가져온 비단 숄은 프랑스 사교계에서 큰 유행을 몰고 왔고, 비단 숄의 대량 생산을 위해 직조기의 발명을 가져왔다. 직조기는 계산기를 발명하는 계기를 마련하였고, 최초의 컴퓨터 에니악이 탄생하는 원리를 제공하기도 하였다.

① 사회 구성 요소 간의 유기적 연관성에 주목하고 있다.
② 사회 현상에는 여러 가능성이 공존함을 전제하고 있다.
③ 사회 구성 요소 간의 기본적 갈등 관계를 중시하고 있다.
④ 연구자의 주관적 가치에 의존하여 현상을 바라보고 있다.

해설 총체론적 관점에서는 한 부분의 변화가 연쇄적으로 다른 부분으로 이어지며, 구성 요소 간의 유기적 관계를 중시 한다. 제시문은 총체론적 관점의 사례에 해당한다.

정답 ①

10

다음 사례를 통해 알 수 있는 문화 이해의 관점으로 적절한 것은?

> 농촌 인근에 공장이 건설되자 사람들이 대거 유입되면서 아파트 단지가 생겨났다. 공장 주변의 위락 시설에 사람들이 몰리면서 주민들 간 접촉 빈도는 줄고 지역의 공동체 놀이 문화도 쇠퇴해 갔다. 물질주의와 향락주의적 생활 양식이 급속히 확산되었다.

① 구성 요소 간의 관계 속에서 문화를 파악한다.

② 문화는 자연 환경에 대한 적응 과정이다.

③ 문화는 특수성을 지니므로 문화의 우열을 평가할 수 없다.

④ 문화는 비슷한 발전 단계에 따라 진화한다.

해 설 ▸ 제시문의 관점은 총체론적 관점이다. 즉 문화의 구성 요소들이 독립적으로 존재하지 않고 서로 밀접한 관련성을 지니고 있음을 알 수 있다. ③은 상대론적 관점, ④는 진화론적 관점과 관련 있다.

정 답 ▸ ①

11

다음 글과 같은 문화 이해의 관점에 대한 설명으로 옳은 것은?

> 한국, 중국, 일본은 젓가락을 사용하여 식사를 하는 공통점이 있다. 중국은 음식을 튀기거나 지져서 만들기 때문에 가장 긴 젓가락을 사용하고, 일본은 찰기 없는 잡곡밥을 쓸어 먹기 때문에 가장 짧은 젓가락을, 한국의 젓가락은 중국과 일본의 중간 길이다.

① 자기 문화에 대한보다 객관적인 시각을 가지게 해 준다.

② 타 문화를 상대적으로 이해하게 되어 선진 문물을 적극적으로 수용할 수 있다.

③ 문화에 대한 인식 수준을 높여 다른 문화에 대한 편협된 시각을 가지게 된다.

④ 문화 요소들이 지속적인 상호 작용을 통해 변동하고 있음을 보여 준다.

해 설 ▸ 제시문은 비교론적 관점에 해당한다. 비교론적 관점은 문화의 보편성과 특수성을 파악하여 자기 문화를 객관적으로 이해할수 있게 도와준다.

정 답 ▸ ①

12

다음 (가), (나) 주장에 나타나 있는 문화 이해의 태도를 바르게 연결한 것은?

> (가) 아시아인이 유럽을 세계 문화와 역사의 중심으로 보는 것은 바람직하다.
> (나) 미국인이 쇠고기를 먹지 않는 인도인을 인도 문화의 맥락에서 이해하는 것은 바람직 한태도이다.

	(가)	(나)
①	문화사대주의	문화상대주의
②	문화사대주의	자문화중심주의
③	문화상대주의	문화사대주의
④	문화상대주의	자문화중심주의

해 설 ▸ (가)의 경우 문화 사대주의에 해당한다. 반면 (나)의 경우 해당 문화의 입장에서 문화를 바라보고 있으므로, 이는 문화 상대주의에 해당한다.

정 답 ▸ ①

13 다음 글의 결론으로 가장 적절한 것은?

> 문화는 개별 문화의 자연 환경이나 역사적 맥락을 바탕으로 이해해야 한다. 하지만 타문화에 대한 이해를 하는 경우에도 인간의 존엄과 가치를 부정해서는 안된다. 인권은 인간이 살아가기 위해 필수 불가결한 것이기 때문이다.

① 자문화 중심주의적 태도를 지양해야 한다.

② 그 사회의 맥락에서 문화를 이해해야 한다.

③ 공동체 문화보다는 사적인 가치를 중시해야 한다.

④ 문화의 특수성에도 불구하고 보편적 가치를 중시해야 한다.

해설 문화를 올바르게 이해하기 위한 문화 상대주의적 태도는 중요하다. 그러나 인권과 같이 보편적 가치에 대해서 까지 상대주의적 태도를 적용할 경우, 극단적 상대주의로 치우칠 수 있다.

정답 ④

14 다음 견해에 대한 반론으로 가장 적절한 것은?

> 어느 이슬람 국가에서는 기혼 여성이 남편 이외의 남자와 가깝게 지냈거나 간통을 했다는 혐의를 받으면, 그 남편은 자신의 명예를 더럽혔다는 이유로 아내를 살해하는 '명예살인'이라는 풍습이 있다. 이는 엄격한 이슬람 국가에서 남성과 여성의 접촉이 처벌 대상이 되기 때문에 나타난 일로 그 사회의 맥락 속에서 이해해야 한다.

① 자문화 중심주의에 기반을 두어서는 안 된다.

② 문화는 전체적인 맥락속에서 이해해야 한다.

③ 문화적 주체성을 가지고 문화를 이해해야 한다.

④ 문화는 인류의 보편적 가치에 기반하여 이해해야 한다.

⑤ 문화는 평가의 대상이 아니라 비교의 대상으로 보아야 한다.

해설 사회 문화 현상을 탐구하는 태도 중 제시문은 상대주의적 태도에 해당한다. 상대주의적 태도는 다른 문화를 그 사회의 관점에서 이해하는 태도이다. 그러나 살인과 같이 인류의 보편적 가치에 대해서까지 상대주의적 태도를 적용하는 것은 바람직하지 못하다. 제시문과 같은 경우를 극단적 문화상대주의라고 한다.

정답 ④

15 다음 질문에 공통적으로 해당하는 문화 이해 태도에 대한 설명으로 옳은 것은?

> 질문 1) 서로 다른 문화 간 우열이 있음을 인정하는가? 예
> 질문 2) 외래 문화수용에 적극적인가? 예

① 문화 간 동질성을 강화시킨다.

② 타 문화의 고유한 가치를 존중한다.

③ 고유 문화에 대한 주체성을 상실할 수 있다.

④ 사회적 환경과 맥락을 고려한 문화 이해를 강조한다.

해설 두 질문에 공통적으로 해당하는 문화 이해 태도는 문화 사대주의이다. 문화 사대주의는 선진 문물을 적극적으로 수용하는 장점도 있으나, 지나칠 경우 문화 주체성이 상실될 수 있다. ②, ④ 문화 상대주의에 대한 설명이다.

정답 ③

16 다음 글의 주장에 부합하는 진술로 옳은 것은?

> 인간이라는 단일 종의 구성원에게 적절한 인간 행동의 보편적 기준에 따라 문화를 바라 보아야한다.

① 아시아인이 유럽을 세계 문화와 역사의 중심으로 보는 것은 바람직하다.

② 한국인이 서구인을 자신들보다 예의 바르다고 믿는 것은 잘못된 태도이다.

③ 아동 노동을 당연시하는 일부 국가의 문화를 인권 차원에서 비판하는 것은 옳다.

④ 쇠고기를 먹지 않는 인도인을 인도 문화의 맥락에서 이해하는 것은 바람직 하다.

해 설 인간 행동의 보편적 기준이 가장 중요한 힌트이다. 문화를 바라보는 관점이 보편적 기준에 부합해야 한다는 문화 이해의 태도는 극단적 문화 상대주의를 경계하는 자세이다. ① 문화 사대주의에 해당한다.② 문화 사대주의를 비 판하고 있다. ③ 아동 노동이 그 지역의 문화라고 하더라도 인권의 측면 에서 바람직하지 않기에 비판하는 것은 극단적 문화 상대주의를 경계하는 태도이다. ④상대주의적 태도에 해당한다.

정 답 ③

17 극단적 문화 상대주의에 대한 비판으로 옳은 것은?

① 문화 요소들은 전체와 연결되어 기능한다.

② 모든 문화에 적용되는 보편적인 가치가 존재한다.

③ 문화적 특성은 환경에 적응하는 과정에서 형성된다.

④ 문화적 관습은 존재할 만한 이유가 있어서 존재한다.

해 설 극단적 문화 상대주의는 생명과 같이 인류의 보편적 가치에 대해서까지 상대주의적 관점으로 접근하는 방법을 의 미한다. 예를 들어 인간을 제물로 바치는 문화는 아무리 그 집단의 고유의 문화라고 하더라도 존중하고 이해해서 는 안 될 것이다. ①은 총체성과 관련 있다.

정 답 ②

18 다음과 관계 깊은 문화의 속성에 대한 설명으로 옳은 것은?

> 일란성 쌍둥이라도 각기 다른 나라에 입양될 경우 전혀 다른 나라 사람이 된다.

① 다른 사람의 행동이 예측 가능하다.

② 한 부분의 변화는 다른 부분에도 영향을 미친다.

③ 문화는 후천적으로 학습을 통해 습득하는 것이다.

④ 문화는 상징 체계를 통해 세대 간 전승되는 것이다.

해 설 일란성 쌍둥이는 유전적 형질이 같은 사람이다. 그런데 다른 나라에서 자랄 경우 다른 사람이 된다는 것을 통해 문화의 학습성을 알 수 있다. 즉, 문화라는 것이 타고나는 것이 아니라 익히는 것임을 알 수 있다. ① 타인의 행동 이 예측 가능한 것은 문화를 공유하기 때문이다. ② 다른 부분에도 영향을 줄 수 있는 것은 문화의 총체성이다. ④ 문화가 다음 세대에 전승되기 위해서는 축적 되어야한다.

정 답 ③

19 다음 글에 나타난 문화의 속성에 대한 설명으로 옳은 것은?

전통적으로 남성은 돈을 벌어오는 역할이 강조되어 왔지만, 요즘은 아내가 능력이 뛰어나다면 과감히 전업 주부를 선택하는 남편도 많다. 통계적으로도 가사만 전담하는 남성들의 수가 지속적으로 증가하고 있다.

① 문화의 구체적 인 양상은 시간의 흐름에 따라 변화한다

② 급속한 문화의 변동 과정에서 가치관의 혼란이 수반된다.

③ 문화는 후천적으로 성장해 가면서 학습을 통해 습득된다.

④ 문화 요소들은 유기적인 관계를 맺으며 하나의 체계를 이루고 있다.

해설 제시문은 문화의 변동성에 대한 사례이다. 문화는 고정불변의 것이 아니라 내 외부적 요인에 의해 변화한다. ④ 문화의 총체성에 대한 설명이다.

정답 ①

제2절 문화 변동의 원인과 양상

01 **문화변동의 원인**

1 문화변동

(1) 의미 : 새로운 문화 요소의 등장(내재적 요인)이나 다른 문화와의 접촉(외재적 요인)을 통해 문화가 끊임없이 변하는 현상을 문화 변동이라 한다.

(2) 사례 : IT기술 발전에 따른 청소년 놀이 문화의 변화. 서구 주거 문화의 유입에 따른 전통 거주 문화의 변화 등

2 문화변동의원인

(1) 내재적 요인(발명, 발견) : 한사회의 문화체계 내부에서 문화 변동의 요인이 발생하는 경우이다.

❶ 발명
  ㉠ 존재하지 않았던 것을 새롭게 만들어 내는 것을 발명이라 한다.
  ㉡ 발명에는 이전에 존재하지 않은 새로운 것을 만들어 내는 1차적 발명과, 이미 존재하는 문화 요소나 원리를 응용하여 새로운 문화 요소를 만들어 내는 2차적 발명이 있다.
  ㉢ 발명은 물질적인 것에만 국한되는 것이 아니라 관념적인 것도 포함된다.
  ㉣ 새로운 문화요소의 발명이 반드시 문화 변동을 가져오는 것은 아니며, 사회가 그것을 받아들이고 사용하게 될 때에 새로이 등장한 문화 요소들이 기존의 요소들과 상호 작용하는 과정에서 추가적인 문화 변동을 초래한다.
❷ **발견** : 이미 존재하고 있었지만 알려지지 않고 있던 문화 요소를 찾아내거나 알아낸 것을 의미한다. 전기의 발견으로 전자 제품이 발명되거나 현미경의 발명으로 미생물을 발견하는 등 발명과 발견이 서로 영향을 준다.

(2) 외재적 요인

❶ 다른 사회의 문화 체계와 접촉 또는 교류 과정에서 발생하는 문화 변동을 외재적 요인에 의한 변동이라 한다.

❷ **문화 전파** : 가장 대표적인 외재적 요인에 의한 문화 변동이다.

  ㉠ 의미 : 한 사회의 문화 요소들이 다른 사회로 전해져서 그 사회의 새로운 문화 요소로 정착되는 현상이다.

  ㉡ 양상 : 문화 전파는 다른 문화권의 문화 요소가 유입되는 경우가 일반적이지만, 하나의 문화 체계 안에서도 발생한다.

   예 도시 문화의 농촌 사회로의 전파

  ㉢ 직접 전파, 간접 전파, 자극 전파 등이 있다.

❸ **직접 전파**

  ㉠ 의미 : 서로 다른 문화 체계에 속한 사람들이 직접 접촉하고 교류하는 과정에서 문화 요소가 전파되는 현상이다.

  ㉡ 양상 : 교역, 전쟁, 식민 지배, 선교 등 두 문화 체계가 접촉하면서 문화 전파가 이루어진다.

❹ **간접 전파**

  ㉠ 의미 : 사람들의 직접적인 접촉이 아닌 텔레비전, 인쇄물, 인터넷 등의 매개체를 통해 정보와 사상 그리고 관념과 같은 문화 요소가 전파되는 현상을 간접 전파라 한다.

  ㉡ 간접 전파의 매개체 : 새로운 문화 요소가 전파되는 매개체는 서적과 같은 인쇄 매체에서 텔레비전과 같은 영상 매체, 인터넷과 같은 뉴미디어 순으로 변화되어 왔다.

❺ 자극 전파

  ㉠ 전파와 발명이 결합된 형태로 다른 문화 요소로부터 아이디어를 얻어 그것에 해당하는 새로운 문화 요소를 만들어 내는 현상을 자극 전파라 한다.

  ㉡ 다른 문화요소의 자극을 받아 새로운 내부적인 발명이 일어나는 것이다.

  ㉢ 다른 사회의 문화 요소로부터 아이디어를 얻어 새로운 문화 요소를 만들어 내는 현상이므로 문화요소의 전파와 발명의 성격을 함께 지닌다. (전파+발명)

문화변동의 양상

 ## 1 내재적 변동

(1) 의미 : 한 문화 체계 안에서 발명과 발견을 통해 새로운 문화 요소가 기존의 문화 요소와 상호 작용하는 가운데 일어나는 문화 변동을 내재적 변동이라 한다.

(2) 사례 : 증기 기관과 증기 기관차의 발명으로 인한 영국의 산업 혁명

2 외재적 변동(문화접변)

(1) 의미 : 서로 다른 문화체계가 장기간에 걸쳐 접촉하면서 문화전파 등에 의해 양 쪽사회 문화 체계에서 변화가 나타나는 현상을 문화 접변이라 한다.

(2) 문화 접변의 과정 : 서로 다른 문화 체계가 접촉하게 되면 새로운 문화 요소가 추가되는 과정, 기존의 문화 요소가 탈락하는 과정, 새로운 문화 요소가 발생하는 과정 등을 거치면서 문화 변동이 나타난다.

(3) 강제성의 유무에 따른 구분

❶ **강제적 문화 접변** : 정복이나 식민 지배와 같은 상황에서 물리적 강제력에 기반 하여 자기 문화 요소를 다른 사회의 문화 체계속에 이식함으로써 나타나는 문 화 변동을 강제적 문화 접변이라 한다.

　예 일제 강점기 때의 일본어 교육은 우리가 원하지 않았으나 강제적으로 이루 어져 문화의 변동을 초래했다.

❷ **자발적 문화 접변** : 바람직하고 필요하다고 느껴 스스로 다른 사회의 문화 요소 를 자기 사회의 문화 체계 속으로 받아들임으로써 나타나는 문화 변동을 자발 적 문화 접변이라 한다.

　예 동남아시아의 한류는 우리의 강제가 아니라 그들 나라의 자발적인 문화 수 용으로 문화 변동이 발생했기에 자발적 문화 접변이다.

서로 다른 두 사회의 문화체계가 비교적 장기간에 걸쳐 직접 혹은 간접적인 접촉관계에 들어갈 때, 그 결과 로 어느 한쪽 또는 잉쪽 사회의 문화에 변동이 일어나는 것을 문화 접변이라고 한다. 한편 문화 전파는 어느 한쪽사회의 문화요소가 다른 쪽 사회의 문화 체계에 전달되어 정착되는 현상으로서 문화 접변의 한 요인이 자 부분을 이룬다. 그런데 문화 전파는 간접 전피나 자극 전파에서 볼 수 있는 것처럼 반드시 두 사회 간의 직접적인 접촉이 아니라도 나타날 수 있는 현상으로서 문화 접변과 구별되는 개념이다. 따라서 문화 접변 과정에서 하나의 변동 요인으로서 문화 전파가 나타날 수 있지만, 모든 문화전파가 곧 문화 접변인 것은 아니다.

(4) 문화 변동 속도에 따른 구분

❶ **문화 진화** : 비교적 장기간에 걸쳐 자연스럽게 나타나는 점진적인 문화 변동을 문화 진화라고 한다.

> 예 우리나라의 가족 문화가 확대 가족 중심에서 핵가족 중심으로 변화한 사례는 장기간에 걸친 변화이기에 문화 진화에 해당한다.

❷ **문화 개혁** 비교적 단기간에 걸쳐 인위적인 노력에 의해 나타나는 급속한 문화 변동을 문화 개혁이라 한다.

> 예 일반적으로 갑오개혁, 메이지 유신, 프랑스 대혁명과 같은 혁명의 경우 혁명 이후 신분제의 폐지 등 급격한 변화가 나타나기에 문화 개혁에 해당한다.

문화 진화는 구석기 시대에서 신석기 시대로의 변화와 같은 인류문명의 발달 과정이나 가족 문화가 확대 가족에서 핵가족으로 점진적으로 변화하는 것처럼 특정한 의도나 계획성이 없이 비교적 오랜 세월에 걸쳐 자연스럽게 나타나는 문화 변동이다. 한편, 구한말의 갑오개혁이나 해방 이후의 급격한 산업화 과정에서 알 수 있듯이 문화 개혁은 대체로 정부에 의해 의도적으로 이루어지는 문화 변동이므로 위로부터의 문화 변동에 해당한다.

3 문화접변의결과

(1) 문화 동화

한 사회의 문화가 다른 사회의 문화 체계 속에 흡수되어 정체성을 상실하는 문화 접변을 문화동화라 한다.

예 우리나라 아이돌 문화의 전파로 인하여 동남아시아 국가들의 자국 음반 문화가 정체성을 상실할 경우 문화 동화라 할 수 있다.

예 아메리카 인디언 부족들이 백안문화와 접촉하면서 자기 문화를 상실한 것

(2) 문화 공존(병존)

서로 다른 사회의 문화가 한 사회 문화 체계 속에서 나란히 존재하는 현상을 문화 공존이라 한다.

예 한류 문화의 전파에도 불구하고 해당 국가의 음반 문화가 한류와 함께 존재한다면 문화공존에 해당한다.

예 우리 사회에 천주교, 개신교, 불교 등이 종교 문화로서 함께 존재하는 것

(3) 문화융합

❶ 서로 다른 문화 요소가 결합하여 기존의 문화 요소와 다른 성격을 지닌 제3의 문화를 형성할 경우 문화 융합이라 한다.

❷ 문화 접변 과정에서 유입된 외래문화 요소를 토착 문화 및 전통 문화의 틀 속에서 재해석하고, 자신의 문화 요소와 결합시켜 새로운 문화적 의미를 만들어 내는 현상으로서 토착화로 이어진다.

예 전파된 한류 문화와 해당 국가의 문화가 결합하여 새로운 형태의 문화가 나타날 경우 문화융합이다.

예 우리나라에 불교가 전래된 후 전통적 민간 신앙인 칠성신을 모시는 칠성각이 절과 결합하여 새로운 불교 문화가 나타난 것

(4) 문화 저항

❶ 하나의 문화 체계 내에 다른 문화가 들어올 때 기존 문화의 정체성이 흔들리게 됨에 따라 정체성 확립의 차원에서 일종의 문화 복고 운동이나 저항 운동이 발생하게 된다.

❷ 일반적으로 강제적 문화 접변이 시도되는 경우 나타나기 쉽다.

4 문화변동에 대한대응

(1) 새로운 문화에 대한 수용 및 확산

❶ 외부로부터 전파되거나 새롭게 등장한 문화 요소를 긍정적으로 평가하거나 필요하다고 인식하여 자기 사회의 문화 체계 속에 토착화시킨다.

❷ 일반적으로 비물질 문화보다 물질문화의 전파나 발명, 발견의 경우에 나타나기 쉽다.

(2) 새로운 문화에 대한 거부 및 문화 복고 운동(문화 저항)

❶ 외부로부터 전파되거나 새롭게 등장한 문화 요소에 대해 이질감과 적대감을 느끼거나 그 문화 요소가 위협이 된다고 평가하거나 자기 문화의 정체성을 훼손한다고 인식하는 경우 그것을 거부함으로써 전통 문화를 유지하려 한다.

❷ 일반적으로 강제적 문화 접변이 시도되는 경우엔 나타나기 쉽다.

5 문화변동의 문제점

(1) 문화 지체

❶ 의미 : 비물질 문화 요소의 변동 속도가 물질문화 요소의 변동 속도를 따르지 못해 나타나는 부조화 현상을 문화 지체라 한다.

> 예 휴대전화라는 물질문화 요소는 발달하고 있으나, 휴대 전화의 사용 예절이라는 비물질 문화 요소가 더불어 발전하지 못하여 지하철과 같이 대중이 함께 있는 곳에서 휴대 전화를 사용하여 상대방에게 피해를 주는 경우가 발생하고 있다.

❷ 원인 물질 문화의 발전은 비교적 빠르게 이루어지는 데 비해, 비물질 문화는 상대적으로 느리게 변화하기 때문에 발생한다.

❸ **영향** : 문화 지체가 심하면 적응상의 문제가 발생하여 사회 문제 발생의 원인이 되기 때문이다.

(2) 문화의 정체성 상실

자기 문화에 대한 주체성이 약한 상태에서 외래문화를 급격히 받아들일 경우 자기 민족 고유의 문화에 대한 정체성을 상실할 수 있다.

> 예 서양의 의복 문화를 급속히 받아들이는 과정에서 우리 고유의 의복에 대한 정체성이 약화되었다.

(3) 아노미 현상의 발생

급격한 문화 변동으로 기존의 사회 규범이 무너지고 이를 대신할 새로운 규범이 확립되지 않아 무규범 상태가 발생할 수 있다.

> 예 급속한 서구화과정에서 우리 전통의 예의범절이 약화되었으나, 이를 대신할 새로운 제도가 준비되지 않는다면 무규범 상태가 될 수 있다.

(4) 문화 충격

① 새롭고 이질적인 문화요소의 전파나 등장에 적응하지 못하고 혼란에 빠진다.

② 문화충격이란 문화 변동이 짧은 기간 동안에 이루어지거나, 새로운 문화를 접할 때 겪게 되는 현상으로, 새로운 환경이나 문화에 대한 이해를 통해 점차 극복할 수 있지만 때로는 갈등과 가치관의 혼란을 일으키기도 한다.

01 일본 및 중국에서 우리나라 아이돌 그룹들이 선전하고 있다. 아른바 한류 열풍을 표현 할 수 있는 개념은?

① 문화 지체   ② 문화 전파

③ 문화 변동   ④ 문화 동화

해설 7급 기출문제의 경우 고등학교 교육과정에 해당하지 않는 개념들이 나오기도 한다. 위 문제의 경우에도 문화 반동과 같은 개념은 9급에서는 출제되지 않는 개념이므로 공부 하지 않아도 된다. 7급 기출문제를 공부할 경우 이런 부분을 유의하자. 한류 열풍은 우리나라 가요 문화가 외국으로 전파되는 것이다. 한류의 경우 인터넷 등 매체를 통한 전파이기에 간접 전파에 해당한다. ④ 문화 동화는 한 문화가 다른 문화의 체계 속에 흡수되어 정체성을 상실하는 문화 접변을 의미한다.

정답 ②

02 다음에 해당하는 문화 전달 방법은?

> 문익점은 원나라에 갔다가 돌아오면서 붓대 속에 목화씨를 감추어 가져왔다.

① 직접 전파   ② 간접 전파

③ 자극 전파   ④ 문화 접변

해설 사람에 의한 문화 전파에 해당하며, 전파의 매개체가 사람일 경우 직접 전파에 해당한다. ② 간접 전파는 텔레비전, 인터넷 등 사람이 아닌 매개체를 통한 경우를 의미한다. ④ 문화 접변은 문화의 접촉으로 문화가 변화하는 경우를 의미한다. 즉, 직접 전파나 간접 전파의 결과 문화가 변하는 현상을 문화접변이라 한다.

정답 ①

03 다음 중 문화 지체 현상이 아닌 것은?

① 자동차는 증가하였으나 신호 위반, 과속 등 운전자의 질서 의식과 태도는 개선되지 않고 있다.

② 컴퓨터 사용이 증가하면서 컴퓨터를 이용한 범죄 행위도 가능하게 되었다.

③ 휴대폰 사용자가 증가하면서 때와 장소를 가리지 않고 휴대 전화 벨소리가 울린다.

④ 공무원이 돈만 벌면 최고라는 생각에 뇌물수수 행위를 하였다.

해설 문화 지체는 물질문화의 변동 속도에 비하여 비물질 문화의 변동 속도가 느림에 따라 발생하는 사회 문제를 의미한다. 일반적으로 물질문화(자동차, 컴퓨터, 정보 통신 등)는 빠르게 발전하고 있으나, 물질문화를 이용하는 사람의 자세(비물질 문화)는 느리게 적응하기 때문에 문제가 발생한다. ①, ②, ③은 모두 문화 지체에 해당한다. ④는 돈이라는 목표를 달성하기 위해서 부적절한 행동을 하고 있으므로 아노미 현상에 해당한다.

정답 ④

04 다음 보기가 설명하는 사회 현상은?

- 문화 요소 간에 일어나는 문화 변동 속도의 부적응으로 인해 발생한다.
- 이러한 현상은 학교 교육의 인성 교육을 통해 해결하여야 한다.

① 아노미   ② 문화 지체

③ 일탈 행위   ④ 문화 접변

해 설 문화 변동 속도의 부적응이라는 점에서 문화 지체 또는 기술 지체임을 알 수 있으며, 인성 교육, 즉 비물질 문화의 교육을 강조 한 점에서 문화 지체임을 알 수 있다.

정 답 ②

05 다음이 설명하고 있는 현상은?

문화 변동의 속도와 관련하여 비물질적인 제도나 가치의 변화가 물질적 측면의 변화를 따르지 못해 간격이 점점 커지는 현상으로 여러 가지 사회 문제를 야기하는 원인이 된다.

① 문화진화   ② 문화개혁

③ 문화 지체   ④ 문화 접변

해 설 제시문에서 비물질 제도와 물질적 측면의 변화의 차이로 인해 사회 문제가 야기된다고 하고 있으므로, 이와 관련된 현상은 문화 지체이다. 문화 지체에 관한 문제는 2005년 이후 3문제가 출제되었으며, 문화 지체의 다양한 사례들을 기억해 둘 필요가 있다.

정 답 ③

06 다음 질문에 공통적으로 해당하는 문화 변동의 원인의 사례로 가장 적절한 것은?

질문 1) 변동 원인이 내부에서 발생했는가? 예
질문 2) 새로운 요소를 만들었는가? 예

① 사냥을 위해 활을 만들었다.
② 만유인력의 법칙을 알아냈다.
③ 일본에 한국의 문화를 전달하였다.
④ 한국 드라마를 통해 문화가 전파되었다.

해 설 문화 변동의 원인은 내재적 요인과 외재적 요인으로 구분할 수 있다. 그 중 내재적 요인에는 발명과 발견이 있다. 발명은 새로운 요소가 만들어질 경우, 발견은 새로운 요소를 찾아내는 경우를 말한다.

정 답 ①

07 다음 글에 알 수 있는 개념으로 가장 적절한 것은?

> 살림하는 남성의 수가 2003년 10,600명에서 2007년 14,300명으로 2008년에는 15,100명까지 증가하였다. 이와 같은 변화는 서양의 가치관이 우리 사회에 전해진 결과로 볼 수 있다.

① 사회화
② 가족 해체
③ 문화 접변
④ 지위 불일치

해설 서양의 가치관이라는 관념 문화가 우리 사회에 전파된 결과 문화의 변동이 발생하였다. 이와 같은 변동을 문화 접변이라 한다.

정답 ③

08 다음 글에서 설명하고 있는 개념에 대한 사례로 가장 적절한 것은?

> 자문화의 정체성이 강한 상황에서 타 문화의 수용 정도 또한 강할 경우 나타나는 문화 접변의 결과이다.

① 중국 대륙을 지배했던 만주족이 한족의 문화에 동화된 것
② 체로키 부족이 알파벳에서 아이디어를 얻어 문자를 개발할 것
③ 일제 치하에서 친일파들이 황국 신민의 서사를 앞장서서 보급한 것
④ 불교나 토속 신앙이 융합하여 사찰 안에 칠성각이나 산신각이 있는 것

해설 자문화의 정체성이 강한 상황에서 타 문화를 적극적으로 수용할 경우 문화 융합 현상이 나타날 수 있다. 칠성각이나 산신각은 문화 융합의 대표적인 사례이다. ①은 문화 동화, ②는 자극 전파에 해당하는 사례이다

정답 ④

09 (가) ~ (다)에 대한 설명으로 옳은 것은?

> (가) 문화공존   (나)문화동화   (다)문화융합

① (가)는 외국인들이 우리 문화에 흡수되는 경우이다.
② (나)는 동남아시아 고유의 문화와 이슬람 문화가 공존하는 경우이다.
③ (다)는 외래 문화와 토속 신앙이 혼합되어 새로운 종교 체계가 만들어지는 경우이다.
④ (나)는 (다)보다 문화의 다양성에 기여하는 문화 변동 양상이다.

해설 ①은 문화 동화 ②는 문화 공존. ③은 문화 융합에 대한 설명이다. ④문화 동화보다는 문화 융합이 문화의 다양성에 기여할 수 있다.

정답 ③

10 다음 글을 통해 알 수 있는 진술로 적절한 것은?

> 우리나라를 방문한 외국 여배우의 무릎 위까지 치마가 올라온 미니스커트는 우리나라 사람들에게 충격적이었지만, 곧 우리나라 젊은 여성들 사이에서 큰 인기를 끌게 되었다.

① 내부적 요인에 의해 문화 변동이 발생할 수 있다.

② 직접적으로 접촉하지 않고도 문화 요소가 전파될 수 있다.

③ 문화 요소를 구성원들이 수용할 때 문화 변동이 발생할 수 있다.

④ 다른 사회의 문화 요소로부터 아이디어를 얻어 새로운 문화 요소가 만들어질 수 있다.

해설 ▶ 제시문은 외국 여배우에 의한 직접 접촉에 따른 문화 변동을 보여 주고 있다. 문화 변동은 외부적 요인을 사회 구성원이 적극적으로 수용할 때 가능하다. ④는 자극 전파에 대한 설명이다.

정답 ▶ ③

11 문화 접변의 결과 나타날 수 있는 변화의 유형을 문자로 표현하였을 때 다음 (가), (나)에 대한 설명으로 옳은 것은?

$$(가) A + B ➡ C \qquad (나) A + B ➡ A, B$$

① (가) : 외국인들이 우리 문화에 흡수되는 경우이다.

② (가) : 동남아시아 고유의 문화와 이슬람 문화가 공존하는 경우이다.

③ (나) : 필리핀에서 타갈로그어와 영어가 모두 사용되고 있다.

④ (나) : 외래 종교와 토속 신앙이 혼합되어 새로운 종교 체계가 만들어진 경우이다.

해설 ▶ (가)는 새로운 문화 유형이 나타나기에 문화 융합, (나)는 두 문화 요소가 공존하기에 문화병존에 해당한다.

정답 ▶ ③

12 다음 글에 대한 설명으로 옳은 것은?

> ○○ 나라에는 외국인 선교사를 통해 커피가 처음 전파되었다. 그 후 외국과의 전쟁 과정에서 외국 군인들에 의해 인스턴트 커피가 알려지게 되었고, 인스턴트 커피를 생산하면서 커피 소비가 급증하게 되었다.

① 커피 소비가 급증한 것은 문화융합의 사례이다.

② 커피를 처음 마시게 된 것은 직접 전파의 사례이다.

③ 인스턴트 커피 소비의 증가는 자극 전파에 해당한다.

④ ○○ 나라 사람들의 커피 애호는 발명에 의한 문화 변동이다.

해설 ▶ 커피는 외국인 선교사를 통해 전파되었기에 직접 전파이다. ① 제3의 문화가 형성되지 않았기 때문에 문화 융합은 아니다. ③ 인스턴트 커피의 전파는 직접 전파에 해당한다. ④ 커피 애호는 직접 전파에 의한 문화변동이다.

정답 ▶ ②

13 다음 사례에 대한 설명으로 옳은 것은?

> OO 부족은 이웃 부족과의 교역 과정에서 철기 제작 방법을 배우게 되었다. 이후 이들은 철제 사냥 도구를 개발하여 야생 순록과 물고기를 효율적으로 사냥할 수 있게 되었다. 그 결과 새로운 형태의 생활양식이 형성되었다.

① 새로운 생활 양식이 형성된 것은 문화융합에 해당한다.

② 교역을 통하여 철기를 배운 것은 간접 전파에 해당한다.

③ 철기 제작 방법을 배운 것은 강제적 문화 접변에 해당한다.

④ 철제 사냥 도구를 만들어 사용한 것은 간접 전파에 해당한다.

해설 OO 부족은 직접 전파에 의해 철기 문화를 배우게 되었으며, 이로 인하여 철기 문화와 기존의 사냥 문화가 결합하여 철제 사냥도구를 형성한 것은 문화 융합에 해당한다. OO 부족은 스스로 문화를 배운 것이기에 자발적 문화 접변에 해당한다.

정답 ①

14 다음 (가), (나)에 대한 설명으로 옳은 것은?

> (가) 쿠바로 이주한 아프리카 인들은 쿠바의 기존 문화에 흡수되면서 자신들의 문화를 상실했다.
> (나) 자바에서 인도 문화가 들어오면서 번역된 인도의 서사시 '라마야나'는 그 기본 형식은 인도의 것이지만, 자바의 전통적인 전설이 함께 녹아 있었다.

① (가) –새로운 문화로 인하여 기존 문화의 정체성이 확립된다.

② (가) – 문화 변동이 비교적 단기간에 급속히 나타나고 있다.

③ (나) – 서로 다른 문화가 한 사회 내에서 나란히 존재하고 있다.

④ (나) – 서로 다른 문화 요소가 결합하여 제3의 문화가 형성되었다.

해설 (가)는 문화 동화, (나)는 문화 융합의 사례이다. ① 문화 동화의 경우 기존 문화의 정체성이 약화된다. ② 단기간의 급속한 변동은 문화개혁이다.

정답 ④

15 다음 내용에 해당하는 문화 변동의 원인에 대한 사례로 적절한 것은?

> 문화 변동의 요인이 인간이 아니며, 문화 변동의 결과 새로운 문화 요소를 만들지 못한다.

① 외국을 다녀와서 미니스커트를 소개하였다.

② 인터넷을 통하여 K–POP이 유행하고 있다.

③ 김치 스파게티나, 불고기 피자를 개발하였다.

④ 알파벳에서 아이디어를 얻어 문자를 개발하였다.

해설 인간에 의한 변동이 아닌 경우 중 새로운 문화 요소를 만들 경우 자극 전파이나, 만들지 못한 경우 간접 전파에 해당한다. ② 인터넷이라는 매체를 통한 전파는 간접전파에 해당한다.

정답 ②

16 다음 글의 밑줄 친 ㉠, ㉡에 대한 설명으로 옳은 것은?

> 개발도상국에 진출한 일부 다국적 기업의 현지 근로자는 그 기업 본국의 경영 방식을 따르고 있다. 현지 근로자들은 다국적 기업이 현지에 ㉠ 토착화할 것을 요구하나, 외국인 경영자는 본국과 현지 문화의 차이를 강조하며, ㉡ 본국의 문화를 주입하고자 한다.

① ㉠ – 문화 접변의 사례 중 문화 저항에 해당한다.

② ㉠ – 내부적 요인에 의하여 문화가 변하는 것이다.

③ ㉡ – 문화 접변의 종류 중 강제적 문화 접변이다.

④ ㉡ – 내부 구성원들의 지지와 찬성이 나타날 수 있다.

해 설 외래 문화가 현지에 토착화하는 것은 문화 접변 중 문화 동화 또는 문화 융합에 해당 한다. 본국의 문화를 현지 근로자에게 강제 하는 것은 강제적 문화 접변으로 일종의 문화 복고 운동과 같은 문화 저항이 나타날 수 있다.

정 답 ③

17 다음 글에 대한 설명으로 옳은 것은?

> ○○ 나라 가수들의 노래와 춤을 따라 즐기는 유럽 젊은이들이 늘어나면서 유럽에 ○○ 나라의 언어 학습 열풍이 불고 있다. ○○ 나라 음악이 유럽까지 파고든 이유 중 하나로 전문가들은 인터넷을 꼽고 있다.

① 문화 접변의 종류 중 문화 개혁에 해당한다.

② 물리적 강제력에 기반하여 다른 문화 요소를 주입하고 있다.

③ 간접 전파에 비하여 직접 전파의 영향력이 더 크게 나타나고 있다.

④ 스스로 다른 나라의 문화를 받아들이는 자발적 문화 접변이 나타나고 있다.

해 설 제시문은 인터넷이라는 간접 수단을 통한 문화 전파의 사례이며, 자발적 문화 접변이 나타나고 있다. ② 강제적 문화 접변에 대한 설명이다.

정 답 ④

18 다음 사례에 해당하는 개념으로 옳은 것은?

> 인도네시아의 고립된 지역에 텔레비전이 보급되었다. 한국의 드라마와 대중 음악이 알려지자, 이 지역 주민은 한국 연예인의 이름을 외우고 한국 노래를 유행처럼 부르게 되었다.

① 문화병존   ② 직접전파

③ 하위문화   ④ 간접전파

해 설 텔레비전이라는 매개체를 통해서 한국의 문화가 전파되고 있다. 이는 문화 전파 중 간접 전파에 해당한다. ① 문화 병존은 두 개의 문화가 하나의 사회 속에서 나란히 존재하고 있는 문화 접변의 결과를 의미한다. ③ 하위 문화는 주류 문화에 대비되는 특정 집단의 문화를 뜻한다.

정 답 ④

19 자극 전파의 사례로 적절한 것은?

① 김치 스파게티, 불고기 피자　　② 활의 원리를 이용하여 만든 현악기

③ 외국을 다녀와서 소개한 미니스커트　　④ 알파벳에서 아이디어를 얻어 개발한 문자

해설 ▶ 자극 전파는 전파와 발명이 결합된 경우로, 문화 전파의 결과 새로운 문화 요소가 만들어지는 경우이다. ① 김치 스파게티나 불고기 피자는 서로 다른 문화 요소가 결합하여 제3의 문화가 형성된 경우로, 문화 융합에 해당한다. ② 활이라는 기존에 존재하는 문화 요소를 활용하여 새로운 문화 요소를 개발하였기에 2차적 발명에 해당한다. ③ 외국에 다녀와서 소개하였다는 점에서 직접 전파이다. ④ 다른 사회의 문자인 알파벳을 바탕으로 새로운 문자를 개발한 경우이므로 자극 전파에 해당한다.

정답 ▶ ④

20 문화 동화의 사례로 옳은 것은?

① 필리핀의 타갈로그어는 영어가 도입된 이후 모두 사라졌다.

② 우리나라에는 한의학과 별도로 서양 의학이 자리 잡고 있다.

③ 식민지 시절 일본의 문화에 저항하여 복고 운동이 발생하였다.

④ 아프리카 음악과 유럽 음악의 요소가 결합하여 재즈가 등장하였다.

해설 ▶ 문화 동화는 문화 접변의 결과 한 문화가 다른 사회의 문화 체계 속에 흡수되어 정체성을 상실하는 경우를 의미한다. ② 한의학과 서양 의학의 공존은 문화 병존(공존)의 사례이다. ③ 문화 복고 운동은 일반적으로 강제적 문화 접변의 결과로 나타나며, 문화 저항에 해당한다. ④ 아프리카와 유럽 음악의 요소가 결합하여 새로운 문화 요소가 등장한 경우는 문화융합이다.

정답 ▶ ①

21 다음 글에 대한 설명으로 옳은 것은?

> 미국 정부는 인디언을 보호 구역 내에 수용하고, 이들의 풍속과 종교를 무시하였다. 또한 선교 학교를 설립하여 영어를 강요함으로써 이들의 원래 말을 버리게 하였다.

① 자발적 문화 접변에 해당한다.

② 외재적 요인에 의한 문화 변동에 해당한다.

③ 인디언들은 문화 지체 현상을 경험하고 있다.

④ 미국 정부는 문화의 상대성을 인정하고 있다.

해설 ▶ 미국 정부에 의해서 인디언은 자신들의 언어가 아닌 영어를 배우게 되었다. 이와 같은 문화 접변은 강제적 문화 접변에 해당 한다. 문화 접변은 문화의 접촉에 따른 변화이기에 외재적 요인에 의한 변동이다. ④문화의 상대성을 인정할 경우 문화를 강제하지 않을 것 이다.

정답 ▶ ②

22 문화 공존에 대한 설명으로 옳은 것은?

① 문화적 정체성이 약화될 수 있다.

② 강제적 문화 접변 과정에서 주로 나타난다.

③ 한 사회의 문화가 다른 사회의 문화에 흡수된다.

④ 서로 다른 문화가 한 체계 내에서 나란히 존재한다.

해설 문화 동화, 문화 공존, 문화 융합은 대표적인 문화 접변의 결과이다. 각각의 내용 및 사례들을 정확히 이해할 필요가 있다. ①, ② 문화적 정체성이 약화되고, 강제적 문화 접변 과정에서 주로 나타나는 현상은 문화 동화이다. 문화 동화는 한 사회의 문화가 다른 사회의 문화에 흡수되는 현상을 의미한다.

정답 ④

23 다음 글을 통해 알 수 있는 문화 개념으로 적절한 것은?

> 영국인들은 아프리카 노예들에게 전통 음악 연주를 금하는 대신 자신들의 유럽 스타일 음악을 강요했다. 그러나 노예들은 유럽 음악 스타일과 자신들의 음악 전통을 통합하는 방식을 통해 레게라는 새로운 음악의 유형을 개발하였다.

① 문화 병존　　② 문화 저항　　③ 문화 융합　　④ 직접 전파

해설 유럽 음악과 아프리카 노예들의 음악 문화가 결합하여 레게라는 새로운 음악의 유형이 개발된 것은 문화 접변의 결과 중 문화 융합에 해당한다.

정답 ③

24 다음 글에 나타난 현상에 대한 설명으로 옳은 것은?

> 초고속 통신망의 확산과 함께 저작권 침해 사범이 크게 증가하고 있다. 이는 인터넷 기술의 발전에 비하여 저작권에 대한 사용자들의 인식 부재 때문이다.

① 내재적 요소에 의한 문화 변동 현상이다.
② 급격한 문화 변동으로 무규범 상태인 상황이다.
③ 자문화에 대한 주체성이 약할 경우 발생할 수 있다.
④ 물질 문화의 발전 속도를 비물질 문화가 따르지 못하고 있다.

해설 제시문은 초고속 통신망이라는 물질문화의 발전에 비하여 그러한 기술을 사용하는 사람들의 의식 수준(비물질 문화)이 발전하지 못하여 발생한 문화 지체 현상의 사례이다. ① 내재적 요소에 의한 문화 변동에는 발명과 발견이 있다. ② 급격한 문화 변동에 따른 무규범 상태는 아노미 현상이다. ③ 자문화에 대한 주체성이 약할 경우 문화적 정체성을 상실할 수 있다.

정답 ④

25 다음과 같은 변화로 인해 생긴 문화에 대한 설명으로 옳은 것은?

> 20세기 이후 인구가 급증하고 대량 생산, 대량 소비 체제가 확립되었다. 다수의 사람이 공유하는 문화가 확산되었고, 사람들의 의식과 행동이 규격화, 획일화되는 경향이 심해졌다.

① 고용 및 근로의 형태가 다양해졌다.
② 정보와 지식이 부가 가치의 원천이다.
③ 정보의 생산자와 소비자가 동일해진다.
③ 지나친 이윤 추구로 상업주의에 물들기 쉬워졌다.

해설 대량 생산, 대량 소비, 의식의 규격화, 획일화는 대중 문화의 특징이다. 기업들이 문화 상품의 판매를 통해 이윤을 추구하는 과정에서 지나친 상업성이 추구될 수 있으며, 선정적이고 폭력적인 문화가 양산될 수 있다. ①, ②, ③은 정보 사회에 대한 설명이다.

정답 ③

제3절 문화의 정체성과 세계화

01 세계화와 문화의 다양성

세계화와 문화적 다양성

(1) 세계화의 의미와 양상

❶ **세계화의 의미** : 세계화란 국제 사회에서 상호 의존성이 증가하고 심화되는 현상을 말한다. 세계화로 인하여 과거에는 국가 단위로 이루어지던 정치, 경제, 사회 활동의 범위가 전 지구적 수준으로 확대되었다.

❷ **세계화의 양상** : 오늘날에는 이질적인 문화들 간의 접촉이 그 어느 때보다 활발하게 이루어지고 있다.

㉠ 여행이나 이민, 유학 등을 통해 다른 문화를 만나는 기회가 확대되고 있다.

㉡ 우리나라를 찾아온 관광객이나 유학생, 이주민 등을 통하여 다양한 언어와 종교 및 식생활 등을 접하기도 한다.

㉢ 직접 접촉 외에도 대중 매체나 인터넷 및 소프트웨어 등을 통해 문화 콘텐츠가 거의 동시간대에 전 세계적으로 유통되므로 이제는 한 문화가 완전하게 고립되어 존재하는 것은 거의 불가능한 일이 되어 가고 있다.

(2) 문화의 세계화

❶ **의미** : 세계화로 인하여 이질적인 문화들 간의 접촉이 활발해지고, 정보 통신기술의 발달로 문화적 교류가 확산되어 인적 물적 교류뿐만 아니라 일상적인 문화까지 교류 되는 것을 의미한다.

❷ **사례** : 문화의 교류로 인하여 세계의 다양한 음식이 우리 사회에 소개되고, 우리의 전통 음식은 세계 여러 곳으로 알려지고 있다.

❸ 영향

긍정적인 측면	• 새로운 문화의 유입으로 기존의 문화가 더욱 풍부해진다. • 문화적 다양성은 사회 발전의 토대가 될 수가 있다.
부정적인 측면	• 서구 중심의 문화에 일방적으로 동화가 될 수 있다. • 고유한 문화가 소멸되고 문화가 획일화될 수 있다. • 강대국에 의한 문화 제국주의나 민족 문화 및 지역 문화의 동질화가 나타날 수 있다.

2 다문화사회의 도래

(1) 우리 문화의 변화

❶ **개항기 이후의 근대화와 서구화** : 서구의 근대 문물의 도입으로 생활수준이 향상되었고, 자유 평등 인간 존엄성 등과 같은 민주주의 이념의 확산은 민주 정치와 대중문화의 발달에 토대가 되었다.

❷ **문화 상품의 국제 교역** : 음악, 영화, 서적, 드라마 등과 같은 문화 상품의 국제 교역은 우리 문화를 풍요롭게 하였다.

❸ **하위 문화의 발달** : 여성 문화, 노동자 문화, 학생 문화, 청소년 문화 등과 같은 하위문화의 발달은 문화의 다양성을 초래하였다.

❹ **최근의 문화적 변화** 전 지구적인 노동력의 이동과 국제결혼의 증가 등으로 인하여 각 국가의 문화적 다양성은 심화되고 있으며, 우리 문화 역시 이전에 경험하지 못했던 새로운 변화를 맞이하고 있다.

(2) 다문화 사회로의 변모

❶ **사회적 배경** : 외국인 노동자의 유입과 국제결혼 가정의 증가로 인하여 우리나라도 다 인종 다문화 사회로 변모하고 있다.

❷ **다문화 사회로의 진입** : 21세기 우리 사회는 다양한 인종적, 문화적 배경을 가진 구성원들로 이루어진, 다문화 사회로 빠르게 진입하고 있다.

㉠ 출산율 하락과 내국인의 3D 업종 기피로 인한 인력 부족, 외국 기업의 진출 등으로 외국인 노동자는 지속적으로 증가하고 있다.

㉡ 북한 이탈 주민과 외국인 유학생 등과 같은 다양한 문화적 배경을 가진 이주민들도 계속 증가하는 추세에 있다.

ⓒ 단일 민족 국가의 특성을 지녔던 우리나라는 이제 다양한 인종, 종교, 문화를 가진 사람들이 공존하는 다문화 사회로 변화하고 있다.

ⓓ 문화적 다양성의 증가와 더불어 나타난 우리 사회의 문화적 특징은 여가 문화의 출현이다. 2004년부터 시작된 주 5일제 시행으로 여가 시간이 늘어나 5도2촌이라는 새로운 여가 형태를 만들기도 하였다.

3 다문화 현상과 대응자세

(1) 문화적 다양성의 문화적 갈등

❶ **문화적 다양성의 기능** : 문화적 다양성은 개인과 집단의 창조적 사고의 원천이며, 사회 발전의 토대가 된다.

❷ **문화적 갈등과 충돌** : 이질적인 문화들 간의 교류는 개인이나 집단 간의 갈등이나 반목의 원인이 되기도 하며, 문화의 수용을 둘러싼 집단 내의 갈등을 발생시키기도 한다.

❸ **편견과 사회적 차별** : 문화적 소수자들은 사회적 차별이나 편견의 대상이 되기 쉽다.

　ⓐ 우리 사회에 증가하고 있는 다문화 가정의 대부분이 경제적 빈곤층에 속하며, 언어 와문화의 차이로 우리 사회에 적응하는데 어려움을 겪고 있다.

　ⓑ 많은 외국인들이 직장과 사회에서 편견과 차별, 인권 침해를 경험하고 있고, 다문화 가정의 자녀들이 낮은 학업 성취와 집단 따돌림 등의 부정적인 경험을 하고 있다.

　ⓒ 문화적 소수자들에 대한 편견과 차별은 사회, 불안 요인이 되며, 문화적 배경으로 인하여 불평등한 처우를 받는 것은 민주주의 이념에도 어긋난다.

(2) 다문화 현상에 대한 우리의 자세

❶ 이주자들과 다문화 가정은 배척의 대상이 아니라 우리 사회의 정당한 구성원이므로 우리는 다른 문화를 관용하는 자세를 지녀야 한다.

❷ 다문화 사회에서 시민의 문화적 삶을 풍부하게 하고, 국가 문화의 발전을 도모하기 위해서는 다른 문화에 대한 개방적 태도와 관용의 자세가 필요하다.

❸ 문화 다양성을 존중하기 위한 노력을 기울여야 한다.

　ⓐ 정부 : 결혼 이민자나 미주 노동자 등이 한국에 적응하고 정착할 수 있도록

제도적 지원 방안을 마련한다.

   예 일부 지방 자치 단체 보건소에서는 결혼 이민자의 언어와 한국어를 사용하는 이중 언어 사용자를 활용하여 결혼 이민자들의 진단과 검진 등에 필요한 통역 상담을 지원하고, 가정 방문을 통해 모국어로 다양한 보건 서비스를 받도록 지원하고 있다.

   ⓛ 기업 : 이주 노동자들이 가진 고유의 문화나 관습을 침해하지 않도록 배려한다.

   예 한국에 온 이주 노동자 중 이슬람 인이 상당 부분을 차지한다. 이들을 고용한 회사에서는 이슬람 인이 정해진 시간에 종교 활동을 하는 것을 허용하고 있으며, 돼지고기 등을 먹지 않는 이들의 종교적 관습을 고려하여 이들에게 적합한 식단을 따로 제공하고 있다.

02 우리문화의 정체성과 세계화

1 우리 문화의 정체성

(1) 민족 문화의 의미와 기능

❶ **의미** : 민족 문화란 한 민족이 오랜 세월 환경에 적응하면서 축적해 온 생활양식이다.

❷ **성격** : 고유의 문화가 아닌 다른 나라에서 들어온 문화도 민족의 생활 속에 흡수되어 기존 문화와 조화를 이루고 있는 것은 민족 문화에 포함된다.

❸ **기능** : 민족의 역사적 산물로 정체성을 형성하여 다른 민족과 구별되는 기준이 되며, 우리 민족 구성원의 내재적 통합에 기여한다.

(2) 우리 민족 문화의 특징

❶ **농경 문화**(수도작 문화)**의 발달** : 벼농사 중심의 농경 사회에서 두레, 품앗이, 계 등과 같은 협동과 상부상조의 문화가 발달하였다.

❷ **현세 중심 토속 신앙의 발달**

   ㉠ 애니미즘(정령 신앙)과 샤머니즘(무속 신앙)적 성격을 지닌 토속 신앙이 발달하였으며, 토속 신앙은 일반적으로 내세보다 현세를 중시한다.

ⓛ 무속의 역사 : 부여의 영고, 고구려의 동맹, 동예의 무천 등

ⓒ 영향 : 외래 종교를 기본적인 성격의 것으로 변화시켜 토착화되었다.

❸ **인간 중심 사상의 발달** : 단군의 건국이념으로 널리 인간을 이롭게 하라는 홍익인간 정신이 인간 중심의 정치로 이어져 왔다.

(3) 문화의 정체성

❶ **의미** : 문화적 정체성은 한사회의 구성원들이 자신의 문화에 대해 갖는 일체감을 말한다.

❷ **형성과 유지**

㉠ 문화의 정체성은 오랫동안 공유한 역사적 경험과 운명 공동체로서의 의식 등을 토대로 형성된다.

ⓛ 사회 구성원들 사이에서 가치관, 세계관, 신념, 성향 등이 공유됨으로써 문화 정체성이 지속되고 유지가 된다.

❸ **중요성과 의의**

㉠ 문화적 정체성은 사회 안정의 중요한 자원일 뿐만 아니라 개인의 자아 정체감이나 소속감 형성에도 중요한 요소이다.

ⓛ 세계화를 명분으로 전통문화의 가치를 폄하하고, 서구 문화를 무분별하게 추종한다면 우리의 문화적 정체성은 상실되고 사회적 유대는 약화될 것이다.

ⓒ 문화적 정체성을 유지한다는 명목으로 기존의 문화적 전통을 고수하는 데만 치중한다면 우리 문화는 발전 가능성을 상실하고 정체될 것이며, 다른 문화에 대한 배타성으로 인하여 문화적 갈등을 일으키거나 고립될 수도 있다.

2 세계화 시대의 민족 문화의 발전 방안

(1) 민족문화의 발전 방향

❶ **전통 문화의 재발견과 창조적 계승** : 현재의 문화 창조에 기여할 수 있는 전통 문화를 발견하여 창조적으로 계승함으로써 문화의 세계화 시대에 지구촌 문화의 다양성 형성에 이바지해야 한다.

❷ **외래 문화의 주체적이고 비판적인 수용** : 문화의 상품화를 통한 문화 제국주의가 우려 되는 상황에서 보편성을 인정하는 외래 문화를 주체적으로 수용하여 문화의 세계화와 민족 정체성 보존을 동시에 실현해야 한다.

(2) 우리 문화의 세계화 방안

❶ 우리 문화의 세계화 양상

㉠ 1990년대 말부터 한국 대중 문화 콘텐츠가 해외에서 인기를 얻는 한류 현상이 나타나 일본, 중국, 대만, 동남아시아뿐만 아니라 최근에는 서구 사회로까지 확산되고 있다.

㉡ 한류는 다른 문화의 열풍에서 찾아보기 어려운 강력한 팬덤(fandom)을 구성하고 있는데, 이는 한류가 단순한 문화 교류 현상을 넘어 문화 공동체를 형성하는 밑거름이 될 수 있음을 의미한다.

㉢ 외국의 입장에서 한류 문화의 확산이 심해질수록 자국 문화의 정체성이 상실되거나 문화동화 현상으로 다양성이 약화될 수도 있다.

㉣ 한류 현상으로 인해 국가 간의 문화 교류가 활성화되면서 한국의 문화적 취향이 해외 현지인들에게 소개되고 있으며, 그와 동시에 한국의 기업과 상품 그리고 국가의 이미지가 고양되고 있다. 그러나 예상을 뛰어넘는 한류의 열풍으로 인해 이를 견제 하는 혐한류적 시각도 증가하고 있다.

❷ 우리 문화의 세계화의 의의

㉠ 우리 문화를 세계화한다는 것은 문화적 정체성을 지킨다는 의미 외에도 정보 사회에서 국가 경쟁력을 강화한다는 의의도 지닌다.

㉡ 문화의 세계화는 전 지구적 문화의 다양성과 인류의 문화 발전에 기여한다는 중요성을 지닌다.

❸ 우리 문화의 세계화 방법

㉠ 한복, 한식 등과 같은 우리의 전통 문화를 해외에 소개함으로서 우리 문화의 고유성과 개성을 알릴 수 있다.

㉡ 다른 나라의 문화 요소를 우리 문화에 접목함으로써 창조적 발전을 도모할 수 있다.

❹ 우리 문화의 세계화와 우리의 자세

㉠ 우리의 민족 문화와 지역 문화가 보편적인 세계 문화를 수용하여 세방화를 표방한 문화를 만들어 가야하며, 이를 통해 바람직한 세계화를 이루어야 한다.

㉡ 우리의 자세 : 우리는 문화 창조자로서의 주체 의식을 가지고 우리의 것을 세계적인 것으로 만들어 감으로써 우리 문화의 발전을 위해 노력해야 한다.

01　우리의 민족 사상에 대한 설명으로 옳지 않은 것은?

① 우리 고유의 민족의 역사적 경험과 문화 전통이 반영되어 형성되었다.

② 인간에게 풍요와 복을 주도록 비는 내세 중심 사상이다.

③ 홍익인간의 정신이 건국이념으로서 민족 사상의 바탕이 되었다.

④ 외래 사상에 우리의 사회와 문화가 반영되어 토착화되었다.

해 설　우리 민족 문화의 특징은 농경문화, 현세 중심의 문화, 인간 중심의 문화로 정리할 수 있다. ② 내세라 함은 현세와 대비되는 개념으로 죽은 이후의 세상을 의미한다. 고유의 민족 문화는 애니미즘과 샤머니즘적 성격을 지닌 현세 중심의 문화였다.

정 답　②

02　다음 사례에서 알 수 있는 문화의 속성에 대한 설명으로 옳은 것은?

> 동남아시아에서는 한국 드라마 열풍과 함께 한국의 가요, 음식, 패션 등이 잇따라 보급 되었고, 이를 즐기는 사람들이 늘어나면서 한류가 새로운 대중 문화로 자리 잡게 되었다.

① 문화는 생득적이라기보다는 후천적인 것이다.

② 문화는 상징 체계를 통해서 다음 세대에 전승된다.

③ 문화를 구성하고 있는 부분들은 유기적으로 연관된다.

④ 문화는 사회 구성원들이 공통적으로 가진 생활 양식이다.

해 설　제시문에서 알 수 있는 문화의 속성은 변동성과 총체성이다. ①은 학습성, ②는 축적성, ②는 공유성에 해당한다.

정 답　③

03　우리 민족 문화의 특징으로 옳지 않은 것은?

① 인간중심의 사상이 이어져 오고 있다.

② 현세 중심의 토속 신앙이 발달하였다.

③ 협동과 상부상조의 문화가 발달하였다.

④ 서양에서 전파된 종교가 크게 발달하였다.

해 설　우리 민족 문화의 특징은 농경문화, 현세 중심의 문화, 인간 중심의 문화이다. 농경 중심 문화의 특성상 협동과 상부상조의 문화가 발달해 왔다. 민족 문화는 애니미즘과 샤머니즘적 성격을 지닌 토속 신앙이 발달 하였다.

정 답　④

04 다음 글에 대한 설명으로 옳은 것은?

> 우리 민족은 우리의 농경문화를 반영하여 정초, 한식 등에 차례를 지내면서 계절 음식을 올리는 세시 풍습을 가지고 있다. 이러한 세시 풍습은 중국 유교의 영향을 받은 부분도 있으나, 우리 민족의 우수한 문화 창조 능력이 발휘되어 중국과는 차이가 있다.

① 제도문화의 유입으로 물질문화의 변동이 나타났음을 보여 준다.

② 다른 문화와의 비교를 통해 문화의 보편성을 찾을 수 있음을 보여 준다.

③ 민족 문화가 민족 고유의 문화에 의래 문화가 가미되어 변화했음을 보여준다.

④ 민족 문화의 물질적인 요소가 비물질적 요소보다 빠르게 변화했음을 보여준다.

해설 › 제시문은 우리 민족 문화가 외래문화의 영 향을 받았으나, 새로운 차원으로 문화가 발전했음을 보여 준다. 우리 문화가 문화에 대한 주체성과 자긍심을 바탕으로 외래문화를 수용했음을 알 수 있다. ② 비교론적 관점은 문화의 비교를 통해서 보편성과 특수성을 보다 잘 이해할 수 있음을 말한다.

정답 › ③

05 다음 글을 통해 민족 문화와 외래문화와의 관계를 진술한 것 중 타당한 것은?

> 한 문화는 가발과는 다르다. 그것은 이미 만들어진 가발처럼 돈만 있으면 사서 대뜸 머리 위에 쓸 수 있는 성질의 것이 아니다. 오히려 우유와 같아서 마시면 마신 사람의 체질을 유기적으로 변화시킨다. 그리고 문화를 수입하는 주체는 가발을 올려놓을 수 있는, 눈에 보이는 머리통만이 아니고 살아 있는 사람을 가리킨다. 그 '사람'은 김치 조각 대신에 우유를 마실 때 그것을 소화시켜서 혈액으로 창조하는 위장과 더 가깝다.

① 민족 문화는 예로부터 전해 내려오는 고유문화만을 의미한다.

② 외래문화도 민족 사회에 흡수, 용해되면 민족 문화의 범주에 들어간다.

③ 전통문화의 소화 능력과 관계없이 외래문화는 민족 문화의 한 요소가 될 수 있다.

④ 국제화, 세계화되는 사회 현실을 고려할 때 민족 문화와 외래문화의 구별은 의미가 없다.

해설 › 민족 문화는 단순히 예로부터 전해 내려오는 고유한 과거의 문화만을 의미하는 것은 아니다. 어떤 외래문화가 그 민족 사회에 일단 흡수, 용해되면 민족 문화라고 할 수 있다. ① 민족 문화는 고유문화와 외래문화 모두가 포함될 수 있다. ③ 외래문화가 그 민족 사회에 수용되고 융합되어야 민족 문화가 된다. ④의 내용도 타당하지 않다.

정답 › ②

06 다음 자료를 통하여 알 수 있는 우리 민족 문화의 특성을 가장 잘 진술한 것은?

- 두레, 울력, 품앗이 등과 같은 공동 노동의 형태가 있었다.
- 쥐불놀이, 지신밟기와 같은 전통적인 민속놀이를 했다.
- 마을에서는 서낭신에게 농사의 풍요를 기원하였다.

① 농경문화에 기초하였다.

② 현실 중심적인 문화를 이루었다.

③ 외래문화 요소가 지배적이었다.

④ 토착 문화와 외래문화가 상호 융합되었다.

07 다음 글에서 강조하고 있는 우리 문화의 발전 과제로 가장 타당한 것은?

> 우리나라의 영화, 음반, 애니메이션에서부터 출판, 공연에 이르기까지 문화에 대한 대외 의존도가 매우 높다. 더욱 심각한 것은 그 같은 문화 적자 현상을 별로 대수롭지 않게 받아들이는 대다수의 불감증이라는 사실이다. 우선 스스로 문화 사대주의에 젖어 있지 않은지 되돌아보아야 한다. 그러고 나서 새로운 시대에 맞는 문화 역량을 키우고 생산력을 극대화하기 위해 부단한 노력을 기울여야 한다. 세계화 시대일수록 우리만이 갖고 있는 독특한 문화를 개발하지 않으면 생존 자체가 불가능하다.

① 외국의 선진 문화를 받아들여야 한다.
② 우리 전통문화를 있는 그대로 계승한다.
③ 우리 문화 상품에 대한 국제 경쟁력을 강화해야 한다.
④ 자문화 중심주의에 입각한 문화적 자부심을 갖도록 한다.

08 다음 글의 빈칸의 (가), (나), (다)에 들어갈 적당한 말이 순서대로 바르게 나열된 것은?

> 전통 문화를 계승하고 새로운 한국 문화를 창조하기 위해서는 적어도 세 가지 기준은 충족시켜야 한다. 그것은 오늘날 근대화에 따라 진행되는 사회 구조의 변동에 맞추어 현대적 사회 구조에 적합한 문화를 창조해야 한다는 (가)_____의 조건, 우리 문화 고유의 특성이 존중되어야 한다는 (나)_____의 조건, 그리고 가치와 규범과 관행 사이에 일관성과 체계성이 확립되는 문화적 (다)_____의 조건이다.

```
     (가)      (나)      (다)
```
① 정체성 – 적합성 – 통합성
② 적합성 – 정체성 – 통합성
③ 통합성 – 적합성 – 정체성
④ 통합성 – 정체성 – 적합성

09 다음 신문 기사의 입장과 그 관점을 같이하는 것은?

> 비빔밥과 함께 한국 음식의 대표 주자는 역시 김치. 김치의 세계화는 최근 들어 급물
> 살을 타고 있는 느낌이다. 김치는 매년 20% 가까운 수출 증가율을 기록하며 일본을
> 비롯한 세계 30여 나라에 수출되고 있다. 특히 아시아권에서는 한류 열풍 등을 타고
> 김치를 선호 하는 소비자 층이 늘고 있다. 그러나 문제는 김치가 베트남의 쌀국수,
> 일본의 초밥처럼 한 끼 식사가 되는 일품요리가 아니라는 데에 있다. 김치 업계가 '김
> 치를 1억 달러어치 수출할 수는 있지만 2억, 3억 달러어치를 수출하기는 어렵다'고
> 전망하는 것도 이 때문이다. 농수산물 유통공사가 이 문제를 극복하기 위해 김치찌
> 개, 김치볶음밥, 두부김치, 김치버거 등 다양한 '김치 요리'를 개발하고 있지만 아직
> 뚜렷한 히트작이 없는 상황이다.

① 우리 문화를 세계화하기 위해서는 재창조해야 한다.

② 우리의 옛 것을 그대로 보존하고 지켜야 한다.

③ 외래문화 요소는 철저하게 배제해야 한다.

④ 외래문화를 주류적인 문화로 수용 발전시켜야 한다.

해 설 제시된 신문 기사의 핵심 주제는 김치의 세계화이다. 즉, 우리의 전통문화를 세계화 시대에 알맞게 재창조하여 국
제적으로 널리 보급하는 것이 필요함을 역설하고 있는 것이다. 이러한 내용과 가장 맥락이 상통 하는 것은 ①이다.

정 답 ①

10 다음 글을 토대로 우리가 가져야 하는 자세로 적절하지 않은 것을 고르면?

> 국경의 의미가 약화되고 있는 현대 사회에서 우리는 다른 사회의 문화를 접하고, 또
> 다른 사회의 사람들은 우리의 문화를 접하는 것이 이제 일상사가 되었다. 그러나 이
> 와 같은 현상은 문화적으로 심각한 문제를 안고 있는 것도 사실이다. 왜냐 하면, 과
> 거에는 거의 접할 수 없었거나 접하는 빈도가 낮았던 새로운 문화를 폭넓게 맞이하
> 고, 그 속에서 다른 문화 집단과 공존하면서 살아가야 하기 때문이다.

① 문화의 상대성을 인정하는 자세를 가진다.

② 우리보다 우월한 문화를 적극적으로 수용한다.

③ 주체성을 가지고 열린 마음으로 다른 문화를 이해한다.

④ 문화의 다양성을 인정하고 조화와 균형을 유지한다.

해 설 문화적 다양성을 시대에 요구되는 자세를 묻는 문제이다. ①, ③, ④모두 바람직한 자세에 해당한다. ②는 언뜻 열
린 자세처럼 보일 수 있지만, '우월한 문화'라는 표현은 문화를 일정한 기준에 따라 우열을 나눌 수 있다는 것으로,
문화 상대주의에 어긋나는 태도이다. 또한 우월한 문화라고 해서 적극 적으로 수용하는 자세 역시 바람직하다고
볼 수 없다.

정 답 ②

Chapter 04

사회 계층과 불평등

제1절 사회 계층 현상의 이해

 **01** 사회계층화 현상

1 사회 불평등 현상

(1) 의미

사회적 자원이 개인이나 집단 사이에 차등적으로 분배되어 개인과 집단이 평등한 사회적 지위를 갖지 못한 상태를 의미한다.

(2) 발생원인

사회에는 경제적 부(富), 정치적 권력, 명예 등 사회 구성원들이 보다 가치있게 생각하고 가지고 싶어 하는 사회적 가치가 존재하지만, 모든 사회 구성원 누구나 자신이 원하는 만큼 가질 수 있는 것은 아니다.(사회적 자원의 희소성) 따라서 누군가는 사회적 자원을 가지고 누군가는 그렇지 못한 사회 불평등 현상이 발생하게 된다.

(3) 특징

❶ 개인뿐만 아니라 집단 간에도 나타난다.

예 성 불평등, 인종차별 등

❷ 정도의 차이는 있지만 사회 불평등은 어느 사회에나 존재한다.

(4) 형태

❶ **경제적 불평등** : 재산이나 소득 격차에 따른 불평등
❷ **정치적 불평등** : 권력의 격차에 따른 불평등
❸ **사회 문화적 불평등** : 사회적 위신, 명예, 교육 수준, 지식 소유 등 여러 가지 사회 문화적 생활 기회와 수준의 차이에 따른 불평등
❹ **기타** : 정보 격차와 정보 불평등, 남녀 간 성 불평등, 지역 간 불평등, 건강 불평등 등

2 사회계층 현상

(1) 의미

❶ 지위가 높고 낮음으로 서열화되어 있는 현상을 의미한다.
❷ 한 사회 내에서 구성원들 간에 사회적 희소가치가 불평등하게 분배됨에 따라 개인과 집단이 서열화되어 있는 현상을 말한다.

(2) 발생 원인

❶ 사회적 가치의 희소성으로 인해 희소가치가 차별적으로 분배되어 개인과 집단의 서열화가 나타난다.
❷ 전통이나 지배 계급에 의해 만들어진 분배 구조나 사회 제도에 의해 불평등 구조가 형성되기도 한다.
❸ 출신 배경, 학력, 개인의 노력이나 능력 등이 영향을 미친다.

(3) 특징

❶ 경제력, 권력, 명예 등 사회적 희소가치가 불평등하게 분배되고, 사회적 희소가치의 소유 정도에 따라 개인과 집단이 서열화되어 나타난다.
❷ 지표면을 단면으로 자르면 나타나는 퇴적층처럼 여러 개의 서로 다른 층으로 구성된 위계와 같다.
❸ 사회 계층 현상은 하나의 사회 구조로서 개인의 삶과 행동, 사고 방식에 큰 영향을 끼친다.

(4) 대표적 사례

❶ **노예 제도** : 가장 오래된 불평등 형태로, 주인이 노예의 소유권을 행사하며, 출생 신분에 따라 개인의 지위가 엄격하게 서열화되고 세습된다.

❷ **카스트 제도** : 개인의 출생 시부터 소속 계층이 정해지며, 계층 간 이동이 제한된다.

❸ **신분 제도** : 사회적 지위가 혈연적 관계에 의해 세습되는 신분에 따라 결정된다.

❹ **계급 제도** : 자본주의와 함께 등장하여, 사회적 지위가 원칙적으로 개인의 능력과 노력에 따른 성취에 의하여 결정된다.

3 계급과 계층

(1) 계층

❶ **의미** : 다양한 기준에 따라 다양하게 서열화되어 있는 개인 집단의 위치를 구분하는 개념을 계층이라 한다.

❷ **이론** : 막스 베버의 계층 이론, 다원론(多元論)

❸ **기본 입장** : 사회 계층화는 계급(경제적 요인), 권력(정치적 위치), 지위(사회적 위신) 3 가지 측면에서 이루어지며, 상층 중층 하층으로 구분된다.

❹ **특징**

㉠ 사회적 희소가치의 불평등한 상태를 상 중 하로 범주화하여 이해한다.

㉡ 높고 낮은 계층들을 하나의 연속선상 배열하여 순서를 매기고 있다. 즉, 서열적, 연속적으로 순서를 매긴다.

㉢ 계층 간 관계가 대립적이지 않다.

㉣ 사회적 이동은 자유로운 편이다.

㉤ 동일 계층 간의 유대감이나 타 계층에 대한 적대감은 약하다.

㉥ 지위 불일치 현상이 나타나기도 한다.

❺ **의의** : 다원화된 사회의 불평등 설명에 유용하다.

(2) 계급

❶ **의미** : 생산수단의 소유 여부에 따라 서열화 된 위치를 구분하는 개념을 계급이라고 한다.

❷ **이론** : 칼 마르크스의 계급 이론, 일원론(一元論)

❹ **기본 입장** : 자본주의 사회에서의 사회 계급은 생산 수단을 소유하고 있는 자본가 계급(부르주아)과 그렇지 못한 노동자 계급(프롤레타리아)으로 나뉘어 서로 대립한다.

❹ **특징**

　㉠ 계급 간의 갈등과 대립이 불가피함을 전제로 하고 있다.

　㉡ 자본가와 노동자 계급으로 이분법적 불연속적으로 구분한다.

　㉢ 두 계급은 서로 단절적이고 지배와 피지배 관계에 있다.

　㉣ 계급의식을 강조하여 같은 계급에 대해서는 소속감, 다른 계급에 대해서는 적대감을 가진다.

　㉤ 사회적 이동은 극히 제한적으로 나타난다.

　㉥ 계급 간의 경제적 차이가 정치적, 사회 문화적 차이를 결정한다고 본다.

❺ **의의**

　㉠ 자본주의 사회의 불평등 설명에 유용하다.

　㉡ 노동 운동 및 사회 변혁 운동의 이론적 토대가 된다.

　㉢ 다양한 사회 계층 형성의 설명에 한계가 있다.

📂 **계층과 계급의 차이**

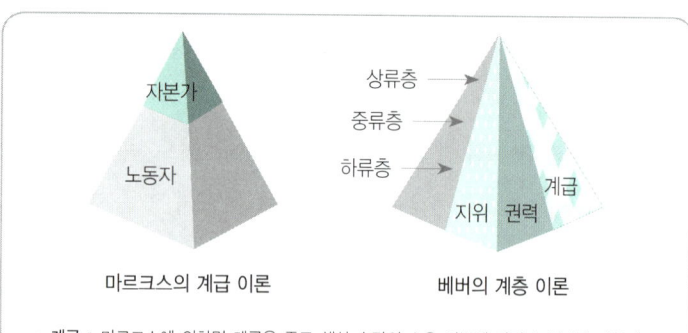

마르크스의 계급 이론　　베버의 계층 이론

- **계급** : 마르크스에 의하면 계급은 주로 생산 수단의 소유 여부에 따라 노동자와 자본가로 구분되며, 두 집단은 갈등적 관계를 유지한다. 즉, 계급은 2단계로 구분된다.
- **계층** : 베버는 우리 사회는 계층화는 계급이라는 한 가지 기준으로 결정되는 것이 아니라 계급ㆍ지위ㆍ권력의 3가지 요소가 복합적으로 작용하여 상, 중, 하로 구분된다고 보았다.

4 　사회 불평등 현상을 보는 관점

(1) 기능론적 관점

❶ **계층의 발생원인**

　㉠ 계층화는 어느 사회에나 존재하는 보편적 현상이다.

　㉡ 사회의 유지와 발전을 위해 필수 불가결한 현상이다.

ⓒ 이는 사회적 희소가치가 개인의 노력과 능력에 의해 차별적 분배되기 때문이다.

② 사회적 희소가치 배분의 기준과 수단

ⓐ 사회적 희소가치는 사회 구성원의 합의된 기준에 따라 차등 배분된다.

ⓑ 더 어렵고 중요한 일을 하는 사람이 더 많은 분배를 받는다.

ⓒ 개인의 자질과 능력, 노력에 따라 차등적으로 배분하는 것은 사회적 합의의 결과이다.

ⓓ 사회 내에서 개인의 공과 및 그에 대한 보상은 공정하게 이루어진다.

③ 계층화 현상의 기능

ⓐ 개인에게 성취동기를 부여함으로써 사회 발전에 기여할 수 있다.

ⓑ 인재를 적재적소에 배치한다.

ⓒ 개인과 사회가 최선의 기능을 하도록 하는 장치이다.

④ 한계점

ⓐ 가정 배경이나 출신 지역 등이 계층화에 미치는 현실적인 영향력을 간과하고 있다.

ⓑ 현실적으로 개인의 노력과 능력과 관계없이 희소가치가 배분되고 계층화가 이루어지고 있으나, 기능론적 관점은 그러한 현실을 설명하지 못하고 있다.

ⓒ 현실적으로 하층에 있는 사람들의 희생을 간과한다.

(2) 갈등론적 관점

① 계층의 발생원인

ⓐ 계층화는 필수불가결한 현상이 아니고, 보편적인 현상도 아니다.

ⓑ 계층은 집단 간 갈등의 결과물이다.

ⓒ 사회적 희소가치를 많이 가진 지배 집단이 기득권을 계속 유지하려 함에 따라 계층이 발생하였다.

ⓓ 계급 간 대립과 갈등으로 사회 발전에 장애가 되며, 사회 존속을 위협한다.

② 사회적 희소가치 배분의 기준과 수단

ⓐ 지배 집단에 유리한 기준에 의해서 가정 배경, 권력, 경제력의 영향을 받아 희소 가치가 배분된다.

ⓑ 개인의 노력이나 능력에 따라 공정히 배분되는 것이 아니라, 피지배 계층은 지배층에게 자신의 몫을 착취당하고 있다.

❸ **계층화 현상의 기능**

　㉠ 개인과 사회가 최선의 기능을 하는데 장애 요소이다.

　㉡ 계층화는 상대적 박탈감과 집단 간 갈등을 유발하여 사회 발전을 저해한다.

　㉢ 하위 계층이 상위 계층으로 진입할 수 있는 기회를 제한하여 지배 집단의 기
　　 득권을 유지시킨다.

　㉣ 사회 갈등을 유발하고 궁극적으로 사회 변동의 원인이 된다.

❹ **한계점**

　㉠ 개인의 능력이나 노력이 사회적 보상이나 지위 변동에 미치는 영향을 무시
　　 하고 있다.

　㉡ 현실적으로 개인의 능력과 노력이 완전히 배제되고 있지는 않다.

　㉢ 여전히 개천에서 용 나는 경우도 나타나고 있다.

(3) 사회 계층화 현상을 이해하는 바람직한 시각

❶ 기능론은 개인의 인적 자본 형성과 그에 따라 차등적으로 보상이 이루어지는
　 과정을 말한다.

❷ 갈등론은 사회적 불평등이 발생하는 사회 구조적 조건을 집중적으로 조명하고,
　 갈등의 제도화를 대안으로 제시한다.

❸ 기능론적 관점과 갈등론적 관점의 양자를 절충하여 이해하는 태도가 필요하다.

02 사회이동

1 　사회 이동

(1) 의미

　한 개인이나 집단이 어떤 사회적 지위에서 다른 사회적 위치로 옮겨가는 것을 사
회 이동 이라한다.

(2) 사회 이동의 의의

　사회 이동 가능성은 한 사회 계층 구조의 개방성, 건전성을 판단하는 기준이다.

(3) 사회 이동의 원인

사회적 지위를 향상시키려는 개인적 열망과 사회적 노력이 사회 이동의 원인이다.

❶ 개인적 요인 : 개인의 지적 능력, 학업 성적, 사교성, 지도력, 친절성

❷ 가정적 요인 : 부모의 학력과 사회 경제적 지위

❸ 사회적 요인 : 산업화 정도, 교육의 기회, 정치적 안정성

(4) 사회 이동의 경향

신라의 골품 제도와 같이 과거 전통 사회에서는 사회 이동에 대한 제한이 강했으나, 오늘 날에는 사회 계층 구조의 개방화로 인해 사회적 지위 변화 가능성이 증대되었다.

2 사회이동의 분류

(1) 이동의 방향에 따른 분류

❶ 수평 이동 : 동일한 계층 내에서의 위치 변화를 의미한다.

　예 노비의 자식이 다시 노비가 되는 것은 동일 계층 내에서의 이동임

❷ 수직 이동

　㉠ 계층적 위치가 높아지거나 낮아지는 이동을 의미한다.

　㉡ 수직 이동에는 계층 위치가 높아지는 상승 이동과, 낮아지는 하강 이동이 있다.

　　예 노비의 자식이 사법고시에 합격하여 판사가 될 경우

(2) 이동의 범위 및 기간에 따른 분류

❶ 세대 내 이동 : 한 개인의 생애에 걸쳐 일어나는 지위의 변화를 의미한다.

　예 노비로 태어났으나 열심히 공부하여 행정고시에 합격할 경우 한 세대 내에서 상승 이동을 한 것임

❷ 세대 간 이동 : 두 세대 이상에 걸쳐서 일어나는 지위의 변화를 의미한다.

　예 아버지는 노비이나 자녀는 열심히 공부하여 교수가 될 경우 아버지의 지위와 자녀의 사회적 지위가 다르기에 세대 간 이동에 해당함

(3) 이동의 원인 및 주체에 따른 분류

❶ **구조적 이동** : 전쟁, 혁명, 산업화 등에 의한 사회 계층 구조의 변화에 따라 나타나는 지위의 변화를 의미한다.

　　예 프랑스 혁명 이후 시민들의 사회적 지위는 상승하였으며, 이는 사회 구조의 변화가 원인이기에 구조적 이동이다.

❷ **개인적 이동** : 기존 계층 구조 내에서 사회 구성원 각자의 능력이나 노력 등 개인적 요인으로 인한 지위의 변화를 개인적 이동이라 한다.

　　예 노비의 자식으로 태어났으나 주경야독하여 행정고시에 합격한 경우는 개인의 노력에 의한 상승이동 이기에 개인적 이동이다.

(4) 사회 이동 간의 관계

❶ 하나의 사회 이동 사례가 한 가지 사회 이동만을 의미하는 것은 아니다.

　　예 갑이 개인적 이동을 했다면 그것은 수평 이동 아니면 수직 이동에 해당할 수 있고, 세대 내 이동이거나 세대 간 이동에 해당할 수도 있다.

❶ 세대 내 이동과 세대 간 이동은 밀접하게 관련되어 있다.

　　㉠ 부모의 계층을 세습한 사람이 세대 내 이동을 했다면, 그 사회 이동은 곧 세대 간 이동이 될 수 있다.

　　㉡ 세대 간 이동은 수직 이동, 즉 세대 간 상승이동 또는 세대 간 하강이동을 의미한다.

❸ 구조적 이동은 계층 구조의 변화를 수반하는 이동으로서 수평 이동과는 무관하다. 구조적 이동으로 인해 개개인에게서 수직 이동, 세대 내 이동과 세대 간 이동이 나타날 수 있으나 그 이동의 원인이 개인에게 있지 않으므로 이를 개인적 이동으로 봐서는 안 된다.

3 　사회 이동의 양상

❶ 과거 신분 사회에서는 개인적 이동이나 수직 이동, 세대 내 이동, 세대 간 이동 등이 적게 일어났다.

❷ 현대 개방 사회에서는 개인적 이동, 수직 이동, 세대 내 이동, 세대 간 이동 등이 증가 하였다.

03 사회계층구조

1 사회이동 가능성에 따른 계층구조

(1) 폐쇄적 계층 구조

❶ 세대 간 이동이나 세대 내 이동에 있어 수직 이동은 엄격히 제한되나, 수평 이동은 통제하지 않는 계층 구조이다.

❷ 성취 지위보다 귀속 지위가 중시되며, 봉건적 신분제 사회의 계층 구조이다.

(2) 개방적 계층 구조

❶ 세대 간 이동이나 세대 내 이동에 이어서 수직 이동과 수평 이동이 모두 가능한 계층 이다.

❷ 계층 간 이동과 혼인, 교류가 모두 자유롭다.

❸ 귀속 지위보다 성취 지위가 중시된다.

❹ 고도 산업 사회나 복지 사회에서 나타나는 계층 구조이다.

📂 폐쇄적 계층 구조와 개방적 계층 구조

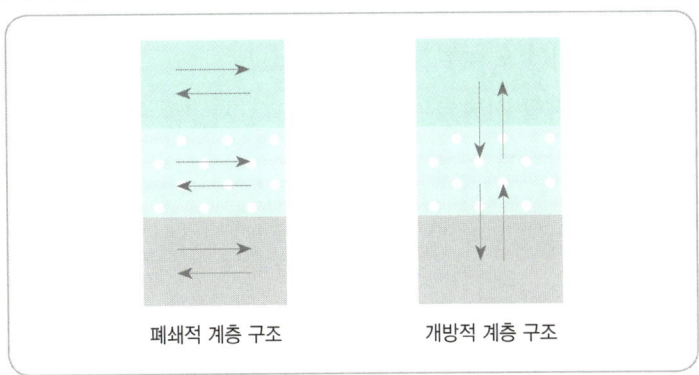

폐쇄적 계층 구조   개방적 계층 구조

2 계층 구성원의 비율에 따른 계층 구조

(1) 피라미드형 계층 구조

❶ 하층의 구성 비율이 가장 높고, 상위 계층으로 올라갈수록 비율이 낮아지는 계층 구조 이다.

❷ 봉건적 신분제 사회에서 나타난다.

❸ 상대적으로 사회 불만을 가진 하층이 다수를 차지하고 있다.

❹ 사회 불만 세력이 다수를 차지하고 있어 사회 구조의 변화를 추구하는 시도가 나타날 가능성이 높다.

(2) 다이아몬드형 계층 구조

❶ 중층의 구성 비율이 상대적으로 가장 높고, 하층과 상층의 구성 비율이 낮은 계층 구조이다.

❷ 고도 산업 사회나 복지 사회에서 나타나는 계층 구조이다.

❸ 일정 수준 이상의 사회적 가치를 소유하고 있는 중층의 비중이 높은 구조로, 가장 안정 적인 사회 구조이다.

❹ 현 상태로부터의 변화보다 현 상태의 유지를 지향하는 중층에 의해 급진적이거나 구조적인 사회 변동이 통제되어 사회 안정이 실현되는데 유리한다.

(3) 모래시계형 계층 구조

❶ 중층의 몰락으로 소수의 상층과 다수의 하층이 존재하고, 중층의 구성 비율이 가장 낮은 계층 구조이다.

❷ 성장과 경쟁만을 지나치게 강조하는 사회에서 나타날 수 있는 양극화된 계층 구조이다.

❶ 사회적 가치의 소수 독점 현상이 나타난다.

❹ 중층에서 몰락한 사람들의 상대적 박탈감과 하층의 불만이 표출되어 극심한 사회 혼란이 나타날 수 있는 구조이다.

(4) 타원형 계층 구조

❶ 상층과 하층의 비율이 감소하고 중층이 상당히 두터운 구조이다.

❷ 산업화와 정보화가 진행되고 사회 복지 정책이 확대된 사회에 나타난다.

📁 대표적인 계층 구조 유형

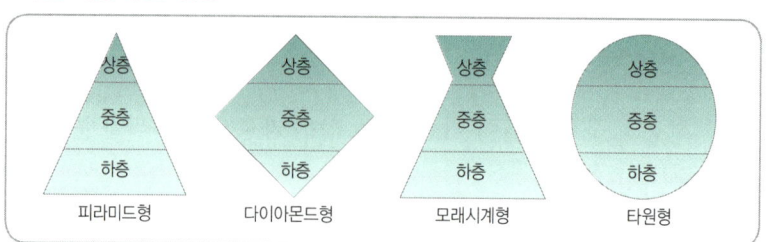

피라미드형 / 다이아몬드형 / 모래시계형 / 타원형

3 계층화의 정도에 따른 계층 구조

(1) 완전 계층형

❶ 모든 사회 구성원이 완전히 서열화 된 계층 구조이다.

❷ 사회 구성원 각 개인이 하나의 계층을 이루고 있다.

❸ 현실에서는 존재하지 않는 계층 구조이다.

(2) 부분 계층형

❶ 사회 구성원 다수가 불평등한 상태에 있는 계층 구조이다.

❷ 상층, 중층, 하층으로 범주화되면서 하층으로 갈수록 구성 비율이 높다.

❸ 일반적으로 피라미드형 계층 구조를 의미한다.

(3) 부분 평등형

❶ 사회 구성원 다수가 평등한 상태에 있는 계층 구조이다.

❷ 중층의 구성 비율이 가장 높은 다이아몬드형 계층 구조를 의미한다.

(4) 완전 평등형

❶ 모든 사회 구성원이 완전히 평등한 계층 구조이다.

❷ 공산주의가 지향하는 계층 구조로, 비현실적이다.

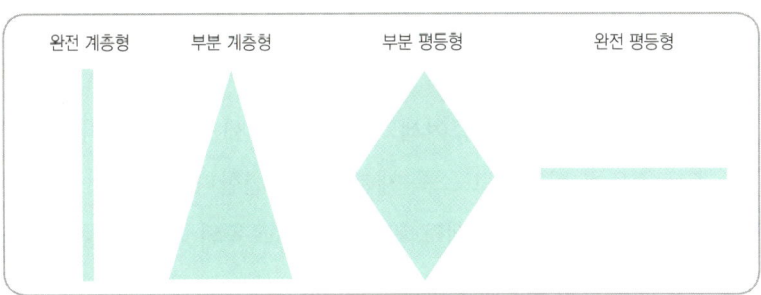

완전 계층형　　부분 계층형　　부분 평등형　　완전 평등형

4 바람직한 계층 구조와 불평등의 해결

(1) 우리나라의 계층 구조

❶ 전체적으로는 개방적인 구조를 보이지만, 부분적으로는 세대 간 이동에서 부모의 지위가 자녀의 지위를 결정한다.

❷ 산업화에 따라 사회가 분화되고 전문직이 증가하면서 피라미드형 계층 구조에서 다이아몬드형 계층 구조로 바뀌어가고 있다.

❸ 정보화, 산업화, 복지 정책의 확대로 타원형 계층 구조가 발달하고 있고, 복지 정책아 미흡할 경우 양극화 형태가 나타나기도 한다.

(2) 불평등 현상의 해결 방법

❶ **개인적 방법**

ㄱ 평등한 사회를 실현하려는 시민들의 의지가 필요하다.

ㄴ 평등 의식, 공존의 가치관 배양, 사회적 약자를 배려하는 정신을 고취시켜야 한다.

❷ **사회적 방법**

ㄱ 수직 이동의 가능성을 확대하고, 성취 지위를 중시하며, 계층 세습을 최소화하여 개방적 계층 구조를 실현한다.

ㄴ 복지, 일자리 창출 등을 통해 다이아몬드형 계층 구조를 확립한다.

ㄷ 사회 보장 제도 등 복지 정책을 시행하여, 사회적 약자의 생존권을 보호하고 소득 재분배를 실현한다.

ㄹ 여성, 노약자, 장애인 등 사회적 약자를 우선적으로 배려하는 법과 정책을 마련한다.

ㅁ 누진세 제도, 상속세 증여세의 강화, 직접세 중심의 조세 제도를 마련하여, 조세 정의를 실현하고, 소득 재분배를 실현한다.

ㅂ 공교육 및 의무 교육 제도를 강화하여 교육의 기회 균등을 실현하고, 사회 이동의 가능성을 확대한다.

피라미드형 및 다이아몬드형 계층 구조의 차이, 폐쇄적 및 개방적 계층 구조의 차이는 각각 무엇일까?

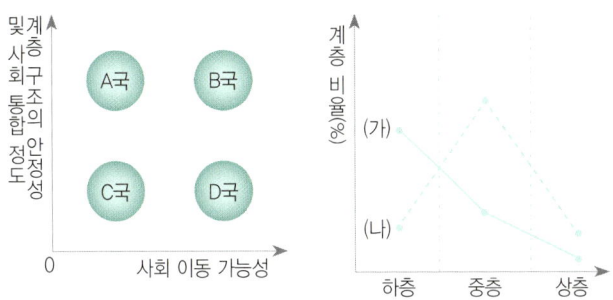

자료해설 : 왼쪽 그림은 사회 이동 가능성과 계층 구조의 안정성 및 사회 통합 정도를 기준으로 A국~D국을 분류한 것이다. 중층의 비율이 높을수록 계층 구조는 안정적이며 사회 통합 정도가 높기 때문에, A국과 B국에서는 중층의 비율이 높은 계층 구조(예 다이아몬드형 계층 구조), C국과 D국에서는 중층의 비율이 낮은 계층 구조(예 피라미드형 계층 구조)가 나타날 것이다. 그리고 A국과 C국에 비해 B국과 D국에서는 사회 이동 가능성이 높기 때문에, 폐쇄적 계층 구조보다는 개방적 계층 구조가 나타날 것이다.

오른쪽 그림에서 (가)는 하층의 비율이 가장 높고, 상층으로 올라갈 수록 비율이 낮아지므로 피라미드형 계층 구조이며, (나)는 중층의 비율이 하층과 상층의 비율을 합한 것 이상이므로 다이아몬드형 계층 구조이다.

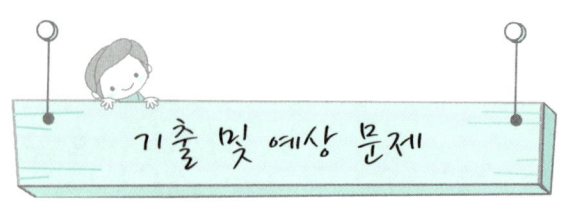

01 사회 이동 유형인 (가), (나), (다)에 대한 설명으로 옳지 않은 것은?

(가) 세대 간 이동 (나) 세대 내 이동 (다) 구조적 이동

① 부모의 자녀의 계층 비교를 통해 (가)를 파악할 수 있다.

② 계층을 세습한 사람이 (나)를 경험할 경우, 그의 사회 이동은 (가)에도 해당된다.

③ 폐쇄적 계층 구조를 갖는 사회에서는 원칙적으로 (나)는 허용되지만 (가)는 허용되지 않는다.

④ 신분 제도의 폐지는 (가), (나), (다)를 모두 초래할 수 있다.

해설 세대 간 이동은 부모와 자식 간의 계층이 달라지는 것을 말하며, 세대 내 이동은 한 개인이 일생 동안 이루는 계층 이동을 말한다. 구조적 이동은 전쟁이나 급격한 사회 변화로 사회 구조의 변동에 따라 계층이 이동되는 것을 말한다. ③ 폐쇄적 계층 구조를 갖는 사회에서는 부모의 신분이 자식에게 세습되고, 한 개인의 계층 또한 고정적이다. 폐쇄적인 사회 구조에서는 사회 이동이 일어나지 않는다.

정답 ③

02 사회 이동에 대한 설명으로 옳은 것을 모두 고르면?

ㄱ. 비슷한 수준의 양가에서 맺는 혼인은 수직적 이동이다.
ㄴ. 구조적 이동과 개인적 이동은 이동 원인에 따른 구분이다.
ㄷ. 세대 내 이동은 부모, 자녀 간에 나타나는 계층적 지위 변화를 말한다.
ㄹ. 사회 이동은 사회적 계층 구조 내에서 개인과 집단의 위치가 변화하는 현상이다.

① ㄱ, ㄴ ② ㄱ, ㄷ ③ ㄴ, ㄷ ④ ㄴ, ㄹ

해설 사회 이동은 3가지 기준에 따라 수평 이동 과 수직 이동, 세대 내 이동과 세대 간 이 동, 구조적 이동과 개인적 이 동으로 구분할 수 있다. ㄱ. 비슷한 수준의 가문의 혼인은 수평 이동에 해당한다. 부모와 자녀 간에 나타나는 계층 적 지위 변화는 세대 간 이동이다. 이동 원인에 따라 사화 이동은 구조적 이동과 개인적 이동으로 구분할 수 있다. 사회 이동의 정의로 잘 기억해 둘 필요가 있다.

정답 ④

03 사회 불평등 구조를 해결하는 방안으로 옳지 않은 것은?

① 개방적 계층 구조의 실현 ② 피라미드형 계층 구조의 실현
③ 국민 의식과 태도의 변화 ④ 교육 기회의 확대

해설 사회 불평등 구조가 확대될 경우 사회 불안 정을 초래할 수 있기 때문에 불평등 해결을 위해서 노력해야 한다. 교육기회의 확대, 국민의 의식 변화, 개방적 계층 구조의 실현은 모두 불평등한 사회 구조를 개선하기 위한 해결 방안이 될 수 있다. 그러나 피라미드형 계층 구조가 실현될 경우 사회 불평 등이 더욱 고착화될 수 있으며, 피라미드형 계층 자체가 사회 불평등을 의미한다.

정답 ②

04 다음 대화에서 을의 관점에 부합하는 진술로 옳은 것은?

> 갑 : ○○이 고속 승진을 했다면서.
> 을 : 역시 사장 아들이라 다르군. 남들은 10년에 할 승진을 1년에 하다니.

① 계층화는 어느 사회에나 존재하는 현상이다.
② 사회 불평등은 각 개인의 능력을 극대화시킨다.
③ 사회 불평등은 구성원의 합의를 바탕으로 한다.
④ 사회 불평등은 기득권 집단의 이익을 위한 구조이다.

해설 을은 ○○이의 승진에 대하여 부모의 사회·경제적 지위가 세습된 것으로 보고 있다. 즉 개인의 노력이나 능력보다 사회 경제적 배경이 중요하다고 보고 있으며, 이는 갈등론적 관점에 해당한다. ①, ②, ③ 기능론의 관점에 부합하는 진술이다.

정답 ③

05 다음 글에서 파악할 수 있는 내용으로 옳은 것은?

> 대기업에서 명예 퇴직한 사람들의 3년 후 상황을 조사한 결과 재취업에 성공한 사람 중 90% 이상이 전보다 훨씬 낮은 임금과 대우를 받고 있었다.

① 세대 내 계층 이동이 이루어지고 있다.
② 수직 이동보다 수평 이동이 활발히 이루어지고 있다.
③ 개인의 지위가 귀속적으로 결정되는 경향이 커지고 있다.
④ 계층 구조의 유형이 폐쇄적이고 불안정한 형태로 변하고 있다.

해설 대기업 직원들이 퇴직 이후 임금과 대우가 낮아졌다면 이는 수직 이동, 하강 이동, 그리고 세대내 이동에 해당한다. 이와 같은 이동은 계층 구조가 개방적임을 보여 주고 있으며, 귀속 지위보다는 성취 지위의 영향이 커지고 있음을 알 수 있다.

정답 ①

06 다음 글에 나타나 있는 사회학적 개념으로 옳지 않은 것은?

> 인근 지역에서 유명한 부농의 아들이었던 A씨는 전쟁으로 부모님이 돌아가시고, 전 재 산마저 잃게 되었다. 그러나 가난한 삶의 처지를 비관하지 않고 공장에서 말단 직 원으로 열심히 일하며, 하나뿐인 딸 표의 교육에 매진하였다. 표는 열심히 공부한 결 과, 국내 최고 명문 대학에 수석으로 입학하였으며, 졸업 후 행정고시에 합격하여 고 위 공무원이 되었다.

① 수평 이동   ② 구조적이동
③ 개인적이동   ④ 세대간이동

해설 전쟁으로 인한 수직 이동은 구조적 이동에 해당한다. 딸의 수직 이동은 개인적 이동에 해당한다. ① 수평 이동은 동일 계층 내 에서의 이동을 말한다. A씨와 B는 모두 수직 이동을 경험하였다.

정답 ①

07 다음 글의 내용에 해당하는 사회 평등 개념에 부합하는 진술로 옳은 것은?

> 사회 불평등은 경제, 정치, 사회 요인들의 복합 작용으로 나타난다. 경제적으로는 생산 수단의 소유 여부만이 아니라 기술, 신용, 자격의 보유 여부도 사회 불평등의 주요 요인이 된다.

① 사회 계층 구조는 궁극적으로 양분화된다.

② 같은 계층 내의 유대감과 타 계층에 대한 적대감이 높다.

③ 공장이나 토지의 소유 여부가 사회 불평등 구조를 결정한다.

④ 개인이 가진 권력과 사회적 위신은 서로 불일치할 수 있다

해설 제시문의 '이것'은 계급을 의미한다. 생산 수단의 소유 여부로 구분되는 계급은 같은 계급을 가진 사람들 간에는 강한 소속감을 가지게 된다. 반면 계층은 상·중·하 3단계로 불평등 정도를 구분하며, 동일 계층 간에 유대감이나 타 계층에 대한 적대감이 약하다.

정답 ③

08 다음 글의 밑줄 친 '이것'에 대한 설명으로 옳지 않은 것은?

> 역사상 주요 시대는 기본적으로 각 시대를 지배하는 경제 조직의 체계 혹은 생산 양식에 의해 구분될 수 있다. 이러한 지배적인 생산 양식에 의해 의 구조가 결정되는데, 그 구체적 형태는 역사적 단계마다 다르다. 그리고 이것은 생산 조직에서 같은 기능을 수행하는 사람들의 집합체로 볼 수 있다.

① 생산 수단의 소유 여부에 따라 구분된다.

② 이분법적 개념으로 서열화된 위치를 구분한다.

③ 내부 구성원 간에 강한 귀속 의식을 가지고 있다.

④ 불평등한 상태를 상·중·하로 범주화하여 이해한다.

해설 제시문의 '이것'은 계급을 의미한다. 생산 수단의 소유 여부로 구분되는 계급은, 같은 계급을 가진 사람들 간에는 강한 소속감을 가지게 된다. 반면 계층은 상·중·하 3단계로 불평등 정도를 구분하며, 동일 계층 간에 유대감이나 타 계층에 대한 적대감이 약하다.

정답 ③

09 다음 (가), (나)에 대한 설명으로 옳은 것은?

> (가)는 역사적으로 생산 수단의 소유 여부에 의해 결정되며 지배와 피지배 관계가 형성된다. 반면, (나)는 부와 더불어 위신, 권력의 요인들에 의해 중첩적으로 형성된다.

① (가)는 다양한 가치에 의한 분배 상태를 표현한다.

② (나)는 사회 불평등 구조가 궁극적으로 양극화 된다고 본다.

③ (나)는 불평등 구조 내에서의 위계의 구분 기준이 유동적이다.

④ (나)는 (가)보다 구성원의 집단 소속감이 강하다고 본다.

해설 (가)는 생산 수단의 소유 여부에 따라 계층 구조를 구분하는 계급 이론이고, (나)는 다양한 기준으로 개인의 위치를 구분하는 계층 이론이다. ① 계급은 한 가지 기준에 따라 계층을 구분하는 개념이다. ② 사회 불평등 구조가 양극화되었다고 보는 것은 계급과 관련 있다. ③ 계층은 위계 구분 기준이 한 가지가 아니라 다양하다고 보는 관점이다. 계급은 계층에 비하여 동일 집단에 대한 소속감이 강하다.

정답 ③

10 다음 개념에 대한 설명으로 옳지 않은 것은?

> 특정 시기별로 주요한 생산 수단의 소유 여부에 따라 결정되며, 이를 바탕으로 지배
> 와 피지배의 사회적 관계가 형성된다.

① 다른 집단과의 갈등 가능성이 크다.

② 지위 불일치 현상이 나타날 수 있다.

③ 동일한 집단 사이의 소속감이 강하다.

④ 사회학자 마르크스에 의해 개념이 정립되었다.

해 설 제시문은 계급에 대해 설명하고 있다. 계급 은 생산 수단의 소유 여부에 따라 구분되며, 계층과 달리 동일한 계급
간의 소속감 이 강하다. ②지위 불일치 현상은 명예, 권력, 부와 같이 구분 요소가 다양한 계층에서 나타날 수 있다.

정 답 ②

11 사회 불평등 현상을 바라보는 관점과 관련하여 갑의 관점에 부합하지 않은 진술은?

> 갑 : 고액 연봉을 받는 사람들은 그만큼의 능력이 있기 때문일거야.
> 을 : 과연 그럴까? 그보다는 그 사람의 사회 경제적 배경 때문이 아닐까?

① 차등적인 보상은 사회적 순기능을 제공한다.

② 사회 불평등은 집단 간 이해관계가 반영된 결과이다.

③ 지위와 역할은 사회 전체의 요구 충족을 위한 것이다.

④ 필요한 인재를 적재적소에 배치하기 위해 임금의 차이가 필요하다.

해 설 갑은 기능론의 입장에서 사회 불평등을 바라보고 있다. ② 집단 간 이해관계, 즉 지배계급의 입장에서 사회 불평등
이 이루어진다는 입장은 갈등론적 관점과 관련 있다.

정 답 ②

12 제시문의 관점에 부합하는 진술로 옳은 것은?

> 상위권 대학에 진학하기란 하늘의 별따기와 같다. 대학에 진학해도 수천만 원의 등
> 록금 때문에 등록금 마련이 어려운 하위 계층의 자녀들은 아르바이트 등으로 공부에
> 전념하기 어렵다. 이와 같은 상황에서 상위 계층의 자녀들과 하위 계층의 자녀들의
> 차이는 커지고 있다.

① 사회적 희소가치는 지배 집단에 의해 배분된다.

② 사회적 불평등은 보편적이며 불가피한 현상이다.

③ 가난한 사람은 능력이나 노력이 부족하기 때문이다.

④ 사회적 불평등은 사회의 유지와 통합에 기여할 수 있다.

해 설 제시문은 교육 제도를 갈등론적 시각에서 바라보고 있다. 갈등론에서는 개인의 능력과 노력보다는 부모의 경제력
과 같은 지배 집단의 기준에 의해 사회적 희소가치가 배분된다고 생각한다. 반면 기능론에서는 불평등은 필요하
며, 가난과 같은 불평등은 개인의 노력 부족이라 본다. 그리고 불평등이 존재하기 때문에 사람들은 더욱 열심히 일
하고 사회의 발전과 유지가 가능하다고 생각한다.

정 답 ①

13 다음 (가)~(라)의 진술을 기능론과 갈등론으로 바르게 연결한 것은?

> (가) 특정 집단의 빈곤 원인이 사회 구조에 있다.
> (나) 불평등 현상이 사회적 대립 관계를 나타낸다.
> (다) 직업별 중요도에 따라 차별적 보상은 정당하다.
> (라) 불평등 정도를 연속적으로 서열화하는 것에 동의한다.

	기능론	갈등론
①	(가), (나)	(다), (라)
②	(가), (다)	(나), (라)
③	(나), (다)	(가), (라)
④	(다), (라)	(가), (나)

해설 ▶ 불평등 현상의 원인을 갈등론은 사회 구조에, 기능론에서는 개인에 있다고 본다. 기능론 에서는 불평등 현상의 긍정적 측면을 중시하는 반면, 갈등론에서는 불평등 현상의 부정적 측면을 중시한다.

정답 ③

14 다음 글의 빈칸에 들어갈 말로 적절하지 않은 것은?

> 사회 계층화 현상은 사회적 희소 자원이 구성원들의 자질과 노력에 따라 다르게 분배 됨으로써 나타나는 당연한 결과이다. 따라서 한 사회 구성원의 소득 수준은 (   ) 에 비례할 것이다.

① 능력　　　② 노력　　　③ 가정배경　　　④ 사회기여도

해설 ▶ 제시문은 기능론적 관점에 해당한다. 기능론에서는 소득 불평등이 개인의 능력과 노력, 사회에 대한 기여의 정도 에 따른 것으로 본다. 반면 갈등론에서는 소득 불평등이 가정 배경과 같은 사회 구조적 요인에 의하여 결정된다고 본다.

정답 ③

15 사회 계층을 바라보는 관점과 관련하여 다음 글에 부합하는 진술은?

> 성공한 20대 청년의 기사를 보았다. 이 청년은 유복하게 태어나 부모님의 경제적인 뒷받침이 있었기에 국내 명문대를 졸업하고 미국으로 유학을 갈 수 있었다. 지금은 벤처사업가로 성공하여 수백억대의 자산가가 된 이 청년의 모습이 과연 우리시대를 대표할 수 있을까?

① 사회 계층 현상은 보편적인 현상이다.

② 희소가치는 사회적 합의를 바탕으로 배분된다.

③ 사회 계층 제도는 사회 통합에 긍정적 영향을 준다.

④ 희소가치의 배분 과정에서 특정 집단의 영향이 작용한다.

해설 ▶ 제시문은 사회 계층 현상을 갈등론적 관점에서 바라보고 있다. 개인의 노력과 능력보다는 부모의 경제력을 중시하 고 있다는 관점에서 갈등론적이라 할 수 있다. ① 기능론에서는 사회 계층 현상을 보편적인 현상으로 인식한다. ② 기능론적 관점에서는 희소가치가 사회적 합의를 바탕으로 배분된다고 본다.

정답 ④

16 다음 글의 사회 계층화를 바라보는 관점에 부합하는 진술은?

> 우리가 영주라고 부르는 패거리들은 무슨 이유로 우리의 지배자가 되었을까? 그들은 왜 우리를 농노로 붙들어 두는 것인가? 그들은 포도주와 부드러운 빵을 먹고 있는데, 우리에게는 딱딱한 빵과 물 뿐이다.

① 계층화는 불가피한 현상이다.

② 계층화는 사회 구성원 모두가 합의한 결과이다.

③ 계층화는 능력의 차이에 따른 차등적 보상의 결과이다.

④ 계층화는 개인의 기능이 최대한 발휘되는 것을 저해한다.

해 설 제시문은 자신이 처한 현실을 부정적으로 바라보고 있다. 즉 갈등론적 관점에서 영주와 농노의 현실을 바라보고 있다. 갈등론에서는 계층화를 보편적 현상이 아니라고 보며, 계층화는 개인의 능력이나 노력이 아니 라 사회 구조의 결과라고 생각한다. 즉 계층화로 인하여 개인의 능력과 노력이 발휘 되지 못함을 강조한다.

정 답 ④

17 다음 글에 나타난 사회 이동으로 적절하지 않은 것은?

> 노비의 아들로 태어난 갑은 10세가 되던 해 신분제가 철폐되면서 노비의 신분에서 벗어나게 된다. 여전히 가난에서 벗어나지 못하였으나, 갑은 열심히 공부하여 대학에 진학하였고, 이후 기업에서는 사장의 지위까지 오르게 된다.

① 수평 이동   ② 수직 이동

③ 구조적 이동   ④ 세대 간 이동

해 설 신분제의 철폐는 개인의 노력이 아니라 사 회 제도의 변화에 따른 사회 이동으로 구조 적 이동에 해당한다. 또한 한 세대 내에서 노비에서 해방되었기 때문에 세대 내 이동 이 일어났다고 볼 수 있다. 아버지는 노비였으나, 아들 은 사장의 지위까지 올라간 것 은 세대 간 이동에 해당하며, 태어났을 때 의 신분과 이후의 지위가 다르기 때문에 이는 수직이동에 해당한다.

정 답 ①

18 표에 대한 분석 및 해석으로 옳은 것은?

구 분	상층	중층	하층
1970년	20%	30%	50%
2000년	10%	70%	20%

① 폐쇄적 계층 구조에 해당한다.

② 계층 지위의 세습이 약화되고 있다.

③ 피라미드형 계층 구조로 변하고 있다.

④ 사회 양극화 현상이 점점 심화되고 있다.

해 설 1970년대의 경우 하층의 비중이 크고 상층의 비중이 작은 피라마드형 계층 구조이나 2000년의 경우 중층의 비중이 가장 큰 다이아몬드형 계층 구조를 보이고 있다. 피라미드형 구조가 다이아몬드형 구조로 변하기 위해서는 수직 이동이 활발히 진행 되어야 하고(개방적 계층 구조), 귀속 지위 보다는 성취 지위가 중시되어야 한다. 그리고 이는 사회 양극화가 점점 약화됨을 의미 한다.

정 답 ②

19

표에 대한 분석 및 해석으로 옳은 것은?

구분	상층	중층	하층
1996년	20.1%	68.7%	11.2%
2000년	22.8%	61.1%	16.1%
2006년	25.3%	54.7%	20.0%

① 수평 이동이 이루어지고 있다.

② 사회적 안전성이 높아지고 있다.

③ 다이아몬드형 계층 구조가 강화되고 있다.

④ 양극화 현상을 우려하는 목소리가 커지고 있다.

해설 2006년으로 올수록 중층의 비중이 감소하는 반면, 상층과 하층의 비중이 증가하는 양극화 현상이 심화되고 있다. 이는 모래시계형 계층 구조와 관련 있으며, 사회적 안전성이 낮아지고 있음을 의미한다.

정답 ①

20

다음 글을 통해 알 수 있는 내용으로 옳지 않은 것은?

인도에서는 하위 계급을 우선 배려하는 할당 정책 시행으로 경제적으로 성공한 불가 측 천민이 속속 등장하면서 카스트 제도가 흔들리고 있다. 그리고 이런 정책으로 진학과 취업 이 막힌 귀족 계급들이 새로운 빈민층으로 전락하고 있다.

① 개방적 계층 구조로 변화하고 있다.

② 세대 간 이동과 세대 내 이동이 나타나고 있다.

③ 모래시계형 계층 구조의 모습으로 변하고 있다.

④ 상승과 하강의 수직 이동이 동시에 나타나고 있다.

해설 인도의 카스트 제도에서 기존의 귀족 계급 이 새로운 빈민층으로 전락하고 있다. 이러 한 상승과 하강 이동의 발생은 인도 사회가 개방적 계층 구조로 변화하였음을 보여 주 고 있다. ③ 제시문의 내용만으로 모래시계형 계층 구조로의 변화 여부는 알 수 없다.

정답 ③

21

표는 어느 사회의 계층 구성을 나타낸 것이다. 이에 대한 분석으로 옳지 않은 것은?

아들의 사회적 지위 \ 아버지의 사회적 지위	상	중	하
상	10명	0명	0명
중	0명	55명	80명
하	0명	5명	10명

① 상층에서는 귀속 지위가 중시되고 있다.

② 하층에서는 수평 이동이 활발히 나타나고 있다.

③ 아버지 세대보다 아들 세대의 사회 안정도가 더 높다.

④ 피라미드형에서 다이아몬드형으로 계층 구조가 변화였다.

해설 아버지 세대의 경우 하층의 비중이 높은 피라미드형 계층 구조를, 아들 세대의 경우 중층의 비중이 높은 다이아몬 드형 계층 구조를 보이고 있다. 피라미드형에 비하여 다이아몬드형이 더 안정적이다. 상층의 경우 지위의 이동이 없다. 즉 성취 지위보다는 귀속 지위가 더 중시되고 있는 것이다.

정답 ②

22 다음 사회에 대한 설명으로 옳은 것은?

> ※ 전제 1 : ㉠계층에 속한 사람의 수가 늘어날 때 사회가 안정되고 균형을 이룰 수 있다.
>
> ※ 전제 2 : 모든 계층 구조에서 계층의 서열은 ㉡이 ㉢보다 상위이다.
>
> ※ 현재 이 사회의 계층의 구성원 비율은 ㉡<㉠, ㉢<㉠, ㉡<㉢ 이다.

① 주로 산업화 시기에 나타난다.

② 피라미드형 계층 구조를 보이고 있다.

③ 계층 간 대립이 많고 사회 통합이 어렵다.

④ 수직 이동이 거의 이루어지지 않는 폐쇄적 구조이다.

해설 ㉠계층은 중류층에 해당한다. 이 사회는 중류층의 비율이 가장 크며, 상층보다 하층의 비율이 큰 다이아몬드형 구조에 해당한다. 다이아몬드형 구조는 계층 간 가장 안정적인 사회 구조로, 활발한 수직 이동이 나타나는 구조이다.

정답 ①

23 표는 어느 나라의 계층별 인구 비율 변화를 나타낸 것이다. 이에 대한 분석으로 옳은 것은?

구분	1970년	2010년
상층	14%	22%
중층	35%	16%
하층	51%	62%

① 계층 간 양극화가 심화되었다.

② 상층 인구의 수가 증가하였다.

③ 계층 구조의 안전성이 높아졌다.

④ 계층 구조가 폐쇄적으로 변화되었다.

해설 2010년으로 오면서 중층의 비중은 감소 한 반면, 상층과 하층의 비중은 증가하였다. 즉 모래시계형 계층 구조로, 구조의 안전성은 낮아졌다. ②상층 인구의 수는 제시된 자료를 통해 확인할 수 없다. ④수직 이동이 활발히 나타났으므로 계층 구조는 개방적이라 할 수 있다.

정답 ①

24 표는 어느 국가의 계층 간 상대적 비율 변화를 나타낸 것이다. 이에 대한 설명으로 옳은 것은?

구분	1970년	2000년
중층/하층 비율	2	0.25
상층/중층 비율	0.25	2

① 피라미드형으로 계층 구조가 변하고 있다.

② 30년간 수직 이동이 거의 발생하지 않았다.

③ 1970년에 비하여 2000년의 계층 구조가 안정적이다.

④ 2000년은 극심한 사회 혼란이 나타날 수 있는 상황이다.

해설 1970년의 경우 중층의 비율이 높았으나, 2000년의 경우 중층의 비율이 낮은 모래시계형 계층 구조로 변하였다. 이는 30년간 수직 이동이 활발히 발생하였음을 의미 한다. 모래시계형 계층 구조의 경우 하층의 불만이 표출되어 극심한 혼란이 나타날 수 있다.

정답 ④

제2절 사회 불평등 문제와 해결 방안

 01 빈곤문제

1 빈곤의 의미

(1) 빈곤

인간이 기본적 욕구와 관련된 물질의 결핍이 만성적으로 지속되는 경제적 현상을 빈곤이라 한다.

(2) 문제점

❶ 빈곤은 개인의 건강과 체력을 손상시키고, 심리적 위축과 정신적 황폐 및 사회적 소외를 가져올 수 있다.

❷ 사회적으로는 사회적 불안 요인으로 작용되며, 사회 해체를 유발할 수 있는 사회 문제 이다.

2 빈곤의 종류

(1) 절대적 빈곤

❶ 최저 생활을 유지하는 데 필요한 자원이나 생계비가 부족한 상황을 의미한다.

❷ 절대적 빈곤선에 미달하는 상태를 말한다.

❸ 기본적 의식주 생활이 불가능한 상태로, 주로 후진국에서 심각하게 나타난다.

❹ 일반적으로 국가의 경제 규모가 성장하여 복지 제도가 정착되면 사라진다.

❺ 우리나라의 절대적 빈곤 : 가구 소득이 최저 생계비에 미치지 못하는 상태

(2) 상대적 빈곤

❶ 가계가 소유한 경제적 능력이 사회의 다른 가계들에 비하여 상대적으로 낮은

상태를 의미한다.

❷ 기본적 의식주 생활이 가능하나, 다른 가계에 비하여 가난할 경우 상대적 빈곤을 느낄 수 있다.

❸ 선진국에서도 나타나며, 빈부 격차가 큰 사회에서 더 심각한 사회 문제로 나타난다.

❹ 빈부 격차로 인하여 사회적 갈등의 소지가 될 수 있다.

❺ 우리나라의 경우 절대적 빈곤보다 상대적 빈곤의 비율이 높으며, 사회 문제가 되는 것 도상대적 빈곤이 다.

❻ 우리나라의 상대적 빈곤 : 가구 소득이 중위 소득(총 가구를 소득 순으로 나열했을 때 한가운데 있는 가구의 소득)의 50% 미만인 상태

❼ **상대적 빈곤의 기준**

㉠ 상대적 빈곤은 대다수 4회 구성원보다 가난한 상태를 말하는 것으로, 어느 정도를 상대석 빈곤으로 볼 것인가는 나라마다 다르다.

㉡ 우리나라 통계청에서는 중위 소득의 50% 미만 소득의 가구를 상대적 빈곤층으로 보지만, 유럽연합(EU)의 경우는 60% 미만 소독가구를 상대적 빈곤층으로 본다.

3 빈곤 문제의 원인 및 해결 방안

(1) 기능론

❶ 기능론에서는 빈곤과 같은 사회 문제를 병리적 현상으로 인식한다.

❷ 개인의 나태, 능력 부족 등 사회 구성원이 제 기능을 못하기 때문에 빈곤 문제가 발생 한다고 인식한다.

❸ 복지 제도 등으로 사회가 제 기능을 할 경우 빈곤 문제의 해결이 가능하다고 본다.

(2) 갈등론

❶ 갈등론에서는 사회 문제의 발생 원인을 불평등한 사회 구조에서 찾는다.

❷ 빈곤 문제 또한 개개인의 노력에도 불구하고 사회 구조적 영향으로 인하여 빈곤이 발생할 수밖에 없다고 본다.

❸ 개개인이 노력하나 구조상 자본가가 노동자에게 저임금을 지급하고, 소수의 자본가에게 부가 집중되기 때문에 빈곤 문제의 발생은 불가피하다는 것이다.

(3) 기능론과 갈등론에 대한 비판

❶ 기능론은 빈곤을 야기하는 사회 구조적 요인을 간과한다는 점에서 비판을 받고 있다.

❷ 갈등론은 빈곤한 사람을 힘든 상황에 수동적으로 적응하는 존재로만 바라본다는 점에서 비판을 받고 있다.

(4) 해결 방안

❶ **개인적 측면**

㉠ 빈곤을 벗어나기 위한 개인의 의지와 노력이 필요하며, 빈곤에 대한 사회적 편견과 인식을 개선해야 한다.

㉡ 특히 개인의 의지와 노력은 기능론에서 중시하는 해결 방안이다.

❷ **사회적 측면**

㉠ 직접적 지원 : 저소득층을 대상으로 정부가 직접적으로 지원하는 방안이다. 정부 재정을 활용하여 빈곤층의 기초 생활비를 보조하고, 자녀 양육비를 보조할 수 있다. 최저 임금제 도입, 가구당 최저 생계비 이상의 소득 보장 등과 같은 정책을 만들어 지원할 수도 있다.

㉡ 간접적 지원 : 구조적 불평등을 제거하여 빈곤의 탈출이 가능하도록 지원하는 방안 이다. 일자리를 마련하여 고용의 질을 높이는 방안, 고용의 규모를 늘려 빈곤층이 쉽게 일자리를 찾을 수 있는 방안 등 제도적 개선은 기능론적 해결 방안이며 갈등론 에서는 사회 구조의 전반적 개선을 해결 방안으로 제시한다.

02 성 불평등 문제

1 성 불평등

(1) 의미

❶ 성에 기반을 두고 특정 성에 대해 편견을 가지거나 차별하는 것을 의미한다.

❷ 일반적으로 남성에 대한 불평등보다는 여성에 대한 불평등이 많으며, 성 불평등은 여 성에 대한 불평등을 의미한다.

(2) 실태

❶ 경제적 측면

- ㉠ 채용, 고용 형태, 급여, 승진, 퇴직에 이르는 전 과정에서 남성보다 불리한 처우를 받는 일이 발생하고 있다.
- ㉡ 실제 여성들의 경제 활동 참가율은 남성에 비하여 저조하며, 기업에서 여성의 임원 비율은 남성에 비하여 낮은 수준이고, 여성의 임금 수준은 남성에 비하여 낮다.
- ㉢ 여성이 차지하는 일자리의 질이 낮고, 유리벽 현상, 유리 천장 등 승진 과정에서 여 성 차별이 나타나 있다.

❷ 정치적 측면

- ㉠ 여성들의 선거권(참정권) 획득은 남성에 비하여 늦었으며, 국회의원 중 여성의 비율 은 남성에 비하여 낮다.
- ㉡ 미국의 경우 1920년, 영국은 1928년, 프랑스는 1946년이 되어서야 여성에게 남성과 동등한 참정권을 인정했다.

❸ 사회 문화적 측면

- ㉠ 가사 및 육아 부담이 여성에게 가중되고 있으며, 71부장제적 가치관이 지배하는 가 정에서는 여성들의 차별이 심하게 나타나고 있다.
- ㉡ 여성 비하적 언어, 왜곡된 여성상을 표현하는 미디어 등이 문제가 되고 있다.

📂 남성과 여성의 통계적 차이

구분	남성	여성
경제활동 참가율(2010년)	75.8%	54.5%
중등 이상 교육 이수 비율(2010년)	91.7%	79.4%
국회의원 구성 비율(2010년)	86.3%	13.7%
여성임금 수준(2006년)	100	6301

2️⃣ 발생원인 및 해결방안

(1) 발생 원인

❶ 가부장제와 남아 선호 사상
❷ 성 역할에 대한 왜곡된 사회화, 차별적 사회화

❸ 생물학적인 성 차이를 이유로 사회적 보상과 기회를 제한하는 각종 제도

(2) 기능론과 갈등론에서 본 성 불평등 문제

❶ 기능론

　㉠ 기능론에서는 성 불평등을 남녀 간의 역할 체계가 정립되지 못하여 발생하는 일시적 혼란상태로 본다.

　㉡ 산업 사회에서는 남편과 아내가 각각 사회와 가정에서 상호 보완적인 역할을 담당하는 것이 자연스럽고 바람직하다고 본다.

❷ 갈등론

　㉠ 남성 중심의 경제적 구조 및 사회적 구조(가부장제) 아래에서 여성에 대한 차별 및 불평등은 불가피하게 발생한다.

　㉡ 산업 생산과 사유 재산의 발전에 따라 여성의 지위가 점점 낮아지고 있다.

　㉢ 사회 전반에서 남성이 권력을 가지며 여성이 권력에 접근하는 것을 허용하지 않는 사회 체계 때문에 성 불평등 현상이 발생한다.

📁 성 불평등에 대한 기능론과 갈등론의 입장 차이

구분	내용
기능론	남편과 아내가 각각 사회와 가정에서 사호 보완적인 역할을 담당하는 것은 자연스럽고 바람직한 상황이다. 급변하는 사회에 알맞은 남녀 간의 역할 체계의 미정립으로 일시적으로 불균형이 발생한 것이 성 불평등이다.
갈등론	설 불평등 사회의 경제적 구조 또는 가부장제 체제 아래에서 여성에 대한 남성의 지배로 인하여 발생하고 있다. 남성이 사회 전반에서 권력을 가지고, 여성의 권력 접근을 허용하지 않기 때문에 성 불평등 현상은 지속되고 있다.

(3) 해결 방안

❶ 개인적 차원

　㉠ 성 역할에 대한 고정 관념과 편견을 타파해야 한다.

　㉡ 다른 성에 대한 존중의 마음을 가져야 한다.

❷ 사회적 · 제도적 차원

　㉠ 고용 차별 관행 철폐, 직장 내 불평등 관행 철폐, 여성의 권익 보장 등 사회

제도적 보완이 필요하다.

ⓛ 임신, 출산, 수유 기간 동안에 이를 이유로 불이익을 받지 않도록 여성의 권익을 보장해야 한다.

ⓒ 왜곡된 여성의 모습을 양산하고 있는 대중 매체의 성 차별적 내용의 개선, 대중 매체를 통한 성 평등 의식의 확산노력이 필요하다.

ⓔ 양성 평등 교육과 양성성 개발 교육이 이루어져야 한다.

❸ 사례

㉠ 우리나라는 여성가족부 신설, 여성의 임신·출산 관련 휴가 보장 등과 같이 제도적 해결 방안을 모색하고 있다.

ⓛ 최근 들어서는 교과서에서도 남성성과 여성성 같이 성의 역할을 고정화하는 내용들을 수정하고 있다. 예전 교과서의 경우 삽화에서 남자와 여자의 역할이 고정화되어 나타나는 경우가 많았다. 예를 들어 남자는 밖에서 일하는 모습으로, 여자는 집에서 가정 일을 하는 모습으로 그려지거나, 축구하는 삽화에는 남학생이 등장하고, 체조 히는 삽화에는 여학생이 등장하는 경우가 대부분이었다. 하지만 이와 같은 삽화들이 우리 사회가 생각하는 남성성과 여성성을 사회화하는 역할을 할 수 있기에, 최근 들어서는 교과서내의 삽화들이 양성 평등 지향적으로 수정되고 있다.

ⓒ 고용 차별 철폐를 위한 법률: 현재 우리나라에서는 남녀 고용 평등을 실현하고 근로자의 일과 가정을 함께 지원하기 위해 「남녀 고용 평등과 일·가정 양립 지원에 관한 법률」을 제정하여 시행하고 있다.

사회적 소수자의 경우 교과서에 처음 등장하는 개념이다. 사회적 소수자의 조건 4가지를 기억해 두고, 사회적 소수자를 바라보는 관점 또한 기능론과 갈등론으로 구분하여 알아두도록 한다.

 03 사회적 소수자 문제

1 사회적 소수자

(1) 의미

❶ 신체적 또는 문화적 특성 때문에 자기가 사는 사회의 다른 성원들로부터 구분되어 불평등한 대우를 받는 사람들로, 자기들이 집합적 차별의 대상임을 인식하는 사람들의 집단을 사회적 소수자라 한다.

❷ 사회적 소수자는 지배 집단에 대비되는 피지배 집단을 의미한다.

❸ 특정한 집단의 수가 소수라 하더라도, 그 집단이 사회적 권력 또는 영향력을 가지고 있을 경우, 그리고 불평등한 대우를 받지 않을 경우에는 사회적 소수자로 볼 수 없다.

> 예 과거 남아프리카공화국에서 백인들은 수적으로는 소수였으나, 사회적 권력을 가지고 있었기에 사회적 소수자는 아니었다.

(2) 사회적 소수자의 조건

❶ **구별 가능성** : 소수자 집단은 다른 집단과 신체 또는 문화적으로 구별되는 뚜렷한 차이가 있다.

❷ **권력의 열세** : 정치, 경제, 사회적 권력에서 열세에 있는 사람들이 소수자 집단으로 인식되어 진다.

❸ **사회적 차별** : 소수자 집단은 소수자 집단의 구성원이라는 이유만으로 사회적 차별의 대상이 된다.

❹ **집합적 정체성** : 어떤 사람이 본인이 차별받는 집단의 구성원이라는 인식을 가져야 사 회적 소수자가 될 수 있다.

(3) 우리 사회의 소수자 집단

❶ **사회적 소수자 집단의 증가** : 국적, 민족, 인종, 언어, 지역, 나이, 종교, 장애, 성, 문화, 가치관 등 다양한 기준에 의한 소수자 집단이 늘어나고 있다.

❷ 우리 사회의 소수자 집단 : 외국인 이주 노동자, 결혼 이민자, 중국 동포, 북한 이탈 주민, 양심적 병역 거부자, 특정종교 신자, 장애인, 노약자등

2 소수자 차별 문제의 발생 원인 및 개선 방안

(1) 발생 원인

❶ 기능론

㉠ 급격한 사회 변동에 따라 사회적 소수자를 인정하고 배려하는 사회 제도의 기능이 일시적 장애 상태에 빠진 것이다.

㉡ 소수자 차별은 사회 내 기능의 조정을 통해 질서와 안전성을 회복할 수 있는 것으로 바라본다.

㉢ 기능론은 실질적으로 존재하고 있는 사회적 소수자에 대한 사회 불평등을 인정하지 않는다는 비판을 받고 있다.

❷ 갈등론

㉠ 사회적 소수자에 대한 기득권층의 일방적 착취 구조가 원인이다.

㉡ 기득권층은 기득권층의 지배 구조를 공고히 하기 위하여 소수자 집단을 분열시키고 있으며. 소수자집단 사이의 사소한 갈등을 크게 부각시키기도 한다.

(2) 개선 방안

❶ 개인적 차원

㉠ 사람들의 의식과 태도의 개선을 통해서 문제를 해결하고자 한다.

㉡ 나와 다른 존재에 대한 존중과 관용의 자세를 함양해야 하고, 다양한 유형의 소수자를 인정하고 공존하는 문화를 만들어가야 한다.

❷ 사회적 차원

㉠ 제도적 차별이 있을 경우 제도를 수정해야 하며, 사회적 소수자에게 불리한 법규를 조정해야 한다.

㉡ 차별 시정을 강제할 수 있는 제도를 시행하여 차별 대우를 금지하고, 차별 해소를 위해 적극적 우대 조치가 필요하다.

㉢ 대중 매체를 통해 국민의 의식을 개선시키려고 노력해야 한다.

㉣ 장애인 의무 고용제는 소수자 우대 조치라 할 수 있으며, 지하철역 엘리베이터 설치 의 경우 장애인들의 이동권 보장을 위한 제도라 할 수 있다.

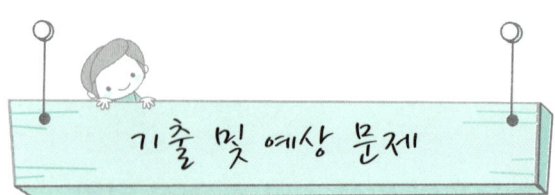

01 다음 대화에서 갑이 언급하고 있는 빈곤에 대한 설명으로 옳은 것은?

> 갑 : 가구 소득이 최저 생계비에 미치지 못하는 경우가 빈곤이 아닐까?
> 을 : 그것보다는 상대적 박탈감이 빈곤의 기준이라고 생각해.

① 상대적 빈곤이라 한다.
② 주로 선진국에서 중요시하는 빈곤이다.
③ 복지 제도가 정착되면 사라지는 빈곤이다.
④ 빈부격차로 인하여 사회적 갈등의 소지가 있다.

해 설 갑은 절대적 빈곤에 대하여, 을은 상대적 빈곤에 대하여 말하고 있다. 상대적 빈곤은 주로 선진국에서 문제로 생각하는 빈곤이다. ③ 복지 제도가 정착된 선진국에서는 절대적 빈곤의 비중은 낮다. ④상대적 빈곤은 빈부 격차에 따른 박탈감으로 발생하며 사회적 갈등의 소지가 될 수 있다.

정 답 ③

02 다음과 같이 빈곤을 바라보는 관점에 부합하는 진술은?

> oo나라에서는 빈곤의 원인을 개인의 게으름과 나태함 때문이라고 생각한다.

① 구조의 개선없이 빈곤의 발생은 불가피하다.
② 빈곤은 불평등한 사회 구조로 인하여 발생한다.
③ 일시적 병리 현상으로 제도적 보완으로 해결 가능하다.
④ 개인의 노력으로 빈곤의 해결은 불가능하다고 생각한다.

해 설 제시문은 기능론의 관점에서 빈곤을 바라보고 있다. 기능론은 빈곤이 개인의 나태함이나 제도의 마비와 같이 사회가 제 기능을 못하기 때문에 발생하는 일시적 병리 현상으로 이해한다. 따라서 병리적 요소를 해결 하면 빈곤 문제의 해결이 가능하다고 본다. 반면 갈등론은 사회 구조적 원인으로 빈곤이 발생하며, 빈곤은 구조적 개선 없이 개인의 노력으로는 해결이 불가능하다고 본다.

정 답 ③

03 기능론적 관점에 해당하는 빈곤의 해결방안을 모두 고른 것은?

> (가) 빈곤층의 기초 생활비를 보조한다.
> (나) 빈곤층의 일자리를 알선을 지원한다.
> (다) 최저 임금제를 도입하여 최저 생계비를 보장한다.
> (라) 빈곤층에 대한 교육비 지원으로 빈부 격차를 최소화한다.

① (가), (나)　　　　　　　　② (가), (다)

③ (나), (다), (라)　　　　　　④ (가), (나), (다), (라)

기능론은 기본적으로 사회 문제를 병리적 현상으로 본다. 사람의 몸이 아픈 것과 같이 적합한 처방과 치료를 할 경우 사회 문제의 해결이 가능하다고 인식한다. 사회 구성 요소가 제 역할을 할 수 있도록 교육하거나, 제도를 개선하는 등의 방법은 모두 기능론에 해당한다. 갈등론은 사회 구조 자체의 개선을 해결 방안으로 제시한다.

④

---

04 사회적 소수자를 구분하는 기준으로 옳지 않은 것은?

① 다른 집단과 신체 또는 문화적으로 구별되는가?

② 차별받는 집단에 대하여 소속감을 가지고 있는가?

③ 정치, 경제, 사회적 권력에 있어 상대적 우위에 있는가?

④ 소수자 집단의 구성원이라는 이유만으로 차별을 받는가?

신체적 또는 문화적 특징으로 인하여 사회의 다른 구성원들로부터 불평등한 대우를 받는 집단을 사회적 소수자라 한다. ③ 소수의 집단이 다른 구성원들보다 정치, 경제, 사회적 권력에 있어 상대적 우위에 있다면 그 집단은 권력 집단이지 사회적 소수자라 할 수 없다.

③

---

05 다음과 같이 빈곤을 보는 관점에 부합하는 진술은?

> 사회의 상층과 하층 간의 차이가 그들의 무능이나 나태로 인해 발생한다고 생각한다. 따라서 사회 계급은 기능적 분화에 따라 보편적으로 존재하는 것이며, 사회 질서를 위한 필수 요소로 볼 수 있다.

① 제도적 지원은 빈곤 문제의 해결 방식으로 부족하다.

② 빈곤 문제 해결 위해서는 성취 동기를 부여해야 한다.

③ 빈곤 문제는 희소 자원의 불공정한 분배에 따라 발생한다.

④ 빈곤의 원인은 개인이 아니라 사회 구조에서 찾을 수 있다.

제시문은 기능론적 관점에서 빈곤 문제를 바라보고 있다. 기능론에서는 개인의 노력이나 능력 부족으로 인하여 빈곤이 발생한다고 본다. 따라서 이의 해결을 위해서는 임금의 차등 지급을 통한 성취 동기 부여가 필요하다고 본다. ③ 희소 자원의 불공정한 분배를 빈곤의 원인으로 보는 관점은 갈등론이다.

②

---

06 사회적 소수자 차별 문제에 대한 개선 방안으로 옳은 것을 짝지은 것은?

> ㉠ 역차별 문제의 제기
> ㉡ 다양성의 존중
> ㉢ 소수자 우대 조치
> ㉣ 자유 강조

① ㉠, ㉡　　　　② ㉡, ㉢　　　　③ ㉢, ㉣　　　　④ ㉠, ㉣

해설 사회적 소수자들의 차별 문제를 개선하기 위해서는 개인적·의식적 차원에서는 다양성을 존중하고 관용의 정신을 함양해야 하며, 사회적·제도적 차원에서는 차별 대우 금지, 장애인 의무고용과 같은 소수자 우대 조치, 그리고 대중 매체를 통해 국민의식 개선 노력 등의 조치가 있어야 한다.

정답 ②

07

다음과 같이 여성 문제를 바라보는 관점에 부합하는 진술로 옳은 것은?

> 여성 빈곤 문제는 취업 기회의 제한과 열악한 고용 조건 등 차별적 요인에 기인한다.

① 여성 문제는 일시적 혼란 상태에 불과하다.
② 여성에 대한 차별 문제는 여성 개인의 노력으로 해결 가능한 문제이다.
③ 남편과 아내는 각각 상호 보완적인 역할을 담당하고 있다.
④ 남성 중심의 사회 구조로 인하여 여성 불평등 문제가 발생한다.

해설 제시문은 차별적 요인에 따라 여성 빈곤 문제가 발생한다고 보고 있는 갈등론적 관점에 해당한다. 갈등론에서는 사회 문제의 원인은 불평등한 사회 구조로 보고 있다. ①, ②, ③ 기능론적 관점에 부합하는 진술이다.

정답 ④

제3절 사회 복지와 복지 제도

01 복지사회

1 사회 복지의 의미

(1) 사회 복지

❶ 사회 구성원의 기본적 욕구를 충족시켜 삶의 조건을 보장하고, 이를 통해 궁극적으로 사회 통합을 달성하려고 하는 사회적 활동을 사회 복지라 한다.

❷ 사회 구성원들이 위험에서 벗어나 행복하고 편안하게 잘 살 수 있도록 돕는 사회적 노력을 말한다.

❸ 빈곤, 불평등, 차별, 실업 등 사회 문제의 해결과 예방, 삶의 질 향상 등에 직접적으로 관심을 갖는 공동체의 노력을 말한다.

(2) 등장 배경

인간의 존엄성과 행복한 삶의 권리에 대한 사회적 인식 수준이 높아지고, 시민의 최소한의 생활 수준 유지를 국가의 책임으로 인식함에 따라 사회 복지가 하나의 정책 및 제도로 등장하게 된다.

(3) 복지 국가

국민이 안락한 삶을 누릴 수 있도록 경제 및 사회 정책을 적극적으로 추진하고 사회 보장 제도를 시행하는 국가를 복지 국가라 한다.

2 복지국가의 등장

(1) 근대사회의 문제점

❶ 자본주의의 모순인 빈부 격차의 심화, 실업의 증가, 노동자의 인권 침해 등 다

양한 사 회 문제가 제기되고, 이러한 사회 문제의 심화로 인해 빈곤을 사회의 책임으로 인식하 게 되었다.

❷ 최소한의 인간다운 삶과 생존권이 위협받자 국민에 대한 국가의 보호에 대한 요구가 높아지게 되었다.

❸ 경제 성장의 성과물 배분과 관련하여 평등에 대한 관심이 확산되면서 복지 사회를 지향하게 되었다.

> ### 세계 대공황과 복지 국가
>
> 세계 대공황은 자본주의의 폐해가 극대화된 결과였다고 볼 수 있다. 즉, 자유방임주의에 따라 각 경제 주체들의 시익 추구가 미덕으로 인식되면서 몇몇의 특정 기업이 경제적 부를 독점하게 되는 독점 자본주의가 나타난 것이다 부가 한쪽으로 쏠리게 되면 자금 순환이 되지 않아 결국에는 개별 소비자들이 제품을 구매할 수 있는 구매력아 떨어지게 되고 이것이 악순환을 일으켜 세계 대공황으로 이어진 것이다. 이러한 점을 사회주의자등 진보 세력이 지적하며 자본주의를 공격하자 이에 대응하여 자본주의자들이 '복지 국가'로 돌파구를 찾은 것이다.

(2) 현대 복지 국가의 등장

인간다운 삶을 인간의 기본적인 권리로 인정한 이후, 오늘날 대부분의 국가는 국민들의 인간다운 생활 보장을 위한 복지 정책을 추구하고 있다.

(3) 복지 국가의 유형

❶ 현대 복지 국가는 탈 상품화 수준(복지 서비스가 시장과 무관하게 제공되는 정도)에 따라 3가지 유형으로 구분할 수 있다.

❷ 우리나라는 3가지 유형의 특징이 혼합되어 있다.

유형	탈 상품화 수준	특징	사례
사회 민주주의	매우 높음	국가가 모든 시민들에게 보편적 복지를 제공한다.	그 웨덴, 노르웨이, 덴마크, 네딜란드 등
보수적 조합주의	중간	복지 수준은 높으나 보편적 복지를 제공하지는 않는다.	프랑스, 독일, 이탈리아, 일본 등
자유주의	낮음	복지 서비스가 시장에서 판매되며, 빈곤층에 대해서만 복지가 제공된다.	미국, 영국, 케나다 등

02 우리나라의 복지제도

 사회 보험

(1) 의미

수혜자로부터 미리 보험료를 거두었다가 지급 사유가 발생하였을 때 비용을 지급하는 제도로, 일종의 공공 보험이다.

(2) 특징

❶ 사회 보험은 수혜 정도와 관계없이 소득 수준 등에 따라 비용을 부담한다는 점에서 소득 재분배 효과가 있다.

❷ 국민들에게 일정 수준의 보장을 해주는 면에서 근로 의욕의 고취가 가능하다.

❸ 전 국민의 복지 수준 향상을 위해 국민이면 누구나 가입해야 한다는 점에서 가입의 강제성이 있다.

❹ 정규직 근로자에게 더 많은 혜택이 돌아가고, 보험료를 부담할 수 없는 사람들의 경우 지원에서 제외된다.

(3) 우리나라 사회 보험의 종류

❶ **국민 연금**

㉠ 노령, 질병 등에 의한 소득 상실을 대비하여 소득을 보장하는 제도이다.

㉡ 납입한 보험료에 따라 급여를 받는 사회 보험이다.

㉢ 가입자, 사용자 및 국가로부터 일정액의 보험료를 받고 이를 재원으로 노령 연금, 유족 연금, 장애 연금 등을 지급한다.

❷ **국민 건강 보험**

㉠ 질병에 대비한 사회 보험이다.

㉡ 과도한 의료비에 따른 부담을 완화하기 위하여 국가가 의료비의 일정 부분을 지원 하는 제도이다.

❸ **고용보험**

㉠ 실업에 대비한 사회 보험이다.

ⓒ 일자리를 잃을 경우 소득에 비례하여 현금을 일정 기간 동안 실업자에게 지급하는 제도이다.

ⓓ 노동자를 해고시키지 않고 고용을 유지하거나 구조 조정으로 인해 발생한 실직자들을 고용하는 사업주에게 소요 비용을 지원하거나 노동자들의 직업 능력 개발을 위한 교육과 훈련을 실시하는 사업주와 노동자에게 일정 비용을 지원한다.

❹ 산업 재해 보상 보험

ⓐ 이미 발생한 산업 재해로 인하여 부상 또는 사망한 경우 그 피해 근로자나 가족에게 상실한 노동력이나 경제력을 보상해 주기 위한 사회 보험 제도이다.

ⓑ 사업주에게 일시에 많은 비용을 부담하지 않게 함으로써 근로자와 사업주를 다 같 이 보호하는 효과가 있다.

❺ 노인 장기 요양 보험

ⓐ 고령으로 인한 일상생활능력 상실에 대비한 보험이다.

ⓑ 수급자에게 배설, 목욕, 식사, 취사, 조리, 세탁, 청소, 간호, 진료의 보조 또는 요양 상의 상담 등 다양한 형태로 장기 요양 서비스를 제공한다.

2  공공부조

(1) 의미

보험료를 부담할 능력이 없는 사람들을 대상으로 국가가 최저 생활을 보장해 주기 위한 제도를 공공 부조라 한다.

(2) 특징

❶ 국가가 비용을 전액 부담한다는 면에서 소득 재분배 효과가 크다.

❷ 지원 대상이 전 국민이 아니라 빈곤층에 한정된다.

❸ 국가 재정 부담이 가중되어 국민의 조세 부담으로 이어질 수 있다.

❹ 수혜자의 근로 의욕 상실이나 나태심이 조장될 수 있다. → 공공 부조 대상이 아닌 차상 위 계층이 되었을 때 오히려 지원금의 감소로 생활이 더 어려워지는 현상이 발생할 수 있다.

❺ 자산 조사 과정에서 부정적 낙인이 발생할 수 있다. → 공공 부조는 저소득층을

정부 재정으로 지원하기 때문에 저소득층인지 아닌지를 가리는 소득과 자산 조사 과정을 거친다. 그 과정에서 저소득층의 인권 침해나 저소득층에 대한 부정적 낙인이 발생할 수 있다.

(3) 우리나라 공공 부조의 종류

❶ 국민기초생활 보장제도
  ㉠ 생활이 어려운 자에게 필요한 급여를 제공하여 최저 생활을 보장하고 자활을 돕기 위한 제도이다.
  ㉡ 일할 능력이 있는 사람에게는 자활 지원 사업 참여를 조건으로 보조금을 지급하여 기초 생활을 보장한다.
  ㉢ 일할 능력이 없는 사람에게는 조건 없이 생계비를 지급한다.
❷ 의료 급여 : 경제적으로 생활이 어려워 의료비용을 지급하기 어려운 국민을 대상으로 국가가 대신하여 의료비용을 지급하는 제도이다.
❸ 기초 노령 연금 65세 이상 노인 중 저소득층에게 매월 일정액의 연금을 지급하는 제 도로서 2008년부터 시행되었다.(시행 초기에는 일시적으로 70세 이상 노인에게만 지급)

3 사회복지서비스

(1) 의미

❶ 보호가 필요한 취약 계층의 국민에게 상담, 재활, 직업 개, 사회 복지 시설 이용 등을 제공하여 정상적인 사회생활이 가능하게 지원하는 제도를 사회 복지 서비스라 한다.
❷ 사회적으로 도움과 보호가 필요한 취약 계층에 속하는 아동, 청소년, 여성, 장애인, 노인들의 자립과 생활 능력을 높여주기 위한 제도이다.

(2) 특징

❶ 비경제적 지원을 중심으로 하는 보조적 사회 보장 제도이다.
❷ 자활을 지원함으로써 생활 불안을 근본적으로 해결해 줄 수 있다.
❸ 소득 재분배 효과를 기대하기 어렵고, 사회 보험이나 공공 부조와 함께 이루어질 때 효과가 있다.

(3) 우리나라의 사회 복지 서비스

노인 복지, 장애인 복지, 아동 복지, 한 부모 가정 복지, 청소년 복지, 여성 복지 등이 있다.

(4) 사회 변화와 사회 복지 서비스

❶ 핵가족화, 여성의 경제 활동 증가, 가족 해체 등의 사회 변화로 서비스를 필요로 하는 요보호 아동, 청소년, 장애인, 노인, 여성 등이 늘어나게 되었다.

❷ 과거에는 대가족 제도가 이러한 비물질적 서비스를 대부분 제공해 왔으나 현대에는 국가의 개입이 필요하게 되었다.

📂 지원 수단에 따른 복지 제도의 유형 분류

지원 수단	복지 제도
금전적, 물질적	사회 보험, 공공 부조
비물질적	사회 복지 서비스

4 복지제도의 한계와 대안

(1) 역할

❶ 복지 제도는 사람들의 삶의 질을 개선하기 위한 정책으로, 인간다운 생활을 할 권리를 보장함으로써 인간의 존엄성을 보장하고자 한다.

❷ 우리나라의 경우 복지 제도는 고용, 교육, 주거 등 인간의 존엄을 위해 반드시 필요한 최소한의 권리를 보장하는 방향으로 시행되고 있다.

(2) 복지 제도의 장단점

❶ 공공부조

　㉠ 장점 : 세금을 통해 재원을 마련하여 저소득층에게 무상으로 지원함에 따라 부유층 이 소득을 저소득층에 재분배하는 효과가 크다.

　㉡ 단점 : 재원이 부족할 경우 수혜 계층이 제한되며, 수혜자의 근로 의욕이 감퇴할 수 있다. 또한 개인의 노력 없이 사회 복지에 기대려는 도덕적 해이를

유발할 수 있으며, 국가 재정의 악화를 초래할 수 있다.

❷ 사회 보험

ㄱ 장점 : 수혜자의 부담을 통해 재원을 마련하고, 사회적 안전망을 구축함에 따라 근로의욕을 북돋울 수 있다.

ㄴ 단점 : 소득 재분배 효과가 크지 않다.

❸ 사회 복지 서비스

ㄱ 장점 : 금전적인 지원보다 자활의 능력을 심어주는데 주력하므로, 생활의 불안을 근본적으로 해결해 줄 수 있다.

ㄴ 단점 : 소득 재분배 효과를 기대하기 어렵고, 사회 보험 또는 공공 부조와 함께 이루어질 때 효과를 볼 수 있어, 보조적 사회 보장에 그친다.

(3) 복지 제도 확대에 따른 역기능

❶ 근로 의욕이 감퇴되고, 사회 복지에 기대려는 도덕적 해이와 나태가 발생한다.

❷ 국가 재정의 악화와 생산성과 효율성의 저하 현상이 나타난다.

(4) 생산적 복지

❶ 의미 : 소외 계층들이 자활 사업에 참여하거나 노동을 하는 것을 조건으로 지원을 해주는 형태의 복지 제도를 생산적 복지라 한다.

❷ 등장 배경 : 과도한 복지 지출에 따른 재정 적자, 사회 복지에 의존하려는 도덕적 해이와 나태, 국가적 생산성과 효율성의 저하 등 소위 복지병이라 불리는 문제가 발생하였다.

❸ 생산적 복지 제도의 특징

ㄱ 복지 축소 지향 : 복지 급여를 삭감하고, 급여 수급 조건을 강화하고, 급여 기간을 제한하는 등 복지 규모의 축소를 지향하고 있다.

ㄴ 복지 수급자들의 자립 지원 : 복지 수급자들의 직업 교육 실시, 취업 지원 등 자립을 지원하고 있다.

ㄷ 효율성과 복지를 동시에 추구함 : 복지에 효율성을 가미한 제도이다.

❹ 한계 : 노동능력이 전혀 없는 사람의 경우 복지에서 소외될 가능성이 크다.

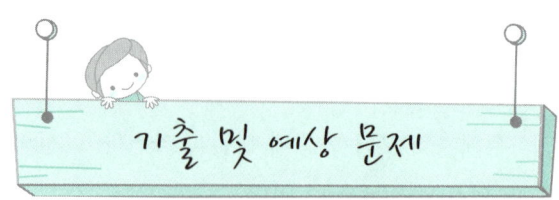

01 (가)~(다)는 우리나라의 사회 보장 제도를 유형별로 분류한 것이다. 이에대한 설명으로 옳은 것은?

> (가) 국민 연금, 건강 보험, 고용 보험, 산업 재해 보상 보험
> (나) 국민 기초 생활 보장 제도, 의료 급여 제도
> (다) 장애인 활동 지원 사업, 노인돌봄 종합서비스 사업

① (가)는 대상자의 임의 가입을 원칙으로 한다.

② (나)는 보편적 복지 이념을 실현하는 대표적인 제도이다.

③ (가)와 달리 (나)에서는 수익자 부담의 원칙이 적용된다.

④ 사회 보장 비용의 부담 방식 상 기초 노령 연금 제도는 (나)에 해당한다.

해설 (가)는 사회 보험으로, 강제적으로 가입되며, 수익자가 일정 부분을 부담해야 한다. (나)는 공공부조로, 국가가 선정한 일부 계층에만 일방적으로 혜택을 지원한다. (다)는 사회 복지 서비스로, 현금이나 현물 보다는 주로 서비스를 지원한다. ④ 기초 노령 연금 제도는 대상자를 국가가 선정하며 (65세 이상, 소득 및 재산 고려), 국가가 비용을 부담하므로 공공 조에 해당한다.

정답 ④

02 다음 사회 보장 제도 중 성격이 다른 하나는?

① 고용 보험　　　　　　　② 의료 급여

③ 재해 보험　　　　　　　④ 실업 급여

해설 사회 보장 제도는 사회 보험과 공공 부조로 구분된다. 사회 보험에는 국민 연금, 건강 보험, 실업 급여, 재해 보험이 있으며, 공공 부조에는 기초 노령 연금, 의료 급여, 국민 기초 생활 보장 제도 등이 있다.

정답 ②

03 다음 복지 정책의 특징에 대한 설명으로 옳은 것은?

> 재해, 질병, 실업 등사회적 위험이나 미래 생활의 불안에 대처하기 위해 국가, 기업, 개인이 부담한 분담금을 재원으로 급여를 제공한다.

① 상호 부조의 성격을 가진다.　　② 수혜 대상자의 범위가 좁다.

③ 임의 가입의 원칙이 적용된다.　　④ 의료급여제도가 대표적 제도이다.

해설 사회 보험은 각각이 부담한 분담금으로 운영되는 만큼 상호 부조의 성격을 가지고 있다. 사회 보험은 강제 가입을 원칙으로 한다. ④ 의료 급여 제도는 공공 부조에 해당 하며, 공공 부조는 수혜 대상자를 한정하여 운영한다.

정답 ①

04 급변하는 현대 사회에서 산업 구조가 변화되고 고령화 핵가족화 등의 원인으로 노인 문제가 대두되고 있는데, 이 노인 문제의 해결 방안으로 거리가 먼 것은?

① 재사회화

② 노인 복지 정책 강화

③ 고령층의 취업 기회 강화

④ 국민 연금 가입 연령을 앞당긴다.

해설 ①, ②, ③ 노인들에게 새로운 일자리를 제공하고, 변화하는 사회의 적응력을 높이고, 노인들의 복지를 강화한다는 점에서 노인 문제의 해결 방안이 될 수 있다. ④국민 연금 가입 연령의 경우 소득이 발생한 이후 가입되기 때문에 국가가 임의로 가입 연령을 당길 수는 없다.

정답 ④

05 사회 보험과 공공 부조에 대한 표이다. 잘못된 것은?

	사회 보험	공공 부조
① 대상	보험료 부담 능력이 있는 사람	자산 상황 건강 상태 등 조사 후 결정
② 종류	재해 보험, 실업 보험, 의료보험, 양로 보험, 각종 연금 제도	구호 대상자에 대한 각종 보호 사업, 사회 복지 사업, 공중 위생 사업 등
③ 부담	피보험자, 기업주 또는 국가	비용 전부를 국가가 부담
④ 특징	소득 재분배 효과 국가 재정의 팽창, 근로자 투자 의욕의 상실	강제 가입, 능력별 부담, 근로 의욕 고취 상호 부조의 성격

해설 사회 보험과 공공 부조는 비교 분석하는 문제가 출제될 가능성이 크다. 사회 보험은 강제 가입의 성격이 있으며, 개인의 소득과 재산에 따라 금액을 부담하며, 이를 통해서 국민들의 근로 의욕이 고취될 수 있고, 국민들이 자금을 출자하여 서로 돕는 성격으로 운영된다.

정답 ④

06 사회 보험에 대한 설명으로 옳은 것은?

① 임의 가입 방식이다.

② 수혜자부담 원칙이 적용된다.

③ 공공 부조에 비해 소득 재분배 효과가 크다.

④ 공공 부조에 비해 근로 의욕을 저하시키는 부작용이 크다.

해설 사회 보험의 특징을 다시 확인할 수 있는 문제이다. 사회 보험은 강제 가입 방식이며, 혜택을 받는 사람이 자금을 부담하는 방식이다. 따라서 수혜자 부담 원칙이 적용 되지 않는 공공 부조에 비하여 소득 재분배 효과는 작다. 근로 의욕의 저하의 부작용은 공공 부조가 더 크며, 일반적으로 사회 보험은 국민들에게 최소한의 안전망을 제공함으로써 근로 의욕을 고취시킨다.

정답 ②

07 다음은 사회 보험과 공공 부조를 비교한 것이다 (가), (나)에 대한 설명으로 옳은 것은?

> 소득 재분배 효과 : (가) > (나)
> 수혜자의 범위　　: (나) > (가)

① (가)는 개인의 자유의사에 따라 가입하는 제도이다.

② (가)는 경제적 부담 능력이 있는 국민을 대상으로 한다.

③ (나)의 대표적인 예는 국민 연금이 있다.

④ (나)는 국민의 최저 생활수준을 보장하기 위한 제도이다.

해 설 소득 재분배 효과가 크고, 수혜자의 범위가 좁은 (가)는 공공 부조이다. 공공 부조는 경제적 부담 능력이 없는 국민을 대상으로 하는 제도로, 최저 생활수준을 보장하고자 한다. (나)는 사회 보험으로 사회 보험에는 국민연금, 건강 보험 등이 있다.

정 답 ③

08 다음 제도에 대한 설명으로 옳은 것은?

> 경기 악화로 생계에 위협을 받는 가구 중 구성원 모두가 근로 무능력자인 가구를 대상으로 생계비를 지원하는 제도

① 사회 보험의 성격을 가진다.

② 상호 부조의 성격이 강하다.

③ 정부가 비용을 전액 부담한다.

④ 복지와 노동을 연계한 자활 노동 능력을 강조한다.

해 설 근로 무능력자에게 생계비를 지원하는 제도는 수혜자 부담 원칙이 적용되지 않기에 공공 부조에 해당한다. ② 상호 부조라 함은 서로가 돈을 모아서 도와준다는 의미로 사회 보험의 특징이다. ④ 자활 노동 능력 을 강조하는 것은 사회 복지 서비스이다.

정 답 ③

09 다음 제도의 취지로 옳은 것은?

> 정부는 실업자가 직업 훈련을 거부하는 경우에는 실업 급여의 20%를 감축 지급하고, 정부가 알선해 준 직장에 취업한 경우에는 생활 보조금을 지급하기로 결정하였다.

① 복지 수혜자의 범위를 넓히고자 한다.

② 정부의 재정 적자의 폭을 줄이고자 한다.

③ 복지의 축소로 도덕적 해이를 방지하고자 한다.

④ 복지 정책에서 자활의 성격을 강화하고자 한다.

해 설 제시문은 수혜자의 노동에 대한 노력을 강조하고 있다. 즉 생산적 복지에 대한 설명 이다. 이와 같은 생산적 복지는 기존 복지 제도의 단점인 근로 의욕 저하 및 도덕적 해이를 예방하기 위한 방법이다.

정 답 ④

10 다음 제도에 대한 설명으로 옳은 것은?

> 기초 노령 연금은 만 65세 이상의 어르신 중 월 소득 100만 원 이하의 71구에게 월 50만 원을 지급하는 제도이다

① 부담자와 수급자가 일치하지 않는다.

② 고용과 복지가 연계되어 조세 부담이 줄어든다.

③ 비금전적 지원을 주로 하는 사회 복지 서비스이다.

④ 수급자와 국가가 비용을 공동으로 분담하여 부담한다.

해설 기초 노령 연금은 공공 부조이다. ③ 사회 복지 서비스는 직업 소개 등 비경제적 지원 을 하는 제도이다. ④ 수급자가 비용을 부 담하는 제도는 사회 보험이다.

정답 ①

11 다음 정부 정책에 대한 해석으로 옳은 것은?

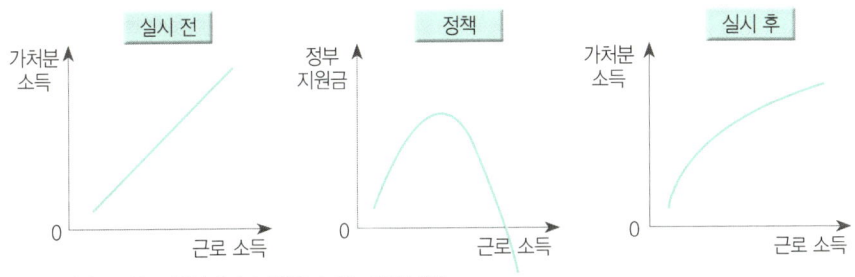

* 가처분 소득 : 개인이 실제로 사용할 수 있는 소득의 총액

① 소득 재분배 효과가 낮아진다.

② 생산적 복지 개념을 실현하고자 한다.

③ 기업의 조세 부담을 경감시킬 수 있다.

④ 기초 생활 보장 수급권자의 최저 생활 보장을 목적으로 한다.

해설 특정 기준을 정하여 그 이하의 대상에게만 지원금을 줄 경우 소득이 늘어 차상위 계층이 되는 순간 지원금이 끊겨 가처분 소득이 오히려 줄어들 수 있다. 이로 인해 발생하는 근로 의욕 저하 등을 해결하기 위해 일정한 소득 수준에 도달할 때까지 점진적으로 지원액을 줄여 가면 소득이 증가할수록 가처분도 증가하므로 근로 의욕을 북돋울 수 있다. 이는 노동 연계 복지, 즉 생산적 복지를 실현하기 위한 방안이다.

정답 ②

12 다음 내용에 해당하는 복지 국가 유형에 대한 설명으로 옳은 것은?

> 국가가 모든 시민들에게 보편적 복지를 제공하는 시스템을 의미한다.

① 미국이나 영국 등의 국가에서 실시하고 있다.

② 보수적 조합주의라는 개념으로 통용되고 있다.

③ 우리나라에서도 실시하고 있다.

④ 모든 사회 성원을 대상으로 일정 수준의 복지 혜택을 제공하고 있다.

복지 국가의 유형은 사회 민주주의, 보수적 조합주의, 자유주의로 구분할 수 있다. 제시문의 경우 사회 민주주의에 해당하며, 스웨덴, 노르웨이, 덴마크, 네덜란드 등의 국가들이 해당한다. 보편적 복지는 모든 사회 성원을 대상으로 일정 수준의 복지 혜택을 제공하는 복지 제도를 의미한다.

정답 ④

13 표는 복지 이념을 구분한 것이다. (가)와 (나)에 들어갈 내용으로 옳은 것은?

구분	전통적 복지	현대적 복지
내용	(가)	(나)

① (가) - 국가가 적극적으로 복지에 개입하였다.

② (가) - 전 국민을 대상으로 복지를 제공하였다.

③ (나) - 복지를 개인의 문제로 인식하고 있다.

④ (나) - 인간다운 생활과 삶의 질 보장을 추구한다.

해 설 전통적 복지와 현대의 복지의 차이점은 중요하다. 전통적 복지는 빈곤을 개인의 책임으로 인식하여 국가가 적극적으로 개입하지 않았으며 복지는 일종의 자선적 활동이었다. 반면 현대의 복지는 빈곤을 사회 구조적인 문제로 인식하여 국가가 인간다운 생활과 삶의 질 보장을 뒤하여 복지 제도를 제공하고 있다.

정답 ④

14 표는 시대별 복지 제도의 발달 과정을 나타낸 것이다. (가)~(라)에 대한 설명으로 옳ㅈ지 않은 것은?

구분	내용
엘리자베스 구빈법	(가)
베버리지 보고서	(나)
신자유주의 복지 정책	(다)
생산적 복지	(라)

① (가) - 극빈층의 빈곤 구제에 초점을 맞추고 있다.

② (나) - 빈곤 해결을 위한 국가의 책임을 강조하고 있다.

③ (다) - '요람에서 무덤까지'라는 말로 표현할 수 있다.

④ (라) - 근로 의욕 저하의 문제를 해결하기 위한 방안이다.

해 설 신자유주의 복지 정책의 요지는 복지 제도의 축소이다. 지나친 복지 혜택에 따른 사회적 비효율성 등의 문제로 인하여 미국의 레이건, 영국의 대처로 대표되는 정부에서는 복지 제도를 축소하였다. ③ '요람에서 무덤까지'라는 말은 베버리지 보고서에 해당하는 표어이다.

정답 ③

15 표의 (가), (나)에 들어갈 내용으로 옳은 것은?

구분	사회보험	공공부조
내용	(가)	(나)

① (가) - 우리나라에서는 의료 급여 제도를 운영하고 있다.

② (가) - 근로 의욕 상실이나 나태심 등의 문제가 발생할 수 있다.

③ (나) - 국민이면 누구나 가입할 수 있는 복지 제도이다.

④ (나) - 소득 재분배 효과가 큰 제도이나 국가 재정 부담이 가중된다.

해설 사회 보험과 공공 부조는 대표적인 복지 제도의 유형이다. ④공공 부조는 국가가 비용을 전액 부담하여 빈곤층에 한정하여 지원한다는 점에서 소득 재분배 효과가 큰 제도이다. 그러나 전액 국가 재정으로 운영된다는 점에서 국민의 조세 부담이 가중될 수 있다.

정답 ④

16 표는 사회 보험과 공공 부조의 장단점을 비교한 것이다. 그 내용이 옳은 것은?

	사회 보험	공공 부조
장점	①근로 의욕을 고취시킬 수 있다.	②수혜자의 부담으로 재원을 마련한다.
단점	③국가 재정의 악화를 초래한다.	④소득 재분배 효과가 크지 않다.

해설 사회 보험은 사회적 안전망을 구축한다는 점에서 근로 의욕을 고취시킬 수 있다. 건강보험. 국민 연금, 고용 보험, 업 재해 보상 보험 모두 국민들에게 최소한의 안전장치로서의 기능을 할 수 있다. 사회 보험은 공공부조와 달리 수혜자가 재원을 부담한다는 특징이 있다.

정답 ①

17 다음 제도에 대한 설명으로 옳은 것은?

취지 : 65세 이상의 노인 생활 자립 지원
지원 대상 : 65세 이상 전체 노인 중 월 평균 소득이 최저 생계비 이하인 사람
재원 : 지방 재정 + 중앙 정부 지원금
수급액 : 최저 생계비 - 월 평균 소득

① 사회 보험의 한 형태이다.

② 자활 능력 향상을 목적으로 한다.

③ 국민의 조세 부담을 가중시킬 수 있다.

④ 전 국민을 대상으로 운영되는 제도이다.

해설 지방 재정과 중앙정부 지원금으로 운영된다는 점에서 공공 부조임을 알 수 있다. 이와 같은 공공부조는 전액 국가 재정에서 지원하는 만큼 조세 부담을 가중시킬 수 있다. ② 자활능력 향상을 목적으로 하는 제도는 사회 복지 서비스이다. ④전 국민을 대상으로 하는 제도는 사회 보험이다.

정답 ③

Chapter 05

일상생활과 사회 제도

01 사회제도의 의미와 특징

 사회제도의 의미와 특징

(1) 사회 제도의 의미

❶ **사회 제도의 의미** : 한 사회에서 비교적 안정적으로 유지되는 지위와 역할 및 규범과 절차 등의 조직적 체계이다. 즉, 개인과 집단의 생활을 가능하게 해주는 관습화되고 공식화된 규범과 절차를 사회 제도라고 한다.

> 예 사람들은 횡단보도의 보행자 신호등이 파란불일 때 횡단보도를 건넌다. 이는 사람 들이 본능적으로 행동하는 것이 아니라 교통 제도라는 사회 제도가 사회 성원들을 사회화한 결과이다.

❷ **사회 제도의 역할** : 사회 구성원의 기본적 욕구 충족 및 여러 가지 사회 활동을 지속하기 위해 사람들이 만들어낸 일정한 행동의 절차와 규범이며, 일단사회 제도가 성립되면 구성원의 행동을 규제하고 구속하는 독자적인 힘을 가진다.

❸ **사회 제도의 형성** : 인간은 공동생활의 과정에서 타인과 다양한 상호작용을 한다. 이러한 상호작용이 일정한 유형을 갖추면서 정형화되고, 나아가 이것이 관습화되거나 법의 형태로 고정되면서 사회 제도로 자리를 잡게 된다.

❹ **사회 제도의 분화** : 사회의 규모가 커지고 상호작용이 복잡해지면 사회 제도도 복잡한 형태로 발전하는데, 이를 사회 제도의 분화라고 한다. 또한 사회 제도의 분화와 함께 제도의 기능과 이를 담당하는 기구의 전문화도 이루어진다.

(2) 사회 제도의 특징

❶ **삶의 기준** : 사회 제도는 구성원들에게 기본적인 삶의 기준을 제시한다. 즉, 사회 제도는 구성원들의 행동을 규제하고 구속하는 힘을 가지고 있다.

　　예 아이들은 어려서부터 횡단보도가 파란불일 때 건너야 한다는 교육을 받으며, 자연스럽게 이를 삶의 기준으로 삼게 된다. 설령 어른이 되어 교통법규를 어기게 되더라도, 법에 의해서 처벌을 받게 된다.

❷ **지속성** : 한번 형성된 사회 제도는 사회적 관습으로 정착되어 쉽게 변하지 않는다.

　　예 대학 입시 위주의 교육 제도는 여러 가지 문제점의 발생에 따라 부분적으로 수정되고 있으나, 입시의 선발 기능은 지속되고 있다.

❸ **변화성** : 사회 제도는 인간에 의해서 형성된 규칙과 관습으로, 인간의 필요에 따라 그 작용 방식이 변화할 수 있다.

　　예 사회 복지 제도의 경우 과거와 달리 현대에는 복지의 규모와 대상이 확대되고 있다.

❹ **포괄성** : 사회 제도의 영향이 미치는 범위는 개인의 사회적 행위로부터 사회적 관계, 사회 조직, 문화에 이르기까지 매우 광범위하다.

　　예 순서대로, 자신의 차례를 기다리며 줄을 서는 것은 어느 곳에서 무엇을 하기 위한 것이든 지켜야 하는 제도이다.

❺ **보편성과 특수성** : 인간이 집단생활을 하는 곳에서는 어디에서나 사회 제도가 나타난다. 그러나 세부적인 삶의 방식은 사회에 따라 다르기 때문에 시대와 장소에 따라 사회 제도는 다양한 모습으로 나타난다.

　　예 결혼 제도는 인간이 집단생활을 하는 곳에는 어디에서든지 발견된다. 그러나 제도의 양상과 형태는 사회에 따라 다양하게 나타난다.

2　사회구조와 사회제도

(1) 사회 구조의 의미

일정한 사회적 관계에서의 지위와 역할에 따라 상호의존적으로 관계하는 개인이 행동할 수 있는 범위나 행동 양식을 정해주는 사회적 정의나 틀을 뜻한다. 즉, 집단·제도·조직 등의 복합적 총체를 사회 구조라고 한다.

(2) 사회 구조의 특징

❶ 안정성 : 사회 성원들은 구조화된 행동을 하기 때문에 사회적 관계는 안정된 상태를 유지하게 된다.

❷ 지속성 : 사회의 구성원이 바뀌더라도 사회 구조는 계속 유지된다.

❸ 변동성 상황과 환경의 변화 및 사회적 관계의 변동에 따라 사회 구조에 변화가 발생 할 수 있다.

❹ 긴장성 : 사회적 관계가 가지는 대립적이고 갈등적인 요소 때문에 사회 구조는 긴장성을 지닌다.

02 사회제도의 기능과 유형

1 사회제도의 기능과중요성

(1) 사회 제도의 기능

❶ 욕구 충족 기능 : 사회 제도는 사회 성원으로 하여금 개인의 본능적 욕구와 사회적 욕구를 충족시킬 수 있게 한다. 이를테면, 경제 제도는 생계유지에 필요한 물자와 서비스를 충족시킬 수 있게 하며, 종교 제도는 정신적 평온과 심리적 안정을 제공해 준다.

❷ 행위 예측 기능 : 사회 제도는 한 사회의 모든 구성원들에게 적용되어 구성원들의 사고 및 행동을 일정한 범위로 제한하게 한다. 이로 인해 우리는 다른 사회 구성원들의 사고 및 행동을 미리 예측할 수 있게 되며, 안정적인 사회생활을 영위할 수 있다.

❸ 사회 성원의 재생산과 충원 기능 : 사회 성원의 재생산 기능은 가족의 가장 본질적인 기능으로서, 가족은 출산을 통해서 사회 성원을 재생산함으로써 사회 성원을 충원시키는 역할을 담당한다.

❹ **사회 성원의 사회화 기능** : 사회에서 필요로 하는 지식, 기술, 가치와 행동 양식 등을 내면화하는 과정을 사회화라고 하는데, 사회 제도는 사회 성원을 사회화시키는 기능을 한다. 이를테면 교육 제도는 사회 성원을 사회화하는 전문적인 사회 제도이다.

❺ **체제의 유지와 존속 기능** : 사회의 모든 조직과 체계는 기본적으로 스스로 유지하고 존속시키려는 성향을 지닌다. 사회 제도 역시 체제의 유지와 존속 기능을 담당한다.

(2) 사회 제도의 중요성

❶ **개인적 차원** : 사회 제도는 개인의 기본적인 욕구를 충족시킬 수 있는 기반을 제공하고, 사회적으로 허용되는 욕구 충족의 범위 및 절차와 방법을 안내해 준다.

❷ **사회적 차원** : 사회 제도는 사회 유지 및 발전에 도움을 주고, 공동체의 유지와 통합에 필요한 요건을 충족시켜 준다. 더불어 사회 제도의 개선을 통해 사회 변화가 이루어지 기도한다.

(3) 사회제도를 보는 관점

❶ **기능론적 관점** : 기능론적 관점에서는 사회 제도가 반드시 필요하며, 긍정적인 기능을 하기 때문에 사회 발전에 기여한다고 본다.

❷ **갈등론적 관점** : 갈등론적 관점에서는 사회 제도가 반드시 필요한 것은 아니며, 부정적인 기능을 하고 있으므로 사회 발전을 저해한다고 본다.

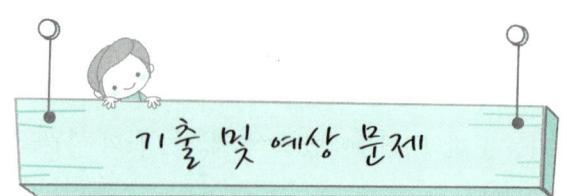

01 제시문의 빈칸에 공통적으로 들어갈 개념으로 옳은 것은?

> (　　　)은 일상생활의 문제를 해결하기 위한 관습화되고 공식화된 방법과 절차를 의
> 미한다. (　　　)은 사회 구성원 사이의 조직화된 행동 양식으로 나타나기도 한다.

① 사회문화　　　　　　　　　　　② 사회제도

③ 도덕 · 윤리　　　　　　　　　　④ 공동체의식

해설 교육 제도, 가족 제도, 경제 제도 등과 같은 사회 제도는 일상생활의 여러 문제를 해결하기 위한 일종의 방법과 절차이다. 사회 제도가 존재하기에 사람들은 다른 사람의 행동을 예측할 수 있으며, 사람들이 조직화된 행동 양식을 보이기에 우리 사회는 일정한 질서에 따라 유지될 수 있는 것이다.

정답 ②

02 제시문과 관련된 사회 제도의 특징으로 가장 옳은 것은?

> 우리나라는 대통령 중심제 국가로, 국민이 투표를 통해 직접 대통령을 선출한다. 그
> 러나 영국, 일본 등의 국가는 의원 내각제 국가로, 국민이 행정부의 수반을 직접 선
> 출하지 않는다.

① 사회 제도는 구성원들의 행동을 규제한다.

② 사회 제도는 어느 사회에나 존재하고 있다.

③ 사회 제도는 한번 형성되면 쉽게 변화하지 않는다.

④ 사회 제도는 지역에 따라 다양한 형태로 나타난다.

해설 다양한 사회 제도들은 공통적으로 구속력과 강제력, 지속성과 안전성, 보편성과 특수성이라는 특징을 가지고 있다. 제시문의 내용은 정치 제도에 해당하며, 어느 국가에나 정치 제도가 존재한다는 점은 보편성에 해당한다. 그러나 국가별로 정치 제도의 구체적인 형태가 다양한 것은 특수성에 해당한다.

정답 ④

03 다음 밑줄 친'이 제도'로 옳은 것은?

> 이 제도는 권력의 획득 및 행사에 관한 제도로서, 사회 질서를 유지하고, 사회 구성
> 원의 안전을 도모하고, 공공복리의 증진을 목적으로 한다.

① 경제제도　　　　② 가족제도　　　　③ 종교제도　　　　④ 정치제도

해설 경제 제도는 희소한 자원을 생산하고 분배 하는 방법에 대한 제도이다. 종교 제도는 믿음과 신앙에 대한 제도이다. 반면 정치 제도는 권력의 획득 및 행사를 통해서 공동체의 질서 유지와 발전을 도모하는 제도이다.

정답 ④

04 제시문과 관련된 사회 제도의 기능으로 옳은 것은?

> 횡단보도에서 사람들은 보행자 신호등에 파란불이 켜지면 길을 건넌다. 그리고 자동차는 차량 신호등의 빨간불이 켜졌을 때 정지선에서 정지한다. 보행자와 운전자 모두 규칙을 지키기 때문에 상대방의 행동을 예측할 수 있고 사고가 발생하지 않는 것이다.

① 기본적 욕구 충족의 기반을 제공한다.
② 사회의 안정적 유지 발전에 기여한다.
③ 한 세대의 지식을 다음 세대에 전달한다.
④ 공동체의 통합에 필요한 자료를 생성한다.

해설 ▶ 사회 제도는 인간의 기본적 욕구를 충족할 수 있는 절차와 방법을 안내해주고 있다. 그리고 사회 제도는 구성원의 행동 범위를 안내하고 제한하여 다양한 사람들의 행동을 예측할 수 있게 함으로써 사회의 기본 질서 유지에 기여한다. 제시문의 경우 사회 제도를 준수함으로써 서로의 행동을 예측할 수 있고 사회가 안정적으로 유지될 수 있음을 보여준다.

정답 ▶ ②

05 제시문에 나타난 사회 제도의 특징을 설명한 것으로 옳지 않은 것은?

> 배가 고픈 사람은 식당에서 음식을 먹을 수 있다. 단, 경제 제도에 따라 음식의 대가를 지불해야 한다. 만약 돈을 지불하지 않을 경우 법 제도에 따라 처벌을 받게 된다.

① 사회 제도는 문화권에 따라 다양한 형태로 나타난다.
② 사회 제도는 구성원의 행동을 규제하는 구속력이 있다.
③ 사회 제도는 사회 구성원의 욕구 충족의 방법을 제한한다.
④ 사회 제도는 강제력을 가지고 있어 이길 경우 처벌을 받을 수도 있다.

해설 ▶ 배가 고플 경우 음식을 먹어야 하지만, 사회의 구성원으로 사회 제도의 틀 내에서 자신의 욕구를 충족해야 한다. 만약 사회 제도의 틀을 벗어날 경우 사회 제도에 의해 비난이나 처벌을 받을 수 있다. 즉, 사회 제도는 구속력과 강제력을 가지고 있는 것이다.

정답 ▶ ①

06 제시문을 통해 유추할 수 있는 사회 제도의 특징으로 옳은 것은?

> 2008년부터 국민이 재판의 과정에 참여할 수 있는 국민 참여재판 제도가 시행되었다. 그동안 재판은 사법부의 전유물이었으나 이제는 국민의 법 감정수준이 재판에 반영될 수 있는 통로가 마련된 것이다.

① 사회 제도는 사회의 유지 발전에 기여한다.
② 사회 제도는 사회 구성원 전체에 영향을 미친다.
③ 사회 제도는 기본 질서 유지 및 변화를 추구한다.
④ 사회 제도는 사회 변동을 반영하여 기능이 변화한다.

해설 ▶ 사회 제도는 한번 형성되면 쉽게 변하지 않는 지속적이고 안정적인 특징을 가지고 있다. 그러나 사회가 변화할 경우 사회 변동을 반영하여 사회 제도의 기능이 변화하기도 한다. 제시문의 경우 국민들의 법의식 수준이 향상됨에 따라 국민이 재판에 참여 하는 방향으로 법 제도가 바뀐 사례이다.

정답 ▶ ④

제2절 가족제도와 교육제도

01 가족제도

1 가족의 의미와 형태

(1) 가족의 의미와 특징

❶ **가족의 의미** : 혈연, 혼인, 입양의 관계로 맺어진 두 사람 이상의 집단을 가족이라 한다. 최근에는 다양한 형태의 가족이 등장함에 따라 폭넓게 정의되고 있다.

　예 할아버지를 사별한 친한 할머니들이 모여서 함께 의지하며 살 경우 기존의 가족의 정의에는 부합되지 않으나(혈연과 혼인, 입양 그 어떤 관계도 아님), 새로운 유형의 가족이라 할 수 있다.

❷ **가족의 특징** : 가장 기본적인 사회 집단으로 구성원들 간에 전인격적인 관계가 형성되는 가장 대표적인 1차 집단이다.

> **가족의 범위(민법 제779조)**
>
> ① 다음의 자는 가족으로 한다.
> 　1. 배우자, 직계 혈족 및 형제자매
> 　2. 직계 혈족의 배우자, 배우자의 직계 혈족 및 배우자의 형제자매
> ② 제1항 제2항의 경우에는 생계를 같이하는 경우에 한한다.

(2) 가족의 기능

❶ **사회 구성원의 재생산 기능** : 자녀의 출산을 통해 새로운 사회 구성원을 계속적으로 충원함으로써 사회의 영속성을 유지할 수 있다. 가장 기본적 기능이다.

❷ **양육과 보호 기능** : 자녀의 양육과 노인의 부양을 통해 사회 보장이 가능하다.

❸ **사회화 기능** : 가족 성원들이 사회생활에 필요한 행동 방식 등을 내면화한다.

❹ **성적 욕구 충족 및 규제 기능** : 개인의 성적 욕구를 충족할 수 있다.

❺ **정서적 안정 제공 기능** : 정서적 안정과 심리적 만족감을 제공하고, 가치관 형성에 기여한다.

❻ **경제적 기능** : 가족의 생계를 위한 생산 및 소비 기능을 담당한다.

❼ **정치적 기능** : 가족 성원 간의 분쟁과 갈등을 해결하고 안정과 통합을 실현한다.

❽ **종교적 기능** : 조상이나 신에 대한 가치관을 심어주고, 제사나 종교 의식을 수행한다.

❾ **여가 및 오락 기능** : 여가 생활 및 휴식을 통하여 재충전의 기회를 제공한다.

(3) 가족 기능의 변화

❶ **원인** : 사회 변동 및 사회 제도의 분화와 전문화로 인하여 가족이 담당하던 기능의 일부가 다른 기관으로 이전됨에 따라 가족의 기능이 약화되고 있다.

❷ **가족 기능의 수행** : 가족 기능의 변화세도 불구하고, 구성원의 재생산 기능, 정서적 안정의 기능은 여전히 가족의 중요한 기능으로 남아 있다. 그러나 최근 들어 재생산 기능 및 정서적 안정의 기능 또한 약화됨에 따라 저 출산 등의 사회 문제가 발생하고 있다.

❸ **가족 기능의 변화 양상**

가족의 기능	변화 양상
사회 구성원의 재생산 기능	저출산 경향이 확산되면서 약화되고 있다.
양육과 보호 기능	다른 사회 기관으로 이전되는 경향이 많다.
사회화 기능	기초적인 사회화만을 담당하고 다른 사회 기관에 의존한다.
성적 욕구 충족 및 규제 기능	성 개방 풍조 및 향락 산업의 확산으로 약화되었다.
정서적 안정 제공 가능	개인주의 경향과 가족 해체 현상으로 인하여 약화되었다.
경제적 기능	생산 기능은 대폭 축소되고 소비 기능에만 치중하고 있다.
정치적 기능	공적인 사회 기관에 의존하게 되면서 약화되는 경향을 보인다.
종교적 기능	형식적인 차원에서 이루어지면서 약화되고 있다.
여가 및 오락기능	외부의 오락 산업에 의존하는 경향으로 약화되고 있다.

(4) 가족의 형태

❶ 확대 가족과 핵가족

구 분	확대 가족	핵가족
구성 범위	3세대 이상, 부모와 그들이 기혼 자녀	2세대 이하, 부부 또는 부모와 그들의 미혼 자녀
시대 배경	많은 노동력이 필요한 농경 사회	사회 아동이 활발한 산업 사회
가족 관계	가족 전체의 결속이 중요	부부의 유대와 결합이 중요
인간 관계	• 지배와 복종 관계 • 종적 관계 중시 • 권위주의와 집단주의	• 애정과 이해 관계 • 횡적 관계 강조 • 민주주의와 개인주의
특징과 장점	• 가문의 결속 도모 • 삶의 지혜나 인생의 경험 전달 • 가풍과 가치관의 전승에 유리 • 안정된 가족생활 가능	• 민주적이고 평등한 가족 관계 유지 • 개성과 창의성 중시 • 여성의 지위 향상 • 사회 아동에 유리
단점	• 여성의 희생 강요 • 개인의 개성과 창의성 발휘 곤란	• 가족 성원 간의 유대감 약화 • 가족 해체 현상 등 부작용 발생 가능성

❷ 새로운 가족 형태

㉠ 의미 : 사회의 변동 및 의식의 변동으로 인하여 이전에는 가족이라 생각하지 않던 집단들이 새로운 가족으로 등장 하고 있다.

㉡ 유형

동거 가족	혼인 신고 없이 사실혼 관계를 이루는 가족
한 부모 가족	모자(母子) 가족 또는 부자(父子) 가족
공동체 가족	혼인이나 혈연 등에 기반을 둔 기존 가족의 틀에서 벗어나 개별 가족이 수행하기 어려운 공동체적 기능을 회복하기 위해 결합한 형태
다문화 가족	결혼 이민자나 귀화한 사람과 우리나라 국민으로 이루어진 가족
조손 가족	부모 없이 할아버지나 할머니와 손자, 손녀가 함께 거주하는 형태의 가족
싱글맘	남편 없이 홀로 아이를 키우는 것을 자발적으로 선택한 가족(고학력 고소득 독신 여성의 증가)
딩크족	맞벌이를 하며 자녀를 가지지 않는 가족(개인주의의 확산)

2 가족 문제의 원인과 해결

(1) 현대 사회의 가족 문제

❶ **의미** : 가족의 여러 가지 사회적 기능 가운데 하나 또는 그 이상수행하지 못하여 발생하는 문제를 가족문제라고 한다.

  예 이혼에 따라 자녀 양육 기능을 수행하지 못하는 것도 그 예이다.

❷ **원인**

  ㉠ 가족 내적 요인 : 가족 구성원이 가족 내에서 자신의 역할을 적절히 수행하지 못할 경우 문제가 발생할 수 있다.

    예 가정이 자녀의 사회화 기능을 제대로 못할 경우 비행 청소년이 나타날 수 있다.

  ㉡ 가족 외적 요인 : 산업화와 개인주의적 가치관의 확산으로 인한 핵가족화, 가족의 변화를 뒷받침하지 못하는 사회 제도나 정책으로 인해 문제가 발생한다.

    예 가부장적 가치관을 가진 부모와 개인주의적 가치관을 가진 자식 사이에서 갈등이 발생할 수 있다.

(2) 사회변화와 가족문제

❶ **산업화와 가족의 변화**

  ㉠ 핵가족화 경향 : 핵가족화 경향으로 인하여 전통적 가치의 쇠퇴, 여성의 가사노동 감소와 지위 향상, 개인주의적 가치관의 팽배에 따른 개인의 자율성과 창의성의 중 시 등의 변화가 나타나게 되었다.

  ㉡ 개인주의 성향의 팽배 : 개인주의 성향은 상부상조 의식의 약화, 효 사상의 쇠퇴, 전통적 가족 체계의 붕괴로 인한 아노미 현상의 발생 등의 영향을 초래하였다.

  ㉢ 부적응 문제의 발생 : 가족 성원 간의 갈등이나 가치관의 혼란 등의 부적응 문제가 나타나게 되었다.

❷ **핵가족화로 인한 문제**

  ㉠ 친족과 지역 사회로부터의 고립 : 가족의 사회 보장적 기능이 대폭 축소되어 결손 가정의 발생 가능성이 높아졌다.

  ㉡ 이혼의 증가 : 여성의 경제적 자립 능력이 증대됨에 따라 이혼으로 인한 생계

유지와 자녀 양육에 대한 불안이 감소되어 이혼이 증간하는 경향을 보인다.
ⓒ 부모와 자녀 사이의 갈등 증가 : 세대 간의 갈등이 늘어나고 부모와 자녀 사이의 대화가 줄어들어 가족 구성원 간의 소외감과 고립감이 증가한다.

3 가족문제를 바라보는 관점

(1) 기능론

1. **내용** : 가족의 기능이 원활하게 수행되지 못하는 상태를 문제로 본다. 가족의 갈등과 해체는 역기능적인 것으로 일종의 병리현상이라 생각한다.
2. **원인** : 가족 구성원 사이의 역할 기대와 역할 수행 사이의 부조화, 가족 구성원의 가치관이나 태도의 결함을 문제의 원인으로 본다.
3. **대책** : 가족 구성원 간의 유대감 증진, 공동체 의식의 강화, 가족의 기능 보완을 위한 복지 제도의 확충 등을 통하여 해결 기능하다고 본다.

(2) 갈등론

1. **내용** : 가족 문제는 가부장제와 같은 남성 지배적인 불평등 구조로 인해 여성과 이동이 차별받게 됨에 따라 발생한 갈등이 표출된 상태라고 본다.
2. **원인** : 희소한 자원을 둘러싼 가족 구성원 간의 불평등한 관계를 가족 문제의 원인으로 본다.
3. **대책** : 가부장제와 같은 제도의 개선과 남녀평등 의식과 민주적인 소통 방식의 정립을 통해 해결 가능하다고 본다.

(3) 상징적 상호작용론

1. **내용** : 가족 문제는 고정된 것이 아니라, 사회 구성원들이 정상적 가족이라는 정형화 된 틀에서 벗어나는 가족에 대해 비정상적인 가족으로 낙인찍음으로써 문제가 발생한 다는 것이 상징적 상호작용론에서 바라보는 가족 문제이다.
2. **대책** : 다양성을 존중하는 태도가 필요하며, 변화하는 가족의 형태와 가족 구성원의 특성을 이해하고 인정하는 태도를 길러야 한다고 본다.

(4) 교환 이론

1. **내용** : 가족문제를 개인들의 합리적인 선택의 결과로 인식한다.

② **원인** : 가족생활을 통해 기대할 수 있는 보상이 자신의 기대에 미치지 못할 경우 문제가 발생한다고 본다.

③ **대책** : 사회적으로 바람직한 선택에 대한 보상을 강화하고, 부정적 선택에 대한 제재를 강화하여 가족 문제를 해결할 수 있다고 생각한다.

4 가족 문제에 대한 대책

(1) 개인적 · 가족적 대책

① 가족 구성원 사이의 원만한 관계 정착 및 유대감 강화를 통한 가족 공동체 의식을 확립한다.

② 현대 사회에 부합하는 새로운 자녀 교육관과 경로 효친 사상 및 효 의식을 정립한다.

(2) 사회적 · 국가적 대책

① 자녀 출산 및 양육과 교육, 노인 복지와 노인 부양에 대한 사회 보장 제도를 확충한다.

② 이혼에 대한 사회적 인식을 전환시킨다.

③ 이혼 가정 보호를 위한 제도적 장치를 마련한다.

02 교육제도

1 교육의 의미와 교육제도

(1) 의미 및 기능

① **의미** : 사회 구성원이 사회에서 필요로 하는 지식 및 기술, 사고방식, 행동 양식 등을 습득하는 과정을 교육이라 한다.

② **기능**

㉠ 개인적 측면 : 사회화를 통해 사회에 적합한 구성원을 기를 수 있으며, 사회 구성원 개인의 자아실현을 가능하게 한다.

ⓛ 사회적 측면 : 교육을 통해 사회의 유지 및 발전이 가능하고, 문화 및 가치관을 후대에 전승할 수 있다.

(2) 발달 과정

❶ **전근대 사회** : 가족, 친족과 같은 비공식적 교육 기관을 통해 이루어지는 경우가 많았고, 특정한 신분이나 사회 계층만이 제도화된 교육을 받을 수 있었던 엘리트 교육 체계를 지니고 있었다.

❷ **근대 이후의 사회** : 학교를 중심으로 하는 공교육 체계가 확립됨에 따라 일반 대중들이 제도화된 교육의 혜택을 받을 수 있게 되었다. 이와 함께 대중 교육 또는 의무 교육 제도가 확립되었다.

❸ **현대 사회**

㉠ 사회가 다원화되고 복잡해졌으며 지식 정보의 양이 크게 늘어나고 직업이 분화됨에 따라 교육 기관은 더욱 전문화되고 있다.

ⓛ 제도 교육 이외에도 평생 교육과 사회 교육의 중요성이 부각되고 있다.

2 교육에 대한관점

(1) 기능론

❶ **기능**

㉠ 사회화 기능 : 교육은 사회의 유지 존속에 기여하고 있으며, 사회 구성원들에게 필요한 지식 및 가치관을 내면화하게 한다.

ⓛ 인재 선발 기능 : 사회 각 분야에서 역할을 수행할 능력이 있는 사람을 선발하는 기능을 담당한다. 교육은 사회 계층 이동의 기회를 제공한다는 점에서 사회적 불평등 해소에 기여하고 있으며, 인재를 적재적소에 배치하여 사회적 효율을 극대화한다.

❷ **한계** : 현실적으로 모든 구성원에게 교육 기회가 균등하게 배분되는 것이 아니며, 개인의 능력이나 노력 이외의 요인이 학업 성취에 영향을 미치는 것을 간과한다.

(2) 갈등론

❶ **기능** : 지배 계급과 피지배 계급에 대한 교육이 차별적으로 이루어져 기존의 계

급 구조가 교육을 통해 고착화된다. 교육은 기득권층의 이득을 대변하고, 현상 유지를 강화하여 불평등을 지속시키며, 오히려 사회 이동을 어렵게 한다.

❷ **한계** : 교육을 통해서 수직적 계층 이동을 하는 경우를 설명하지 못한다.

3 교육의 기회균등

(1) 교육의 기회 균등의 의미

교육을 받을 수 있는 기회가 모든 사람에게 동등하게 보장되어야 함을 의미한다. 이는 교육 수준이 사회 구조적 요인이 아니라 개인의 능력에 따라 배분되어야 함을 뜻한다.

(2) 기회 균등 의미의 변화

❶ **접근 기회의 평등** : 근대 이전의 경우 특수 계층의 자녀에게만 교육의 기회가 부여되었으나, 현대에는 의무 교육 제도를 통해서 누구나 차별 받지 않고 교육 받을 수 있는 기회를 보장하고 있다. 즉, 학교 교육에 대한 접근 기회를 동등하게 보장하고 있으며, 자신의 노력과 능력에 따라 고등 교육을 받을 수 있다.

❷ **교육 결과의 평등** : 접근 기회의 평등에도 불구하고 환경의 차이로 인하여 학생의 학업 성취도의 차이가 발생하고 있다. 최근 들어 접근 기회가 안정적으로 보장된 이후에는 교육 결과의 평등에도 관심이 높아지고 있다.

❸ **공교육 강화 및 의무 교육의 확대** : 근대화 이후 교육이 사회 구성원의 권리로 인식됨에 따라 국가의 주도로 교육이 하나의 제도로 정착되었으며, 의무 교육이 점차 확대되고 있다. 우리나라는 현재 중학교까지 의무 교육이 확대되었다. 의무 교육 및 공교육이 확대될수록 교육의 기회 균등의 가능성은 커지게 된다.

❹ **교육 기회의 불평등** : 접근 기회의 평등에도 불구하고 지역적 · 경제적 요인에 따라 교육 기회의 불평등(교육 결과의 불평등) 문제가 발생하고 있다.

예 도시가 농촌에 비하여 다양한 교육 기회에 존재하고 있으며, 경제적 지위가 높을수록 사교육을 더 받을 수 있을 것이다.

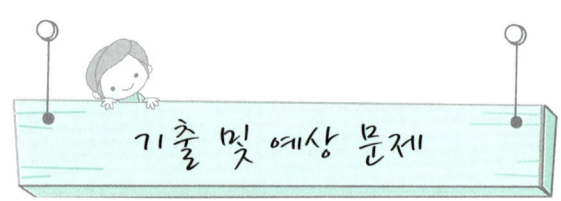

01 다음 중 (가)~(다)에 설명으로 옳은 것은?

  (가) 일부일처제   (나)일부다처제   (다) 일처다부제

① (가)는 성비 불균형으로 나타날 수 있다.

② (가)와 (나), (다)를 구분하는 기준은 배우자의 수이다.

③ (다)는 (가)에 비하여 가족 노동력 확보에 물리하다.

④ (나)와 (다)는 문화 발전이 더딘 사회에서 주로 나타난다.

해설 가족의 형태는 배우자 수에 따라 일부일처제(한 명의 남편과 한 명의 아내), 일부다처제(한명의 남편과 여러 명의 아내), 일처다부제(한 명의 아내와 여러 명의 남편) 로 구분할 수 있다. 일부다처제나 일처 다 부제는 그 집단이 처한 환경에 적응한 하나 의 문화로서, 일부일처제에 비하여 미개한 문화라 할 수 없다.

정답 ②

02 다음의 제시된 사회에 적합한 가족의 유형에 대한 설명으로 옳은 것은?

  • 이전에 비하여 가정과 직장의 통합이 진전되며, 생산 활동에 남성과 여성이 거의 동등하게 참여한다.
  • 개인주의적 가치관이 확산됨에 따라 개인의 행복이 중시되고 있다.

① 가계의 계승과 영속성을 중시한다.

② 자녀양육의 문제가 발생할 수 있다.

③ 가족의 사회화 기능이 더욱 강화된다.

④ 가족 관계는 형제를 중심으로 이루어진다.

해설 가족의 유형은 크게 확대 가족과 핵가족으로 구분된다. 이중 핵가족은 부부 중심의 가족 유형으로, 구성원의 관계가 수평적이고 개인의 자유가 중시되는 특징을 가지고 있다. 그러나 구성원간의 유대감이 약화될 수 있으며, 사회화 양육 등 가족의 기능이 약화되는 문제점이 발생할 수 있다. ① 가계의 계승과 영속성의 중시, ③ 사회화 기능의 강화는 확대 가족의 특징이다.

정답 ②

03 다음과 같은 사회 현상의 원인으로 적절한 것은?

  인구 1천명당 이혼 건수가 크게 증가하였고, 1인 가구의 비율이 크게 증가하였다.

① 출산율의 감소   ② 개인주의의 확산

③ 초혼 연령의 상승   ④ 가족의 사회화 기능강화

해설 이혼율의 증가, 1인가구의 증가는 가족 문화의 변화에 따른 최근의 가족 모습이다. 이는 가부장적 질서를 중시한 과거에 비하여 개인주의적 가치관이 확대됨에 따라 나타난 현상이라 할 수 있다. ① 출산율의 감소로 인하여 노령화 현상이 심화되고 있다. ③ 초혼 연령의 상승은 저출산 현상으로 이어지고 있다. ④ 확대 가족의 비중이 감소함에 따라 가족의 사회화 기능 또한 약화되고 있다.

정답 ②

04 다음 빈칸에 들어갈 말 중 관점이 다른 하나는?

> 최근 들어 이혼율이 크게 상승하고 있습니다. 이와 같은 현상의 원인으로는 _____.

① 가족 구성원이 제 기능을 하지 못했기 때문이다.

② 가족에 대한 관심과 애정의 부족이 원인이다.

③ 사회적 병리 현상으로 문제의 해결이 가능하다.

④ 이혼을 사회 문제로 바라보는 관점이 문제이다.

해설 선택지는 모두 이혼이라는 사회 문제가 발생하는 원인에 대해 말하고 있다. 이혼을 가족의 제 기능을 하지 못하였기 때문에, 가족 간의 애정이 부족하기 때문에 발생한 병리 현상으로 바라보는 관점은 기능론이다. 기능론에서는 사회 문제를 일종의 병으로 보고 사회가 제 기능을 수행하면 치유 가능하다고 본다. ④는 이혼을 사회 문제로 규정하였기 때문에 사회 문제로 인식된다고 생각하는 상징적 상호작용론이다.

정답 ④

05 다음과 같은 가족의 정의에 대한 설명으로 옳은 것은?

> 가족은 자신들 스스로 가족이라 생각하면서 일반적인 가족의 임무를 수행하는 두 명 이상의 사람들을 의미한다.

① 가족의 재생산 기능을 중시한다.

② 확대 가족의 형태를 전제로 하고 있다.

③ 다양한 가족의 유형을 설명할 수 있다.

④ 가족의 사회화 기능에 초점을 두고 있다.

해설 전통적 가족은 혈연, 혼인, 입양으로 맺어 진 2사람 이상의 집단을 의미한다. 그러나 최근 들어 기존의 가족의 기준에 해당하지 않으나 실질적으로 가족의 역할을 하는 집단이 등장하고 있으며, 제시문 또한 이에 해당한다. 이와 같은 대안 가족은 가족 고 유의 기능인 재생산 기능, 사회화 기능은 제한되나, 정서적 안정 기능 등은 수행할 수 있다.

정답 ③

06 다음 표를 바탕으로 가족의 기능 변화에 대한 추론으로 옳은 것은?

구분	1985년	2000년
총 인구(천 명)	3,469	3,479
가구당 평균 가구원 수(명)	5.13	3.02
연평균 가족 여행 빈도(회)	1.2	4.9

① 사회화 기능은 약화되고 있다.

② 사회 성원 충원의 기능은 강화되고 있다.

③ 여가와 오락을 제공하는 기능은 강화되고 있다.

④ 양육과 보호 기능은 다른 사회 제도로 분화되고 있다.

해설 ②제시된 표에서 총인구는 정체되어 있으며, 가구당 평균 가구원 수가 줄어들고 있음을 통해 사회 구성원의 재생산 기능이 약화되고 있음을 알 수 있다. 반면 가족 여행 빈도가 늘어남을 통해서 가족의 여가와 오락제공기능이 강화됨을 알 수 있다. ① 사회화 기능 및 ④ 양육과 보호 기능은 제시 된 표를 통해 확인할 수 없다.

정답 ③

07 제시문에 대한 설명으로 옳은 것은?

> 갑 : 가족은 혼인, 혈연 또는 입양으로 맺어진 사회 집단이다.
> 을 : 가족은 자신들 스스로가 가족으로 생각하면서 일반적인 가족의 의무를 수행하는 두 명 이상의 사람들을 의미한다.

① 갑과 을은 확대 가족을 전제로 하고 있다.

② 갑은 을에 비해 가족의 기능에 초점을 두고 있다.

③ 을은 갑에 비해 가족 구성원의 재생산을 중시한다.

④ 다양한 유형의 가족을 이해하기에는 을의 정의가 더 적합하다.

해설 갑은 기존의 가족에 대한 정의이고, 을은 최근 새로 등장한 가족에 대한 정의이다. ① 확대 가족과 두 정의는 관계 없다. ② 갑은 가족의 혼인, 혈연, 입양이라는 기준을 제시하고 있는 반면, 을은 가족의 기능을 중시하고 있다. ③ 을의 경우는 재생산이 불가능한 경우도 가족이라고 인정하고 있으므로, 재생산을 중시하는 것은 갑이다.

정답 ④

08 다음의 A와 B에 공통적으로 해당하는 가족 형태에 대한 설명으로 옳지 않은 것은?

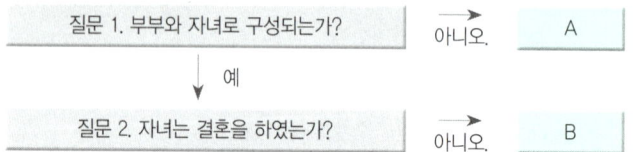

① 이동이 빈번한 사회에 적합한 가족 형태이다.

② 여성의 사회적 지위가 상대적으로 높은 가족 형태이다.

③ 가족의 전통적 기능이 유지·강화될 수 있는 가족 형태이다.

④ 이러한 가족 형태가 증가할 경우 노인 부양 문제의 심화를 초래할 수 있다.

해설 핵가족의 기준은 부부 또는 부부와 결혼하지 않은 자녀로 구성된 가족이다. 질문에 해당하는 가족 형태는 핵가족 이다. ③ 가족의 전통적 기능이 유지·강화될 수 있는 가족 형태는 확대 가족이 적합하다.

정답 ③

09 제시문의 관점에서 가족 문제를 바라본 사례로 옳은 것은?

> 인간의 행위를 비용과 그에 따른 보상을 교환하는 관계로 보는 관점이다.

① 이혼은 보상이 기대에 미치지 못함에 따라 발생한 문제이다.

② 이혼은 가족 내의 불평등한 권력 구조로 인하여 발생한 문제이다.

③ 이혼은 가족 구성원이 제 기능을 수행하지 않음에 따라 발생한다.

④ 이혼은 사회 구성원들이 문제라고 낙인찍음에 따라 발생한 문제이다.

해설 제시문은 가족 문제를 바라보는 관점 중 교환 이론에 해당한다. 교환 이론에 따르면 이혼이라는 가족 문제는 개인 의 합리적인 선택의 결과이며, 결혼을 통해서 개인이 얻을 수 있는 것에 비하여 잃는 것이 많다면 이혼이 바람직 하다고 생각한다. ④는 상징적 상호작용론에 해당한다.

정답 ①

10 다음과 같은 가족 문제를 기능론적 관점에서 바라보는 것은?

구분	1995년	2000년	2005년
출산율(명)	1.63	1.47	1.08

① 저출산은 전 세계적인 일반적인 현상으로 가족 문제라할수 없다.

② 여성이 출산을 포기하는 것은 보상과 기대에 따른 합리적 선택이다.

③ 여성이 아이를 편하게 키울 수 있는 육아 복지 제도의 확충이 필요하다.

④ 여성에게 육아의 부담이 집중되는 불평등한 가족 내 권력 구조를 개선해야 한다.

해설 제시된 표는 가족 문제 중 저출산 문제를 제시하고 있다. ① 상징적 상호작용론에 따르면 가족 문제는 사회 구성원들이 문제로 인식하기 때문에 문제가 된다고 본다. 즉, 시대와 지역에 따라 문제의 기준이 변화할 수 있다 ② 보상과 기대에 따른 선택은 교환 이론에 해당한다. ④ 갈등론적 관점에 해당한다.

정답 ③

---

11 표는 가족 제도를 비교한 것이다. (가), (나)에 대한 설명으로 옳지 않은 것은?

(가)	(나)
• 부부와 결혼한 자녀로 구성 • 가부장적 가치관 중시 • 농경 시대에 적합한 가족 형태	• 부부 중심 • 개인주의적 가치관 중시 • 산업화 시대에 적합한 가족 형태

① (가) – 여성의 가족 내 역할은 남성에 비해 제한되었다.

② (가) – 가사 및 육아의 부담을 남성과 여성이 분담하였다_

③ (나) – 여성의 사회적 지위가 향상되었다.

④ (나) – 여성의 경제 활동 참여율이 높아졌다.

해설 (가)는 확대 가족, (나)는 핵가족에 해당한 다. 확대 가족의 경우 가부장적 가치관 아래에서 여성에 대한 성 불평등 문제가 발생 하였다. 여성은 남성에 비하여 가족 내에서의 역할이 제한적이었으며, 가사 및 육아의 부담은 하성의 몫이었다. 그러나 핵가족의 가족 제도가 변화하며 여성의 지위는 향상 되었고, 여성의 경제 활동 참여율 또한 높아졌다.

정답 ②

---

12 교육을 바라보는 관점이 제시문의 을과 같은 것은?

갑 : 빈농의 아들로 태어나 ○○그룹의 회장이 된 K씨 이야기 들어봤어?

을 : 누구든 열심히 공부하면 그렇게 될 수 있을 거야.

① 교육은 폐쇄적 계층구조의 유지에 기여한다.

② 평가에는 사회 경제적 배경이 더 큰 영향을 미친다.

③ 개인의 능력과 노력이 학교에서의 평가에 반영된다.

④ 불공평한 선발 기능은 계층적 세습 지위를 정당화한다.

해설 제시문의 을은 기능론적 관점에서 교육을 바라보고 있다. 기능론에 따르면 개인의 노력과 능력에 따라 학교에서 평가를 받으며, 이에 따라 사회적 이동이 가능하다고 바라본다. 반면 갈등론에서는 개인의 노력과 능력보다는 사회 경제적 배경이 더 중요한 영향을 미치며 이에 따라 계층적 세습 지위가 이루어진다고 주장한다.

정답 ③

13 제시문과 같은 관점에 대한 설명으로 옳은 것은?

> 학교는 공식적인 교육 과정의 이면에 감추어져 있는 잠재적 기능을 수행하는데, 그 것은 기존의 사회 체제 및 불평등 구조를 재생산하는 것이다.

① 교육을 통해 사회적 수직 이동이 가능하다고 본다.

② 교육이 사회적 불평등 해소에 기여한다고 생각한다.

③ 교육은 사회 적재적소에 인재를 배치하는 기능을 수행한다.

④ 지배 계급과 피지배 계급 간에 교육이 차별적으로 이루어진다고 본다.

해설 제시문은 교육에 대하여 갈등론적 관점에서 바라보고 있다. ①, ②, ③은 모두 기능론적으로 교육을 바라보고 있다. ⓒ 갈등론적 관점에서는 교육이 지배 계급과 : 피지배 계급 간에 차별적으로 이루어지기 때문에 교육은 불평등한 사회 구조를 고착화시킬 수 있는 것이다.

정답 ④

14 제시문의 내용에 부합하는 주장으로 옳은 것은?

> 상대적으로 부모의 월 소득이 100만 원이 많은 자녀의 영어 성적은 그렇지 않은 부 모의 자녀보다 영어 성적이 2.9계단 높았다. 영어 성적은 도농 간 성적의 차이에서도 두드러졌다. 읍 면·도서벽지 학생의 영어 성적이 도시 지역 학생의 성적에 비하여 현저히 낮게 나타났다.

① 교육은 개인의 능력을 반영하고 있다.

② 모든 국민은 동일한 교육 기회를 받고 있다.

③ 누구나 접근 기회를 동등하게 보장받고 있다.

④ 교육 수준이 사회 구조적 요인에 의해 배분되고 있다.

해설 제시문에 따르면 부모의 재산 그리고 거주 지역에 따라 성적의 차이가 발생하고 있다. 이에 따르면 개인의 능력보 다는 사회 구조적 요인에 의해 평가 결과가 달라질 수 있음을 알 수 있다. 그리고 지역에 따라 재산에 따라 동일한 교육 기회를 받고 있지 않음을 알 수 있다.

정답 ④

15 제시문과 같은 제도에 대한 설명으로 옳은 것은?

> ○○ 대학교에서는 농어촌특별전형을 통하여 농촌 거주 학생들을 정원 외로 선발하고 있 다. 농어촌특별전형의 합격 점수는 일반 전형에 비하여 다소 낮은 것으로 알려져 있다.

① 사교육의 폐해를 예방하기 위한 제도이다.

② 누구에게나 동일한 교육 결과를 보장하고자 한다.

③ 학교 교육에 대한 접근 기회를 동등히 보장하고자 한다.

④ 환경의 차이에 의한 학업 성취도 차이를 보완하는 제도이다.

해설 공교육에 대한 접근 기회를 동등하게 보장하고 있음에도 불구하고 환경의 차이로 인하여 교육 결과의 불평등이 나타 나게 된다. 개인의 노력과 능력에 차이에 따른 교육 결과의 불평등은 불가피한 현상이지만, 환경의 차이에 의한 교육 결과의 불평등을 예방하기 위하여 제시문과 같은 제도들이 도입되고 있다. ② 누구에게나 동일한 교육 결과를 보 장하는 것은 바람직하지 않다. ③ 접근 기회의 보장에도 불구하고 나타나는 문제점을 예방하고자 하는 제도이다.

정답 ④

16 교육을 바라보는 관점이 제시문라 같지 않은 것은?

> 교육 수준은 개인의 능력과 노력의 결과물인 만큼 교육 결과의 무조건적인 평등은 바 람 직하지 않다.

① 학업 성취도의 차이는 불가피한 현상이다.

② 교육 과정에서의 교육 수준의 차이를 최소화해야 한다.

③ 교육 수준의 차이는 효율을 높일 수 있는 동기 요소이다.

④ 개인의 능력과 노력을 발휘할 수 있도록 공교육의 확대가 필요하다.

해설 ▸ 제시문은 기능론적 관점에서 교육 수준을 바라보고 있다. 기능론에 따르면 교육 수준은 개인의 능력과 노력의 결 과인 만큼 ① 학업 성취도의 차이는 불가피하며, ③교육 수준의 차이는 오히려 학생들에게 공부를 할 수 있는 하 나의 자극이 된다고 본다. ④다만 교육 수준에 개인의 능력과 노력이 반영될 수 있도록 공교육 제도의 확대가 필 요 하다고 주장한다. ② 기능론에서는 교육 수준의 차이는 당연한 것으로 인식한다.

정답 ▸ ②

17 다음과 같은 정책에 대한 설명으로 옳지 않은 것은?

> 우리나라 정부는 현재 중학교까지 의무 교육 제도를 확대 실시하고 있다.

① 교육 결과의 평등을 보장하지는 못한다.

② 접근 기회의 평등을 이루기 위한 정책이다.

③ 교육이 사회 구성원의 권리로 인식된 결과이다.

④ 이 정책으로 인하여 교육 기회의 불평등 문제가 해결되었다.

해설 ▸ 공교육 제도의 확대는 교육 기회 균등을 위함이다. 누구나 일정 수준의 교육을 받을 수 있도록 의무 교육 제도를 운영하고 있다. 하지만①, ② 의무 교육은 교육기회의 평등을 추구하는 정책이지, 교육 결과의 평등을 보장하는 정책은 아니다 ③ 국가가 교육에 적극적으로 개입하게 된 계기는 교육을 국민의 권리로 인식하게 되었기 때문이 다. ④ 공교육을 통한 의무 교육제도 시행에도 불구하고 사회 경제적 또는 지리적 격차에 의해 교육 기회의 불평등 문제는 여전히 남아있다.

정답 ▸ ④

18 다음과 같이 학교를 바라보는 관점에 대한 설명으로 옳지 않은 것은?

> 학교는 새로운 세대에게 사회에서 생산적이고 질서 있는 삶을 살아갈 수 있도록 적절 한 행동을 가르침으로써 사회의 유지와 존속에 기여한다.

① 사회가 규정한 제도와 역할을 따르는 것은 당연하다.

② 학교의 성적은 개인의 능력과 노력을 반영하지 못한다.

③ 학교 교육을 바탕으로 수직 이동이 가능하다고 생각한다.

④ 계층화에 따른 개인의 성취동기 자극을 긍정적으로 본다.

해설 ▸ 제시문은 학교를 기능론적 관점에서 바라보고 있다. 선택지 중 ①, ③, ④는 기능론적 관점에 해당한다. 반면 ② 의 경우 학교 성적이 개인의 능력과 노력이 아니라 개인의 사회적 배경의 영향을 받는다고 보고 있으므로 갈등론 적 관점에 해당한다.

정답 ▸ ②

제3절 종교 제도와 대중 매체

01 종교제도

 종교의 본질

❶ **의미** : 종교는 성스러운 존재나 세계에 대한 믿음을 의미하며, 이를 통해서 인간은 삶과 죽음, 삶의 가치와 같은 인간의 존재에 대한 문제를 해결해 나가고 있다.

❷ **구성 요소** : 모든 종교는 믿음의 대상, 종교 의례, 공동체의 3가지 구성 요소를 가지고 있다.

> 예 기독교의 경우 믿음의 대상이 명확하고, 매주 일요일 교회에 나가는 종교 의례를 가지고 있으며, 교회라는 공동체를 통해서 종교 활동을 한다는 점에서 3가지 구성 요소를 갖추고 있다.

❸ **원시 종교의 종류**

> ㉠ 정령 신앙(애니미즘) : 자연 속의 초자연적인 힘의 존재를 믿는 단순한 초자연 숭배 신앙을 정령 신앙이라 한다. 정령 신앙은 만물 속에 신이 있다고 믿는다.

> ㉡ 무속 신앙(샤머니즘) : 인간과 영혼의 세계를 연결, 중재해 주는 무당이 사제의 기능을 수행하며 인간의 길흉회복을 대리 관장해 준다고 믿는 신앙이다.

> ㉢ 토템 신앙(토테미즘) : 씨족의 기원과 성스러운 속성이 어떤 특정 동물이나 식물에 깃들어 있다고 믿는 신앙이다.

종교의 기능

❶ **개인적 차원** : 종교는 개인에게 삶의 의미와 목적을 제공하고 있으며, 심리적 안정과 만족감을 제공할 수 있다. 이는 많은 사람들이 종교를 믿으며 지속적인 종교 활동을 하는 이유이다.

❷ **사회적 차원**

> ㉠ 사회 통제 기능 : 종교는 종교적 가르침과 의례를 통해 사회 통제 및 질서 유지 기능을 수행한다.

> 예 모세의 십계명은 공동체의 구성원이 지켜야 할 일종의 규칙으로, 현재도

기독교인들은 십계명을 존중하며 따르고 있다.

ⓛ 사회 통합 기능 : 종교는 구성원에게 공통의 가치와 규범을 제공하여 소속감을 고취 시키며 결속력을 증진시킨다. 일반적으로 같은 종교를 가지고 있다는 사실만으로 공동체 의식을 가지게 되며, 하나의 내집단을 형성하게 된다.

ⓒ 사회 변동 기능 : 종교는 기존 질서의 모순을 지적하는 기능을 수행하고, 새로운 가치를 제시하기도 한다.

　예 조선 말의 '서학'의 경우 조선 신분제 사회의 모순을 제시하고 평등사상이라는 가치를 제시하였다. '동학'의 경우 '동학농민 운동'이라는 실질적인 혁명으로 이어지 기도하였다.

3 종교 갈등의 해결 방안

❶ **개방적 자세** : 종교 갈등을 예방하고 해결하기 위해서는 나와 다른 가치를 그 자체로 인정하고 존중할 수 있는 개방적 자세가 필요하며, 다른 종교 또한 하나의 종교로 존중 하고 이해할 수 있어야 한다.

❷ **다른 종교와의 공존 모색** : 우리 사회가 다문화 사회, 다종교 사회로 변화하고 있음에 따라 다른 종교와의 공존의 중요성이 더욱 증대되고 있다.

대중 매체는 개정 교육과정에서 하나의 독립된 중단원으로 구성되어 있고 최근들어 대중 매체의 중요성이 증대함에 따른 편성으로 보이고 있다. 대중 매체의 특징, 유형, 기능론과 갈등론의 입장 등을 꼼꼼히 기억해 두자.

02 대중매체

1 대중 매체의 특징과 유형

(1) 대중 매체의 의미

불특정 다수에게 대량의 정보를 전달하는 매체를 대중 매체라 한다. 텔레비전, 라디오, 잡지, 신문 등이 대표적 대중 매체이며 이러한 대중 매체는 대중문화의 형성에 결정적으로 기여하였다.

(2) 대중 매체의 특징

❶ **전문성** : 전통적 대중 매체는 직업적 전문성을 가진 사람들에 의해 만들어진다. 예를 들어 텔레비전 방송은 PD, 엔지니어 등 전문가들의 생산물이다. 그러나 최근에는 정보 통신 기술의 발전으로 비전문가에 의한 정보 생산 또한 가능해지고 있다. SNS가 가장 대표적 사례이다.

❷ **대중성** : 대중 매체는 특정한 계층이 대상이 아니라 다양한 계층의 불특정 다수를 대상으로 정보가 전달된다. 즉, 과거의 매체는 귀족이나 왕실과 같이 특정한 계층이 대상 이었으나, 대중 매체는 다수가 대상이다. 대중 매체로 인하여 대중문화가 형성되게 된 것이다.

(3) 대중 매체의 발전과 영향

❶ **대중 매체의 발전**

㉠ 대중 매체의 발전은 관련 기술의 발전과 관련 있다. 인쇄술, 영상 기술, IT 기술의 발전에 따라 대중 매체가 발전하고 있다.

㉡ 인쇄술(인쇄 매체 : 신문. 잡지 등) → 음성 기술(음성 매체 : 라디오, 테이프 등) → 영상 기술(영상 매체 : 텔레비전, 비디오 등) → 인터넷 기술(뉴미디어 : 인터넷, 휴대 전화, SNS 등)

② 대중 매체의 영향 : 대중 매체로 인하여 대중이 사회의 중심이 되는 대중 사회가 형성 되었으며, 대중 매체를 통하여 민주주의적 가치관이 확산되게 되었다.

2 대중 매체의 비판적 수용 자세

❶ **대중 매체의 영향** : 대중의 일상적인 삶의 방식에 영향을 줄 수 있는 대중 매체의 영향력이 강해질 경우 이를 받아들이는 대중은 수동적 존재로 전락할 수 있다. 또한 대중 매체에 대한 의존도와 신뢰도가 높을수록 대중 매체는 대중들의 인식, 태도, 행동을 이끌어 가게 된다.

예 대중 매체에서 몸에 좋은 음식이라고 소개되면 다음 날 대형 마트에서 해당 음식이 동나는 경우

❷ **비판적 수용 자세의 중요성** : 대중 매체는 객관적 진실만을 보도하지는 않기 때문에, 올바른 판단과 인식을 하기 위해서는 대중 매체의 정보를 비판적으로 수용할 수 있어야한다. 대중은 수동적인 정보의 소비자가 아니라 능동적이고 주체적으로 대중문화를 받아들일 수 있어야 한다.

01 다음 매체의 공통적인 특징으로 옳지 않은 것은?

> 음성매체 : 라디오   영상매체 : 텔레비전   문자매체 : 신문, 잡지

① 오락과 휴식 기능을 제공한다.

② 비공식적 사회화 기관에 해당한다.

③ 정보 소비자의 정보 생산 참여가 낮다.

④ 대중들과 실시간으로 소통이 가능하다.

해설 음성 매체와 영상 매체, 문자 매체는 매체의 특성에 따라 대중 매체를 구분한 것이다. 이러한 대중 매체들은 모두 정보의 생산자와 수용자가 구분되고, 수용사의 정보 의 생산에 참여가 제한된다는 점에서 일방향 매체이다. 대중 매체는 기본적으로 사회 화 기능을 하고 있으나, 전문적인 사회화 기관이 아니기에 비공식적 사회화 기관에 속한다. ④실시간 그리고 소통은 양방향 매체의 특징이다. 소통은 단순한 전달이 아니라 상호 커뮤니케이션이 되어야 가능할 것이다.

정답 ④

02 제시문과 관련된 대중 매체의 특징으로 옳은 것은?

> 텔레비전에 맛집을 소개하는 프로그램이 늘어나고 있다. 방송이 나간 당일 텔레비전에 출연한 집에 가면 손님이 평상시의 2배 이상 몰려 줄을 서야 할 정도이다. 텔레비전 프로그램에서 몸에 좋은 음식이라 소개되면 바로 품귀 현상이 벌어진다.

① 정보의 조작이 어렵다.

② 정보 소비자의 참여 가능성이 높다.

③ 구성원의 규격화된 행동 양식을 조장한다.

④ 다품종 소량 생산 방식을 가능하게 하였다.

해설 대중 매체의 일방향 소통이라는 특성상 대중들의 무비판적이고 수동적인 태도가 조장될 수 있다. 제시문 또한 대중들의 수동적이고 무비판적인 자세를 보여주고 있다. 이와 같은 대중매체는 구성원의 규격화된 행동 양식을 조장할 수 있다. ①, ②, 는 양방향 소통이 가능한 매체의 특징이다.

정답 ③

03 다음의 사례가 속하는 대중 매체의 특징으로 옳은 것은?

> 정부는 정보통신기술을 이용하여 시간과 장소의 제약 없이 업무를 수행하는 유연한 근무 형태인 스마트워크 방식을 적극 도입하기로 하고, 공무원과 민간 기업에 확산시키는 것을 추진하고 있다. 2015년까지 전체 노동 인구 중 약 30%가 이 방식으로 일할 수 있도록 할 방침이다.

① 획일적인 정보를 제공한다.　② 산업 사회에서 가장 발달한다.

③ 정보의 전달 방향이 양방향적이다.　④ 대중의 행동을 획일화할 수 있다.

해 설 〉 스마트워크는 모바일 기기 또는 영상 회의 등 뉴미디어를 적극 활용하여 업무를 수행 하는 새로운 근무 형태이다. 이는 인터넷, SNS 등을 이용하여 기존의 대중 매체와 달리 양방향 소통이 가능하기 때문에 가능 한 일이다. ①, ② 획일적인 정보의 제공은 기존 대중 매체의 특징으로 산업 사회에서 발달하였다.

정 답 〉 ③

04　IPTV의 등장으로 일어날 사회변화에 대한 추론으로 적절한 것은?

> IPTV는 케이블 방송과 비슷해 보이지만 인터넷의 특성인 양방향성을 가졌다는 점에서 기존의 대중 매체와 뚜렷이 구분된다.

① 정보 생산의 획일성이 심화될 것이다.

② 사생활 침해 가능성이 더욱 감소할 것이다.

③ 대중 매체에 대한 수요자의 선택이 중요해질 것이다.

④ 대중문화를 수동적 수용하는 경향이 강화될 것이다.

해 설 〉 인터넷을 기반으로 한 양방향성은 정보 사회의 특징이다. 선택지 중 정보 사회의 특징에 해당하는 것은 ③이다. 과거 산업 사 회(대중 사회)의 경우 수요자는 대중 매체로부터 일방적인 정보를 전달받을 뿐이었으나, 오늘날의 수요자는 양방향 소통을 바탕으로 선택할 수 있다. ① 정보 생산의 획 일화 및 ⓒ 수동적 수용은 산업 사회의 특징이다. 정보 사회의 부정적인 측면으로는 정보 독점, 문화적 종속, 정치적 무관심 증대, 사생활 침해, 인간 소외 등이 있다.

정 답 〉 ③

05　다음은 대중 매체와 사화 구성원의 관계를 도식화한 것이다. 이에 대한 추론으로 옳지 않은 것은?

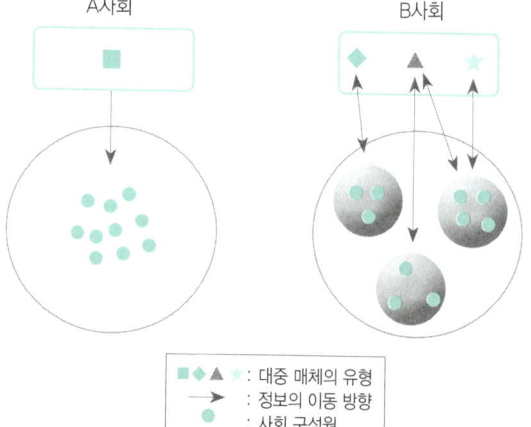

① A사회에서는 B사회에 비해 대중 매체를 통한 여론 조작이 용이할 것이다.

② A사회에서는 B사회에 비해 사회 구성원의 규격화된 행동 양식이 적게 나타날 것이다.

③ B사회에서는 A사회에 비해 사회 구성원의 능동성이 많이 발휘될 것이다.

④ B사회에서는 A사회에 비해 대중 매체를 통한 사회화가 차별적으로 이루어질 것이다.

정답 ②

06 인터넷, SNS와 같은 매체의 특징으로 옳은 것은?

① 규격화된 행동 양식을 조장한다.

② 매체 이용자의 능동성이 많이 발휘된다.

③ 전 국민을 대상으로 사회화가 이루어진다.

④ 대중 매체를 통한 여론 조작이 용이하다.

정답 ②

07 다음에 해당하는 대중 매체에 대한 설명으로 옳은 것은?

질문 1) 정보 생산자의 전문성이 높은가? → 아니요
질문 2) 정보 수용자의 생산 참여 가능성이 높은가? → 예

① 획일적인 정보를 제공한다.

② 정보 사회에서 발달하는 매체이다.

③ 인쇄술의 발달에 따라 증가한 매체이다.

④ 정보 전달의 속도는 느리지만, 정보의 양는 많다.

정답 ②

08 다음과 같은 신조어와 관련된 대중 매체의 특징으로 옳은 것은?

마이크로미디어족 : 매스미디어 대신 손수 제작한 UCC, 블로그, 미니홈피 등을 즐기는 사람들

① 문맹자도 이용 가능하다.

② 정보 전달의 속도가 느린 편이다.

③ 앞을 볼 수 없는 사람도 이용이 가능하다.

④ 대중이 정보 생산자로 참여 가능하다.

정답 ④

09 다음 설문조사를 통해 유추할 수 있는 대중 매체의 특징으로 옳은 것은?

> * 온라인을 통한 TV 시청 방법 (복수 응답)
> − TV 방송사사이트의 다시보기 : 70%   − 카페, 클럽, 블로그, 미니홈피 : 40%
> − 포털 사이트 : 22%   − 파일 공유 사이트 : 52%

① 정보의 전달 속도가 빠르다.
② 민주주의적 가치관의 확산에 기여한다.
③ 대중 매체가 인터넷으로 통합되고 있다.
④ 불특정 다수를 대상으로 정보가 전달된다.

해 설 인터넷을 기반으로 한 뉴미디어의 등장 이후 기존 대중매체의 통합 현상이 가속화되고 있다. 책, 신문, 라디오, 텔레비전 등 다양한 매체들이 인터넷을 통한 뉴미디어(스마트폰 등)로 통합되고 있다.

정 답 ③

10 다음 사회의 특징으로 옳은 것은?

> 컴퓨터와 네트워크 기술이 급격히 발달하면서 시공간의 장벽을 뛰어넘는 활동의 가능성이 증대되었고, 대중의 사회적 의제 설정 능력이 향상되었다.

① 고용 및 근무의 형태가 단순해졌다.
② 부가가치의 원천으로 기술과 노동력이 부각되었다.
③ 반복 작업 등에 바탕을 둔 인력 양성이 강조되었다.
④ 문화의 생산지와 소비자의 구분 가능성이 낮아진다.

해 설 정보 사회의 가장 큰 특징은 양방향성을 특징으로 하는 뉴미디어의 등장이다. 뉴미디어로 인하여 문화의 생산자와 소비자의 구분가능성이 낮아졌다.

정 답 ④

11 다음 사회의 형성에 기여한 매체의 특징으로 옳지 않은 것은?

> 20세기 이후 인구가 급증하고 대량 생산, 대량 소비 체제가 확립되었다. 대중문화가 확산되었고, 대중의 의식과 행동이 규격화, 획일화되는 경향이 심해졌다.

① 대규모 정보 전달이 용이하다.
② 특정한 계층을 대상으로 정보가 전달된다.
③ 일방향의 정보 전달로 정보 조작이 가능하다.
④ 직업성 전문성을 가진 사람들에 의해 제작된다.

해 설 제시문은 산업 사회에 대한 설명이다. 산업 사회의 대중 문화 형성에 가장 큰 기여를 한 것은 대중 매체이다. 대중 매체는 대규 모 정보를 불특정 다수에게 전달할 수 있다. 이로 인하여 그동안 특정한 계층의 전 유물이었던 문화를 대중이 향유할 수 있게 되었다.

정 답 ②

12 친 ⑤~⑥의 특성에 대한 설명으로 옳지 않은 것은?

> 갑은 영화관련 ⑤ 잡지를 정기적으로 구독하며 친구들과 토론하는 것을 좋아한다. 또한 영화 관련 ⑥ 인터넷 카페에 가입하여 활동하고 있다. 주로 ⑥ 공중파 TV나 극장에서 영화를 한 달에 두세 편 보고 있으며, 영화후기를 ⑥ 블로그에 올리기도 한다.

① ⑤은 대중의 행동을 획일화하는 문제를 낳기도 한다.

② ⑤은 ⑥에 비해 정보 전달 속도가 느리다.

③ ⑥의 정보 전달 방법은 ⑥과 달리 양방향적 이다.

④ 정보 수용자의 정보 생산 참여 가능성은 ⑥이 ⑥보다 높다.

해 설 ①인쇄 매체 중 하나인 잡지는 대중 매체 로 대중의 행동을 획일화하는 부작용을 유발하기도 한다. ② 인쇄 매체는 다른 매체에 비하여 정보 전달 속도가 느린 단점이 있다. ③, ④ 인터넷을 기반으로 한 매체는 양방향성을 특징으로 하며 정보 수용자의 참여가능성이 높다.

정 답 ④

---

13 다음과 같은 대중 매체 분류에 대하여 옳은 설명을 보기에서 고른 것은?

① 인터넷은 C와D 중 D에 해당한다.

② B매체는 획일적인 정보를 제공한다.

③ C매체는 정보 사회에서 가장 발달한다.

④ 산업 사회의 주요 대중 매체는 B, D이다.

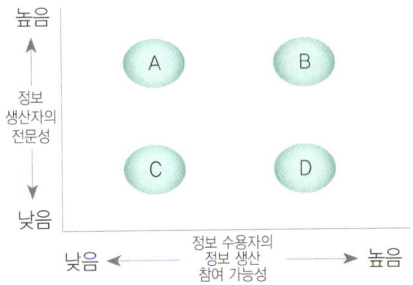

해 설 인쇄 매체, 음성 매체, 영상 매체와 같은 전통적 대중 매체는 정보 생산자의 전문성이 높은 반면, 인터넷을 기반으로 한 뉴미디어는 생산자의 전문성이 낮은 편이다. ② B 매체는 참여 가능성이 높은 매체로, 낮은 매체에 비하여 획일적인 정보를 제공할 가능성은 낮다. ③ C매체는 참여 가능성이 낮다. 따라서 전통적 대중 매체로 볼 수 있다.

정 답 ①

---

14 제시문과 관련된 대중 매체의 역기능으로 옳은 것은?

> 최근 텔레비전 방송국들이 새롭게 등장함에 따라 방송국 간의 시청률 경쟁이 새로운 이슈가 되고 있다. 방송국들은 더 높은 시청률을 위해 보다 자극적이고 선정적인 프로그램의 개발에 몰두하고 있다.

① 대중을 물질 만능주의로 획일화시킨다.

② 다량의 정보를 유통시켜 삶의 질을 저하시킨다.

③ 사회 구성원들의 규격화된 행동 양식을 조장한다.

④ 사회에 부정적 영향을 줄 수 있는 저질 문화가 양산될 수 있다.

> **해설** 대중 매체의 역할별로 순기능과 역기능은 꼼꼼히 기억해 둘 필요가 있다. 대중 매체의 기능 중 오락과 휴식 제공 기능의 경우 사람들에게 재미와 삶의 기쁨을 제공하기 도 하지만, 저질 문화 양산과 같은 부정적 영향을 미치기도 한다.

> **정답** ④

15 제시문의 의미에 해당하는 사례로 적절한 것은?

> 대중 매체는 '나는 누구인가'라는 자기 성찰의 기회를 상실하게 할 수 있다. 대중 매체의 영향력이 강해질수록 대중은 수동적 존재로 전락할 수 있다. 이를 예방하기 위해 대중 매체를 비판적으로 수용할 수 있는 자세가 필요하다.

① 게시판의 글을 확인 없이 대량으로 유포한다.

② 친구들과의 대화를 위해 시사 프로그램을 시청한다.

③ 자신의 입장과 다른 견해에 대하여 악의적 댓글을 단다.

④ 연예인이 유행시킨 소품을 사용하면서 연예인처럼 행동한다.

> **해설** 제시문은 대중 매체의 영향으로 인하여 자아 정체성이 상실될 수 있음을 경고하고 있다. ④의 경우 대중매체의 영향으로 본인의 정체성을 상실하고 연예인의 모습을 따라 하는 모습이 나타나 있다.

> **정답** ④

16 대중 매체의 기능 중 제시문의 내용에 해당하는 기능으로 옳은 것은?

> 음주로 인한 사건 사고에 대한 처벌의 강도가 높아졌다. 이는 최근 음주로 인하여 발생 한 강력 사건이 언론에 보도된 후 음주 후 범죄에 대한 여론이 악화되었기 때문이다.

① 사회화 기능   ② 정보전달 기능

③ 사회적 조정기능   ④ 오락과 휴식 제공기능

> **해설** 사건에 대한 보도를 통하여 여론을 형성하고 이를 통하여 사회적 갈등이 조정되는 기능은 사회적 조정 기능이다. 사회적 조정 기능이 지나칠 경우 여론 조작 등의 문제가 발생할 수 있다.

> **정답** ③

17 대중 매체의 기능 중 다음의 내용에 해당하는 기능으로 옳은 것은?

> 다큐멘터리 "○○의 눈물"이 방영된 이후 환경 문제에 대한 사람들의 관심이 높아졌고, 많은 사람들이 환경 보호를 위해 활동하기 시작했다. 환경 전문가 A씨는 환경에 대한 어떤 대중 강연보다 다큐멘터리 한 편의 영향력이 더 크다고 평가하였다.

① 사회화 기능　　　　　　　　　② 정보전달 기능

③ 사회적 조정 기능　　　　　　　④ 오락과 휴식 제공 기능

해설 대중 매체는 비공식적 사회화 기관으로서의 역할을 수행할 수 있다. 제시문과 같이 대중 매체는 사회화 기관처럼 시민들에게 환경 문제의 중요함에 대하여 알리는 기능을 수행하기도 한다. 따라서 대중 매체를 비공식적 사회화 기관이라 한다. 사회화 기능이 지나칠 경우 대중에게 특정한 가치를 주입시킬 수 있다는 문제도 있다.

정답 ①

---

18 다음 사례와 관련된 대중 매체의 역기능으로 옳은 것은?

> 사람들은 1980년대 텔레비전 방송국의 9시 뉴스를 '땡전 뉴스'라고 불렀다. 이는 9시 뉴스 시작과 함께 그 당시 대통령이었던 분의 근황을 소개하였기 때문이다. 텔레비전에 자주 노출될수록 사람들은 대통령이 나라를 위해서 열심히 일하고 있다고 인식하게 되었다.

① 대중 매체는 정보를 대량으로 절달한다.

② 대중 매체는 사회적 질서 유지 역할을 담당한다.

③ 대중 매체는 지배 집단의 기득권 유지에 이용될 수 있다.

④ 대중 매체는 대중이 공유할 가치와 규범을 창출할 수 있다.

해설 제시문은 대중 매체의 여론 조작, 특정한 가치의 주입 등의 문제에 대해 지적하고 있다. 대중 매체는 장점도 있지만 지배 집단의 기득권 유지 및 강화하는 데 기여할 수 있다는 단점도 있다. 이와 같은 단점은 갈등론적 시각에 해당한다.

정답 ③

---

19 다음은 하나의 사건에 대한 각종 신문들의 헤드라인이다. 이에 대한 반응으로 적절한 것은?

> A신문 : 이라크 전쟁은 석유의 안정적 공급을 위해 미국이 벌인 무력 도발이다.
> B신문 : 이라크 전쟁은 이라크 민중 해방을 위한 인도적한 노력이다.
> C신문 : 이라크 전쟁은 미국이 이라크 민중을 인질로 벌이는 테러이다.

① 대중 매체는 저질 문화를 양산하는 단점이 있다.

② 대중 매체를 비판적으로 수용하는 자세가 필요하다.

③ 대중 매체는 사회 유산을 전수하여 통합에 이바지한다.

④ 대중 매체는 사회 질서 유지와 통합의 기능을 담당한다.

해설 대중 매체는 사회 구성원들이 사회 현상을 이해하거나 해석할 때 영향을 미친다. 그런데 대중 매체가 제공하는 정보와 해석이 항상 옳은 것이 아니며, 대중 매체별로 다를 수 있다. 따라서 항상 비판적으로 대중 매체를 수용하는 자세가 필요하다.

정답 ②

20   다음 중 갈등론적 관점에 해당하는 보기를 모두 고른 것은?

> (가) 대중 매체는 지배층의 이데올로기를 확대 재생산하는 통로이다.
> (나) 대중 매체는 사람들이 해야 할 일과 하면 안 되는 일을 알려 준다.
> (다) 대중 매체를 통해 사람들은 하나라는 공동체 의식을 가질 수 있다.
> (라) 대중 매체로 인하여 대중들의 비판적 사고 능력이 약화될 수 있다.

① (가), (나)   ② (가), (라)

③ (가), (나), (다)   ④ (나), (다), (라)

해설   갈등론에서는 대중 매체의 이데올로기 효과를 강조한다. 대중 매체는 지배세력의 입장을 주로 반영하여 기존 질서를 유지 하는 효과를 낳으며, 사람들은 지배 세력의 입장을 반영하는 대중 매체를 진실로 받아 들여 비판적 사고 능력이 약화되고 정치적 무관심을 초래한다고 본다.

정답   ②

21   다음 중 종교의 구성요소를 모두 고른 것은?

> (가) 믿음의 대상   (나) 종교의례   (다) 공동체   (라) 도덕률

① (가), (나)   ② (가), (라)

③ (가), (나), (다)   ④ (나), (다), (라)

해설   종교와 종교가 아닌 것을 구분할 수 있는 기준은 믿음의 대상, 종교 의례, 공동체의 유무이다. 종교가 되기 위해서는 이 3가지를 모두 갖추고 있어야 한다.

정답   ③

22   제시문과 관련된 종교의 기능으로 옳은 것은?

> 종교를 믿는 사람들은 종교에서 정한 범위 밖의 행동을 하지 않으려 노력한다. 예를 들어 기독교인들은 십계명에 명시된 규율을 지키려 노력한다.

① 개인적 차원   ② 사회 통제 기능

③ 사회통합 기능   ④ 사회 변동 기능

해설   종교는 종교적 가르침과 의례를 통해서 사회 통제 및 질서 유지 기능을 수행하기도 한다. 기독교의 십계명은 대표적은 사회 통제 기능의 사례이다.

정답   ②

23   다음의 내용과 관련된 종교의 기능으로 옳은 것은?

> 직장에서 해고당한 OO씨는 심한 우울증에 시달리고 있다. 어느 우연히 찾은 교회에서 OO씨는 새로운 삶의 의미를 찾게 되었고, 다시금 의욕적인 삶을 살고 있다.

① 사회 통제   ② 질서의 유지 강화

③ 사회 변화의 촉진   ④ 삶의 의미와 목적 제공

해설   종교는 사회적으로 통제 통합 변화 기능을 수행할 뿐만 아니라, 개인적으로 삶의 의미와 목적을 제공하여 사람들에게 심리 적 안정과 만족감을 주기도 한다. 이러한 이유로 많은 사람들이 종교를 믿으며 지속적인 종교 활동을 하는 것이다.

정답   ④

24 제시문의 밑줄 친 부분에 해당하지 않는 것은?

> 우리가 흔히 원시종교라고 부르는 정령 신앙이나 무속 신앙의 경우 엄밀히 말하여 <u>종교라 말할 수 없다. 이는 종교가 되기 위한 충분한 조건</u>을 갖추지 못하였기 때문이다.

① 공동체
② 종교 의례
③ 믿음의 대상
④ 근본주의적 교리

해 설 ▶ 종교와 종교가 아닌 것을 구분하는 조건은 공동체, 종교 의례, 믿음의 대상 3가지이다. 원시 종교의 경우 공동체로서의 조건을 갖추지 못하여 종교라기 어렵다.

정 답 ▶ ④

25 다음과 같은 상황에 대한 갈등론적 분석으로 옳은 것은?

> A 종교를 믿는 ○○ 나라의 경우 신분제가 여전히 남아 있다. 하층민들은 자신들이 전생에 죄를 지었기 때문에 현재 힘든 삶을 살고 있으며, 지금 열심히 노력하면 다음 생애에는 상층민으로 태어날 것이라 믿고 있다.

① 종교는 삶의 의미와 목적으로 제공해 준다.
② 종교는 지배적 가치와 규범을 정당화한다.
③ 종교는 사회 통제와 질서 유지에 기여한다.
④ 종교는 공동체의 결합과 소속감을 고취한다.

해 설 ▶ 갈등론에서는 종교가 지배적 가치와 규범을 사회화하여 사회 불평등을 정당화하고, 구성원들이 기존 질서에 순응하도록 유도 한다고 바라본다. 제시문의 경우에도 종교로 인하여 사람들은 자신의 처지를 수긍하고 받아들이고 있다.

정 답 ▶ ②

26 다음의 내용과 관련된 종교의 기능에 대한 설명으로 옳은 것은?

> 유교에 근간을 둔 신분의 장벽, 남녀의 차별이 엄격했던 조선 사회에 "신 앞에서는 남녀의 구별도 없고, 양반도 평민도 없이 모두 평등하다."라는 천주교의 교리는 새로운 희망으로 작용하였다.

① 종교는 심리적 안정과 만족감을준다.
② 종교에 대한 절대적 믿음은 갈등을 유발한다.
③ 종교는 믿음을 가진 사람에게 정체성을 부여한다.
④ 종교는 사회 변화를 유발하는 기능을 수행하기도 한다.

해 설 ▶ 제시문의 사례는 종교로 인하여 사회가 변화할 수 있음을 보여준다. 종교는 단순한 믿음이 아니라, 새로운 변화를 유발하는 하나의 도구로서의 기능을 하기도 한다. 위 사례와 같이 천주교의 전파는 조선 내부의 변화를 촉진시켰다.

정 답 ▶ ④

Chapter 06

현대 사회와 사회변동

01 사회변동의 의미와 이해

사회 변동의 의미와 양상

❶ **의미** : 일정한 시간 동안 나타나는 사회의 구조적 변화를 사회 변동이라 한다.
즉, 한 사회에 존재하는 질서 체제 제도나 정신적 물질적 문화가 일부 또는 전
체적으로 변화하는 것으로, 바꾸어 말해서 사회질서의 변화, 즉 사회 구조와 사
회관계의 변화를 사회 변동이라 한다.

❷ **양상** : 오늘날 사회 변동은 정보화, 세계화, 다문화 등의 모습으로 나타나고 있
다. 남아 선호 풍조에 의한 남녀별 인구 구성의 변화, 핵가족화에 따른 남편과
아내의 지위 역할의 변화, 컴퓨터의 등장으로 인한 사무 자동화와 그에 따른 사
회활동의 변화 등은 모두 사회 구조 및 사회관계의 변화를 보여 주는 사회 변동
의 양상들이다.

계속성	모든 사회는 계속해서 사회변동이 나타나고 있다.
다양성	모든 사회가 일률적으로 동일한 속도로 변한 것은 아니며, 사회 변동은 사회마다 다양하게 진행되고 있다.
급변성	현대 사회에서는 빠른 속도로 사회 변화가 진행되고 있다.
광범위성	사회의 광범위한 영역에서 사회 변동이 이루어지고 있다.

사회 변동의 요인

❶ 인구 변화 : 한 사회의 인구규모, 인구구성, 인구분포 등의 변화는 사회변동을 유발 할 수 있다.

❷ 기술 변화 : 새로운 도구나 기술의 발전 등은 생산 및 소비 등 인간의 생활 모습을 바꾸어 사회 변동의 원인이 된다.

❸ 가치관 : 신념이나 이데올로기 같은 인간의 의도나 가치 또한 사회 변화를 초래할 수 있다.

❹ 자연환경 : 자연적 물리적 환경의 변화로 인하여 인간의 삶이 변화될 수 있다.

❺ 문화 전파 : 다른 사회와의 문화 교류를 통해 사회 구조가 변할 수 있다.

❻ 기타 요인 : 개발도상국에서는 정부나 엘리트 주도의 급격한 사회 변동이 나타나기도 한다.변동

02 사회 변동의 양상과 사회 문제

1 사회 문제

(1) 의미 : 사회의 구성원 대다수가 바람직하지 않다고 여기고 해결해야 한다고 생각하는 사회 현상을 사회 문제라 한다.

(2) 조건 : 사회 구성원 다수가 문제 상황이라고 생각하고, 문제의 원인이 사회에 있으며, 인간의 노력으로 해결 가능하고, 지속적으로 나타나야 한다.

(3) 특징 : 사회 문제 또한 사회 · 문화 현상으로서의 보편성과 상대성을 가지고 있다.

(4) 해결 방법

❶ 의식 개혁(미시적 접근) : 개인의 인성이나 부적응 강조 → 사회화와 교육 강조

❷ 제도 개혁(거시적 접근) : 체제의 기능 장애나 사회 구조적 모순 강조 → 제도 개선과 구조개혁 강조

2 여러 가지 사회문제

(1) 실업 문제

❶ **의미** : 일을 하려는 의사와 일할 능력이 있으나 일자리가 없는 상태를 실업이라고 한다.

❷ **실업의 대책** : 경기적 실업의 해소를 위해서는 경기 부양 방안 및 정부의 공공사업 확대를 통한 일자리 마련이 필요하며, 구조적 실업의 해소를 위해서는 취업 교육이 필요 하다. 마찰적 실업의 해소를 위해서 일자리 관련 정보 제공 등의 노력이 필요하다. 그리고 실업 급여와 같은 사회 보장 제도의 확충이 필요하다.

(2) 임금 문제

❶ **임금의 양면성** : 근로자에게는 가계 소득, 사용자에게는 생산 비용이다.

가계 소득의 측면	임금인상 → 소득증가 → 수요증가 → 생산증가
생산 비용의 측면	임금 인상 → 생산 비용 증가 → 제품 가격 상승 → 수요 감소 → 생산 감소

❷ **임금 결정시에 고려되는 원칙들**

ㄱ 동일 노동 · 동일 임금 : 노동의 질과 양에 상응한 임금을 지불한다.

ㄴ 내부적 공정성 : 노력과 성과에 상응한 임금을 지급한다.

ㄷ 외부적 공정성 : 사회적 형명의 고려하여 임금을 지급한다.

ㄹ 생계비 보장 : 인간으로서 살아갈 수 있는 최저 생계비를 보장한다.

ㅁ 지불 가능성 : 지불 가능한 범위 내에서 안정적으로 지급한다.

❸ **임금 문제의 현황** : 직장 내에서 상대적으로 차별을 받고 있는 비정규직 노동자 및 외국인 노동자의 고용이 증가함에 따라 저임금 문제와 산업별 · 직종별 · 사회적 차별 등의 원인에 따른 임금 격차 문제가 발생하고 있다.

ㄱ 임금 격차 문제

● 질적으로 비슷한노동력을제공함에도산업별, 직종별, 기업 규모별, 지역별, 생산성 ,구인 정보, 사회적 차별 등에 따라 임금 격차가 발생한다.

● 남성과 여성, 정규직과 비정규직, 국내 노동자와 외국인 노동자 간의 임금 격차가 큰 편이며, 기업이 인건비 절감을 통한 비용 절감을 추진할수록 임금 격차는 더욱 확대되고 있다.

- 대기업과 중소기업 간의 임금 격차가 확대되면서 임금 양극화 현상이 심화되고 있으며 중소기업 근로자의 근로 의욕 저하, 중소기업의 구인난, 중소기업의 무리한 임금 상승 등의 문제점이 발생하게 된다.
- 사회적 차별에 의한 임금 격차: 성별, 학력, 인종 등을 이유로 생산성이 동일함에도 임금에 차이를 두는 경우가 많다.
ⓒ 저임금 문제
- 노동자와 노동자 가족의 기본적인 생계유지가 곤란한 저임금 문제가 발생하는 경우가 많다.
- 소위 '88만원 세대'라고 하는 젊은 층의 고용 불안과 저소득 문제도 사회 불안 요소가 된다.
- 최저 임금제를 시행하고 있으나 최저 임금제가 제대로 지켜지지 않고 있거나, 최저 임금이 너무 낮게 책정되어 있는 문제점이 있다.
❹ **임금 문제의 해결 방안** : 사회적 약자의 형평성에 대한 사회적 공감대의 형성이 필요하며, 비정규직 노동자의 정규직 전환, 최저 임금제 확대 등의 방안이 필요하다.

3 노사 문제

❶ **의미** : 노사 관계, 즉 노동자와 사용자 사이에 발생하는 갈등과 대립의 문제를 노사 문제라고 한다.
❷ **원인** : 사회가 발전할수록 더 많은 임금과 복지를 원하는 노동자와 더 많은 이윤을 추구하는 기업 간에 대립과 마찰이 증가하면서 노사 문제가 발생한다.
❸ **현황** : 파업과 직장 폐쇄 등으로 마찰이 나타나고 있다. 파업이 장기화될 경우 노동자와 기업 모두에게 피해가 발생하게 됨은 물론 국민경제 전체적인 차원에서도 많은 문제점을 발생시키게 된다.
❹ **해결 방안** : 노동 3권의 실질적인 보장과 노사 상호간에 동반자 의식을 바탕으로 서로의 이익을 위해서 지속적인 협상과 타협의 자세 등이 필요하다.

4 도시문제

(1) **도시 문제의 원인** : 도시로의 급속한 인구 집중으로 인하여, 도시가 감당할 수

있는 수준 이상의 인구가 도시에 거주함에 따라 다양한 문제가 발생하게 된다.

(2) 도시 문제의 내용 : 인구 집중에 따른 주택 부족 현상, 교통 체증 및 혼잡과 같은 교통 문제, 환경오염, 범죄의 증가 등의 문제가 발생한다.

(3) 도시 문제의 유형별 사례

❶ **주택 문제 :** 대도시에는 젊은 층이 많고 핵가족, 단독 가구 등이 많아 주택에 대한 수요가 많으며, 중, 소도시나 촌락에 비해 주택 가격도 비싸다.

❷ **교통 문제 :** 도시는 교통망이 잘 갖추어져 있음에도 불구하고 늘어나는 인구와 자동, 를 감당하지 못하여 교통 체증, 주차난등의 문제를 겪는다.

❸ **환경오염 :** 많은 인구가 유발하는 생활하수나 공장 폐수, 공장 매연이나 자동차 배기 가스 등은 오염을 초래한다.

❹ **범죄, 인간 소외 :** 익명성이 강한 도시의 특성상 범죄가 많으며, 2차적 인간관계가 중 시됨에 따라 인간 소외 현상도 많이 발생한다.

5 농촌문제

(1) 농촌 문제의 현황

급속한 도시화로 인하여 상대적으로 농촌 지역에는 노동력 부족, 상대적 박탈감과 같은 또 다른 문제가 발생하게 된다.

❶ **노동력 부족 문제 :** 젊은 층의 지속적인 유출로 농촌의 고령화가 심각하며 노동력의 부족 현상은 농업 생산성의 저하를 초래하게 된다.

❷ **농촌 총각의 결혼 문제 :** 대규모 이농 현상과 함께 젊은 여성들이 도시로 이동하면서 농촌에 남은 총각들의 결혼이 어려워지고 있다.

❸ **농촌의 편의 시설 문제 :** 농촌은 넓은 지역에 인구가 적게 분포되어 있으므로 생활 편의 시설이나 문화 공간의 확보가 어려워 농촌 인구의 유출을 가중시킨다.

❹ **도농 간의 소득 격차 문제 :** 일반적으로 농가의 소득은 도시 가구 소득보다 적게 나타난다. 또한 농가 부채의 증가는 농촌의 경제적 어려움을 가중시키고 있다.

❺ **농촌 공동체의 해체 문제 :** 농촌의 전통적 가치관 및 규범이 약화되고, 농촌 사람들의 상대적 박탈감이 증대되었다.

(2) 농촌 문제의 해결 방안

도시로의 과도한 인구 집중은 농촌 문제의 원인이 되기도 한다. 이러한 문제를 해결하기 위해서는 농촌의 생활환경 개선과 소득 증대를 통해 더 이상의 농촌 인구의 유출을 막아 야 한다. 이를 위해 교육, 의료, 문화 시설 등 농촌의 문화적 기반을 확충해야 한다.

6 인구 변천과 인구문제

(1) 인구 변천의 의미와 요인

❶ **인구 변천의 의미** : 어느 한 시점에 일정 지역에 사는 사람의 총수를 인구라고 하는데 그 인구의 증가와 감소를 인구 변천이라 한다.

❷ **인구 변천의 요인** : 자연적인 요인(출생과 사망)과 사회적인 요인(전입과 전출)로 인하여 인구 변천이 발생한다.

(2) 인구 변천의 과정 : 인구 변천은 아래와 같이 4단계에 걸쳐 이루어진다.

구분	제1단계	제2단계	제3단계	제4단계
양상	다산 다사 (多産多死)	다산 감사 (多産減死)	감산 소사 (減産少死)	소산 소사 (少産少死)
설명	출산율과 사망률이 모두 높은 단계	출산율이 높으나 사망률이 낮아지는 단계	사망률이 낮은 상황에서 출산율이 낮아지는 단계	출산율과 사망률 모두 낮은 단계
인구 변화	인구 증거 거의 없음	인구 급증	인구 증가 완화	인구 증가 정체
비고	산업 혁명 이전	근대화 초기 위생시설 개선, 의학발전 등의 역할	여성의 사회 진출 확대 및 가족계획 정책 실시	고도의 산업화 사회

7 인구 문제와 대책

(1) 인구 증가로 인한 문제

❶ 식량 및 에너지 자원이 부족해진다.

❷ 세계 인구의 증가와 1인당 자원 소비의 증가가 빠르게 진행되고 있다.

❸ 각국의 자원 소빈 수준이 매우 다르게 나타나면서 불평등 문제가 심각해진다.

❹ 대책 : 농업 생산성 향상, 에너지 절약, 대체 자원의 개발 등 해결 방법을 모색하고 있다.

(2) 저출산 문제

❶ 배경 : 여성의 사회 진출 승가와 자녀 양육비용 증가 등으로 인해 소자녀관이 확산되면서 출산율이 낮아지고 있다.

❷ 양상 : 여성 1명이 가임기간 동안 낳는 평균 출생아 수를 나타내는 합계 출산율은 1970년 4.53명에서 1990년 1.57명, 2010년 1.23명으로 빠르게 줄어들었다.

❸ 영향 : 저출산으로 인한 인구 구조 변화는 사회 유지와 경제 성장에 심각한 위협이 될 수 있다. 출생률 저하로 왕성한 경제 활동을 해야 할 젊은 층 인구가 줄어들면 노동 인구 및 소비의 감소로 이어져 경제도 활력을 잃고 마이너스 성장을 할 가능성이 높다.

❹ 대책 : 육아 비용 지원과 육아 휴직 장려 등의 양육에 관한 지원 정책과 함께 다자녀 가구에 대한 혜택 및 사회적 복지 수준의 향상 등의 방안이 제시되고 있다.

(3) 고령화 문제

❶ 배경 : 의료 기술의 발달에 따른 평균 수명의 연장과 출산율 감소에 따라 노년층 인구의 비율이 증가하고 있다.

❷ 고령화 사회 : 고령화란 고령자의 수가 증가하여 전체 인구에서 차지하는 고령자 비율이 높아지는 것을 말한다. 고령화의 동향은 일반적으로 고령화율로 나타낸다. UN에서 규정한 바에 따르면, 65세 이상의 인구가 전체 인구의 4% 미만인 사회를 '연소인구 사회', 4%에서 7% 미만의 사회를 '성숙인구 사회', 7% 이상이면 '고령화 사회', 14% 이상이면 '고령 사회', 20% 이상이면 '초고령 사회'라고 이른다.

❸ **노인 부양비**

㉠ 부양 연령층(15~64세) 인구에 대한 피부 노[1] 부양비 추이 양 노인 연령층(65세 이상) 인구의 비율로 서 노년 부양비, 또는 노인 인구 지수라고도 한다.

㉡ 노인 부양비 $= \dfrac{65세\ 이상\ 노인\ 인구}{15{\sim}64세\ 생산\ 가능\ 인구} \times 100$

❹ **고령화 지수** : $\dfrac{65세\ 이상\ 인구}{0{\sim}14세\ 인구} \times 100$

구분	1990년	2000년	2010년	2020년
고령화 지수	19.7%	27.6%	43.1%	69.9%

❺ **영향** : 고령화 현상이 심화될수록 생산 가능 인구의 감소, 독거노인 증가, 노인 부양비 증가, 세대 간 갈등의 심화 등의 문제가 나타날 수 있다.

❻ **대책** : 노동력의 이용 방안 모색, 노인 복지 지원 확대 등의 방안이 필요하다.

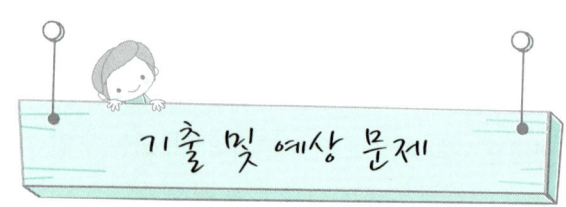

01 다음의 사회 문제 해결 방식 중 접근 방식이 다른 하나는?

① 정부 정책을 통한 해결   ② 기술 교육을 통한 자활 능력 배양

③ 문제가 발생하는 제도의 개혁   ④ 시민 단체의 지속적 해결 시도

> **해 설** 사회 문제를 해결하는 방법은 '개인적 접근-제도적 접근', '의식 개혁-제도 개선' 으로 구분해 볼 수 있다. 정부 정책, 기술 교육, 제도 개혁 모두 제도적 접근이라 할 수 있다. 그러나 시민 단체의 해결 시도는 시민 중심의 해결 방안 모색인 만큼 개인적 의식 개혁접근이라 할 수 있다.

> **정 답** ④

02 다음의 사례가 보여주는 실업의 유형을 해결하기 위한 방안으로 옳은 것은?

> 10년 넘게 일용직 건설 근로자로 일하면서 벽돌 쌓는 기술이 좋다는 평을 받는 김씨는 몇 년 전까지만 해도 일감이 끊이지 않았다. 하지만, 요즘은 한 달에 열흘도 일을 나가지 못하고 있다. 경기 침체로 건설 경기가 나빠져 일감이 급격히 줄어든 탓이다.

① 새로운 직업 훈련을 통해 다른 기술을 습득할 기회를 제공한다.

② 취업 지원 센터 등을 통해 취업 정보를 적극적으로 제공한다.

③ 특정 계절에도 일자리가 발생할 수 있는 산업을 개발한다.

④ 정부의 공공 투자를 확대하여 일자리를 창출한다.

> **해 설** 제시문은 경기적 실업에 대한 사례이다. 경기적 실업은 경기 불황으로 인해 노동에 대한 수요가 줄어들어 나타나는 실업이며, 정부의 공공 지출 및 공공 투자를 확대하는 경기 확장 정책을 시행하여 경기를 활성화 시키는 것이 필요하다. ① 구조적 실업의 대책, ② 마찰적 실업의 대책, ③ 계절적 실업의 대책이다.

> **정 답** ④

03 다음 표에 나타난 문제점을 해결하기 위한 궁극적인 방안으로 옳은 것은?

구분	1980년	1990년	2000년	2005년	2009년
전국 인구(천 명)	38,124	42,869	47,008	48,138	48,747
수도권 인구(천 명)	13,544	18,342	21,747	23,202	24,128
인구 밀도(천 명)	798	1,160	1,568	1,978	2,054
수도권 인부 비중(%)	35.5	42.8	46.3	48.2	49.5

① 서민용 주택 지원 대출을 확대한다.

② 농촌의 기반 시설 확충을 통해 균형 발전을 꾀한다.

③ 대중교통 기반 시설을 확대하여 교통량을 축소시킨다.

④ 수도권으로의 인구 유입을 법적으로 규제한다.

제시된 표에 따르면 수도권의 인구 비중이 지속적으로 증가함을 알 수 있으며, 이는 인구의 과도한 집중으로 인해 도시 문제가 발생할 것을 예상할 수 있다. 이와 같이 수도권 인구 집중은 다른 곳으로의 인구 분산을 꾀하는 것이 방안이 될 수 있으며, 농촌의 균형 발전을 꾀하는 것이 정답이 될 수 있다. ①, ③은 궁극적인 대책이 아니며, ④ 역시 적절한 대책이 아니다.

②

04 다음 사례에 해당하는 실업의 유형을 바르게 짝지은 것은?

(갑) 다니고 있는 직장이 적성에 맞지 않는 것 같아 더 적합한 직장을 찾기 위해 회사를 그만둔 채 구직 중이다.

(을) 방문 판매를 통해 제품을 판매하였는데, 전자상거래가 증가하면서 직장을 그만두고 새로운 직장을 찾고 있다.

	(갑)	(을)		(갑)	(을)
①	경기적 실업	계절적 실업	②	구조적 실업	마찰적 실업
③	마찰적 실업	구조적 실업	④	계절적 실업	마찰적 실업

마찰적 실업은 직업을 찾거나 바꾸는 과정에서 구인, 구직에 관한 정보가 부족하여 발생하는 일시적 실업이다. (을)의 경우 전자상거래라는 새로운 기술이 등장하고 이에 따라 상거래의 변동으로 인해 방문판매가 사양화되면서 발생한 실업으로 이는 구조적 실업에 해당한다.

③

05 다음과 같은 상황의 대책으로 가장 적절한 것은?

세계 금융 위기의 여파로 국내 산업의 성장이 둔화되면서 기업들이 투자를 꺼리게 되면서 고용 증가가 둔화되거나 실업률이 증가할 것으로 예상되어 정부의 대책 마련이 시급하다.

① 긴축 재정 정책을 실시해야한다.

② 세율을 높여 국가 재원을 확보한다.

③ 이자율을 높여 통화량을 감소시킨다.

④ 공공 근로 사업 등 정부의 공공 투자를 확대한다.

제시문은 경기 침체로 인한 경기적 실업의 양상을 보여준다. 경기적 실업에 대한 대책으로는 공공 투자 확대나 통화량 증가, 세율 인하 등과 같은 경기 확장 정책을 꼽을 수 있다.

④

06 다음과 같은 유형의 실업에 대한 설명으로 옳은 것은?

우리나라 실업률의 계절적 변화를 보면 일반적으로 1/4분기에 실업률이 가장 높으며 2/4분기부터는 감소하는 추세를 보이다가 4/4분기에 다시 증가한다. 이는 겨울철에 농림 어업과 건설업 등에서 발생하는 실업자의 증가가 반영되기 때문이다.

① 구조적 실업에 해당한다.

② 농공단지 조성 등이 해결 방안의 하나이다.

③ 노동 시장의 정보가 불완전하기 때문에 발생한다.

④ 공장 자동화 등 최신 설비를 도입하여 해결할 수 있다.

해설 ▶ 제시된 사례는 계절적 실업에 해당한다. 계절적 실업은 특정 산업의 수요나 노동력의 공급이 계절에 따라 증감하기 때문에 발생하며, 주로 농림 어업, 관광업, 건설업 등에서 발생한다. 대책으로는 동절기나 하절기 등 다른 계절에도 노동력을 흡수할 수 있는 새로운 산업 등을 개발하는 것이 있다.

정답 ▶ ②

07 다음과 같은 실업에 대한 설명으로 옳지 않은 것은?

> 일할 능력을 가지고 있으면서도 현재의 임금 수준에서는 일할 의사를 가지고 있지 않기 때문에 더 나은 직장을 찾거나 직업을 바꾸는 과정에서 발생하는 실업이다.

① 자발적 실업에 해당한다.

② 마찰적 실업에 해당한다.

③ 취업 지원 센터의 활성화로 줄일 수 있다.

④ 이 유형의 실업이 없는 상태를 완전 고용상태라고 본다.

해설 ▶ 이직을 위해 일시적으로 발생하는 실업은 마찰적 실업이며, 자발적 실업에 해당된다. 마찰적 실업은 노동 시장의 정보가 불완전하여 발생하는 것으로 취업 지원 센터나 일자리 알선 등을 활성화하여 줄일 수 있다. ④비자발적 실업이 없는 상태를 완전고용이라고 하며 완전고용 상태에서도 자발적 실업은 존재한다.

정답 ▶ ④

08 임금을 결정할 때 고려되어야 할 원칙 중 다음 상황라 관계있는 것은?

> 작업 조건의 차이나 노동의 질적 차이 때문에 발생하는 임금 격차는 오히려 시장경제가 원활히 작동하는 것으로 볼 수 있다. 그러나 성별이나 인종, 학력 등을 이유로 한 임금 격차는 사회경제적 차별에 해당하는 것으로 해결되어야 할 문제이다.

① 사회적 형평을 고려하여 임금을 지급한다.

② 동일 노동에 대해 동일 임금을 지급한다.

③ 지불 가능한 범위 내에서 안정적으로 지급한다.

④ 인간으로서 살아갈 수 있는 최저 생계비를 보장한다.

해설 ▶ 제시문은 동일한 노동을 제공함에도 제공 하는 노동력의 질이나 작업 조건과 무관하게 임금에 차별을 두는 것을 말하며 이는 동일노동 동일임금의 원칙과 어긋난다.

정답 ▶ ②

09 다음 밑줄 친 권리에 해당하지 않는 것은?

> 산업혁명 초기에는 노사관계가 사용자와 노동자의 개별적 계약관계라고 이해되었으나, 노동조합이 생기면서 집단적 사회관계로 바뀌었다. 이후 민주주의가 확산되고 근로자의 인간다운 생활을 보장해야 한다는 의식이 성장하면서, 우리나라는 헌법에 노동자의 권리를 규정하고 있다.

① 노동조합을 만들 권리를 보장받는다.

② 고용주와의 계약 내용을 근로계약서로 작성하여 보장받는다.

③ 일정한 절차를 거쳐 파업이나 태업 등 쟁의 행위를 할수 있다.

④ 고용주는 근로조건의 유지 및 개선에 관한 노동자 단체의 요구에 응해야 한다.

헌법에 규정된 노동 3권은 단결권, 단체 교섭권, 단체 행동권이다. 단결권은 사용자와 대등한 교섭을 하기 위해 노동조합 등 단체를 구성할 수 있는 권리. 단체교섭권은 단체를 통해 사용자와 교섭할 수 있는 권리로 이를 사용자가 정당한 이유 없이 교섭을 거부할 수 없도록 하고 있다. 교섭이 결렬되었을 때 노동자는 파업 태업 등 단체 행동을 할 수 있다. ② 원칙적으로 사용자와 노동자는 동등한 입장에서 1:1 계약을 맺으나, 현실적으로 사용자의 힘이 강하여 일어나는 폐단을 막기 위해 노동 3권 등을 보장하는 것이다.

②

10 다음과 같은 현상을 갑의 관점에 대한 설명으로 옳은 것은?

고용 형태별 임금 비교

	2008년	2010년	2012년
정규직	138만원	147만원	167만원
비정규직	86만원	97만원	102만원

* 갑 : 정규직이 더 많은 임금을 받는 것은 능력도 있고 노력했기 때문이다.

① 차등적인 보상의 순기능을 강조한다.

② 고용 형태에 따른 임금의 서열화를 반대한다.

③ 임금의 차별에 따른 사회적 갈등을 중시한다.

④ 현재 임금 체계에 대하여 부정적 입장을 가진다.

제시된 표는 정규직과 비정규직의 임금 격차가 커지고 있음을 보여준다. 이와 같은 임금 문제에 대하여 갑은 기능론적 관점에서 바라보고 있다. 기능론에 따르면 이와 같은 임금 격차는 사회적 합의의 결과이며, 임금 격차는 노력과 능력의 결과라고 바라본다. 그리고 임금 격차는 동기부여의 순기능을 한다고 본다.

①

11 다음 글과 같은 관점에 대한 설명으로 옳은 것은?

노동조합과 시민 단체의 지속적인 감시와 투쟁이 있어야 기득권자의 차별과 억압으로부터 벗어날 수 있고, 지역의 진정한 발전도 기대할 수 있다.

① 집단 사이의 대립을 당연하게 생각한다.

② 갈등은 사회의 균형을 회복하는 과정이다.

③ 사회 현상을 개인적 시각에서 바라보고 있다.

④ 노사 분규가 발생해도 결국은 합의에 이른다고 생각한다.

제시문은 갈등론적 관점에서 노사관계를 바라보고 있다. 갈등론은 갈등과 대립을 당연하게 생각하며, 현 체제를 비판적으로 바라보는 관점이다. ③ 갈등론은 거시적 관점에 해당한다.

①

12 다음 표의 (나) 지역에 대한 설명으로 옳은 것은?

구 분	3차 산업 종사자 비율	주민의 익명성 정도	노령화 지수
(가)	높음	강함	낮음
(나)	낮음	낮음	높음

① 주민들 간의 경제적 격차가 크다.

② 지역 주민 간의 유대감이 약하다.

③ 개인보다는 집단을 중요시하는 경향이 강하다.

④ 직업 구성이 다양하고 사회 이동 가능성이 크다.

해설 (나) 지역은 3차 산업 종사자 비율이 낮고 (1차 산업에 종사하는 사람의 비율이 높음). 주민 간의 익명성이 낮으며 (주민간의 유대감이 높고). 노령화 지수가 높은(노인 인구의 비중이 높음)지역으로 농촌 사회에 해당한다. 농촌 사회는 도시에 비하여 집단을 중요시하는 경향이 크다. ① 도시는 주민 간 직업의 이질성으로 경제적 격차가 크며, ② 익명성을 바탕으로 유대감이 약하고, ④직업의 이동 등으로 인하여 사회 이동 가능성이 크다.

정답 ③

13 도시와 농촌 중 다음과 같은 특징을 기지는 지역에 대한 설명으로 옳은 것은?

- 1차 산업 종사자 비율 : 높음
- 인간 관계의 친밀도 : 높음

① 급속한 인구 집중 현상이 나타난다.

② 지역에 대한 소속감이 낮을 것이다.

③ 전통적인 생활방식이 많이 나타난다.

④ 익명성이 높고 공식적 통제 수단이 활용된다.

해설 농촌은 1차 산업 중심의 산업 구조를 가지고 있으며, 지역 구성원의 출신 배경이나 직업이 동질적이고, 인구 이동성은 낮으며 계층 분화의 정도도 낮으며, 비공식적 규정이 중시되는 특징을 가지고 있다. ① 급속한 인구집중 현상. ② 구성원의 낮은 소속감 ⑥ 익명성은 도시의 특징이다. 농촌의 특징은 도시와 반대된다고 생각하면 된나.

정답 ③

14 다음 글의 밑줄 친 대책으로 보기 어려운 것은?

서울 중심으로 집중 개발을 함에 따라 지역 격차가 심해졌을 뿐만 아니라, 수도권에 인구가 집중되는 등 많은 문제점이 나타나고 있다. 이러한 문제점을 해결하기 위한 대책이 모색되고 있다.

① 환경 친화적 산업의 육성   ② 서울주변의 위성도시 건설

③ 상향식 의사 결정 방식 도입   ④ 낙후지역에 대한 투자확대

해설 집중 개발에 따른 인구 집중은 도시 문제로 이어지게 된다. 도시 문제 해결의 가장 좋은 방안은 인구의 분산이다. ② 서울 주변에 위성 도시를 건설하게 될 경우 인구가 더욱 집중될 수 있으며, 도시 문제는 심화될 수 있다.

정답 ②

15 다음 문제의 답에 해당하는 지역의 특징으로 옳은 것은?

문제 1) 직업의 다양성이 높은 반면, 주민 간 유대감은 약하다 (도시 / 농촌)

① 인구밀도가 낮다.　　② 노령화 지수가 높은 편이다.

③ 지역 내 인구 이동이 빈번하다.　　④ 비공식적 규범의 통제 정도가 높다.

해설 도시와 농촌의 특징은 비교해서 알아둘 필요가 있다. 도시 문제를 이해하기 위해서는 도시의 특징 또한 알아 두어야 한다. 제시문의 정답은 도시이다. 도시는 지역 내 인구 이동이 빈번한 반면, 농촌은 지역 외 도시로의 인구 이동은 잦으나, 지역 내에서의 인구 이동은 많지 않다.

정답 ③

16 다음과 같은 인구 변화가 복지 정책에 미치는 영향으로 옳지 않은 것은?

구분	1980년	2005년	2020년	2030년	2050년
총인구(만 명)	3,812	4,728	4,996	4,933	4,235
생산 가능 인구(만 명)	2,372	3,369	3,584	3,189	2,276
노인 인구(만 명)	146	437	782	1,190	1,579
유소년 인구(만 명)	1,295	899	630	554	380

① 국민 부담률이 증가할 것이다.

② 노인 복지를 위한 요양 서비스의 확대가 요구된다.

③ 출산 억제 정책을 복지 정책과 연계하여 추진하여야 한다.

④ 사회 보장비 부담을 둘러 싼 세대 간의 갈등이 증폭될 수 있다.

해설 유소년 인구가 감소하는 것은 저출산 때문이며, 이에 따라 생산 가능 인구가 점차 줄어드는데 노인 인구는 증가하고 있다. 저출산 고령화 사회에서는 출산 및 육아 비용을 지원하는 등 혜택을 주어 출산을 장려하는 정책을 시행해야 한다.

정답 ③

17 다음 자료에 대한 해석으로 옳은 것은?

구분	1990년	2000년	2010년	2020년
고령화 지수	19.7%	27.6%	43.1%	69.9%

$$* \text{고령화 지수} = \frac{65\text{세 이상 인구}}{0\sim14\text{세 인구}} \times 100$$

① 1990년 이후 인구 증가 추세가 완화되고 있다.

② 여성의 출산율 저하 현상이 점차 심해지고 있다.

③ 1990년 이후 사망률과 출산율이 모두 높아지고 있다.

④ 2020년에는 65세 이상 인구가 0~14세 인구보다 많아질 것이다.

해설 고령화 지수의 상승은 노인 인구는 증가하는 반면, 14세 미만 인구는 감소하고 있음을 의미한다. 이는 의학 기술 발달에 따른 수명 연장과 여성의 출산율 저하가 주된 원인이다. ① 인구 증가 추세는 자료에서 확인할 수 없으며, ④ 고령화지수 69.9%는 여전히 0~14세 인구가 많음을 의미한다.

정답 ②

03 현대 사회의 대응과 변동

 1 정보사회의 형성과 특징

(1) 정보 사회의 의미 : 지식과정보가사회의 중심적인 위치를 차지하며 지식과 정보가 부가가치를 창출하는 원천이 되는 사회이다.

① 정보 사회는 정보가 화폐 가치를 갖는 사회이다.
② 정보의 생산 저장 전달에 관한 기술의 비약적인 발전을 수반하는 사회이다.
③ 정보 산업의 성립을 가능케 하는 사회이다.
④ 사람들이 정보의 가치 의의를 인식하고 일상생활에서 결정적인 역할을 하고 있다는 것을 인식하고 있는 사회이다.

(2) 정보 사회의 배경

기술적 배경	정보·통신 기술의 발달로 신속한 정보 처리 및 전달이 가능해졌고, 지식과 정보의 공유로 시간적·공간적 제약을 극복하게 되었다.
경제적 배경	자원의 효율적 이용 및 생산성 향상의 필요성이 증대됨에 따라 기술과 정보의 중요성이 부각되었으며 이를 경제적 자원으로 인식하게 되었다.
사회·문화적 배경	획일화된 대중문화에 대한 반발로 개인의 개성 및 창의성이 강조되었으며, 다원성이 실현될 수 있는 문화에 대한 욕구가 증가하게 되었다.

(3) 정보 사회의 특징

① **일반적 특징** : 자본과 노동보다 지식과 정보가 경제의 중심이 되었고, 소품종 대량 생산 에서 다품종 소량 생산 체제로 전환되었으며, 재택근무 등 업무의 효율성이 증대되었다. 기존의 관료제에서 네트워크형 등 탈관료제 조직이 확산되고 있으며, 국경을 뛰어넘는 상호 교류가 증가하고 있다.

② **산업 사회와 정보 사회의 비교**

구분	산업사회	정보 사회
핵심 자원	자본과 노동	지식과 정보

산업과 생산 방식	• 2차 산업과 제조업 지원 서비스 산업 중심의 3차 산업 발달 • 소품종 대량 생산 방식	• 정보 관련 산업 및 복지 서비스업 중심의 3차 산업 발달 • 다품종 소량 생산 방식
생산과 소비	• 공장, 시장 등 오프라인 중심 • 생산과 소비 기능의 엄격한 분리	• 온라인 거래 중심 • 생산과 소비의 결합 형성(프로슈머)의 대두

2 정보 사회에 대한 관점과 대응

(1) 정보 사회에 대한 관점

분야	낙관론	비관론
정치	• 시민의 직접 민주 정치 참여 기회의 확대 • 전자 정부의 구현	• 국가에 의한 정보 통제 및 독점 • 과잉 참여에 따른 정치 불안과 혼란 야기
경제	• 사무 자동화 등으로 생산상 향상 • 소비자 주권의 실현	• 구조적 실업의 증가 • 정보 격차로 빈부 격차의 심화
사회	• 평등 사회의 실현과 삶의 질 향상 • 가상공간에서의 교류 활성화	• 개인 정보 노출에 의한 사생활 침해 • 피상적 인간관계와 사이버 범죄 증가
문화	• 창의성과 개성 중시로 다양성 증대 • 국제적 문화 교류의 확대	• 특정 문화 요소에 대한 편식 현상 • 문화의 상품화와 문화 제국주의화

(2) 정보 격차(digital divide)

❶ **의미** : 정보 사회에서는 정보를 지배하고 이용하는 능력이 개인과 국가의 경쟁력을 나타내는데, 이런 능력의 격차가 빈부 격차와 불평등 소외 등의 사회 문제를 심화시키고 있다. 정보 격차는 디지털 혁명의 기초가 되는 컴퓨터와 인터넷에 접근하지 못하는 계층이 있을 때 발생한다.

❷ **정보 격차의 심화 요인** : 소득과 교육 수준의 격차는 이를 더욱 심화시키는 작용을 한다. 또한 사회적으로 인종 성별 연령 등에 따라 차별받거나 소외되는 계층이 있을때 정보 격차가 더욱 커진다.

(3) 정보 사회에 대한 대응

개인적 차원	• 정보 생산 능력 및 활용 능력을 함양한다. • 정보의 비판적 분석 능력과 선택 능력을 배양한다. • 권리 의식과 개방적 태도를 갖춘다. • 정보 윤리를 함양하고 주체적 판단과 행동 능력을 기른다.
사회적 차원	• 정보 인프라를 구축한다. • 정보 격차 해소를 위한 장치를 마련하낟. • 지적 재산권 보호 및 사이버 범죄 방지를 위한 법과 제도를 마련한다. • 건전한 사이버 문화 형성을 위한 제도를 마련한다.

3 세계화와 지구촌 문제

(1) 세계화

❶ 의미

탈냉전과 과학 및 정보 기술의 발달로 인하여 국경을 넘어 세계 전체의 상호 의존성이 높아지고, 단일한 체계로 통합되어 가는 현상을 세계화라 한다.

❷ 세계화의 문제점과 대응 방안

㉠ 문제점 : 선진국의 주도 아래 세계화가 진행되어 일방적 문화 전파 및 문화의 획일화 가능성이 높아지고 있으며, 지역 인종 문화의 차이에 따른 불평등이 심화될 수 있다.

㉡ 대응 방안 : 시민, 국제기구, 비정부기구 등 다양한 주체들이 세계화 과정에 참여하여 다양한 목소리를 대변할 수 있어야 하며, 세계화의 성과가 선진국에 집중되는 현상을 완화해야 한다.

❸ 세계화 시대에 요구되는 자세

㉠ 특정 국가나 지역의 관점에 치중하지 않고 전체적이고 보편적인 시각을 개발해야 한다.

㉡ 인류 전체의 보편적 가치를 추구하는 세계 시민으로서의 성숙한 자세가 요구가 된다.

(2) 지구촌의 문제와 대응방안

❶ 지구촌 문제의 내용

구분		내용
환경문제	원인	산업화 과정에서 무분별한 개발과 자원의 낭비가 발생하였으며, 이로 인하여 지구의 정화 능력에 한계에 봉착함에 따라 환경 문제가 나타나고 있다.
	현황	지구 온난화 현상이 심화되고 있으며, 생물 멸종 위기, 열대 우림의 감소, 사막화, 빙하 손실, 황사 등 다양한 환경 재앙 사건이 발생하고 있다.
자원 문제	원인	인구의 급속한 증가 및 산업화에 따른 자원의 활용으로 인한 에너지 자원의 부족 현상을 자원 문제라 한다. 식량의 측면에서 자원문제는 식량의 공급량이 인구증가량에 따라가지 못하는 현상이다.
	현황	식량 부족에 따른 기아 및 어린이 생명 위협이 나타나고 있으며, 물 부족, 석유 부족 등 에너지 자원의 고갈이 심해짐에 따라 자원을 둘러싼 전쟁 및 갈등이 발생하고 있다.
전쟁과 테러	원인	국가나 지역, 자원, 종규, 영토 등을 둘러싼 분쟁으로 어느 하나의 요인보다는 여러 가지 요인들이 복합적으로 작용되어 나타난다.
	현황	전쟁과 테러는 군인뿐만 아니라 민간인의 피해도 초래하고 있으며, 인간의 주거지와 자연을 오염시키기도 하고 대규모 전쟁 비용의 지출은 경제적으로도 악영향을 끼치고 있다.

❷ 지구촌 문제의 대응 방안

㉠ 세계인의 관심과 협력 필요

- 환경 문제, 자원 문제, 전쟁과 테러 문제 등은 전 지구적 차원의 문제로 어느 한 개인이나 국가가 아니라 전 지구적 차원의 협력과 노력이 필요한 문제이다.
- 그린피스(Gireen Peace) 등의 국제 시민 기구, 기후 변화 협약 생물 다양성 협약 등의 정부 주도의 지구 환경 보호 협약의 체결, 지속 가능한 개발에 대한 국가 간의 합의 등 다양한 노력이 이루어지고 있다.

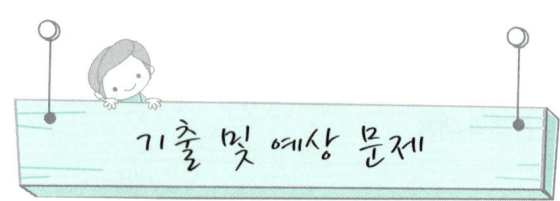
기출 및 예상 문제

01 다음 중 대중 사회를 출현시킨 배경으로 적절한 것을 고른 것은?

ㄱ. 의무교육의 시행　　　　　ㄴ. 보통선거의 실시
ㄷ. 소수자의 권리 보장　　　　ㄹ. 탈관료제의 정착

① ㄱ, ㄴ　　② ㄱ, ㄹ　　③ ㄴ, ㄷ　　④ ㄴ, ㄹ　　⑤ ㄷ, ㄹ

해설　대중 사회는 대중이 중심인 사회이다. 일반적으로 대량 생산 대량 소비가 가능한 산업 사회에서 대중 사회의 모습이 나타난다. ㄱ의무 교육의 시행 ㄴ보통 선거의 실시로 인하여 대중들의 영향력이 강화되었다. 대중 사회는 사회의 다수인 대중 중심의 사회이다. ㄷ소수자의 권리 보장은 미약하였고 ㄹ대규모 조직을 관리하기 위하여 관료제가 도입 운영된 사회이다.

정답　①

02 정보 사회의 설명으로 옳지 않은 것은?

① 정보와 지식을 중심으로 조직되고 움직이는 사회이다.

② 선택의 폭이 확대되고 많은 사람들의 정보 접근이 용이하다.

③ 비인간화 현상과 정보로부터의 사생활 보호의 문제가 발생한다.

④ 자동화된 기계화를 통해 육체적인 한계를 극복하여 삶의 질이 향상된다.

해설　정보 사회에 대한 문제는 산업 사회 또는 대중 사회와 비교하여 출제될 가능성이 크다. ①, ②, ③ 정보 사회에 대한 설명이다. ④ 기계화를 통한 삶의 질 향상은 산업혁명 을 계기로 대량 생산과 대량 소비가 가능해진 산업 사회의 특징이다.

정답　④

03 다음 표에 대한 분석으로 옳은 것은?

정보 소외 계층의 정보화 수준

구 분	2004년	2006년	2008년
장애인	57.5	73.9	76.0
저소득층	35.6	64.2	75.5

* 일반 국민의 정보화 수준을 100이라 가정했을 때 소외 계층의 정보화 수준을 의미함.

① 정보의 독점 현상이 심화되고 있다.

② 기존의 사회 불평등이 정보사회에서 재생산되고 있다.

③ 저소득층의 정보화 수준은 장애인보다 높게 나타난다.

④ 정보화 수준 향상 속도는 장애인이 저소득층보다 빠르다.

해설　일반 국민 대비 장애인이나 저소득층의 정보화 수준이 낮게 나타나고 있다. 이는 기존 사회의 불평등이 정보 사회에서 확대 재생산될 수 있음을 보여준다. 다만 정보의 독점 현상이 완화되고 있으며, 저소득층의 경우 정보화 수준 향상 정도가 장애인보다 빠르게 나타나고 있다.

정답　②

04 다음 사회의 일반적인 특징에 대한 설명으로 옳지 않은 것은?

> (가) 공장제 기계 공업이 발달하면서 인구가 도시로 집중되었고, 정부와 기업 등에서 관료제 조직이 확산되었다.
> (나) 컴퓨터와 네트워크 기술이 급격히 발달하면서 시공간의 장벽을 뛰어넘는 활동의 가능성이 증대되었고, 다중의 사회적 의제 설정 능력이 향상되었다.

① (가) 합리주의적 생활 양식이 확산되었다.

② (가) 관료제가 하나의 관리 방식으로 확산되었다.

③ (나) 부가가치의 원천으로 정보와 지식이 부각되었다.

④ (나) 문화생산자와 소비자의 구분 가능성이 높아지고 있다.

해설 (가)는 산업 사회에 해당하며, (나)는 정보 사회에 해당한다. ① 합리적 생활양식은 산업 사회의 특징이며, ② 대규모 조직의 관리를 위해 관료제가 등장하게 된다. ③ 정보 사회에서는 정보와 지식이 부가가치를 창출하는 원천으로, ④ 정보 기술의 발전을 통해서 생산자와 소비자의 구분 가능성이 낮아지고 있다.

정답 ④

05 다음 글이 묘사하는 사회에 대한 설명으로 옳은 것은?

> 공장에서의 대량 생산을 가능하게 만든 제조업 중심의 직업 구조를 바탕으로 한 사회로, 농업 중심의 직업 구조를 바탕으로 한 사회와 차별화된 사회 구조를 가지고 있다.

① 가정과 일터의 통합 정도가 강하다.

② 동질성이 강하고 비공식적인 통제가 일반적이다.

③ 무비판적이고 수동적인 인간형이 양산될 수 있다.

④ 소비자와 생산자의 역할이 명확히 구분되지 않는다.

해설 제조업 중심의 대량 생산이 가능한 사회이므로 산업 사회에 해당한다. ① 가정과 일터의 통합 정도는 농경 사회에서 가장 높으며, 정보 사회에서도 IT기술의 발전으로 재택근무가 가능해짐에 따라 산업 사회에 비해서는 높다. ② 비공식적 통제는 농경 사회의 특징이다. ④ 소비자와 생산자의 역할 구분은, 가정과 일터의 통합과 연계 지을 수 있다. 농경 사회에서는 가정에서 생산하고 소비하였으며, 정보 사회에서도 소비자와 생산자의 간격이 좁아져 생산자와 소비자의 결합어인 프로슈머라는 단어도 등장하였다. ③ 산업 사회는 일방향 소통이 중심이 되며 무비판적, 수동적 인간형이 양산될 수 있다.

정답 ③

06 다음 사회의 등장과 관련 있는 요인으로 옳은 것은?

> 사람들의 생활수준이 향상되고 교육 기회가 확대됨으로써 다양한 문화를 향유할 수 있게 되었다. 대중 매체의 발달로 정보 전달과 여론 형성이 용이하게 되었으며, 국민들의 지적 수준이 높아졌다.

① 개성을 중시하는 맞춤형 서비스의 발달

② IT 기술 발달에 따른 양방향 의사소통 가능

③ 보통 선거 제도 확립에 따른 민주주의 이념 확산

④ 기계화와 자동화에 따른 다품종 소량 생산 시스템

해설 교육 기회 확대, 다양한 문화의 향휴, 대중 매체의 발달은 모두 대중 사회의 형성 배경이다. ① 개성을 중시하는 맞춤형 서비스는 정보 사회에 해당한다. 대중 사회에서는 대량 생산으로 인하여 개인의 개성이 충족되기 어려웠다. ② 양방향 의사소통 또한 정보 사회의 특징이다. 대중 사회는 일방향 의사소통으로 인하여 개인은 수동적 위치 에 머무르고 만다. ④ 다품종 소량 생산은 정보 사회에서 가능하며, 대중 사회에서는 산업화를 바탕으로 소품종 대량 생산이 가능했으며, 이로 인하여 대중의 삶의 질이 향상되었다. ③ 보통 선거 제도는 일정 이상 나이의 국민에게 선거권을 보장하는 제도로, 이로 인하여 대중이 정치에 영향력을 행사하게 되었고 대중 중심의 사회가 형성 되었다.

정답 ③

07 정보 사회의 일반적인 특징에 대한 설명으로 옳은 것은?

① 합리적 생활 양식이 확산된다.

② 고용 및 근무 형태가 획일적이다.

③ 문화 생산자와 소비자가 명확히 구분된다.

④ 부가가치의 원천으로 지식과 정보가 강조된다.

해설 ① 합리적 생활양식의 확산은 농경 사회 대비 산업 사회의 특징이다. 고용 및 근무 형태의 획일성은 산업 사회의 특징으로, 정보 사회가 되면 탈관료제화로 인하여 다양성이 보장된다. ③ 산업 사회에서는 생산자와 소비자가 구분되나, 정보 사회에서는 정보의 소비자와 생산자의 관계가 불명확 해진다. 이제는 누구나 SNS를 통해 정보를 생산할 수 있다. ④ 산업 사회에서는 노동, 자본이 부가가치의 원천이었으나, 정보사회에서는 정보와 지식이 원천이 된다.

정답 ④

08 정보화를 바라보는 관점이 다음 글과 같은 것은?

정보화는 정보의 공유가 갖는 이점을 확산시키고 있다. 정보 사회가 고도화되어 정보가 점차 확산되고 공유되면 산업 사회에서 나타났던 빈부 격차는 해소될 것이다.

① 사생활 침해가 늘어날 것이다.

② 피상적 인간관계가 증가할 것이다.

③ 정보 격차 증가로 불평등이 심화될 것이다.

④ 정보 접근 기회 증가로 민주주의가 실현될 것이다.

해설 정보 사회에 대해서는 낙관론과 비관론이 있으며, 비관론에서는 정보의 독점으로 빈부 격차가 심화되고, 사생활 침해, 인간 소외 현상 등이 증가할 것이라고 본다. 반면 낙관론에서는 정보의 공유로 계층 간의 차이가 감소하고 인간관계의 범위 확대, 보편적 세계 문화 형성 등이 가능할 것이라고 본다. 제시문은 낙관론이다.

정답 ④

09 다음과 같은 상황에 대한 설명으로 옳지 않은 것은?

(가) 인터넷 채팅에서 욕설이 난무하여 정신적 고통을 당하는 사람들이 늘어나고 있다.
(나) 국회의원 입후보자에 대한 비방 게시물이 인터넷에 확산되어 선거의 공정성 문제가 제기되고 있다.

① 정보 윤리 미흡에 따른 문화 지체 현상이다.

② 저소득층에 대한 컴퓨터 보급 확대를 통해 해결할 수 있다.

③ 인터넷 실명제와 같은 제도적 대책으로 문제를 보완할 수 있다.

④ 지식과 정보가 부가가치의 원천이 되는 사회에서 주로 나타난다.

10 다음 글과 같은 현상의 장점으로 옳지 않은 것은?

> 탈냉전과 과학 및 정보 기술의 발달로 인하여 국경을 넘어 세계 전체의 상호 의존성이 높아지고, 단일한 체계로 통합되어 가는 현상을 의미한다.

① 민주주의와 같은 보편적 가치가 확산된다.

② 다양한 문화의 접촉으로 문화 변동이 촉진된다.

③ 선진국 중심으로 문화가 한 방향으로 단순화될 수 있다.

④ 공간과 시간의 제약 감소로 전 지구적 상호 의존성이 증가한다.

해 설 ▸ 제시문은 세계화를 의미한다. 세계화는 ①, ②, ④같은 장점이 있다. 그러나 선진국 주도의 세계화는 일방적 문화 전파 및 문화의 획일화로 이어질 수 있으며, 지역 및 인종에 따른 불평등이 심화될 수도 있다.

정 답 ▸ ③

저자 약력

남 상 근

- 한양대학교 법과대학 법학과 졸업
- 한양대학교 대학원 법학과 졸업(법학박사)
- 현) 한양대학교 법과대학 · 법학전문대학원 겸임교수
- 현) 명지대학교 법과대학 외래교수
- 현) 국가공무원학원 강사

9급 공무원 **사회** 한 번에 끝장내기

초판1쇄 인쇄 2014년 5월 10일
초판1쇄 발행 2014년 5월 15일

지은이 남 상 근
펴낸이 임 순 재

펴낸곳 **에듀한올**
등 록 제11-403호
주 소 서울특별시 마포구 성산동 133-3 한올빌딩 3층
전 화 (02)376-4298(대표)
팩 스 (02)302-8073
홈페이지 www.hanol.co.kr
e-메일 hanol@hanol.co.kr

값 34,000원   ISBN 979-11-5685-004-5